Friedrich Herber

Gerichtsmedizin unterm Hakenkreuz

Friedrich Herber

Gerichtsmedizin unterm Hakenkreuz

Militzke Verlag

Für Christa

Die deutsche Bibliothek - CIP-Einheitsaufnahme

Herber, Friedrich:
Gerichtsmedizin unterm Hakenkreuz/
Friedrich Herber. –
Leipzig : Militzke, 2002
ISBN 3-86189-249-9

1. Auflage

Lektorat: Corinna Hohndorf, Katharina Neumann
Umschlaggestaltung: Ralf Thielicke
Satz und Layout: Claudia Hofmann
Druck und Bindung: sachsendruck GmbH

ISBN 3-86189-249-9

Inhaltsverzeichnis

Statt eines Vorwortes

Roland Freisler soll,
so formulierte ein prominenter Gerichtsmediziner der Jahre
gemeinsamen Wirkens mit dem Mörder in der Robe,
»ein warmer Freund der gerichtlichen Medizin« gewesen sein.
Inwieweit aber
war die gerichtliche Medizin dem NS-Regime
dienstbar
und inwieweit
waren Gerichtsmediziner Freunde dieses Regimes?

Kapitel 1

Versuch, eine Lücke auszufüllen

»Die gerichtliche Medizin ist seit einer Reihe von Jahren der Gegenstand vielfaeltiger und hoechst schaetzbarer Bemuehungen gewesen. Dennoch finden sich darin noch große Luecken, deren Ausfuellung wenigstens versucht werden muß. Es fehlt nemlich ueberall an einer pragmatischen und kritischen Geschichte derselben, und die Begriffe ueber ihr Wesen, ihren Inhalt, ihre Gestalt und Wirksamkeit, die durch die Geschichte begruendet werden koennen, sind grade, weil diese fehlt, noch nicht mit der gehoerigen Bestimmtheit aufgestellet worden.« (Mende 1819, S. III.)

Es ist das große Verdienst des Autors dieser Zeilen, Ludwig Julius Caspar Mende (1779–1832), die alte und ältere Geschichte des Fachgebietes bereits 1819 im ersten Band eines »Ausfuehrlichen Handbuches der gerichtlichen Medizin für Gesetzgeber, Rechtsgelehrte, Aerzte und Wundaerzte« auf 474 Druckseiten dargestellt zu haben.[1]

Die gerichtliche Medizin hat eine lange Geschichte. Mit dem Fortschreiten medizinischer und naturwissenschaftlicher Erkenntnisse im 19. Jahrhundert, mit der zunächst bestehenbleibenden staatlichen Zersplitterung Deutschlands und den daraus resultierenden ganz unterschiedlichen gesetzlichen Regelungen für viele, eine »gerichtliche« Medizin tangierende Einzelfragen ergab sich aber in den Jahrzehnten nach Mende ein Verfall des ursprünglichen Fachgebietes. Wertigkeiten innerhalb einer vieles umfassenden »Staatsarzneikunde« änderten sich, weil frühere und scheinbar nebensächliche Teilgebiete zu selbständigen und gesundheitspolitisch wichtigen Wissenschaften wurden. Das betrifft z. B. die Hygiene, die, um die Jahrhundertmitte als öffentliche Gesundheitspflege im Sinne Max von Pettenkofers (1818–1901) begriffen, sich später weiter aufgliederte in Kommunal-, Sozial- und Gewerbehygiene und in die Bakteriologie, die sich besonders mit dem Wirken von Robert Koch (1843 – 1910) verbindet. Alfons Fischer hat diese mehr allgemeine Geschichte des deutschen Gesundheitswesens – die gerichtliche Medizin erscheint bei ihm nur als unbedeutende Tochter der alten Staatsarzneikunde – ausführlich dargestellt (Fischer, A., 1965).

Aufbauend auf Mende, bearbeitete Placzek (1905) in Kenntnis der

Arbeiten von Autoren des 19. Jahrhunderts wie Kopp (1838), Oesterlen (1877), Janovsky (1881) und anderen die Geschichte der gerichtlichen Medizin bis zur Wende zum 20. Jahrhundert. Er legte besonderen Wert auf eine wissenschaftshistorische Darstellung; so werden die Lehren vom Kindesmord, vom Ertrinkungstod oder zeitgemäße Anschauungen über den Scheintod umfassend abgehandelt. Hingegen sind seine Ausführungen über den allgemeinen Zustand des Faches und über die gerichtsärztliche Tätigkeit im 19. Jahrhundert spärlich.

Die »Aufforderung zur Beihilfe an einer ›Geschichte der deutschen gerichtlichen Medizin als Forschungs- und Unterrichtsgegenstand‹« erging in den dreißiger Jahren durch Ferdinand von Neureiter an seine Fachkollegen, nachdem er »der groben Lücken gewahr« geworden war, »die unsere Kenntnis von den geschichtlichen Gebundenheiten unseres Faches und unserer Stellung als Gutachter vor Gericht aufweist« (v. Neureiter 1937, S. 62). Seine Aufforderung fand auch in den folgenden Jahrzehnten nur ein geringes Echo, und heute nähern sich Vertreter anderer Fachrichtungen der Geschichte der gerichtlichen Medizin. So ist z. B. Esther Fischer-Homberger aus der Sicht der allgemeinen Medizingeschichtsschreibung der Meinung, daß gerade die »historische Arbeit im Feld der Gerichtsmedizin besonders klare und direkte, oft erschütternde Blicke auf die Sozialgeschichte der Medizin im weitesten Sinne, auf Alltag und Mentalität, Fragen und Selbstverständlichkeiten unserer Vorfahren« vermitteln könne (Fischer-Homberger 1983, S. 13). Die »Medizin vor Gericht« – so der Titel ihres Buches - biete »Schätze speziell medizinwissenschaftshistorischer Art«: »Es treten da nämlich viele Entwicklungen der Medizin früher zutage als in der Medizin im allgemeinen, und so findet man da zu manchen Kapiteln der allgemeinen Medizingeschichte besonders frühe und oftmals unerschlossene Materialien« (ebenda).

Im Rahmen von »Studien zur Rechtsgeschichte« befaßte sich Poppen (1984) mit der »Geschichte des Sachverständigenbeweises im Strafprozeß des deutschen Raumes« von den Anfängen der Entwicklung bis zum Erlaß der Strafprozeßordnung für das Deutsche Reich vom 1. Februar 1877, wobei der Schwerpunkt seiner Arbeit vor allem auf der gerichtlichen Medizin und der jeweiligen rechtlichen Ausgestaltung der prozessualen Befragung von Sachverständigen liegt.

Zweifellos ist eine umfassende Darstellung der Geschichte der gerichtlichen Medizin, die von den Anfängen gerichtsärztlicher Tätigkeit bis in die Gegenwart führt, schon allein für den deutschsprachigen Raum nicht mehr durch einen einzelnen Autor zu bearbeiten. Trotz augenscheinlich optimaler Möglichkeiten und eines großen Mitarbeiterkreises verzichten aber selbst Sournia, Poulet und Martini (1980) in ihrer prachtvollen neunbändigen »Illustrierten Geschichte der Medizin« auf eine auch thematisch ausgewiesene Darstellung der Geschichte dieses altehrwürdigen Fachgebietes.

In umfassenden oder bedeutsamen gerichtsmedizinischen Lehrbüchern der Gegenwart wird die Fachgeschichte entweder völlig weggelassen (z. B. Mueller, B., 1975), nur auf wenigen Seiten bruchstückhaft besprochen (z. B. Prokop und Göhler 1975) oder – je nach Neigung des jeweiligen Koautors – einem Sachkapitel beigegeben (z. B. Forster 1986).

Eine informationsreiche Darstellung der Entwicklung der gerichtlichen Medizin stammt, als Teil einer Geschichte der medizinischen Spezialfächer an den Universitäten des deutschen Sprachraumes, von Eulner (1970). Kurzbeschreibungen der Geschichte der einzelnen gerichtsmedizinischen Universitätsinstitute im deutschsprachigen Raum, eine subtile Aufbereitung der Biographien ihrer wesentlichen Fachvertreter und Würdigung ihrer Leistungen – sie erforderte »die Entschlossenheit eines Detektivs bis zur Penetranz«, denn sonst wäre der Erfolg ausgeblieben – verdanken wir Hans Joachim Mallach (1996).

Während die nicht wenigen Dissertationen über die allgemeine Fachentwicklung letztlich meist nur Exzerpte bekannter Literatur verarbeiten, haben viele Autoren, die Personalbio- und -bibliographien einzelner Fachvertreter behandeln oder sich mit der Geschichte einzelner gerichtsmedizinischer Institute befassen, oft auch wertvolles archivalisches Quellenmaterial genutzt.[2] Die Arbeit des Instituts für wehrgerichtliche Medizin der Militärärztlichen Akademie untersuchte Christoph Alex im Rahmen einer medizinischen Dissertation (1998).

Die Geschichte der Deutschen Gesellschaft für gerichtliche Medizin hat Krauland (1970) beschrieben. In seiner Arbeit und besonders in zahlreichen Nachrufen für im letzten Drittel des 20. Jahrhunderts verstorbene Fachvertreter offenbart sich eine Eigenart der bisherigen Fachhistoriographie: Die Scheu, auch über den Abschnitt von 1933 bis 1945, die Zeit der nationalsozialistischen Diktatur, ausführlicher zu berichten. Die Zusammenstellung der Themen von Vorträgen, die auf den wissenschaftlichen Tagungen der »Deutschen Gesellschaft für Rechtsmedizin« der BRD zwischen 1951 und 1980 zur Fachgeschichte gehalten wurden (vgl. Schneider, St., 1982), bestätigt eine solche Feststellung.[3] Auch das 1996 von Mallach zusammengestellte, 711 Quellen umfassende Literaturverzeichnis zu seinem Buch enthält nur ganz wenige Hinweise auf diesen Abschnitt der Fachgeschichte. Bei den äußerst umfangreichen, von Mallach betriebenen Recherchen verwundert zudem die durchgängig »aalglatte« Darstellung der Lebenswege etwa von Friedrich Pietrusky, Herwart Fischer oder Gerhard Buhtz, deren überragendes profaschistisches Engangement – einschließlich der dabei erlittenen Rückschläge in ihrer Karriere – nahtlos übergangen wird.

Dabei sind gerade die zwölf Jahre des Nationalsozialismus von einem eigentlich faszinierenden fachhistorischen Interesse: In den dreißiger Jahren gelang es der Serologie, ihre forensische Anerkennung zu erwerben. Im Straßenverkehr siegte endgültig das Kraftfahrzeug, und Widmarks Methode zur Alkoholbestimmung im Blut wurde allgemeingültig, ihre Durchführung gesetzlich reglementiert und an gerichtsmedizinischen Einrichtungen institutionalisiert. Die zunehmende Mobilität machte es möglich, jahrzehntealte Forderungen der Mediziner nach vernünftigen Regelungen zu Leichenschau, Feuerbestattung und Sektionsrecht erneut vorzutragen. All das geschah unter den Bedingungen einer nationalsozialistischen Diktatur. Im II. Weltkrieg traten neue Anforderungen an gerichtsmedizinisch tätige Ärzte heran: Untersuchungen bei Völkerrechtsverletzungen, bei fraglichen Selbstverstümmelungen, Aufgaben als »Beratende Fachärzte« an der Front ...

Der im Vergleich zu anderen medizinischen Disziplinen insgesamt geringen Anzahl von Fachvertretern entsprechend kann die Memoirenliteratur auf dem Gebiet der gerichtlichen Medizin verständlicherweise nur spärlich sein. Waldemar Weimann publizierte seine Memoiren über die Feder eines Journalisten zunächst in der Illustrierten »Quick«, bevor sie ein Jahr später als Buch mit dem Titel »Diagnose Mord« erschienen (Weimann 1964).[4] Auch Albert Ponsold hat Episoden seines Lebens von einem »Ghostwriter« bearbeiten lassen (vgl. Ponsold 1980). Solche auf ein breites Leserpublikum ausgelegten Veröffentlichungen haben zweifellos eine fachhistorische Bedeutung. Andererseits sind sie jedoch viel weniger als entsprechende Unternehmungen z. B. bedeutender Pathologen (etwa Lubarsch, Büchner, Hamperl) geeignet, einen tieferen Einblick in Denken, Fühlen und Handeln von Medizinern der ersten Hälfte des 20. Jahrhunderts zu vermitteln. Vielmehr stehen sie jenen Büchern nahe, mit denen die Kasuistik des gerichtsmedizinischen – freilich nie »alltäglichen« – Alltags publikumswirksam verkauft werden soll.[5]

Man muß also feststellen, daß sich auch heute in der Geschichte des Fachgebietes gerichtliche Medizin »noch große Luecken [finden], deren Ausfuellung wenigstens versucht werden muß« (Mende). Der Lücke, die für die Zeit des Nationalsozialismus in Deutschland klafft, will sich der Autor im folgenden widmen. Dabei ist er sich bewußt, daß auch in der hier vorgelegten Darstellung große Lücken sein werden: Es gibt für einen einzelnen Interessenten ganz einfach zu viele Archive, in denen – ganz verstreut im unendlichen Altpapier der Akten – Spuren von gerichtsmedizinischer Arbeit, auch über einen so kurzen Zeitraum von nur zwölf Jahren, vorhanden sind, die eigentlich wert wären, gesichtet, gesammelt und vielleicht auch publiziert zu werden.

Kapitel 2

Medizin im Dienste der Rechtspflege

Was eigentlich ist »Gerichtsmedizin«?

Bereits im 16. Jahrhundert ist »gerichtliche« Medizin durch die Bestimmungen der Bambergischen Halsgerichtsordnung des Johann Freiherr von Schwarzenberg und der Constitutio criminalis Carolina[1] als eine »practische Disciplin begründet« worden (v. Oesterlen 1877, S. 176). Über Jahrhunderte hinweg beschäftigten sich gerichtsärztliche Gutachter mit der Besichtigung von Leichen, mit der Beurteilung der Tödlichkeit beigebrachter Wunden, mit Kunstfehlern von Ärzten und anderen medizinisch Tätigen (z. B. Hebammen), mit Fragen im Zusammenhang mit Schwangerschaft, möglichen Vergiftungen, mit dem geistigen Zustand von Delinquenten usw. Die angewandten Methoden bei der Begutachtung von Leichen qualifizierten sich nach Ablehnung der sog. Bahrprobe[2] schon im 17. Jahrhundert über das Betrachten, Ausmessen und Sondieren von Wunden und deren Erweiterung, der »Sectio vulneris«, sowie der Suche nach der »vulnus per se lethale« schließlich zur Sektion aller drei Körperhöhlen des Verstorbenen. Die Fragen an den ärztlichen Gutachter blieben im wesentlichen die gleichen.

In der Zeit der Rezession des Fachgebietes »gerichtliche Medizin« nach dem Zerfall der Staatsarzneikunde in der zweiten Hälfte des 19. Jahrhunderts und der auch akademisch umfassend geförderten Entwicklung von Fächern wie Anatomie und Pathologie hat es vielfältige Bemühungen gegeben, die Existenzberechtigung einer speziellen Fachrichtung »gerichtliche Medizin« an den deutschen Universitäten zu verneinen. Begründet wurde diese Ansicht mit dem Hinweis, daß die gerichtliche Medizin eigentlich nur die Anwendung allgemeiner medizinischer

Kenntnisse für gerichtliche Zwecke darstelle und somit jeder gut ausgebildete Arzt in der Lage sei, auch als Gerichtsarzt zu fungieren. Als Gustav von Gossler (1838–1902), von 1881 bis 1891 Minister für geistliche, Unterrichts- und Medizinalangelegenheiten in Preußen, in einem Schreiben vom 17. März 1887 Auskünfte zur »Lage des medizinisch-forensischen Unterrichts an den preußischen Universitäten« über die Universitätskuratoren erbat, hielt die Mehrzahl der befragten Universitätsprofessoren eine »gerichtliche Medizin« zwar für erforderlich, aber praktizierbar – und damit ersetzbar – in erster Linie durch die Ordinarien der verschiedensten Fachgebiete.[3]

Einige Jahre später formulierte Fritz Strassmann[4], Professor für gerichtliche Medizin in Berlin, in seinem »Lehrbuch der gerichtlichen Medicin«: »Der Inhalt der gerichtlichen Medicin ist gegeben durch die Gesammtheit der Fragen, die dem ärztlichen Sachverständigen vom Gericht gestellt werden können.« (Strassmann, F., 1895, S. 27.)

Diese aus heutiger Sicht zweifellos recht weitgefaßte Definition war für eine Zeit zutreffend, in der eine ausgeprägte Differenzierung der medizinischen Fachdisziplinen erst im Entstehen war und ärztliche Sachverständige vor Gericht noch »alle« Fragen beantworten konnten. Schon Strassmann aber war es in seinem Buch nur möglich, »einzelne Capitel dieses unabsehbaren Stoffes zu behandeln. ... Die grosse Anzahl von Fragen, die auf Grund allgemeiner ärztlicher Kenntnisse und Erfahrungen beantwortet werden können, wird es nur nöthig sein, kurz zu berühren.« (Ebenda.)

Man kann heute fragen, ob damals »allgemeine ärztliche Kenntnisse und Erfahrungen« – neben einer speziellen gerichtsmedizinischen Bildung – in jedem Falle ausreichend waren, um vor Gericht als Sachverständiger bestehen zu können. Aber vielleicht erklärt sich gerade eine solche Formulierung aus der Situation des in Deutschland um seine Anerkennung ringenden Faches, denn an anderer Stelle geht Strassmann in die Offensive und beklagt, »dass anerkannt tüchtige Aerzte vor Gericht eine Unkenntnis der elementarsten Lehren der gerichtlichen Medicin bekunden, dass einer unserer ersten Chirurgen sich über die Kriterien des Nahschusses ununterrichtet zeigt, dass Aerzte von vortrefflicher Allgemeinbildung uns gegenüber mehrfach den Tod durch Erhängen auf die Compression der Luftröhre zurückgeführt haben, eine Lehre, mit der die gerichtliche Medicin seit 50 Jahren fertig ist« (ebenda, S. 15).

36 Jahre später – die gerichtliche Medizin war inzwischen als Sonderfach anerkannt – schrieb einer der Söhne Fritz Strassmanns, Georg

Strassmann, in der Einleitung zur zweiten Auflage dieses Lehrbuches, die gerichtliche Medizin »verwertet ärztliche Kenntnisse und Erfahrungen im Dienste der Rechtspflege«, und führte weiter aus, daß kein Gebiet der Medizin so viele Berührungspunkte mit Nachbargebieten habe wie die gerichtliche Medizin. Weder gute allgemeinärztliche noch allein Spezialkenntnisse in pathologischer Anatomie, Psychiatrie und Toxikologie würden genügen für eine brauchbare gerichtsärztliche Tätigkeit, sondern zusätzlich seien ausreichende Gesetzeskenntnisse und Erfahrungen auf jenen Gebieten erforderlich, die von Beginn an als Sondergebiet der gerichtlichen Medizin zu betrachten seien (genannt werden die gewaltsamen Todesfälle einschließlich der kriminellen Vergiftungen, die zweifelhaften Geisteszustände und die zweifelhaften geschlechtlichen Verhältnisse). Andererseits ist folgende Bemerkung bedeutungsvoll: »Der erfahrene Gerichtsarzt wird in schwierigen Fragen, die außerhalb seines Sondergebietes liegen und besondere fachärztliche Erfahrung und Ausbildung für die Begutachtung voraussetzen, die Zuziehung eines Facharztes im gerichtlichen Verfahren vorschlagen« (Strassmann, G., 1931, S. 1).

Ein solcher Hinweis deutet an, wie die Formulierung, bei der gerichtlichen Medizin handele es sich um ein »enzyklopädisches Fach« (Vorkastner 1931, S. 749; Reuter, F., 1935, S. 1343) aufzufassen ist: Das Wesen der gerichtlichen Medizin liegt nicht nur in einer der Rechtspflege dienenden bloßen Zusammenfassung medizinischer Erkenntnisse, »die Sachlage ist nicht so, daß die Rechtspflege Fragen stellt und die Medizin in irgendeinem ihrer Schubfächer eine Antwort parat hält. Sondern die Antwort will häufig erarbeitet sein. Aufgabe der gerichtlichen Medizin ist nicht ›anzuwenden‹, sondern ›anwendungsbereit zu machen‹.« (Vorkastner 1931, S. 749.)

Auch der österreichische Gerichtsmediziner Walther Schwarzacher sah die Hauptaufgabe der gerichtlichen Medizin darin, »die Vermittlerrolle zwischen Heilkunde und Rechtspflege zu spielen«. Ohne Zweifel komme dem Fachgebiet ein »enzyklopädischer Charakter« zu, der gerichtliche Mediziner müsse auf allen Gebieten der Medizin »wohlbeschlagen« sein, um Erkenntnisse und Tatsachen der theoretischen und klinischen Medizin und auch verwandter naturwissenschaftlicher Gebiete im konkreten Rechts- oder Straffall den Behörden und Gerichten »zugänglich und dienstbar« zu machen. Gleichzeitig betonte er aber auch: »Die außerordentliche Ausdehnung und Spezialisierung der modernen Heilkunde macht es aber ganz unmöglich, daß eine einzelne Persönlichkeit alle Teilgebiete souverän zu beherrschen vermöchte. Da ist es nun gerade die Pflicht des gerichtlichen Mediziners, zum richtig gewählten Zeitpunkt im Einzelfalle den Spezialfachmann heranzuziehen, um dann mit ihm in gedeihlicher Zusammenarbeit alle sich ergebenden Fragen einer befriedigenden Lösung zuzuführen. Ein solches Zusammengehen – und darauf lege ich ganz besonderes Gewicht – ist von weitgehendem Vorteile für beide Teile, vor allem aber für die Sache selbst.« (Schwarzacher 1928, S. 1 074.)

Im weiteren Text beschreibt Schwarzacher jene Aufgaben, die das ureigenste Gebiet der gerichtlichen Medizin ausmachen und von deren Vertretern seit jeher »praktisch geübt, wissenschaftlich bearbeitet und gelehrt wurden ... Hiezu zähle ich, ohne Anspruch auf Vollständigkeit zu machen, die Untersuchung und Begutachtung tödlicher und nichttödlicher Körperverletzungen, in straf- und zivilrechtlicher Hinsicht, im besonderen die gerichtliche Leichenschau und Leichenöffnung, darunter vor allem bei den Fällen von Kindesmord, die Lehre von den forensisch wichtigen Vergiftungen, die Beurteilung der Sexualdelikte, der Beischlafs- und Zeugungsfähigkeit, die Behandlung geburtshilflicher Fragen, soweit sie forensisches Interesse haben, vor allem die Mitwirkung bei den Fällen der fraglichen Abstammung, fragliche Geburt und Schwangerschaft, und bei den Fällen einer kriminellen Fruchtabtreibung. Weiterhin fallen in das engere Gebiet der gerichtlichen Medizin die Lehren vom plötzlichen Tod und vom Selbstmord, insofern diese Todesarten differentialdiagnostisch gegenüber gewaltsamen Todesarten von Belang sind, die Erforschung der Leichenveränderungen, sowie die Identifizierungsmethoden, ferner die laboratoriumsmäßige Untersuchung der Corpora delicti, soweit diese auf medizinischem und verwandten naturwissenschaftlichen Gebieten gelegen ist; ich denke hiebei vor allem an die Untersuchung von Blutspuren, Samen-, Harn- und Kotflecken und Aehnliches, an die Untersuchung von Gewebsresten, Haaren, Schußspuren u. dgl. Manchesmal wird es auch zweckmäßig sein, daß der gerichtliche Mediziner sein Rüstzeug und sein Können zur Verfügung stellt, wenn es sich um die Bearbeitung kriminaltechnischer Angelegenheiten handelt.« (Schwarzacher 1928, S. 1074.)

Die von Schwarzacher als »ureigenst« beschriebenen Aufgaben umreißen auch heute – mehr als 70 Jahre nach ihrer Formulierung – noch jene Inhalte, die in modernen Lehrbüchern der gerichtlichen Medizin behandelt werden und damit auch für die gerichtsmedizinische Praxis bedeutsam sind. Andererseits dürften die von ihm entwickelten Gedanken über das Selbstverständnis des Faches und über seine Aufgaben damals nicht von allen Fachvertretern vollauf geteilt worden sein, denn tatsächlich war die Gerichtsmedizin, was die wissenschaftliche Herkunft maßgeblicher Fachvertreter an den Universitäten dieser Jahrzehnte anbetrifft, recht uneinheitlich. Einige Beispiele:

· Willi Vorkastner[5], 1920 zum a. o. Professor der Psychiatrie und Neurologie an der Universität Greifswald ernannt, betätigte sich in den folgenden zwei (!) Jahren auch pathologisch-anatomisch. »Aber erst mit der Übernahme des gerichtlich-medizinischen Lehrstuhls in Greifswald wird Vorkastner zum verständnisvollen und zielbewußten Bekenner zum Fach« (Kockel 1932, S. III).

· Richard Kockel[6] hingegen war ein kenntnisreicher Pathologe, der mit einem »Beitrag zur Histogenese des miliaren Tuberkels« am Pathologischen Institut der Leipziger Universität 1895 habilitierte und dort auch l. Assistent geworden war; eine längere psychiatrische Ausbildung besaß er nicht.

· Andere Fachvertreter – etwa Otto Beumer[7], Theodor Lochte[8] oder Ernst Giese – kamen aus der praktischen gerichtsärztlichen Tätigkeit, d. h., sie waren vorher »eifrige und gewissenhafte Medizinalbeamte« als Amts-, Kreis- oder Bezirksärzte gewesen.[9]

Die unterschiedliche fachliche Herkunft und Vorbildung der einzelnen Lehrstuhlinhaber, persönliche Neigungen und spezielle Qualifikationen, divergierende Ansichten z. B. über den Begriff und Inhalt der »sozialen Medizin«[10] und aus den konkreten örtlichen Anforderungen erwachsene Besonderheiten mögen hier eine Rolle gespielt haben. So schreibt etwa Karl Meixner aus österreichischer Sicht: »Eine Reihe gerichtlicher Mediziner im Deutschen Reiche, die Schule Puppe[11], betreibt seit dem Kriege neben der gerichtlichen Medizin Fürsorgetätigkeit unter dem Namen der sozialen Medizin. Da diese Fürsorgetätigkeit sich in der Hauptsache auf Trinker, Haftentlassene, straffällig gewordene Jugendliche und Gemeingefährliche beschränkt, also nur das im Mangel an Anpassungsfähigkeit wurzelnde gesellschaftsfeindliche Verhalten des Einzelnen eindämmen soll, ist der Name ›soziale Medizin‹, auf den die öffentliche Gesundheitspflege viel mehr Anrecht hätte, meines Erachtens zu anspruchsvoll, überdies irreführend.« (Meixner 1928, S. 45.)

Trotz solcher Einwände und bei aller Unterschiedlichkeit der Ausgangspositionen und teilweise mangelnder oder noch nicht vollzogener Abgrenzung zu Nachbardisziplinen hat sich die gerichtliche Medizin in den ersten Jahrzehnten des 20. Jahrhunderts als eigenständiges medizinisches Sonderfach begriffen, dem eine Mittlerrolle zwischen Medizin und Rechtspflege, eine Dolmetscherfunktion zwischen diesen beiden für menschliches Leben und Zusammenleben so außerordentlich wichtigen Wissensgebieten zukommt. Selbstverständlich war auch vor der Zeit der Nazi-Diktatur Rechtspflege nicht selten »Rechtspflege« mit durchaus antidemokratischer Tendenz. Ernst Ottwalt, ein Zeitzeuge, hat dies in seinem »deutschen Justizroman« mit dem Titel »Denn sie wissen was sie tun« (1931) höchst eindrucksvoll beschrieben, und Frank Arnau (1970, S. 259) spricht von der »Servilität der wilhelminischen und der Willfährigkeit der staatsfeindlichen rechtsextremistischen Justiz der Weimarer Zeit«.

Kritische Nachbarn

Durch die Unterschiedlichkeit der Vorbildung der ersten Generationen der Lehrstuhlinhaber der gerichtlichen Medizin an den deutschen Universitäten ergab sich im wesentlichen eine Zweiteilung der Auffassungen vom Fach: Neben einer mehr somatisch orientierten, pathologisch-anatomischen Richtung, die sich besonders auf österreichische Vorbilder berufen konnte, existierte eine vorrangig forensisch-psychiatrisch aktive Richtung. Mag es zwischen diesen beiden Richtungen bei der Einheitlichkeit der Zielstellung – Anerkennung der Gerichtsmedizin als eigenständiges Universitätsfach – auch keine wesentlichen Konflikte gegeben haben (jeder Lehrstuhlinhaber war letztlich »Einzelkämpfer« für das Fach an »seiner« medizinischen Fakultät, zuweilen sogar in »seinem« Land, wie z. B. Kockel in Sachsen), so mußte sich doch der vornehmlich pathologisch-anatomisch ausgerichtete Universitätslehrer der gerichtlichen Medizin vom Kollegen der Psychiatrie den Einwand gefallen lassen, er verstünde zu wenig von der Psychopathologie. Andererseits hatte der psychiatrisch gut vorgebildete Gerichtsmediziner – zumal bei oft nur gelegentlicher Sektionstätigkeit – den Vorwurf des Pathologen zu gewärtigen, er sei pathologisch-anatomisch unzureichend geschult. Aber auch vom »Mutterfach« her traf den Vertreter der sich neu etablierenden Gerichtsmedizin mitunter Kritik, wie dies z. B. ein Kompetenzstreit zwischen dem Greifswalder Psychiater Edmund Forster und Willi Vorkastner im Jahre 1928 belegt; Vorkastner war »überzeugt, daß jeder künftige Gerichtsarzt hier mit dem Herrn Professor Dr. Forster in Kollision geraten wird, sofern er sich nicht überhaupt der Begutachtung auf psychiatrischem Gebiete entschlägt«.

Anlaß der Streitigkeiten zwischen dem Psychiater Forster und dem ehemaligen Psychiater und nunmehrigen Gerichtsmediziner Vorkastner war die Frage, »ob sich der Kaufmann Hermann Pfitzner aus Zoppot am 16.6.25 im Zustande der Geisteskrankheit befunden hat« und ob man dies »lediglich auf Grund von 2 Aktenbündeln« entscheiden könne. Die Auseinandersetzungen entgleisten zu persönlichen Diffamierungen und wurden schließlich nach fast einem halben Jahr durch den »Preußischen Minister für Wissenschaft, Kunst und Volksbildung« dahingehend entschieden, »daß eine Veranlassung zum Einschreiten gegen Professor Vorkastner nicht gegeben ist, weil eine Beleidigung nicht vorliegt.«[12]

Die Stellung der Universitätslehrer der *Pathologie* zu den Vertretern der gerichtlichen Medizin ist offenbar von vornherein, unabhängig von persönlichen Sympathien oder Antipathien, geprägt worden durch die jeweilige Haltung besonders des Pathologen zur Gerichtsmedizin. Von Kockels Lehrer, Felix Victor Birch-Hirschfeld (1842–1899) wissen wir z. B., daß er großes Interesse an medizinisch-forensischen Fragen hatte und ab 1889 auch die gerichtsmedizinischen Vorlesungen in Leipzig selbst hielt. Birch-Hirschfelds Nachfolger, Felix Marchand (1846–1928) andererseits hat, so belegen es die Quellen, zur (fachlichen und örtlichen) Nachbarinstitution Gerichtsmedizin nicht immer ein ungetrübtes Verhältnis gehabt.

Der bedeutende Pathologe Otto Lubarsch (1860–1933) hat »[s]ein bewegtes Gelehrtenleben« zwar ausführlich geschildert[13], aber sein langjähriger Berliner Kollege vom Nachbarfach Gerichtsmedizin, Fritz Strassmann, kommt nicht einmal im Namensregister des Buches vor. Nur auf die praktische Gerichtsmedizin, d. h. auf die Tätigkeit der Kreis- und Gerichtsärzte geht Lubarsch an einer Stelle ein, »weil man [ihm] eine besondere Feindschaft gegen sie vorgeworfen hat« (Lubarsch 1931, S. 441). Diesen Vorwurf bestreitend, erhebt Lubarsch die zweifellos berechtigte Forderung, die Aufgaben der Kreisärzte, denen die öffentliche Gesundheitspflege anzuvertrauen sei, scharf zu trennen von der Tätigkeit der »Gerichtsärzte, denen die gerichtlich-medizinischen Aufgaben, d. h. hauptsächlich gerichtliches Sektionswesen und gerichtliche Irrenheilkunde, zu übertragen wären« (ebenda, S. 442).

Der »geistige Nachfolger Virchows«, Ludwig Aschoff (1866–1942), »seine Stellung innerhalb der deutschen Medizin war überragend, sein Einfluß auf medizinische Berufungen an deutschen Universitäten einzigartig« (Nissen 1969, S. 45), hat offensichtlich schon frühzeitig die Eigenständigkeit der Gerichtsmedizin gegenüber der Pathologie akzeptiert. Aschoff scheute sich auch nicht, sich bei dem Gerichtsmediziner Kockel in einem Brief vom 25. März 1925 nach den Modalitäten bei einer gerichtlichen Sektion zu erkundigen, und gab im gleichen Brief der Hoffnung Ausdruck, »daß über kurz oder lang auch hier [d. h. an der Freiburger Universität – F. H.] eine Vollstelle für die gerichtliche Medizin, unabhängig von der pathologischen Anatomie, geschaffen werden kann«[14].

Die Anerkennung der gerichtlichen Medizin – als einem gegenüber der Pathologie eigenständigen Lehrfach und einer praktisch notwendigen medizinischen Spezialdisziplin – war Mitte der zwanziger Jahre auch an kleineren Universitäten spruchreif geworden und wurde von den meisten Pathologen, nicht zuletzt mit der Hoffnung auf den Wegfall ungeliebter, oft als fachfremd empfundener Arbeit, unterstützt.

Über inhaltliche Unterschiede zwischen beiden Fächern haben sich besonders gerichtliche Mediziner Gedanken gemacht. So schrieb etwa Vorkastner, es könne »der Pathologie als solcher gleichgültig erscheinen ... ob eine tödliche Schußverletzung durch eigene oder fremde Hand zustande gekommen ist« (Vorkastner 1925, S. 92), und Fritz Reuter meinte, »daß die meisten pathologischen Anatomen sich um diese Fragen [der möglichen Urheberschaft eines nichtnatürlichen Todes – F. H.] nicht kümmern, da sie ihnen völlig ferne liegen, und daß eine Beantwortung der vom Gericht gestellten Fragen, speziell in Fällen von Mord, Totschlag, zufälliger Verunglückung, Selbstmord usw. auf Grund pathologisch-anatomischer Kenntnisse allein, ohne Anwendung kriminalistischer Erfahrungen und Erwägungen, meist nicht möglich ist.« (Reuter, F., 1929, S. 231.) Andererseits gesteht er zu, es sei »selbst für jenen gerichtlichen Mediziner, der aus der pathologisch-anatomischen Schule hervorgegangen ist, und der doch für sich einige Kenntnisse aus pathologischer Anatomie in Anspruch nehmen darf, nicht möglich, in allen Fragen der Pathologie, speziell in jenen, die der forensischen Medizin ferne liegen, zu Hause zu sein.« (Ebenda.)

Erkennung, Beschreibung und Interpretation morphologischer Befunde – als übergreifende Aufgaben von gerichtlicher Medizin und pathologischer Anatomie – haben für beide Fächer also eine durchaus verschiedene Bedeutung. Spätestens mit Beginn des II. Weltkrieges zeigte es sich allerdings, daß der von Vorkastner so pointiert formulierte Unterschied zwischen den beiden Disziplinen in erster Linie eine theoretische Überlegung war. »Gerichtsmedizinische Obduktionen« bei der Wehrmacht mußten, schon der geringen Zahl der Gerichtsmediziner wegen, in einem hohen Prozentsatz von Pathologen durchgeführt werden.

Im zivilen Sektor hingegen hatte sich an den meisten Universitäten bereits in den dreißiger Jahren eine gewisse Arbeitsteilung durchgesetzt, die der Pathologie die Bearbeitung natürlicher Todesfälle, der gerichtlichen Medizin die Untersuchung nichtnatürlicher und zweifelhafter Todesfälle zuwies. Diese Arbeitsteilung, heute meist eine Selbstverständlichkeit, dürfte sich freilich oft nicht so einfach angebahnt haben, wie sich das z. B. in den Unterlagen über die Berufung von Dr. Friedrich Timm an den Jenaer Lehrstuhl für gerichtliche Medizin (1938) liest: »Hinsichtlich der Sektionen, insbesondere der Verwaltungssektionen hat sich Dr. Timm mit dem pathologischen Anatomen Professor Dr. Gerlach geeinigt. Der Anstalt für gerichtliche Medizin fallen die gerichtlichen Sektionen, ferner die Polizeileichen und ferner alle unklaren Todesfälle, insbesondere Unfalltodesfälle, zu, bei denen die Mitwirkung einer fremden Hand nicht von vornherein ausgeschlossen werden kann.«[15]

Nach dem II. Weltkrieg lag an vielen Universitäten die gerichtsmedizinische Sektions- und Lehrtätigkeit wiederum oft in den Händen der Pathologen. Umgekehrt war es nicht selten, daß Gerichtsmediziner – meist aus »politischen« Gründen – als Pathologen tätig wurden. Das Beispiel Walther Schwarzachers fällt allerdings insofern aus dem Rahmen, als er ein *Opfer* der nationalsozialistischen Hochschulpolitik gewesen war und nach siebenjährigem völligem Berufsverbot 1945 die Pathologische Prosektur am Salzburger Landeskrankenhaus übernahm. Nach Schwarzachers Berufung auf den Grazer Lehrstuhl für gerichtliche Medizin übertrug man dem bis Kriegsende in Prag als Ordinarius der Pathologie tätig gewesenen Herwig Hamperl die Salzburger Prosektur. Hamperl hatte in seiner neuen Funktion auch gerichtliche Obduktionen durchzuführen. Zwei kurze Sätze aus seinen Memoiren belegen u. E. recht eindeutig die breite Gemeinsamkeit, aber auch die Besonderheiten beider Fachgebiete: »Soweit es sich um die Vornahme solcher Leichenöffnungen handelte, kam mir meine pathologisch-anatomische Erfahrung zugute. Freilich mußte ich oft genug in schwierigen Fragen das Lehrbuch von Hofmann-Haberda zu Rate ziehen.« (Hamperl 1972, S. 222.)[16] Ebensooft mögen ehemalige Ordinarien der Gerichtsmedizin während ihrer zeitweiligen Tätigkeit als Pathologen über die Feinheiten der Tumordiagnostik in den Handbüchern der pathologischen Anatomie nachgeschlagen haben.

Während von seiten der Pathologen nur ausnahmsweise Ausführungen zur Abgrenzung der Aufgaben beider Fachgebiete gemacht wurden, war die Diskussion mit den Vertretern der *Psychiatrie* sehr viel reger. So widersprach etwa der Psychiater Birnbaum den Ansichten des Gerichtsarztes Schackwitz[17], der eine »weitere wissenschaftliche Bearbeitung des Teilgebietes der Gerichtlichen Medizin, das der Beurteilung von zweifelhaften Geisteszuständen gewidmet ist«, forderte und andernfalls eine »Verkümmerung der Gerichtlichen Medizin« befürchtete, denn »Kriminalpsychologie und Psychopathologie, forensische Psychologie und forensische Psychiatrie würden aufhören, Teilgebiete der Gerichtlichen Medizin zu sein« (Schackwitz 1929, S. 312). Birnbaum verwies darauf, daß »alle selbständigen gerichtlichen Psychiatrien ebenso wie alle umfassenderen Bearbeitungen der gerichtlichen Psychiatrie im Rahmen gerichtlich-medizinischer Handbücher von Nicht-Gerichtsmedizinern stammen«, und hob die »einfache Tatsache« hervor, »daß die Vertreter der gerichtlichen Medizin selbst in der Hauptsache – ... Ausnahmen zugestanden – trotz aller praktischer Betätigung in forensisch-psychiatrischen Fragen das Hauptgewicht ihrer wissenschaftlichen Forschungs- und Lehrtätigkeit auf andere, d. h. bestimmter gesagt, auf die somatologischen Gebiete ihres Faches zu legen pflegen« (Birnbaum 1930, S. 205).

Schon zwei Jahre vorher hatte ein Jurist, Amtsgerichtsrat Dr. Schorn, in einer Publikation den Gerichtsarzt als »*den* gegebenen Gutachter, namentlich auch auf psychiatrischem Gebiete« bezeichnet (Schorn 1928, S. 431) und mit dieser und ähnlichen Formulierungen den Psychiater Karl Bonhoeffer (1868–1948) zu der Feststellung veranlaßt, das von Schorn entworfene Bild des Gerichtsarztes entspräche nicht dem Stand der Entwicklung der medizinischen Spezialdisziplinen, in schwierigeren Fällen könne kein Gericht auf das »Urteil der eigentlichen Fachleute« verzichten. »Der Gerichtsarzt ist, was die Psychiatrie als Forschungsgebiet anlangt, naturgemäß fast ausschließlich Wissenschaftler aus zweiter Hand.« (Bonhoeffer 1928, S. 433.) Ähnliche Einwände gegen die Überschätzung der prinzipiellen Möglichkeiten des Gerichtsarztes durch Schorn trugen aus der Sicht ihrer Fachgbebiete der Münchner Gynäkologe H. Albrecht und der Grazer Pathologe H. Beitzke vor (ebenda, S. 434 ff.).

Zu Schorns Aufsatz und zu den Erwiderungen von Bonhoeffer, Albrecht und Beitzke nahm auch Fritz Reuter Stellung und schrieb: »Daß ein *erfahrener klinischer Psychiater*, der sich für *forensische Fragen besonders interessiert*, der diese auch wissenschaftlich gefördert hat, sich als Sachverständiger besser eignet als ein Gerichtsarzt, der nur eine mangelhafte psychiatrische Vorbildung besitzt und dem auch der Einblick in die wissenschaftlichen Arbeiten des Faches fehlt, bedarf keiner besonderen Erörterung. ... Wogegen wir uns aber wenden müssen, ist, daß Kliniker, welchen jede forensische Erfahrung mangelt, die Ansicht vertreten, klinische Kenntnisse und Erfahrungen allein genügten, um die schwierigen Probleme der Strafrechtspflege zu lösen.« (Reuter, F., 1929, S. 233.) Diese differenzierenden Überlegungen Fritz Reuters deuten die Situation der psychiatrischen Gutachtertätigkeit vor Gericht in jenen Jahren an: Auf der einen Seite standen mit vielfältigsten Aufgaben überlastete und zuweilen ungenügend qualifizierte Gerichtsärzte, auf der anderen mangelte es noch an Fachleuten der im Entstehen begriffenen forensischen Psychiatrie.

Die zunehmende Hinwendung der Universitätsgerichtsmedizin zu einem vorwiegend somatisch orientierten Fach, zu einem Fachmann, der »die Lehre vom gewaltsamen Tod souverän beherrscht«, mache allerdings auch »Kenntnisse auf dem Gebiete der Kriminalpsychologie ... nicht entbehrlich, denn der Zweck der gerichtlichen Sektion besteht ja neben der selbstverständlichen Feststellung der Todesursache hauptsächlich in der Rekonstruktion des Tatherganges, und hierzu sind gewisse kriminalpsychologische Erfahrungen unerläßlich«, referierte Berthold Mueller in einem Nachruf für Vorkastner (1934) dessen Standpunkt.[18] Insofern würden »kleinere psychiatrische Begutachtungen« durchaus auch zu den Aufgaben der gerichtlichen Medizin gehören.

Von forensisch-psychiatrischer, aber auch von juristischer Seite (z. B. seitens der Verteidigung in Strafprozessen) wurden gegen die auf fremdem Rasen grasenden Gerichtsmediziner nicht nur einmal Einwände vorgebracht, die z. B. im Jahre 1941 gegenüber dem Berliner Fachvertreter wie folgt formuliert wurden: »Professor Dr. Müller-Heß habe selbst kein Institut, in dem er Patienten aufnehmen und beobachten könne. Er lehne es auch ab, Patienten in der Nervenklinik der Charité zu besuchen. Die Gepflogenheit des Professors Dr. Müller-Heß sei die, die zu begutachtenden Personen nur einige Male im Gefängnis zu besuchen und anhand dieser Feststellungen seine Gutachten zu machen. Dieses Vorgehen müßten Wissenschaftler ablehnen. Tägliche und häufige Beobachtungen und persönliche Unterhaltungen seien nötig, um einen zutreffenden Eindruck von den zu begutachtenden Personen zu erhalten. Unter diesen Umständen werde Prof. Dr. Müller-Heß von den Wissenschaftlern nicht für ernst genommen. Im übrigen nehme Prof. Dr. Müller-Heß – vielleicht noch in Erinnerung an die früheren Zustände der Systemzeit, wo man den Angeklagten oft leichtfertig den § 51 StGB zubilligte – in seinen Gutachten bei Zweifelsfällen meist gegen die Angeklagten Stellung.«[19]

Konkreter Anlaß für die Abfassung dieses Schriftstückes war die Anklage gegen den »Administrator August Wehr wegen Verbrechens bzw. Vergehens gegen §§ 1 und 2 der VO über außerordentliche Rundfunkmaßnahmen und gegen § 2 des Heimtückegesetzes« – ihm drohte, bei Verneinung eines Zustandes nach § 51 StGB, möglicherweise die Todesstrafe.[20]

Selbst »kleinere psychiatrische Begutachtungen«, unter welchen fachlichen und institutionellen Voraussetzungen auch immer abgefaßt, waren in der Zeit der NS-Diktatur in Deutschland oftmals ausschlaggebend für Leben oder Tod des Angeklagten. Gerade die Frage nach der Zurechnungsfähigkeit war unter diesen Umständen eine der »schwierigeren Fragen« i. S. Karl Bonhoeffers. Aber hatte dieser bedeutende Psychiater selbst alle Möglichkeiten ausgeschöpft, als er zusammen mit seinem Assistenten Dr. Zutt aufgefordert war, den Geisteszustand des Marinus van der Lubbe im Reichstagsbrandprozeß zu untersuchen und als »eigentlicher Fachmann« sein forensisch-psychiatrisches Gutachten abzugeben? Mit welcher Gründlichkeit wäre er vorgegangen, zu welchen Aussagen wäre er gelangt, hätte er das Schicksal seiner eigenen Söhne und Schwiegersöhne im faschistischen Staat vorausahnen können![21]

Auch mit anderen medizinischen Fächern – neben Pathologie und Psychiatrie – hatte die gerichtliche Medizin besonders in den ersten vier Jahrzehnten des 20. Jahrhunderts »Abgrenzungsfragen« zu erörtern. Der *Gynäkologe* vertrat z. B. nicht selten die Meinung, auch allen forensischen Fragen gewachsen zu sein, der Gerichtsmediziner hingegen betrachtete die Begutachtung von Notzuchtdelikten und Fruchtabtreibungen (»krimineller« Abort) als seine Aufgabe. Die Anerkennung der Kompetenz auch des jeweils anderen Fachgebietes bestand hier letztlich wiederum in der Bereitschaft zu Konsultation und Kooperation im schwierigen konkreten Einzelfall. So kann man Fritz Reuter durchaus glauben, daß er es als eine besondere Auszeichnung empfand, von den Herausgebern des bedeutenden Werkes über »Biologie und Pathologie des Weibes« (J. Halban und L. Seitz) mit der Bearbeitung des Abschnittes »Forensische Gynäkologie« betraut zu werden (vgl. Reuter, F., 1929, S. 232). Auch Richard Kockel hat »Die gerichtliche Geburtshilfe« im Doederleinschen »Handbuch der Geburtshilfe« schon 1916 bzw. 1925 abgehandelt.

Mediziner als Kriminalisten?

Der Name Richard Kockels ist bei der historischen Betrachtung der Entwicklung der gerichtlichen Medizin in Deutschland auch untrennbar verbunden mit der Einbeziehung und Anwendung naturwissenschaftlicher Erkenntnisse bei forensischer Sachverständigentätigkeit, mit dem Auf- und Ausbau der naturwissenschaftlichen Kriminalistik.

Schon im Jahre 1913 schien es Kockel »nicht bedenklich ... medizinische Institute mit gerichtlichen Untersuchungen zu betrauen, die, außerhalb der eigentlichen medizinischen Wissenschaft gelegen, den verschiedenen Zweigen der Naturwissenschaften angehören. Denn gerade wir Vertreter der gerichtlichen Medizin sind wie kein anderer Vertreter medizinischer und naturwissenschaftlicher Disziplinen darauf angewiesen, die Grenzgebiete der Medizin und Naturwissenschaften zum Gegenstand unseres Studiums zu machen und die hierbei gewonnenen Erfahrungen in den Dienst der Rechtspflege zu stellen.« (Kockel 1913, S. 30.)

Als bereits damals bestehende Beispiele einer solchen Ausweitung des Faches in eine Richtung, wo keiner der oben angeführten Widerstände und Einwände der Vertreter anderer medizinischer Fachvertreter zu gewärtigen war, erinnerte Kockel in seinem Vortrag auf der 8. Tagung der Deutschen Gesellschaft für gerichtliche Medizin »an die Herren *Kratter, Ipsen, Ziemke und Molitoris*, die neben der gerichtlichen Medizin die Chemie pflegen, ferner an das Institut des Herrn *Zangger* in Zürich, das ... die Tendenz verfolgt, durch Ausbau sämtlicher naturwissenschaftlicher Methoden die Feststellung des Tatbestandes am Orte der Tat zu ermöglichen. ... Hinweisen muss ich schliesslich noch auf das Göttinger Institut des Herrn Lochte und auf das Leipziger, wo ganz besonders die Photographie und Mikrophotographie in ihrer Anwendung auf die verschiedenartigsten Sachverständigenfragen – Daktyloskopie, Urkundenfälschungen, Schriftvergleichungen usw. – gepflegt wird.« (Ebenda.)

Andererseits erkennt Kockel auch die Bestrebungen jener Fachkollegen an, die seinerzeit durch das Erwirken besonderer Lehraufträge für »soziale Medizin« versuchten, die Bedeutung des Faches gerichtliche Medizin an den Universitäten zu heben. Doch der von Theodor Lochte, Heinrich Zangger[22] und ihm selbst verfochtene Weg erschien wirkungsvoller: »Indem wir ... Stellen für die Forschung und den Unterricht in der kriminalistischen Praktik gründen, bieten wir gleichzeitig den Gerichten Zentren für sachverständige Bearbeitungen in praktischen Rechtsfällen, schaffen uns hierdurch Material für den Unterricht für Mediziner und Juristen und vermehren damit die Lebensfähigkeit und den Einfluss unserer Institute auch noch nach einer anderen Richtung als der der sozialen Medizin.« (Ebenda, S. 30 f.) Kockel schloß seine Ausführungen mit dem beinahe programmatischen Aufruf, *»auf das nachdrücklichste dafür ein[zu]treten, dass wir die kriminalistische Praktik,* *soweit sie medizinisch-naturwissenschaftliche Fragen betrifft, für die gerichtsärztlichen Institute gewinnen und festhalten und sie nicht in die Hände der Juristen oder gar in die von Polizeibeamten geraten lassen«* (ebenda, S. 31). Zahlreiche, im Leipziger Institut für Gerichtliche Medizin erhalten gebliebene Gutachten Kockels mit heute noch teilweise bestechenden fotografischen Aufnahmen beweisen, daß er tatsächlich vielfältige naturwissenschaftlich-kriminalistische Probleme bearbeitete und dabei neben der gutachterlich exakten Aussage auch die Vervollkommnung der Untersuchungstechnik und den wissenschaftlich verallgemeinernden Erkenntnisgewinn im Auge hatte.

Wenn man an Kockels intensive Beschäftigung z. B. mit Spielautomaten denkt,[23] hat ihn manche kriminalistische Arbeit zweifellos weit weggeführt von der eigentlichen gerichtlichen Medizin und ihm auch in Kreisen der Fachkollegen nicht immer pure Anerkennung eingebracht. So war etwa Albin Haberda der Ansicht, daß »die Ausdehnung der gerichtlichen Medizin auf Arbeitsgebiete, welche eigentlich ausschließlich der Kriminalistik angehören ... im Interesse unseres Faches keineswegs zu begrüßen« sei (Haberda 1929, S. III). Aber das war der Standpunkt eines Fachvertreters, »der in der ganzen Frage stark austrozentrisch oder vielleicht noch besser viennozentrisch eingestellt« ist, meinte Vorkastner mit Blick auf die Tatsache, daß die gerichtliche Medizin in Österreich eben ein seit einem Jahrhundert anerkanntes Universitätsfach war.

In Deutschland ging es damals – neben der Anerkennung des Faches und seiner Profilierung – auch darum, »an der *Verwissenschaftlichung* von Sachverständigengebieten mitzuarbeiten, für welche es eigens wissenschaftlich vorgebildete Sachverständige nicht gibt. Dahin gehören z. B. die Schießsachverständigentätigkeit und die Schriftsachverständigentätigkeit.« (Vorkastner 1930, S. 607.) Die gerichtlichen Mediziner waren in dieser Zeit in Deutschland *»die einzig möglichen und berechtigten Vertreter einer naturwissenschaftlichen Kriminalistik«* (ebenda, S. 610): An 13 von 17 Instituten wurde wissenschaftlich oder praktisch kriminaltechnisch gearbeitet, in 15 Instituten wurden einschlägige Fragen im Kolleg behandelt, an 6 Instituten liefen besondere kriminaltechnische Kurse, und nur in Frankfurt am Main und in Berlin wurden ähnliche Vorlesungen von Nicht-Gerichtsmedizinern abgehalten (vgl. ebenda). Auch hatte man offenbar von fachlicher Seite bestimmte Einwände gegen »die Herren von der Polizei, [bei denen] vorläufig zuweilen ein gewisser Mangel an wissenschaftlichem Gewissen und eine vielleicht als Unsicherheit zu deutende Intoleranz gegenüber naturwissenschaftlichen Arbeiten hervortritt« (ebenda, S. 606).

Auch in den ersten Jahren des Nationalsozialismus hat die intensive Bearbeitung naturwissenschaftlich-kriminalistischer Themen durch die gerichtsmedizinischen Universitätsinstitute fortbestanden. Aus der »Deutschen Gesellschaft für gerichtliche und soziale Medizin« wurde in dieser Zeit die »Deutsche Gesellschaft für gerichtliche, soziale Medizin und Kriminalistik« und schließlich die »Deutsche Gesellschaft für gerichtliche Medizin und Kriminalistik»; die Universitätsinstitute erhielten 1940 die »reichseinheitliche« Bezeichnung »Institut für gerichtliche Medizin und Kriminalistik«.

In den folgenden Jahren bis weit nach Kriegsende stagnierte auch die naturwissenschaftlich-kriminalistische Forschungsarbeit an den gerichtsmedizischen Universitätsinstituten, andererseits wurden massive Bemühungen der NS-Behörden zur Eingliederung dieser Tätigkeit in neugeschaffene oder geplante Institutionen des Reichsinnenministeriums wirksam (s. Kapitel 11).

»Nach Tunlichkeit Chemiker beiziehen ...«

Während es niemals ernsthafte Ansätze für eine selbständige »forensische Physik« oder eine »forensische Botanik« usw. gegeben hat, trachtete die forensische Chemie zweifellos schon von Anbeginn ihrer Existenz – und dieser Beginn liegt Jahrhunderte zurück – nach der Behauptung ihrer Eigenständigkeit gegenüber der gerichtlichen Medizin. Die Toxikologie, die Lehre von den Giften, hat sich zunächst als Erfahrungswissenschaft im Zusammenhang mit der Medizin, dann mit der Chemie entwickelt. Der berühmte Paracelsus (1493–1541) setzte schon im 16. Jahrhundert die Menge eines einwirkenden Stoffes mit der Giftwirkung in Beziehung: »Alle ding sind gifft, und nichts ohn gifft. Allein die Dosis macht, dass ein Ding kein gifft ist.« Im 19. Jahrhundert erarbeiteten dann vorwiegend pharmazeutisch tätige Chemiker wie Fresenius, Otto, Stas, Dragendorf und Husemann Methoden der toxikologisch-chemischen Analyse, die in hervorragender Weise zur Aufdeckung strafbarer Handlungen – Giftmorde, Attentate – oder bei der Aufklärung plötzlicher Todesfälle eingesetzt werden konnten. Louis Lewin (1850–1929), ein bedeutender Berliner Pharmakologe und Toxikologe, der sich auch mit der gerichtlichen Praxis beschäftigte, unterschied 1907 vier große Giftarten: Entzündungs- bzw. Ätzgifte, Stoffwechselgifte, Nerven- und Blutgifte.

Die Eigenständigkeit der Untersuchungspraxis war auch durch § 91 der StPO für das Deutsche Reich vorgeschrieben: »Liegt ein Verdacht einer Vergiftung vor, so ist die Untersuchung der in der Leiche oder sonst gefundenen verdächtigen Stoffe durch einen *Chemiker* oder durch eine für solche Untersuchungen bestehende *Fachbehörde* vorzunehmen ...« Eine ähnliche Bestimmung bestand in der Österreichischen Strafprozeßordnung, hier wurde im § 131 formuliert: »Liegt der Verdacht einer Vergiftung vor, so sind bei der Erhebung des Tatbestandes nebst den *Ärzten* nach Tunlichkeit auch 2 *Chemiker* beizuziehen. Die Untersuchung der Gifte selbst aber kann nach Umständen auch von den Chemikern allein in einem hierzu geeigneten Lokal vorgenommen werden.« (zit. nach: Merkel 1932, S. 384). Im deutschen wie im österreichischen Strafverfahren wurde also die Zusammenarbeit des gerichtlichen Mediziners und des gerichtlichen Chemikers ausdrücklich verlangt. Haberda äußerte sich dazu in seinem Lehrbuch der gerichtlichen Medizin wie folgt: »... zur völlig sicheren Diagnose einer Vergiftung gehört der chemische Nachweis des Giftes in den Leichenteilen, der nicht Sache des *Gerichtsarztes*, sondern des *Gerichtlichen Chemikers* ist. Der Gerichtsarzt hat die Aufgabe, dem Chemiker das Material für seine Untersuchung zu liefern und das Ergebnis der chemischen Untersuchung im ärztlichen Gutachten zu verwerten.« (Haberda 1927, S. 790). Auch Fritz Strassmann besprach diese Arbeitsteilung bei der Untersuchung tödlicher Vergiftungsfälle in seinem Lehrbuch und schrieb: »Wenn wir die Rechte des Gerichtschemikers nicht antasten wollen, so muß andererseits verlangt werden, daß auch er die berechtigten Ansprüche des Gerichtsarztes anerkennt, daß er diesem die endgültige Entscheidung über das Vorhandensein einer Vergiftung unter Berücksichtigung aller Umstände, insbesondere der Krankheitserscheinungen, des Leichenbefundes und der chemischen Untersuchung überläßt.« (Strassmann, F., 1931, S. 308.)

Die Praxis der Untersuchung von Vergiftungsfällen an den entstehenden gerichtsmedizischen Universitätsinstituten brachte es mit sich, daß etwa vom Beginn der zwanziger Jahre an Chemiker an diesen Instituten angestellt wurden oder sich Ärzte zusätzlich einem Studium der Chemie unterzogen. Beispiele für solche Art Personalunion zwischen Gerichtsmediziner und Gerichtschemiker sind einige Fachvertreter, die um die Jahrhundertwende geboren wurden, wie Wilhelm Hecksteden[24], Wolfgang Laves, Ludwig Rebmann[25], Friedrich Timm und Emil Weinig.

Eine solche Entwicklung hat die Leiter der gerichtsmedizinischen Universitätsinstitute nicht daran gehindert, sich selbst auch weiterhin toxikologisch-chemischen Fragen zu widmen, wie entsprechende Publikationen in der Fachliteratur ausweisen. Auch größere Arbeiten, gewissermaßen zwischen Medizin und Chemie angesiedelt, erschienen: So habilitierte sich z. B. der spätere Landgerichtsarzt Julius Schneller im Jahre 1926 mit der Arbeit »Das Luminal und sein gerichtsärztlicher Nachweis«[26] und 1934 Gottfried Jungmichel mit der Schrift: »Alkoholbestimmung im Blut«.

Während die Begutachtung der Alkoholwirkungen noch heute eine routinemäßig gerichtsmedizinische oder im Einzelfall vielleicht forensisch-psychiatrische Aufgabe ist, hat es in der Frage der Kompetenz für die Alkoholbestimmung zwischen Medizinern und Chemikern besonders in den dreißiger Jahren »Reibereien« gegeben: »Die Alkoholbestimmung ist von Medizinern entwickelt und durch Forschung gefördert worden ... Aus der Verwendung von Chemikalien zur Blutalkoholbestimmung kann für den Chemiker keine Berechtigung hergeleitet werden, diese Untersuchungsmethode jetzt plötzlich für sich in Anspruch zu nehmen.« (Buhtz 1938, S. 359.)

Aber nicht nur auf diesem Sektor der Zusammenarbeit wurden Unstimmigkeiten moniert, vielmehr beklagte man generell *»das Abhängigkeitsverhältnis der Chemiker von der Gerichtsmedizin sowie die daraus hervorgehende mangelnde wissenschaftliche und praktische Entfaltungsmöglichkeit dieser chemischen Berufsgruppe«* (Chemiker-Zeitung 1939, S. 129). Der Gerichtschemiker Fritz Künkele[27], in den dreißiger Jahren am Institut für gerichtliche Medizin in Bonn tätig, machte den Gerichtsmedizinern den Vorwurf der *»Ablehnung der Arbeitsteilung in den Grenzgebieten und Überschreitung der Zuständigkeit bei Begutachtungen.* ... Der kritische Punkt ist meines Erachtens ... die *›Naturwissenschaftliche Kriminalistik‹*, die anscheinend in der öffentlichen Meinung nach und nach zu einer Angelegenheit der Gerichtsmedizin gestempelt werden soll.« (Künkele 1939, S. 129 f.) Nach Künkele seien die »ursprünglichsten Vertreter« einer naturwissenschaftlichen Kriminalistik Chemiker gewesen, eine *»begriffliche Scheidung* in *›kriminalistische Chemie‹* und *›kriminalistische Medizin‹«* sei deshalb notwendig. »Eine *›naturwissenschaftliche Kriminalistik‹* kann es als Begriff – aber *nie als Fach einer einzelnen Fakultät* – nur dort geben, wo Arzt und Chemiker Hand in Hand arbeiten, und zwar *nur dann,* wenn der Chemiker nicht womöglich außerplanmäßiger Assistent, sondern ebenbürtiger Dozent, selbst Chef oder zumindest Stellvertreter des Chefs ist!« (Ebenda, S. 130.)

Auf den Artikel seines früheren Mitarbeiters Künkele meldete sich auch Friedrich Pietrusky zu Wort und vertrat die Ansicht, scharfe Grenzen zwischen forensischer Medizin, forensischer Chemie, forensischer Botanik, forensischer Mineralogie usw. gäbe es nicht: »Der alles umfassende Titel ist ›naturwissenschaftliche Kriminalistik‹«. Recht anschaulich legte Pietrusky dar, warum *»nur Zusammenarbeit ... zum Ziel«* führe: »Es wird wohl niemand glauben, daß der Alkoholnachweis im Blut von einem Mediziner nicht erlernbar ist. Ebenso leicht wird ein Nichtmediziner die physiologische Wirkung des Alkohols auf den Menschen unter normalen Verhältnissen beurteilen können. Er kann es aber nicht bei den verschiedenen Krankheitszuständen und kann vor allem nicht feststellen, ob solche Krankheitszustände vorliegen. Andererseits vermag ein für Chemie interessierter Mediziner den schematischen Ablauf einer Giftuntersuchung von Organen auf Grund seiner chemischen Kenntnisse sich leicht anzueignen. Er wird aber, wenn er kein erfahrener Chemiker ist, bei irgendwelchen Abweichungen von der Norm versagen.« (Pietrusky 1939, S. 347.) Die Forderung Künkeles nach einer Besserstellung des forensischen Chemikers an den gerichtsmedizinischen Instituten ergänzte Pietrusky mit dem Hinweis, dafür hätten »sich bisher nur die Gerichtsmediziner eingesetzt!« (Ebenda.)

Auch in den folgenden Jahren achteten die Lehrstuhlinhaber der gerichtlichen Medizin an den Universitäten auf die »Ganzheit des Faches«. Interessant sind in diesem Zusammenhang die Aktivitäten von Gerhard Buhtz, »seinen« Chemiker Walter Specht[28] auch dann am Breslauer Institut zu behalten, als »Verhandlungen [schwebten], mit dem Ziele, Dozent Dr. Specht in der naturwissenschaftlichen Fakultät der Reichsuniversität Posen ein Extraordinariat für gerichtliche Chemie (naturwissenschaftliche Kriminalistik) zu übertragen«. Buhtz wehrte sich gegen solche Absichten entschieden: »Es muß ... der Absicht aufs schärfste entgegengetreten werden, das Fach *gerichtliche Medizin und Kriminalistik* durch Schaffung von neuen selbständigen Lehrstühlen für gerichtliche Chemie oder für naturwissenschaftliche Kriminalistik oder für kriminalistische Hilfswissenschaften oder die Neuschaffung von Instituten für vorbeugenden Staatsschutz (Brand- und Sabotageforschung) usw. an den naturwissenschaftlichen Fakultäten aufzuteilen oder es durch Fortberufung von wichtigen Mitarbeitern an andere Fakultäten bzw. Universitäten zu zerschlagen, insbesondere da, wo bereits grosse, modern eingerichtete gerichtsmedizinische Institute geschaffen sind oder geschaffen werden sollen.«[29]

Wegen der geplanten Einrichtung von Lehrstühlen für gerichtliche Chemie wandte sich auch der damalige Vorsitzende der Gesellschaft für gerichtliche Medizin und Kriminalistik, Prof. Dr. Mueller, im November 1941 an den zuständigen Minister für Wissenschaft, Erziehung und

Volksbildung. In seinem Schreiben begrüßte er zwar den Plan der Errichtung solcher Lehrstühle »auf das wärmste«, warnte aber zugleich vor »unerwünschten Folgen«, vor einem »gegeneinander arbeiten« und davor, daß der Chemiker sich vielleicht »an den Nachweis von Blut, Menschenblut, Sperma und an die Untersuchung von Haaren« wagen könnte. »Ebenso würde der gerichtliche Chemiker u. U. dem gerichtlichen Mediziner zum Vorwurf machen, wenn er gelegentlich einmal einfachere chemische Untersuchungen durchführt, z. B. Vorproben auf Gifte, Blutalkoholbestimmungen usw.« Er unterbreitete den Vorschlag, »die künftigen Institute für gerichtliche Chemie in räumliche Verbindung mit den Instituten für gerichtliche Medizin und Kriminalistik zu bringen, derart, dass die Institute für gerichtliche Chemie als Abteilung der Institute für gerichtliche Medizin gelten.«[30]

Außerhalb der Universitätsinstitute für gerichtliche Medizin gab es bereits zu Beginn des 20. Jahrhunderts wichtige Untersuchungsstellen: »Deutsche chemische Laboratorien, wie *Jeserich* in Berlin, *Popp* in Frankfurt und *Look* in Düsseldorf, genießen und genossen damals, als Pflegestätten der gerichtlichen Chemie und besonders auch der naturwissenschaftlichen Kriminalistik, ein berechtigt hohes Ansehen, das sie ihren Erfolgen verdanken. Auch an *E. Spaeth* in Erlangen möge hier erinnert werden.« Der Autor dieser Zeilen, der 1879 geborene August Brüning, war ein weiterer wichtiger Fachvertreter dieser Arbeitsrichtung. Am 1. Januar 1913 war ihm die Stelle eines Chemikers für kriminalpolizeiliche Zwecke und die Leitung der »Staatlichen Anstalt zur Untersuchung von Nahrungs- und Genußmitteln sowie Gebrauchsgegenständen für den Landespolizeibezirk Berlin« übertragen worden. Schon der Name des Instituts deutet allerdings darauf hin, daß ihm vorwiegend naturwissenschaftlich-kriminalistische Untersuchungen und weniger im Zusammenhang mit gewaltsamen Todesfällen auftretende Aufgaben übertragen waren.

An den gerichtsmedizinischen Universitätsinstituten arbeiteten in den späten dreißiger und frühen vierziger Jahren eine Reihe junger Wissenschaftler, die in den folgenden Jahrzehnten zu den führenden forensischen Toxikologen wurden, z. B. Emil Weinig, Walter Paulus[31] und Ernst Vidic[32].

Geradezu hochtrabende Anforderungen an einen neu zu berufenden Lehrstuhlinhaber der gerichtlichen Medizin formulierte Raestrup auf eine Anfrage der Medizinischen Fakultät der »Schlesischen Friedrich-Wilhelms-Universität zu Breslau« vom 14. Juli 1944, die einen Nachfolger für Gerhard Buhtz suchte: »Für die Besetzung des Breslauer

Lehrstuhls kommt meines Erachtens nach nur ein Fachvertreter in Betracht, der der Erscheinungsform des neuzeitlichen gerichtlichen Mediziners entspricht. Dieser unterscheidet sich schon durch seine Vorbildung von den übrigen. Die früheren haben lediglich eine medizinische Vorbildung und möglicherweise darüber hinaus eine pathologisch-anatomische Ausbildung zur Grundlage. Dieselbe reicht, wie ich seit langem betont habe, zur Erfüllung der Vorbedingungen für den neuzeitlichen Gerichtsmediziner keineswegs mehr aus. Meine sämtlichen Schüler, die die akademische Laufbahn einschlagen wollen, besitzen die beiden abgeschlossenen Studien der Chemie und der Medizin als breite Grundlage und beginnen auf ihr ihre Ausbildung in der Kriminologie. Diese umfasst, in grossen Zügen dargestellt, folgende Wissenszweige:

1. Kriminalistik/medizinische und naturwissenschaftliche Kriminaltechnik, Kriminaltaktik, Kriminalphaenomologie [sic!] als Mittel zur Feststellung und Beurteilung des *objektiven Tatbestandes*

2. Kriminalbiologie/Kriminalsomatologie, Kriminalpsychologie, Kriminalpathopsychologie als Mittel zur Erkennung des *subjektiven Tatbestandes*

3. Prozessbiologie

4. Poenologie und verwandte Gebiete

5. Verbrechensverhütung

6. Kriminalsoziologie

Das lediglich sei aus dem umfangreichen Gebiete der *Kriminologie* angeführt. Dabei ist selbstverständlich, dass für den gerichtlichen Mediziner die eingehende Ausbildung in der *Strafrechtswissenschaft* unerlässlich ist. Meine neuesten jungen Schüler vereinigen in sich Strafrechtswissenschaft (Referendare), Medizin und Chemie. Überdies kann es keinem Zweifel unterliegen, dass analog die Ausbildungsnotwendigkeit des gerichtlichen Mediziners im Zivilrecht und im sozialen und privaten Versicherungsrecht vorliegt. All das hat der neuzeitlich eingestellte Gerichtsmediziner zu beherrschen, wie Sie dieses, sehr geehrter Herr Dekan, aus meinen Breslauer Vorträgen haben entnehmen können. Der Herr Reichsjustizminister kennt aus meinen zahlreichen Vorträgen diese neueste Ausrichtung in der gerichtlichen Medizin und lässt seinerseits seine Ansprüche durch die untergeordneten Behörden an die Fachvertreter stellen.

Derartig vorgebildete gerichtliche Mediziner gibt es ausser denen, die aus meinem Institut hervorgegangen sind und die die Kombination: Medizin, Chemie und Kriminologie in ihrem Interessenkreis konzentrieren, nicht.«

Es nimmt nicht wunder, daß nach einer derartigen Eloge auf die Leipziger Gerichtsmedizin die Breslauer Universität auf den Meister des Faches persönlich zutrat.[33]

Prüfungsfragen

Am 21. September 1888 hielt Emil Ungar[34] in der Sektion für gerichtliche Medizin der Naturforscher-Versammlung zu Köln einen Vortrag über »die Bedeutung der gerichtlichen Medicin und deren Stellung auf deutschen Hochschulen«. Er beklagte darin das geschwundene Ansehen der gerichtlichen Medizin, »die Berücksichtigung und Werthschätzung, welche ihr zu Theil wird, ist eine so geringe, dass heute sogar die Existenzberechtigung dieser Doctrin vielfach angezweifelt und geleugnet wird.« (Ungar 1889, S. 49.)

Demgegenüber stellten sich schon damals in anderen europäischen Ländern für das Fach weitaus günstigere Gegebenheiten dar: In Österreich und Ungarn, in der Schweiz, in Frankreich, Belgien und Dänemark wurde die gerichtliche Medizin in den medizinischen Fakultäten durch einen Ordinarius vertreten und im medizinischen Staatsexamen bzw. in gleichrangigen Examina geprüft. An 11 der 16 königlichen Universitäten Italiens lasen ebenfalls Ordinarii, auf einer ein Extraordinarius, auf drei weiteren sog. Professore Incaricato die gerichtliche Medizin. Auch in England waren an fast allen medizinischen Schulen besondere Lehrer für gerichtliche Medizin tätig. In Spanien lehrten Catedráticos, also ebenfalls Ordinarien, an sämtlichen Hochschulen gerichtliche Medizin; ähnlich war es in Portugal, in Rumänien und in Griechenland. Im Königreich Schweden hatte zwar nur die Stockholmer Universität einen Extraordinarius für gerichtliche Medizin, doch wurde im Examen zum Licentiaten der Medizin auch gerichtliche Medizin geprüft. Selbst die medizinische Schule von Konstantinopel hatte eine Professur für gerichtliche Medizin (vgl. ebenda; S. 69).

Ganz anders sah es in Deutschland aus: »Auf zwei der 20 deutschen Hochschulen lehren Ordinarii die gerichtliche Medicin, aber auch diese nur im Nebenfach, und auf Grund schon vor langer Zeit übernommener Verpflichtungen. Eine ordentliche Professur für gerichtliche Medicin als solche besteht nicht. Auf 10 Hochschulen kündigen Extraordinarii gerichtliche Medicin an, ohne dass jedoch diese Alle wirklich einen Lehrauftrag für diese Disciplin hätten; auf einer Hochschule liest ein Privatdocent, aber, wie es in der Ankündigung heisst, besonders für

Juristen. Auf 7 Hochschulen, und unter diesen die grosse Universität Leipzig, wird gerichtliche Medicin überhaupt nicht gelesen.« (Ebenda, S. 49.)

Außer Fritz Strassmann waren vielleicht schon alle diejenigen, die Emil Ungar 1888 gehört hatten, »in das Reich der Schatten hinübergegangen«, als Strassmann anläßlich des 80. Geburtstages Ungars mehr als 40 Jahre später auf jenes große Referat zurückkam und formulierte: »Es ist wohl nicht zuviel gesagt, wenn man behauptet, daß jener Vortrag Ungars den Wendepunkt bezeichnet, von dem der Wiederaufstieg der gerichtlichen Medizin in Deutschland ausgegangen ist.« (Strassmann, F., 1930, S. 5.)

In Berlin hatte Carl Liman (1818–1891) bereits 1864 eine Berufung zum außerordentlichen Professor an die »Praktische Unterrichtsanstalt für Staatsarzneikunde« der Universität erhalten, doch erst am 1. März 1886 wurde ein eigenes Institutsgebäude, in dem auch das Leichenschauhaus untergebracht war, bezogen (vgl. Wirth, Strauch u. Radam 1986, S. 25). Mit der Errichtung eines Lehrstuhls für gerichtliche Medizin war 1861 Kiel vorangegangen, das zugehörige Institut konnte aber erst 1906 seinen Betrieb aufnehmen; ähnlich verhielt es sich mit Heidelberg: 1868 Lehrstuhl, 1927 Institutsgründung. Vor der Jahrhundertwende entstanden schließlich noch Lehrstühle für gerichtliche Medizin in Greifswald (1888 – Institutsgründung 1892), in München (1891 – Institutsgründung 1909) und in Leipzig (1897 – Institutsgründung 1900).[35]

Die geringe Wertschätzung der gerichtlichen Medizin als humanmedizinisches Ausbildungsfach an den Universitäten fand ihren Ausdruck auch in der »Prüfungsordnung für Ärzte« vom 28. Mai 1901, die zwar den Nachweis des Besuches einer Vorlesung in gerichtlicher Medizin vorschrieb (§ 25), die Überprüfung der erworbenen Kenntnisse aber anderen Fächern überließ; § 47 lautete: »Bei den einzelnen Prüfungsfächern sind ihre Geschichte, und soweit solche vorhanden, ihre Beziehungen zur Gerichtlichen Medizin nicht unberücksichtigt zu lassen.«[36]

Einer ersten Generation von Fachvertretern der gerichtlichen Medizin ist es zu verdanken, die Idee von der fachlichen Eigenständigkeit und von der sozialen Notwendigkeit der gerichtlichen Medizin als einem medizinischen Lehr- und Prüfungsfach immer wieder betont und für deren Anerkennung im Universitätsbereich gewirkt zu haben. So geht eine siebenseitige gedruckte Eingabe an »Seine Exzellenz, den Herrn Reichskanzler« auf die Initiative von Richard Kockel zurück; das Schriftstück wurde am 31. August 1918 in Leipzig als Einschreibsendung aufgegeben und trägt die Namen von 15 bedeutenden Vertretern der gerichtlichen Medizin an deutschen Universitäten (vgl. Herber 1988, S. 164 ff.).

Ob der Reichskanzler die von den Fachvertretern verfaßte Schrift jemals zu Gesicht bekam, ist nicht bekannt. Die Zeit, die auch ein eigenständiges medizinisches Sonderfach »Gerichtliche Medizin« nötig gehabt hätte, war höchst ungeeignet für von Universitätsprofessoren angeregte Neuerungen: Der I. Weltkrieg war in seine letzte Phase getreten, heftige Klassenauseinandersetzungen kündigten das Nahen der Novemberrevolution an, die Reichskanzler wechselten: Georg Graf von Hertling wurde am 30. September 1918 durch Max Prinz von Baden abgelöst. Trotzdem gelangte die Eingabe über den Staatssekretär des Innern zum »Kaiserlichen Gesundheitsamt«, welches von »grossem Interesse« am Fach sprach und am 8. Oktober 1918 ein weiteres Exemplar anforderte.

Der Widerstand der medizinischen Fakultäten gegen eine Aufwertung des Fachgebietes gerichtliche Medizin mag teilweise größer gewesen sein als die Rigidität staatlicher Instanzen. So formulierte z. B. die Leipziger Medizinische Fakultät unter dem 6. Dezember 1918, »dass eine Erweiterung des Unterrichts in gerichtlicher Medizin pp. und ebenso die Erhebung der gerichtlichen Medizin zum Prüfungsfach im Staatsexamen nicht rätlich erscheint«[37], und noch vier Jahre später referierte Schwalbe das Ergebnis entsprechender Beratungen wie folgt: »Vertreter des Reichs- und preußischen Justizministeriums sprachen dafür, daß die gerichtliche Medizin zum selbständigen Prüfungsfach erhoben würde. Die Fakultätsvertreter wandten sich dagegen, da die Medizinstudierenden nicht zu Gerichtsärzten, sondern zu praktischen Aerzten ausgebildet werden sollten und diese verhältnismäßig sehr selten in die Lage kämen, in der gerichtlichen Medizin tätig zu sein. Sie würden also selbst gute Kenntnisse bei der Prüfung in der gerichtlichen Medizin bis zu ihrer praktischen Ausübung vergessen haben« (Schwalbe 1922, S. 1709).

Einer solchen Interpretation der Bedeutung des Faches widersprach u. a. Fritz Strassmann: Worauf es der gerichtlichen Medizin bei einer medizinischen Hauptprüfung ankomme, seien »keine spezialistischen Kenntnisse ... sondern nur das, was der Arzt wissen muß. Und das ist immerhin Einiges. Jeder Arzt hat Totenscheine auszustellen, jeder Körperverletzungen, jeder angeblich gemißbrauchte Kinder zu untersuchen und zu begutachten u. a. m. Wenn wir nur feststellen, daß der zukünftige Arzt von dem Vorkommen angeborener Hymenkerben Kenntnis hat, daß er gelernt hat, bei rätselhafter Krankheits- oder Todesursache stets auch an Kohlenoxydvergiftung zu denken und bei unbekannten Leichen sich den Hals auf Strangulationsmerkmale anzusehen, auch wenn er deshalb ein umgelegtes Tuch abnehmen muß, so wäre für die Rechtssicherheit und auch für das Ansehen unseres Standes schon Wesentliches erreicht.« (Strassmann, F., 1923, S. 75.)

Nicht zuletzt der von Kockel angeregten und formulierten Eingabe mag es zu danken sein, daß sich die Fachvertreter der gerichtlichen Medizin nunmehr intensiv für eine Aufwertung der Universitätsgerichtsmedizin einsetzten. Am 20. Dezember 1919 teilte Lochte in einem Brief mit, daß sich »ein – zunächst provisorischer – Fachausschuss für gerichtliche und soziale Medizin gebildet [habe], dem die Herren Puppe – Königsberg, Ziemke – Kiel und Lochte – Göttingen angehören. Der Unterzeichnete hat auf Vorschlag der Herren Puppe – Königsberg und Kockel – Leipzig sich zur Geschäftsführung bereit erklärt.« Er lud mit diesem Schreiben »zu einer Sitzung der Fachvertreter der gerichtlichen Medizin auf Sonntag, den 4. Januar Vorm. 10 Uhr im Institut für Staatsarzneikunde in Berlin, Hannov. Platz, ergebenst ein ...«[38]

An der Sitzung, die der Vorbereitung einer Stellungnahme der »Lehrer der gerichtlichen und sozialen Medizin an deutschen Universitäten« zur geplanten Reform des medizinischen Unterrichts dienen sollte, nahmen Fritz Strassmann, Richard Kockel, Ernst Ziemke[39], Theodor Lochte, Martin Nippe, Arthur Schulz[40], Karl Reuter[41], Paul Fraenckel und Curt Strauch[42] teil. Als Gäste vom zuständigen Ministerium waren anwesend Ministerialrat Prof. Dr. Gottstein[43] sowie Prof. Dr. Dietrich; Dr. Friedrich Leppmann[44] veröffentlichte die vorgetragenen Berichte von Kockel und Lochte sowie die sich anschließende Diskussion in der von ihm als verantwortlichem Redakteur betreuten »Aerztlichen Sachverständigen-Zeitung«.[45] Weitere Diskussionen, z. T. in der gleichen Zeitschrift publiziert, folgten.[46]

Schließlich wurde den angeführten und weiteren Bemühungen der Fachvertreter der gerichtlichen Medizin mit der Prüfungsordnung für Ärzte vom 25. Juli 1924 Rechnung getragen. Der § 26 erklärte die Gerichtsmedizin zum Prüfungsfach, § 29 nannte als 14. (letzten) Prüfungsabschnitt »Gerichtliche Medizin«, und § 51 erläuterte: »Die Prüfung in der Gerichtlichen Medizin erfolgt mündlich; sie ist in einem Tag von einem Prüfer abzunehmen. Der Kandidat hat nachzuweisen, daß er über die für einen praktischen Arzt wichtigen Lehren der Gerichtlichen Medizin sowie die Versicherungsmedizin, ferner über die Grundregeln der Gutachtenerstattung, endlich auch über die Rechte und Pflichten des Arztes unterrichtet ist.«

Trotz der neuen Prüfungsordnung war Einheitlichkeit in der Lehre auch 1928 noch keineswegs erreicht: »Unter den 24 deutschen Hochschulen (einschließlich der Akademie Düsseldorf) befinden sich 15, an denen die Lehrtätigkeit in gerichtlicher Medizin in den Händen besonders beauftragter, und zwar hauptamtlich tätiger Dozenten liegt; 13 dieser Dozenten sind Ordinarien, 2 sind Extraordinarien. An den übrigbleibenden 9 Hochschulen ist für unser Fach auf verschiedenartige Weise gesorgt: an 3 Universitäten ist der Fachvertreter im Hauptamt Gerichtsarzt und im Nebenamt mit der Dozentur beauftragt. In Tübingen ist ein Stuttgarter Amtsarzt beauftragter Dozent und muß seine Lehrtätigkeit ... von Stuttgart aus ausüben. In Freiburg wird gerichtliche Medizin gelesen von 2 Dozenten, dem Vorstand des Diakonissenhauses und dem I. Assistenten am pathologischen Institut, in Gießen und in Rostock lesen die Vertreter der pathologischen Anatomie im Nebenamt gerichtliche Medizin, in Heidelberg und Köln sind die ersten Assistenten der pathologischen Institute mit der Vorlesung über gerichtliche Medizin betraut worden. Für den Unterricht und die sonstigen Aufgaben stehen nur an 16 Hochschulen besondere Institute zur Verfügung.« (Kockel 1928, S. 2.)

Mit der Machtübernahme durch die Nationalsozialisten begann eine Epoche tiefgreifender Umwälzungen der medizinischen Ausbildung. Die Zulassungsvoraussetzungen zur akademischen Ausbildung, die Grundstruktur des Studiums, die Lehrinhalte und Prüfungsanforderungen unterlagen ab 1933 einem schnellen, widersprüchlichen und tiefgreifenden Veränderungsprozeß. Für die nachfolgenden 12 Jahre sind 130 ministerielle Verordnungen und Erlasse nachweisbar, fast doppelt so viele wie in den vorangegangenen 60 Jahren.

Schon Ende 1933/Anfang 1934 wurde eine neue Studienordnung, »Preußischer Plan« genannt, durchgesetzt, die eine erhebliche Verringerung der Pflichtstundenzahlen, wenngleich um des Vorteils eines etwas stärkeren Praxisbezugs willen, bedeutete. Durch Änderungen der erwähnten Prüfungsordnung (1937, 1938), die nunmehr Bestallungsordnung hieß, wurde die vorklinische Ausbildung um ein Semester verkürzt und »Rassenhygiene« als Prüfungsfach eingeführt. Ein Jahr später erfolgte eine grundlegende Änderung der Bestallungsordnung, außerdem wurde die Studienordnung erneut verändert. Die im Jahre 1939 durchgeführten Änderungen waren Ausdruck der staatlichen Kriegspläne: Das Studium wurde durch den Wegfall des Praktischen Jahres noch einmal um ein Jahr verkürzt, auch das Vorphysikum fiel wieder weg. Mit beiden Maßnahmen war eine schnellere Erhöhung der Zahl der approbierten Ärzte beabsichtigt. Zudem wurden kriegswichtige

Fächer und Lehrinhalte verstärkt gefördert. Ein halbjähriges Krankenpflegepraktikum wurde Voraussetzung für die Zulassung zum Studium.

Während des Krieges wurde die Bestallungsordnung für Ärzte dann noch zweimal substantiell geändert: Um die von der Front zum Studium abkommandierten Soldaten stärker zum Studium anzuhalten, wurde 1943 das Vorphysikum wieder eingeführt. Als die Phase des totalen Krieges nahte, wurden 1944 die Prüfungsanforderungen gesenkt, zugunsten schulmedizinischer Fächer beschnitt man sogar spezifische NS-Fächer wie Rassenhygiene und Naturheilkunde (vgl. van den Bussche, 1989, S. 15 ff.).

Im Frühjahr 1933 ergab sich recht schnell jedoch auch ein »Umbruch« der personellen Verhältnisse an den deutschen Universitäten. Eine so renommierte Zeitschrift wie die »Münchner Medizinische Wochenschrift« des Verlegers J. F. Lehmann[47] hat diese Veränderungen akribisch in jeder wöchentlichen Neuausgabe registriert und ihren Lesern zur Kenntnis gegeben, etwa in derartig umfangreichen Notizen wie in der Ausgabe vom 13. Oktober 1933 allein über die Medizinische Fakultät der Universität Frankfurt/M.: »Auf Grund des Gesetzes zur Wiederherstellung des Berufsbeamtentums sind im Lehrkörper der Medizinischen Fakultät der Universität folgende Änderungen eingetreten: Aus dem Staatsdienst entlassen ist der ord. Prof. Dr. Werner Lipschitz (Pharmakologie). Die Lehrbefugnis ist entzogen worden: dem Honorarprofessor Dr. Ludwig Benda (Chemotherapie), den nichtbeamteten a. o. Professoren Dr. Joseph Igersheimer (Augenheilkunde), Dr. Georg Ludwig Dreyfus (Innere Medizin), Dr. Karl Altmann (Haut- u. Geschlechtskr.), Dr. Hugo Braun (Hygiene und Bakteriologie), Dr. Edgar Goldschmidt (Pathologie), Dr. Michael Traugott (Geburtshilfe u. Gynäkologie), Dr. Raphael Weichbrodt (Psychiatrie u. Neurologie), Dr. Wilhelm Hanauer (Soziale Medizin), Dr. Walter Lehmann (Chirurgie), den Priv.-Doz. Dr. Franz Herrmann (Dermatologie u. Syphilidologie), Dr. Emmy Klieneberger (Bakteriologie), Dr. Ernst Herz (Psychiatrie u. Neurologie), Dr. Ernst Metzger (Augenheilkunde), Dr. Kleeberg (Innere Medizin), a. o. Prof. Dr. Joseph Berberich (Hals, Nasen, Ohren).«[48]

Die Radikalmaßnahmen bei der Anwendung des »Gesetzes zur Wiederherstellung des Berufsbeamtentums«[49], die auf die Ausschaltung »jüdischer« Akademiker abzielten, bedrohten offenbar zuweilen nicht nur die Existenz medizinischer Fakultäten, sondern ganzer Universitäten; so lesen wir in der gleichen Zeitschrift, ebenfalls Frankfurt betreffend, im März des nächsten Jahres folgendes Dementi: »Die Gerüchte über Auflösung der Universität sind falsch. Es stehen im Gegenteil Berufungen zum weiteren Ausbau bevor«.[50]

In diesen ersten und in späteren antijüdischen Maßnahmen der Nazis verbanden sich »politisches Kalkül und mystischer Rassismus. Realpolitik war insofern im Spiele, als die jüdisch-herkünftige Intelligenz auf Grund der Geschichte der Emanzipation der Juden liberalen oder bürgerlich-demokratischen Auffassungen zuneigte. Konformistisches, gar förderndes Verhalten war von dieser Personengruppe allein schon aus Gründen der Ablehnung der Naziideologie also nicht zu erwarten. Zudem sollte die Vertreibung der jüdisch-herkünftigen Wissenschaftler und Künstler aus dem Deutschen Reich Platz für junge Faschisten machen, die als Folge der Krise nach dem Universitätsstudium ohne Arbeit geblieben waren.« (Pätzold 1984, S. 46.)

Ordinarien der gerichtlichen Medizin, die jüdischer Herkunft waren, hat es im Jahre 1933 – zweifellos ein Zufall – nicht gegeben: Das Berliner Institut war nach Fritz Strassmann und Paul Fraenckel schon 1930 von Victor Müller-Heß übernommen worden, vorher hatte dieser in Bonn Emil Ungar abgelöst, und Adolf Lesser[51] war schon Jahre zuvor verstorben. Insofern ist also die gerichtliche Medizin in ihrer Entwicklung als »Lehr- und Prüfungsfach« durch die neuen hochschulpolitischen Maßnahmen personell nicht unmittelbar gefährdet worden, wohl aber wurden besonders ausländische Fachvertreter wenige Jahre später Opfer des Nazismus.

Am 13. Dezember 1935 erließ die Reichsregierung eine »Reichsärzteordnung«. Ein wesentliches Ziel dieser Ordnung war – neben der Integration ärztlicher Standesverbände in das faschistische Machtgefüge, neben der Unterstellung aller Ärzte unter die »Reichsärztekammer«, der Schaffung ärztlicher Berufsgerichte u. a. dirigistischen Maßnahmen – die Ausschaltung politisch mißliebiger oder jüdischer Ärzte bzw. von Bewerbern für ein Medizinstudium.[52]

Die ärztliche Prüfungsordnung von 1924 wurde im Jahre 1939 durch eine als 5. Verordnung zur Durchführung und Ergänzung der Reichsärzteordnung deklarierte »Bestallungsordnung für Ärzte« im nationalsozialistischen Geiste novelliert und z. B. auch »Rassenhygiene« als Prüfungsfach eingeführt.[53] Die gerichtliche Medizin blieb wie bisher Prüfungsfach im medizinischen Staatsexamen.

Nach der Bestallungsordnung war die Zulassung zur Prüfung im medizinischen Staatsexamen Personen zu versagen, »die nicht im Besitze der bürgerlichen Ehrenrechte sind, denen die nationale, sittliche oder infolge eines körperlichen Leidens oder einer Sucht die charakterliche Zuverlässigkeit oder Eignung fehlt, ferner Juden und Mischlingen«, schrieben Coermann und Wagner und erläuterten weiter: »Die

Kriegsbedingte Konzentration des klinischen Unterrichts und der ärztlichen Prüfung.

Durch Verfügung des Reichsministers für Wissenschaft, Erziehung und Volksbildung (W J 931 v. 14. V. 43) sind die Dekane der Medizinischen Fakultäten ermächtigt, im Einvernehmen mit den Vorsitzern der ärztlichen Prüfungsausschüsse notwendig erscheinende Anordnungen in bezug auf die Durchführung des medizinischen Studiums auch in Abweichung von der Studienordnung vorzunehmen.

A) Um eine kriegsbedingte und vorübergehende **Konzentration des klinischen Unterrichts** zu erreichen, wird folgendes angeordnet:

1. **Einstündig** werden gelesen:
   Hauß u. Übermuth (gemeinsam): Berufskrankheiten.
   Keller: Naturgemäße Heilmethoden.
   Raestrup: Gerichtliche Medizin.
   Hauenstein: Poliklinik der Zahn-, Mund- u. Kieferkrankheiten. Pathologie des Zahnes und seines Halteapparates (zusammen).

2. Folgende **Verkürzungen** treten ein:
   Lange: Klinik der Ohren-, Nasen-, Halskrankheiten 2 statt 3 Stunden.
   Dresel: Hygiene. 2 statt 3 Stunden (im S.-S.);
   3 statt 4 Stunden (im W.-S.);
   Hochrein: Medizinische Poliklinik. 3 statt 4 Stunden.
   Wagner: Psychiatrische und Nervenklinik. 4 statt 5 Stunden.
   Vetzberger: Menschliche Erblehre als Grundlage der Rassenhygiene. 1½ statt 3 Stunden.

3. Der **Impfkurs (Dresel)** wird der Kinderklinik **(Catel)** übertragen und in ihr Hauptkolleg eingebaut.

4. Die Betriebsbegehungen **(Dresel)** fallen fort.

Bitte wenden!

Abb. 1a: Versuch einer »kriegsbedingten Konzentration des Klinischen Unterrichts und der ärztlichen Prüfung« an der Leipziger Medizinischen Fakultät

B. Auf Vorschlag des Vorsitzenden des Ausschusses für die ärztliche Prüfung werden mit Genehmigung der Landesregierung, Abt. Wissenschaft, Erziehung und Volksbildung, folgende Zusammenlegungen unter den 19 Abschnitten der neuen Prüfungsübersicht angeordnet:

1. Abschnitt III (Pathologische Physiologie) mit Abschnitt V (Innere Medizin).
2. Abschnitt VII (Naturgemäße Heilmethoden) mit Abschnitt V (Innere Medizin).
3. Abschnitt XIV (Erkrankungen des Zahnes und seines Halteapparates) mit Abschnitt XI (Ohren-, Hals-, Nasenkrankheiten).
4. Abschnitt XV (Berufskrankheiten) mit Abschnitt XVIII (Hygiene).
5. Abschnitt XVI (Begutachtung in der Sozialversicherung und Unfallheilkunde) mit Abschnitt VIII (Chirurgie).
6. Abschnitt XVII (Gerichtliche Medizin) mit Abschnitt I (Pathologische Anatomie).

Dem entsprechend treten im Ausschuß für die ärztliche Prüfung ein:

1. für Herrn **Raestrup** die Herren **Hueck** und **Rieder,**
2. für Herrn **Hauenstein** Herr **Lange,**
3. für Herrn **Keller** Herr **Hochrein,**
4. für Herrn **Gildemeister** Herr **Bürger.**

Die Herren **Hueck, Rieder, Lange, Hochrein, Bürger** prüfen im Rahmen ihrer bisherigen Abschnitte die ihnen neu zugeteilten Abschnitte und bestätigen dies durch Urteil und Unterschrift.

Alle Änderungen treten sofort in Kraft.

Leipzig, den 10. Juni 1943.

Der Dekan der Medizinischen Fakultät
I. V.: Jeß.

Abb. 1b

nationale Zuverlässigkeit fehlt insbesondere, wenn der Arzt Mitglied der Kommunistischen Partei ist« (Coermann und Wagner 1938, S. 39).

Obwohl bereits zu Beginn des II. Weltkrieges einige Fachvertreter der gerichtlichen Medizin zum Kriegsdienst verpflichtet wurden und sich in späteren Kriegsjahren auch die praktisch-gerichtsärztlichen Anforderungen des NS-Regimes an die in der Heimat tätigen Gerichtsmediziner mehrten, wurde die Vorlesungs- und Prüfungstätigkeit wohl im wesentlichen bis kurz vor Kriegsende an den meisten Universitäten auch in der gerichtlichen Medizin aufrechterhalten.

Allerdings kam es mancherorts zu kriegsbedingten Einschränkungen der Lehre. So unternahm im Jahre 1943 die Medizinische Fakultät der Leipziger Universität »im Rahmen der kriegsbedingten Konzentration des klinischen Unterrichts« den auch von anderen medizinischen Fakultäten unterstützten Versuch, Lehre und Prüfung im Fach gerichtliche Medizin entscheidend zu beschneiden. (Abb. 1) Der damalige Vorsitzende der Gesellschaft für gerichtliche Medizin und Kriminalistik, Prof. Dr. Gerhard Schrader, informierte darüber die Direktoren der gerichtsmedizinischen Institute in einem Brief vom 24. August 1943, in dem es heißt: »Im Rahmen der kriegsbedingten Konzentration des medizinischen Unterrichts wurde in Leipzig eine Reduzierung der gerichtl.-medizinischen Vorlesung auf 1 Stunde verfügt und gleichzeitig Herr Raestrup (neben 3 anderen Prüfern) aus dem ärztlichen Prüfungsausschuß ausgeschaltet. Aus einer Reihe von Zuschriften entnehme ich, daß an verschiedenen Universitäten versucht wird, unter Hinweis auf das Leipziger Vorgehen ähnliche einschneidende Beschränkungen der gerichtlichen Medizin durchzusetzen.«[54]

Nach dem von den Fachvertretern unterstützten Einspruch Schraders gegen solche Vorhaben fand am 16. November 1943 eine Sitzung im Reichsinnenministerium statt, über deren Ergebnis Schrader den Fachvertretern folgendes mitteilte: »Die Prüfung in Abschn. XVII (Gerichtliche Medizin) bleibt bei den Fachvertretern der gerichtlichen Medizin. Der Gedanke einer Zusammenlegung mit Abschn. 1 (Pathologie) wurde auf Grund des Ergebnisses der von mir angeregten Umfrage bei den Pathologen ... fallen gelassen.

Sodann wurde die Frage einer Streichung der gerichtl. Med. als Prüfungsfach erörtert, die von verschiedenen Anwesenden lebhaft verfochten wurde. Es ist gelungen, diese sehr ernste Krise zu beheben.«[55]

Kriegsende und Nachkriegszeit brachten dann letztlich doch eine ernste Krise des Faches: Der gerichtlichen Medizin, nun zwar anerkanntes Universitätslehr- und -prüfungsfach, mangelte es an qualifizierten Fachvertretern an vielen Universitäten – eine Situation, für die nicht nur einige Todesfälle, sondern vor allem der politische Aktivismus nicht weniger Gerichtsmediziner während der NS-Zeit ursächlich war.

Kapitel 3

»Recht ist, was der Führer will«

»Recht« zur Rechtfertigung von Macht und Gewalt

Am 30. Januar 1933 wurde Adolf Hitler vom Reichspräsidenten Paul von Hindenburg zum Reichskanzler ernannt. Die hinter dem Reichspräsidenten stehenden Gruppen – Militär, Großagrarwirtschaft, Industrie – erstrebten eine Abkehr von der parlamentarischen Demokratie der Weimarer Republik, fürchteten die zunehmende Stärke der Kommunisten und hofften, die NS-Bewegung für ihre Zwecke nutzbar machen zu können. Die von Hitler proklamierten Ziele seiner Partei standen dem nicht entgegen: In einem autoritär gelenkten »Führerstaat« sollten die Wirtschaft angekurbelt, die Juden und Linken beseitigt, neuer Lebensraum, besonders im Osten, gewonnen und die Deutschen zu einer »Herrenrasse« emporgehoben werden. Durch staatlichen Protektionismus und eine geschickte Geldpolitik des Reichsbankpräsidenten und Wirtschaftsministers Hjalmar Schacht stellten sich rasch Erfolge ein; hatte es 1932 sechs Millionen Arbeitslose gegeben, so betrug ihre Zahl 1934 schon weniger als die Hälfte, und 1939 war die Arbeitslosigkeit beseitigt. Das Realeinkommen war um 18 % gestiegen, die Zustimmung zu Hitler und den Nazis in der Bevölkerung fast allgemein, die Rüstungsindustrie, die maßgeblich den Aufstieg ermöglicht hatte, boomte. Der Krieg konnte beginnen.

Andererseits waren schon vier Wochen nach der »Machtübernahme«, am 28. Februar 1933, durch Hindenburgs Notverordnung »zum Schutze von Volk und Staat« die wichtigsten Grundrechte der Verfassung – Meinungs- und Pressefreiheit, Vereins- und Versammlungsfreiheit, Briefgeheimnis, persönliche Freiheit, Eigentum, Unverletzlichkeit der Wohnung – außer Kraft gesetzt worden, der Reichstagsbrand hatte den äußeren Anlaß dazu geboten. Nachdem der Reichstagsbrandprozeß vor dem Reichsgericht in Leipzig keineswegs der erstrebte propagandistische Erfolg für die Nazis geworden war, entzog man diesem Gericht schon im April 1934 die Zuständigkeit für derartige Prozesse und übertrug sie auf den neugegründeten, in Berlin angesiedelten »Volksgerichtshof«.

Schon im Frühjahr 1933 entstanden die ersten – noch »wilden« – Konzentrationslager, SA, SS und Gestapo formierten sich. Nach dem Parteienverbot vom 14. Juli 1933 blieb die NSDAP einzige politische Partei. Als Hindenburg am 2. August 1934 starb, wurde Hitler durch ein schon am Vortage erlassenes Gesetz zum »Führer und Reichskanzler«, schließlich, mitten im Kriege, ernannte er sich am 26. April 1942 auf einer der wenigen Reichstagssitzungen auch noch zum »Obersten Gerichtsherrn«. Nun galt unumschränkt: »Recht ist, was der Führer will«.[1]

Dennoch standen an der Spitze des Reichsjustizministeriums – das nach einem am 30. Januar 1934 erlassenen Gesetz, das den Föderalismus weitgehend beseitigte und die Länder zu Verwaltungseinheiten des Reiches herabstufte – Juristen der alten Schule: Franz Gürtner (1881–1941) war schon seit 1922 Justizminister in Bayern gewesen und bereits 1932 Reichs- und Preußischer Justizminister geworden. Sein Staatssekretär war Franz Schlegelberger (1876–1970)[2], der unter anderem 1934 die Morde während des Röhm-Putsches als angemessene Antwort auf einen Notstand gerechtfertigt und sich in Justizkreisen um die Akzeptanz der Euthanasie bemüht hatte. Nachdem Schlegelberger nach Gürtners Tod kurzzeitig dessen Amt übernommen hatte, wurde Otto Thierack (1889–1946), alter Nationalsozialist seit 1932 und ab 1936 Präsident des Volksgerichtshofes, Reichsminister der Justiz und Präsident der »Akademie für Deutsches Recht«. Mit seinen »Richterbriefen« nahm er Einfluß auf die Rechtsprechung der Gerichte im Sinne einer Verschärfung der Strafverfolgung; während seiner Amtszeit stieg die Zahl der Todesurteile sprunghaft an.

Selbst grundsätzliche Darlegungen über das Wesen eines »neuen Rechts«, welches für die tausend Jahre nationalsozialistischer Herrschaft gültig sein sollte, basieren auf einem abstrusen Ideenkonvolut: »Über dem Leben der Nation mit seinen immer wechselnden Erscheinungsformen steht das Recht, das geboren aus Rasse und Seele des Volkes, ewige Bindung der Nation an die ihr eigenen Werte bedeutet. Aus diesen Werten von Blut und Boden, von Ehre und Freiheit läßt der Nationalsozialismus seine Weltanschauung emporwachsen.

Das ewige, aus diesen Werten entspringende deutsche Recht hat er aus dem Dunkel artfremden, römisch-byzantinischen Ungeistes und der Nichtachtung liberalistischen Ichdenkens emporgehoben zum Licht und zum Leben. Er hat ihm damit den Platz zurückgegeben, den es im Rechtsdenken und Rechtsempfinden des Volkes immer eingenommen hat.«[3]

Von einer »Rechtspflege« konnte im nationalsozialistischen Deutschland nicht gesprochen werden. Die »neue« Rechtstheorie war unbestimmt und verworren – und wollte dies sein. Mit demagogischen Phrasen wie der vom »gesunden Volksempfinden«, von deutscher »Erneuerung« und »Wiedergeburt« argumentierend, war sie im Grunde darauf gerichtet, das Recht weitgehend abzubauen und es in ein Instrument zum Schutz der Terrorherrschaft umzugestalten – »zurück zu den Rechtsanschauungen unserer Vorfahren«.[4] Auch das gern und häufig benutzte Wort »völkisch« war nicht das geistige Produkt der Nazis, sondern »eine alte und ziemlich seltene, bis weit ins 19. Jahrhundert hinein wenig belegte Ableitung von ›Volk‹, die ursprünglich alle Bedeutungen des Grundwortes transportierte. ... Als 1875 der dilettierende Germanist Hermann von Pfister ›völkisch‹ als Ersatzwort für ›national‹ vorschlug, ließ er sich von sprachpuristischen Absichten leiten, hatte jedoch die deutschnationale Bewegung Österreichs vor Augen, in welcher gerade die ethnische Bedeutungskomponente aktiviert wurde. In diesem Sinne fast gleichbedeutend mit ›national‹ und stark auf die Parteienszene bezogen, kam ›völkisch‹ um 1880 in österreichischen, um die Jahrhundertwende auch in reichsdeutschen Umlauf.« (Hartung 1987, S. 1185.)

Bereits 1933 entstand – vorgeblich als Fortsetzung der seit Jahrzehnten andauernden Bestrebungen um eine Novellierung des Strafgesetzbuches – unter der Regie des preußischen Justizministers Hans Kerrl (1887–1941), der ab 1935 Minister für kirchliche Angelegenheiten wurde, die sog. Preußische Denkschrift, eigentlich »Denkschrift ›Nationalsozialistische Justiz‹«, die in 15 000 Exemplaren in den Jahren 1933 und 1934 unter den Juristen Deutschlands vertrieben wurde. Bei der Gesamtbearbeitung wurde Staatssekretär Dr. Roland Freisler, der spätere Blutrichter am »Volksgerichtshof«, an erster Stelle genannt. Wie man einleitend betonte, wollte die Denkschrift »kein Entwurf eines Strafgesetzbuches sein«, in der makaber-bildhaften Sprache der Nazis wurde vielmehr formuliert: »Sie versucht lediglich, ein Gerippe eines nationalsozialistischen deutschen Strafrechts aufzustellen und die Umhüllung dieses Gerippes mit Fleisch und Blut anzudeuten«.[5]

Obgleich das scheußliche »Gerippe« dieser Denkschrift nicht zur Formulierung eines eigentlichen nationalsozialistischen Strafgesetzbuches geführt hat, haben schon die vielfachen Änderungen und Ergänzungen des alten StGB durch die nazistischen »Rechtswahrer«, ganz abgesehen von der riesigen Zahl anderer Gesetze und Verordnungen,[6] unendlich viel Blut gekostet. Strafrecht und Strafprozeßrecht wurden zu Instrumenten des Terrors verfälscht. Uwe Wesel schreibt dazu: »Niemals gab es so viele Gesetze, die die Todesstrafe androhten. Niemals sind in so kurzer Zeit so viele Todesurteile erlassen worden. Niemals war das Mißverhältnis zwischen Gewicht der Tat und Höhe der Strafe so grausam wie in diesen zwölf Jahren, besonders in den letzten sechs des Krieges.« (Wesel, S. 492.)

Als Beispiel für eine solche Änderung mit weitreichenden Folgen soll der § 2 StGB angeführt werden, der, nach der Strafrechtsnovelle vom 28. Juni 1935, am 1. September 1935 in Kraft trat und folgenden Wortlaut hatte: »Rechtsschöpfung des Richters.

Bestraft wird, wer eine Tat begeht, die das Gesetz für strafbar erklärt oder die nach dem Grundgedanken eines Strafgesetzes und nach dem gesunden Volksempfinden Bestrafung verdient. Findet auf die Tat kein bestimmtes Strafgesetz unmittelbar Anwendung, so wird die Tat nach dem Gesetz bestraft, dessen Grundgedanke auf sie am besten zutrifft.«[7]

Mit einer solchen Formulierung begab man sich im Nazistaat tatsächlich weit »zurück zu den Rechtsanschauungen unserer Vorfahren«, denn bereits seit der Aufklärungszeit wurde das Strafrecht in Mitteleuropa von dem Grundsatz »nullum crimen, nulla poena sine lege« geleitet. Grundlage des nazistischen Strafrechts mit seinem Anliegen »nullum crimen sine poena«[8] sei nunmehr »das völkische Rechtsdenken; aus ihm strömen das (geschriebene) Strafgesetz u. die Rechtsschöpfung des Richters im Wege der Rechtsanalogie«, heißt es in einem Kommentar zum Strafgesetzbuch (Schwarz, O., 1941, S. 18). Nach dem Prinzip der sog. Rechtsanalogie wurde auch eine solche Tat für strafbar erklärt, »die nicht nach dem Wortlaut, aber nach dem Grundgedanken eines Strafgesetzes und nach dem gesunden Volksempfinden Bestrafung verdient« (ebenda). Was unter dem »gesunden Volksempfinden« zu verstehen war, wird vom gleichen Autor beinahe tautologisch erklärt als die »gesunde Auffassung im Volke von Unrecht, Schuld und Sühne« (ebenda).

Im Gegensatz zu eventuell noch kritischen Juristen war für Freisler das sog. gesunde Volksempfinden »kein leerer Wahn, sondern Lebenswirklichkeit. Wer es fühlen will, der fühlt es; und wer seine Stimme, das Volksgewissen, hören will, der hört sie. ... Und er hört sie auch in seinem Innern, wenn er ein gesundes Volksglied ist.« (Freisler 1936, S. 160 f.) Falls dem Richter solche Qualitäten zu eigen sind, vermöge er sogar »Recht gegebenenfalls unmittelbar aus der Volksseele zu schöpfen« (ebenda, S.168).

Allerdings: Damit keine »Rechtsunsicherheit« einträte, »falls jeder Strafrichter den Gesetzgeber ersetzen wollte«, wird von Schwarz festgestellt: »*Regelmäßig* aber wird das gesunde Volksempfinden die Ergänzung der Rechtslücken vom *Gesetz des Führers* selbst erwarten.« (Schwarz, O., 1941, S. 18.) Auch Freisler gibt an, wo die für gesundes Volksempfinden zuständige »Stimme des Volksgewissens« am besten zu vernehmen sei: »... in den Worten des Führers wie im Programm der NSDAP, in den Grundsätzen der nationalsozialistischen Gesetze wie in der nationalsozialistischen Ehrauffassung, die in der NSDAP und ihren Gliederungen gelebt wird.« (Freisler 1936, S. 160.)

Damit war selbstverständlich auch der Artikel 102 der Reichsverfassung jeglichen Sinnes entleert, denn dort hieß es: »Die Richter sind unabhängig und nur dem Gesetz unterworfen.«[9]

Der demagogische Begriff »gesundes Volksempfinden«, wie er in dem von den Faschisten neugefaßten § 2 StGB verwendet wurde, war auch im Nürnberger Prozeß gegen führende Nazijuristen (»Fall 3«), der am 4. Dezember 1947 nach neunmonatiger Dauer endete, »Gegenstand vieler Diskussionen und Meinungsverschiedenheiten sowohl bezüglich der richtigen Übersetzung als auch der Auslegung. Wir sind der Ansicht, daß das Statut [des IMT – F. H.] keinen objektiven Maßstab liefert, ›an dem das gesunde Volksempfinden gemessen werden kann‹. Tatsächlich und in der Anwendung wurde dieser Ausdruck zum ›gesunden Empfinden‹ Hitlers und seiner Mitverschworenen. ... Die neue Auffassung des Strafrechts bedeutete einen entscheidenden Eingriff in die Rechte des einzelnen Staatsbürgers, weil es ihn der willkürlichen Ansicht des Richters darüber unterwarf, was ein Verbrechen sei. Sie zerstörte das Gefühl der Rechtssicherheit und schuf eine Atmosphäre des Terrors. Der Analogiegrundsatz bei der Behandlung von Verbrechen«, so heißt es weiter, stellte auch »ein brauchbares Instrument dar zur Durchsetzung der nazistischen Grundsätze in den besetzten Gebieten. Deshalb wurde das deutsche Strafrecht ... eingeführt, und ... von deutschen Gerichten in Gerichtsverfahren gegen Bewohner der besetzten Länder angewandt, obwohl die Bewohner dieser Länder gar keinen Begriff haben konnten von den Taten, die strafbare Vergehen darstellten.« (Fall 3, 1969, S. 215 f.)

Ebenso wie schon in Deutschland ab 1933 der Ex-post-facto-Grundsatz verletzt wurde,[10] haben die Nationalsozialisten auch in den besetzten Ländern unzählige Menschen für Verhaltensweisen verurteilt, die erst nach der Okkupation dieser Länder von den Besatzern als »Straftaten« qualifiziert wurden.

Nicht unerwähnt bleiben soll in diesem Zusammenhang die Tatsache, daß gerade die Nazijuristen im obenerwähnten Prozeß zu ihrer

Entlastung den Mangel und die teilweise Unkonkretheit völkerrechtlicher Bestimmungen (nullum crimen sine lege) anführten und sich auf diesen Ex-post-facto-Grundsatz beriefen (vgl. ebenda, S. 127).

Schon 1946 formulierte ein Dr. Wilhelm Püschel, er hatte »zu den vom Nationalsozialismus früh enttäuschten Idealisten gehört« und war »als Richter durch die harte Lehre der letzten 12 Jahre gegangen« (Püschel, S. 5), die schwerwiegendsten Vorwürfe gegen das NS-System aus juristischer Sicht:

»· Ausschaltung des Reichstages;
· Aufhebung der Gleichheit vor dem Gesetz;
· Unterdrückung der persönlichen Freiheit;
· Umgehung ordentlicher Gerichte;
· Bestrafungen ohne Gesetz;
· Abschaffung der richterlichen Unabhängigkeit;
· Knebelung der Wissenschaft;
· Vernichtung Geisteskranker;
· Verletzungen des Völkerrechts.« (Ebenda, S. 125.)

Weit entfernt von irgendwelchen rechtstheoretischen Erörterungen entwickelte sich die »Umgestaltung« des Justiz- und Polizeiwesens. Bereits am 28. Februar 1933 – einen Tag nach dem Reichstagsbrand – wurde die Polizei ermächtigt, Personen ohne jede richterliche Kontrolle in »Schutzhaft« zu nehmen und in Konzentrationslager zu verbringen.[11] Auch die Folter, zweihundert Jahre vorher von Friedrich II. abgeschafft, wurde wieder eingeführt, vornehmlich bei der politischen Polizei und bereits 1933, »verschärfte Vernehmung« nannte man das, was selbst den Widerstand des Justizministeriums und der Gerichte herausforderte. 1937 einigten sich Gestapo-Leitung und Ministerium: nicht mehr als 25 Stockschläge (!) waren erlaubt ...

Den in der Folgezeit ständig wachsenden Machtzuwachs der Polizeibehörden ergänzte man durch die Schaffung neuer Formen der Strafjustiz, insbesondere durch die Errichtung von »Sondergerichten bei den Landgerichten« (1933) und des »Volksgerichtshofes« (1934), deren Zuständigkeiten sich in den folgenden Jahren immer mehr ausweiteten. Eine Fülle weiterer »Sondergerichte« folgte: Militärgerichte, Erbgesundheitsgerichte, Ahnerbengerichte, Pressegerichte, Partei- und SA-Gerichte, soziale Ehrengerichte, SS- und Polizeigerichte, Standesgerichte und schließlich mit Verordnung vom 15. Februar 1945 Standgerichte und Volkssturmgerichte u. a. m. (vgl. Weinkauf 1968, S. 71).

Andererseits war den NS-Machthabern die Justiz auf vielen Gebieten absolut unerwünscht und wurde deshalb gänzlich ausgeschaltet, z. B.

gegenüber den Häftlingen in den Konzentrationslagern; die Mordpraxis der verschiedensten, von der SS und Polizei über die »Einsatzgruppen« in den besetzten Ländern bis zu den Euthanasieärzten in den Kliniken reichenden exekutiven Gruppen wurde durch Befehle, Anordnungen oder auch bloße Empfehlungen Hitlers und Himmlers »legalisiert«.[12]

»Die Lehre von Blut und Rasse«, nach Reichsärzteführer Gerhard Wagner »nicht nur ein wichtiges ... Stück biologischer Wissenschaft, sondern vor allen Dingen eine politisch-weltanschauliche Haltung, die unsere Einstellung zu den Dingen und Fragen des Lebens von Grund aus bestimmt«,[13] überwucherte die Praxis der Rechtsprechung auch im familienrechtlichen Bereich, wo z. B. die serologische Vaterschaftsdiagnostik keineswegs selten zur Beantwortung rassistischer Fragestellungen herangezogen wurde (s. Kapitel 19).

In wesentlichen anderen Teilen des bürgerlichen Rechts, wo sich »das Eigengewicht des Wirtschaftslebens geltend machte« (Weinkauf 1968, S. 39), d. h., wo Macht und Interessen besonders der Großindustrie auch nur hätten tangiert werden können, ergaben sich hingegen kaum Veränderungen.

Der Sachverständige im »Dritten Reich« und seine Gutachtertätigkeit

»Sachverständige sind Personen, die aufgrund von Erfahrungssätzen, namentlich im wissenschaftlichen oder gewerblichen Bereich, Schlußfolgerungen auf einen bestimmten Sachverhalt ziehen oder aufgrund ihrer besonderen Sach- und Fachkunde Tatsachen feststellen. Ihre Aussagen heißen ›Gutachten‹ und sind in Verfahren vor Gerichten, Behörden und Schiedsstellen seit der Antike als Beweismittel bekannt«, lautet eine Definition von Neidert aus dem Handwörterbuch zur deutschen Rechtsgeschichte.

Wie viele andere gesellschaftspolitische Bereiche, wurde auch das Sachverständigenwesen bereits in den ersten Jahren der Naziherrschaft einer »Neuordnung« unterzogen.

»Der Sachverständige im Dritten Reich und seine Gutachtetätigkeit« lautete der Titel einer von »Reichsfachschaftsleiter Max Grevemeyer und Dr. Oskar Kammel, Pressereferent der Reichsfachschaft für das Sachverständigenwesen« herausgegebenen Broschüre, ein »Bericht über den ersten Schulungskurs der Reichsfachschaft für das Sachverständigenwesen in der Deutschen Rechtsfront vom 28.–30. Januar 1935« (Grevemeyer und Kammel 1935).

Der »Führer der Deutschen Rechtsfront«, Dr. Hans Frank, »ein fähiger Anwalt und hochgebildet, doch diese Eigenschaften bewahrten ihn nicht davor, der Verbrechen an der Menschheit schuldig zu werden«,[14] gab in seinem einleitenden Vortrag auf diesem Schulungskurs folgende Definition zum Begriff des Sachverständigen: »Der Sachverständige muß der allgemein zur Verfügung stehende, allgemein anerkannte und autoritär geschätzte Kenner um irgendwie sinnlich wahrnehmbare Zusammenhänge sein.« (Frank in: ebenda, S. 10.) Rechtsanwalt R. Gonella, stellvertretender Reichsführer des »Bundes Nationalsozialistischer Deutscher Juristen« und Mitglied der Akademie für Deutsches Recht, präzisierte dann: *»Der Sachverständige von heute ist tatsächlich etwas Neues und dieses Neue besteht darin, daß er Rechtswahrer ist.* Niemandem würde es früher eingefallen sein, den Sachverständigen etwa einen Juristen zu nennen. Erst durch die Schaffung des Standestypus Rechtswahrer ist die Schaffung eines Berufstypus des Sachverständigen möglich geworden.« (Gonella in: ebenda, S. 22.)

Nach der Art der Beeidigung wurden bis zum Jahre 1935 folgende Gruppen von Sachverständigen unterschieden:

· die gerichtlich ein für allemal beeidigten,
· die öffentlich bestellten und beeidigten,
· die beamteten,
· die freien Sachverständigen, die von Fall zu Fall beeidigt wurden.

Die Berufsgruppe der gerichtlichen Mediziner gehörte wohl nahezu ausschließlich zu den »beamteten Sachverständigen«, die man in solche, die hauptamtlich, und solche, die nebenamtlich Gutachten erstatteten, unterteilte. »Zu den hauptamtlich als Gutachter tätigen Beamten zählen Gerichtsärzte, Kreisärzte, Kreistierärzte, Beamte öffentlich-rechtlicher Gesundheitsämter, Bau- und Maschinenämter, Forstämter, Katasterämter, beamtete Land- und Feldmesser usf. Bei diesen öffentlichen Beamten, die Kraft ihres Amtes zur Erstattung von Gutachten verpflichtet sind, ist der allgemeine Eid in dem Diensteid einbegriffen. Aber auch alle anderen Beamten, die nebenamtlich gelegentlich, oder wie mancher Ruhestandsbeamte, auch regelmäßig Gutachten erstatten, gehören zur Gruppe der beamteten Sachverständigen. Soweit sich der Beamte noch im aktiven Dienst befindet, untersteht er der Disziplinargewalt seiner Behörde und bedarf ihrer Genehmigung zur Erstattung des Gutachtens; er kann bei Abgabe des Gutachtens sich auf seinen Diensteid berufen. Dieser Diensteid tritt an die Stelle des besonderen Sachverständigeneides.« (Winkler 1934, S. 2.)

Eine Verordnung zur einheitlichen Regelung der Gerichtsverfassung vom 20. März 1935 hob mit Wirkung ab 30. April 1935 alle Vorschriften über die allgemeine Vereidigung von gerichtlichen Sachverständigen auf. Fortan waren alle Sachverständigen durch die »Reichsfachschaft für das Sachverständigenwesen« der »Deutschen Rechtsfront« angegliedert. »Mit der Reichsfachschaft für das Sachverständigenwesen ist somit die Zentralstelle seitens der Rechtsfront geschaffen, die durch strenge Auslese in rassischer, charakterlicher und fachlicher Beziehung die Gewähr dafür bietet, daß die von ihr benannten Sachverständigen den Voraussetzungen entsprechen, die der Rechtswahrer von diesen fordern muß.«[15]

Eine »Zulassungsordnung der Deutschen Rechtsfront für Sachverständige« bestimmte dann:

»§ 1: Die Deutsche Rechtsfront nimmt für alle Bereiche des wirtschaftlichen und kulturellen Lebens die Zulassung von Sachverständigen vor ...

§ 2: Zugelassen werden kann jeder Volksgenosse, der

a) *erheblich* über der durchschnittlichen Sachkunde eines wohlgebildeten Fachmannes steht,

b) politisch zuverlässig und geeignet ist, als *Rechtswahrer* das nationalsozialistische, auf dem völkischen Sittlichkeitsempfinden aufgebaute Rechtsgut zu vertreten,

c) das 25. Lebensjahr vollendet hat ...«[16]

Die Probleme der medizinischen Sachverständigen wurden seit Jahrzehnten in der »Ärztlichen Sachverständigen-Zeitung«[17] behandelt, die 1933 bereits im 39. Jahrgang erschien; mit gewerblicher und wirtschaftlicher Sachverständigentätigkeit beschäftigte sich hingegen z. B. die 1933 im 3. Jahrgang erschienene NSDAP-Kreation »Der Sachverständige«. Darin finden sich zwar kaum Beiträge zur Medizin, wohl aber zuweilen aufschlußreiche Erklärungen zum Verständnis von Sachverständigentätigkeit aus nationalsozialistischer Sicht: Gewünscht war ein gutachterlicher Ausschließlichkeitsspruch, der in einer Arbeit des »Sachverständigen für Rassenforschung«, Dr. Achim Gerke, so verdeutlicht wird: »Das Gutachten ist über das reine und formale Gutachten jetzt bereits hinausgegangen, das Gutachten, das ich über die Abstammung abgebe, bedeutet vielfach schon eine Entscheidung. ... Ich habe es mir zum Ziele gesetzt, daß diese Gutachten einfach nicht mehr anfechtbar sind und daß sie die Grundlage einer Entscheidung sein können, daß die Entscheidung dann nicht anders ausfallen kann, als diese Gutachten lauten.« (Gerke 1934, S. 2.) Der »Rassenforscher« Gerke war nicht etwa serologisch tätig, sondern verfügte über eine Kartei, »in der [er] die

Juden des letzten Jahrhunderts, die hier in Deutschland gewirkt und gelebt haben, zusammengefaßt« hatte (ebenda).

Den der NS-Gesundheitspolitik innewohnenden Aspekt extremer Sparsamkeit betonte – als auch maßgeblich für den »Arzt als Gutachter im neuen Staat« – der Düsseldorfer Nervenarzt Prof. Dr. G. Voss, als er im »Deutschen Ärzteblatt« formulierte: »Wenn irgendwo, so tritt bei der Begutachtung der Grundsatz ‚Gemeinnutz geht vor Eigennutz' in sein Recht. ... Dieser Gesichtspunkt betrifft nun nicht etwa allein wichtige Gutachten, sondern hat Gültigkeit für jede kleinste Bescheinigung, die der praktische Arzt in seiner Sprechstunde ausstellt.« Er müsse sich immer fragen, »ob der Zweck der Bescheinigung ihre Ausfertigung rechtfertigt« (Voss, G., 1934, S. 364).

Beinahe hymnisch läßt der Gerichtsmediziner Moritz v. Marenholtz [18] eine Arbeit über das ärztliche Gutachten ausklingen: »Der sachverständige Arzt muß sich als Rechtswahrer fühlen und nur der mit hohem Rechtsempfinden begabte, wissenschaftlich bestens vorgebildete Arzt, der unabhängig von geldlichem Interesse und der Parteien Gunst, erhaben über alle Anfeindungen und Angriffe, getragen von dem Bewußtsein seiner hohen Verantwortung seinen Volksgenossen gegenüber, immer bemüht, sine ira et studio – objektiv – nach bestem Gewissen zu handeln, ist imstande, den hohen Anforderungen, die an einen ärztlichen Sachverständigen gestellt werden, zu genügen zum Besten des deutschen Volkes.« (v. Marenholtz in: Grevemeyer und Kammel 1935, S. 51.)

Liest man das, was Berthold Mueller in dem zusammen mit Walcher herausgegebenen Lehrbuch »Gerichtliche und soziale Medizin einschließlich des Ärzterechts« zum Thema »Der ärztliche Sachverständige in der Hauptverhandlung« geschrieben hat, so hat man den Eindruck, daß sich formal eigentlich gegenüber der Zeit vor 1933 für den Sachverständigen kaum etwas geändert hat. Der Angeklagte kann in der Hauptverhandlung auch vom Sachverständigen befragt werden, das Gutachten ist mündlich vorzutragen, es muß den medizinischen Laien im Gerichtssaal verständlich sein, denn »der Sachverständige ist der Gehilfe des Gerichts«. Nach dem Vortragen des Gutachtens kann der Arzt befragt werden: »Der Richter hat die Pflicht, sich vom Sachverständigen überzeugen zu lassen.« Dann kommen die Plädoyers des Staatsanwaltes und der Verteidigung, in denen auch zum Sachverständigengutachten Stellung genommen werden kann. Aber der Verteidigung sind offenbar auch im Verhältnis zum Sachverständigen die Flügel gestutzt worden, denn Mueller schreibt: »Es waren früher leider nicht Ausnahmen, wenn der Verteidiger bei seinem Angriff gegen das Gutachten auch die Persönlichkeit des Sachverständigen herabsetzte, indem er z. B. von einem ›jungen, unerfahrenen Assistenten‹ sprach oder aber von ›einem Landarzt, der die Sachlage nicht genügend beherrscht‹ oder auch von einem ›weltfremden Professor‹. Es ist sogar vorgekommen, daß das Gutachten von einem Anwalt als ›bestellte Arbeit‹ bezeichnet wurde, ohne daß der Gutachter ein greifbares Mittel hatte, dagegen vorzugehen.

Derartige Vorfälle sind nach der neuen Ordnung des Rechtswesens im nationalsozialistischen Staat nicht mehr zu befürchten. Auch der Anwalt ist Rechtswahrer.«

Zweifellos waren nicht wenige medizinische Sachverständige auch im »Dritten Reich« bestrebt, in den von ihnen begutachteten Fällen »hohen Anforderungen zu genügen« – aber: Neben ganz »normalen« Strafverfahren, in denen Recht gesprochen wurde, hat es niemals in Deutschland so viele Gesetze gegeben, die die Todesstrafe androhten, wo mitunter auch ärztliche Sachverständige gehört wurden und auch ein guter Anwalt das Recht nicht vor Beugung und Mißachtung bewahren konnte. Niemals zuvor gab es »Erbgesundheitsgerichte«, wo ärztlicher Sachverstand gefragt war, und niemals zuvor wurde – selbstverständlich nach vorangegangener ärztlicher Begutachtung – Euthanasie als Massenaktion an etwa 80 000 Opfern praktiziert.

Zur Tätigkeit gerichtlicher Mediziner im Rahmen von Erbgesundheitsgerichten

In das andeutungsweise beschriebene »bestürzende Nebeneinander der Reste des Rechtsstaates und eines zunächst heimlich, dann immer offener ausgebauten Polizei- und Unrechtsstaates« (Wagner, A., 1968, S. 191) ist die gerichtliche Medizin in den Jahren nach 1933 nahezu widerstandslos hineingewachsen.

Zunächst sah man sich einer Anzahl neuer, das Gesundheitswesen betreffender Maßnahmen und Gesetze der nationalsozialistischen Regierung gegenübergestellt, die folgende Hauptgebiete umfaßten:

» I. Maßnahmen zur Vereinheitlichung des Gesundheitswesens,

II. Maßnahmen zur Vermehrung der erbgesunden Bevölkerung,

III. Maßnahmen gegen die Vermehrung der erbkranken Bevölkerung.« (Haubold 1935, S. 693.)

Während bestimmte organisatorische Maßnahmen zur »Vereinheitlichung des Gesundheitswesens« von einigen Fachvertretern der gerichtlichen Medizin nicht unwidersprochen hingenommen wurden (s. Kapitel 4), fanden Absichten und Konsequenzen, wie sie z. B. das »Gesetz zur Verhütung erbkranken Nachwuchses« vom 14. Juli 1935 formulierte, auch von seiten der Gerichtsmediziner Zustimmung. So hatten z. B. Victor Müller-Heß und Ferdinand Wiethold schon vor 1933 »ihren Standpunkt bezüglich eines Sterilisierungsgesetzes in einer größeren Arbeit dargelegt und nachgewiesen, wie verderblich und ungerecht das bisherige System einer Bevorzugung kranker und minderwertiger Teile des Volkes war«.[19] Durch solchen Vorlauf gerüstet, konnte Wiethold dann in der Februarnummer 1934 der »Kriminalistischen Monatshefte« dieses Gesetz dem breiten Leserkreis deutscher Polizeibeamter erläutern und mit Genugtuung feststellen: »Unsere neue Regierung hat nun in vorbildlicher Tatkraft und mit umfassenden, weitschauenden Maßnahmen Rassenpflege und Aufartung bewußt zu beherrschenden Gesichtspunkten der Staatsführung erhoben.« (Wiethold 1934, S. 27.)

Die »ständige Sicherstellung einer ausreichenden Zahl erbgesunder, für das deutsche Volk rassisch wertvoller, kinderreicher Familien« (Ruttke 1936, S. 95) als Ziel nationalsozialistischer Gesundheitspolitik wurde von nicht wenigen Gerichtsmedizinern offenbar schon sehr frühzeitig unterstützt, und manch einer mag sich, zur Mitarbeit in einem Erbgesundheitsgericht herangezogen, auch tatsächlich als »biologischer Soldat seines Volkes« (Reiter, zit. nach Schlegel 1933, S. 687) begriffen haben. Dies wird, die große Masse der Mediziner betreffend, auch von dem Psychiater Hanns Schwarz (1898–1977) in einem 1950 gefertigten Gutachten über die ärztliche Tätigkeit in Erbgesundheitsverfahren mit den Worten formuliert: »Sehen wir von ... verantwortungsbewußten Einzelfällen ab, so müssen wir im ganzen doch konstatieren, daß die Mehrzahl derjenigen Ärzte, die mit dem nazistischen Verhütungsgesetz zu tun hatten, sich diesem beugten und alles zu seiner breiten Wirksamkeit taten.« (Schwarz, H., 1950, S. 10.)

Belege für die Mitarbeit von Gerichtsmedizinern in Erbgesundheitsgerichten finden sich in nicht wenigen Akten. So schrieb z. B. 1946 eine Berliner Universitätsdienststelle, bezugnehmend auf *Müller-Heß*: »Die Beschwerde [eines durch Müller-Heß' Gutachtertätigkeit Zwangssterilisierten – F. H.] gegen Prof. Müller-Heß ist insofern unangenehm, als die Legalität der auf Grund des Erbgesundheitsgesetzes vom 14. Juli 1934 ausgeführten Sterilisationen seit einigen Wochen in der sowjetischen Besatzungszone in Zweifel gezogen wird. Es schweben offenbar gegen hundert oder mehr Verfahren gegen Ärzte und andere bei solchen Sterilisationen beteiligte Personen, eine große Anzahl von ihnen ist in

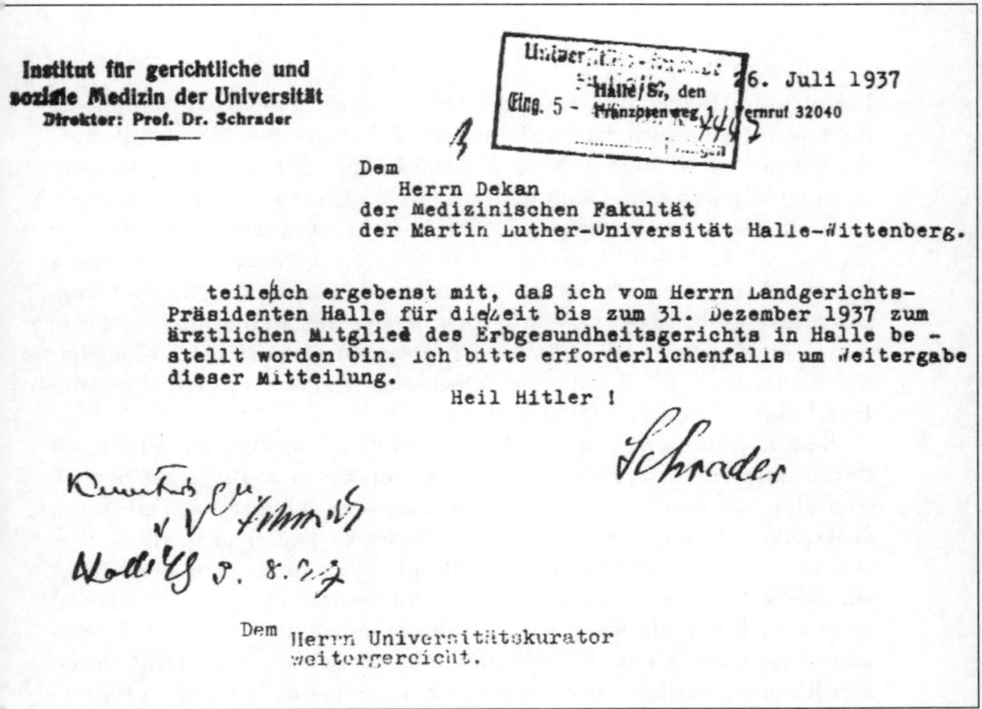

Institut für gerichtliche und soziale Medizin der Universität
Direktor: Prof. Dr. Schrader

Halle/S., den 26. Juli 1937
Franzosenweg 1, Fernruf 32040

Eing. 5 -

Dem
Herrn Dekan
der Medizinischen Fakultät
der Martin Luther-Universität Halle-Wittenberg.

teile ich ergebenst mit, daß ich vom Herrn Landgerichts-Präsidenten Halle für die Zeit bis zum 31. Dezember 1937 zum ärztlichen Mitglied des Erbgesundheitsgerichts in Halle be - stellt worden bin. Ich bitte erforderlichenfalls um Weitergabe dieser Mitteilung.

Heil Hitler !

Schrader

Dem Herrn Universitätskurator weitergereicht.

Abb. 2: Beleg zur Mitarbeit eines Gerichtsmediziners in einem Erbgesundheitsgericht

Haft. Auf Anordnungen der örtlichen Militärkommandanten müssen die Staatsanwaltschaften Anklagen erheben wegen eines ›Verbrechens gegen die Menschlichkeit‹ ...«[20] Am 26. Juli 1937 teilte *Gerhard Schrader* dem Dekan der Medizinischen Fakultät Halle mit, daß er bis Jahresende zum ärztlichen Mitglied des Erbgesundheitsgerichtes in Halle bestellt worden sei (s. Abb. 2).

Albert Ponsold, so weist es sein Personalbogen im Universitätsarchiv Halle aus, hatte das »Amt eines Pflegers beim Erbgesundheitsamt« inne, und auch Kurt Böhmer wurde vom Regierungspräsidenten ersucht, in Düsseldorf in das Erbgesundheitsgericht einzutreten.[21] In Österreich – so kann man z. B. im »Vorlesungsverzeichnis und Universitätsführer für das Sommersemester 1943« lesen – war Anton Werkgartner sogar »Mitglied des Erbgesundheitsobergerichtes Graz«.

Als Freisler, »ein warmer Freund der gerichtlichen Medizin« (Buhtz 1940, S. 1), auf der »Reichstagung der deutschen Ärzte des öffentlichen Gesundheitswesens« in Bad Ischl seine Gedanken zur »Arbeit der gerichtlichen Medizin in der Justiz« unterbreitete, formulierte er als

Beispiele für deren Mitarbeit: »In der Erbgesundheitspflege nimmt sie die Form der unmittelbaren richterlichen Mitwirkung an der Entscheidung an. Und wichtige Aufgaben, die über die Sachverständigenbegutachtung hinausgehen, fallen dem Arzt in dem Teil der Rassen- und Erbgesundheitspflege zu, der in die Arbeit der Justiz hineinreicht: Etwa die Anzeigepflicht im Rahmen des Gesetzes zur Verhütung erbkranken Nachwuchses, oder die ärztliche Mitarbeit bei Ausstellung des Ehetauglichkeitszeugnisses; oder die Mitarbeit bei der Abstammungsfeststellung mittels erb- und rassenkundlicher Untersuchung (Art. 3 § 9 d. Ges. über die Änderung und Ergänzung familienrechtlicher Vorschriften vom 12.4.1939)«. (Freisler 1939, S. 946.)

Sowohl durch ihre direkte Mitarbeit in Erbgesundheitsgerichten wie durch gutachterliche Tätigkeit im Strafverfahren z. B. gegen Sexualstraftäter haben auch Gerichtsmediziner dem »Gesetz zur Verhütung erbkranken Nachwuchses« und dem »Gesetz gegen gefährliche Gewohnheitsverbrecher und über Maßregeln der Sicherung und Besserung«[22] zur Realisierung verholfen. Effekt jeder ärztlichen Aussage in einem solchen Falle war das Urteil über ein Weiterbestehen der Fortpflanzungsfähigkeit des Betroffenen oder über deren Aufhebung durch Sterilisation bzw. Kastration. Insofern hat hier zweifellos eine »unmittelbare richterliche Mitwirkung an der Entscheidung« stattgefunden.

Das Sterilisierungsverfahren begann mit einer Anzeige beim jeweiligen Amtsarzt. Eine Anzeigepflicht bestand »für alle approbierten Ärzte oder sonstige Personen, die sich mit der Heilbehandlung und Untersuchung oder Beratung von Kranken befaßten«.[23] Das Gesundheitsamt prüfte die Anzeige und ließ medizinische Gutachten erstellen. Bei dem Verdacht auf »angeborenen Schwachsinn« – dem häufigsten Anlaß für eine Sterilisierung – legte man der oder dem Betroffenen mehrseitige sog. Intelligenzfragebögen vor, deren Beantwortung zur Grundlage der Entscheidung des Gesundheitsamtes wie auch des späteren Gerichtsbeschlusses wurde. Zur Diagnose »angeborener Schwachsinn« mit der Konsequenz »Sterilisierung« sollen Erbgesundheitsgerichte im allgemeinen wesentlich rascher gelangt sein als z. B. bei entsprechenden Verfahren wegen »schweren Alkoholismus«. (Ganssmüller 1987, S. 50.)

An dem eigentlichen Verfahren vor dem bei dem jeweiligen Amtsgericht angesiedelten Erbgesundheitsgericht (Erbgesundheitsobergerichte bestanden bei den Oberlandesgerichten) waren der/die Betroffene meist nicht unmittelbar persönlich beteiligt. Die Entscheidung des Erbgesundheitsgerichtes erging als »Beschluß«, wurde mit »Gründen« versehen und von allen mitwirkenden Richtern unterzeichnet.

Staatl. Gesundheitsamt
Schwarzenberg

Schwarzenberg, den 3. Januar 1936.

Herrn

Karl V

in Schwarzenberg/Sa.
Schneeberger Straße 10

In Ihrer Erbgesundheitssache hat das Erbgesundheitsgericht beim Amtsgericht Zwickau durch Beschluß vom 4. November 1935 Ihre Unfruchtbarmachung angeordnet. Das Urteil hierüber ist endgültig geworden. Sie werden hiermit aufgefordert, diesen Eingriff binnen 14 Tagen vornehmen zu lassen. Da Sie den Antrag nicht allein gestellt haben, wird der Eingriff auch gegen Ihren Willen vorgenommen werden. Als Anstalt, in der die Steriliesierung vorgenommen wird, kommt das Stadtkrankenhaus in Aue in Frage.

Die beiliegende Ausfertigung müssen Sie bei Ihrer Einlieferung im Stadtkrankenhaus abgeben.

/ 1 Anlage.

Der Leiter des staatl. Gesundheitsamtes

Reg.-Med.-Rat.

Abb. 3: Aufforderung des Gesundheitsamtes Schwarzenberg zur Vornahme des Eingriffes (endgültige Entscheidung, nachdem gegen den ersten Bescheid Widerspruch eingelegt worden war)

Dem Amtsarzt, dem Betroffenen oder seinem gesetzlichen Vertreter und dem Antragsteller ging meist lediglich die Entscheidungsformel zu. Gegen die Entscheidung zur Sterilisierung konnte Einspruch eingelegt werden, der nur selten Erfolg hatte (s. Abb.3).

Die im Schrifttum der NS-Zeit immer wiederkehrende Hervorhebung, daß es sich bei der gesetzlich angeordneten Unfruchtbarmachung nicht um eine Strafe, sondern um eine »sichernde Maßnahme« handele – »Während die Sterilisation dem Schutz der Nachwelt vor den Nachkommen der Anomalen dient, bezweckt die Kastration den Schutz der Mitwelt vor den Verbrechern selbst« (Reuter, F.[2], 1934, S. 158)[24] –, mag der Empfindung der Mediziner, zu einer »objektiven« Entscheidung aufgefordert zu sein, durchaus entsprochen haben. Auch Überlegungen zur »Erbwertigkeit« des Menschen, wie sie z. B. von dem Pathologen Martin Staemmler schon vor 1933 angestellt wurden,[25] oder »Gedanken über ›Volks‹-Wirtschaft«, die sich Hans Reiter, der Präsident des Reichsgesundheitsamtes, anläßlich des 60jährigen Bestehens des RGA machte (»Der materielle Geburtswert der deutschen Bevölkerung dürfte ... mit etwa 1 625 Milliarden Mark angenommen werden müssen. Ihm steht nur ein Sachvermögen von 310 Milliarden gegenüber!«)[26],dürften der Meinungsbildung unter vielen Medizinern in der gewünschten Richtung förderlich gewesen sein. Die Konsequenz: Ein Mensch, begriffen letztlich als Ware im ökonomischen Sinne, hatte seinen Preis – den Geldausdruck des Wertes einer Ware –, der z. B. für die Bewohner der okkupierten Gebiete extrem niedrig sein konnte: »Preis wie ... festgelegt pro Russin 2 Flaschen Schnaps«.[27] In solche Skalierung paßte sich auch der Begriff »lebensunwertes Leben« zwanglos ein.[28]

Nach Erhebungen des Bundesministers der Justiz haben Ärzte zwischen 1933 und 1945 insgesamt etwa 350 000 Personen sterilisiert (vgl. Leuthold 1975, S. 9). Nach 1939 sank die Zahl der Sterilisierungen jedoch rapide ab. Amtsarzt Heilig aus Oels meinte dazu, man müsse sich »darüber klar sein, daß über dem rassischen Geschehen im deutschen Volke, bei den kämpfenden Völkern überhaupt, zur Zeit eine höhere Macht waltet, nämlich das Gesetz des Krieges selbst« (Heilig 1941, S. 83). So trat auch die schematische Anwendung des »Gesetzes zur Verhütung erbkranken Nachwuchses« ein wenig in den Hintergrund: »Es ist klar, daß man einen Antrag auf Unfruchtbarmachung bei einem 60-jährigen Mann oder bei einer 40-jährigen Unverheirateten mit Verzögerung behandeln kann; ebenso kann man die Durchführung des Eingriffs einmal zwanglos bis zur Beendigung der Hackfruchternte aufschieben.« (Masuhr 1942, S. 570 f.) Allerdings müsse man »mit eiserner Folgerichtigkeit ... an dem Grundsatz festhalten, es auf keinen Fall zu dulden, daß Schwachsinnige und andere für den Wehrdienst Untaugliche sich in der Heimat ungehemmt vermehren und noch gefördert werden, während die wertvollsten Glieder des Volkes womöglich an der Front teilweise oder durch den Tod ganz von der Fortpflanzung ausgeschaltet werden« (ebenda, S. 573).

Von der Entbehrlichkeit des Sachverständigen ...

Die Zahl der politisch motivierten Morde in den späten zwanziger und frühen dreißiger Jahren geht in die Hunderte. Viele von ihnen wurden aufgeklärt, viele Täter rechtskräftig verurteilt, viele gerichtsmedizinische Sachverständige haben bei der Aufklärung und im Verfahren mitgewirkt.

Nach 1933 änderte sich auch hier einiges, zwei Kasuistiken sollen beispielhaft verdeutlichen, wie die Nazis nach ihrer »Machtübernahme«

auch Tötungsverbrechen, bei denen gerichtsmedizinische Sachverständige noch mit intensiver Untersuchungstätigkeit beschäftigt waren, zu einem raschen Abschluß brachten bzw. im wahrsten Sinne des Wortes über die Bühne gehen ließen – je nach dem politischen Erfordernis.

Fall Hentsch: Am 26. Dezember 1932 wurde aus der Maltertalsperre die Leiche des seit dem 4. November vermißten 22-jährigen Dresdener SA-Mannes Hentsch geborgen.[29] Kopf und Oberkörper des Toten waren in einen Sack gehüllt, die Leiche mit Steinen von insgesamt 30 kg Gewicht beschwert. Nach der am 28. Dezember auf dem Dippoldiswalder Friedhof in Anwesenheit von Staatsanwalt Dr. Hartmann durchgeführten gerichtlichen Sektion erstatteten die Obduzenten Prof. Dr. Richard Kockel und Dr. Horstmann das folgende vorläufige Gutachten: »Hentsch ist gestorben an innerer Verblutung in die linke Brusthöhle infolge einer Schußverletzung, die die linke Lunge durchsetzt hat. Ausserdem hat er eine Schußverletzung in der rechten Speiche erlitten (Steckschuß) und überdies eine oberflächliche Schußverletzung in der linken Ohr-Nackengegend und in der Gegend des rechten Handgelenks. Die beiden Letztgenannten können zusammengehören. Ein beim Entkleiden der Leiche aufgefundenes 6,35 mm Pistolengeschoß gehört zweifellos zu dem Durchschuß der linken Brust. Hentsch hat also mindestens drei Schüsse erhalten. Als Hentsch ins Wasser befördert wurde, war er bereits tot.«

Die Zeitungen berichteten ausführlich über den Fall, der zunehmende politische Bedeutung gewann. Bemerkenswert war, daß kurz nach dem 4. November auch andere SA-Männer aus Dresden verschwunden waren; vieles sprach dafür, daß sie als Täter in Frage kommen könnten. Man vermutete sie in Italien, ein Auslieferungsantrag der sächsischen Regierung wurde fertiggestellt und nach Berlin weitergeleitet. Ein Tatverdacht richtete sich insbesondere gegen die SA-Männer Schenk und Woicik. So fanden sich z. B. am Schutzblech des Motorrades von Schenk, das er in der Nacht des 4. November benutzt hatte, Blutspritzer, die nach einem entsprechenden Auftrag der Staatsanwaltschaft Dresden vom 26. Januar 1933 von Kockel hinsichtlich einer möglichen Identität der festzustellenden Blutgruppe mit der Blutgruppe des Ermordeten untersucht werden sollten. Auch Woicik war in jener Nacht mit einer blutbefleckten Hose nach Hause gekommen.

Inzwischen hatten die Anhänger Hitlers am 30. Januar 1933 die Macht »übernommen« und eine Regierung, die »den Gesetzen einer veredelten Demokratie entspricht« (Goebbels), gebildet. Am 24. Februar erhielt Kockel vom Untersuchungsrichter beim Landgericht,

Landgerichtsrat Harazim, zwar noch den Auftrag, zwei Pistolen zu untersuchen, um festzustellen, ob »gerade diese Pistolen bei der Ermordung des Hentsch Verwendung gefunden haben«, aber noch bevor er seine Untersuchungen zum Abschluß bringen konnte, wurde er am 24. März aufgefordert, seine »Gutachter-Tätigkeit sogleich einzustellen und weitere Anweisungen abzuwarten«. Anfang Mai 1933 schließlich traf ein am 5. dieses Monats von einem Justizsekretär unterzeichnetes Schreiben mit »weiteren Anweisungen« im Institut ein: »In der Strafsache gegen *Schenk* und Genossen wird mitgeteilt, dass sich der Ihnen erteilte Auftrag durch den Amnestie-Beschluss erledigt hat. Sie werden gebeten, sämtliche Unterlagen zu 16 St A 3625/32 an die hiesige Staatsanwaltschaft zurückzugeben, da der Untersuchungsrichter mit der Sache nicht mehr befaßt ist.«[30] Dabei hatte, nachdem von der Mutter des SA-Mannes Hentsch sogar in der von ihr veröffentlichten Todesanzeige schwere Vorwürfe gegen die Nazipartei erhoben worden waren, deren lokale Zeitung »Freiheitskampf« – natürlich vor dem 30. Januar – eine parteiamtliche Erklärung der NSDAP publiziert, in der betont wurde, daß keine Stelle der Partei einen gemeinen Mord begünstige oder decke oder gutheiße ...

Fall Handwerk: Bei Auseinandersetzungen zwischen Anhängern und Gegnern der Nazibewegung in der Frankfurter Langestraße wurde in der Nacht vom 4. zum 5. Juli 1932 der knapp 17jährige Schlosserlehrling Johannes Handwerk erschossen.[31] Nach der am 7. Juli im Institut für gerichtliche Medizin der Universität Frankfurt/M. von Prof. Dr. Raestrup und seinem Assistenten Dr. Heinz Kockel[32] durchgeführten Obduktion wurde das folgende vorläufige Gutachten abgegeben: »Handwerk ist von 2 Geschossen getroffen worden. Das eine hat die Weichteile des rechten Oberschenkels durchschlagen, das andere Geschoss ist von der linken Schläfe in die Schädelhöhle eingedrungen und hat das Grosshirn durchschlagen. Der Tod des Handwerk ist infolge des Schädelschusses eingetreten.« Im Bereich des rechten Schläfenmuskels fanden die Obduzenten »ein in mässigem Grade deformiertes Hartmetallgeschoss, Kaliber 6,35«.

Offenbar kamen die Ermittlungen nur langsam voran; am 21. Oktober 1932 wurden schließlich zwei weitere Geschosse – sie stammten von einer Schießerei, die sich Tage vor dem Tode Handwerks in der Breitegasse zugetragen hatte und bei der der SA-Mann Weissenborn und der Kommunist Kutschka angeschossen worden waren – sowie eine Pistole und zwei Patronen zu Vergleichszwecken ins Institut gebracht. Bei seinen Untersuchungen stellte Raestrup fest, daß die Geschosse aus drei verschiedenen Waffen verschossen wurden. Am 8. November wurden die Untersuchungsgegenstände von der Polizei übernommen, am 21. November meldeten Zeitungen, die Voruntersuchung sei abgeschlossen.

Doch am 5. Dezember erhielt Raestrup eine weitere Pistole und ein Magazin, »das nicht ganz passt« (Notiz Raestrups in der Akte), ohne daß ein besonderer Untersuchungsauftrag erteilt oder inkriminierte Vergleichsgeschosse übergeben worden wären.

Mehrere Monate vergingen, die Nazis kamen an die Macht. Mitte Mai 1933 – so weisen es die sorgfältigen Eintragungen von Raestrup in den Sektionsakten aus – eine beträchtliche Betriebsamkeit: Die Sektionsakte zum Fall Handwerk wurde während der Abwesenheit Raestrups aus dem Institut abgeholt und später zeitweilig beschlagnahmt, sämtliche noch im Institut befindlichen Untersuchungsgegenstände (z. B. die Pistole mit Magazin) wurden »sofort« zurückgefordert, Raestrup selbst »als Zeuge« von Untersuchungsrichter Dr. Schaad vernommen und ein neuer Sachverständiger – Dr. Popp jun. – mit der Untersuchung von Waffen und Geschossen beauftragt.

Popp wunderte sich – lt. einem von Raestrup am 25. Mai geführten und von diesem dokumentierten Telefonat – zwar darüber, daß die ihm von der Polizei überstellten »Geschosse jetzt anders beschaffen seien, als die damals untersuchten in der Sache Handwerk, er wisse nicht, warum«, doch letztlich gab sein Gutachten dann im Prozeß den Ausschlag, während das Raestrupsche »negativ« ausging. Popp kam zu dem Ergebnis, daß die von ihm untersuchten Geschosse, mit denen Handwerk getötet und Weissenborn und Kutschka verletzt wurden, aus zwei Waffen verschossen wurden, die angeblich aus dem Besitz des 20-jährigen Kochlehrlings Josef Reitinger, der am 17. Mai verhaftet wurde, stammten. In einem SA-Heim (!) gestand Reitinger seine Täterschaft, widerrief sein Geständnis aber, als unter Mißhandlungen zustande gekommen, offenbar in der am 25. September begonnenen, zeitweise unter Ausschluß der Öffentlichkeit durchgeführten Verhandlung.

Über 50 Zeugen und drei Sachverständige – Medizinalrat Dr. Kohl, Dr. Popp und Prof. Dr. Raestrup – wurden aufgeboten, um den der KPD angehörenden Reitinger und zwei seiner politischen Freunde verurteilen zu können. Allerdings wurden auch Zeugen, weil sie der KPD nahestanden, noch im Gerichtssaal »in Schutzhaft« genommen. Das Frankfurter Schwurgericht verurteilte Reitinger zum Tode, die Revisionsverhandlung vor dem Reichsgericht bestätigte das Todesurteil. Noch vor der Urteilsverkündung war aus der Frankfurter Langestraße die »Hans-Handwerk-Straße« geworden.

Im März 1933 begann in Berlin eine Terrorwelle gegen Nazigegner: Festnahmen und Folterungen im SA-Lokal »Seestraße« in Berlin-Friedrichshagen und im Amtsgerichtsgefängnis Köpenick sowie auf dem Heuboden des »Sturmlokals Demuth« forderten zahlreiche Opfer, im Juni folgten weitere schwerste Mißhandlungen und Morde, die in den Lokalen »Seidler«, »Demuth« und »Jägerheim« stattfanden. Von den Aktionen der SA waren etwa 500 Personen betroffen, 70 Opfer blieben seitdem unauffindbar.[33]

Viele der Getöteten wurden damals von den Gerichtsmedizinern Prof. Paul Fraenckel und Dr. Waldemar Weimann[34] untersucht. Weimann berichtet, allein am Morgen des 1. Juli hätte die Kriminalpolizei sechs in Säcken eingenähte Leichen gebracht, »die an einer Brücke der Oberspree angetrieben waren. Die Sektion ergab an jedem Körper eine Unzahl grausamer Verletzungen und Verstümmelungen. Unter anderem waren diesen Menschen die Fingernägel herausgerissen worden. Einigen hatte man ätzende Oxalsäure in die Harnröhre gespritzt. Mit teuflischem Erfindungsgeist hatte man sie langsam zu Tode gequält. Zwei der Toten wurden von der Polizei identifiziert: der Reichstagsabgeordnete der SPD, Johann Stelling, früher einmal Ministerpräsident in Mecklenburg, und der ehemalige Reichsbannerführer Paul von Essen. Beide wohnten in Köpenick; beide wurden seit der Nacht des 22. Juni vermißt, ebenso wie weitere siebzig Einwohner dieses östlichen Stadtteils. ... Einundzwanzig Morde wurden von der Kriminalpolizei aufgeklärt. Doch Anklage wurde nicht erhoben. Später wurden die Ermittlungen ... eingestellt.« (Weimann 1964, S. 228 f.)

Gegen die Täter wurde 1933 lediglich verfügt, sie aus dem SA-Verband und der örtlichen Umgebung Köpenicks zu entfernen und vorübergehend in einem Arbeits- und Wehrsportlager unterzubringen.

Maßgeblichen Anteil an den Folterungen und Morden, aber auch an der Formulierung falscher Todesursachen auf Totenscheinen hatte der Mediziner Erwin Villain, SA-Standartenarzt der Brigade 28 in Berlin-Köpenick, von dem selbst der erste Chef der Gestapo, Rudolf Diels, später schrieb: »... der Arzt Villain war das entmenschteste Wesen, das mir begegnet ist.« (Diels 1949, S. 70.)

17 Jahre nach der »Köpenicker Blutwoche« konnten 57 an den Massakern Beteiligte doch noch zur Rechenschaft gezogen werden. Weimann und Dr. Gerhard Hansen[35] wurden im Verfahren gegen Ploenzke und andere vor dem Stadtgericht Berlin gehört.

Bei der Vorstellung von Kasuistiken, die als Beispiele für die prinzipielle Art der Bewertung der Arbeit von Sachverständigen im »Dritten

Reich« gedacht sind, können einige Begebenheiten nicht ausgelassen werden, die sich um Reichstagsbrand und Reichstagsbrandprozeß ranken:

· Trotz der Darlegungen dreier psychiatrischer Sachverständiger, darunter die wissenschaftlich in hohem Ansehen stehende Persönlichkeit von Prof. Dr. Karl Bonhoeffer, ist die Frage nach einer medikamentösen Manipulierung des der Brandstiftung angeklagten Marinus van der Lubbe, die seine nahezu völlige geistige Abwesenheit und Umnachtung in den drei Monaten der Hauptverhandlung möglicherweise hätte erklären können, nie eindeutig beantwortet worden.[36] Durch das Verhalten der faschistischen Behörden nach dem Urteilsspruch und selbst nach erfolgter Exekution wird eine solche Manipulierung noch wahrscheinlicher gemacht. »Entgegen gegebenen Zusicherungen und trotz diplomatischer Interventionen wurde es den Angehörigen verwehrt, mit dem Verurteilten zu sprechen. ... Der Familie wurde das Recht auf den Toten verwehrt« (Der Reichstagsbrand, 1972, S. 181), obgleich es im § 454 StPO hieß: »Der Leichnam des Hingerichteten ist seinen Angehörigen auf ihr Verlangen zur einfachen, ohne Feierlichkeiten vorzunehmenden Beerdigung zu verabfolgen«. Eine solche »Verabfolgung« hätte toxikologisch-chemische Untersuchungen möglich gemacht. Gerade das »mußte offenbar vermieden werden. Ein makabrer Ausweg wurde gefunden: Im Leichenhaus wurde dem Stiefbruder Johan Petrus Martin Peuthe in Anwesenheit eines Vertreters des niederländischen Konsulats durch den Oberreichsanwalt der unbekleidete Leichnam ›übergeben‹. Peuthe durfte dann seinem Bruder zur amtlichen Bestattung auf dem Südfriedhof das Geleit geben, nachdem er hatte bestätigen müssen, daß er an der Leiche keine anderen als die von der Hinrichtung stammenden Verletzungen festgestellt habe.« (Der Reichstagsbrand, 1972, S. 182.)

· Als unmittelbare und im Gegensatz zu van der Lubbe sehr viel effektiver operierende Brandstifter des Reichstages werden in der eingesehenen Literatur SA-Oberführer Karl Ernst und der bereits erwähnte Dr. Villain genannt. Beide wurden während der sog. Röhm-Revolte am 30. Juni bzw. am 1. Juli 1934 von ihren früheren faschistischen Kumpanen erschossen. Viele der Berliner Opfer dieser Aktion wurden offenbar zunächst im Gebäude des Berliner gerichtsmedizinischen Institutes gelagert. »Das Geheime Staatspolizeiamt beauftragte den Vorsteher der Kriminalstelle des Leichenschauhauses, Ernst, die Leichen der am 30. Juni Ermordeten abholen zu lassen. Die Dienststelle unterstand unmittelbar der Geheimen Staatspolizei, und weder der Direktor des Gerichtsärztlichen Institutes, Prof. Dr. Müller-Heß, noch einer seiner Ärzte durfte an die Leichen heran. Für sie hatten politische Leichen tabu zu sein. ... Einige Tage später wurde der Innenhof des Instituts durch SS abgesperrt; ein großer Lastwagen mit SS-Kenn-Nummer fuhr vor und holte die Leichen ab; sie wurden nach dem Krematorium in Wilmersdorf gebracht und dort verbrannt.« (Adolph 1955, S. 114.) Um nicht lästig werden zu können durch zu viel Sachkenntnis über die Modalitäten des unnatürlichen Todes, waren Gerichtsmediziner den Nazis also auch bei dieser Mordaktion entbehrlich.

· Eine Reihe prominenter bürgerlicher Politiker, die möglicherweise über die wahren Urheber des Reichstagsbrandes genaue Informationen besaßen, starben in der ersten Zeit der Nazidiktatur unter verdächtigen Umständen, ohne daß eine nähere Aufklärung des Falles, geschweige denn eine Obduktion der Leiche erfolgt wäre. Gisevius, der den Nazis »bis zum bittern Ende« gedient hatte, schrieb dazu: »Wir wissen, wie bereits in jenen ersten Monaten des Dritten Reiches sich die Selbstmörder in ihrer Spontaneität und Freiwilligkeit überboten.« (Gisevius 1946, S.42.) Solche Art »Selbstmörder« war etwa der Kieler Reichstagsabgeordnete und Fraktionsführer der Deutschnationalen Partei, Ernst Oberfohren, den man am 7. Mai 1933 tot in seiner Kieler Wohnung fand.[37] Das Opfer eines als Suizid kaschierten Mordes wurde der ehemalige Ministerialdirektor und Leiter der Polizeiabteilung im Preußischen Innenministerium, Erich Klausener, nachdem er von Göring zunächst ins Reichsverkehrsministerium abgeschoben worden war.[38] Die Familie des Chefredakteurs der »Leipziger Neuesten Nachrichten«, Richard Breiting, hatte, als Breiting plötzlich am 26. April 1937 starb, dringenden Verdacht, er sei durch Agenten der Gestapo vergiftet worden. Eine deshalb angestrebte Obduktion wurde vom zuständigen Amtsarzt abgelehnt, statt dessen erfolgte entgegen dem Wunsch der Familie eine Einäscherung.[39]

· Auch das Schicksal des Berliner Oberbranddirektors Walter Gempp, der schon Ende März 1933 von seinem Amt suspendiert wurde und im Reichstagsbrandprozeß als sachverständiger Zeuge nicht gänzlich von seiner Meinung, die Art der Brandlegung spreche für Mehrtäterschaft, abgerückt war, ist nicht frei von Fragezeichen.[40]

· Nicht einmal der Scharlatan und »Hellseher« Jan Eric Hanussen, der seinen nazistischen Gönnern zum Gefallen soviel »vorausgesehen«, aber nichts über das für ihn bestimmte Ende gewußt hatte, wurde, als man seine Leiche am 7. April 1933 in einer Tannenschonung bei Baruth fand, näher untersucht.[41]

In der Nacht vom 9. zum 10. November 1938 wurden in ganz Deutschland einschließlich des besetzten Österreichs jüdische Einrichtungen demoliert, Synagogen angezündet und jüdische Bürger mißhandelt oder gar erschlagen. Insgesamt fielen der angeblichen »Volkswut« in dieser »Kristallnacht«, wie die Propaganda die gelenkte Aktion nannte, 91 Menschen zum Opfer, 7 500 Geschäfte und 171 jüdische Gotteshäuser wurden demoliert oder zerstört, 26 000 Menschen wurden in Konzentrationslager eingewiesen. Die Täter entgingen fast durchweg einer Bestrafung, auch gegen Mörder wurden die Verfahren meist eingestellt (s. Dok. 1).

Trotzdem wurden die Gerichtsmediziner mit ihrem Sachverstand über die 12 Jahre der Naziherrschaft durchaus mit Arbeit beschäftigt: »Den Opfern jeder Eifersuchts-, Habsuchts- oder Sexual-Tragödie wurde nach wie vor die gewohnte peinliche Sorgfalt zuteil« (Weimann 1964, S. 275) Dies war dann auch noch so, als schon » ... halb Berlin ... in Trümmern« und das »Charite-Viertel zerbombt und ausgebrannt« war (ebenda), d. h. in jenen Wochen und Monaten, in denen diejenigen, die am 20. Juli 1944 gegen Hitler aufbegehrt hatten, vor Freislers Volksgerichtshof standen. Ohne gerichtsmedizinische Sachverständige.

Kapitel 4

Die Organisation der gerichtsmedizinischen Praxis

Amtsarzt, Kreisarzt, Bezirksarzt – Gerichtsarzt

Über viele Jahrzehnte hinweg war der deutsche »Amtsarzt«, in Preußen »Kreisarzt«, in anderen Ländern »Bezirksarzt« genannt, der Gerichtsarzt seines ihm verwaltungsmäßig zugeordneten Gebietes und der zuständige Sachverständige für die dort ansässigen Gerichte.

Die staatlich angestellten Bezirksärzte hatten z. B. in Sachsen nach einem »Gesetz über die Organisation der unteren Medizinalbehörden« vom 20. Juli 1836 in den zu ihrem Bezirk gehörenden Land- und Amtsgerichten zugleich die gerichtsärztlichen Besorgungen wahrzunehmen. Heyn erläutert dazu: »Gerichtsärzte sind in Sachsen in der Regel nur die Bezirksärzte, Anstaltsbezirksärzte und festangestellten Gerichtsärzte, die die staatsärztliche Prüfung abgelegt haben. Nur für besondere Ausnahmefälle kann das Justizministerium einen anderen Arzt zum

Gerichtsarzt bestellen.« (Heyn 1920, S. 15.) Jedem Gericht war in der Regel auch ein »Gerichtsassistenzarzt« beigegeben – er war nebenamtlich tätig und mußte nicht über das staatsärztliche Examen verfügen.

In der »Geschäftsordnung für die Sächsischen Justizbehörden vom 1. Januar 1903 (mit entsprechenden Abänderungen)« wurde nach § 177 bestimmt: »... Für Leichenöffnungen, die beim Amtsgericht vorkommen, sind die Gerichtsärzte und Gerichtsassistenzärzte des Landgerichts neben dem gerichtsärztlichen Personal des Amtsgerichts zu Sachverständigen für das Amtsgericht bestellt. Das Amtsgericht hat daher die Wahl, bei diesen Untersuchungshandlungen nach seinem Ermessen entweder sein eigenes gerichtsärztliches Personal oder dasjenige des Landgerichts, nach Befinden auch den Gerichtsarzt des Landgerichts und den Gerichtsassistenzarzt des Amtsgerichts oder umgekehrt zu verwenden ...« (zit. nach ebenda, S. 16).

Die rechtliche Grundlage für derartige Leichenöffnungen war in allen Ländern des Deutschen Reiches der § 87 der Reichsstrafprozeßordnung von 1877.[1]

Für derartige Verrichtungen wurden Amtsbewerber durch Lehrgänge für Kreis- bzw. Bezirksärzte qualifiziert. Die entsprechende »Prüfungsordnung für Kreisärzte« wurde mehrfach (z. B. 1909, 1914, 1921 und 1934) novelliert.[2] Nach § 16 der Fassung vom 4. März 1914 hatte der Kandidat bei der Prüfung in der gerichtlichen Medizin z. B. folgende Aufgaben:

»1. den Zustand eines Verletzten zu untersuchen und alsdann in Klausur innerhalb einer Stunde einen begründeten Bericht über den Befund unter Berücksichtigung der hierfür geltenden Bestimmungen zu erstatten;

2. an einer Leiche die vollständige gerichtliche Öffnung mindestens einer der drei Körperhöhlen zu machen und den Befund nebst vorläufigem Gutachten sofort vorschriftsmäßig zu Protokoll zu diktieren;

3. ein Leichenobjekt zur mikroskopischen Untersuchung vorzubereiten, mit dem Mikroskop genau zu untersuchen und dem Examinator mündlich zu erläutern; doch steht es dem Examinator frei, dem Examinanden auch einen anderen geeigneten Gegenstand zur mikroskopischen Untersuchung vorzulegen;

4. in einer mündlichen Prüfung die für einen Gerichtsarzt erforderlichen Kenntnisse in der gerichtlichen Medizin darzutun.«[3]

Eine solche Prüfung zum Kreisarztexamen wurde vor der »Wissenschaftlichen Deputation für das Medizinalwesen in Berlin« abgelegt.[4]

In der Fassung des § 16 aus dem Jahre 1934 wiederholte man die

Anforderungen nahezu wörtlich, nur unter 4. wurde die Kenntnisermittlung auch auf die Toxikologie erweitert.

Wenn schon mit diesen Anforderungen das bereits zu Beginn des 20. Jahrhunderts verfügbare Fachwissen der gerichtlichen Medizin keineswegs erschöpft war (man vergleiche einschlägige Lehrbücher), sondern auf die Beurteilung tödlicher und nichttödlicher Verletzungen nebst einigen Zusatzuntersuchungen beschränkt blieb, mag die alltägliche Praxis eines vielseitigst beanspruchten Kreisarztes noch viel weniger günstige Voraussetzungen für eine effektive gerichtsmedizinische Arbeit geboten haben.

So beklagte z. B. 1912 ein Dr. Stühlen – er hatte die nicht vollbesoldete Kreisarztstelle des Stadtkreises Aachen inne und wünschte deren Umwandlung in eine vollbesoldete – den enormen Arbeitsumfang: Die Anzahl der Journalnummern habe 1905 noch 2404 betragen, 1911 hingegen fast 6000. Darunter befanden sich andererseits nur 22 gerichtliche und vier sanitätspolizeiliche Obduktionen. Die Qualität solcher Obduktionen und der entsprechenden Gutachten kann eigentlich kaum optimal gewesen sein – aber auch die Zeit für fachliche Weiterbildung auf diesem kleinen Sektor ihrer Tätigkeit dürfte vielen Amtsärzten gefehlt haben.

In der Zeit nach dem I. Weltkrieg entstanden die Berufsgruppen der Schulärzte, Stadt- und Fürsorgeärzte usw., die sich zunehmend in Verbänden organisierten und z. T. ihre Ausbildung auf Sozialhygienischen Akademien (in Breslau, Berlin und Düsseldorf) erhielten. Die kommunale Gesundheitsfürsorge existierte einige Jahre neben, aber keineswegs immer in Harmonie mit dem staatlichen Medizinalwesen, repräsentiert durch Kreis-, Amts- oder Bezirksärzte. Aus dieser Situation erwuchsen in der Zeit der Weimarer Republik Bestrebungen zur Vereinheitlichung des Gesundheitswesens (vgl. Neubert und Schrödel 1958, S. 12 ff.).

Organisationsstrukturen, die im späten 19. Jahrhundert eine gute Ausgangsposition für eine — bei damaligen Nachrichten- und Verkehrsverbindungen – notwendige dezentrale gerichtsärztliche Versorgung der Bevölkerung gewesen waren, wurden so mehr und mehr unzweckmäßig. Andererseits behinderte die Mißachtung der akademischen und wissenschaftlichen Entwicklung des Faches »gerichtliche Medizin« an den Universitäten nicht nur die Ausbildung qualifizierten Nachwuchses, sondern auch die allgemein-gerichtsmedizinische Kenntnisvermittlung an die späteren praktizierenden Ärzte.

Trotzdem hat es nicht wenige Amtsärzte gegeben, die sich praktisch und wissenschaftlich intensiver mit der gerichtlichen Medizin beschäftigt haben und Gelegenheiten wahrnahmen, das Fach zumindest nebenamtlich als Lehrende an einer Universität vertreten zu können. Einige wurden später hauptamtliche Hochschullehrer, die nebenamtlich ihre praktische gerichtsärztliche Tätigkeit fortsetzten – dies nicht zuletzt, um ihren Lebensunterhalt aufzubessern, aber auch, um Material für Lehre und Forschung zu gewinnen. Alles in allem mangelte es jedoch weiterhin dem nicht speziell gerichtsmedizinisch interessierten Amtsarzt meist an subtileren Kenntnissen auf dem Gebiet der gerichtlichen Medizin, dem Universitätsgerichtsmediziner hingegen blieb, war er nicht zugleich kreisärztlich tätig, oftmals *praktische* gerichtsmedizinische Tätigkeit weitgehend versagt: »In den 2 Jahren, seitdem ich hier wirke, habe ich nur *einmal* und zwar durch die Güte von Herrn Geheimrat Ahlfeld das große Glück gehabt eine Leiche sezieren zu können. Das genügt aber selbst meinen bescheidenen Ansprüchen nicht. Meine Bitte geht dahin. Die hohe medizinische Fakultät möge auf irgendeine Weise dahin wirken, daß mir von dem reichen Leichenmaterial, welches den anderen Instituten zur Verfügung steht, wenigstens etwas überlassen wird. Zwei bis drei Leichen im Semester würden schon ausreichen; die betreffenden brauchen an keiner interessanten Krankheit gestorben zu sein, ich nehme alles: 3. L., Altersschwäche, Verletzungen etc.«[5] Und noch 1934 resümierte der Autor dieser Zeilen, Heinrich Hildebrand in Marburg, kurz vor seiner Emeritierung: »Nach meiner mehr als 30jährigen Erfahrung wird die Tätigkeit als gerichtlicher Mediziner *allein* bei den hiesigen Verhältnissen nicht befriedigen können, denn das zur Verfügung stehende Material ist gering. Ich habe in den letzten Jahren durchschnittlich nur 2 Sektionen gehabt, dazu jeden Monat etwa 2 Gerichtstermine und im Jahr einige wenige gerichtsärztliche Untersuchungen. Das ist so wenig, daß die Arbeitskraft eines Menschen nur zu ganz geringem Teil in Anspruch genommen wird. Auch läßt sich ohne Material beim besten Willen keine Forschungsarbeit leisten. Der künftige Professor der gerichtlichen Medizin würde sich deshalb bald überflüssig vorkommen. Die kreisärztliche Tätigkeit würde er ganz gut mit verrichten können ...«[6]

Es mag sein, daß über den Marburger Lehrstuhlinhaber – der andererseits eine beachtliche Reihe anderer Funktionen ausfüllte – die Zeit insofern hinweggegangen war, als der Arbeitsumfang der Gerichtsmedizin an vielen anderen Universitäten in den zwanziger und dreißiger Jahren deutlich gewachsen war und keineswegs lediglich »die Arbeitskraft eines Menschen nur zu ganz geringem Teil in Anspruch« nahm. So verwundert es nicht, daß der Nachfolger Hildebrands in Marburg,

Gerhard Schrader, sich zunächst nach der Übernahme des Lehrstuhls mit der von dem Hygieniker Wilhelm Pfannenstiel[7] betriebenen Trennung des Ordinariats von der Kreisarztstelle durchaus einverstanden erklärte, andererseits aber auch die räumliche Trennung beider Institutionen durchzusetzen verstand – und im Jahre 1935 schon 33 Leichenöffnungen durchführte.[8] Ähnliche Ausweitungen der praktischen Arbeit gerichtsmedizinischer Universitätsinstitute, d. h. besonders Zunahme der Sektionstätigkeit, finden wir auch andernorts, wenn Senioren des Faches jüngeren Vertretern den Lehrstuhl überließen, etwa in Jena nach der Ablösung von Ernst Giese durch Gerhard Buhtz.[9]

An der sächsischen Universität Leipzig und in Berlin hingegen war die Situation von vornherein eine andere: Hier waren nicht Kreisärzte zur Universität gestoßen, sondern Universitätsmediziner hatten auch praktische gerichtsärztliche Aufgaben meist dank großen persönlichen Engagements für das Fach übernehmen können. So hat Richard Kockel mehrmals (z. B. 1905a, 1928a) über seine Tätigkeit berichtet, im Schmidtmannschen Handbuch (1905) hat er auch seine umfassenden Kenntnisse zur gerichtsmedizinischen Tatortarbeit vermittelt (vgl. Bd.I, S. 747 ff.). »Da Strassmann eine der sieben Gerichtsarztstellen in Berlin als Primus inter pares innehatte, bot sich reichlich Gelegenheit, auch ... das Anschauungsmaterial für den akademischen Unterricht vielseitig und eindrucksvoll auszubauen. Er oder seine Assistenten waren auch bei anderen im Leichenschauhause stattfindenden gerichtlichen Obduktionen anwesend und übernahmen die sog. ›polizeilichen Sektionen‹.« (Müller-Heß 1959, S. 178.)

An der prinzipiellen Unzulänglichkeit der gerichtsmedizinischen Versorgung der verschiedenen, besonders universitätsfernen Regionen des deutschen Reiches haben aber weder einzelne Universitätsinstitute noch die wenigen Gerichtsärzte z. B. in Preußen etwas ändern können. Günstiger war die Lage in Bayern, wo jeder Landgerichtsbezirk seinen besonderen Gerichtsarzt hatte, dessen Dienststelle sich meist im Gerichtsgebäude befand. In München, damals eine Stadt mit etwa 700 000 Einwohnern, gab es vier Landgerichtsärzte und zwei Hilfsärzte, im ganzen also – neben dem Universitätsinstitut – sechs hauptamtlich tätige Gerichtsärzte. Köln, zu Preußen gehörig und derzeit etwa ebenso groß wie München, hatte hingegen nur einen Gerichtsarzt. Dazu schrieb B. Mueller: »Als ich nach München kam, fragte ich etwas erstaunt, was die Herren alle täten ... Ich kann aus eigener Anschauung versichern ... daß die bayerischen Landgerichtsärzte alle vollbeschäftigt, ja überlastet sind. Des Rätsels Lösung ist sehr einfach: der bayerische

Gerichtsarzt arbeitet für das Gericht prinzipiell von Amts wegen, ohne Gebühren zu erheben, nur in den wenigen Zivilsachen, in denen die Kosten von einer der Parteien getragen werden, und in den noch selteneren Strafsachen, in denen der Verurteilte tatsächlich die Kosten trägt, steht dem Landgerichtsarzt nachträglich ein bescheidenes Liquidationsrecht zu. Der preußische Gerichtsarzt dagegen ist verpflichtet, für jeden Federstrich, den er für eine Justizbehörde tut, eine Gebühr zu erheben und sie dem Innenministerium wieder abzuführen. Er verdient also gewissermaßen sein Gehalt selbst. Da die Tätigkeit des bayerischen Gerichtsarztes die Justizbehörden nichts kostet, schreiben sie ihm alle Sachen zu, die entfernt medizinischen Anstrich haben, und es ist mir von den verschiedensten juristischen Stellen immer wieder versichert worden, daß es sehr gut sei, daß Akten dieser Art einmal unter anderen Gesichtspunkten als denen des Juristen durchgearbeitet würden.« (Mueller, B., 1935, S. 130 f.)

Die Tatsache, daß die Mehrzahl der praktisch tätigen Gerichtsärzte – besonders jene, die gerichtsärztliche Funktionen nur nebenamtlich versahen (also z. B. die preußischen Kreisärzte) – für ihre schwierige und verantwortungsvolle Tätigkeit nicht immer ausreichend qualifiziert war, beschäftigte auch die deutsche Gesellschaft für gerichtliche und soziale Medizin. So wurde auf der im September 1925 in Bonn abgehaltenen 14. Tagung der Gesellschaft die Forderung erhoben, daß zur Ernennung zum Gerichtsarzt zunächst je eine einjährige Ausbildung in Psychiatrie und Pathologie und eine dreijährige Tätigkeit an einem gerichtsmedizinischen Institut, im ganzen also eine fünfjährige Vorbildung verlangt werden müsse. Fritz Reuter sah dies als eine »Mindestforderung« an und meinte, es würden »wohl meist 10 Jahre vergehen, bis der gewissenhafte Gerichtsarzt in allen Fragen, die das Gericht ihm zu lösen gibt, als so ziemlich sattelfest angesehen werden kann« (Reuter, F., 1929, S. 230).

Andererseits wurde für den Gerichtsmediziner, der die Universitätslaufbahn einzuschlagen beabsichtigte, die Ablegung des Kreisarztexamens für erforderlich gehalten. So finden sich z. B. in entsprechenden preußischen Archivalien die »Befähigungszeugnisse zur Verwaltung einer Kreisarztstelle« für Professor Dr. Willy Vorkastner in Greifswald (1923), Dr. Friedrich Pietrusky in Breslau (1924), Dr. Curt Goroncy in Königsberg/Pr. (1924) und Dr. Rolf Hey in Bonn (1925).[10]

Für das Kreisarztexamen wichtig war in den zwanziger und frühen dreißiger Jahren auch der Besuch eines meist dreimonatigen Lehrganges an einer der drei sozialhygienischen Akademien in Berlin-Charlottenburg, Düsseldorf oder Breslau. 1933 wurden diese Akademien aufgelöst und durch »Staatsmedizinische Akademien« in Berlin und München ersetzt. »Aufgabe der Staatsmedizinischen Akademie [in München – F. H.] ist die vordringlich wichtige, allseitige und gründliche Ausbildung der Ärzte, besonders der Amtsarztanwärter, der Amts-, Schul-, Kommunal- und Fürsorgeärzte auf den Gebieten der Rassenbiologie, Erbgesundheitslehre und Erbgesundheitspflege (Eugenik), ferner der sozialen und gewerblichen Hygiene und in den übrigen Zweigen der wissenschaftlichen und praktischen Staatsmedizin unter Beachtung des Gesichtspunktes der Schaffung eines reichseinheitlichen Medizinalbeamtentums. Für die Zulassung zu den staatsärztlichen Prüfungen (Physikat, Kreisarztexamen usw. der einzelnen Länder) ist der Nachweis des Besuches der Akademie während eines abgeschlossenen Lehrganges künftig notwendige Voraussetzung.«[11] Zum Inhalt des ersten Lehrganges der Berliner Akademie wurde »besonders auf die Vortragsreihen über Rassenhygiene und Bevölkerungspolitik, Organisations- und Gesetzeskunde, Luft- und Gasschutz hingewiesen, in denen der neue Geist der Akademie am grundsätzlichsten zum Ausdruck kommen dürfte«.[12] Die »Prüfungsordnung für Kreisärzte« i. d. F. vom 13. Februar 1934 sah demgemäß folgende Abschnitte vor:

» I. Öffentliches Gesundheitswesen einschließlich Luftschutz. II. Rassenpflege, Bevölkerungspolitik, Sozialhygiene. III. Gerichtliche Medizin. IV. Gerichtliche Psychiatrie. V. Gesetzgebung und Verwaltung.«

Die gerichtliche Medizin vertrat an der Münchener Akademie Prof. Dr. Hermann Merkel durch eine Vorlesung und einen gerichtlich-medizinischen Sektionskurs, in Berlin leitete Dr. Waldemar Weimann einen »Praktischen Kursus der gerichtlichen Medizin«.[13] Darüber hinaus sollte »für Gerichtsärzte und Anwärter auf Gerichtsarztstellen ... nach Bedarf ein auf die besonderen Fachaufgaben des Gerichtsarztes abgestellter Kurs (einschließlich Übungen) angeschlossen werden«.[14]

»Untragbare Neuerung«: das Gesetz über die Vereinheitlichung des Gesundheitswesens

Im Jahre 1928 hatte sich Richard Kockel dafür ausgesprochen, Begutachtungen in medizinischen und naturwissenschaftlichen Fragen auf die gerichtsmedizinischen Universitätsinstitute zu konzentrieren, um so deren Ansehen und erfolgreiche Weiterentwicklung zu sichern. Die Institute sollten »zu unabhängigen Zentralstellen werden, in denen alles das Tatsächliche, das im Rechtsleben vorkommt und nur mit Hilfe medizinischer und naturwissenschaftlicher Kenntnisse und Erfahrungen bearbeitet und in seinen ursächlichen Zusammenhängen aufgeklärt werden kann, eine Stätte findet« (Kockel 1928, S. 12 f.).

Ein derartiger »Sonderdienst auf dem Gebiete der gerichtlichen Medizin« (Mueller, B., 1953, S. 2) widersprach zweifellos den gesundheitspolitischen Vorstellungen der Nazis; auch der von B. Mueller 1935 geäußerte Vorschlag – »Einstellung besonderer Gerichtsärzte etwa nach bayerischem Muster« (Mueller, B., 1935, S. 131) – fand darin keinen Platz. Vielmehr ging durch das »Gesetz über die Vereinheitlichung des Gesundheitswesens vom 3. Juli 1934«, das am 1. April 1935 in Kraft trat, die gerichtsärztliche Tätigkeit im ganzen »Reich« auf die Gesundheitsämter über. Nach diesem Gesetz wurde die Person des Kreis- bzw. Bezirksarztes durch die Instanz »Gesundheitsamt« ersetzt; der Leiter des Gesundheitsamtes führte die Bezeichnung »Amtsarzt«. Bei vielen der neueingesetzten Amtsärzte handelte es sich um mehr oder weniger langjährige Parteigänger der NSDAP oder um junge, fachlich kaum erfahrene Mediziner, denen besonders die Durchsetzung der rassenpolitischen Ziele des Nationalsozialismus wichtig schien. Andererseits wurden nicht wenige der ehemaligen Kreis- und Bezirksärzte, die z. T. auch über langjährige gerichtsmedizinische Erfahrungen verfügten, aus »rassischen« oder politischen Gründen aus ihren Ämtern entfernt.

Welcher untergeordnete Stellenwert schon im Gesetzestext den gerichtsärztlichen Aufgaben des Gesundheitsamtes zugemessen wurde, wird durch folgende Formulierungen belegt:

»Zur einheitlichen Durchführung des öffentlichen Gesundheitsdienstes sind in den Stadt- und Landkreisen in Anlehnung an die untere Verwaltungsbehörde Gesundheitsämter einzurichten. Ihnen liegt ob:

· Die Durchführung der ärztlichen Aufgaben

a) der Gesundheitspolizei,

b) der Erb- und Rassenpflege einschließlich der Eheberatung,

c) der gesundheitlichen Volksbelehrung,

d) der Schulgesundheitspflege,

e) der Mutter- und Kinderberatung,

f) der Fürsorge für Tuberkulöse, Geschlechtskranke, körperlich Behinderte, Sieche und Süchtige;

· die amts-, gerichts- und vertrauensärztliche Tätigkeit, soweit sie durch Landesrecht den Amtsärzten übertragen ist.«

Die Bestrebungen zur Vereinheitlichung des Gesundheitswesens waren zwar in der Zeit der Weimarer Republik weit gediehen, aber es blieb »der

Hitlerregierung vorbehalten, die fertigen Entwürfe aus der Schublade zu ziehen, die fortschrittlichen und zukunftsweisenden Teile herauszustreichen, ihre Rassengesetze einzufügen und das Ganze im Juli 1934 als Gesetz zur Vereinheitlichung des Gesundheitswesens herauszugeben. Das Kernstück dieses Gesetzes ist, daß dem Kreisarzt, der hierfür weder eine Vorbildung noch Neigung und Eignung mitbrachte, das gesamte Gesundheitswesen auferlegt wurde. Da der neue Amtsarzt, wie er nun hieß, zugleich Vorsitzender des Erbgesundheitsgerichtes war und mit dieser Aufgabe über seine Kräfte belastet wurde, geriet die Sozialhygiene in eine große Notlage. Erhalten blieb die Schwangeren- und Säuglingsfürsorge. Sie wurde allerdings zu einem großen Teil aus den Händen der vorgebildeten in die Hände der freiwilligen Helfer übergeben. Das ergab sich schon daraus, daß viele Fürsorgeärzte und die meisten Fürsorgerinnen fristlos entlassen wurden. Erhalten blieb auch der Schulgesundheitsdienst. Nur traten an die Stelle der hauptamtlichen, wohlvorgebildeten Schulärzte nebenamtliche Ärzte. Nach einiger Zeit wurde aufgebaut: die Tuberkulosefürsorge ... und nach Beginn der Aufrüstung die Bekämpfung der Geschlechtskrankheiten, weil schon im Jahre 1938 die Kurve der Neuansteckungen anstieg.« (Neubert und Schrödel 1958, S. 15 f.)

Ursula Grell (1988, S. 52) betont die Bedeutung des Gesetzes »als Transmissionsriemen zur Durchsetzung der Erbhygiene als Leitlinie staatlicher Politik«. Das war schon in ersten Ankündigungen des Gesetzes im Juli 1933 deutlich geworden, in der »Klinischen Wochenschrift« vom 29. Juli war z. B. zu lesen: »Der Reichsminister des Innern plant in Anbetracht der Bedeutung, die dem Gesundheitswesen für die Bestandserhaltung und Aufartung des Volkes wie für den Neubau des Reiches zukommt, eine Neuregelung. ... Sie soll auch der finanziellen Entlastung des Reiches, der Länder und der Gemeinden zugute kommen. Der Reichsminister wird die zuständigen Ministerien der Länder demnächst zu einer Besprechung einladen. Bis zu diesem Zeitpunkt bittet er, von Maßnahmen auf dem Gebiet des öffentlichen Gesundheitswesens, die der geplanten Neuregelung vorgreifen könnten, grundsätzlich abzusehen.«

In einem Runderlaß des RMI, die gerichtsärztliche Tätigkeit für die Gesundheitsämter betreffend, wurde schließlich am 2. Juli 1935 bestimmt:

»1. (1) Die Professoren der gerichtlichen Medizin unterstehen bei ihrer gerichtsärztlichen Tätigkeit verwaltungsmäßig dem Amtsarzt und Leiter des Gesundheitsamts; die Gutachtertätigkeit üben sie jedoch für das Gesundheitsamt unter eigener Verantwortung aus.«[15] Vorausgegangen war ein nichtveröffentlichter Erlaß des RMI vom 25. März 1935, in dem formuliert worden war: »... Die gerichtsärztliche Tätigkeit wird in Zukunft von den Professoren der gerichtlichen Medizin, soweit sie hierzu bereit sind, im Rahmen des Gesundheitsamtes, und zwar nur für die Universitätsstadt ausgeübt; außerdem haben sie nach Möglichkeit die Erb- und Rassenpflege einschließlich der Eheberatung im Gesundheitsamt zu bearbeiten. ... Die durch ihre Tätigkeit erwachsenden Gebühren fließen der Kasse des Gesundheitsamtes zu ...«[16]

Die Bearbeitung der »Erb- und Rassenpflege«, so wurde im Runderlaß vom 2. Juli 1935 erläutert, solle dem Ziel dienen, »die gesammelten Erfahrungen kriminalbiologisch auszuwerten und so die Arbeit der Gesundheitsämter auf dem Gebiete der Erb- und Rassenpflege nutzbringend zu unterstützen«. Es gibt nicht wenige Belege dafür, daß die Aufforderung zu dieser Tätigkeit von einigen Fachvertretern sehr ernst genommen wurde (s. Kapitel 11).

Auf der Grundlage des Runderlasses wurden zwischen den örtlichen Dienststellen und qualifizierten Vertretern der Universitätsgerichtsmedizin meist besondere vertragliche Vereinbarungen getroffen, die hauptsächlich die Übernahme gerichtsärztlicher Obduzententätigkeit regelten und die Betreffenden zu »nebenamtlich tätigen Gerichtsärzten« erklärten.

In Berlin wurden aus den ehemaligen, außerhalb der Universität tätigen Gerichtsärzten »Magistratsmedizinalräte«. Diese neue berufliche Position ist offenbar als besonders unattraktiv empfunden worden, wie eine handschriftliche Mitteilung von Dr. von Marenholtz an Buhtz belegt: »Wir Gerichtsärzte sind tief gesunken: ›Magistratsmedizinalräte‹!, nicht einmal der Titel Gerichtsarzt ist geblieben; die Gerichtsärzte sind ja wohl überhaupt in Deutschland zum Aussterben verurteilt; diese Tätigkeit kann ja jeder mit seinem 2-Monats-Kurs vorbelastete Amtsarzt ebenso gut ausfüllen! Sehr viel verantwortungsvolle Arbeit, wenig Einnahme, kleinliche Schikanen, Vorgesetzte, die keine Ahnung haben, sind nicht grade geeignet, die Dienstfreudigkeit zu erhöhen; so bald wie möglich gehe ich ab ...«[17]

Die Beratungen über den Runderlaß wurden offenbar ausschließlich im RMI geführt, Vertreter des REM – als für die Universitätsgerichtsmedizin zuständiges Ministerium – oder etwa gar der gerichtlichen Medizin wurden nicht zugezogen. Nach Bekanntwerden des Erlasses versuchte der damalige Vorsitzende der Gesellschaft für gerichtliche und soziale Medizin, Prof. Dr. Friedrich Pietrusky, eine Sitzung der Fachvertreter einzuberufen, um die Einwände der Gesellschaft gegen die beabsichtigten Neuerungen zu formulieren. »Hiervon hat der damalige Ministerialdirektor [im RMI – F. H.] Dr. Gütt Kenntnis erhalten und von Prof. Pietrusky die Nichtabhaltung der Fachvertretersitzung zu erreichen versucht und auch erreicht. Auch einen Einspruch der Fachvertreter der gerichtlichen Medizin gegen das neu erlassene Gesetz zur Vereinheitlichung des Gesundheitswesens hat Dr. Gütt durch Drohung mit politischen Maßnahmen und durch Drohung mit politischer Diffamierung verhindert.«[18]

Bereits kurze Zeit nach Inkrafttreten des »Gesetzes über die Vereinheitlichung des Gesundheitswesens« zeigten sich dessen miserable Auswirkungen auf die Qualität der gerichtsärztlichen Tätigkeit. Deshalb bahnten sich zunächst Kontakte zwischen Reichsjustizminister Dr. Gürtner und dem RMI an, wie ein Brief Gürtners vom 14. Oktober 1938 zeigt: »... Seit dieser Zeit sind mir von den Gerichten und Staatsanwaltschaften wiederholt Klagen über die Neuregelung zugegangen. Ich habe daraufhin Ende 1937 mir von den Gerichten und Staatsanwaltschaften im gesamten Reich über die Auswirkungen der Neuordnung auf die Rechtspflege berichten lassen. In der Mehrzahl der Berichte wurde geltend gemacht, daß sich die Übertragung der gerichtsärztlichen Tätigkeit auf die Gesundheitsämter nicht bewährt habe. Wegen der einzelnen Mängel, die sich in der Praxis herausgestellt haben, darf ich auf die beiliegende Zusammenstellung verweisen ...«[19]

Diese Zusammenstellung der »Ergebnisse der Rundfrage bei den Oberlandesgerichtspräsidenten und Generalstaatsanwälten über die Erfahrungen hinsichtlich der Neuordnung des Gerichtsarztwesens« führt folgende Schwierigkeiten an:

1. Erhebliche Verzögerung der gerichtsärztlichen Geschäfte, da die Gesundheitsämter, gemessen an der Zahl der Amtsärzte, viel zu stark mit anderen Aufgaben belastet seien, was besonders für deren Leiter zutreffe.

2. Den Gesundheitsämtern mangele es an gerichtsärztlich ausgebildetem Personal, sie betrachteten die gerichtsärztliche Tätigkeit nur als Nebenaufgabe und seien viel zu sehr durch andere Aufgaben, wie Erb- und Rassenpflege u. a., belastet.

3. Die Verquickung von fürsorgerischer ärztlicher mit gerichtsärztlicher Tätigkeit innerhalb der gleichen Behörde sei nachteilig; so werde in einem Bericht mitgeteilt, daß in einem Fall, in dem das städtische Gesundheitsamt die Entmündigung beantragt habe, später die gerichtsärztliche Abteilung desselben Gesundheitsamtes ein der Entmündigung entgegenstehendes Gutachten erstattet habe.

4. Der Geschäftsweg sei zu umständlich: Das Gericht müsse sich an das Gesundheitsamt wenden und nicht unmittelbar an den Arzt, der die gerichtsärztliche Tätigkeit ausübt.

5. Bei nicht am Sitz des Gesundheitsamtes befindlichen Gerichten mache sich die Entfernung vom Gesundheitsamt störend bemerkbar, z. B., wenn in dringenden Fällen ein Gerichtsarzt gebraucht würde.

6. Durch häufig wechselndes ärztliches Personal in den Gesundheitsämtern sei die Fühlungnahme zwischen Amtsarzt und Gericht erschwert.

7. Für Leichenöffnungen fehlten den Amtsärzten häufig die erforderlichen Kenntnisse und gerichtsmedizinischen Erfahrungen, z. T. seien Hilfsärzte mit Sektionen betraut worden. In einem Fall habe der Sektionsarzt einen »Herzschlag« festgestellt, während tatsächlich der Tod durch Herzstich mit einer Heugabel eingetreten war.

8. Bei Gerichtsverhandlungen seien häufig junge, unerfahrene Amtsärzte aufgetreten, die ihrer Aufgabe nicht gewachsen gewesen seien.

9. Den Amtsärzten fehlten vielfach die erforderliche gerichtsmedizinische Ausbildung sowie besondere für gerichtsmedizinische Gutachten nötige Spezialkenntnisse auf dem Gebiet der Psychiatrie.

10. Die Gesundheitsämter beteiligten die Universitätsinstitute für gerichtliche Medizin nicht genügend.

11. Die Gesundheitsämter würden vielfach nicht über die notwendigen Sektionsräume und Einrichtungen verfügen.

12. Die Neuordnung habe der Justiz gegenüber dem früheren Zustand Mehrkosten eingebracht.

Der Brief des Reichsjustizministers war Anlaß für längerwährende Diskussionen mit dem Reichsministerium des Innern. Auf einer ersten Besprechung zwischen beiden Ministerien, die am 14. Dezember 1938 stattfand, erkannte Ministerialdirektor Dr. Arthur Gütt [20] zwar prinzipiell die »aufgetretenen Mängel« an, fand sich aber nur »im Rahmen der bestehenden Organisation« des öffentlichen Gesundheitsdienstes zu Kompromissen bereit. So wurde vorgeschlagen, das »Reich« in gerichtsärztliche Bezirke einzuteilen, die mit forensisch-medizinisch gut ausgebildeten, hauptamtlich tätigen Ärzten zu besetzen seien, welche für gerichtsärztliche Aufgaben zur Verfügung stehen müßten. Die Universitätsprofessoren für gerichtliche Medizin hingegen sollten »nebenamtlich« in die zu schaffenden Spezialabteilungen für gerichtliche Medizin an den Gesundheitsämtern eingegliedert werden.

Ein Vertreter des RJM, Oberregierungsrat Dr. Doerner, brachte nochmals die hauptsächlichen Klagen der Justizorgane zum Ausdruck:

· Mangelhafte Ausbildung der Amtsärzte, besonders bei der Durchführung von Leichenöffnungen und bei Erstattung von psychiatrischen Gutachten;

· starke Verzögerung in der Erledigung der Geschäfte, die durch die Umständlichkeit des Geschäftsweges noch erhöht werde.[21] Das Reichserziehungsministerium, über Querverbindungen offenbar von den Verhandlungen zwischen RMI und RJM ins Bild gesetzt, führte derweil Besprechungen mit dem Vorsitzenden der Gesellschaft für gerichtliche Medizin, Prof. Dr. Gerhard Buhtz. Buhtz legte »seinem« Ministerium am 7. Februar 1939 eine 17seitige Stellungnahme vor, die mit dem hoffnungsfrohen Satz begann: »Die Gesellschaft begrüßt dankbar, daß sie nicht wie in früheren Jahren bei der Neuregelung des gerichtsärztlichen Dienstes vor vollendete Tatsachen gestellt werden soll, ohne in dieser für das Fach lebenswichtigen Frage überhaupt gehört zu werden.«

Die gerichtliche Medizin, so betonte Buhtz, benötige für ihre Aufgaben der Lehre und Forschung an den Universitäten unbedingt Material aus der praktisch-kriminalistischen Tätigkeit, insbesondere auch ausreichendes »Leichenmaterial«. Obwohl das Fach »tatsächlich Dienst an der Rechtspflege« sei und nichts mit dem öffentlichen Gesundheitswesen zu tun habe, obliege die gerichtsärztlich-kriminalistische Tätigkeit seit dem Reichsgesetz über die Vereinheitlichung des Gesundheitswesens vom 3. Juli 1934 den Gesundheitsämtern. Diese Gedanken wurden dann ausführlich erläutert, wobei Buhtz auch die finanzielle Seite der Angelegenheit beachtete: »Eine bezahlte gerichtsärztliche Nebentätigkeit ist für Professoren und Assistenten bei den derzeitigen Gehältern insbesondere auch im Hinblick auf den Nachwuchs lebenswichtig, da sie im Gegensatz zu anderen Professoren über keine Nebeneinnahmen aus Privatpraxis verfügen.«

Die von Buhtz abschließend gemachten Vorschläge könnten, wenn sie nicht aus einer völligen Verkennung des tatsächlichen Kräfteverhältnisses zwischen den NS-Ministerien und der »Deutschen Gesellschaft für gerichtliche, soziale Medizin und Kriminalistik« (deren Bestrebungen anfangs zumindest teilweise vom RJM und vom REM unterstützt wurden) zustande kamen, als ein Zeichen persönlichen Mutes des Vorsitzenden gewertet werden:

»1. Die durch das Gesetz zur Vereinheitlichung des Gesundheitswesens erfolgte Zusammenlegung der gerichtsärztlichen Tätigkeit mit den Aufgaben der Amtsärzte und der Leiter der Gesundheitsämter, insbesondere ihre Betrauung mit Tatortschau und gerichtlichen Leichenöffnungen hat sich mit Rücksicht auf die Erfordernisse der Strafrechtspflege als untragbar erwiesen.

2. Eine Übertragung der gerichtsärztlichen Tätigkeit, insbesondere der Leichenöffnungen auf die gerichtsärztlichen Institute und besonders bestellte spezialistisch vorgebildete Gerichtsärzte (Obermedizinal-

räte) ist dringend nötig. Die Beibehaltung von zwei Obduzenten bei gerichtlichen Leichenöffnungen ist erforderlich (Strafverfahrensordnung). ... Zur Ausbildung als Gerichtsarzt sollen jüngere Medizinalbeamte auf die Dauer von 3 Jahren an die gerichtsärztlichen Institute abkommandiert werden.

3. Die bisherige Unterstellung der Professoren der gerichtlichen Medizin als Hilfskräfte der Gesundheitsämter ist aus grundsätzlichen Erwägungen untragbar. Die gerichtsärztlichen Institute und die besonders bestellten Gerichtsärzte sollen den Ober- bzw. Regierungspräsidenten als beratende Behörde beigeordnet werden. Die sonstigen Verwaltungs- und Disziplinarverhältnisse werden dadurch nicht berührt.

4. Die Gebührenfragen bedürfen insbesondere auch im Hinblick auf den Nachwuchs und die personelle und sachliche Ausstattung der Institute einer Abänderung.«[22]

Eine nächste Sitzung zur Frage der Neuregelung des gerichtsärztlichen Dienstes fand am 17. Februar 1939 im Reichsministerium des Innern statt – diesmal trafen sich die Vertreter der drei Ministerien, ein Vertreter der Gesellschaft für gerichtliche Medizin war nicht eingeladen worden. Aus der »Niederschrift« über diese Besprechung wird deutlich, worum es den Vertretern des RMI bei der Eingliederung der gerichtärztlich-kriminalistischen Tätigkeit in den öffentlichen Gesundheitsdienst hauptsächlich ging: Es wurde betont, die gerichtsärztlichen Begutachtungen z. B. in Zivil- und Strafsachen lieferten den Gesundheitsämtern »wertvollstes Material für das Arbeitsgebiet der Erb- und Rassenpflege und für die Erb- und Sippenkartei«. Andererseits aber könne das Gesundheitsamt mit seinen Hilfskräften, seinem Aktenmaterial und seiner Sippenkartei am ehesten und besten die Persönlichkeit des zu Begutachtenden »in seiner Abhängigkeit von Sippe und Umgebung« beurteilen.[23]

Von dieser Position ging das RMI nicht ab, wie auch aus einem »Schnellbrief« des RMI an den REM vom 15. April 1939 hervorgeht: »Die gerichtsärztliche Tätigkeit ist ein unbedingt notwendiger Bestandteil im Aufgabenbereich der Gesundheitsämter«.[24] Vorgeschlagen wird in diesem Brief die Schaffung von gerichtsärztlichen Abteilungen an insgesamt 61 Gesundheitsämtern im »Altreich«, mit deren Leitung gerichtsärztlich besonders vorgebildete Ärzte betraut werden sollten, in 19 Ämtern hätten die jeweiligen Universitätsprofessoren für gerichtliche Medizin diese Leitung nebenamtlich zu übernehmen. Da diese Ärzte »das besonders schwierige Gebiet der gerichtlichen Obduktion beherrschen«, wären sie auch einer Reihe von benachbarten staatlichen und gegebenenfalls kommunalen Gesundheitsämtern, einem »Obduktionsbezirk«, als 1. Obduzenten zuzuteilen.

Nochmals meldeten sich die Fachvertreter über den Vorsitzenden der gerichtsmedizinischen Gesellschaft beim REM zu Wort. Sie sprachen sich gegen die verwaltungsmäßige Unterstellung der gerichtsmedizinischen Abteilungen – und damit auch der Universitätsprofessoren – unter den Amtsarzt aus und wandten sich auch gegen die große Anzahl von Obduktionsbezirken.[25]

Eine letzte wichtige Sitzung zur Frage der Neuregelung des gerichtsärztlichen Dienstes fand – wiederum ohne Beteiligung eines Fachvertreters – schließlich am 15. Mai 1939 statt. Zu den Teilnehmern zählte auch der Reichsgesundheitsführer Leonardo Conti.[26]

Die Positionen waren klar, Ministerialdirektor Gütt verkündete sie am 1. Juni 1939 im Rahmen der »Reichstagung der Ärzte des öffentlichen Gesundheitsdienstes« in Bad Ischl in seinem Vortrag »Neuordnung des gerichtsärztlichen Dienstes in Deutschland«. Er erhob die Forderung, das »verantwortungsreiche Gebiet der Erb- und Rassenpflege« müsse »im Dritten Reich vor allen Dingen für den Gerichtsarzt« von Interesse sein. In den Verfahren vor den Erbgesundheitsgerichten werde der Arzt »zum ersten Mal in der deutschen Gesetzgebung« nicht nur als Berater tätig, sondern »neben dem Richter als Vollstrecker des Willens der Staatsmacht« eingesetzt. Zur Neuordnung des gerichtsärztlichen Dienstes vertrat Gütt die bekannten Absichten des RMI: Gemäß dem »Gesetz über die Vereinheitlichung des Gesundheitswesens« seien die Gesundheitämter für die praktische gerichtsärztliche Tätigkeit zuständig. Deshalb sollten in den nächsten zwei bis drei Jahren bei den größeren Gesundheitsämtern gerichtsärztliche Abteilungen geschaffen werden, deren Leiter »hinreichend vorgebildete Gerichtsärzte« sein sollten. Überall da, wo der Direktor eines Universitätsinstitutes bereit sei, einen der neu zu schaffenden Obduktionsbezirke zu übernehmen, solle ihm nach Möglichkeit dazu Gelegenheit gegeben werden. Ansonsten wären bei allen schwierigen Untersuchungen nach wie vor die Universitätsinstitute für gerichtliche Medizin heranzuziehen; einfachere histologische, chemische und kriminalistische Untersuchungen hingegen könnten in den Labors der »gerichtsärztlichen Abteilungen« durchgeführt werden. Nach diesen Darlegungen war zumindest eine partielle Isolierung der dem REM unterstellten Universitätsgerichtsmedizin geplant, auch die folgende Formulierung deutet dies an: »Im übrigen ist der Reichsminister des Innern ja überhaupt für alle Fragen, die mit dem gerichtsärztlichen Dienst im Zusammenhang stehen, zuständig ...« (Gütt 1939, S. 198).

Auch der damalige Staatssekretär im RJM, Roland Freisler, entwickelte seine Gedanken zu den Aufgaben der gerichtlichen Medizin bei der Durchsetzung der faschistischen »Rassen- und Erbgesundheitspflege« im Zusammenhang mit der Tagung in Bad Ischl (vgl. Freisler 1939, S. 946).

Nach der Tagung in Bad Ischl schien es nur eine Frage weniger Monate zu sein, bis die »Neuordnung des gerichtsärztlichen Dienstes« über eine amtliche Anordnung wirksam werden würde. Bereits am 8. August 1939 hatte der RMI dem Reichsfinanzminister eine Kostenaufstellung für das auf zwei bis drei Jahre angelegte Gesamtprojekt zur Schaffung gerichtsärztlicher Abteilungen bei den Gesundheitsämtern vorgelegt: 344 372 Reichsmark waren veranschlagt, im laufenden Rechnungsjahr sollten 149 866 Reichsmark eingesetzt werden.[27]

Dem Vorstand der Fachgesellschaft schien die angestrebte Lösung indessen nach wie vor nicht befriedigend, wobei neben Sach- und Statusauch Vergütungsfragen eine nicht unbeträchtliche Rolle gespielt haben dürften. Der Vorsitzende Prof. Buhtz brachte die Einwände am 7. November 1939 gegenüber Conti, in dessen Eigenschaft als Staatssekretär beim RMI, zum Ausdruck. Conti seinerseits betonte, der gerichtsärztliche Dienst gehöre unbedingt zum Aufgabengebiet der Gesundheitsämter und sei damit Teil des öffentlichen Dienstes, und bat Buhtz, nunmehr an einer »sachlich einwandfreien Lösung« der Frage der Neuregelung mitzuhelfen, wobei er darauf hinwies, daß das RMI auch die Interessen der Professoren der gerichtlichen Medizin berücksichtigen werde.[28]

Mehrere Monate waren vergangen, ohne daß sich, sicherlich mitbedingt durch den Ausbruch des II. Weltkrieges, etwas zur »Neuordnung des gerichtsärztlichen Dienstes« ereignete. In Innsbruck hatte man vom 15. bis 17. Mai 1940 die 29. Tagung der Gesellschaft für gerichtliche Medizin durchgeführt, auf der Buhtz erneut zum Vorsitzenden gewählt worden war. Im Nachgang zu dieser Tagung sandte Buhtz am 23. Mai 1940 ein mit »Streng vertraulich!« gekennzeichnetes Schreiben »An alle Fachvertreter«, dessen Punkt 9 lautete:

»Betr.: Gerichtsärztlicher Dienst.

Ich habe die Absicht, beim Herrn Reichsinnenminister durch den Erziehungsminister den Antrag zu stellen, die gesamte gerichtsärztliche Tätigkeit aus dem Gesundheitsdienst herauszunehmen und als besonderes Gebiet zu betrachten. Darüber später mehr.

Ich bitte mir laufend Fehlbegutachtungen durch die Kreisärzte (auch rückwirkend) mitzuteilen, damit ich für die kommenden Verhandlungen ausreichende Unterlagen habe (immer vierfache Ausfertigung).«

Neben einer Bewertung der Tagung und ihrer Ergebnisse enthält dieses sechsseitige Schreiben in engzeiliger Schreibmaschinenschrift weitere programmatische Absichten des wiedergewählten Vorsitzenden, die jene Mitarbeiter des RMI, welche in dem von uns eingesehenen (vom RMI fotokopierten) Exemplar als Urheber von Anstreichungen, kurzen Anmerkungen, Frage- und Ausrufezeichen tätig wurden, offenbar sehr verärgerten. Eine gewisse megalomanische Tendenz mit völliger Verkennung der Intentionen und der Macht des RMI mag Buhtz durchaus eigen gewesen sein, wenn man außer dem obigen Zitat weitere Formulierungen liest, wie: »... ich werde ihn [d. h. den Vorschlag zur neuen Bezeichnung der gerichtsmedizinischen Universitätsinstitute – F. H.] dann reichseinheitlich durch das Ministerium anordnen lassen«, oder wenn der Vorsitzende schreibt, daß es letztlich ihm gelungen sei, in den Fragen zur »Neuregelung

Gerichtsärztl. Tätigkeit f. d. Gesundheitsämter.

RdErl. d. RuPrMdJ. v. 2. 7. 1935 — IV f 3735/1000 b.

Im Anschluß an den Erl. v. 25. 3. 1935 — IV f 1787/1000 b — über gerichtsärztl. Tätigkeit der Professoren für gerichtl. Medizin für die Gesundheitsämter (nicht veröffentl. u. nur den im Zusatz benannten Reg.-Präs. zugegangen) bestimme ich im Einv. mit dem RuPrMfWEuV. sowie dem RJM. folg.:

1. (1) Die Professoren für gerichtliche Medizin unterstehen bei ihrer gerichtsärztlichen Tätigkeit verwaltungsmäßig dem Amtsarzt und Leiter des Gesundheitsamts; die Gutachtertätigkeit üben sie jedoch für das Gesundheitsamt unter eigener Verantwortung aus.

(2) Wenn ich im Erl. v. 25. 3. 1935 — IV f 1787/1000 b — ausgesprochen habe, daß die Professoren für gerichtliche Medizin auch in der Erb- und Rassenpflege einschl. Eheberatung tätig sein können, so bedeutet dies nicht, daß sie diese Tätigkeit ausschließlich und in jedem Falle durchzuführen haben, sondern lediglich, daß sie die bei ihrer Tätigkeit gesammelten Erfahrungen kriminalbiologisch auszuwerten und so die Arbeit der Gesundheitsämter auf dem Gebiete der Erb- und Rassenpflege nutzbringend zu unterstützen haben.

(3) Wieweit ihre Mitarbeit in den Beratungsstellen selbst möglich oder notwendig ist, bleibt der Entscheidung der zuständigen örtlichen Stelle vorbehalten.

2. Die in dem Erl. des MfV. v. 5. 2. 1927 — I M I Nr. 3243/25 (nicht veröffentl.) getroffene Anordnung, daß zur Vermeidung erhöhter Untersuchungskosten zu den gerichtlichen Leichenöffnungen nach Möglichkeit ein mit den gerichtsärztlichen Untersuchungsmethoden besonders vertrauter erfahrener Arzt (Leiter oder ein Assistent eines gerichtsärztlichen Universitätsinstituts) hinzuzuziehen ist, bleibt bestehen. Die Amtsärzte und Leiter der Gesundheitsämter haben daher bei Ersuchen der Gerichte zur Vornahme von Leichenöffnungen auf eine entsprechende Auswahl des 2. Obduzenten hinzuwirken.

3. Die in Verfolg gerichtlicher Leichenöffnungen etwa erforderlich werdenden mikroskopisch-histologischen und chemischen Untersuchungen größeren Umfanges sind von den Amtsärzten und Leitern der Gesundheitsämter auch dann den Universitätsinstituten für gerichtliche Medizin zu überweisen, wenn ein beamteter Arzt des Gesundheitsamts als 1. Obduzent tätig war.

Zusatz für die Reg.-Präs. in Königsberg, Stettin, Breslau, Merseburg, Schleswig, Hildesheim, Münster, Kassel, Wiesbaden, Köln, Düsseldorf: Die Ablieferungs- und Kürzungsbeträge aus der nebenamtlichen gerichtsärztlichen Tätigkeit der Professoren für gerichtliche Medizin nach Vorschrift des Kap. IV des Ges. v. 30. 6. 1933 (RGBl. I S. 433) sind von den Universitätskassen zu vereinnahmen.

An die Landesregierungen. — Für Preußen: An die Reg.-Präs., staatl. Gesundheitsämter vorgesetzten Dienstbehörden der kommunalen Gesundheitsämter.

— RMBliV. S. 871.

Abb. 4: Text des Runderlasses zur gerichtsärztlichen Tätigkeit für die Gesundheitsämter (1935)

der Blutgruppensachen« die »vom Robert-Koch-Institut eingesetzten Zähne« wieder zu ziehen (s. Dok. 3).

Die Konsequenzen solchen realitätsfernen Gebärdens ließen nicht lange auf sich warten: Conti dominierte, Buhtz wurde als Vorsitzender der Fachgesellschaft abgelöst, konnte aber weiterreichenden repressiven Maßnahmen entgehen. Einige Einzelheiten dieser Affäre werden im Kapitel 9 dargelegt.

Die Auswirkungen des Krieges haben dann weitere Pläne zur »Neuordnung« einer dezentralen gerichtsärztlichen Untersuchungstätigkeit stagnieren lassen; auch die geplante Umwandlung gerichtsmedizinischer Universitätsinstitute in »Kriminalmedizinische Institute der Sicherheitspolizei« (s. Kapitel 11) blieb in den Anfängen stecken.

Kapitel 5

Die Orte der gerichtsmedizinischen Praxis

Von Berlin bis Würzburg: gerichtsmedizinische Universitätsinstitute

Zu Beginn der dreißiger Jahre gab es im damaligen Deutschen Reich 23 Universitäten, an denen jeweils auch medizinische Fakultäten bestanden. Nach der Zahl der inskribierten Studenten hatte Berlin mit etwa 13 500 Studenten die größte Universität, mit Abstand gefolgt von München (etwa 8 500 Studenten) und Leipzig (über 7 000), Bonn und Köln mit über 6 000 Studenten. Jeweils etwa 4 000 Studierende waren in Breslau und Münster, Königsberg, Frankfurt/M. und Hamburg eingeschrieben. Zwischen 4 000 und 3 000 Studenten hatten die Universitäten in Freiburg/Br., Göttingen, Tübingen, Marburg, Heidelberg, Kiel, Würzburg und Jena, gut 2 500 bis 2 000 Studenten waren in Halle, Rostock, Greifswald, Erlangen und Gießen.[1]

Richard Kockel hatte 1928 beschrieben, wie es um die Lehrtätigkeit im Fach gerichtliche Medizin an den medizinischen Fakultäten dieser Universitäten bestellt war (s. Kapitel 2). Gestützt auf zwei staatlich angeordnete Erhebungen aus den Jahren 1928 (Preußen betreffend) und 1939 (alle deutschen Universitäten betreffend), soll im folgenden die institutionelle Entwicklung der einzelnen Universitätseinrichtungen des Faches nachgezeichnet werden, wobei die Aufzählung nach der alphabetischen Reihenfolge der Universitätsstädte geordnet ist.[2] Eine Vereinheitlichung der Institutsbezeichnungen in »Institut für gerichtliche Medizin und Kriminalistik« wurde 1940 angeordnet.

Die 1810 eröffnete *Universität Berlin* hatte seit 1833 eine »Practische Unterrichts-Anstalt für Staats-Arzeneikunde«, deren Direktor Wagner »Prof. ordin.« war. »Die ›Anstalt‹ hatte jedoch weder eigene Räume noch Etatmittel, sie war eher eine ›Veranstaltung‹: Die Studenten durften an den gerichtlichen Sektionen teilnehmen, die bis 1839 auf dem Armenkirchhof, dann in der Charité vorgenommen wurden.« (Eulner 1970, S. 169.)

Über das Wirken von Wilhelm Wagner (1793–1846), Johann Ludwig Casper (1796–1864), Carl Liman (1818–1891) und von Karl Skrzeczka (1833–1902) als Direktoren der nichtexistenten Anstalt für Staatsarzneikunde, als Universitätslehrer und als Stadtphysikusse vergingen 50 Jahre, bis schließlich am 1. März 1886 ein neuerbautes Leichenschauhaus von Carl Liman übernommen werden konnte, das nunmehr auch als Unterrichtsanstalt für Staatsarzneikunde genutzt wurde (vgl. Wirth, Strauch und Radam 1986, S. 7 ff.). Nach dem Tode Limans übertrug man dem damaligen Privatdozenten und gerichtlichen Physikus Dr. Fritz Strassmann stellvertretend die Direktion der Unterrichtsanstalt. Unter Strassmann entwickelte sich die Unterrichtsanstalt allmählich zu einem Mittelpunkt der Aus- und Fortbildung für Studenten der Medizin und Rechtspflege, der Medizinalbeamten und der Polizeischüler. Auch eine Reihe bedeutender Gerichtsmediziner sind Schüler von Fritz Strassmann: Georg Puppe, Ernst Ziemke, Arthur Schulz, Curt Strauch, Paul Fraenckel und Waldemar Weimann.

Ende September 1926 wurde Strassmann, seit 1894 beamteter a. o. Professor, aber erst 1921 zum (persönlichen) Ordinarius berufen, von seinen Verpflichtungen altersbedingt entbunden; Heinrich Zangger aus Zürich vertrat ihn nur vorübergehend im WS 1926/27, zu einer Berufung kam es nicht. In den folgenden Jahren wurden die Institutsgeschäfte, mehrfach wechselnd, von Fritz Strassmann, Paul Fraenckel und Waldemar Weimann stellvertretend geleitet, bis schließlich Victor Müller-Heß am 1. November 1930 die planmäßige Professur für gerichtliche und soziale Medizin und die Aufgaben des Direktors der Praktischen Unterrichtsanstalt für Staatsarzneikunde und des Instituts für Gerichtliche Medizin übernahm (vgl. ebenda, S. 47 ff.).

Unter der Leitung von Müller-Heß entwickelte sich das Institut weiter, auch in der Anzahl der durchgeführten Sektionen drückt sich dies aus: Für 1925 wurden 289 gerichtliche Obduktionen angegeben (1926: 286;

1927: 326);[3] »Ende der zwanziger Jahre stieg die Anzahl der Obduktionen auf 503. 1931 betrug die Anzahl der Obduktionen mit 1069 mehr als das Doppelte. Bis 1939 wurde eine Obduktionszahl von 3927 Leichen erreicht.« (Reimann 1960, S. 55.3) Die von Müller-Heß angestrebte Dreiteilung der Aufgaben des »Institutes für gerichtliche und soziale Medizin« (so die offizielle Bezeichnung der Einrichtung ab 1931), nämlich in somatische gerichtliche Medizin, Bearbeitung von kriminal-psychologischen und forensisch-psychologischen Fragen sowie toxikologische und kriminaltechnische Aufgaben, brachte in den dreißiger Jahren eine starke personelle Erweiterung mit sich. Am 1. Oktober 1939 arbeiteten unter Müller-Heß drei Oberärzte (Wilhelm Hallermann, Franz-Josef Holzer und Elisabeth Nau)[4], vier Assistenzärzte und zwei Volontär-Assistenzärzte, ferner wurden drei Büroangestellte, zwei technische Assistentinnen, 12 Laboranten, vier Reinigungsfrauen, ein Maschinist und ein Pförtner beschäftigt.[5] Neben den genannten Oberärzten waren auch Ferdinand Wiethold, Gerhart Panning u. a. Schüler von Müller-Heß.

Schon bald nach Kriegsausbruch erlitt die Arbeit im Institut durch neue Aufgabenzuweisungen, Arbeitsmaterialverknappung und Kriegsdienstverpflichtungen spürbare Beeinträchtigungen; mehrfach wurde das Institut bei Luftangriffen beschädigt.

Im Wintersemester 1940/41 übernahm Hallermann die Vertretung des Faches in Frankfurt/M. und wurde dann nach Kiel berufen, Holzer vertrat im Wintersemester 1941/42 in Greifswald und ging dann nach München. Ende 1942 standen für die Arbeit im Institut neben Müller-Heß die Dozenten Elisabeth Nau und Walter Neugebauer[6] zur Verfügung; Neugebauer wurde schon ab 1. Mai 1943 zeitweise in Greifswald tätig. Im August 1944 betrug der Personalbestand des Berliner Institutes aber immerhin noch 30 Mitarbeiter. Eine schwierige Situation trat in den Nachkriegsjahren nach dem Weggang von Müller-Heß und Elisabeth Nau (1949) ein, als sechs Wissenschaftler-Planstellen unbesetzt waren (vgl. Wirth, Strauch und Radam 1986, S. 57 f.).

An der *Universität Bonn* wurde das Fach gerichtliche Medizin gegen Ende des 19. Jahrhunderts, mit der Kinderheilkunde vereinigt, von Emil Ungar gelesen, bis Ungar das 1901 begründete planmäßige Extraordinariat für gerichtliche Medizin unter gleichzeitiger Ernennung zum Gerichtsarzt für den Stadt- und Landkreis Bonn erhielt. Sein Nachfolger wurde im Mai 1922 Victor Müller-Heß, der 1945 in einem Lebenslauf schrieb: »Es gelang mir, durch intensive Arbeit das Bonner Institut aus allerkleinsten Anfängen zu einem der größten gerichtsmedizinischen Institute mit umfangreichem Untersuchungsmaterial aus ganz Westdeutschland und einem großen Assistentenkreis in kurzer Zeit aufzubauen.«[7] Mit Stand vom 28. Juli 1928 waren unter Müller-Heß »Dr. med. et jur. Walter Auer, Frl. Dr. med. Elisabeth Nau, Dr. med. Ferdinand Wiethold« mit »Obduktionen, Untersuchung von Pat. auf Geisteszustand, Erwerbsfähigkeit, Invalidität, Jugendliche auf Verwahrlosung, Untersuchung chron. Alkoholisten, Vorbereitung der Vorlesungen, Untersuchung von Asservaten im Laboratorium« beschäftigt. Der Geschäftsumfang betrug für den Zeitraum vom 1. April 1927 bis 31. März 1928 676 Eingänge; im gleichen Zeitraum wurden 36 gerichtliche und 13 »außergerichtliche« Obduktionen durchgeführt. Die Vorlesung für gerichtliche Medizin besuchten im Sommersemester 1927 16 Studenten der Medizin, im Wintersemester 1927/28 waren es 57, im folgenden Sommersemester 38 Hörer; die für »Juristen« gehaltene Vorlesung wurde von 150 bzw. 220 Hörern (Wintersemester 1927/28 bzw. Sommersemester 1928) besucht. An Hilfskräften standen dem Institut zwei Bürohilfen, ein Institutsdiener/Obduktionsgehilfe, eine Putzfrau und ein Lehrling zur Verfügung.[8]

Am 5. November 1930 übernahm Friedrich Pietrusky das Bonner Institut für gerichtliche und soziale Medizin und leitete es, nachdem er am 1. April 1934 ordentlicher Professor geworden war, bis zu seinem Abgang von der Bonner Universität im Jahre 1942. Mitte der dreißiger Jahre wurden vom Institut etwa 120 Obduktionen durchgeführt (vgl. Popielski 1938, S. 29). Am 10. Oktober 1939 hatte der Institutsdirektor an Mitarbeitern Prof. Dr. Dr. Otto Schmidt, den Chemiker Dr. Walter Paulus[9] und einen Volontär-Assistenten, einen Laboratoriumsgehilfen, eine Büroangestellte, eine technische Assistentin und eine Putzfrau.[10] Für das Jahr 1940 sind als bei der Wehrmacht dienstverpflichtete Assistenten Dr. Gerhard Hansen und Dr. Heinrich Saar[11] angeführt.

Ab 1. Dezember 1942 wurde Gerhart Panning zunächst vertretungsweise mit dem Bonner Lehrstuhl betraut, am 28. April 1943 berief man ihn zum Ordinarius und zum Direktor des Institutes für gerichtliche Medizin und Kriminalistik. Bereits im Oktober 1943 hatte wegen der Erkrankung Pannings Kurt Böhmer von Düsseldorf aus dessen Vertretung übernommen. Nach Pannings Tod im März 1944 erhielt Herbert Elbel den Lehrstuhl. Wenige Wochen später, am 18.4.1944, wurde das Institut durch Bombeneinwirkung fast vollständig zerstört. Eine provisorische Unterkunft erhielt die gerichtliche Medizin zunächst im Anatomischen Institut, später in der Pädagogischen Akademie und schließlich ab 1. Juli 1945 im Institut für Anatomie und Physiologie der Haustiere an der Landwirtschaftlichen Fakultät.

An der am 19. Oktober 1811 eröffneten *Universität Breslau* übernahm Adolf Lesser[12], seit 1886 Stadtphysikus, im Februar 1887 als a. o. Professor den Unterricht in der gerichtlichen Medizin, konnte 1899 ein Institut einrichten und 1901 ein planmäßiges Extraordinariat antreten. »Schon 1906, für eine preußische Provinzuniversität sehr früh, wurde der Neubau des 1908 fertigen Instituts begonnen.« (Eulner 1970, S. 171.)

Der Nachfolger Lessers, Georg Puppe, kam 1921 nach Breslau und wurde bald zum etatmäßigen Ordinarius ernannt, verstarb jedoch bereits nach vierjähriger Amtszeit (1925). Für ein Jahr war dann Ernst Ziemke in Breslau, bevor er 1927 nach Kiel zurückkehrte. In der Folgezeit hatte Georg Strassmann stellvertretend die Leitung des Instituts inne; am 3. Juli 1928 berichtete er: »Das Personal ... besteht in dem Direktor, in zwei außerplanmäßigen Assistenten, von denen eine Stelle zurzeit unbesetzt ist, als wissenschaftliche Hilfskraft fungiert der Unterzeichnete, ferner ist eine Schreibhilfe, ein Institutsgehilfe und eine Scheuerfrau tätig ...« Trotzdem war der »Geschäftsumfang im Rechnungsjahr 1927« beträchtlich: 130 gerichtliche und 35 »sonstige« Obduktionen. Die »gerichtsärztliche Tätigkeit des Direktors bestand schätzungsweise in der Ausarbeitung von 200 schriftl. Gutachten im Auftrage des Gerichts, in etwa ebenso vielen Gutachten über Haft- und Terminfähigkeit, Wahrnehmung von Terminen und mündl. Gutachten, etwa 60 Obergutachten im Auftrage der Reichsversicherungsanstalt für Angestellte, Tätigkeit im gerichtsärztlichen Ausschuß, die seit dem Tode von Geheimrat Puppe der Unterzeichnete ausübt (etwa 20 Obergutachten).« Zusätzlich werden Vorlesungen für Mediziner und Juristen sowie Kurse für Polizeibeamte genannt.[13]

Im Jahre 1929 wurde Karl Reuter Ordinarius für gerichtliche Medizin und Direktor des Instituts an der Universität Breslau. Nach Einführung des »Gesetzes zur Vereinheitlichung des Gesundheitwesens« sank offenbar die Anzahl der durch das Institut durchgeführten Sektionen erheblich: So werden für 1937 lediglich 46 Sektionen angegeben, entsprechend geringe Zahlen finden sich bis zum Ausscheiden von Reuter im ersten Halbjahr 1938. Unter seinem Nachfolger Gerhard Buhtz stiegen die Sektionszahlen von 120 (1938) über 175 (1939) auf 745 in den Jahren 1940/41, für 1942 sind 465 Sektionen angegeben, für 1943 446; mit der letzten deutschsprachigen Eintragung in das Obduktionsjournal des Institutes am 28. Oktober 1944 ist die Sektionsnummer 405 erreicht.[14]

Die personelle Besetzung des Breslauer Institutes mit Stand vom 4. Oktober 1939 war wie folgt: Prof. Dr. Buhtz – »bis zur Entlassung vom

Heeresdienst beurlaubt»; Dr. Werner Beck, »1. Assistent (aus der Wehrmacht entlassen)«[15]; Dr. Eberhard Lommer, »2. Assistent (beim Heer)«[16]; Fr. Rosenthal, »3. Assistent (nicht eingezogen)«; Frl. Dr. Simon, »4. Assistent (nicht eingezogen)«; Dr. Specht, »Chemiker (nicht eingezogen)«. Des weiteren waren zwei Bürokräfte, zwei Institutsgehilfen/Kraftwagenführer, eine technische Assistentin und zwei Putzfrauen beschäftigt. Als »privat besoldete Hilfskräfte«, die dem Direktor zur Verfügung standen, wurden eine Sekretärin und zwei technische Assistentinnen angeführt.[17]

Seit Anfang August 1940 war als wissenschaftlicher Assistent am Breslauer Institut Dr. Hellmut Dencks tätig; Assistenten waren zeitweilig auch Dr. Heinz Cortain[18] und Dr. Reinhold Winter.[19]

Nach dem Tode von Buhtz (26. Juni 1944) übernahm nominell Berthold Mueller den Lehrstuhl und das Institut, das während der Kampfhandlungen im Frühjahr 1945 erheblich zerstört wurde.

An der *Universität Erlangen* hat die gerichtliche Medizin eine lange Tradition: Bereits 1805 war hier Adolph Christian Heinrich Henke (1775–1843) Extraordinarius und ab 1818 Ordinarius für Therapie, Klinik und Staatsarzneikunde geworden und hatte bis zu seinem Tode als erste Autorität auf dem Gebiet der gerichtlichen Medizin gegolten. In späteren Jahrzehnten des 19. Jahrhunderts hatten dann pathologische Anatomen das Fach vertreten, und auch Hermann Merkel habilitierte sich 1903 noch für pathologische Anatomie und für gerichtliche Medizin. Aus dem Lehrauftrag für gerichtliche Medizin wurde eine Titularprofessur (1909) und 1911 ein Extraordinariat für gerichtliche Medizin, das in einer speziellen Abteilung des Pathologischen Institutes angesiedelt war. Mit erst 31 Jahren übernahm dann Martin Nippe 1914 als a. o. Professor den Lehrstuhl in Erlangen und hatte ihn bis 1919 inne. In den folgenden 26 Jahren war Hans Molitoris – ab 1922 (persönlicher) Ordinarius – der leitende Fachvertreter in Erlangen. Ein selbständiges »Gerichtsärztliches Institut« ist erstmals im Vorlesungsverzeichnis für das Sommersemester 1919 genannt, die Anschrift war weiterhin die des Pathologischen Instituts (vgl. Eulner 1970, S.174). Unter dem Datum des 7. Dezember 1939 wurden als personelle Besetzung des Instituts genannt: »Direktor: Prof. Dr. Hans Molitoris, Assistent: Dr. Ludwig Rebmann.«[20] Später (1943) war Dr. Julius Schneller »Dozent für gerichtliche Medizin«.[21]

Als 1914 die *Universität Frankfurt a. M.* gegründet wurde, existierten in der Stadt bereits Kliniken und medizinische Institute, die ohne weiteres in die neue medizinische Fakultät eingegliedert werden konnten.

»Auch die meisten Teil- und Randgebiete der gerichtlichen und sozialen Medizin waren ... personell hervorragend vertreten, so die forensische Chemie und Toxikologie durch Georg Popp, einen international bekannten Fachgelehrten und Sachverständigen der naturwissenschaftlichen Kriminalistik, weiter die gerichtliche Psychiatrie durch Julius Raecke ... ferner die Versicherungsmedizin durch Hans Liniger ... außerdem die Rechts- und Standeskunde durch August de Bary ... schließlich die somatische gerichtliche Medizin durch Karl Roth, einen sehr kenntnisreichen und erfahrenen Gerichtsarzt, der schon seit Beginn unseres Jahrhunderts für eine Verselbständigung der gerichtlichen Medizin eintrat.« (Wiethold 1960, S. 579.) Trotz dieser für das Fach nicht ungünstigen Situation bemühte sich die Fakultät nach dem I. Weltkrieg intensiv um die Errichtung eines eigenen gerichtsmedizinischen Lehrstuhls. 1926 folgte Willi Vorkastner dem Ruf nach Frankfurt und trat am 1. Oktober 1927 sein Amt an. Das Institut wurde in einem Flügel der Senckenbergischen Anatomie eingerichtet. Nach Vorkastner und einer Vertretung durch Augustin Forster im Sommersemester 1931 wurde Ende 1931 Gottfried Raestrup Lehrstuhlinhaber in Frankfurt, ging aber bereits 1934 nach dem Tode Kockels nach Leipzig zurück. Unter seinem Nachfolger Rolf Hey bezog das Institut ein neues Gebäude in der Forsthausstraße 104 und wurde »das schönste, wenn auch nicht das größte der damaligen gerichtsärztlichen Institute Deutschlands« (ebenda, S. 581). Die personelle Besetzung war am 5. Oktober 1939 wie folgt: »Direktor: Prof. Hey; wiss. Assistent: Dr. med. Carow, Dr. med. Philipp.« Außerdem arbeiteten eine Büroangestellte, eine technische Assistentin, ein Institutsgehilfe und zwei Putzfrauen in der Einrichtung.[22] Nach dem Tod von Hey (1940) wurde Wilhelm Hallermann mit der vertretungsweisen Leitung des Institutes beauftragt, bis im Sommersemester 1941 Ferdinand Wiethold berufen wurde. »Das Institut hat den Krieg mit einigen Schäden überstanden ...« (Wiethold 1960, S. 581).

Die *Universität Freiburg* i. Br. schuf 1907 ein planmäßiges Extraordinariat für gerichtliche Medizin, das Adolf Schüle[23] übertragen wurde. Er hat von 1903 bis 1933 über dieses Fach für Mediziner und Juristen gelesen, verbunden mit einem gerichtsmedizinischen Praktikum. Nach der Emeritierung Schüles am 13. Dezember 1935 folgte eine Zeit bis 1941, in der die gerichtsmedizinischen Vorlesungen vom damaligen Oberarzt am Pathologischen Institut, Dr. Gerhard Liebegott, oder von Professoren für gerichtliche Medizin der Nachbaruniversität Heidelberg, Walter Schwarzacher und Berthold Mueller, übernommen wurden. »Ein Markstein in der Freiburger Geschichte unseres Faches war die Errichtung des ersten Institutes für gerichtliche Medizin der Universität Freiburg im Kriegsjahre 1941, das aber durch einen Bombenangriff im Jahre 1944 vollkommen zerstört wurde. Sein Leiter war ... Elbel, der dann am 1.10.44 einem Ruf auf den Lehrstuhl nach Bonn Folge leistete.« (Weyrich 1968, S. 54.)

An der *Universität Gießen* hat die gerichtliche Medizin als selbständiges Fachgebiet erst seit 1964 eine Tradition (vgl. Eulner 1970, S. 582).

Für die *Universität Göttingen* hat Paul Stolper[24] dem Fach gerichtliche Medizin zur akademischen Anerkennung verholfen. Nach seinem frühen Tode im Jahre 1906 übernahm Theodor Lochte das Extraordinariat und wurde 1920 Ordinarius. Am 3. Juli 1928 hatte das am 1. Mai 1907 von Lochte übernommene Institut zwei Mitarbeiter: Als »wissenschaftliche Hilfskraft Dr. phil. Carl Wilke, geb. 18.11.1880« und als »Hilfsdiener Heinrich Schrader, geb. 16.5.1876« – ein planmäßiger, ein außerplanmäßiger Assistent, eine Schreibhilfe und sonstige Hilfskräfte fehlten. »Dr. Wilke ist Chemiker und führt die gerichtlich-chemischen Untersuchungen aus. Er hilft dem Direktor bei den vorkommenden technischen Arbeiten und Schriftgutachten, ausnahmsweise auch bei photographischen Arbeiten. Der Hilfsdiener Schrader sorgt für die Reinhaltung der Institutsräume, im Winter für die Heizung. Er hilft bei gerichtlichen Leichenöffnungen, macht Botengänge, besorgt die Post.«

Beklagt wurde das Fehlen eines ärztlichen Assistenten, denn »im Falle einer Erkrankung des Direktors würde der Institutsbetrieb überhaupt aufhören müssen«. Zum »Geschäftsumfang« wurde angegeben: »Zahl der Tagebuch-Nr.: 1926 - 404; 1927 - 540; 1928 (I. Quartal) - 182, also per Jahr voraussichtlich 728.« Gerichtliche Leichenöffnungen wurden 1926 16 und 1927 25 durchgeführt, bis zum Berichtszeitpunkt im Jahre 1928 nochmals 9 »Leichen von Selbstmordfällen, Unglücksfällen etc. kommen in das gerichtsärztliche Institut, können aber aus Mangel an ärztlicher Assistenz nicht obduziert werden. ... Blutgruppenbestimmungen konnten aus Mangel an ärztlicher Assistenz 1926/27 nicht vorgenommen werden.«[25]

Lochtes Nachfolger war vom 30. Juli 1934 bis 1937 Berthold Mueller. Zu seiner Zeit wurden im Institut etwa 50–70 Sektionen durchgeführt; eine Laborantin war mit Blutgruppenbestimmungen (AB0-System, MN-System) beschäftigt (vgl. Popielski 1938, S. 26 f.). Ab 1. August 1937 wurde Philipp Schneider mit der »vertretungsweisen Verwaltung« der Professur beauftragt, die er bis zu seiner durch die Nazis erfolgten Einsetzung als Vorstand des Wiener Instituts im Oktober 1938 innehatte.

Anschließend übernahm Gottfried Jungmichel Lehrstuhl und Institut;

er kam aus Greifswald und brachte als Assistenten Dr. med. Rudolf Manz[26] mit. Der Chemiker Carl Wilke schied 1939 aus. Vorübergehend waren als Assistenten am Göttinger Institut auch Herbert Elbel (1935/36) und Ferdinand Schoen (1938) tätig (vgl. Sauer 1950, S. 188 ff.).[27] Nach Kriegsende war der Lehrstuhl bis 1948 unbesetzt.

Unter den im Personalverzeichnis der *Universität Greifswald* für das Sommersemester 1894 aufgeführten Anstalten wird erstmals ein gerichtlich-medizinisches Institut genannt, dessen Gründung auf das Jahr 1892 zurückgehen soll (vgl. Spielmann 1912, S. 691). Direktor des Institutes war Otto Beumer, seit 1888 Kreisarzt in Greifswald und a. o. Professor an der Universität. Nach Beumers Tod (1918) wurde Martin Nippe am 1. April 1919 zum planmäßigen a. o. Professor und ein Jahr darauf zum persönlichen Ordinarius berufen. Nippes Nachfolger war von 1922 bis 1927 Willi Vorkastner, der seinerseits von Rolf Hey abgelöst wurde. Unter Hey arbeiteten mit Stand vom 26. Mai 1928 zwei Laborantinnen (davon eine privat vom Direktor besoldete), ein Institutsdiener und ein Aushilfsdiener in der Einrichtung. »Assistenten sind nicht beschäftigt, da hierfür keine Mittel vorhanden sind.« Zum »Geschäftsumfang« heißt es: »Vom 1.1.27 bis 1.6.28 wurden folgende Gutachten erstattet: Für die versch. Gerichte: 281; für Berufsgenossenschaften u. a. Versicherungsträger: 274; gerichtliche Sektionen: in Greifswald 14, außerhalb 22, außerdem 15 nichtgerichtliche Sektionen (Institutssektionen).«[28] Hey konnte umfangreiche Baumaßnahmen anregen und durchführen lassen, so daß schon 1928 die gröbste Raumnot behoben war. Den Arbeiten von Gottfried Jungmichel, der Assistent bei Hey wurde, ist es hauptsächlich zu danken, daß sich die Widmarksche Methode der Blutalkoholbestimmung in Deutschland allgemein durchsetzte. »Von 1934 ab leitete Goroncy, mit einigen durch Beurlaubungen bedingten Unterbrechungen, bis zu seiner 1944 erfolgten Versetzung in den Ruhestand das Institut. In den Zwischenzeiten leiteten stellvertretend Jungmichel (1937/38), Manz (1938/39) und Holzer (1941/42) und vom Ausscheiden Goroncys bis 1946 Neugebauer das Institut.« (Reimann 1956, S. 327.)[29] Als Assistenten waren in Greifswald u. a. auch Berthold Mueller, Gerhard Buhtz, Gerhart Panning sowie bis 1. August 1942 Dr. von Russow tätig.

An der *Universität Halle* hat die gerichtliche Medizin eine lange Tradition, die sich besonders mit dem Namen Michael Alberti (1682–1757) und dessen Hauptwerk »Systema jurisprudentiae medicae« verbindet. Insgesamt 30 Lehrer haben in den ersten 150 Jahren der 1694 eröffneten »Academia Fridericiana Halensis« über gerichtliche Medizin gelesen, dann war das Fach für volle 50 Jahre bis 1891 in der Hand von Friedrich Ludwig Krahmer (1810–893), der 1852 Ordinarius für Staatsarzneikunde und Arzneimittellehre wurde (vgl. Eulner 1970, S. 171).

Zehn Jahre nach Krahmers Rücktritt wurde 1901 ein planmäßiges Extraordinariat errichtet, das bis 1906 von Ernst Ziemke und anschließend bis 1927 von Arthur Schulz besetzt wurde. Schulz bemühte sich zwar jahrzehntelang um den Bau eines gerichtsmedizinischen Institutes, aber noch sein Nachfolger Friedrich Pietrusky mußte in der Universitätschronik von 1929 notieren: »Am 1. Mai 1928 wurde das Institut für gerichtliche und soziale Medizin eingerichtet und ihm bis zur Fertigstellung des Neubaus einige Räume in der alten Medizinischen Poliklinik zur Verfügung gestellt. In den ersten 11 Monaten seines Bestehens, also bis zum 1. April 1929, wurden hier 111 Obduktionen ausgeführt, etwa 200 Blutgruppenuntersuchungen angestellt und ebenso viele Untersuchungen von Leichenteilen, Blut, Haaren, Pulver, Sperma, Fälschungen usw. gemacht. Für die verschiedenen Gerichte wurden Obergutachten und Gutachten über den Geisteszustand, die Berufsfähigkeit, die Haft- und Terminfähigkeit, die Zeugungsfähigkeit u. a. m. abgegeben.«[30]

Der Neubau zog sich noch über einige Jahre hin; 1932 erfolgte die offizielle Gebäudeeinweihung, aber »das Bautagebuch des Preußischen Hochbauamtes schließt erst mit dem Übergabebescheid vom 26. Januar 1933« (Kaiser und Simon 1978, S. 59). In der Zwischenzeit war Friedrich Pietrusky einem Ruf nach Bonn gefolgt (1930), hatte Berthold Mueller, als 1. Assistent seit 1. November 1930 in Halle tätig, zeitweilig die Kollegaufgaben wahrgenommen, bis schließlich am 4. März 1931 Willi Vorkastner das planmäßige Extraordinariat übernommen hatte. Vorkastner starb jedoch bereits am 19. November des gleichen Jahres, so daß Mueller bis Ende September 1932 erneut die Lehrstuhlvertretung übernahm. Am 1. Oktober 1932 wurde Kurt Walcher zum persönlichen Ordinarius in der Medizinischen Fakultät der Universität Halle-Wittenberg ernannt, übte dieses Amt jedoch ebenfalls nur bis zu seiner Berufung nach Würzburg (1936) aus. In die Zeit seiner Tätigkeit in Halle fällt die Habilitation des apl. Assistenten Dr. med. Albert Ponsold (10. September 1935).

Am 1. April 1937 wurde dann Gerhard Schrader, aus Marburg kommend, auf den Lehrstuhl in Halle berufen; 1941 schuf man auch hier ein Ordinariat. Mit Stand vom 30. September 1939 arbeiteten unter Schrader am Institut als Assistent der Nahrungsmittelchemiker Dr. phil. nat. Hans Klauer, ein Laborant, zwei Sektionsgehilfen und eine Reinemachefrau.[30] Am 1. November 1942 wurde Dr. Joachim Camerer[32] 1. Assistent Schraders, habilitierte am 25. März 1943 und erhielt am 12. August 1943 eine Dozentur. Ein Antrag Schraders, Camerer zum Oberassistenten zu machen, wurde vom REM abgelehnt, »da bei dem Institut für gerichtliche Medizin und Kriminalistik eine Oberassistentenstelle nicht vorhanden ist. ... Im übrigen ersuche ich in der gegenwärtigen Zeit von der Vorlage ähnlicher nicht kriegswichtiger Angelegenheiten tunlichst abzusehen.«

Als »wissenschaftliche Hilfskraft« wurde ab 16. November 1944 der aus Dorpat evakuierte Prof. Dr. Gerhard Rooks[33] »beim Universitätsinstitut für gerichtliche Medizin und Kriminalistik ins Angestelltenverhältnis übernommen«. Nach dem Verschwinden Schraders aus Halle (1945) führte Rooks bis Anfang August 1947 die Institutsgeschäfte.

Für die 1919 gegründete *Universität Hamburg* war im gleichen Jahre der seit 1906 als Prosektor am Hafenkrankenhaus tätige Karl Reuter zum außerplanmäßigen Professor für gerichtliche Medizin ernannt und 1923 zum ordentlichen Professor berufen worden. 1929 wurde K. Reuter Ordinarius in Breslau. In den folgenden 10 Jahren blieb der Lehrstuhl unbesetzt. Leiter des »Gerichtsärztlichen Institutes der Hansischen Universität/Hafenkrankenhaus am Elbpark« war in den dreißiger Jahren Dozent Dr. Hans Koopmann[34], der, zugleich Physikus, sich schließlich 1938 nicht mehr in der Lage sah, die gerichtliche Medizin auch an der Universität zu vertreten – »von Arbeit am laufenden Band völlig eingemauert« –, legte er zum 1. Juli 1938 die Fachvertretung an der Universität nieder. »In Ermangelung eines Nachfolgers führe ich allerdings vertretungsweise die Geschäfte des Leiters des gerichtsärztlichen Instituts weiter, halte auch eine Vorlesung, die den Studenten als Vorlesung über Gerichtsmedizin angerechnet werden kann.«[35]

Mitursächlich für Koopmanns Entscheidung dürften auch die nazistischen Bemühungen zur »Vereinheitlichung des Gesundheitswesens« gewesen sein, die in Hamburg gemäß einer Verfügung vom 15. Dezember 1938 in der Anweisung gipfelten: »Der gerichtsärztliche Dienst wird beim HGA. [= Hauptgesundheitsamt – F. H.] zentralisiert.«[36] In einem anderen Schriftstück heißt es: »Herr Koopmann hat seine Dozentur niedergelegt, da seine Frau nicht arisch ist ...«[37]

Festzustellen ist, daß die von der Universität lange hinausgeschobene Neubesetzung des Lehrstuhls spätestens 1939 dringlich geworden war. Unter dem 1. November 1939 meldete »der Reichsstatthalter in Hamburg« an den REM: »Das Institut für Gerichtliche Medizin der Hansischen Universität setzt seinen Betrieb zur Erfüllung der Aufgaben für die Gerichte, Kriegsgerichte usw. fort. Das Institut war bisher auftragsweise besetzt mit dem Dozenten Dr. Koopmann; ferner sind vorhanden 1 Laboratoriumswart und 1 Stenotypistin. Der Lehrstuhl für Gerichtliche Medizin an der Hansischen Universität ist z. Zt. nicht besetzt.«[38] Wie Popielski (1938, S. 24) berichtete, hatte das Hafenkrankenhaus in jenen Jahren etwa 2 000 Betten; etwa 1 000 Sektionen, davon 200 mit gerichtlichen Fragestellungen, wurden durchgeführt.

In der Folgezeit bemühte man sich zwar offensichtlich von seiten der Hamburger Universität um eine Änderung der Situation, aber »solange nicht die Zusicherung gegeben wird, dass der Hamburger Staat alle Mittel einsetzen wird, um den dortigen Lehrstuhl und das Institut auf einen modernen Stand zu bringen, wird man höchstens junge Privatdozenten oder Nicht-Ordinarien für den dortigen Lehrstuhl vorschlagen können«.[39] Schließlich übernahm Ferdinand von Neureiter den Lehrstuhl, bevor er 1941 an die sog. Reichsuniversität Straßburg überwechselte. Sein Nachfolger in Hamburg war Erich Fritz [40], der dem Universitätslehrfach und dem zugehörigen Institut zur endgültigen Konsolidierung verhalf und es über zweieinhalb Jahrzehnte leitete.

Die *Universität Heidelberg* rettete die alte »Staatsarzneikunde« noch über jene Jahrzehnte hinweg, als diese sich gegen Ende des 19. Jahrhunderts andernorts bereits in Hygiene und gerichtliche Medizin aufgeteilt hatte. So vertrat Franz Knauff (1835–1920), seit 1868 a. o. Professor und seit 1892 Ordinarius für Hygiene, noch bis zum Jahre 1909 die Gerichtsmedizin. »Nach seinem Ausscheiden wurde das Fach zunächst von befähigten Bezirksärzten, zuletzt vom Prosektor des Pathologischen Institutes Prof. Teuschlaender im Sinne einer gerichtlichen Pathologie vertreten. Als er späterhin die Leitung des Pathologischen Institutes der Städtischen Krankenanstalten in Mannheim übernahm, sah sich das Badische Kultusministerium nach längeren Verhandlungen mit der Fakultät und Besprechungen mit dem Justizministerium und dem Generalstaatsanwalt in Karlsruhe veranlaßt, nunmehr dem Beispiel der meisten anderen Universitäten zu folgen und einen planmäßigen Lehrstuhl für gerichtliche Medizin einzurichten. Als erster Inhaber dieses Lehrstuhles wurde im Jahre 1927 Walther Schwarzacher, damals Privatdozent an der Universität Graz, nach Heidelberg berufen. Er ist der Gründer des Institutes, das sich damals in 2 Stockwerken eines Privathauses in der Bergheimer Straße befand, mit der für damalige Verhältnisse fast komfortablen instrumentellen Einrichtung. Er betrieb das Fach im Sinne der klassischen gerichtlichen Medizin der österreichischen Schule.« (Mueller 1958, S. 69 f.) 1932 wurde Schwarzacher

Ordinarius. Einer seiner Mitarbeiter war Gerhard Buhtz; er erhielt Anfang 1934 vom badischen Ministerium einen Lehrauftrag für naturwissenschaftliche Kriminalistik. Schwarzacher schied Anfang 1936 aus dem Badischen Staatsdienst aus und ging nach Graz zurück.

»Nachdem Gottfried Jungmichel ... im Rahmen eines Interregnums das Heidelberger Institut geleitet hatte, wurde im Jahre 1937 B. Mueller – damals Inhaber des Göttinger Lehrstuhles – als Nachfolger von Schwarzacher nach Heidelberg berufen.« (ebenda, S. 70). In dieser Zeit wurden vom Institut etwa 100 Obduktionen jährlich durchgeführt (vgl. Popielski 1938, S. 28). Die personelle Besetzung des Institutes stellte sich am 13. Oktober 1939 wie folgt dar: Direktor war Prof. Dr. Mueller, ordentlicher Assistent Dozent Dr. Herbert Elbel, außerplanmäßiger Assistent Dr. Kurt Wickenhäuser (»bereits seit Anfang September zum Heeresdienst eingezogen«). An weiterem Personal standen zwei technische Assistentinnen, eine Sekretärin und ein Institutsgehilfe zur Verfügung.[41]

Nachfolger des nach Königsberg berufenen Berthold Mueller wurde am 1. Mai 1942 Friedrich Pietrusky, der seinen Assistenten Heinrich Saar nachkommen ließ. Unter Pietrusky wurde das Institut in ein baulich besser erhaltenes Gebäude im sog. Alten Klinikum verlegt.

Die *Universität Jena* hat mit Hermann Friedrich Teichmeyer (1685–1744) einen berühmten Fachvertreter der alten Generation; später wurde das Fach mit geringfügigen Unterbrechungen zwar dauernd vertreten, aber nur im Nebenamt, »fast nur von Klinikern, manchmal sogar von mehreren Dozenten im gleichen Semester« (Giese und v. Hagen 1958, S. 535). »Erst als sich Giese 1901 für gerichtliche Medizin habilitierte, begann die endgültige spezialistische Entwicklung in Jena, aber erst 1919 gab es ein wirkliches Institut (vorher nur ein Zimmer im Physiologischen Institut), erst 1920 einen besoldeten Lehrauftrag, erst 1925 ein planmäßiges Extraordinariat für Giese als persönlichen Ordinarius.« (Eulner 1970, S.169.)

Als Ernst Giese am 1. April 1935 altershalber, im 70. Lebensjahr stehend, emeritiert wurde, übernahm Gerhard Buhtz die »Anstalt für gerichtliche Medizin« an der Universität Jena und gestaltete sie alsbald dank guter Verbindungen zu den nationalsozialistischen Praxispartnern, großem Organisationstalent und beträchtlichem persönlichen Ehrgeiz zu einem »Institut für gerichtliche Medizin und naturwissenschaftliche Kriminalistik« um. Auch dem damals jungen polnischen Fachkollegen Boleslaw Popielski ist der Buhtzsche Elan auf seiner Deutschlandreise nicht verborgen geblieben: »Durch den derzeitigen Leiter des Instituts werden – dank der Anknüpfung persönlicher Verbindungen mit den Gerichtsbehörden, für die er u. a. von Zeit zu Zeit volkstümliche Vorträge aus dem Gebiet der gerichtlichen Medizin hält – jetzt sämtliche gerichtlichen Sektionen in der sehr ausgedehnten Umgebung Jenas, ganz Thüringen mit einer Fläche von 160 x 150 km umfassend, persönlich vorgenommen, was angesichts der dortigen vorzüglichen Wegeverhältnisse mit keinen allzugroßen Schwierigkeiten verbunden ist.« (Popielski 1938, S. 4.) Die Zahl der Obduktionen betrug damals 300–400 pro Jahr, etwa ein Drittel davon waren gerichtliche Sektionen (ebenda, S. 3).

1938 übernahm Buhtz den Lehrstuhl in Breslau, und Friedrich Timm wurde sein Nachfolger in Jena. Zur personellen Besetzung wurde unter dem 1. Oktober 1938 festgestellt, daß verfügbar waren »zwei planmäßige Assistenten, ein außerplanmäßiger Assistent (z. Zt. Dr. Specht), ein Hilfsassistent, ferner zwei technische Assistenten ... von denen die eine Stelle als Stelle für eine Sekretärin verwendet werden kann, ferner ein Hausmeister und ein Hilfsarbeiter.«[42] Specht wechselte bald zu Buhtz nach Breslau über. Friedrich Timm hat das Institut dann in den nächsten Jahren bis einige Zeit über das Kriegsende hinaus geleitet.

Die *Universität Kiel* erhielt im Jahre 1861 nach der Habilitation von Johannes Bockendahl (1826–1902) den ersten ausschließlich für gerichtliche Medizin zuständigen Fachvertreter. Nach Bockendahls Tod blieb der Lehrstuhl bis 1906 unbesetzt und wurde dann von Ernst Ziemke zugleich mit dem Direktorposten des Instituts für gerichtliche Medizin übernommen. 1920 wurde Ziemke persönlicher Ordinarius; er leitete das Institut mit einer kurzen Unterbrechung (1926/27) bis zu seiner Emeritierung im Jahre 1935. Assistenten unter Ziemke waren u. a. Schackwitz (1919–22) und Böhmer (ab 1924). Einem Bericht vom 26. Juni 1928 zufolge hatte Ziemke zu dieser Zeit lediglich einen außerplanmäßigen Assistenten. Außerdem waren eine Schreibhilfe und ein Gehilfe am Institut beschäftigt. Die Zahl der Obduktionen betrug für das Jahr 1927 258; 22 größere Untersuchungen auf Blut oder Sperma wurden für Gerichte durchgeführt, ferner 21 Blutgruppenbestimmungen.[43]

Nachfolger von Ernst Ziemke wurde Ferdinand Wiethold, er blieb bis 1941 in Kiel. Die Situation kurz nach Kriegsbeginn (5. Oktober 1939) schilderte Wiethold wie folgt: »Das hiesige Institut für gerichtliche und soziale Medizin vermag z. Zt. die für die Rechtspflege erforderlichen praktischen Arbeiten mit den vorhandenen Kräften durchzuführen, da der Leiter und der Gehilfe des Instituts bis auf weiteres vom Sicherheits- und Hilfsdienst, zu dem sie eingezogen waren, beurlaubt sind und auch bei einem etwaigen Wiedereinsatz ihre Zeit zum Teil dem

Institutsbetrieb widmen könnten. Außerdem stehen bislang voll zur Verfügung: 1 technische Assistentin und 1 Bürokraft. Nur der Assistent des Instituts, der zum Heeresdienst eingezogen ist, fällt ganz aus.«[44]

Auf Ferdinand Wiethold folgte Wilhelm Hallermann: »Als ich am 1. Mai 1941 ... mitten im Kriege das hiesige Institut übernahm, war es quasi ein Ein-Mann-Betrieb. Es gab einen Assistenten, eine medizinisch-technische Assistentin, eine Sekretärin und einen Laboranten, den man damals noch Leichendiener nannte. Das Institut war in dem zwischen 1906 und 1910 errichteten Gebäude der Pathologie etwas beengt untergebracht. Die apparative Ausrüstung war der damaligen Zeit entsprechend nicht sehr vollständig. Im letzten Krieg ist das Institut durch die Luftangriffe auch noch in wesentlichen Teilen zerstört worden. Am Schluß des Krieges war es zum Teil nach Schleswig ausgelagert, wodurch besonders die Bibliothek gelitten hat. In den letzten Wochen des Krieges waren 11 Familien in jeweils einzelnen Zimmern einschließlich eines Lebensmittelgeschäfts für kurze Zeit im Institut etabliert. ... Die Arbeit des Instituts ist aber auch in den schrecklichen Monaten und Wochen kurz vor der Kapitulation nie zum Erliegen gekommen.« (Hallermann 1969, S. 10.)

Die *Universität Köln* wurde am 12. Juni 1919 als Nachfolgerin der alten, 1588 gegründeten, 1798 von den Franzosen geschlossenen Universität wiedereröffnet. Ein Lehrstuhl für gerichtliche Medizin und ein gerichtsmedizinisches Institut als Universitätseinrichtung wurden jedoch erst im Jahre 1957 geschaffen.

Mit dem Namen Johann Daniel Metzger (1750–1804) verbindet sich an der *Universität Königsberg* ein erster Höhepunkt der gerichtlichen Medizin. Später vertraten wissenschaftlich befähigte Gerichts- und Amtsärzte nebenamtlich das Fachgebiet an der Albertus-Magnus-Universität, bis schließlich 1901 Georg Puppe im Hauptamt akademischer Lehrer und ab 1905 auch Institutsdirektor wurde und nur noch im Nebenamt Gerichtsarzt war. Im Jahre 1905 hatte man auch das ehemalige »Königliche Leichenschauhaus ... hinsichtlich der Verwaltung vom anatomischen Institut abgetrennt und mit dem gehörig umgebauten Hause Oberlaak 10 zu einem Institut für gerichtliche Medizin vereinigt« (Puppe 1906, S. 6).

Georg Puppes Nachfolger war ab 1922 Martin Nippe, der als persönlicher Ordinarius nach Königsberg kam. Unter Nippes Leitung arbeiteten mit Stand vom 25. August 1928 Curt Goroncy und Gerhard Buhtz als außerplanmäßige Assistenten, der Chemiker Dr. phil. Redzanowski als »wissenschaftliche Hilfskraft ... ohne pl. oder apl. Besoldung, Einkünfte aus gerichtschemischen Sachverständigengebühren«, eine Schreibhilfe, ein Laborant und einige weitere, privat besoldete Hilfskräfte. Im »Geschäftsjahr 1927« wurden 130 Obduktionen durchgeführt, zahlreiche verschiedenartige Gutachten erstattet, so z. B. 629 Alkoholiker »ausführlich begutachtet« und über 2 000 beraten; 105 Blutgruppenuntersuchungen, 32 Schriftgutachten u. a. werden genannt.[45]

1934 unterrichtete der Kurator der Universität den REM von folgenden Plänen: »Bis zum Frühjahr 1935 soll die neue Anatomie so weit fertiggestellt sein, daß das alte Gebäude vollständig geräumt werden kann. Die Herrichtung dieses Gebäudes für Zwecke des Instituts für gerichtliche und soziale Medizin wird bis Ende September 1935 dauern, so daß voraussichtlich am 1. Oktober der Umzug dieses Institutes erfolgen kann.«[46] Der Umzug nach »Oberlaak 8/9« bedeutete offenbar eine erhebliche räumliche Vergrößerung: 55 Räume mit »zusammen 1 470 qm Reinigungsfläche«. Am 2. Oktober 1939 schrieb Nippe zur Personalsituation am Institut: »Ich erlaube mir die Mitteilung, daß ich selbst, z. Zt. aus dem Militärdienst entlassen, meinem Institut vorstehe. Vorhanden sind noch der Laborant Jurra, der z. Zt. ohne militärische Beorderung ist, die Büroschreibhilfe Frl. Brennicke und die techn. Assistentin Frl. Ganschow. Soweit sonst noch Personal vorhanden ist, handelt es sich nicht um staatliche Angestellte.«[47] Ein Jahr später, an seinem 57. Geburtstag (5. November 1940), starb Nippe.

Nachdem Nippes Schüler, Dozent Dr. Fritz Hausbrandt, einige Zeit die Institutsgeschäfte geführt hatte, wurde Berthold Mueller 1941 auf den Königsberger Lehrstuhl berufen, den er bis Ende 1944 innehatte. Obwohl die Basen der sowjetischen Luftstreitkräfte im Laufe des Sommers 1944 bis auf nur wenig über 100 km heranrückten, waren letztlich die beiden britischen Luftangriffe am 26./27. August (etwa 1 000 Tote und 10 000 Obdachlose) und am 29./30. August (2 400 Tote und 150 000 Obdachlose) – dabei wurde auch das Institut zerstört – von vernichtender Wirkung für die Stadt (vgl. Lasch 1958, S. 25).

»Nach Überwindung der ersten Schwierigkeiten wurde das Institut in fünf Räumen des Geologisch-Paläontologischen Institutes in der Langen Reihe eingerichtet. Es wurde bald wieder arbeitsfähig, zumal auch militärische Aufgaben an uns herantraten. Trotzdem wurden die Arbeitsbedingungen in Königsberg mit dem Herannahen des Krieges immer ungünstiger, so daß sich der Institutsdirektor entschloß, noch zum 1. Januar 1945 einem Ruf auf den Breslauer Lehrstuhl zu folgen; das Breslauer Institut war damals noch völlig unversehrt.« (Mueller 1952, S. 266.)

Dozent Dr. med. Fritz Hausbrandt[48] »hielt die Stellung«, d. h., er übernahm während der letzten Wochen vertretungsweise die Institutsleitung. Am 12. April 1945 meldete der Wehrmachtsbericht die zwei Tage vorher erfolgte Kapitulation der Stadt, und weiter: »General der Infanterie Lasch wurde wegen feiger Übergabe an den Feind durch das Kriegsgericht zum Tode durch den Strang verurteilt. Seine Sippe wird haftbar gemacht.« (Vgl. Lasch 1958, S. 136.)

An der *Universität Leipzig* tätig gewesene, der ferneren Vergangenheit zugehörige bedeutende akademische Lehrer der forensischen Medizin waren Gottfried Welsch (1618–1690) und Johannes Bohn (1640–1718). Später wurde es auch in Leipzig zur Gewohnheit, daß jeder Dozent in der von ihm hauptsächlich vertretenen Disziplin die forensisch bedeutsamen Probleme abhandelte und man so auf einen besonderen Vertreter für die Staatsarzneikunde verzichten zu können glaubte. Die negativen Auswirkungen einer solchen Praxis der medizinischen Ausbildung führten schließlich dazu, daß durch ein königliches Reskript vom 28. November 1828 die Errichtung einer ordentlichen Professur für Staatsarzneikunde an der Universität Leipzig verfügt und gleichzeitig Christian Adolph Wendler (1783–1862) zum Ordinarius dieses Faches ernannt wurde. Nachfolger von Wendler waren Hugo Sonnenkalb (1818–1887) und Carl Heinrich Reclam (1821–1887). Nach beider Tod sorgte besonders der Pathologe Felix Victor Birch-Hirschfeld (1842–1899) ab 1889 für die Weiterführung gerichtsmedizinischer Vorlesungen und übertrug deren Durchführung auf Georg Schmorl (1861–1932) und ab 1895 auf Richard Kockel (vgl. Krefft 1954/55, S. 218 ff.).

Nachdem die Medizinische Fakultät der Universität die Neubesetzung der Lehrstelle für gerichtliche Medizin bei der Sächsischen Staatsregierung beantragt hatte, wurde Kockel 1897 zum a. o. Professor ernannt. Eine weitere Verordnung vom 5. Mai 1900 verfügte die Umwandlung der bisherigen gerichtsärztlichen Abteilung am Pathologischen Institut in ein selbständiges Lehrinstitut. Beim Neubau des Pathologischen Institutes wurde das Institut für gerichtliche Medizin ab 1. Oktober 1905 behelfsmäßig in einem Seitenflügel in der Johannisallee untergebracht; der geplante Ausbau dieses Seitenflügels wurde allerdings erst 1928 realisiert.

Die »Gesamtzahl der Ein- und Ausgänge einschließlich Schriftverkehr« beim Institut stieg bis etwa 1917 auf fast 2 000 an, sank dann wieder, um sich zu Beginn der dreißiger Jahre erneut zu erhöhen. Die Zahl der Obduktionen lag schon ab etwa 1910 durchgängig über 100 pro

Jahr, stieg gegen Ende der zwanziger Jahre steil an auf über 300 und erreichte mit 514 Sektionen im Jahre 1938 einen Höhepunkt, der erst 9 Jahre nach dem II. Weltkrieg überboten wurde.

Kockel wurde 1922 planmäßiger Ordinarius; als seine Schüler müssen vor allem Gottfried Raestrup und Friedrich Timm genannt werden. Als Kockel im Jahre 1934 starb, übernahm Raestrup am 1. April 1934 den Lehrstuhl, den er bis 18. Dezember 1946 innehatte. 1. Assistent bei Raestrup war viele Jahre Emil Weinig. Über die personelle Besetzung des Institutes zum Zeitpunkt einer Meldung an den REM (18. Oktober 1939) finden wir folgende Angaben: »Prof. Dr. Raestrup; Dr. med. et phil. Emil Weinig; Dr. med. Wolfgang Burkert; Dr. med. Hedwig Benecke (halbtägig von Ärztekammer belassen); best. Arzt Werner Schramm; Photograph Max Schneider; Laborant Kurt Hermann; Laborant Adolf Stachle; Vertragsangestellter Erich Emde; Vertragsangestellter Paul Zehrfeld; techn. Assistentin Anna-Christa Schulz; Vertragsangestellte Hella von Schroeder; Vertragsangestellte Johanna Harnisch; dazu 3 Aufwärterinnen. ... Herr Dr. med. et phil. E. Weinig, Herr Schneider und Herr Hermann sind zwar beordert, aber wieder beurlaubt worden.«[49]

Während des II. Weltkrieges wurde das Institut insgesamt viermal durch Bombentreffer beschädigt; besonders schwere Zerstörungen nach dem Angriff am 4. Dezember 1943 veranlaßten das Universitätsbauamt, den Wiederaufbau zunächst abzulehnen.

Nachdem an der *Universität Marburg* von 1854 bis 1901 der jeweilige Kreisphysikus die gerichtliche Medizin vertreten hatte, schlug die Medizinische Fakultät die Einrichtung eines planmäßigen Extraordinariats vor, dessen erster Vertreter am 1. Oktober 1902 Heinrich Hildebrand wurde. Er erhielt gleichzeitig die Kreisarztstelle für die Kreise Marburg und Kirchhain.

Man hatte Hildebrand zwar schon im Jahre 1903 ein neues Institut versprochen, aber erst 1922 konnte das »Gerichtsärztliche Institut«, in der alten Chirurgischen Klinik am Pilgrimstein 2 untergebracht, bezogen werden. Ein eigener Hörsaal, ein Bibliotheksraum, ein Raum für die Präparatesammlung, ein Arbeitsraum und das Zimmer des Direktors hatten zusammen etwa 200 m² Nutzfläche. Zum Institut gehörte ein Leichenkeller, die Sektionen wurden im Pathologischen Institut durchgeführt. 1928 betrug der gerichtsmedizinische Arbeitsumfang »etwa 10–15 gerichtliche Obductionen im Jahr, einige pathologisch-anatomische und gerichtlich-medizinische Untersuchungen, ferner Blutgruppenuntersuchungen. ... Als wissenschaftliche Hilfskraft arbeitet im

Institut der mir zur Erledigung kreisärztlicher Geschäfte zugeteilte Medizinalassessor Dr. Brieger. Eine Dame, welche mir bei Erledigung der kreisärztlichen Geschäfte hilft, erledigt auch schriftliche Arbeiten für das Institut.« Planmäßige oder außerplanmäßige Assistenten hatte Hildebrand nicht, wohl aber stand ihm »ein Institutsgehilfe zur Hälfte« zur Verfügung.[50]

Zehn Jahre später zog das Institut um nach der Lahnstraße 9; die Gesamtnutzfläche betrug nur 170 m^2, aber die Raumaufteilung soll günstiger gewesen sein; der Hörsaal hatte 49 Plätze.

Nachdem Hildebrand, seit 1921 persönlicher Ordinarius, emeritiert worden war, übernahm am 1. November 1934 Gerhard Schrader den Lehrstuhl und die Leitung des Institutes. Kreisarztstelle und Lehrstuhl wurden besonders auf Betreiben des Hygienikers Pfannenstiel getrennt, Schrader seinerseits sorgte dafür, daß das Kreisarztbüro aus den Institutsräumen verlegt wurde. Ab 7. Januar 1935 nannte sich die Einrichtung »Institut für gerichtliche und soziale Medizin«. In diesem Jahre wurden 33 Obduktionen durchgeführt, eine Abteilung für naturwissenschaftliche Kriminalistik und ein chemisches Labor eingerichtet (vgl. Schulte 1973, S. 38 ff.).

Am 1. Oktober 1937 übernahm Augustin Förster das Institut, ab 1. August 1940 wurde ein Diplom-Chemiker eingestellt und eine planmäßige Assistentenstelle geschaffen.

Schon beim ersten Luftangriff auf Marburg am 22. Februar 1944 wurde das Institut völlig zerstört; es wurde in der Folgezeit provisorisch im sog. Gürber-Haus untergebracht, stellte jedoch im März 1945 seine Tätigkeit vorübergehend ganz ein.

Die bereits mehrfach hervorgehobene, fast alle deutschen Hochschulen betreffende Vernachlässigung der gerichtlichen Medizin in der zweiten Hälfte des 19. Jahrhunderts, die sich in einer Aufsplitterung der Lehrinhalte des Faches auf die forensischen Aspekte der einzelnen medizinischen Fächer bei Fehlen einer lehrmäßigen Gesamtdarstellung äußerte, läßt sich auch für die *Universität München* nachweisen: »Im Sommer 1852 lesen ... 6 Mitglieder des medizinischen Lehrkörpers über gerichtliche Medizin!« (Kleinknecht 1940, S. 28).

Als Gerichtsarzt und Professor der Staatsarzneikunde fungierte zwischen 1860 und 1890 Aloys Martin, der Gründer der »Münchener medizinischen Wochenschrift«. Sein Nachfolger wurde Otto Messerer (1853–1932), der 1890 zum ersten etatmäßigen a. o. Professor für gerichtliche Medizin ernannt wurde. Als man Messerer im Jahre 1900 zum Regierungs- und Kreismedizinalrat beförderte, mußte er seinen Lehrauftrag zurückgeben. Nachfolger wurde Moritz Hofmann, der 1909 krankheitshalber ausscheiden mußte und 1910 starb.

Bei der Berufung Max Richters[51] zum planmäßigen a. o. Professor der gerichtlichen Medizin am 1. November 1909 erhielt das Fachgebiet eigene Räume: Das Institut befand sich in der Alten Anatomie in der Schillerstraße 25 und bestand aus einem Hörsaal, aus einer Dienstwohnung, einigen neugeschaffenen Räumen für wissenschaftliche Labors und die Sammlung sowie aus den Leichenkellern.

Während der Amtszeit Hermann Merkels, die am 1. Mai 1914 begann, wurde die Innenausstattung der Institutsräumlichkeiten wesentlich verbessert; 1930 konnte ein Erweiterungsbau übernommen werden. Die Sektionstätigkeit im Institut war rege: So wurden zwischen 1927 und 1937 allein 941 Verkehrsunfallopfer obduziert, die Ergebnisse dieser Untersuchungen wurden z. B. von Kolb (1939) ausgewertet.

Im Jahre 1922 hatte man Merkel eine Laborantenstelle für sein Institut bewilligt. Mit Stand vom 13. Oktober 1939 waren am Institut unter Merkel beschäftigt: »1. Assistent – Dozent Dr. Erich Fritz; 2. Assistent – Dr. Joachim Camerer (z. Zt. auch zum Wehrdienst ausgehoben, aber noch im Institut). Außerdem 1 Diener und 1 Aushilfsdiener sowie 3 technische Assistenten.«[52]

Hatte sich Merkel große Verdienste um den Ausbau des Institutes erworben, so mußte er im vorgerückten Alter dessen völlige Zerstörung im II. Weltkrieg erleben. Das Institut wurde – vorerst provisorisch – im Pathologischen Institut in der Frauenlobstraße 7 untergebracht, wo auch die Sektionsräume mitgenutzt werden konnten.

An der *Universität Münster* war nach der Eröffnung der klinischen Anstalten am Westring am 1. Oktober 1924 im gleichen Jahr die Berufung Heinrich Többens zum Direktor des neugegründeten »Instituts für gerichtliche und soziale Medizin« erfolgt. Das Institut wurde im Erdgeschoß des Gebäudes Westring 17 untergebracht und im Mai 1925 feierlich eröffnet. Dem Institutsdirektor standen in den Anfangsjahren ein apl. Assistent, ein Laborant und ein Institutsgehilfe zur Verfügung (vgl. Siegel 1966, S. 50). Zum »Geschäftsumfang 1.4.27 – 1.4.28« wurden »etwa 600 Ein- und Ausgänge« angegeben, »die Zahl der Obduktionen etwa 15, Gewebs- und Flüssigkeitsuntersuchungen (d. h. Blutgruppenbestimmungen) etwa 60, Lebenduntersuchungen etwa 45«.[53]

Offenbar hat sich die gerichtliche Medizin an der Medizinischen Fakultät von vornherein eines guten Ansehens erfreuen können; so lautete etwa die Preisaufgabe der »Westfälischen Wilhelms-Universität« für das Studienjahr 1933/34: »Die Dynamik der Schädelbrüche und ihre gerichtsärztliche Bedeutung« (vgl. MMW 81:1934, 544).

Einer der ersten apl. Assistenten Többens war ab 30. September 1926 Dr. med. Augustin Förster; nach Försters Weggang wurde Erich Fritz sein Nachfolger. Eine zweite außerplanmäßige Assistentenstelle besetzte ab 1. Oktober 1935 Rudolf Koch[54], der nach dem Ausscheiden von Fritz ab 1. Januar 1938 erster Assistent wurde und Heinrich Többen während seiner von den Nazis verfügten zeitweiligen Beurlaubung (22.2. bis 14.7.1939) vertrat. Többen führte die Institutsgeschäfte bis zu seiner Emeritierung im Jahre 1945.

An der drittältesten deutschen, 1418 gegründeten *Universität Rostock* war nicht nur die gerichtliche Medizin im 19. Jahrhundert nicht vertreten: »Gegenwärtig [=1877 – F. H.] zählt die Universität 36 Professoren und 141 Studenten.«[55] So verwundert es nicht, daß auch die Pathologie als selbständiges Lehrfach sich erst 1863 etablieren konnte und ihrerseits bis weit in das 20. Jahrhundert hinein die gerichtliche Medizin vertrat. Carl Dugges[56] Bemühungen aus den ersten Jahrzehnten des 20. Jahrhunderts um die Anerkennung der gerichtlichen Medizin als Universitätsfach waren insofern nur ein Zwischenspiel. Um die Vertretung verdient gemacht hat sich besonders der Ordinarius der Pathologie Walther Fischer (1882–1969), unter dessen Patronat auch gerichtsmedizinische Dissertationen geschrieben wurden.[57] Am 31. Oktober 1939 berichtete Fischer an den REM, »daß das Pathologische und Pharmakologische Institut auch weiter für Gerichte und andere Behörden auf Ersuchen tätig sind. Es ist zur Zeit für diese Arbeiten besetzt a) das Pathologische Institut mit einem planmäßigen und zwei Volontärassistenten und 3 technischen Assistentinnen, b) das Pharmakologische Institut mit einem Lebensmittelchemiker und einer technischen Assistentin«.[58]

Fischer hielt bis 1946 in Rostock gerichtsmedizinische Vorlesungen. Erst 1958 wurde Wolfgang Dürwald[59] mit der Wahrnehmung einer Professur mit vollem Lehrauftrag betraut und ein Institut gegründet.

Für die gerichtliche Medizin an der *Universität Tübingen* war Johann Heinrich Ferdinand Autenrieth (1772–1855) der bedeutendste Vetreter der alten Generation. Im letzten Drittel des 19. Jahrhunderts hat dann Otto von Oesterlen zwischen 1872 und 1908 als a. o. Professor gerichtliche Medizin gelesen, gefolgt von Hermann Stoll[60], der im I. Weltkrieg fiel.

Nachfolgend betreuten – mit einer Unterbrechung durch den Stuttgarter Polizeiarzt Otto Georg Schmidt (1875–1965), der von 1926 bis 1939 nebenamtlich in Tübingen tätig war und 1933 Honorarprofessor wurde – über Jahrzehnte vor allem Pathologen die gerichtliche Medizin. So wird am 4. Oktober 1939 an den REM gemeldet: »Die gerichtlich-medizinischen Aufgaben werden zur Zeit vom Pathologischen Institut erledigt. Anstelle des zum Heer einberufenen Direktors, Prof. Dr. Letterer, wird das Institut von Assistenzarzt Dr. Arnold geleitet«.[61] Schließlich wurde 1961 der Gerichtsmediziner Hans Klein[62] aus Heidelberg mit der Vertretung des Fachgebietes beauftragt; die Institutsgründung erfolgte im Jahre 1964 (vgl. Spiess 1973, S. 65).

Seit 1876 hatte die *Universität Würzburg* ein Extraordinariat für gerichtliche Medizin, das zunächst von Wilhelm Reubold (1827–1917), zugleich Landgerichtsarzt, bis 1897 betreut wurde. Seine Nachfolger waren Andreas Rosenberger (1847–1915) für die folgenden zwei Jahre und Julius Stumpf[63], der 1925 emeritiert wurde.

Unter Herwart Fischer, zunächst a. o. Professor und ab 1933 Ordinarius, wurde 1926 ein »Institut für gerichtliche und soziale Medizin« im Kollegienhaus in der Koelliker-Straße eingerichtet, nachdem bis zu diesem Zeitpunkt Vorlesungen und Sektionen in der Anatomie abgehalten worden waren (vgl. Elisabeth Metzelder 1966).

Nach der Entlassung Herwart Fischers wurde 1936 Kurt Walcher zum (persönlichen) Ordinarius berufen. Mit Stand vom 12. Oktober 1939 waren bei ihm als 1. Assistent Dr. Oswald Huber[64] und als 2. Assistent Dr. phil. Anton Brand, ferner ein »Offiziant«, eine technische Assistentin, eine Sekretärin und eine Reinemachefrau tätig.[65] Am 21. Juli 1945 wurde Walcher seines Amtes enthoben.

Gerichtsmedizinische Institute außerhalb der Universitäten

Die kaiserliche Reichshauptstadt *Berlin* hatte um das Jahr 1900 etwa zwei Millionen Einwohner; aber sowohl die Organisationsstrukturen und die Qualität der polizeilichen Ermittlungspraxis als auch die der gerichtsärztlichen Hilfs- und Untersuchungstätigkeit besonders bei Kapitalverbrechen waren in den Jahrzehnten vor der Jahrhundertwende hinter den Erfordernissen, die eine zunehmende Großstadtkriminalität eigentlich verlangte, zurückgeblieben. Deshalb bedeutete die im Jahre 1892 angeregte und am 25. August 1902 schließlich erfolgte Indienststellung einer »Mordkommission« für Berlin mit vereinbarter Inanspruchnahme der Gerichtsärzte, Fritz Strassmann, Puppe, Ziemke, Curt Strauch und Neumann im Rahmen eines Bereitschaftsdienstes einen großen Fortschritt. Ein entsprechender Vertragsabschluß datiert vom 10. Februar

1902, erneuert wurde der Vertrag mit geringen Änderungen in den Jahren 1923, 1925 und 1928 (vgl. Wirth, Strauch und Radam 1986, S. 33).

Im Jahre 1921 war der »Polizeibezirk« Groß-Berlin in 7 Gerichtsarztbezirke eingeteilt, die nach einer Bekanntmachung des Polizeipräsidenten von Professor Strassmann (Mitte, Tiergarten), Professor Strauch (Wedding, Reinickendorf, Pankow), Dr. Hofmann (Prenzlauer Tor, Weißensee, Lichtenberg), Dr. Dyrenfurth (Friedrichshain, Treptow, Köpenick), Dr. Hommerich (Hallesches Tor, Neukölln), Professor Fraenckel (Schöneberg, Steglitz, Zehlendorf, Tempelhof) und von Dr. Stürmer (Charlottenburg, Spandau, Wilmersdorf) besetzt waren (vgl. ebenda, S. 37).

Die fachliche Führung der Berliner Gerichtsärzte hatte in den ersten zwei Jahrzehnten des vorigen Jahrhunderts Fritz Strassmann inne. Allerdings mußte er in den letzten Jahren seiner Amtsperiode zu der Erkenntnis kommen, »daß seine Kraft nicht mehr ausreichte, die in Berlin eingefahrenen gerichtsmedizinischen Verhältnisse zu ändern. Das Institut für Gerichtliche Medizin der Universität Berlin hatte sein ›Untermieterverhältnis‹ im weiterhin polizeieigenen Leichenschauhaus nicht lösen können, die anfangs erwartete fruchtbare Zusammenarbeit zwischen beiden Einrichtungen erfüllte sich nicht ... und Strassmann, früher Primus inter pares der staatlich angestellten Gerichtsärzte, hatte Mühe, gegen deren autokratisch gewordenes Wirken im Leichenschauhaus anzugehen« (ebenda, S. 47).

Die wenigen Monate, die Heinrich Zangger im Wintersemester 1926/27 in Vertretung Strassmanns in Berlin tätig war, genügten diesem, um zu konstatieren: »Die Gerichtsärzte haben keine Fühlung mit dem Direktor des Med. Institutes« (zit. nach ebenda, S. 48), und gemeinsam mit Kockel an die Ausarbeitung einer Konzeption zur Neuorganisation der Gerichtsmedizin in Berlin zu gehen.

Unter Victor Müller-Heß wurde diese Reorganisation ab 1930 realisiert: Das gesamte Gebäude, in dem bislang das Universitätsinstitut in einem Flügel des dem Polizeipräsidium gehörenden Leichenschauhauses untergebracht war, ging in Universitätsbesitz über, die Geschäftsräume der Kriminalpolizei und das Amtszimmer der Gerichtsärzte wurden in den Westflügel verlegt. Als Gerichtsärzte waren 1933 Felix Dyrenfurth, Paul Fraenckel, Moritz von Marenholtz, Waldemar Weimann und – nebenamtlich – Victor Müller-Heß tätig. Dyrenfurth schied 1934 aus, Fraenckel wurde zum 1. April 1935 in den Ruhestand versetzt, und Müller-Heß gab seine Gerichtsarzttätigkeit 1937 auf.

Mit den nationalsozialistischen Maßnahmen zur »Vereinheitlichung des Gesundheitswesens« kam es Mitte der dreißiger Jahre auch zu einer völligen Abtrennung der gerichtsärztlichen Tätigkeit vom Universitätsinstitut und zur Einrichtung einer Untersuchungsstelle für fünf Gerichtsärzte in einer Baracke im Krankenhaus Moabit in unmittelbarer Nähe des Kriminalgerichts und der Haftanstalten (vgl. Stürzbecher 1972, zit. nach ebenda, S. 56). »Es entwickelte sich rasch eine Teilung in akademische Gerichtsmediziner ohne eigene Anschauung am Tatort und Gerichtsärzte mit praktischer kriminalistischer Erfahrung«, schreibt Weimann (1964, S. 196), der offenbar ein recht gespanntes Verhältnis zu »M.-H.« (= Müller-Heß) hatte und »während der zwölf Jahre des Dritten Reiches das neue ›Institut für gerichtliche Medizin und Kriminalistik der Reichshauptstadt Berlin‹ [leitete], das besonders eng mit der Kriminalpolizei zusammenarbeitete« (ebenda, S. 229). Die Anschrift der Institution lautete im Jahre 1937 vermutlich »Gerichtsärztliches Institut des Stadtgesundheitsamtes, Berlin NW 21, Turmstr. 21«.[66]

Zumindest zwei der Weimann in jenen Jahren unterstellten und »bei der Stadt« angestellten Gerichtsmediziner – Moritz von Marenholtz und Alex Schackwitz – scheinen mit den verfügten Neuerungen, die auch Statusfragen tangierten, recht unzufrieden gewesen zu sein. Moritz von Marenholtz hatte sich unzufrieden geäußert (»... ›Magistratsmedizinalräte‹!, nicht einmal der Titel Gerichtsarzt ist geblieben ...«), und auch Alex Schackwitz, der im Jahre 1937 aus Hannover nach Berlin übergesiedelt war, war unzufrieden: »Die Gleichstellung hauptamtlicher Gerichtsärzte mit den Amtsärzten bzw. Kreisärzten, welche grössere Gesundheitsämter bezw. Kreisarztbezirke zu leiten haben ist stets anerkannt worden. Als die Amtsärzte grösserer Gesundheitsämter nach der Neuregelung höher eingestuft wurden berücksichtigte man die Gerichtsärzte nicht ... Wir waren überrascht als wir in die Anfangsstufe der beamteten Aerzte, die jedem Arzt nach der Approbation ohne besondere Ausbildung offen steht, der Gehaltsstufe und Amtsbezeichnung nach eingegliedert wurden. Durch diese Eingliederung ist unser notwendiges Ansehen bei den Gerichtsbehörden und bei der Bevölkerung und unsere Bewertung gegenüber den übrigen bei Gericht häufig auftretenden Sachverständigen, den Ober-Medizinalräten der Strafanstalten, der Heilanstalten, der Gesundheitsämter, den gerichtsärztlichen Obermedizinalräten anderer Landesteile, den Professoren der gerichtlichen Medizin, den Professoren der gerichtlichen Chemie nicht gehoben worden. Wir konnten dies umso weniger verstehen als die Stadt beabsichtigt ein gerichtsärztliches Institut zu schaffen, das besonderen

Ruf und Ansehen haben soll. Zum Schluss weise ich darauf hin, dass gleichzeitig mit unserer Uebernahme die Stadt Leipzig für ihr kommunales Gesundheitsamt eine hauptamtliche Gerichtsarztstelle mit Besoldung aus A 2 b ausgeschrieben hat und dass die Gerichtsärzte mehr Gebühren abliefern als sie Gehalt beziehen.«[67]

Selbst Weimann beklagte unter den neuen Bedingungen, daß er mit Arbeit überlastet sei, »auch, seitdem ich bei der Stadt bin, keine Hilfskraft mehr besitze, um die schriftl. Arbeiten zu erledigen ...«[68]

Im Juni 1939 kam Rolf Niedenthal[69] »als Gerichtsarzt und Mag. Med. Rat in das Hauptgesundheitsamt der Stadt Berlin«. In einer Zeitungsnotiz ist in diesem Zusammenhang die Rede vom »Gerichtsärztlichen Institut der Reichshauptstadt Berlin, dessen Diensträume sich im Robert-Koch-Krankenhaus befinden«. Die Institutsbezeichnung hat offenbar des öfteren zu Verwechslungen mit dem Universitätsinstitut geführt; so schrieb Müller-Heß, ohnehin kein Freund der neuen Einrichtung, am 17. Juli 1939 an Buhtz: »Da sich das gerichtsärztliche Institut der Stadt Berlin (das im wesentlichen aus einer Holzbaracke besteht) ebenfalls Gerichtsärztliches Institut getauft hat ... kommen dauernd Verwechslungen zustande. ... Aus diesem Grunde habe ich seit Monaten mein Institut nunmehr Universitätsinstitut benannt ...«[70]

Der »Dualismus zwischen der Universitätsinstitution einerseits und dem Institut des öffentlichen Gesundheitsdienstes« (Stürzbecher 1984, S. 22) – aus letzterem ging später das »Landesinstitut für gerichtliche und soziale Medizin« in der Invalidenstraße 52 hervor – blieb über Zusammenbruch und Spaltung hinweg in Berlin (West) bis zur Pensionierung Weimanns (1958) erhalten. Sie wurde später durch die Personalunion in der Leitung beider Institute, die zu einer Koordination der Tätigkeit führte, abgelöst.

In der *Universitätsstadt Köln* – im Wintersemester 1933/34 gab es dort z. B. 980 Medizinstudenten[71] – wurde der gerichtlichen Medizin unter dem Einfluß der nazistischen Vorstellungen über die Organisation des Gesundheitswesens die Institutionalisierung als arbeitsfähige akademische Einrichtung verwehrt. Im Jahre 1935 wurde Max Schwellnus [72] Leiter der gerichtsärztlichen Abteilung des Gesundheitsamtes der Stadt Köln; er hatte zunächst ein Zimmer im Gerichtsgebäude am Appellhofplatz inne und bezog 1936 das Pathologische Institut im Augusta-Hospital.

Im Jahre 1942 erhielt Schwellnus schließlich einen Lehrauftrag für das Fach »Gerichtliche Medizin« unter gleichzeitiger Bestellung zum Leiter des gerichtsärztlichen Institutes. »Allerdings wurde die schon damals notwendige Dotierung für einen Ausbau und die Ausstattung für die zusammengelegten Einrichtungen – Gerichtsärztliche Abteilung des Gesundheitsamtes der Stadt Köln – Institut der Universität Köln – Leichenschauhaus – nicht gewährt, so daß Obermedizinalrat Dr. Schwellnus, auf sich gestellt, die gerichtliche Medizin mit relativ einfachen Hilfsmitteln zu bewältigen hatte.« (Dotzauer 1969, S. 110.)

Erst 1957 begann mit der Berufung von Rudolf Manz in Köln die eigentliche Geschichte der Universitätsgerichtsmedizin (vgl. Eulner 1970, S. 585); im Juni 1971 konnte dann das damals »größte und modernste rechtsmedizinische Institut mindestens im deutschen Sprachraum ... ein Prachtstück, eine Sehenswürdigkeit« (Schwerd 1972, S. XIII) eingeweiht werden.

An der in *Düsseldorf* bestehenden Medizinischen Akademie wurde am 1. Mai 1922 Karl Berg [73] mit einem Lehrstuhl für gerichtliche Medizin betraut. Nachdem dem Fach die Anerkennung als Prüfungsfach im medizinischen Staatsexamen zugebilligt worden war, schuf Berg das erste gerichtsmedizinische Akademieinstitut in Deutschland, das am 1. Oktober 1925 eröffnet wurde und dem er bis 1935 vorstand.

Bergs Nachfolger wurde, als ordentlicher Professor, Kurt Böhmer, der sich den neuen Bestimmungen, wie sie im »Gesetz zur Vereinheitlichung des Gesundheitswesens« von den NS-Behörden formuliert worden waren, zwar anpaßte, aber offenbar trotzdem auf erhebliche Schwierigkeiten stieß: »Ich habe mein Lehramt an der hiesigen Akademie am 1.4.1935 angetreten und, weil ich hier kein Unterrichtsmaterial vorfand, mich sogleich um die Ausübung der gerichtsärztlichen Tätigkeit im Rahmen des Gesundheitsamtes der Stadt Düsseldorf bemüht. ... Als *gerichtsärztliche Tätigkeit* war ... die folgende Tätigkeit definiert ...:

a) Vornahme der gerichtlichen Leichenöffnung,
b) Vornahme der gerichtlichen Leichenschau,
c) Erstattung von Gutachten wegen Entmündigung,
d) Erstattung von Gutachten zwecks Ehescheidung wegen Geisteskrankheit.

Darüber hinaus bin ich auf Ersuchen des Herrn Regierungspräsidenten in das Erbgesundheitsgericht eingetreten. ... Die ... anfallenden Gebühren habe ich restlos der Stadtkasse überwiesen ...« Probleme ergaben sich hier, als der Düsseldorfer Amtsarzt darauf bestand, bei gerichtlichen Sektionen anstelle der im Institut tätigen Assistenten regelmäßig als 2. Obduzent herangezogen und honoriert zu werden. Schließlich übernahm der Amtsarzt die gerichtsärztliche Tätigkeit in

Düsseldorf vollständig und ließ gerichtliche Sektionen durch einen Oberarzt des pathologischen Institutes vornehmen. Daraufhin wurde durch den zuständigen Oberlandesgerichtspräsidenten verfügt, daß zumindest Leichenschau und Leichenöffnung durch das gerichtsmedizinische Institut zu erfolgen hätten. Auf sonstige »gerichtsärztliche Tätigkeit im Rahmen des Gesundheitsamtes« Düsseldorf hat Böhmer offenbar fortan verzichtet und sie dem Amtsarzt überlassen, »weil das Institut von fast allen anderen Gesundheitsämtern des Regierungsbezirks und von den Landgerichten und Amtsgerichten des Oberlandesgerichtsbezirks Düsseldorf mit reichlichem Unterrichts- und Forschungsmaterial versorgt wird«.[74]

Unter Böhmers Leitung entstand zunächst ein kleiner Institutsneubau, der jedoch 1943 durch Bombeneinwirkung zerstört wurde (vgl. Elisabeth Trube-Becker 1959, S. 5).

Eroberungen: Danzig, Straßburg, Posen, Prag, Krakau, Warschau, Lemberg

Der von 27 alliierten und assoziierten Mächten im Spiegelsaal zu Versailles 1919 mit Deutschland abgeschlossene Gewaltfrieden – als Versailler Vertrag in die Geschichte eingegangen – beendete den I. Weltkrieg. Am 22. Juni 1919 mit Vorbehalt von der deutschen Nationalversammlung angenommen, schuf er neue Probleme. Durch Gebietsabtretungen an Polen, Frankreich, Belgien, die Tschechoslowakei, Litauen und Dänemark verlor Deutschland insgesamt 75 485 km^2 Land mit 7,325 Millionen Einwohnern. Wirtschaftliche Folgen ergaben sich aus der Zahlung von Reparationen in Geld und Sachleistungen, der Auslieferung der Handelsflotte, der Beschlagnahme des gesamten Auslandsvermögens. Bei vielen Deutschen verband sich die Ablehnung des »Diktats von Versailles« mit dem Unvermögen, die Realität der Niederlage anzuerkennen, man sprach von einem »Dolchstoß«, der das im Felde unbesiegte deutsche Heer von hinten, aus der aufbegehrenden Bevölkerung, getroffen hätte. Dies bot später den Demagogen der NSDAP die Möglichkeit, die Weimarer Republik auch mit der Parole des Kampfes gegen das »System von Versailles« zu destabilisieren und schließlich mit der Einführung der allgemeinen Wehrpflicht (1935) und dem Einmarsch deutscher Truppen in das entmilitaristierte Rheinland (1936) den Versailler Vertrag auch formell zu brechen.

Gemäß den Bestimmungen des Versailler Vertrages wurde die »Freie

Stadt *Danzig*« der Oberhoheit des Völkerbundes unterstellt, zugleich aber in das polnische Zollsystem einbezogen. Zuständig als »Völkerbundskommissar« war der Schweizer Carl Burckhardt, zugleich Vizepräsident des Internationalen Roten Kreuzes.

Schon am 13. April 1935 wurde in Danzig eine »Staatliche Akademie für praktische Medizin« in Anwesenheit »zahlreicher Persönlichkeiten aus dem Reich eröffnet. Unter anderem waren erschienen als Vertreter des Reichsärzteführers Ministerialrat Dr. Barteis, Staatsrat Dr. Conti, Prof. Wirz und Ministerialrat Dr. Wegener. Ministerialrat Dr. Gütt überbrachte die Grüße des Reichsinnenministers.«[75] Heimanns, ein Nazijugendführer, fand, die wichtigste Aufgabe der etwa 60 an der Akademie immatrikulierten Studenten liege, »so eigenartig es auch für den Unorientierten klingen mag, in erster Linie auf politischem Gebiet. ... Unsere Aufgabe ist es, die Fragen Danzigs und des deutschen Ostens klarzumachen, die Kameraden zu schulen und so einen Stoßtrupp ausgezeichneter *Propagandisten und Aufklärer für den deutschen Osten* zu schaffen.« (Heimanns 1938, S. 97 f.)

Wenn auch über die Einzelheiten der Tätigkeit eines ab 1. Januar 1940 von Otto Schmidt als Ordinarius geleiteten Instituts für gerichtliche Medizin der Danziger Akademie wenig bekannt ist, so ist es doch eine historische Tatsache, daß besonders in der ersten Zeit nach dem deutschen Überfall auf Polen gerade in jenen Gebieten der gewaltsame Tod hundertfache Alltäglichkeit wurde.

Bereits am ersten Kriegstag hatten deutsche Truppen die Stadt besetzt. Kommandant der Garnison der bis dahin »Freien Stadt« war allerdings schon vorher ein deutscher General; Oberhaupt der Stadtverwaltung und zugleich »Gauleiter« ab 1938 war der Nationalsozialist Albert Forster, der bereits am Morgen des 1. September 1939 an Hitler ein Telegramm mit dem Text des Gesetzes über die »Wiedervereinigung« Danzigs mit dem Deutschen Reich sandte (vgl. Uschakow 1964, S. 331 ff.). Im Gebiet Danzig-Westpreußen setzte sich der »Selbstschutz« unter dem SS-Oberführer Ludolph von Alvensleben an die Spitze von Mordkommandos, die unter der polnischen Zivilbevölkerung wüteten. Nazistische »Siedlungspläne« sahen vor, »bis Ende Februar 1940 sämtliche Juden und Kongreßpolen aus den Reichsgauen Danzig und Posen sowie aus Ostoberschlesien und Südostpreußen« nach dem sog. Generalgouvernement zu transportieren.[76]

Das Institut war gemeinsam mit dem Hygieneinstitut im Gebäude Schwarzes Meer 7a untergebracht. Bis 27. März 1945 hatte Otto Schmidt den Lehrstuhl für gerichtliche Medizin an der Medizinischen Akademie in Danzig inne. Er selbst hat sich über diese Zeit publizistisch offenbar nicht geäußert, wohl aber über »die historische Entwicklung der gerichtlichen Medizin in Danzig« (1940) und auch über »Sektionsberichte aus Danziger Physikatsakten der Jahre 1691–1769« (1943). Auch Rudolf Manz weiß im Nachruf für Otto Schmidt über die Zeit vom »1.1.1940 bis März 1945« nur zu berichten: »Seiner Tatkraft gelang es, bei der bis zuletzt hinausgezögerten Verlegung der Medizinischen Akademie angesichts der herannahenden Front Familie und Mitarbeiter vollzählig nach Westdeutschland zu überführen.« (Manz 1963, S. 114.)

Auf den ersten Blick scheint die Quellenlage bei der Besprechung der Entwicklung der gerichtlichen Medizin im okkupierten Poznań, das dann bis zu seiner Befreiung vom Faschismus im Jahre 1945 *Posen* hieß, wesentlich günstiger zu sein, denn über diese Zeit hat der damalige deutsche Lehrstuhlinhaber Albert Ponsold in seinen unter dem Titel »Der Strom war die Newa« veröffentlichten Memoiren mehrere Seiten schreiben lassen. Der Abschnitt »Lehrstuhl in Posen« beginnt wie folgt:

»Mit der Übernahme des Lehrstuhls in Posen ergaben sich Berührungen mit der polnischen Bevölkerung. Auch die Laboranten und Sektionsgehilfen des gerichtsmedizinischen Instituts waren Polen. Ich wohnte im Institut und aß in einem deutsch verwalteten Kasino. Dort bedienten polnische Studentinnen. Sie sprachen deutsch, machten einen gebildeten Eindruck, und ich ging auf sie ein, als seien es deutsche Studentinnen. Hierdurch gewann ich ihre Sympathie und bekam mitunter große Portionen – ohne Lebensmittelmarken – aufgetischt. Nach dem Abendessen plauderte ich mit ihnen entgegen dem Verbot zu ›fraternisieren‹. Das öffnete mir ihre Herzen vollends.« (Ponsold 1980, S. 184.)

»Außer diesen Plaudereien ...« (so läßt Ponsold seinen Text fortsetzen) ist zu erfahren, daß sich sein »Bereich ... bis weit ins Innere Polens« erstreckte (ebenda, S.186) und daß er Leichenöffnungen auch in Konzentrationslagern vorzunehmen hatte, wobei er zuweilen sogar »besorgt obduzierte« (ebenda, S. 185 f.). Einige Kasuistiken, die den Helden des Buches – dessen Glaubwürdigkeit spätestens bei der auf den Seiten 195 und 196 behaupteten NSDAP-Nichtmitgliedschaft ins Wanken gerät – in einem günstigen Licht erscheinen lassen sollen, ersparen nicht die Suche nach weiteren Quellen über die »am Geburtstag des Führers 1941« erfolgte Gründung der sog. Reichsuniversität Posen und über die Entwicklung des Fachgebietes gerichtliche Medizin im besetzten Poznań. Die »erste Neugründung einer Universität nach 1933« sollte eine Reihe »neuartiger« Institute erhalten, etwa ein »Institut für Polenforschung«, ein »Institut für Ostsiedlung« usw.[77]

Als akademische Bildungseinrichtung des nach dem I. Weltkrieg wieder entstandenen polnischen Staates war in Poznań allerdings bereits 1919 eine Universität gegründet worden, an der etwa 5 000 Studenten immatrikuliert waren. Nach der Besetzung Poznańs und Polens durch die deutsche Wehrmacht und der Entscheidung, eine deutsche Universität in dieser Stadt zu eröffnen, hatte man die Empfehlung gegeben: »Volksdeutsche Studierende im Generalgouvernement werden in allen ihren Angelegenheiten grundsätzlich an die Universität Posen verwiesen«.[78]

Sehr effektvoll war die NS-Kreation allerdings nicht: »Die im Verlauf des SS [= Sommersemester – F. H.] 1941 ins Leben gerufenen rund 60 Institute ... hatten nur 191 Studenten zu betreuen. ... Zwar stieg die Zahl der Studenten in den folgenden Semestern absolut an, aber gleichzeitig wuchs der Lehrkörper (im SS 1943: 755 Studenten, 110 Lehrkörper), so daß der Staat z. B. im Jahre 1942 den unverhältnismäßig hohen Betrag von 10 000 Reichsmark Direktkosten für die Ausbildung eines Studenten in Poznań auswarf.« (Goguel 1964, S. 115.)

Wesentliche »Praxispartner« der gerichtlichen Medizin – »etwa 170 Richter, Staatsanwälte, Bürobeamte und Angestellte, die am 1.10. im Gebiete der ehemaligen Provinz Posen mit der Rechtspflege beginnen sollten«[79] – waren schon am letzten Septembertag 1939 hier eingereist. Mit Wirkung vom 1. Oktober 1941 besetzte dann Albert Ponsold »in der Medizinischen Fakultät der Universität Posen die freie Planstelle eines außerordentlichen Professors mit der Verpflichtung, das Fach ›Gerichtliche Medizin und Kriminalistik‹ in Vorlesungen und Übungen zu vertreten« und wurde vom REM gleichzeitig zum Direktor des Instituts für gerichtliche Medizin und Kriminalistik bestellt.

Das Institut befand sich im »Haus der medizinischen Institute« in der Friedrich-Nietzsche-Straße 6. In diesem Gebäude, 1929 vom polnischen Staat eingerichtet, waren nach der deutschen Inbesitznahme außerdem das Anatomische Institut (unter Prof. Dr. Voss), das Physiologische Institut (Prof. Dr. Monjé), das Pathologische Institut (Dozent Dr. Brandt) und das Pharmakologische Institut (Prof. Dr. Rentz) untergebracht, außerdem das unter Ponsolds i. V.-Leitung stehende Institut für Vererbungswissenschaft.[80]

»Es wäre«, so schreibt Goguel, »ein Irrtum, anzunehmen, daß sich die Mitwirkung der Reichsuniversität am Okkupationsregime auf die traditionell akademischen Bereiche – Lehrbetrieb, Forschung und Publikation – beschränkte. Es liegen uns beschämende Zeugnisse vor, daß deutsche ›Gelehrte‹ der Reichsuniversität keine Bedenken empfanden, sich an den Mordexzessen der SS und der Gestapo, wenn nicht als unmittelbare Helfer, so doch als profitierende Komplizen zu beteiligen.

Im Keller des Hauses der damaligen Friedrich-Nietzsche-Straße Nr. 6 ... befand sich eine Anlage zur Verbrennung von Leichen. Dieser Keller war von der Gestapo in Poznań beschlagnahmt, die dort die Leichen der fast täglich hingerichteten Polen verbrennen ließ. Die Verbrennung besorgte das Gerichtsmedizinische Institut, das von Professor Ponsold geleitet wurde ... Der Ofen, der Tag und Nacht in Betrieb war, hatte ein Fassungsvermögen von 4–6 Leichen oder, wenn diese gevierteilt wurden, bis zu 10 Leichen. Der eigentliche Verbrennungsprozeß dauerte etwa 4 Stunden.

Im Juli 1941 traf der Direktor des Anatomischen Instituts, Professor Voss, mit der Gestapo eine Vereinbarung, derzufolge nicht alle Leichen verbrannt, sondern zum Teil dem Anatomischen Institut zur Mazeration und weiteren Präparierung überlassen wurden. Voss entwickelte einen schwunghaften Handel mit Skeletten und Schädeln, die nach Breslau, Leipzig, Wien, Königsberg und Hamburg verkauft und mit 15–30 RM pro Schädel bzw. 150 RM pro Skelett berechnet wurden. ... Aus den Unterlagen beider Institute geht hervor, daß insgesamt 4 916 Leichen polnischer Patrioten im Keller der Reichsuniversität verbrannt worden sind. Welche Gefühle die Beteiligten an diesem mörderischen Gewerbe, das sich jenseits jeder Wissenschaftlichkeit befand, beseelte, geht aus dem Tagebuch des Professors Voss hervor, das er einige Jahre lang führte ...« (Goguel 1964, S. 124).

Dieses »Posener Tagebuch des Anatomen Hermann Voss« fand sich im Archiv des Westinstituts in Poznań unter der Signatur »Cyt. I. Z. Dok. 1-752« und beinhaltet Aufzeichnungen von Hermann Voss aus den Jahren 1932 bis 1942. Bereits mehrfach wurden Teile daraus, auch in deutscher Sprache, veröffentlicht; in der Promotionsarbeit von Rudi Goguel finden sich ausführliche Zitate aus dem Tagebuch. Die von Götz Aly 1987 publizierte und erläuterte Ausgabe war Anlaß dafür, daß in der DDR – wo Voss jahrzehntelang lehrte – festgestellt werden mußte: »Es ist ... an der Zeit und wird auch vom Vorstand der Gesellschaft für Anatomie der DDR als notwendiger Bestandteil der Bewältigung der faschistischen Vergangenheit gesehen, Hermann Voss als einen geistigen und faktischen Handlanger des Faschismus zu kennzeichnen und postum der Ehrungen zu entheben, die er vorübergehend erlangen konnte« (Fanghähnel, Spaar und Thom 1988).

Bei der nachweisbaren Verbrennung von fast 5 000 Leichen im eigenen Institutskeller wirken Ponsoldsche Textpassagen aus seinem Buch wie die folgende schlichtweg zynisch: »Als ich am ... Morgen einen Lastwagen vor dem anatomischen Institut stehen sah und fragte, was denn herbeigefahren sei, schlug der Fahrer das Verdeck zurück, und es bot sich ein grauenvolles Bild: die drei Polen enthauptet, ihre Köpfe zwischen ihren Füßen.« (Ponsold 1980, S. 186.) Auch was der Anatom Hermann Voss unter dem Dach des Gebäudes erlebte, kann Ponsold nicht verborgen geblieben sein: »Heute nach dem Mittagessen habe ich eine 3/4 Stunde oben dicht unter dem Dach auf unserer ›Knochenbleiche‹ gesessen und mich von der Sonne bescheinen lassen. Rechts und links von mir lagen bleichende Polengebeine, die ab und zu ein leichtes knackendes Geräusch hören ließen.« (Voss am 27. April 1942 in seiner Tagebucheintragung.) Doch »Papa Voss« verhökerte die »Polengebeine« nicht nur: »Gestern abend war Medizinerfest in der Mensa. ... Sehr hübsch ausgedacht war ein anatomisches Rätselraten, das mit 10 Preisen, bestehend aus Knochen, die ich gestiftet hatte, belohnt wurde. Der 1. Preis war ein sehr schöner Schädel, der 10. zwei kleine Sesambeine.« (Tagebucheintragung am 5. Juli 1942.)

Über die wissenschaftliche Tätigkeit von Ponsold lesen wir in der deutschsprachigen Zusammenfassung von Bernard Piotrowskis Arbeit über die »Reichsuniversiät in Posen 1941-1945«: »In Hinsicht auf die Rassenprobleme wurde die Forschung über die Vererbung (hauptsächlich Prof. Albert Ponsold im Institut für Vererbungswissenschaft) betrieben. Verbrecherische medizinisch-psychologische Experimente fanden an der Reichsuniversität in dem von Ponsold geleiteten Institut für Gerichtliche Medizin und Kriminalistik statt. Ponsold behauptete, die Verbrecheranfälligkeit wäre eine Rassenkategorie und träte ausschließlich im Falle der sog. niederen Rassen auf.« (Piotrowski 1984, S. 175.) Demgegenüber formulierten zwei andere polnische Autoren: »Es ist nicht festzustellen, daß an dieser Universität Experimente an lebenden Menschen durchgeführt wurden«. (Paprocki und Pospieszalski 1956, S. 292.)

Das Ende seiner Posener Zeit wird von Ponsold so geschildert: »Als sich die Russen Posen näherten, rüstete alles zur Flucht. ... Die Studenten kamen nicht mehr zur Vorlesung. Die Gerichte tagten nicht mehr. Die Verwaltung war im Aufbruch. ...« (Ponsold 1980, S.195). Ponsold floh mit seinem Auto: »Ein Institutsdiener – ein Pole – verhalf mir aus einer geheimgehaltenen Benzinquelle zu einem vollen Tank. ...« (ebenda S. 196).

Die wissenschaftlich verbrämte Nutznießerschaft des Anatomen Voss an faschistischen Verbrechen verblaßt zweifellos gegenüber den Intentionen seines Kollegen August Hirt, der an der am 25. November 1941 mit einem Festakt von den Deutschen als »Reichsuniversität« wiedereröffneten *Universität Straßburg* zum Ordinarius für Anatomie und Direktor des Anatomischen Instituts berufen wurde. Als Mitglied der sog. Forschungs- und Lehrgemeinschaft »Das Ahnenerbe« entwickelte er den Gedanken, in dem ihm unterstellten Institut eine Sammlung von Schädeln »jüdisch-bolschewistischer Kommissare« anzulegen – über 120 Menschen mußten diese »Pervertierung der deutschen Wissenschaft« (Kaul 1968, S. 1467) mit ihrem Leben bezahlen.[81]

Die Universität der Stadt Straßburg, im Grenzland zwischen Frankreich und Deutschland gelegen, war erstmals in der Französischen Revolution geschlossen worden; sie wurde nach dem Kriege von 1871 als deutsche Universität wiedereröffnet, um nach dem I. Weltkrieg erneut an Frankreich zu kommen.

Gerichtliche Medizin war in Straßburg, wie an anderen Universitäten, oft von Klinikern nebenamtlich gelesen worden. Eulner nennt als letzten Vertreter der alten Staatsarzneikunde Strohl, der 1879 emeritiert wurde, ihm folgten der spätere Internist Joseph von Mering und der Chirurg bzw. Orthopäde Ledderhose, der seit 189/92 als a. o. Professor gerichtliche Medizin im Vorlesungsverzeichnis ankündigte (vgl. Eulner 1970, S. 172 f.).

Nach der Schließung der deutschen Universität im Jahre 1918 wurden deren Traditionen durch die Frankfurter Hochschule fortgesetzt, die Franzosen ihrerseits verlegten die Universität Strasbourg im II. Weltkrieg nach Clermont-Ferrand.[82]

»Im Rahmen des Neuaufbaus der Universität Straßburg muß auch das Gerichts-Med. Institut sofort aufgebaut werden. Die Mithilfe des Dr. Hansen ist unbedingt erforderlich, da andere fachlich geschulte Hilfskräfte nicht zur Verfügung stehen«, heißt es in einem Schreiben des Kurators der Universität vom 29. Mai 1941, mit dem eine »uk«-Stellung Gerhard Hansens, der vorher in Bonn Assistent gewesen war, erreicht werden sollte (der Antrag wurde abgelehnt).[83] Auch die am 21. November 1941 beantragte »uk«-Stellung des damaligen Marineassistenzarztes Dr. Rudolf Rogge, die damit begründet wurde, daß im Institut noch kein Assistent vorhanden sei und der als Lehrstuhlinhaber berufene Professor Ferdinand von Neureiter allein keine gerichtlichen Sektionen durchführen könne, wurde abgelehnt.[84] Am 2. Dezember 1941 übersandte der Universitätskurator die »Kostenberechnung mit Erläuterungsbericht und Plänen über den Umbau des ehemaligen Pasteur-Museums zu einem Gerichtsmedizinischen Institut mit der Bitte, die erforderlichen Mittel nachträglich im Benehmen mit dem Herrn Reichsminister der Finanzen in Höhe von rund 240 000,- RM zu genehmigen«, an den REM. Obgleich beide Ministerien ihre Zustimmung erteilten, begannen Baumaßnahmen wegen des Krieges offenbar nicht.[85]

Mit Professor von Neureiter selbst schloß das Städtische Gesundheitsamt Straßburg im Frühjahr 1942 einen Dienstvertrag ab, der sich an den üblichen geltenden gesetzlichen Bestimmungen orientiert, d. h. er unterstand bei seiner gerichtsärztlichen Tätigkeit, also z. B. der »Durchführung gerichtlicher Leichenöffnungen im Stadtkreis Straßburg ... verwaltungsmäßig dem Amtsarzt ... als nebenamtlicher Arzt. Die gutachtliche Tätigkeit übt Prof. Dr. v. Neureiter jedoch für das Gericht unter eigener Verantwortung aus.« Im § 7 wurde formuliert: »Das Gesundheitsamt wird sich dafür einsetzen, daß bei unklaren Todesursachen und bei gewaltsamem Tod (Unfall, Selbstmord) die Leichen, welche gerichtlich oder im Auftrage von Versicherungsträgern nicht obduziert werden, in das Gerichtsärztliche Institut eingeliefert und dort seziert werden. Die Kosten für solche Sektionen übernimmt das Gesundheitsamt nicht.«[86]

Bereits Anfang 1944 erkrankte von Neureiter so schwer, daß man den Königsberger Dozenten Dr. med. habil. Fritz Hausbrandt für das Sommersemester 1944 mit der Vertretung beauftragen mußte.[87] 1946 wurde die Universität als französische Hochschuleinrichtung wiedereröffnet.

Nicht die Probleme einer »Grenzlandschaft« zwischen zwei Völkern, die in verschiedenen Staaten leben, sondern diejenigen einer über Zehntausende von Quadratkilometern ausgedehnten, neben- und miteinander seit Jahrhunderten existierenden Population, die im vergangenen Jahrhundert im österreichischen Vielvölkerstaat freiwillig oder gezwungenermaßen einem König, einem Kaiser diente, machten sich in den letzten Jahrzehnten vor der Wende zum 20. Jahrhundert bemerkbar. Die Unterdrückung einer eigenen nationalen Identität etwa der Tschechen im böhmisch-mährischen Gebiet und deren wachsender Widerstand gegen Repressionen führten schließlich dazu, daß am 28. Februar 1882 die schon 1348 von Karl IV. gegründete *Universität Prag*, die sich 1654 mit der Jesuitenakademie zur Carolo-Ferdinandea vereinigt hatte, in eine deutsche und in eine tschechische Universität geteilt wurde.

Als Ausdruck einer »verhältnismäßig sehr liberalen« Minoritätenpolitik der nach dem I. Weltkrieg gegründeten Tschechoslowakischen Republik muß die Tatsache der Weiterexistenz dieser deutschen Universität in den zwanziger und dreißiger Jahren gewertet werden. »Die Deutschen in der Tschechoslowakei hatten ihr eigenes Schulwesen, ihre kulturellen Institutionen und ihren besonderen Anteil an der Industrie und am Handel. Im Jahre 1918 hatten sie das Monopol in der Staatsgewalt verloren. Zur Zeit der Habsburger-Monarchie hatten sie in Wien eine Vorzugsstellung eingenommen, nach dem Jahre 1918 wollten sie in Prag nicht an zweiter Stelle stehen.« (Kral, zit. nach Biman und Čilek 1983, S. 7.)

Nach dem Universitätsgesetz vom 19. Februar 1920 war zwar die »tschechische Universität die alleinige Rechtsnachfolgerin der Karlsuniversität und ihr allein auch der Name der Karlsuniversität zuerkannt; die Ferdinandea wurde mit Stillschweigen übergangen« (Weizsäcker 1961, S. 14) – immerhin hatte die deutsche Universität aber z. B. im Studienjahr 1931/32 über 5000 Studenten (vgl. ebenda, S. 17). Nach dem Machtantritt der Nationalsozialisten in Deutschland verschärften sich, nicht zuletzt als Auswirkung der deutschen Politik gegenüber der ČSR, auch die Widersprüche zwischen der tschechischen und der deutschen Prager Universität, so daß zeitweise die Verlegung der deutschen Universität nach Liberec (Reichenberg) erwogen wurde.

Mit den widerrechtlich durch das Münchener Abkommen vom 29. September 1938 erzwungenen Gebietsabtretungen an das nazistische Deutschland und mit der Liquidierung der Resttschechoslowakei im März 1939 änderte sich auch die Situation der Prager Universitäten: Faschistische »Neuordnungspläne« im Zeichen der »Umvolkung« wurden wirksam. »Die Übernahme in deutsche Verwaltung, die Anerkennung als Reichsuniversität am 2. August 1939, die Rückgabe der Insignien und ihres alten Namens an die deutsche Universität, schien für diese eine neue glänzende Blüte anzuzeigen«, liest man bei Wilhelm Weizsäcker. Andererseits kann er nicht verschweigen: »Die Entlassungen aus rassischen oder politischen Gründen schlugen schwere Lücken in den Lehrkörper.« (ebenda, S. 18). Zum Anteil der deutschen Universität in Prag an der deutschen »Volkstumspolitik« in der okkupierten ČSR schreibt Gerda Voigt: »Mit großem Pomp wurde die Übernahme der ›Deutsche Karls-Universität‹ genannten Hochschuleinrichtung in die Regie des Reichswissenschaftsministeriums am 4.11.1939 durchgeführt. Reichsprotektor Neurath, sein Stellvertreter Frank, Gauleiter Henlein, Reichsminister Rust, Reichsdozentenführer Schulze und Reichsstudentenführer Scheel nahmen daran teil. ... Die ... Schließung aller tschechischen Hochschulen am 17.11.1939 für die Dauer von 3 Jahren wurde von Heydrich 1942 bis zum Kriegsende verlängert. Die geschlossene tschechische Karlsuniversität diente der Bereicherung der deutschen Universität, die sich, abgesehen von der Beschlagnahme einiger Gebäude durch Gestapo und SS, umfangreiche Literaturbestände, Einrichtungen und Räumlichkeiten, ja komplette Institute einverleiben konnte. Die Schließung der tschechischen Universitäten und Hochschulen war eine wesentliche Einschränkung der tschechischen Nationalkultur, die auf eine Vernichtung der Intelligenz im Sinne von Franks Germanisierungsprogramm abzielte. Den tschechischen Professoren wurde jede weitere Hochschularbeit versperrt.« (Gerda Voigt 1973, S. 151 f.)

Die Konsequenzen dieser Art »Volkstumspolitik« ließen nach dem Ende des II. Weltkrieges nicht lange auf sich warten: Durch ein Dekret des 1. Nachkriegspräsidenten der ČSR, Eduard Benesch, vom 18. Oktober 1945 wurde die deutsche Universität Prag, rückwirkend zum 17. November 1939 (dem Tag der Schließung der tschechischen Universität) aufgehoben. § 1 des Dekretes lautet: »Die deutsche Univesität Prag, die am 5. Mai 1945, am 1. Tag des Aufstandes der Prager Bevölkerung unterging, wird auf ewig als eine dem tschechischen Volke feindliche Anstalt aufgehoben.«[88]

»Der letzte noch lebende Lehrstuhlinhaber für gerichtliche Medizin in Prag fühlt[e] sich« – als »es 40 Jahre her [war], daß durch den Kriegsverlust die Deutsche Karls-Universität in Prag als älteste Universität im deutschen Raume zu bestehen aufgehört hat« – »verpflichtet, einen kurzen Bericht über die Endjahre seit seiner Berufung nach Prag im Jahre 1939 bis 1945 zu geben.« (Weyrich 1986, S. 725.) Die wenigen Seiten der Erinnerung Günther Weyrichs an seine Prager Zeit belegen das oben von Gerda Voigt Angeführte auch durch fachgeschichtliche Einzelheiten: »Das gerichtlich-medizinische Institut war bei meinem Kommen im Jahre 1939 in sehr bescheidenen Verhältnissen zusammen mit dem pathologischen Institut untergebracht ... Wir hatten einen gemeinsamen Sektionsraum. Das Institutspersonal bestand zunächst aus einem habilitierten Oberarzt, Dozent Neugebauer, einer Schreibkraft, einem Sektionsgehilfen. Die Institutsbibliothek war bescheiden, der Etat sehr klein. Nach den Berufungsverhandlungen in Berlin im Dezember 1939 bekam ich einen 2. Assistenten, eine medizinisch-technische Assistentin und nach der Schließung der tschechischen Universität auch noch zugeteilt den tschechischen Assistenten Dr. Tessar. ... Die bestehenden tschechischen Institute wurden den Leitern der Parallelinstitute der Deutschen Universität unterstellt und so in die Deutsche Universität eingegliedert. ... Nach der Schließung der tschechischen Universität wurden mir die Räume der tschechischen gerichtlichen Medizin zur Benutzung zur Verfügung gestellt. Ich war sehr erstaunt, wie reichhaltig und schön dieses Institut ausgestattet war. Es hatte eine ausgezeichnete Bibliothek und sehr schöne Obduktionsräume. ... Anfang 1940 wurde ich zum o. Professor und Direktor des Institutes für gerichtliche Medizin und Kriminalistik ernannt.« (Vgl. ebenda, S. 726 f.)

Die nazistische Einverleibungs- und Germanisierungspolitik drückte sich selbst in den bescheidenen Briefköpfen eines gerichtsmedizinischen Universitätsinstitutes aus: Befand sich das »Gerichtlich-medizinische Institut der deutschen Universität« vor dem Einmarsch der Deutschen in Prag in der »U. nemocnice 4«, so war das gleiche Institut Anfang 1940, schon mit in »deutscher Schrift«[89] gesetzten Kopfbögen ausgerüstet, in der »Krankenhausgasse 4« (in jener Zeit verschwand auch die vorherige Zweisprachigkeit der Prager Straßennamen), einige Monate später mit der »reichseinheitlichen« Bezeichnung »Institut für gerichtliche Medizin und Kriminalistik« (der »Deutschen Karls-Universität») versehen und schließlich nach erfolgter »Eingliederung« der »sehr schönen Obduktionsräume« und einer »ausgezeichneten Bibliothek« in die Presslgasse Nr. 2 umgezogen – nur der Fernsprechanschluß blieb der gleiche. »Es folgte eine Reihe von Maßnahmen, die den Tschechen klarmachten, daß es dem Regime nicht mehr um ihre geforderte Eingliederung in einen größeren Sprach- und Wirtschaftsraum bei Bewahrung ihres Nationalcharakters ging, sondern um eine brutale Germanisierung ihrer Heimat. ... Den Studenten wurde nahegelegt, sich in deutschen Universitäten draußen im Reich einschreiben zu lassen. Eine Fortsetzung ihres Studiums an der Deutschen Prager Universität war ihnen nicht gestattet. Ebenso unmöglich war eine Fortsetzung ihrer akademischen Weiterbildung, Habilitation usw. ... Mit Entsetzen aber hörte man von den Vernichtungslagern in Theresienstadt« (ebenda, S. 727).

Nazistische Einverleibungs- und Germanisierungspolitik riefen aber auch zunehmend den Widerstand der Bevölkerung der okkupierten Tschechoslowakei wach, wie das Attentat auf Reinhard Heydrich, seit 27. September 1939 Chef des Reichssicherheitshauptamtes und ab 29. September 1941 stellvertretender Reichsprotektor von »Böhmen und Mähren« beweist. Am 27. Mai 1942 wurde Heydrich in Prag durch einen Sprengkörper, der in seinen Wagen geworfen worden war, schwer verletzt. »Heydrich wurde sofort in das nächste städtische Krankenhaus gebracht und von dem ersten Chirurgen Prags, Professor Hohlbaum, operiert. Er war durch Splitter in der Lungengegend und im Unterleib schwer verletzt. Die Milz mußte entfernt werden. Die Splitter hatten Stoffetzen mit in die Wunden gerissen. Hohlbaum machte starke Injektionen gegen Wundstarrkrampf und Brand. Heydrich schien schon auf dem Weg der Besserung und konnte schon Nahrung zu sich nehmen, als sich, am 3. Juni, sein Zustand ganz plötzlich verschlechterte. In größter Eile wurden Gebhardt, Himmlers Jugendfreund und Arzt, und der berühmte Chirurg Sauerbruch nach Prag geschickt. Ihre – später sehr umstrittene – Behandlung konnte nicht verhindern, daß Heydrich am Morgen des 4. Juni starb.« (Delarue 1964, S. 262.)

Die Obduzenten der Leiche des damals 38-jährigen Naziführers – Professor Weyrich und der Prager Ordinarius für Pathologie, Herwig Hamperl – konnten »an dem auffallend ebenmäßig und athletisch gebauten Körper keine groben pathologischen Veränderungen mehr feststellen, so daß der Tod wohl auf den Schock zurückgeführt werden mußte« (Hamperl 1972, S. 200; Weyrich 1986, S. 729). In der ansonsten mit Hamperl wortgleichen Formulierung des ganzen Absatzes über gut 10 Zeilen (Zitatzeichen fehlen) findet sich bei Weyrich nach diesem Satz der Einschub: »Meiner Ansicht nach war die Todesursache eine Sepsis.« Delarue, der die Geschichte der Gestapo untersuchte, schreibt: »Die Leichenöffnung zeigte, daß er [= Heydrich – F. H.] einer Entzündung der Brusthöhlenscheidewand, wahrscheinlich einer Folge der Entfernung der Milz, erlegen war. Einige Ärzte haben behauptet, die wahre Todesursache seien die Einspritzungen nach der Entfernung der Milz gewesen, die der Organismus nicht mehr vertragen habe, doch ist diese These nicht bestätigt worden.« (Delarue 1964, S. 263.)

Abgesehen von diesem spektakulären Fall, der den Nazis einen willkommenen Anlaß für Massenverhaftungen, für Terroraktionen und Massenmorde wie z. B. in Lidice am 9. Juni 1942 bot, wurden durch das deutsche gerichtsmedizinische Institut in Prag in jener Zeit jährlich etwa 1 500 Obduktionen durchgeführt, was zweifellos »mit dem eingeschränkten Personal eine beinahe nicht zu bewältigende Aufgabe darstellte. Nachdem der Oberarzt, Dr. Neugebauer, kurze Zeit nach der Institutsübernahme durch mich nach Berlin zu Prof. Müller-Heß gegangen war, hatte ich dann nur noch zwei Assistenten, Dr. Johann Pospischil und Dr. Wilhelm Steffel, von denen abwechselnd der eine uk. und der andere als Truppenarzt an die Front eingezogen waren. Auch Dr. Tessar leistete mir viel Hilfe. Für die zahlreichen sanitätspolizeilichen Obduktionen standen mir höhere Medizinstudenten und Hilfsärzte zur Verfügung. Die Hauptvorlesungen über die gesamte gerichtliche Medizin hielt ich zweisemestrig zu vier Wochenstunden in deutscher Sprache.« (Weyrich 1986, S. 727 f.)

Als im Frühjahr 1945 die »Ostfront« nahte, floh Weyrich mit seiner

Familie nach Österreich an den Attersee; das Institut hörte auf zu existieren.

Zur allgemeinen Entwicklung der gerichtlichen Medizin in Prag schreibt, die »deutsche Linie« verfolgend, der Anatom und ehemalige Rektor der Universität, Otto Grosser (1873–1951), in seiner »Geschichte der medizinischen Fakultät der Deutschen Universität in Prag«: »Für *Gerichtliche Medizin* bestand schon 1790 eine Leichenkammer und ein Obduktionslokal im allgemeinen Krankenhaus, 1820 wurde ein kleiner Neubau aufgeführt, 1858 das Institut in das neue Gebäude der Pathologischen Anatomie eingegliedert. Von seinen Inhabern seien aus der Mitte des 19. Jahrhunderts v. Maschka, später Dittrich, Marx und als letzter Weyrich genannt.« (Grosser 1950, S.16.) In der Nachkriegszeit wurde das neuentstandene tschechische Institut für gerichtliche Medizin an der Universität Prag von František Hajek geleitet, der auch die Entwicklung der gerichtlichen Medizin in der Tschechoslowakei beschrieben hat (Hajek 1948, S.146).[90]

Die *Universität Kraków,* am 12. Mai 1364 von König Kasimir dem Großen gegründet und somit eine der ältesten europäischen Universitäten überhaupt, besaß bereits seit 1804 einen gerichtsmedizinischen Lehrstuhl. Jerzy Knobloch, ein Stadtphysikus, bekam damals im Zuge der Reorganisierung der Lehre durch die Behörden der österreichischen Monarchie (seit 1795 gehörte Kraków zu Österreich-Ungarn) den Lehrstuhl zugesprochen und begann 1805 mit den Fachvorlesungen (Marek und Baran 1986, S. 76).

Leon Wachholz, der Begründer der modernen polnischen Gerichtsmedizin, hatte den Lehrstuhl von 1895 bis 1933 inne, danach übernahm Jan Stanisław Olbrycht diese Aufgabe. In den Jahren vor dem II. Weltkrieg war das Institut gut eingerichtet und konnte über moderne wissenschaftliche Apparaturen und eine umfangreiche Bibliothek verfügen. Als der Krieg begann, arbeiteten unter Jan St. Olbrychts Leitung die zwei Oberassistenten Dr. med. Tadeusz Praglowski[91] und Dr. med. Marian Wodziński[92], als Assistentin Dr. med. Maria Byrdy[93], eine Sekretärin und drei Laboranten (vgl. Popielski 1968, S.92).

Schon wenige Tage nach Kriegsausbruch, am 6. September 1939, drangen in den Nachmittagsstunden die ersten Vorausabteilungen der 44. Division der deutschen Wehrmacht in Kraków ein, wenig später war die Stadt besetzt.

Von vornherein bestand das Ziel der deutschen Invasoren in einer völligen Zerschlagung des gesamten polnischen Hochschulwesens und somit letztlich in einer Ausrottung der polnischen Intelligenz: »Im

Hinblick darauf, daß die Bildung einer selbständigen und politisch bedeutsamen Intelligenz verhindert werden soll, werden wissenschaftliche oder andere Hochschulen für Polen im Generalgouvernement nicht mehr existieren«.[94]

Auch hinsichtlich der zukünftigen medizinischen Versorgung der polnischen Bevölkerung »schwebt[e] den zuständigen Organen im Generalgouvernement vor, künftigen polnischen Ärzten lediglich das unerläßliche technische Können zu vermitteln ohne jede fachwissenschaftliche Ausbildung oder gar die Möglichkeit eigener Betätigung als Forscher. Geprägt wurde der Ausdruck ›Qualifizierte Dorfbader‹«.[95]

In der Zeit vom 18. bis 27. Oktober 1939 machte der »Amtschef W« (Wissenschaft) im Reichsministerium für Wissenschaft, Erziehung und Volksbildung, Ministerialdirektor Prof. Dr. Rudolf Mentzel, eine »Informationsreise« durch verschiedene polnische Universitätsstädte. In seinem Bericht an den zuständigen Minister, Bernhard Rust, brachte er sein Erstaunen darüber zum Ausdruck, daß der Betrieb der Krakówer Universität trotz der Besetzung der Stadt bereits wieder angelaufen und auch Immatrikulationen erfolgt waren. 2 000 Studenten hätten sich bereits inskribiert. Mentzel, schon seit 1932 Mitglied der SS, bezeichnete es als »verfehlte Maßnahme, den Polen höhere Schulen oder gar eine Universität zu belassen. ... Ich habe mich auf den Standpunkt gestellt, daß das volksdeutsche Element unter allen Umständen, das harmlose, polnische Arbeitertum unter gewissen Umständen, die polnische Intelligenz, das Judentum und die Asozialen jedoch auf keinen Fall irgendwelche Unterstützung erhalten dürften.«[96]

Tatsächlich konnte die Universitätsleitung in den ersten Wochen nach der Besetzung der Stadt zur deutschen Militäradministration unter Generalmajor E. Höberth ein halbwegs erträgliches Verhältnis aufrechterhalten und sogar mit einigen, von Mentzel beanstandeten Vorbereitungen zum Vorlesungsbeginn am 6. November anfangen (vgl. Gaweda 1981, S. 15). Das änderte sich schlagartig, als am 26. Oktober die Proklamation der Zweiteilung Polens in einen Deutschland einzuverleibenden »Warthegau« und in ein »Generalgouvernement« erfolgte und die Verwaltung in dessen »Hauptstadt« Krakau von faschistischen deutschen Zivilbehörden mit Hans Frank als Chef der »Regierung« übernommen wurde. Schon am 31. Oktober 1939 gab Reichserziehungsminister Rust dem »Generalgouverneur« Frank davon Kenntnis, daß »die Wiedereröffnung der Universität Krakau unter allen Umständen zu verhindern« sei (zit. nach ebenda, S. 19).

Dies gelang den NS-Behörden durch die als »Sonderaktion Krakau« in die Geschichte eingegangene spektakuläre Verhaftung eines Großteils der Krakówer Professoren am 6. November 1939.[97] Unter den Verhafteten – es waren insgesamt 183 Personen (155 wissenschaftliche Mitarbeiter der Universität, 17 Professoren der Bergakademie und 11 zufällig anwesende weitere Personen) – befanden sich auch Leon Wachholz und Jan St. Olbrycht. Während Olbrycht, offenbar als zunächst unersetzbarer Spezialist (wie einzelne andere Fachleute), wieder freigelassen wurde (vgl. Popielski 1968, S. 92), kam Wachholz zuerst in das Breslauer Gefängnis und wurde später im Konzentrationslager Sachsenhausen interniert (s. Kapitel 8).

Mit der Verhaftung und Verschleppung der wissenschaftlichen Mitarbeiter der Krakówer Universität und dem für alle polnischen Akademiker geltenden generellen Verbot, weiter wissenschaftlich zu arbeiten,[98] ging eine »Überführung wissenschaftlicher Bestände vormals polnischer Universitäten und wissenschaftlicher Einrichtungen« in deutschen Besitz einher, z. B. um die neugegründete »Reichsuniversität Posen« damit auszustatten. Schon im November 1939 wurde eine Treuhandstelle für die Universität Kraków eingerichtet, deren Hauptaufgabe darin bestand, die Universitätseinrichtungen offiziell aufzulösen und ihr Eigentum aufzuteilen (vgl. Gaweda 1981, S. 28).

Ein anderes Schicksal als viele andere Einrichtungen der Krakówer Universität hatte das gerichtsmedizinische Institut: Es arbeitete zwar nicht als Universitätsinstitut weiter, führte aber über die gesamte Zeit der Okkupation gerichtsärztliche Tätigkeit, insbesondere gerichtliche und sanitätspolizeiliche Obduktionen, aus.

Nach seiner Freilassung aus kurzzeitiger deutscher Haft im Zusammenhang mit der erwähnten »Sonderaktion Krakau« behielt Olbrycht zunächst die Leitung des Institutes. Die Arbeitsbedingungen der nach wie vor polnischen Mitarbeiter waren schwer; z. B. erfolgten Gehaltszahlungen erst ab Ende 1940 (vgl. Popielski 1968, S. 93).

Im April 1940 wurde Werner Beck, vorher Assistent bei Buhtz in Breslau, zum Leiter des »Staatlichen Instituts für gerichtliche Medizin« ernannt. Der dreißigjährige, wissenschaftlich kaum ausgewiesene Beck »hatte große Ambitionen und eine geradezu krankhafte Einfluß- und Machtgier« (ebenda, S. 92). Er führte den Titel »Direktor des Institutes« und fühlte sich als Chef eines gerichtsmedizinischen Dienstes im »Generalgouvernement« mit der Zentrale in Krakau und »Zweigstellen« in Warschau und, nach der Besetzung »Ostkleinpolens« durch die Deutschen zu Beginn des Krieges gegen die UdSSR im Jahre 1941, auch von Lemberg (Lwow). Schon 1941 schrieb er in einer kurzen Populärdarstellung der Aufgaben des Instituts in einer Broschüre (»Deutscher Ärzte-Einsatz im Osten/Die Aufbauarbeit im Gesundheitswesen des Generalgouvernements«) als Abschlußsatz: »Der bereits durchgeführte und noch bevorstehende Ausbau des Institutes, als *zentrale Untersuchungsstelle* für das Generalgouvernement, gewährleistet für die gesamte Gerichtsbarkeit und Polizei eine umfassende Begutachtung auf allen Gebieten der gerichtlichen Medizin und naturwissenschaftlichen Kriminalistik, die einer modernen Verbrechensbekämpfung und -vorbeugung dient, zum Nutzen des gesamten Generalgouvernements, insbesondere aber auch zum Schutze der deutschen Bevölkerung.« (Beck 1941, S. 180.)

Das »Staatliche Institut für gerichtliche Medizin«, dem Beck vorstand, wurde nach der Zerschlagung der Universität der Abteilung Gesundheitswesen des »Generalgouvernements« unterstellt, gleichzeitig erfolgte die Angliederung des ehemaligen Universitätsinstitutes für Ärztliche Chemie als Abteilung für gerichtliche Chemie und Toxikologie. Leiter dieser Abteilung war Dr. Jan Zygmunt Robel, Jan St. Olbrycht fungierte zunächst weiter als Leiter der gerichtsmedizinischen Abteilung. Becks Vorstellungen gemäß hatte das Institut zwei weitere Abteilungen: »die kriminaltechnische Abteilung sowie das Leichenschauhaus« (ebenda, S. 177).

In den Jahren der Okkupation weitete sich die gerichtsmedizinische Tätigkeit bedeutend aus; so stieg z. B. die Anzahl der Obduktionen von 500 bis 400 in der Vorkriegszeit auf über 1 000, im Jahre 1944 wurden sogar 1 309 Leichen seziert (vgl. Popielski 1968, S. 94). Mehrere Gründe mögen dafür maßgeblich gewesen sein: Die gegenüber Friedenszeiten wesentlich höhere Anzahl unnatürlicher Todesfälle, daneben die Häufigkeit von Todesfällen infolge schlechter Lebensbedingungen und Hungers. Im Institut wurden auch die Leichen von Häftlingen aus Gefängnissen und aus dem Konzentrationslager Plaszow seziert. »An den Leichen der Häftlinge, die an Erschöpfung und Hunger im KZ Plaszow oder auf den Transporten zur Arbeit ins Reich starben, an den Opfern viehischer Mißhandlungen der Gestapo und an denjenigen, die während der Razzien erschossen oder die, zum Tode verurteilt, erschossen wurden, erkannte das Personal augenscheinlich die Grausamkeit der Okkupanten.« (Ebenda.) Nicht zuletzt dürfte auch der Ehrgeiz Dr. Becks für eine umfangreiche Sektionstätigkeit gesorgt haben.

Auch in räumlicher Hinsicht expandierte das Becksche Institut zuungunsten anderer Institute, die sich im gleichen Gebäude, dem »Collegium medicum« in der Grzegórzeckie-Straße 16 befanden; so wurden z. B. das Pharmakologische Institut und das Institut für Topographische Anatomie fast völlig von der Gerichtsmedizin vereinnahmt, während das Pathologische Institut im wesentlichen weiterarbeiten konnte. Der Personalbestand des von Beck geleiteten Instituts stieg bis auf 52 Beschäftigte, wobei der Anteil der Deutschen im Laufe der Jahre ständig wuchs.[99]

Am 30. Juni 1942 traf die polnischen Mitarbeiter ein schwerer Schlag: Professor Olbrycht, fachlich auch unter Becks Herrschaft *die* Autorität und eben ein Pole, wurde verhaftet. Welche Schuld Beck an der Verhaftung Olbrychts trägt, ist später nie ganz klar geworden, doch ist ihm Olbrycht zweifellos ein Widersacher bei der Beherrschung auch der polnischen Mitarbeiter gewesen.

Um die Mitte des Jahres 1942 erhielt das Institut eine neue offizielle Bezeichnung: »Staatliches Institut für gerichtliche Medizin und Kriminalistik«, es erfolgte der Ausbau der kriminaltechnischen Abteilung, die ausschließlich mit Angehörigen der deutschen Polizei besetzt war. Im gleichen Jahre wurde das Institut administrativ dem Kommandeur der Sicherheitspolizei im »Generalgouvernement« unterstellt.

Anfang 1943 konnte Beck eine weitere Leitungsfunktion übernehmen: Nach der Verhaftung der Chefin des Instituts für Pathologische Anatomie, Dozentin Dr. Janina Kowalczykowa, – sie kam ebenfalls nach Auschwitz – leitete Beck auch die »Prosektur der Staatlichen Krankenanstalten« in Krakau (vgl. ebenda, S. 93).

Im Frühsommer des Jahres 1943 setzten die Nazis Dr. Wodzinski »und dessen polnische Hilfskräfte« bei den Exhumierungen in Katyn ein (s. Kapitel 15). Ab November 1943 wurde Dozent Dr. Bolesław Popielski, aus Lemberg (Lwow) kommend, in Krakau tätig.

Bestimmte Eigenarten der Persönlichkeit Becks müssen das Arbeiten unter seiner Herrschaft für die polnischen Mitarbeiter zur Qual gemacht haben; Beck wird als Sadist und Alkoholiker geschildert. Skandalszenen, Gebrüll und Drohungen mit Verhaftung, KZ, Deportation zur Arbeit im »Reich«, Einbehaltung der Vergütung und der Lebensmittelkarten, auch Mißhandlungen und Schläge bis zu notwendigen mehrwöchigen Krankenhausaufenthalten wechselten ab mit bester Laune, Äußerungen von Wohlwollen, Leutseligkeit bis zu Verbrüderungsszenen mit den polnischen Mitarbeitern, wofür hauptsächlich auch die 50 Liter Laboralkohol, die monatlich zur Verfügung standen, genutzt worden sein sollen. »Ein Lieblingsspiel des Direktors war die ›Verurteilung zum Tode‹ durch Zielen mit der Pistole und Schießen über den Kopf des ›Verurteilten‹. Außer der sadistischen Quälerei von Menschen zerstörte

Dr. Beck während der Sauforgien die verschiedensten Gegenstände, wobei er in eine wahre Demolierungswut verfiel. In solchem Zustand warf er aus Fenstern oberer Etagen ein menschliches Skelett, die Einrichtung eines ganzen Assistentenzimmers mit Schränken, Bett, Büchern und dgl.; mit Ziegeln werfend demolierte er den Wohnraum eines Laboranten; bei Heldentaten dieser Art wurden viele Lampen und Scheiben, ja sogar eine Schreibmaschine zerstört.« (ebenda, S. 96). Ähnliches hat auch Maria Byrdy berichtet.[100] Einige der Treffer von Beckschen Schüssen waren noch 1986 in einer ledergepolsterten Tür des Zimmers von Prof. Jaegermann im Krakówer Institut festzustellen; auf ein Einschußloch in der Wand eines Zimmers hatte Beck seinerzeit ein Foto plaziert, daß ihn, von Hitler mit Handschlag begrüßt, zeigte.[101]

Trotz der schwierigen Arbeitsbedingungen in jenen Jahren entstanden bei den im Institut tätigen polnischen Wissenschaftlern Pläne und Vorarbeiten für wissenschaftliche Publikationen, die z. T. nach der Okkupation veröffentlicht wurden.[102]

Im August 1944 begann die Evakuierung des Instituts: In etwa 50 Kisten wurden nahezu alle wertvollen wissenschaftlichen Geräte und teilweise auch anderes Inventar verpackt und ins »Reich« geschickt. Außerdem wurden 17 Kisten mit nahezu dem gesamten Inventar der »Zweigstelle« in Lemberg (Lwow), die schon früher nach Krakau verlagert worden waren, weggebracht. Ende Dezember 1944 wurden weitere 20 Kisten mit Bürogeräten, Kanzlei- und Wirtschaftsartikeln abgesandt. Auch sehr viele schriftliche Unterlagen, wie Inventarbücher des Instituts, Personalakten, Sektionsprotokolle usw. verschwanden.

Am 17. Januar 1945, einen Tag vor der Befreiung Krakóws, verließ Beck mit zwei schwerbeladenen Institutsfahrzeugen die Stadt, in seinem Gepäck sollen sich auch zwei Kisten mit den Effekten der Leichen von Katyn befunden haben.[103]

Das Institut für gerichtliche Medizin in *Warschau* entstand 1921, Direktor war Prof. Dr. Wiktor Grzywo-Dabrowski.[104] Das Institut bezog einen Neubau und führte anfangs jährlich etwa 600 Obduktionen und 400 gerichtlich-medizinische Untersuchungen an Lebenden und an Gegenständen aus. 1937 war die Sektionstätigkeit auf 1 101 gerichtlich angeordnete Obduktionen angestiegen, außerdem wurden 849 Lebend- und einige Spurenuntersuchungen durchgeführt.[105]

Bei der Besetzung Warschaus durch Wehrmacht und SS waren wesentliche Teile der Universität zerstört worden, darunter auch das Gebäude, in dem die medizinischen Hilfswissenschaften untergebracht waren. In seinem Bericht über die Inspektionsreise durch das besetzte

Land schrieb »Amtschef W« Professor Mentzel, auf Warschau eingehend: »Da ... die Belassung von polnischen Universitäten mit Bezug auf den noch keineswegs abgeschlossenen Volkstumskampf inopportun erscheint, muß aus der Gesamtsituation die Folgerung gezogen werden, sämtliche vorhandenen polnischen Institute zu schließen und das dort vorhandene wissenschaftliche Inventar nach deutschen Universitäten und Hochschulen zu überführen. In Übereinstimmung mit dieser Auffassung wird die SS in etwa 14 Tagen mit der Evakuierung dieser Institute beginnen und sie in wenigen Tagen durchführen. Dabei soll für das Inventar der Warschauer Universität und Hochschulen die Stadt Posen als Sammellager benutzt werden, während für Krakau mit seinen Hochschuleinrichtungen die Stadt Breslau als Auffangzentrale ausersehen wurde.«[106]

Das gerichtsmedizinische Universitätsinstitut wurde zwar nicht aufgelöst, wohl aber zu einer »Zweigstelle« des von Beck geleiteten Instituts in Krakau umfunktioniert; Leiter der Zweigstelle blieb über die gesamte Zeit der Okkupation Professor Grzywo-Dabrowski. Die Reste des durch die deutschen Besatzer ausgeraubten Warschauer Instituts für Gerichtsexpertise, das vorher dem polnischen Justizministerium unterstanden hatte, insbesondere dessen chemische Abteilung, wurden nach Krakau überführt und dem Staatlichen Institut angeschlossen (Popielski 1968, S. 92).

Anders als in Kraków – hier mangelte es nach der faschistischen Aktion vom 6. November 1939 an wissenschaftlichen Lehrkräften – war besonders an der Universität Warschau schon bald nach der Besetzung eine illegale Hochschulausbildung organisiert worden. »Im ersten Jahr ihrer Tätigkeit zählte sie 387 und 1944 2 176 Studenten. Da zu einem Medizinstudium ein Praktikum gehört, arbeitete die medizinische Fakultät mit der von den Okkupationsbehörden zugelassenen Schule für Sanitätshilfspersonal zusammen. ... An der Warschauer Universität, an der Universität des Westpolnischen Landes und an der ... Sanitätsschule studierten mehr als 3 000 Studenten Medizin.« (Tuszynski und Tarnogrodzki 1980, S.103.)

Wie einem Nachruf für den 1968 verstorbenen Professor Grzywo-Dabrowski zu entnehmen ist, hat sich auch dieser bedeutende polnische Gerichtsmediziner in die »stille Front« des antifaschistischen Widerstandes eingereiht: »Krieg und Okkupation unterbrachen seine wissenschaftlich-didaktische Arbeit, die er im Rahmen geheimer Kurse für Studenten durchführte, nicht. Nach der Befreiung widmete er sich mit Eifer der Organisation des Wiederaufbaus des Instituts für gerichtliche Medizin, das von den Okkupanten zerstört worden war. Er begann, die

Sammlung wissenschaftlicher Hilfsmaterialien zusammenzutragen, die Institutsbibliothek zu komplettieren und unterrichtete den Nachwuchs in gerichtlicher Medizin.« (Michałowski 1969, S. 89.) Über die Jahre von 1939 bis 1946 hat auch Grzywo-Dabrowski selbst berichtet.[107]

Die wechselvolle Geschichte der Stadt Lwow ließ sie nach der ersten Teilung Polens im Jahre 1772 an Österreich fallen und als *Lemberg* zur Hauptstadt des österreichischen Königreiches Galizien und Lodomerien werden. Eine Universität wurde 1784 von Kaiser Franz Joseph II. gegründet. Zunächst drei Fakultäten umfassend, ging 1885 die vorherige »Chirurgische Schule« der Stadt in die Universität ein.

Schon Leon Wachholz hatte hier gerichtliche Medizin für Juristen gelesen; ab 1898 lehrte Wladimir Sieradski[108] dieses Fach und wurde 1904 Ordinarius für gerichtliche Medizin. Später gelangte Sieradski zu hohen akademischen Ehren: Er war mehrmals Dekan der Medizinischen Fakultät und in den Jahren 1924/25 Rektor der nach dem I. Weltkrieg zum wiedererstandenen polnischen Staat gekommenen Jan-Kasimir-Universität.

Nach dem Überfall Deutschlands auf Polen im September 1939 und nach der sowjetischen Inbesitznahme der Westukraine wurde das Gebiet um Lwow Teil der UdSSR. Knapp zwei Jahre später, als der Krieg gegen die UdSSR begonnen hatte, eroberte die 1. Gebirgsdivision des 49. Armeekorps die polnisch-ukrainische Stadt in den frühen Morgenstunden des 30. Juni 1941 ohne nennenswerten Widerstand, weil die sowjetischen Truppen die Stadt bereits geräumt hatten.

Nachdem schon unmittelbar vor der deutschen Besetzung Tausende ukrainische und polnische politische Gefangene durch Angehörige des NKWD ermordet worden waren, setzten sich die Mordaktionen auch in der Zeit bis 7. Juli fort: es kam zu Judenpogromen durch die Lemberger Zivilbevölkerung und zur Ermordung von 38 polnischen Professoren und mindestens 7 000 Juden durch SD und SS-Einsatzgruppen. (Vgl. de Zayas 1984, S. 333.) Unter diesen teilweise international bekannten Wissenschaftlern der Stadt war auch Wladimir Sieradski. Wenige Stunden nach seiner Verhaftung wurde er in der Nacht zum 4. Juli ohne gerichtliches Urteil durch eine Spezialabteilung der Gestapo erschossen. Am 1. August 1941 entstand aus dem Gebiet um Lemberg der dem sog. Generalgouvernement angegliederte »Distrikt Galizien«.

Nach dem Tode seines Lehrers Sieradski übernahm der damalige Dozent Dr. Bolesław Popielski die Verpflichtungen des Leiters der nunmehr der Herrschaft von Beck unterstellten »Zweigstelle Lemberg«. Als im Herbst 1943 in Lemberg terroristische Aktionen ukrainischer Nationalisten begannen, die besonders gegen polnische Mitarbeiter der Universität gerichtet waren, wurde Popielski von Beck zur Arbeit in der »Zentrale« in Krakau verpflichtet. Seine Nachfolge übernahm der Oberassistent Dr. Adam Kosłowski (vgl. Popielski 1968, S. 92). Am 27. Juli 1944 wurde Lwow durch sowjetische Truppen zurückerobert.

Kapitel 6

Gerichtsmedizin in Österreich

Von der alten österreichischen Schule

Während es der gerichtlichen Medizin in Deutschland noch um die Wende zum 20. Jahrhundert schwer gemacht wurde, von der ausschließlich praxisorientierten gerichtsärztlichen Tätigkeit der Amts- und Kreisärzte bzw. der Gerichtsärzte in den Großstädten an die Universitäten zurückzukehren und als Lehrfach anerkannt zu werden (s. Kapitel 2), bestanden im österreichisch-ungarischen Staat weitaus günstigere Bedingungen für das Fach. Schon im Jahre 1804 erfolgte auf der Grundlage der von Johann Peter Frank[1] verfaßten Studienordnung die Errichtung einer Lehrkanzel für gerichtliche Arzneikunde und medizinische Polizeiwissenschaft in *Wien* (vgl. Schwarzacher 1928, S. 1073).

Besonders unter Eduard von Hofmann[2], der dem Institut von 1879 bis zu seinem Tode (1897) vorstand und auch nominell der erste Ordinarius für »gerichtliche Medizin« war – seine Vorgänger Vietz, Bernt, Kolletschka und Dlauhy[3] hatten im Rahmen der »Staatsarzneikunde« auch die Hygiene mitvertreten – wurde das Wiener Institut zu einem »wissenschaftlichen Mekka«, zu einem »Sammelplatz von zahlreichen Forschern und Gelehrten aus allen Kulturstaaten, die, angezogen von der genialen, überragenden Persönlichkeit Hofmanns«, hierherkamen, »um sich unter der Leitung des Meisters im Fach der gerichtlichen Medizin auszubilden und wissenschaftlich zu arbeiten« (Reuter, F., 1935, S. 1344).

Eduard von Hofmann, der, zugleich »Gerichtsanatom«, eine große Anzahl gerichtlicher Obduktionen durchführte, gab dem Fach in Wien eine eindeutig pathologisch-anatomische Orientierung, die von seinem Nachfolger Alexander Kolisko[4] beibehalten und – freilich dann unter Vernachlässigung des »enzyklopädischen Gedankens in der gerichtlichen Medizin« und als »Rückschlag in die Vor-Hofmannsche Periode empfunden« (ebenda) – weiter ausgebaut wurde. Kolisko wechselte schließlich 1916 auf den Lehrstuhl für pathologische Anatomie.

»Eduard von Hofmanns Erbe« hat Fritz Reuter in seinem umfangreichen »Beitrag zur Geschichte der gerichtlichen Medizin in Alt-Österreich (1898–1938)« ausführlich beschrieben (Reuter, F., 1940).

Unter Albin Haberda[5], dem Nachfolger Koliskos, erfolgte 1922 die Übernahme eines neuen Instituts; besonderes Augenmerk richtete er darauf, die Tradition der Schule von Hofmanns auch auf die anderen Universitäten Österreichs bei Neubesetzung der Lehrkanzeln zu übertragen, so daß sich seine Intentionen über das Wesen der gerichtlichen Medizin auch in Graz und Innsbruck durchsetzten.

In *Graz*, wo 1865 mit der Lehrkanzel für Staatsarzneikunde Adolf Schauenstein (1807–1891) betraut wurde und 1900 ein »Institut für gerichtliche Medizin« in einen Neubau überwechselte, war Julius Kratter (1848–1926) von 1892 bis 1919 tätig.

Innsbruck hatte das erste Ordinariat für Staatsarzneikunde im Jahre 1869 erhalten, es war bis 1875 von Eduard von Hofmann wahrgenommen worden. In den folgenden 11 Jahren supplierte der Ordinarius der pathologischen Anatomie, Ferdinand Schott, bis zu seinem Tode (1886) die Lehrkanzel. Nach ihm besetzten Julius Kratter und Paul Dittrich das Amt, bis 1894 schließlich Carl Ipsen (1866–1927) für die folgenden 33 Jahre den Lehrstuhl übernahm.

Ebenso wie Ipsen war Kratter bei Gericht nicht nur als Gerichtsarzt, sondern zugleich als Gerichtschemiker beeidigt, beide wurden darüber hinaus auch zu forensisch-psychiatrischen Untersuchungen herangezogen. In Wien hingegen erfolgten gerichtlich-chemische Untersuchungen an einem besonderen medizinisch-chemischen Institut; Haberda war auch der Ansicht, daß forensisch-psychiatrische Sachverständigentätigkeit nicht in das eigentliche Gebiet der gerichtlichen Medizin gehöre.

Nach der Emeritierung Kratters übernahm Fritz Reuter am 12. November 1919 die Lehrkanzel, Ipsens Nachfolger in Innsbruck wurde 1927 Karl Meixner. Nach dem Tode Haberdas (1933) wurde die Wiener Lehrkanzel – nach einer vorübergehenden Vertretung durch Anton Werkgartner – ab 1935 von Fritz Reuter geleitet, der seinen Lehrstuhl in Graz an Walter Schwarzacher übergab.

Gerichtsmedizin in Österreich 1938–1945

So problemlos, wie sich die Geschichte eines medizinischen Sonderfaches liest, war die Geschichte Österreichs allerdings nicht. Revolutionäre Unruhen, nicht unähnlich denen in Deutschland und in anderen europäischen Ländern, erschütterten die junge Republik, die wenige Jahre zuvor noch eine viele Völker umfassende mächtige Monarchie gewesen war.

Obgleich am 10. November 1920 eine neue demokratische Verfassung für einen föderalen Bundesstaat in Kraft getreten war, führte der Zusammenbruch des riesigen habsburgischen Wirtschaftsraumes, der sich von der südlichen Adriaregion bis in die Ukraine erstreckt hatte, verstärkt durch die Reparationsforderungen der Siegermächte des I. Weltkrieges, zu desaströsen ökonomischen Problemen, zu Inflation und breiter sozialer Not. Die innenpolitischen Fronten verhärteten sich zunehmend, Sozialdemokraten und Christsoziale standen einander als »Austromarxisten« und »Austrofaschisten« zunehmend unversöhnlich gegenüber. Die dritte Gruppe, die Deutschnationalen, sah in ihrem Landsmann Adolf Hitler, der zunehmenden Einfluß in Deutschland gewann, auch den Erlöser Österreichs. Die Parteien bewaffneten sich – der christsozialen »Heimwehr« stand der sozialdemokratisch geprägte »Republikanische Schutzbund« gegenüber. Am 15. Juli 1927 steckten linke Demonstranten aus Empörung und Wut über den Freispruch reaktionärer Totschläger den Wiener Justizpalast in Brand. Die Regierung des Prälaten Ignaz Seipel erteilte Schießbefehl.

1928 berichteten Meixner und Werkgartner über die dabei entstandenen »Schußverletzungen im Straßenkampf«: Wie sie schrieben, hatten sich »die Polizeimannschaften in ihrer gewöhnlichen Ausrüstung gegenüber dem Toben der Menge zu schwach erwiesen«. Ebenso »wie anläßlich des Kommunistenputsches im Jahre 1918« waren sie daraufhin mit Gewehren ausgerüstet worden, und »in etwas mehr als 24 Stunden war die Ruhe wieder hergestellt«. Der Preis der »Ruhe«: 89 Tote. »Am Sonntag, den 17. Juli erhielten wir den Auftrag der Staatsanwaltschaft, die Leichen der Opfer gerichtlich zu öffnen« (Meixner und Werkgartner 1928, S. 32). Bei 88 Opfern, darunter vier Wachbeamten, waren Schußverletzungen todesursächlich: »In 41 Fällen war das Geschoß von vorne, in einem wahrscheinlich von vorne, in 29 von rückwärts, in 2 wahrscheinlich von rückwärts eingedrungen. 15 Schüsse waren vorwiegend in querer Richtung gekommen ...« (ebenda, S. 48).

Die Diskussion der Sektionsergebnisse der vielen Opfer deutet in der vorliegenden Arbeit das enge Verflochtensein einer gerichtsmedizinischen Aussage mit politisch möglicherweise sehr brisanten Schlußfolgerungen an: »Daß 31 von 88 Schüssen von rückwärts getroffen hatten, erklärt sich, da wir bei der großen Zahl von dem störenden Einfluß des Gellerns absehen müssen, wohl dadurch, daß, wenn Schüsse fallen, sich viele fast augenblicklich wenden und laufen.« (Ebenda, S. 48.)

Im Jahre 1932 gelangte Engelbert Dollfuß als Bundeskanzler an die Spitze einer konservativen österreichischen Regierung. Der 1892 geborene, 151 cm große, wegen seiner autoritären Allüren als »Millimettenich« verspottete Mann regierte das Land mit Verordnungen und Standrecht. Gute Beziehungen zu Italiens Faschistenführer Benito Mussolini pflegend, gründete er als politisches Sammelbecken seines »Ständestaates« eine »Vaterländische Front«, die sich ein den Ostgoten zugeschriebenes »Kruckenkreuz«[6] als Symbol nahm.

Das Jahr 1933, das in Deutschland schon am 30. Januar Hitler an die Macht gebracht hatte, bedeutete für Österreich den Beginn eines neuen »Anschlußdruckes«: Die Parteigänger des Naziführers in Österreich versuchten auch hier, durch Terror und massive Propaganda einen nationalsozialistischen Umsturz zu erzwingen. Nach einem blutigen terroristischen Überfall im Juni 1933 wurde die Nazi-Partei in Österreich verboten. Andererseits bekämpfte die Dollfuß-Regierung die linke Opposition und entwaffnete die Mitglieder des Schutzbundes, am 12. Februar 1934 kam es zu einem Bürgerkrieg, der etwa 300 Tote und etwa 1 000 Verwundete forderte. 2 000 Gegner des Dollfuß-Regimes wurden verhaftet, neun führende Schutzbündler wurden standrechtlich zum Tode verurteilt und hingerichtet, einen schwerverletzten Sozialdemokraten schleppte man auf einer Trage zum Galgen. Am 1. Mai erließ Dollfuß eine neue ständestaatliche Verfassung, die Österreich zu einem klerikal-faschistischen Staat machen sollte.

Am 25. Juli 1934 putschten die Nazis in Wien: Eine illegale »SS-Standarte 89« stürmte das Kanzleramt und die Rundfunkzentrale. Dollfuß wurde kurz nach 13 Uhr im Eckzimmer seines Kanzleramtes von einem Schuß aus der Pistole des Nationalsozialisten Otto Planetta getroffen, ein zweiter Schuß aus der Waffe eines Polizeibeamten traf ebenfalls – offenbar versehentlich – den Kanzler. Dollfuß lag schwerverletzt in seinem Amtszimmer, ärztliche Hilfe und schließlich auch der Beistand eines Priesters wurden ihm verwehrt. Kurz vor 16 Uhr erlag Dollfuß seinen Verletzungen.

Inzwischen hatte eine Einheit der Polizei die Nationalsozialisten in der Rundfunkzentrale überwältigt, und Bundespräsident Wilhelm Miklas hatte Unterrichtsminister Schuschnigg beauftragt, die gesetzliche Ordnung mit allen Machtmitteln des Staates wiederherzustellen. Man sicherte den Putschisten im Bundeskanzleramt freien Abzug zu, falls es keine Todesopfer gäbe. Gegen 19 Uhr öffneten sie die Tore des Bundeskanzleramtes. Durch den nunmehr festgestellten Tod von Kanzler Dollfuß waren die vereinbarten Bedingungen nicht erfüllt: Die Putschisten wurden als Gefangene in die Polizeikaserne Marokkanerstraße gebracht. Mehrere Anführer des Putsches wurden zum Tode verurteilt, Planetta wurde am 31. Juli hingerichtet. Auf Regierungsseite forderten die Kämpfe 107 Todesopfer, 140 Putschisten starben auf der Gegenseite. Hunderte Nazis wurden in »Anhaltelager« eingewiesen, Tausende flüchteten ins »Altreich« und gründeten dort eine »Österreichische Legion« für den »Tag X«.

Die Sektion der Leiche »des Kanzlers erfolgte noch in den späten Abend- und Nachtstunden des 25. Juli«; Professor Werkgartner und sein Assistent Dr. Karl Szekely waren die Obduzenten. Sie fanden zwei Einschüsse, dicht beieinanderliegend, an der linken Halsseite, aber nur eine Ausschußöffnung. Wenige Tage später vertrat Szekely (!) vor dem Militärgericht Wien das Gutachten (s. Dok. 5). Die gutachterlichen Äußerungen waren durchaus geeignet, der nationalsozialistischen Version des Vorganges, die 1939 in einem »Bericht der Historischen Kommission des Reichsführers SS« formuliert wurde, nicht entgegenzustehen: »Die Behauptung Planettas, daß entweder die Berührung Dollfuss' selbst oder eine durch die Berührung verursachte Reflexbewegung des Armes Planettas den Schuß auslöste, ist ... als erwiesen anzusehen. Es kann nicht als erwiesen angesehen werden, daß Planetta zwei Schüsse auf Dollfuss abgab.« Der zweite Schuß wurde damit erklärt, »daß er vielleicht einen sog. Doppler abgegeben habe, d. h. durch einen Druck auf das Züngel der Pistole zwei Schüsse gelöst habe.«[7]

Das Projektil des zweiten Schusses wurde nicht gefunden. »Das einzige, was zu diesem Punkt noch getan werden könnte, wäre eine Durchröntgnung der Leiche Dollfuss'. Hierzu ist die Genehmigung von RFSS noch nicht erteilt worden«, heißt es im gleichen Dokument an anderer Stelle.[8] Das »Rätsel um den zweiten Schuß« (Müller, Peter, 1967, S. 49) ist auch später nicht gelöst worden. Der Autor dieser Kasuistikdarstellung befragte 1966 den 1. Obduzenten der Leiche von Dollfuß, Professor Werkgartner, und erfuhr: »Vielleicht ist die Kugel noch in der Leiche, ich vermute es sogar mit großer Wahrscheinlichkeit. ... Hätte ich aber tatsächlich die zweite Kugel aus der Halswirbelsäule entfernt, wäre das Attentat mit hundertprozentiger Gründlichkeit geklärt worden.« (Ebenda, S. 54 f.) So bleibt die Frage offen: Konnten, wollten, sollten oder durften die Obduzenten ein zweites Projektil nicht finden?

Der zur Zeit des Dollfuß in den Vierzigern stehende Werkgartner hat, im Gegensatz zu Fritz Reuter und Walter Schwarzacher, offenbar schon in den Jahren vor der Annexion Österreichs durch die Nationalsozialisten großdeutschen und profaschistischen Ideen nähergestanden als österreichisch-antinationalsozialistischen – anders lassen sich die von Leopold Breitenecker gewählten Formulierungen anläßlich des 70. Geburtstages von Werkgartner nicht verstehen: »Aus politischen Gründen wurde nach zweijähriger Supplierung durch Werkgartner der damals 60jährige Ordinarius für Gerichtliche Medizin in Graz, Fritz Reuter, nach Wien berufen. Werkgartner erhielt aber auch nicht die Lehrkanzel in Graz, obwohl er im Vorschlag war, da Schwarzacher wegen politischer Schwierigkeiten mit dem NS-Regime aus Heidelberg nach Graz zurückstrebte und daher auch die Lehrkanzel, aus der er hervorgegangen war, erhielt. Schon zwei Jahre später wurden Reuter in Wien und Schwarzacher in Graz nach der Annexion Oesterreichs von ihren Lehrstühlen entfernt, aber wieder ging Werkgartners Hoffnung, endlich Nachfolger Haberdas zu werden, nicht in Erfüllung, obwohl er diesmal an erster Stelle im Vorschlag stand. Dieser lautete: I. Schneider, Werkgartner (alphabetisch), II. Neureiter. ... und so entschied das Alphabet und die Politik wieder gegen Werkgartner und der ehemalige zweite Assistent Haberdas, Philipp Schneider, der seit 1937 den Lehrstuhl in Göttingen innehatte, wurde zum Vorstand des Wiener Institutes bestellt, während Werkgartner am 1. Februar 1939 als planmäßiger Extraordinarius die Lehrkanzel in Graz erhielt. ... 1945 fiel er wieder den politischen Verhältnissen zum Opfer.« (Breitenecker 1960, S. 381 f.)

Anton Werkgartner, der immer wieder den »politischen Verhältnissen« zum Opfer fallende Gerichtsmediziner, wurde 1890 in Mauthausen als Sohn eines Werkmeisters der Granitindustrie geboren, legte 1911 Reifeprüfung am Staatsgymnasium in Linz ab und begann im gleichen Jahr ein Medizinstudium, welches durch die Teilnahme am I. Weltkrieg unterbrochen wurde. Nach schwerer Verwundung 1916 wurde Werkgartner wegen Invalidität in heimatliche Sanitätsanstalten abkommandiert und kam so auch zum Institut für gerichtliche Medizin in Wien. Staatsexamen und Promotion folgten 1919 in Wien. Anschließend wurde Werkgartner im gleichen Jahre Assistent bei Albin Haberda am gerichtsmedizinischen Institut. 1927 folgte die Habilitation mit einer Arbeit über Nahschußzeichen. Als 1. Assistent in Wien erhielt Werkgartner 1928 den Titel eines a. o. Universitätprofessors verliehen.

Nach dem Tode Albin Haberdas (Dezember 1933) leitete Werkgartner über zwei Jahre den Wiener Lehrstuhl für gerichtliche Medizin kommissarisch. Die Hoffnung, Nachfolger seines Lehrers werden zu können, zerschlug sich – vermutlich wegen der »politischen Verhältnisse«: Frühere Parteienzugehörigkeit?: »erzwungen VF« [Vaterländische Front]. Mitgliedschaft zur NSDAP?: »1930 – Zellenmitglied NSBO Landgericht; 1931 – Allg. Krankenhaus; seit 1935 oder 1936 Mitglied der NSDAP«. Mitglied einer Gliederung?: »SA«; eines angeschlossenen Verbandes?: »RLB, NSV«. Verdienste in der Bewegung?: »hat die NSDAP reichlich durch Geldspenden während der illegalen Zeit unterstützt.« Verhalten zum heutigen Staat und zur Partei?: »Bejahend«, heißt es in einem 1939 ausgefüllten Fragebogen.[9] Am 1. Oktober 1935 wurde Fritz Reuter[10] zum Ordinarius und Vorstand des Institutes für Gerichtliche Medizin der Universität Wien ernannt.

Nach dem Putsch war Kurt von Schuschnigg, der zwischen allen Fronten zu vermitteln versuchte, sich bei Mussolini und Hitler anbiederte und auch Nationalsozialisten in sein Kabinett aufgenommen hatte, neuer Kanzler geworden. Doch Hitler war damit offenbar nicht zufrieden: Auf dem Berghof bei Berchtesgaden diktierte er Anfang Februar 1938 seine Bedingungen: In Wien sei umgehend ein NS-Regime zu installieren. Schuschnigg trat zurück (11. März), und umgehend, d. h. am nächsten Morgen, marschierte die deutsche Wehrmacht in Wien ein. Arthur Seyß-Inquart (1892–1946/Hinrichtung), ein Jurist und Nationalsozialist seit 1931, den Schuschnigg noch kurz zuvor auf Hitlers Einwirken hin zum Innenminister gemacht hatte, wurde neuer Regierungschef. Die Zustimmung der Bevölkerung für Hitler, der drei Tage nach dem »Anschluß« (den kritische Zungen als »Ranschmiß« bezeichneten) auf dem Wiener Heldenplatz auftrat, soll sehr groß gewesen sein.

Wiederum traten Änderungen im berühmten Wiener Institut für gerichtliche Medizin ein: Fritz Reuter wurde – mit 53 Jahren – aufgrund eines »persönlichen Ersuchens« zum 31. Mai 1938 in den »dauernden Ruhestand« versetzt. Die Entscheidung des Professors dürften 10 Tage »Schutzhaft«, die er vom 16. bis 26. März 38 erleiden mußte, begünstigt haben.[11] Die Entlassung folgte am 12. September 1938 ohne Fortzahlung der Ruhestandsbezüge. Und wieder war Werkgartner nahe daran, die Lehrkanzel in Wien übernehmen zu können, wieder war er kommissarischer Leiter des Instituts. Die Dinge lagen günstig, viele örtliche Fürsprecher mit Einfluß auf die neuen Machthaber fanden sich. Sogar Gauleiter Odilo Globocnik verwendete sich für Werkgartner: »Mit Bezug auf unsere Unterredung auf den Biewagabend beim Reichsführer«

schrieb er an den »lieben Kameraden Borger« am 3. Oktober 1938: »Für die Lehrkanzel für gerichtliche Medizin ist über meine Veranlassung im Juli ein alter, in jeder Beziehung gutbewährter Pg. Prof. Werkgartner vorgeschlagen worden. Dieser hat, trotzdem er im System nicht nur an seiner Vorrückung und Stellung schwer benachteiligt wurde und unausgesetzt den Schikanen ausgesetzt war, hier brav ausgehalten und dadurch der Partei die wertvollsten Dienste geleistet. Trotzdem ich mich für diesen Mann eingesetzt habe wurde plötzlich hinter meinem Rücken Dr. Schneider aus Göttingen, der hier aus nicht übermäßig notwendigen Gründen das Land verlassen hat und sich nach Göttingen begab, nunmehr für diese Lehrkanzel zur Einsetzung in Vorschlag gebracht. Der einzige Grund ist, daß angeblich der Reichsführer für ihn ein Interesse hat. Wie ich aber den Reichsführer kenne hat er immer für den das größte Interesse, der sich am besten bewährt. Wenn ich Sie nun bitte, Pg. Werkgartner auf diesen Posten zu bringen, und von einer Berufung Schneiders abzusehen, so geschieht dies nicht nur mit dem guten Gewissen hier eine für die Partei gute Lösung vorgeschlagen, sondern auch einen Akt der Gerechtigkeit vollzogen zu haben.«[12]

Doch offensichtlich war die Entscheidung bereits noch »höheren« Ortes gefallen, denn am 21. Oktober 1938 schrieb, betreffend die Wiederbesetzung der Lehrkanzel für gerichtliche Medizin in Wien, der Reichsdozentenbundführer an Gauleiter Globocnik: »Bezugnehmend auf Ihr Schreiben vom 3.10.38 an Pg. Borger teile ich Ihnen mit, dass die Besetzung des Lehrstuhls für Gerichtliche Medizin an der Universität Wien schon seit einiger Zeit beschlossen ist. Einer der Gründe, die für diese Besetzung massgebend waren, ist das große Interesse des Reichsführers SS Himmler, der sich nicht angeblich, sondern tatsächlich in jeder Beziehung für Prof. Schneider einsetzte.

Was die Persönlichkeit von Pg. Prof. Werkgartner betrifft, so stimme ich mit Ihnen völlig überein, dass Prof. Werkgartner auf Grund seiner fachlichen und nicht zuletzt politischen Verdienste eine Förderung in seiner Hochschullaufbahn verdient: Ich werde stets bemüht sein, auf eine geeignete Lösung hinzuarbeiten, die der Persönlichkeit Werkgartners gerecht wird.«[13]

Erneut fiel Werkgartner den »politischen Verhältnissen« zum Opfer, denn der »Reichsführer SS Himmler« hatte ein besonders großes Interesse an Philipp Schneider. Dieser war zweifelsfrei ein besonders exponierter Nazi, ansonsten, so urteilte Meixner, »keine Konjunkturpflanze« und wissenschaftlich »guter Durchschnitt. Man kann nicht behaupten, dass er besondere oder fruchtbare Einfälle hätte.«[14]

Im Jahre 1896 in Wien geboren, hatte *Philipp Schneider* Volksschule und Gymnasium in seiner Vaterstadt besucht und ab 1914 auch hier ein Medizinstudium begonnen, das er, durch Kriegsdienst und italienische Kriegsgefangenschaft unterbrochen, schließlich 1921 mit Staatsexamen und Promotion abschließen konnte. Anschließend folgte eine zweijährige Tätigkeit an der II. Chirurgischen Universitätsklinik in Wien. Am 1.1.1923 trat Schneider in das von Haberda geleitete Institut für gerichtliche Medizin ein; im Februar erfolgte die Habilitation mit einer Arbeit über Thalliumvergiftungen. Auch in der Folgezeit hat sich Schneider in seinen Veröffentlichungen häufig mit toxikologischen Themen beschäftigt, insgesamt sollen etwa 55 Publikationen aus seiner Feder stammen, schrieb Holczabek in einem Nachruf, der 11 (!) Jahre nach dem Tode Schneiders erschien.[15] Allerdings hat dabei als wissenschaftliche Arbeit z. B. auch der eineinhalbseitige Text, den Schneider in seiner Funktion als »Obmannsstellvertreter der Wiener Medizinischen Gesellschaft« dieser neuen Gesellschaft »zum Geleite« formuliert hatte, Aufnahme gefunden. Darin heißt es: »Der Nationalsozialismus und mit ihm breite Schichten des Volkes retteten Deutschland und zweifelsohne auch die abendländische Kultur. Die neue Zeit brachte zur Erhaltung der Gesundheit und Reinheit des deutschen Volkes die durch Fehler und Sünden früherer Generationen notwendig gewordenen Gesetze, die für völkisches Schicksal wohl höher zu werten sind als manche an und für sich anerkennenswerte, jedoch der Praxis und dem Leben fremde wissenschaftliche Leistung.«

Am Samstag, dem 5. November 1938, war zu ungunsten Werkgartners wieder alles entschieden: Er übergab das Institut erneut einem neuen Chef, der diesmal Philipp Schneider hieß. Schneider kam jetzt aus Göttingen. »Im Januar 1937 wurde er, da er Österreich wegen seiner politischen Tätigkeit verlassen mußte, im Auftrag des Reichsministers für Wissenschaft nach Berlin zu einem Einführungsdienst und am 1.8.1937 vertretungsweise auf den Lehrstuhl für Gerichtliche Medizin in Göttingen berufen.«[16]

Doch war für Schneider neben der Institutsarbeit noch einiges zu klären, am 27. Mai 1939 wendete er sich mit einem besonderen Anliegen an die »Reichsleitung der NSDAP, Abt. österr. Ostmark«: »Nach dem Inhalt des in Abschrift beigelegten Schreibens der Partei vom 26.9.1938 wurde mir seinerzeit die vorläufige Mitgliedskarte Nr. 6403333 übermittelt. Ich stelle nunmehr die ergebene Bitte, mir eine Parteinummer zuzuteilen, welche dem Zeitpunkt meiner politischen Organisierung in der NSDAP und dem tatsächlichen Parteieintritt entspricht.

Wie ich schon bei meinem Antrag auf Eingliederung in die NSDAP in der Ostmark im Frühjahr 1938 durch entsprechende dem Akt beigefügte Bestätigungen erbringen konnte, bin ich am 1.4.31 der NS Betriebszellenorganisation des Landgerichtes Wien II beigetreten und bin am 1.V.1933 auf Antrag des früheren Gauleiters Frauenfeld in die Partei aufgenommen worden, wobei ich direkt beim Gau geführt wurde. Ich bitte die Erledigung vordringlich zu behandeln.

Ueberdies bemerke ich, dass ich seit Sommer 1934 der SS Standarte 89 angehörte und jetzt Untersturmführer im Stabe des SS Oberabschnittarztes Donau bin.«[17]

In der Antwort der »Reichsleitung«, gerichtet an den »Gauschatzmeister des Gaues Wien der NSDAP«, Johann Anderl, vom 26.6.1939 heißt es: »... Da gemäß Weisung des Beauftragten des Führers für die NSDAP. in Österreich alle diejenigen Volksgenossen einheitlich zum 1.5.1938 unter Zuteilung einer entsprechenden Mitgliedsnummer in die NSDAP. aufgenommen werden, welche bisher gegenüber der Reichsleitung nicht zur Anmeldung gekommen sind, erscheint eine Rückdatierung bezw. die Zuteilung einer niederen Mitgliedsnummer an den Genannten nicht möglich ...«[18] So kam es, daß sich Schneider mit der NSDAP-Nr. 6 143 333 und der SS-Nr. 313 904 begnügen mußte; SS-OStuf. war er aber seit 21.6.1939.[19]

Über die Aufgaben des von Schneider geleiteten Instituts erfahren wir aus einem Schreiben vom 22.10.1941: »Seit meiner ... Ernennung zum Direktor des Instituts für gerichtliche Medizin und Kriminalistik der Universität Wien ist der Aufgabenkreis dieses Instituts ständig im Wachsen begriffen. Dieses ergibt sich einmal aus der Schaffung Groß-Wiens, wodurch das dem Institut anfallende Leichengut wesentlich vergrößert wurde. Zum anderen wurden im Institut neue Abteilungen wie das elektropathologische Museum, die chemische Abteilung und das Blutgruppenlaboratorium angegliedert. Desweiteren sind mit der Einführung der Rassengesetze in der Ostmark nach dem Umbruch die Untersuchungen auf erbbiologischem Gebiete stark in den Vordergrund getreten. Durch den Kriegsausbruch wurde das Institut gezwungen, auch vordringliche Untersuchungen für Kriminalpolizei, Wehrmacht und andere öffentliche Stellen zu übernehmen, ebenso ist durch den Krieg bedingt eine erhöhte Tätigkeit bezüglich der Feststellung der Arbeitsfähigkeit gegeben, nicht zuletzt ist auch die Untersuchung der Haftfähigkeit auf ein höheres Maß als sonst gestiegen ...«[20]

Auch die Neuanschaffung spezieller Apparate wurde im Interesse neuer Aufgaben betrieben: »Das Institut für gerichtliche Medizin und

Kriminalistik hat Anfangs 1941 von der Firma Carl Zeiss eine Anlage zum Photographieren der Augen angeschafft, da diese Apparatur für die Durchführung erbbiologischer Untersuchungen im Auftrage der Zivilgerichte und der Reichssippenstelle in Berlin benötigt [wird].« [21] In einem Tätigkeitsbericht für den Kurator der Universität vom 23.1.1941 wird berichtet, daß »Vorbereitung und Durchführung der Blutalkoholbestimmung für Polizei und Gericht sowie der gleichen Untersuchung an Leichenmaterial zu wissenschaftlichen Zwecken« mit folgenden Zahlen abzurechnen war: 1939: 230 amtliche und 100 wissenschaftliche Bestimmungen; 1940: 235 amtliche und 450 wissenschaftliche Blutalkoholbestimmungen. Ein Ansteigen der Blutgruppenbestimmungen war ebenfalls festzustellen: 1939 400 Fälle; 1940 800 Fälle zu je 3 Personen. [22] Neben den für ein gerichtsmedizinisches Institut jener Jahre üblichen Abteilungen existierte in Wien, auch nachdem man Stefan Jellinek verjagt hatte (s. Kapitel 8), das elektropathologische Museum weiter.

Im Jahre 1939 arbeiteten unter der Leitung Schneiders am Wiener Institut als 1. Assistent Leopold Breitenecker, der Chemiker Franz Xaver Mayer [24] und die Ärzte Hans von Hauser [25], Ferdinand Schoen [26] und Hans Winkler [27]. Der oben erwähnte Karl Szekely hatte bereits 1937 die Gefängnishaus-Arztstelle beim Landgericht II in Wien übernommen.

Leopold Breitenecker wurde 1902 in Wien geboren und studierte nach der im Sommer 1920 abgelegten Reifeprüfung an der Wiener Universität Medizin. Nach Abschluß des Studiums und Promotion (1928) folgte Assistententätigkeit in verschiedenen pathologischen Instituten, bis Breitenecker schließlich ab 1930 am Institut für gerichtliche Medizin in Wien seine Tätigkeit aufnahm. Schon 1931 vertrat Breitenecker die Belange der gerichtlichen Medizin wegen einer Erkrankung Herwart Fischers am Würzburger Institut. 1939 habilitierte sich Breitenecker mit einer Arbeit über »Die Ausscheidungsgeschwindigkeit des Kohlenoxyds aus dem Blute Überlebender«.

Seiner politischen Tätigkeit in jenen Jahren hat Breitenecker offenbar große Bedeutung beigemessen, in einem Curriculum vitae, das insgesamt 50 Zeilen umfaßt, beschäftigen sich 28 Zeilen mit diesem Teil seines Lebens: »In politischer Hinsicht war der Gefertigte schon als Mittelschüler aktives Mitglied des deutschen Schulvereines Südmark in Perchtoldsdorf, seinem damaligen Wohnorte. Seit seiner Inskription an der Wiener Universität gehörte er bis Mitte April 1938 der Burschenschaft Markomannia zu Wien an. Im Jahre 1921/22 trat er dem damaligen Freikorps ›Ostmark‹ unter der Führung Kptlnt. Krügers bei und blieb nach der Umwandlung des Freikorps in den Wehrturnverein ›Ostmark‹

bis Ende 1928 als unterstützendes Mitglied in diesem Verbande. Im Jahre 1928 wurde er als Vertreter der nationalen Studentenschaft in den Führerausschuss einer neuaufgestellten akademischen Legion entsendet, zu deren Ausbilder er wieder Kptlnt. Krüger vorschlug. Als die Legion der Heimwehr angeschlossen wurde, trat er aus dem Ausschuss aus.

Seit dem Jahre 1930 wandte er sich vollkommen dem Nationalsozialismus zu, nachdem er schon am 9. November 1923 im Rahmen des Freikorps Bereitschaftsdienst auf der Universität versah. Er machte in der Verbotszeit 1931 in Würzburg die nationalsozialistischen Versammlungen mit und trat nach seiner Rückkehr Ende 1931 der am Wiener Institut aufgestellten N.S.B.O.-Zelle [Nationalsozialistische Betriebs-Organisation-Zelle – F. H.] bei, deren Leitung er seit Sommer 1937 selbst inne hatte. In dieser Zeit entfaltete die Zelle im Allgemeinen Krankenhause eine erhöhte Tätigkeit und es wurden wiederholt wichtige Auskünfte von dem Gefertigten für die Parteileitung in Oesterreich angefordert und abgegeben. Der Gefertigte trat in der illegalen Zeit dem neuaufgestellten N.S.D.-Dozentenbund bei, war durch die Zelle Mitglied des N.S.D.-Aerzteschaft und seit 1933 Mitglied der N.S.D.A.P.«[28] Mit einer niedrigen Mitgliedsnummer wurde es aber, ebenso wie bei seinem Chef Prof. Schneider, auch bei Breitenecker nichts (»Nr. 6 150 214, Altparteigenosse«).[29]

Das Engagement Breiteneckers im Sinne des Nationalsozialismus erstreckte sich auch direkt auf seine berufliche Arbeit: »Während der Verbotszeit hat er durch Einblick in gerichtliches Aktenmaterial wiederholt wertvolle Mitteilungen der NSDAP zukommen lassen und sich dabei nicht unerheblichen Gefahren ausgesetzt«, wurde ihm vom NS-Dozentenführer der Universität Wien, Dr. A. Marchet, bescheinigt.[30] (Abb.5) Ein schlimmes Verhalten: Ein Arzt, dem vertrauliche Dokumente, z. B. Ermittlungsunterlagen, übergeben werden und der als Sachverständiger unparteiisch bleiben muß, betätigt sich als Spitzel.

Seit März 1940 wurde Breitenecker neben seiner Tätigkeit am gerichtsmedizinischen Institut zum »Leiter des Referates für den gerichtsärztlichen und kriminalpolizeilichen Dienst im Hauptgesundheitamt der Gemeindeverwaltung des Reichsgaues Wien und damit [zum] Verbindungsmann zwischen Gesundheitsamt und Institut« bestellt.[31]

Wissenschaftlich hat sich Breitenecker in jenen Jahren wiederholt mit den Problemen der Kohlenmonoxidvergiftung beschäftigt und darüber publiziert, daneben gibt es Publikationen zu anderen gerichtsmedizinischen Themen. Eine Arbeit beschäftigt sich z. B. mit der »Aufklärung der Täterschaft durch Geschoßbahnuntersuchung beim

Nationalsozialistische Deutsche Arbeiterpartei
Gauleitung Wien

NSD.-Dozentenbund
Der Dozentenbundsführer
an der Universität

An den

Gaudozentenführer
Professor Dr. K. C h u d o b a

B o n n am Rhein
Mineralog.-petrograph.
Institut d.Universität

Unser Zeichen: Doz/P/0707/4/42 Ihr Zeichen:

Wien, den 7. Juli 1942
I, Universität, Fernsprecher A 20-0-72

Betrifft: Doz.Dr.Leopold BREITENECKER,
geb.14.4.1902,
Gerichtl.Medizin.

Lieber Kamerad C h u d o b a !

Gerüchtweise habe ich gehört, daß der Lehrstuhl für forensische Medizin an der Bonner Universität neu besetzt werden soll. Für diesen Vorschlag soll auch ein Wiener Dozent, der derzeitige Oberarzt des hiesigen Institutes für gerichtliche Medizin Dr. Leopold B r e i t e n e c k e r in Frage stehen. Ich möchte Dich...

... In politischer Beziehung ist über ihn nur Positives zu berichten. Als Student Angehöriger eines Freikorps und Waffenstudent. Während der Verbotszeit hat er durch Einblick in gerichtliches Aktenmaterial wiederholt wertvolle Mitteilungen der NSDAP zukommen lassen und sich dabei nicht unerheblichen Gefahren ausgesetzt.

...Ich kann B r e i t e n e c k e r aufs beste empfehlen. Er ist ein sehr guter Lehrer. Selbstverständlich ist er Mitglied des NSD.-Dozentenbundes (4178), der NSDAP und aktiv in der HJ. tätig.

H e i l H i t l e r !

Der Dozentenführer
der Universität:

(Dr.A.Marchet)

Nationalsozialistische Deutsche Arbeiterpartei
Gauleitung Wien

Dozentenführer
d. Universität Wien

Abb. 5: Empfehlungsschreiben des Dozentenführers der Universität Wien für Dozent Dr. Breitenecker (gekürzt)

Fernschuß«, der Autor läßt sie so beginnen: »Die Fälle, in denen Jäger und Heger aus dem Hinterhalt über den Haufen geschossen wurden, sind ... sehr häufig. Deshalb wurde in der Ostmark mit ihren strengen Bestimmungen über den Waffengebrauch die Einführung des deutschen Jagdrechtes mit seinen Erleichterungen in dieser Richtung freudig begrüßt. Der alte Jägerspruch: Wer am schnellsten schießt, lebt am längsten, bewahrheitet sich immer wieder.« (Breitenecker 1940, S. 135.) [32]

Im November 1944 noch zum außerplanmäßigen Professor ernannt, hat sich Breitenecker nach 1945 offenbar sehr rasch »vollkommen vom Nationalsozialismus abgewandt«, dabei dürfte ihm die von Werkgartner (1962) bescheinigte Gabe, »das Vertrauen der maßgebenden Stellen zu gewinnen«, sehr geholfen haben. Zunächst mit Wirkung vom 6. Juni 1945 aus dem Dienst der Universeität entlassen, wurde er 1946 als Prosektor am Krankenhaus Wiener Neustadt notdienstverpflichtet. Ab 1953 war Breitenecker wieder am Institut für gerichtliche Medizin tätig, »1956 titulierter außerordentlicher Professor, 1957 Leiter des österreichischen Volksgesundheitsamtes, das heißt Leiter des österreichischen Gesundheitswesens, 1959 ordentlicher Professor und Vorstand des Instituts für gerichtliche Medizin. Er wird Landesgerichtsarzt, Dekan, Präsident des Landessanitätsrates, Gründer und Ehrenpräsident der Österreichischen Gesellschaft für gerichtliche Medizin, Ehrenpräsident der Österreichischen Gesellschaft für Arbeitsmedizin. Und vor allem: Mitglied diverser Ethik-Kommissionen« (Klee 2001, S. 329). Auch als Experte für Kohlenmonoxidvergiftungen ist Breitenecker später (1967 – s. Kapitel 20) tätig gewesen.

Mit *Anton Rolleder* kam 1942 ein Facharzt für Nerven- und Geisteskrankheiten und zugleich ein weiterer engagierter Nazi ins Institut. Rolleder, 1910 in Wien geboren, hatte 1929 die Reifeprüfung abgelegt und anschließend in Wien Medizin studiert. Nach Abschluß dieses Studiums und Promotion zum Doktor der Heilkunde »inskribierte er Anthropologie an der philosophischen Fakultät der Universität Wien und wurde am 16.11.1939 zum Doktor der Philosophie promoviert«.[33] Zwischenzeitlich war Rolleder als Hilfsarzt tätig und hielt sich als Hochschulassistent für 7 Monate (1937/38) an den Universitätsinstituten für gerichtliche Medizin in Kiel und Berlin auf. Bis Mitte 1942 folgte dann die Ausbildung an der Wiener Universitätsnervenklinik. 1943 legte Rolleder seine Habil.-Schrift zum Thema: »Handlungsfähigkeit nach frischen Schädelschüssen« vor. In dem Bericht zum Habilitationsverfahren sind insgesamt 11 wissenschaftliche Arbeiten aufgeführt und kurz besprochen. Einige Überschriften: »Rassenkundliche Forschungen an Serben« (1938), »Rassenbiologisches Denken als Leitlinie unserer Weltanschauung« (1938), »Deutsches Arzttum und Rassenpolitik« (1939), »Rassenkundliche Untersuchungen an Serben und Montenegrinern« (1943), »Die Bedeutung der Erbkrankheiten für die ärztliche Allgemeinpraxis« (1943).[34] »Rolleder gehört seit 6.12.1930 der NSDAP an und ist SS-Hauptsturmführer. Als Gauhauptstellenleiter ist er im Amte für Volksgesundheit im Gau Wien der NSDAP tätig.«[35] 1945 wurde Rolleder entlassen, 1946 in Wien verhaftet und vom Landesgericht für Strafsachen Wien am 5. August »wegen Verbrechens des Hochverrates« zu einem Jahr schweren Kerkers verurteilt. Ab 1949 arbeitete Rolleder als Facharzt für Psychiatrie und Neurologie, er starb 1976.

Zweifellos waren sowohl der Direktor des Wiener Instituts für grichtliche Medizin als auch offenbar alle seine wissenschaftlichen Mitarbeiter ganz besonders geeignet für den Aufbau eines »Kriminalmedizinischen Instituts der Sicherheitspolizei« (s. Kapitel 11), das allerdings nur bis Kriegsende existierte. Über die Modalitäten der Verquickung zwischen traditioneller Gerichtsmedizin und »Zentralinstitut« ist wenig bekanntgeworden. Breitenecker bringt in seiner ansonsten sehr gründlichen Arbeit über »160 Jahre Lehrkanzel für gerichtliche Medizin in Wien« lediglich den eher (bewußt?) verwirrenden Satz zustande: »Bei der Polizeidirektion Wien wurde nach deutschem Muster ein kriminaltechnisches Institut geschaffen und es gelang Schneider, dieses mit dem Wiener Institut für gerichtliche Medizin unter seiner Personalunion zu vereinigen. 1945 wurde dieses Institut wieder aufgelöst.« (Breitenecker 1965, S. 41.)

Schon am 2. Juni 1945 erhielt Schneider ein kurzes Schreiben vom neugeschaffenen »Staatsamt für Volksaufklärung, Unterricht und Erziehung und für Kulturangelegenheiten« mit folgendem Wortlaut: »Ich finde mich veranlaßt, Sie mit sofortiger Wirksamkeit von ihrer Lehrstelle an der medizinischen Fakultät Wien, als Direktor des Universitätinstitutes für gerichtliche Medizin und Kriminalistik und als Leiter des elektropathologischen Museums zu entheben.«[36] Nach dem Kriegsende sei Schneider lange in Gefangenschaft gewesen und in dieser schwer erkrankt, schreibt Holczabek (1965). Schließlich ging Schneider mit seiner (schwedischen) Ehefrau nach Stockholm, doch auch dort konnte er beruflich nicht wieder dauerhaft Fuß fassen. Anfang 1949 bewarb er sich, noch in Stockholm lebend, »um Bestellung zum gerichtsärztlichen Sachverständigen für den Bereich des Oberlandesgerichtes Linz«.[37] Das konnte er sich leisten, denn einen Bescheid, daß er ein *minderbelasteter*

Nazi gewesen war, hatte er schon am 11. November 1948 erhalten. (s. Dok. 6) Philipp Schneider starb 1954 in St. Johann im Pongau.

Unmittelbar nach Kriegsende, im Mai 1945, erfolgte die Wiedereinsetzung Fritz Reuters als Vorstand der Wiener Lehrkanzel.

Im Gegensatz zum Wiener Institut blieb das Institut in *Graz*, nach einer kurzzeitigen Amtsperiode von Walter Schwarzacher, der schon 1946/47 die Nachfolge Reuters in Wien antrat, »fünf volle Jahre ... verwaist. ... Am 1. Januar 1952 wurde *Werkgartner* wieder in sein Amt eingesetzt«, schrieb Werkgartner zur Geschichte der Lehrkanzel in Graz. Über die Zeit bis nach Kriegsende berichtete er: »1939 war A. Werkgartner an die Grazer Fakultät berufen worden. Das Institut, um die Jahrhundertwende das größte und modernste gerichtlich-medizinische Institut des alten Österreich, befand sich jetzt in einem kläglichen Zustand. Werkgartners Pläne zur Ausgestaltung und Modernisierung des Institutes wurden durch die Kriegsjahre zunichte gemacht. Während der Kriegsjahre mußte er mit einem einzigen ganz jungen Assistenten, der erst 1938 promoviert worden war, die ganze Arbeitslast der täglichen beruflichen Fron tragen. 1946 wurde er aus politischen Gründen aus dem Amt entlassen.« (Werkgartner 1961, S. 331 f.)[38]

Bevor Werkgartner wieder einmal »aus politischen Gründen« Nachteile in seiner beruflichen Laufbahn hinnehmen mußte, hatte er kurze Zeit nach Kriegsende – zwischen 19. und 21. Mai 1945 – im Auftrage der sowjetischen Militärbehörden an Exhumierungen von Massengräbern auf der ehemaligen Schießstätte Feliferhof in der Nähe von Graz teilgenommen. Exhumiert wurden 142 Leichen aus einem Massengrab. »Als Opfer können Widerstandskämpfer, ›Ostarbeiter‹ und sowjetische Kriegsgefangene, sowjetische Fallschirmspringer, Kriegsgefangene der Westalliierten sowie zwei wegen krimineller Vergehen zum Tod verurteilte Ungarn, Angehörige der ›Kampfgruppe Ney‹ (SS), sowie Skandinavier als Angehörige der SS-Ersatzeinheit angesprochen werden. Unter den Exhumierten befanden sich mit großer Wahrscheinlichkeit auch ungarische Juden, die zuvor durch die Steiermark in Richtung Mauthausen getrieben worden war[en]« (Karner, St.; Knoll, H. 2001, S. 3). Feliferhof war in den Jahren 1941 bis 1945 bekannt als Exekutionsstätte, auch etwa 300 Angehörige von Wehrmacht und Waffen-SS sollen hier hingerichtet worden sein. »Die Exhumierungen auf dem Feliferhof wurden unter Leitung einer gerichtsärztlichen Kommission durchgeführt. Ihr gehörten Professor Dr. Werkgartner und zwei russische Ärzte an. ... Von Prof. Werkgartner wurden 31 Leichen, von Major Massoff 37 und von Major Jemetz 74 Leichen seziert.« (Ebenda, S. 23). Die von Werkgartner gefertigten Protokolle sollen erhalten geblieben sein.

Der Vorgänger von Anton Werkgartner in Graz, *Walther Schwarzacher*, war ebenfalls ein Opfer der politischen Verhältnisse geworden, allerdings ein Opfer der Nationalsozialisten.

Schwarzacher, 1892 in Salzburg als Sohn eines Rechtsbeamten geboren, begann nach Abschluß der Mittelschule und Kriegsdienst im I. Weltkrieg zunächst in Wien mit einem Studium der technischen Wissenschaften, brach dieses aber wegen der Versetzung seines Vaters nach Graz ab und entschloß sich zu einem Medizinstudium in Graz. Nach der Promotion zum Doktor der gesamten Heilkunde (1920) wurde Schwarzacher schon im Herbst des gleichen Jahres I. Assistent an dem von Fritz Reuter geleiteten gerichtsmedizinischen Institut in Graz.

Der Habilitation an der Grazer Lehrkanzel für gerichtliche Medizin (1923) folgte 1927 die Ernennung zum Extraordinarius für gerichtliche Medizin an der Universität Heidelberg. 1935/36 trat Schwarzacher bereitwillig – nicht zuletzt wegen der inzwischen in Deutschland herrschenden politischen Verhältnisse und um einer deshalb drohenden Entlassung zu entgehen,[39] die Nachfolge seines Lehrers Fritz Reuter in Graz an, doch drei Jahre später wurde er »wegen seiner gegen den Nationalsozialismus gerichteten politischen Einstellung von der deutschen Reichsregierung entlassen« (Reuter 1959). Das Entlassungsschreiben vom 26. August 1938 zeichnet sich durch Kürze aus: »Auf Grund des § 4, Abs. 1 der Verordnung zur Neuordnung des österreichischen Berufsbeamtentums vom 31. Mai 1938, RGBl. I, S. 607, werden Sie entlassen. Die Entlassung tritt mit dem Tage der Zustellung dieses Bescheides in Wirksamkeit. Ein Rechtsmittel gegen diese Entscheidung steht Ihnen nicht zu. Auf Ansuchen kann Ihnen nach § 10 der zitierten Verordnung ein Unterhaltsbeitrag gewährt werden.«[40]

Die folgenden sieben Jahre verbrachte Walther Schwarzacher in äußerster Zurückgezogenheit unter bescheidenen Verhältnissen, jedoch keineswegs untätig, in der Nähe von Salzburg. Seiner mathematisch-naturwissenschaftlichen Begabung folgend entstanden Publikationen, die unter dem Titel »Eine bemerkenswerte, durch Wind erzeugte Schneekonfiguration« (1944) und »Die Eigenschwingungen des Wallersees« (1948) erschienen. Insgesamt hat Schwarzacher etwa 70 wissenschaftliche Arbeiten über sehr verschiedene Themen der gerichtlichen Medizin veröffentlicht.

1945 war Schwarzacher kurzzeitig Leiter der Salzburger Prosektur und wurde dann in seine Stellung in Graz wieder eingesetzt. Die Fakultät ehrte ihn durch die Wahl zum Dekan (Sommersemester 1946), und für das folgende Jahr wurde er zum Rector magnificus gewählt. Als jedoch mit Erreichung der Altersgrenze Fritz Reuter in Wien aus dem Amte schied, wurde Schwarzacher noch im gleichen Jahre (Oktober 1946) sein Nachfolger. Walther Schwarzacher starb im Jahre 1958.

Mit der Entlassung von Schwarzacher war 1938 auch dessen Assistent *Dr. Wolfgang Laves* »aus politischen Gründen« aus dem Institut ausgeschieden. 1899 in Berlin geboren, hatte Laves Medizin studiert und 1923 in Graz promoviert. Anschließend war er als Assistent am Institut für gerichtliche Medizin in Graz tätig geworden und hatte ein Studium der Chemie angeschlossen. 1928 habilitierte er sich und 1934 war er a. o. Professor geworden. Nach seiner Entlassung ging Laves in die Arzneimittelindustrie, für die er in Hamburg, Berlin, Olmütz und Warschau tätig war. Wolfgang Spann schreibt in seinem Buch »Kalte Chirurgie« (S. 93 f.) über seinen Lehrer: »Laves muß frühzeitig Kontakte zu Professor Morell (1886 bis 1948), dem Leibarzt Hitlers, gehabt haben. Wie diese zustande kamen, weiß ich nicht. Obwohl es aus heutiger Sicht in seiner Situation wohl verständlich ist, diese Verbindung für sich genutzt zu haben, hat er bei seinen Erzählungen darüber nie gesprochen. Laves hat im Auftrag von Morell – was historisch belegt ist – Stuhlproben von Hitler untersucht. Morell scheint seine schützende Hand über Laves gehalten zu haben. Ich habe die Witwe von Morell viele Jahre später im Hause Laves kennengelernt und mehrfach dort getroffen. Ich hatte damals den Eindruck, daß Laves der Witwe Morell gegenüber seine Dankbarkeit zu Ausdruck bringen wollte.« Auch in »Patient Hitler« von Ernst Günther Schenk, ehemals SS-Standartenführer und Ernährungsinspekteur der Waffen-SS, wird die Tätigkeit von Laves – der hier abwechselnd als »Hygieniker«, »Bakteriologe« oder »Pharmakologe« bezeichnet und auch einmal mit »w« geschrieben wird – mehrfach erwähnt: »Morell beschäftigte ... abwechselnd in Olmütz und Hamburg den bekannten Hygieniker Professor Dr. Wolfgang Laves, welcher als ›Nichtarier‹ sofort nach dem Anschluß Österreichs 1938 von der Universität Graz entlassen worden war. Hitler mußte hiervon unterrichtet gewesen sein, hatte er doch im Jahre 1943 Wolfgang Laves und seine Mitarbeiterin durch einen von Morell erwirkten ›Führerbefehl‹ von den ›Asid-Werken‹ in Warschau freistellen und für die Hamma-Werke verpflichten lassen. Außerdem berichtete Morell Hitler des öfteren über die von Laves entwickelten neuen Medikamente und zeigte ihm die von ihm unterzeichneten Protokolle der Stuhlanalysen. ... Der Professor konnte sich mit von Morell beantragten Parteikanzlei-Ausweisen ungehindert im Reich, im Protektorat Böhmen-Mähren, im Generalgouvernement [Polen] und sogar im Reichskommissariat bewegen – ein sehr merkwürdiger und einmaliger Sonderfall ...« (Schenk 1989, S. 276).

Nach dem II. Weltkrieg war Laves zunächst als praktischer Arzt in Landshut tätig und übernahm schon am 1. Februar 1946 die kommissarische Leitung des gerichtsmedizinischen Institutes in München, dessen Direktor er bis zu seiner Emeritierung im Jahre 1969 blieb. Wolfgang Laves starb im Jahre 1982.

Als Werkgartner in den Jahren des Krieges in Graz tätig war, hatte er nur einen einzigen Assistenten, den 1912 geborenen Dr. Karl Steinklauber. Erst 6 Jahre nach dem Kriege übernahm er die Leitung des Grazer Instituts wieder: »Das Professorenkollegium der Medizinischen Fakultät der Universität Graz hat in einer Sitzung vom 24.10. d. J. auf Grund des Schreibens des Bundesministeriums für Unterricht vom 13.7.1950 unter Zahl 30232-I/2/50 die Frage der Wiederbesetzung der Lehrkanzel für gerichtliche Medizin beraten. Da eine Berufung aus dem Ausland bei diesem Fach nicht in Frage kommt und die Zahl der Fachvertreter im Inland gering ist, begrüßt das Professorenkollegium mit Dank die Möglichkeit von einem Dreiervorschlag absehen zu können. Das Kollegium ist der Ansicht, daß Prof. Dr. Werkgartner unter allen von den in Vorschlag kommenden Fachvertetern durch seine Kenntnisse, seine Erfahrungen und seine wissenschaftliche Bedeutung bei weitem die erste Stelle einnimmt.«[41] 1956 erfolgte die Ernennung zum Ordinarius, 1961 wurde Werkgartner emeritiert, er starb im Jahre 1970.

Nach dem Einmarsch der deutschen Wehrmacht in Österreich wurde die Innsbrucker Universität zur »Deutschen Alpen-Universität«. Das »Institut für gerichtliche Medizin der Universität Innsbruck« behielt seinen Namen bei und wurde über die gesamte Zeit von 1927 bis 1950 von *Karl Meixner* geleitet. Geboren 1879 in Wien, kam der junge Medizinstudent schon während des Studiums in seiner Vaterstadt als Demonstrator am Institut für gerichtliche Medizin mit dem Fach in Berührung; bei den ersten Landsteinerschen Blutgruppenuntersuchungen soll er sein Blut mit zur Verfügung gestellt haben (Holzer 1969). 1903 erfolgte die Promotion, danach arbeitete Meixner als Assistent in der Chirurgie, Geburtshilfe und Pathologie sowie kurzzeitig als Schiffsarzt. 1908 trat er in das von Kolisko geleitete Institut für gerichtliche Medizin in Wien ein, das ab 1916 Albin Haberda übernahm. 1912 folgte die Habilitation: »Über den Glykogengehalt der Leber beim plötzlichen Tod aus natürlicher Ursache und verschiedenen gewaltsamen Todesarten«. 1919 erhielt Meixner einen Lehrauftrag und wurde a. o. Professor; 1927 folgte er nach dem Tode Carl Ipsens einem Ruf an die Universität Innsbruck.

Nach 1938 traten »Zweifel an der Abstammung« von Karl Meixner auf, da er nazirassistische Spezialfragen nicht ohne weiteres beantworten konnte: »Der Abstammungsnachweis von Frau Meixner ist restlos in Ordnung. Sein eigener Abstammungsnachweis weist eine Lücke dadurch auf, daß die Geburtsscheine der mütterlichen Großeltern nicht beigebracht werden konnten. Dieser Mangel erscheint bezüglich des Geburtsscheines der Großmutter mütterlicherseits aber dadurch ausreichend bestätigt, daß der Vater dem in allen maßgeblichen genealogischen Taschenbüchern als römisch-katholisch bezeichneten Adelsgeschlecht der Weskamp von Liebenburg entstammt und der Taufschein der Mutter, also der Urgroßmutter mütterlicherseits von Professor Meixner vorgelegt worden ist.

Bezüglich des Geburtsscheines des Großvaters mütterlicherseits, der ein uneheliches Kind gewesen ist, sind alle Nachforschungen von Professor Meixner ... ergebnislos geblieben. Insbesondere hat Professor Meixner auch eine Bestätigung des zuständigen Rabbinats der Geburtsgemeinde dieses unehelichen Kindes vorgelegt, derzufolge dieses uneheliche Kind sich in den Aufzeichnungen des Rabbinats ... nicht findet. Auch der Name der Mutter – der slawische Ortsname Libochowice – bietet keinen weiteren Anhaltspunkt. Weiters liegt der Taufschein der Großeltern von Professor Meixner vor, aus dem hervorgeht, daß beide im Augenblicke der Eheschließung d. i. im Jahre 1847 katholisch gewesen sind.

War schon bei dieser Sachlage kein begründeter Anlaß dafür vorhanden, ernstliche Zweifel in die arische Abstammung von Professor Meixner zu setzen, so bin ich in der Einschätzung auch noch durch die ganze bisherige Haltung von Professor Meixner und seiner Familie bestärkt worden. Professor Meixner hat sich schon seit seiner Studentenzeit stets als freiheitlicher, nationalbewußter Mann gehalten und insbesondere auch seine Kinder in einem Geiste erzogen, der seine Bewährung in der illegalen Zeit erwiesen hat.«[42]

Später, d. h. 1947, wurde Karl Meixner vorgehalten: »unbeirrtes, offenes Eintreten für Großdeutschland; Widerstand gegen die Vaterländische Front; zweimal (1934 u. 1937) mit Geiselzahlungen für die nationalsozialistische Bewegung in Anspruch genommen«.[43] Da Meixner nicht der NSDAP oder wichtigen Gliederungen angehört hatte, behielt er nach Kriegsende seine Stellung als Direktor des Grazer Instituts für gerichtliche Medizin bis zu seiner Emeritierung im Jahre 1950. Meixner starb 1955 in Innsbruck.

Wissenschaftlich hat sich Meixner mit vielen zentralen Themen der klassischen gerichtlichen Medizin – dem plötzlichen Tod, der Klärung von Todesursachen, der Handlungsfähigkeit Verletzter und allen Problemen forensischer Begutachtung – beschäftigt und etwa 90 Publikationen erarbeitet.

Schüler von Meixner waren u. a. Erich Fritz, Franz Josef Holzer, Herbert Elbel und Walter Krauland. *Franz Josef Holzer*, 1903 in Lustenau/Vorarlberg geboren, studierte ab 1923 in Innsbruck Medizin und promovierte 1928. Schon ab Januar 1929 wurde er Assistent bei Meixner. In einem Lebenslauf aus dem Jahre 1943 schrieb er: »Da ich mich eingehender mit Blutgruppen beschäftigte, wurde für mich ein Studienaufenthalt bei einem der namhaften Blutgruppenforscher in Aussicht genommen und es war mir, nachdem ich zu diesem Zwecke vom Unterrichtsministerium einen Studienurlaub erhalten hatte, gegönnt, von Herbst 1933 an ein Jahr unter der persönlichen Leitung von *Herrn Prof. Dr. Landsteiner am Rockefeller Institut in New-York* zu arbeiten. Durch Verleihung eines Stipendiums der Rockefeller Foundation konnte ich dann über ein Jahr ausdehnen. Während der Sommermonate 1934 weilte ich auf Anregung Herrn Prof. Landsteiners 1 1/2 Monate im Marine biological Laboratory in Woods Hole Mass. Und 4 Wochen im grossen State Departement of public health in Albany N.Y. unter Leitung von Herrn Direktor Wadsworth. Hier hatte ich Gelegenheit, serologische Arbeiten in grossem Massstab kennen zu lernen.«[44] Im Dezember 1934 kehrte Holzer nach Innsbruck zurück und wurde 1936 Privatdozent. In den folgenden Jahren war er an den gerichtsmedizinischen Universitätsinstituten in Berlin, Greifswald und – ab 1942 – in München tätig. 1945 kehrte er nach Innsbruck zurück, wo er 1950 der Nachfolger Meixners wurde. Eine »Entnazifizierung« war auch bei Holzer nötig: »Die Laufbahn im Staatsdienst veranlaßte zwangsläufig 1939 den Eintritt in die NSDAP ...«, heißt es in einer »Stellungnahme der [Innsbrucker] Medizinischen Fakultät zugunsten Franz Josef Holzer« aus dem Jahre 1947.[45] Holzer leitete das Institut bis Anfang 1974 und starb wenige Wochen später in Innsbruck. Er hat sehr wichtige Arbeiten zur forensischen Serologie, aber auch zu anderen Themen der gerichtlichen Medizin hinterlassen.

Ein weiterer Assistent Meixners war der 1912 in Mooswald bei Gottschee in Österreich geborene *Walter Krauland*, der nach Abschluß des Medizinstudiums (1936) ab 1937 am Institut für gerichtliche Medizin in Innsbruck tätig wurde und sich hier 1942 habilitierte. Nach dem Kriege hatte Krauland, der später (von 1955 bis 1983) Direktor des Instituts für gerichtliche Medizin der Freien Universität Berlin war, in Innsbruck Schwierigkeiten mit seiner Zugehörigkeit zu NSDAP und SS: »Es ist sohin gegen ihn eine kasernierte Arbeitspflicht bis auf weiteres zu verhängen«, heißt es in einem Schriftstück der Bundespolizeidirektion vom 4.12.1946. So schlimm kam es aber dann wohl doch nicht.[46] Im gleichen Jahre hat Krauland eine ausführliche Schrift über sein Verhalten in jenen Jahren verfaßt (s. Dok. 7).

Unter den Erschwernissen des Krieges litt die fachliche Arbeit auch in Innsbruck: »Die geringe Zahl meiner Hilfskräfte und die wachsende Schwierigkeit, Ersatz zu bekommen, steht in einem so schreienden Missverhältnis zur Zunahme der Arbeit, dass ich in Kürze nicht mehr werde weiter können«, schrieb Meixner 1942 an Raestrup in einem Brief, der mit dem Satz endete: »Mein Institut hat nicht einmal eine techn. Assistentin.«[47]

Kapitel 7

Profile der Fachprominenz

Opportun, opportuner, am engagiertesten – Fachvertreter unterm Hakenkreuz

Die im Jahrzehnt bis 1890 geborenen Fachvertreter, wie Karl Reuter, Hermann Merkel, Hans Molitoris, Heinrich Többen u. a. haben die Zeit des Nationalsozialismus noch in ihren letzten Amtsjahren miterlebt. Der Ende der zwanziger und Anfang der dreißiger Jahre in Gang gekommene erste Generationswechsel in der Gerichtsmedizin brachte junge, vorwiegend im letzten Jahrzehnt des 19. Jahrhunderts geborene Wissenschaftler auf die Lehrstühle: Kurt Walcher (Jahrgang 1891), Rolf Hey (1892), Friedrich Pietrusky (1895), Gerhard Buhtz (1896), Berthold Mueller (1898), Gerhard Schrader (1900), Albert Ponsold (1900) u. a.

Bei der Beschäftigung mit den Lebenswegen dieser und anderer führender Fachvertreter der gerichtlichen Medizin der Zeit zwischen 1933 und 1945 ist nicht zu übersehen, daß der größte Teil von ihnen offenbar bestimmte Hoffnungen in den Nationalsozialismus setzte und seiner Machtübernahme keineswegs ablehnend gegenüberstand. Opportunitätsdenken – im Einzelfall vielleicht sogar genährt aus dem Motiv des Hoffens auf eine nunmehr optimalere Entwicklung des Fachgebietes an den deutschen Universitäten –, Bereitschaft zum Konformismus aus dem Grundverständnis der Gerichtsmedizin als Helfer jeglicher Art von Rechtspflege und mehr oder weniger bewußtes Engagement für mannigfaltige Spielarten rechtskonservativ-bürgerlicher Positionen könnten einige wesentliche Gründe für diesen Mangel an Ablehnung des Nationalsozialismus gewesen sein.

Solche Überlegungen mögen die Verwunderung darüber mindern, daß von den 20 Lehrstuhlinhabern des Nebenfaches Gerichtsmedizin allein zwei – Pietrusky in Bonn, Herwart Fischer in Würzburg – im Jahre 1933 das Amt des Rektors ihrer Universität übernahmen.

Friedrich Pietrusky, am 12. Januar 1893 in Zaienze bei Kattowitz als Sohn eines Bankdirektors geboren, hatte nach dem Abitur im Jahre 1913 mit dem Medizinstudium in Freiburg i. Br. begonnen und, nach Unterbrechungen durch Kriegsdienst und Verwundung, in Breslau 1919 beendet. 1922 hatte er promoviert und am 1. August des gleichen Jahres mit seiner Tätigkeit als Assistent am Breslauer Institut für gerichtliche Medizin unter Georg Puppe begonnen. Dem Kreisarztexamen im März 1924 folgte am 24. Juni 1925 die Habilitation. Als Puppe am 20.11.1925 plötzlich starb, wurde Pietrusky für mehr als ein Jahr kommissarischer Leiter des Instituts und dann als Nachfolger von Arthur Schulz nach Halle berufen, am 24.11.1927 erfolgte die Ernennung zum persönlichen Ordinarius. Schon knappe drei Jahre später, am 1.11.1930, ging Pietrusky, zum persönlichen Ordinarius und Direktor des Instituts für gerichtliche und soziale Medizin ernannt, an die Universität Bonn. Zu seinem Vorgänger in Bonn, Victor Müller-Heß, hatte Pietrusky ein denkbar schlechtes Verhältnis, das bis zur erbitterten persönlichen und fachlichen Feindschaft gedieh. Auch sonst – so besagen die Akten – scheint Pietrusky ein recht streitbarer Charakter gewesen zu sein.

Nachdem sich am 27. April 1933 112 Mitglieder des Großen Senats der Universität zur Neuwahl des Rektors zusammengefunden hatten, wurde Pietrusky mit der großen Mehrheit von 83 Stimmen in dieses Amt gewählt.[1]

Bereits am 1. Mai 1933 hielt er zur Feier des »Tages der deutschen Arbeit« vor Studenten und Lehrkörper eine Rede, in der er das »Sichwiederfinden unseres Volkes« begrüßte, den »internationalen Marxismus« verdammte, weil dieser den Klassenkampf »predige«, und mahnte, »auf die Stimme des Blutes zu hören, den Freund und Bruder wieder im Stammesgenossen und nicht im internationalen Proletarier zu sehen«.[2] Dabei hatte Pietrusky noch nicht einmal den Eintritt in die NSDAP rechtzeitig vollziehen können, weswegen er bis 1937 Parteianwärter blieb. Rückwirkend wurde er dann doch noch zum 1. Mai 1933 aufgenommen.[3]

Wie an anderen deutschen Universitäten loderte auch in Bonn am 10. Mai 1933 ein Scheiterhaufen mit »zersetzendem Schrifttum« von Marx und Heinrich Heine über Freud bis zu Tucholsky und Carl v. Ossietzky. Zuvor hatte Rektor Pietrusky dafür gesorgt, daß eine Rede von Reichserziehungsminister Rust in diesem »Aufklärungsfeldzug wider den undeutschen Geist« über Lautsprecher – eine technische Novität für diese Zeit – für die Studenten und Dozenten direkt übertragen wurde. »Der neue Rektor will damit die Verbundenheit auch der Bonner Hochschule mit der neuen nationalen Führung der Hochschulen zum Ausdruck bringen und die Ausführungen des Kultusministers in aller Lebendigkeit und rednerischen Frische den Angehörigen der Bonner Universität übermitteln«, hieß es in einem Zeitungsbericht.[4] Die Aktivitäten, die Pietrusky insbesondere in der ersten Phase seines Rektorats startete, sollten wohl kaschieren, daß er nicht schon vor 1933 stärker für den Nationalsozialismus eingetreten war. Hans-Paul Höpfner, der die akademischen Biographien an der Bonner Universität unter der nationalsozialistischen Herrschaft ausführlich nachgezeichnet hat, schreibt dazu: »So ließ er eine Liste mit politisch unzuverlässigen Hochschullehrern aufstellen und genehmigte Anfang Mai 1933 einen Aufruf der Studentenschaft zum Boykott von vier Dozenten. Weiterhin führte er zur Vertiefung der ›nationalsozialistischen Weltanschauung unter den Dozenten und Studenten‹ sog. nationalsozialistische Schulungskurse ein, für die er prominente Nationalsozialisten gewinnen konnte. In einigen Fällen, insbesondere in seiner eigenen Fakultät, setzte er sich allerdings anfangs gegen allzu dreiste Übergriffe von Parteigenossen zur Wehr. Insgesamt jedoch richtete sich sein Handeln bald stärker nach nationalsozialistischen Richtlinien aus, als offenbar erwartet worden war. Er galt während seines Rektorats und später als zuverlässiger Nationalsozialist und legte auch Wert darauf, es wirklich zu sein.« (Höpfner, S. 69.) Nach dem Kriege wurde in einem vertraulichen Brief des Rektors an die Spruchkammer Heidelberg vom 30.7.1946 formuliert: »In seiner relativ primitiven Einstellung glaubte er sich verpflichtet, auch um den Preis erheblicher Rücksichtslosigkeiten, diese Linie durchhalten zu müssen. Hierbei erweckte er nach außen oft den Anschein, als würde er Anordnungen abschwächen, hinter den Kulissen aber tat er das Gegenteil.« (Zit. nach Höpfner, S. 69 f.)

Diese Einstellung Pietruskys zu den neuen Verhältnissen äußert sich z. B. in dem Ansinnen, der REM möge veranlassen, daß die Universitäts-Professoren »auf der Amtsrobe das Hoheitszeichen« – ähnlich wie die Juristen – tragen dürfen. (s. Abb. 6)

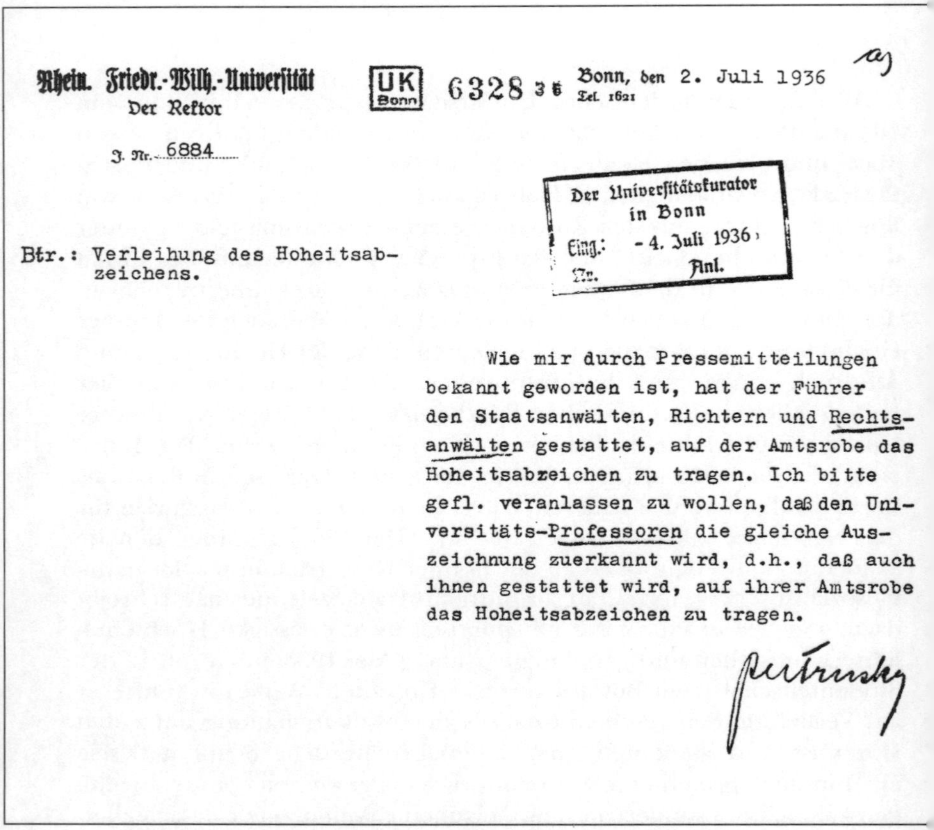
Rhein. Friedr.-Wilh.-Universität
Der Rektor

UK Bonn 6328 36

Bonn, den 2. Juli 1936
Tel. 1621

J. Nr. 6884

Der Universitätskurator
in Bonn
Eing.: - 4. Juli 1936
Nr. Anl.

Btr.: Verleihung des Hoheitsabzeichens.

Wie mir durch Pressemitteilungen bekannt geworden ist, hat der Führer den Staatsanwälten, Richtern und Rechtsanwälten gestattet, auf der Amtsrobe das Hoheitsabzeichen zu tragen. Ich bitte gefl. veranlassen zu wollen, daß den Universitäts-Professoren die gleiche Auszeichnung zuerkannt wird, d.h., daß auch ihnen gestattet wird, auf ihrer Amtsrobe das Hoheitsabzeichen zu tragen.

Pietrusky

Abb. 6: Schreiben von Rektor Pietrusky an den Reichsminister für Wissenschaft, Erziehung und Volksbildung mit der Bitte um »Verleihung des Hoheitsabzeichens« für die Amtsrobe der Universitätsprofessoren

Andererseits nutzte Rektor Pietrusky schon 1933 die neu geschaffenen Repressionsmöglichkeiten, z. B. indem er die Aushändigung des Doktor-Diploms an die jüdische Zahnärztin Elsbeth Grünberger-Capell mehrere Jahre verzögerte[5]. Lediglich mit der geringeren Machtfülle eines Dekans ausgestattet, befürwortete andererseits Berthold Mueller in Göttingen noch 1936 die Promotion eines jüdischen Absolventen (s. u.).

Auch im großen Rahmen der nationalsozialistischen Hochschulpolitik versuchte Pietrusky mitzumischen. Heiber berichtet ausführlich über die Versuche Pietruskys und weniger anderer Universitätsrektoren, den »Verband der deutschen Hochschulen« aufzulösen und ein »klares Führerprinzip« in der Hochschulpolitik einzuführen (Heiber 1992, S. 126 ff.).

Im November 1933 wurde Pietrusky erneut zum Rektor ernannt, eine weitere Amtsperiode begann Ende 1935.[6] Später fungierte er wiederholt als Prorektor, letztmalig während des Kriegseinsatzes von Rektor Prof. Dr. Karl F. Chudoba, eines besonders strammen Nationalsozialisten, im Herbst 1941. Die Abwesenheit des Rektors nutzend, bezichtigte Pietrusky diesen der »betonten Förderung katholischer Dozenten zum Schaden des Ansehens der Universität Bonn«, der »bewußten Tarnung [seiner – F. H.] eigentlichen weltanschaulichen Überzeugung durch eine scheinbare nationalsozialistische Haltung« und der »Duldung und Förderung katholischer Kreise durch [seine – F. H.] Frau und Beeinflussung [seiner – F. H.] Personalpolitik an der Universität durch sie.« Diese Anschuldigungen – seien sie nun aus persönlicher Rivalität oder aber aus einem besonders hohen Grad von »Treue« zum nationalsozialistischen Staat zustande gekommen – waren Anlaß für die Einleitung eines Disziplinarverfahrens gegen Pietrusky, den »Heckenschützen der Heimat« (Formulierung des Rektors Chudoba). Am 10. Februar 1942 sah sich »... der Herr Reichsminister für Wissenschaft, Erziehung und Volksbildung ... genötigt, Ihnen, Herr Prof. Dr. Pietrusky, Ihr Verhalten in schärfster Form zu verweisen.«[7]

Wenig später verließ Pietrusky – es handelte sich um eine Art »Strafversetzung« – die Bonner Universität und übernahm ab 1. Mai 1942 den Heidelberger Lehrstuhl. Dabei haben ihm offenbar seine guten Beziehungen zu Maximinian de Crinis sehr genutzt, wie folgende Auszüge aus einem Briefwechsel zeigen:

15.4.42 – *Pietrusky an de Crinis*: »Lieber Herr de Crinis! In der Angelegenheit Heidelberg sind insofern Schwierigkeiten entstanden, als die dortige Stelle ein Extraordinariat ist, das ich als Ordinarius nicht besetzen kann. Die Fakultät versuchte bisher alles mögliche, sie hofft, daß es ihr doch noch gelingen wird. Daß ich hier möglichst schnell weg will, werden Sie ja verstehen. Können Sie mir nicht einen Rat in dieser Richtung geben? Ich wäre Ihnen sehr dankbar dafür. Mit freundlichen Grüßen und Heil Hitler bin ich Ihr (P.)«

17.4.42 – *de Crinis an Pietrusky*: »... Es wird schwer sein, jetzt während des Krieges aus dem Extraordinariat in Heidelberg ein Ordinariat zu machen. Wäre es nicht möglich, wenn Sie mit einem Ordinarius tauschten? So z. B. mit Schmidt in Danzig, Goroncy in Greifswald, oder mit Többen-Münster oder Jungmichel-Göttingen? Nach Kriegsende würden sich natürlich für Sie bessere Möglichkeiten ergeben, z. B. München oder Innsbruck. Recht herzliche Grüße und Heil Hitler Ihr ...«

11.5.42 – *Pietrusky an de Crinis*: »Nun hat die Sache mit Heidelberg doch geklappt. Ich bin, wie Sie ja wissen, zum 1.5. dort ernannt. Für Ihre freundliche Unterstützung möchte ich Ihnen meinen herzlichsten Dank sagen. Diese Lösung ist für mich doch eine Genugtuung.«[8]

Friedrich Pietrusky hat eine große Zahl wissenschaftlicher Arbeiten aus verschiedenen Gebieten der gerichtlichen Medizin hinterlassen. Monographien wie »Technik der Blutgruppenbestimmung mit Einführung in die Blutgruppenpraxis« (1940) oder »Das Blutgruppengutachten« (1949) müssen hier ebenso genannt werden wie das gemeinsam mit Max de Crinis 1938 bzw. 1943 herausgegebene Buch »Gerichtliche Medizin – Gerichtliche Psychiatrie«. Im »Handwörterbuch der gerichtlichen Medizin und naturwissenschaftlichen Kriminalistik«, das Pietrusky gemeinsam mit von Neureiter und Schütt herausgab, hat er zahlreiche Artikel bearbeitet. Auch hier berücksichtigte er selbstverständlich die Vorgaben der Zeit. Bei der z. B. nach Behandlung des Themas »Tod und Gesundheitsschädigung durch elektrische Energie« (S. 804–811) aufgeführten Literatur fehlt ein ganz wichtiger Name: der des Begründers der Elektropathologie, Stefan Jellinek (s. Kapitel 8). Die entsprechende Vorgabe lautete: »Ein Zitieren jüdischer Autoren darf niemals erfolgen, ohne dass eine besondere Kennzeichnung der Autoren als Juden vorgenommen wird. Im übrigen dürfen jüdische Autoren nur dann zitiert werden, wenn es aus Gründen wissenschaftlicher Korrektheit unbedingt erforderlich ist. In der Literaturzusammenstellung sind die Juden von den deutschen Autoren getrennt aufzuführen.«[9]

Über das weitere Schicksal Pietruskys schrieb sein Schüler Heinrich Saar im Jahre 1958: »Trotz seiner wissenschaftlichen Leistungen und Verdienste blieb es ihm 1945 nicht erspart, von seinem Amt zurücktreten zu müssen. Leider war es ihm in den nachfolgenden Jahren nicht vergönnt, in Heidelberg oder an einer anderen deutschen Universität ein Institut übernehmen zu können. 1954 siedelte er dann nach endgültiger Emeritierung nach Pöcking über ...« (Saar 1958, S. 250).

Eine solche Art der Würdigung von Fachvertretern jener Zeit anläßlich von Geburtstagen oder Todesfällen ist besonders für die Sicht der Fachgeschichte in der alten BRD typisch; Pietrusky wurde jedoch keineswegs »trotz seiner wissenschaftlichen Leistungen und Verdienste« – die unbestritten sind – im Jahre 1945 entlassen, sondern ausschließlich seiner politischen Haltung und Tätigkeit in der Zeit des Nationalsozialismus wegen. Daß er auch später – selbst nach Abklingen der »Entnazifizierungswelle« – an einer Universität nicht wieder tätig werden durfte, läßt das besondere, durch die angeführten

Beispiele nur andeutungsweise belegte Ausmaß seines Engagements für den Nazismus erkennen.

Eine wesentlich bescheidenere wissenschaftliche Hinterlassenschaft als die von Pietrusky stammt, mit etwa 20 Zeitschriftenartikeln (Hainlein 1970), von einem Lehrstuhlinhaber der gerichtlichen Medizin, der im Herbst 1933 Rektor einer Universität wurde: *Herwart Fischer* gelang dies in Würzburg.

Herwart Victor Gottlieb Fischer – laut späterer eigener Darstellung »Preuße und Bayer« – wurde am 26.7.1885 in Boitzenburg als Sohn eines Apothekers geboren, hatte nach dem Medizinstudium am 11.5.1910 in Bonn das ärztliche Staatsexamen abgelegt, arbeitete nach der Promotion (8.8.1912) als niedergelassener Arzt in Wechsungen bei Nordhausen und schied nach Ende des I. Weltkrieges als Oberstabsarzt der Reserve aus den Streitkräften aus, freilich »mit dem Recht, die Uniform der alten Armee zu tragen«.[10]

Ab März 1917 war Fischer in Breslau: zunächst als Assistent an der chirurgischen Abteilung des Festungslazaretts, ab August 1918 dann für ein gutes Jahr an der psychiatrischen Abteilung. Nach einer Tätigkeit als Chefarzt auf der Quarantänestation eines Übergangslagers in Prositten (Ostpreußen) kehrte Fischer nach Schlesien zurück und wurde ab 1.5.1920 Gerichtsarzt für die Landgerichtsbezirke Breslau, Brieg und Oels, nachdem er schon einen Monat früher eine Stelle als planmäßiger a. o. Assistent am gerichtsärztlichen Institut in Breslau antreten konnte. Sein erster Lehrer im Fach war Adolf Lesser – ein bedeutender Gerichtsmediziner, ein »stiller und vornehmer Mann«, (wie Fischer in einem Nachruf später schreiben wird), der auch in der »Großen jüdischen National-Biographie«[11] Erwähnung findet. Ab 1921 wurde das Institut von Georg Puppe geleitet, dessen Tochter Lieselotte Fischers Ehefrau wird.

Am 1.7.1923 wurde Fischer habilitiert, am 1.5.1925 erfolgte die Ernennung zum Extraordinarius und Bestellung zum Vorstand des neugegründeten Institutes für gerichtliche und soziale Medizin an der Universität Würzburg. Am 18.3.1931 wurde Fischer ordentlicher Professor in Würzburg.

Schon früh hat Herwart Fischer zur Nazipartei gefunden: Deutschnationale Volkspartei (1919–1921) und Deutsch-völkische Freiheitspartei hatten den Weg geebnet für den am 1. September 1930 vollzogenen Eintritt in die NSDAP (Mitglieds-Nr. 299 048).[12] Er war einer jener 51 deutschen Professoren, die zwei Tage vor der Reichstagswahl, am 29.7.1932, in einem Aufruf ihre Zustimmung zur NSDAP verkündeten.

Später war Fischer auch »Gauobmann des Nationalsozialistischen Deutschen Ärztebundes, Gau Unterfranken«.[13]

Die Jahre 1933 und 1934 waren gekennzeichnet durch intensive Versuche der NSDAP, die politische Kontrolle über die medizinische Ausbildung zu gewinnen und eine nationalsozialistisch geprägte Studienreform zu installieren. Zusammen mit dem Münchner Extraordinarius für Haut- und Geschlechtskrankheiten, Prof. Franz Wirz[14], und dem Präsidenten des Reichsgesundheitsamtes, Prof. Hans Reiter, arbeitete Fischer an einem umfassenden Reformkonzept für das Medizinstudium.

Als Heft 1 des 1. Jahrganges der Zeitschrift »Der Jungarzt« im Dezember 1933 erschien – sie hatte den nichtfaschistischen »Praemedicus« verdrängt –, wurde »Fischer-Würzburg« als einer der Herausgeber genannt. Aus den folgenden Heften kann man entnehmen, daß Fischer offenbar zur mittleren Naziprominenz zählte: »Im Reichsinnenministerium wurde von dem Beauftragten Hitlers für Studienreform, Prof. Fischer, Würzburg, im Einvernehmen mit dem Verband der Deutschen Medizinerschaften eine Denkschrift vorgelegt, die Pläne zur Reform des Medizinstudiums enthält.«[15] Über eine Zusammenkunft der »Vertrauensleute der Reichsleitung der NSDAP bei den Medizinischen Fakultäten« im »Braunen Haus« in München am 14. Januar 1934 heißt es, daß deren Wichtigkeit »durch die Anwesenheit des Stellvertreters des Führers Rudolf Hess und des Bayerischen Kultusministers Schemm zum Ausdruck [kam]. Im Mittelpunkt der Erörterungen stand das Verhältnis der Universitätsdozenten zum Nationalsozialismus. Unter den Teilnehmern an der Tagung sah man den Reichsführer der deutschen Ärzteschaft, Dr. Wagner, den Rektor der Universität Würzburg Prof. Fischer, ferner Prof. Wirz, München, und Dr. Gross, den Leiter des Aufklärungsamtes für Bevölkerungspolitik und Rassenpflege.«[16]

Nachdem Fischer zum Führer des »Reichsverbandes der Deutschen Hochschulen« – eines »freiwilligen« Zusammenschlusses des bis 1933 bestehenden Verbandes der Deutschen Hochschulen, der Deutschen Rektorenkonferenz und dreier weiterer Organisationen – geworden war, schuf man neue Regularien: Die »Satzung war – in strammem Vollzug des Führerprinzips – vollgestopft mit ›Der Führer beruft ... der Führer leitet ... der Führer ernennt ... der Führer setzt fest ...‹ (jeweils Fischer, nicht Hitler)«, schreibt Heiber (1992, S. 134).

Die Tätigkeit Fischers als Rektor, seine Aktivitäten im faschistischen Ärztebund und als Beauftragter Hitlers für eine Studienreform währten offenbar nur kurze Zeit: »Wegen sittlicher Vergehen abgesetzt«, heißt es bei Pascher, der den »Ausbruch des Dritten Reiches« als Privatdozent der Theologie in Würzburg erlebte und darüber berichtet hat (vgl. Pascher 1966, S. 55). Am 10. November 1934 wurde Fischer angewiesen, sich »bis auf weiteres jeder Ausübung der Rektoratsgeschäfte zu enthalten« und diese seinem Stellvertreter Prof. Rost zu überlassen. Von einer anderen Funktion als »Führer« konnte Fischer offenbar nicht so einfach lassen: »Der Führer des Reichsverbandes der Deutschen Hochschulen, Professor Fischer-Würzburg, hat trotz Verbots weiterer Geschäftsführung am 5. Dezember den Privatdozenten von Bormann-Würzburg zu seinem Stellvertreter ernannt. Dieser hat die Geschäfte übernommen und den Angestellten des Reichsverbandes gegenüber den Professor Fischer-Würzburg als seinen Stellvertreter bezeichnet. Abschrift meines Berichtes hierüber an den Untersuchungsrichter beim Landgericht Würzburg folgt als Eilbrief. Eingreifen erscheint dringend erforderlich«, meldete Rost per Telegramm am 7. Dezember an den Reichserziehungsminister.[17]

Die Institutsgeschäfte wurden nach der Beurlaubung Fischers durch Aushilfsassistent Dr. Friedrich Matzdorf übernommen.[18]

Am Montag, dem 27.5.1935, mußte sich der Ex-Rektor wegen »eines fortgesetzten Verbrechens wider die Sittlichkeit u. a.« vor Gericht verantworten. Heiber beschreibt das Delikt präziser: »Bei Fischer ... hat es sich nicht um acht Schwule gehandelt [wie bei einer anderen Personalpanne an der Würzburger Universität – F. H.], sondern um eine einzige Person des richtigen, nämlich weiblichen Geschlechts, die aber unglücklicherweise Laborantin in seinem Gerichtsmedizinischen Institut war und nicht ganz so willig gewesen zu sein scheint.« (Heiber a. a. O, S. 540.) Am 1.6.1935 wurde Fischer nach § 174 Ziff. 1 StGB unter Annahme mildernder Umstände zu einer Gefängnisstrafe von eineinhalb Jahren verurteilt. Ferner erkannte das Gericht auf Unfähigkeit zur Bekleidung öffentlicher Ämter auf die Dauer von drei Jahren. Der Haftbefehl wurde aufrechterhalten, aber nicht vollzogen.

Dieses Urteil bedeutete auch das Ende der Universitätslaufbahn Fischers: Am 24.8.1935 wurde er entlassen. Nachdem das Gaugericht Mainfranken der NSDAP schon am 1.6. auch den Ausschluß aus der Partei verfügt hatte, bestätigte das oberste Parteigericht diese Entscheidung am 12.9.1935.[19] Ab Dezember 1935 wurde Herwart Fischer nicht mehr als »Jungarzt«-Mitherausgeber genannt.

Herwart Fischer starb am 20.5.1937 in Berlin-Neubabelsberg. Sein Nachfolger in Würzburg wurde Kurt Walcher.

Eine der fachgeschichtlich wichtigsten Persönlichkeiten jener Jahre unter dem Hakenkreuz ist zweifellos *Gerhard Buhtz*. Er wurde am 24. Februar 1896 in Schönebeck/Elbe als Sohn des Lehrers und Schuldirektors Ernst Buhtz geboren. Nach dem Besuch des Gymnasiums in Brandenburg/Havel erhielt er am 5. August 1914 das Reifezeugnis und wurde am gleichen Tage Kriegsfreiwilliger. Bis 7. Februar 1919 war er, mehrfach verwundet, Soldat und schließlich, nicht mehr felddienstfähig, in der Garnison als Gerichts- und Ausbildungsoffizier tätig. In einem Dienstleistungszeugnis wurde dem Leutnant d. Res. am 22. Juni 1918 bescheinigt: »Besonders schneidiger und tatkräftiger Frontoffizier, der sich ... in schwersten Kämpfen durch Unerschrockenheit und Umsicht hervorragend auszeichnete. ... Ausserdienstlich: tadellos, angenehmer Kamerad.«[20]

Bereits 1914 hatte Buhtz in Berlin ein Medizinstudium begonnen, das er zwischen 1920 und 1922 in Greifswald fortsetzte und am 17. Juni 1922 mit dem Staatsexamen abschloß. Nach der Promotion zum Dr. med. veröffentlichte Buhtz 1923 seine Dissertation zum Thema »Der Begriff der Unfallfolgen nach den Entscheidungen des Reichsversicherungsamtes unter besonderer Berücksichtigung der sogen. Unfallneurosen und der Begutachtung in der deutschen Sozialversicherung.«

Nach dem Staatsexamen schlossen sich zwei Monate als Medizinalassistent an der medizinischen Universitätsklinik Greifswald und eine sechsmonatige Assistententätigkeit am Institut für gerichtliche Medizin in Greifswald unter Willy Vorkastner an. Nach weiteren Ausbildungszeiten in Psychiatrie und Pathologie in Greifswald erwarb Buhtz am 25. Mai 1926 die Anerkennung als Facharzt für Psychiatrie. Es folgten zweieinhalb Jahre Assistententätigkeit am Institut für gerichtliche und soziale Medizin in Königsberg bei Martin Nippe und anschließend von November 1928 bis Ende März 1935 bei dem von Walter Schwarzacher geleiteten Institut in Heidelberg. Hier habilitierte sich Buhtz 1931 mit einer Arbeit über »Metallspuren in Einschußwunden«, nachdem er bereits vorher eine Prüfung als Schriftsachverständiger (1928) bzw. das Kreisarztexamen (1929) abgelegt hatte.

Nach dem altersbedingten Ausscheiden von Ernst Giese wurde Gerhard Buhtz am 1. April 1935 als ordentlicher Professor der gerichtlichen Medizin nach Jena berufen. Für das ausgeprägt nazistische Klima an dieser Universität war Buhtz hinreichend vorbereitet: Bereits seit April 1933 hatte er in der 32. SS-Standarte in Heidelberg gedient, im gleichen Jahr einen Lehrgang bei der Nachrichtensportschule Cannstadt als Lehrer und Klassenleiter mitgemacht und sich zum »Führer größerer Nachrichtenverbände« qualifiziert. Seit 1. Mai 1933 war er

Mitglied der NSDAP (Nr. 3 171 323), er gehörte dem NS-Dozentenbund an und war Fachredner im NS-Rechtswahrerbund.[21] Schon Ende 1935 wurde ihm das Amt des Dekans der Medizinischen Fakultät übertragen, das er mehrere Jahre innehatte. Als Dekan wandte er sich 1935 an den Heidelberger Rektor Groh um Rat in der Frage, wie mit »jüdisch versippten Prüfungsbeauftragten« zu verfahren sei. Groh schrieb ihm, es gäbe zwar noch keine rechtlichen Handhaben, doch habe er selbst sich in dieser Sache zu einem streng »arischen Prinzip« entschlossen (vgl. Kater 1985, S. 117).

Der ehrgeizige Buhtz nahm offenbar auch seine Karriere in der SS (Mitglieds-Nr. 100 376) recht ernst: Am 26. März 1934 wird er SS-Oberscharführer, am 5. August 1937 zum Hauptscharführer und am 20. April 1939 zum Untersturmführer befördert. Am 25. März 1940 bittet er den RFSS um Urlaub wegen der Teilnahme am Kongreß der Italienischen Gesellschaft für gerichtliche Medizin, der vom 30.5. bis 1.6. in Neapel stattfindet. Er sei zudem Ehrenmitglied der Ital. Gesellschaft. »Buhtz, SS-Untersturmführer«. Auf eine entsprechende Anfrage beim SS-Hauptamt erhält Buhtz die Antwort: »Das Tragen der SS-Uniform ist nur bei besonderen Anlässen nach Rückfrage bei der zuständigen Landesgruppe (Rom) gestattet.« (11.4.40) Überhaupt scheint diese besondere Uniform für Buhtz wichtig gewesen zu sein, am 2.7.42 schreibt er an seinen Hauptsturmführer: »Lieber Kamerad Jaeger! Da ich nach Erledigung meines Wehrmachtsauftrages voraussichtlich in absehbarer Zeit wieder von der Wehrmacht entlassen werde, bitte ich, von einer Abholung meiner SS-Uniformstücke Abstand zu nehmen.«

Inzwischen war Buhtz – zum 1. Juli 1938 – auf den Lehrstuhl für gerichtliche Medizin in Breslau berufen worden, der für ihn, wie schon zuvor in Jena, auf Kriminalistik, ärztliche Rechts- und Standeskunde sowie Versicherungsmedizin erweitert worden war.[22] Der Kontakt zu dem ebenfalls neu eingesetzten Rektor – es war der Pathologe Martin Staemmler, einer der »ersten Hochschulprofessoren, die zu Adolf Hitler kamen«[23] – dürfte sich zumindest auf ideologischer Ebene nicht schwierig gestaltet haben.

Am 12. Mai 1937 wurde Buhtz zum Vorsitzenden der Gesellschaft für gerichtliche und soziale Medizin, wurde jedoch 1940 sehr ernsthaft zum Rücktritt gezwungen (s. Kapitel 9).

Am 28. August 1941 meldete Buhtz an die für ihn zuständige SS-Sanitäts-Abteilung VI, daß er mit sofortiger Wirkung als Stabsarzt zur Wehrmacht »einberufen und der VI. Armee als beratender gerichtlicher Mediziner zur Aufklärung bolschewistischer Greueltaten im Baltikum zugeteilt worden [sei]. Voraussichtliche Dauer der Einziehung bis Mitte Oktober 1941.«

Ebenso, wie Buhtz mit seinen Ansichten über die Aufgaben- und Kompetenzverteilung zwischen Gesundheitsämtern und Universitätsgerichtsmedizinern Anstoß erregt hatte, entwickelte sich in den folgenden Jahren ein anderes Problem: »Buhtz ist Vertreter der Auffassung, daß die Sicherheitspolizei in allen kriminaltechnischen, kriminalmedizinischen und -biologischen Fragen sich des gerichtsmedizinischen Institutes bedienen müsse. Er hat wiederholt versucht, der Arbeit des kriminaltechnischen Instituts Schwierigkeiten in den Weg zu legen bezw. eine Änderung des Erlasses über die Aufgaben des KTI. herbeizuführen. Sein Verhalten führte seinerzeit dazu, daß SS-Obergruppenführer Heydrich mit Prof. Buhtz nichts mehr zu tun haben wollte«, heißt es in einem Schreiben, das RKPA-Chef Nebe am 3.9.1943 an Kaltenbrunner schickte. Und, da noch andere Eigenmächtigkeiten des renitenten Gerichtsmediziners hinzukommen, heißt es im gleichen Schreiben: »Ein SS-gerichtliches Verfahren gegen Buhtz einzuleiten, wird nicht möglich sein, da er z. Zt. Stabsarzt bei der Wehrmacht ist. Dagegen kann Buhtz, da er SD-Angehöriger ist, trotz seiner Zugehörigkeit zur Wehrmacht SD-mäßig-disziplinär zur Rechenschaft gezogen werden.«[24]

Über Buhtz, der der Weltöffentlichkeit inzwischen durch die Ausgrabungen in Katyn (s. Kapitel 15) bekannt geworden war, ging eine weitere Beschwerde, vom Chef der Einsatzgruppe B der Sicherheitspolizei und des SD verfaßt, bei Kaltenbrunner ein (s. Dok. 8). In den folgenden Monaten wurden gegen den eigenmächtigen Gerichtsmediziner diverse Repressionsmaßnahmen erörtert.[25] Buhtz selbst scheint das nicht allzu sehr beeindruckt zu haben, so schrieb er am 27.4.44 in einem Brief an de Crinis: »Ich befinde mich als Beratender Gerichtsmediziner der Heeresgruppe Mitte im Osten und habe ein ausserordentlich interessantes Material. Die Zahl der monatlich zu bearbeitenden Fälle kommt jetzt fast an 300 heran. Dabei ist die Vortragstätigeit sehr rege. Ich bin viel bei den Armeen und Divisionen. Wir haben ein ganz modernes Institut in Minsk aufgezogen. Mir stehen jetzt im Ganzen 6 akademische Mitarbeiter zur Verfügung, darunter 4 Ärzte, eine wissenschaftliche Assistentin und 2 Chemiker. Wir bearbeiten vielfache Fragestellungen (Selbstverstümmelung, Blutalkohol, Exhumierungen, Vergiftungen usw.) auch wissenschaftlich. Ich habe hier im Felde bereits zwei Doktorarbeiten aus dem Gebiet der naturwissenschaftlichen Kriminalistik und der Kriminalbiologie anfertigen lassen, davon eine über Umwelt und Persönlichkeit bei militärischen Selbstverstümmlern.

Mitte Mai bin ich in Hohenlychen zur Osttagung der Beratenden. Ich würde mich freuen, wenn wir uns dann kurz begrüssen könnten.«[26]

Gerhard Buhtz hat zwar nicht extrem viel, aber fachhistorisch Wichtiges publiziert: In einem Verzeichnis der wissenschaftlichen Arbeiten, das offenbar im Jahre 1942 gefertigt wurde, sind insgesamt 34 Titel aufgeführt. Das Buch »Der Verkehrsunfall« und der »Bericht des leitenden Gerichtsmediziners« über die Ausgrabungen von Katyn dürften von besonderer Bedeutung sein.

Über das Ende von Gerhard Buhtz heißt es in einem am 8. August 1944 vom SS-Oberabschnitt Südost an den Chef der Sicherheitspolizei und des SD gerichteten Schreiben aus Hollenburg a. d. D.: »SS-Sturmbannführer Prof. Dr. Buhtz ist am 26.6.1944 in der Nähe von Minsk tödlich verunglückt, und zwar ist er, wie hier bekannt geworden ist, beim Verladen der Instrumente seiner Dienststelle von einem Zug überfahren worden.

Wahrscheinlich wird die Heeresgruppe Mitte genau über die näheren Umstände des Todes ... Auskunft geben können.«[27]

Die »näheren Umstände des Todes« von Gerhard Buhtz sind seither im dunkeln geblieben. Ein Unfall beim Verladen der Instrumente? – Ein Sturz aus einem Zug mit Überrollen durch einen Gegenverkehrszug? – Wurde Buhtz von seinen SS-Kumpanen ermordet? – Oder von Partisanen getötet? – Oder ist er ein Opfer des Bombenkrieges geworden? Was sicher ist: es handelte sich um einen nichtnatürlichen Tod: Gerhard Buhtz »opferte« – so im Nachruf der Universität Breslau formuliert – »als Oberstabsarzt und beratender Gerichtsmediziner einer Heeresgruppe in äußerster Pflichterfüllung sein Leben in Feindesland«.[28]

Als Dekan einer medizinischen Fakultät wirkte unmittelbar nach dem Machtantritt der Nazis der Gerichtsmediziner *Rolf Hey* an der Universität Greifswald. Am 6.12.1892 in Berlin-Schöneberg geboren, hatte Hey nach dem Besuch des Gymnasiums in Emmerich am Rhein den I. Weltkrieg offenbar in voller Gänze (vom 2.8.1914 bis 30.5.1919) mitgemacht und, trotz mehrfacher schwerer Verwundung, ein Medizinstudium an den Universitäten Bonn und Königsberg absolviert, das er 1919 mit dem Staatsexamen an der Königsberger Universität abschloß. Von 1920 bis 1922 war er Assistent am Pathologischen Institut in Köln, danach folgte Assistententätigkeit am Institut für gerichtliche Medizin der Universität Bonn unter Müller-Heß. 1925 legte Hey das Kreisarztexamen ab, im Dezember des gleichen Jahres folgte die Habilitation. Im Jahre 1927 erhielt Hey einen Ruf als Ordinarius für gerichtliche Medizin an die Universität Greifswald; nach dem Weggang von Raestrup übernahm Hey ab 1.10.1934 den Lehrstuhl in Frankfurt/M., den er bis zu seinem Tode am 14.10.1940 innehatte. Am Ausbau und an der Verbesserung der Arbeitsmöglichkeiten sowohl des Greifswalder als auch des Frankfurter Institutes hat Hey wesentlichen Anteil.

Hey war einer der wenigen Vertreter des Lehrkörpers von deutschen Universitäten, die an der »Gemeinschaftstagung der Fachschaftsleiter [der nazistischen Medizinerschaften – F. H.] und Dozenten im Kameradschaftshaus ›Schlageter‹ vom 3.–7. Januar 1934 in Leipzig« teilnahmen. Auf der Tagung ging es, wie »Reichsfachschaftsleiter Pg. Klein« formulierte, um die Hauptfrage: »Wie bringen wir das nationalsozialistische Gedankengut in die Medizin hinein?«. Hey wußte darauf in der Diskussion folgende Antwort: »Der Arzt muß wieder der ärztlich vorgebildete Volksgenosse werden, der als Volksgenosse an das Krankenbett tritt. Dann erledigt sich die Vertrauensfrage zwischen Arzt und Patient ganz von selbst. In einem nationalsozialistischen Staat spielt diese Frage keine Rolle. Die Umgestaltung muß sich hundertprozentig und in einer radikalen Form ermöglichen lassen.«[29] Wenige Jahre später, nicht nur bei »Reichsausschußkindern« und bei der »Aktion T4« spielte die »Vertrauensfrage zwischen Arzt und Patient« dann tatsächlich »keine Rolle« mehr ...

Wissenschaftlich hat Hey eine Reihe von Arbeiten zu verschiedenen Themen der gerichtlichen Medizin publiziert. »In den letzten Jahren widmete er sich der Psychopathologie jugendlicher Autofallenräuber und sollte auf Anregung des Reichsjustizministeriums die Fälle aus dem Reich sammeln. Hierin kam seine kriminalbiologische Neigung ... zum Ausdruck.« (Jungmichel 1941.) Publikationen wie über den »Kampf gegen die Minderwertigkeit« (1934), die Tatsache, daß Hey »gewählt« wurde, und weitere Einzelheiten seines Wirkens belegen sein intensives profaschistisches Engagement.

Gottfried Jungmichel (Göttingen) wurde bereits am 24. März 1933 von der »S.A. der N.S.D.A.P. Brigade 10 (Pommern-West)« bescheinigt: »Als Mann, der schon in Zeiten des Kampfes vor der Machtübernahme offen für die Bewegung eingetreten ist, ist er in der Erledigung der vielfachen Pflichten der S.A. auch in der Zeit seit der Machtübernahme eine wertvolle Kraft gewesen. Seine weltanschauliche Festigung kann als über jeden Zweifel erhaben angesehen werden.«[30]

Der damals knapp 31-jährige (geb. 1. Mai 1902 in Spantekow bei Anklam) hatte nach dem Abitur ab 1920 an der Universität Greifswald Medizin studiert und hier 1925 das Staatsexamen abgelegt, am 8. Juli 1927 promoviert und eine Assistententätigkeit an der Heilanstalt

Stralsund bzw. am Pathologischen Institut in Braunschweig übernommen. Zur Gerichtsmedizin kam Jungmichel am 1. April 1929: Er wurde für reichlich fünf Jahre Assistent an dem von Rolf Hey und später von Kurt Goroncy (1869 - 1952) geleiteten Institut für gerichtliche Medizin Greifswald. Mit seiner Habilitationsschrift »Alkoholbestimmung im Blut« (1933 im Druck erschienen) leistete Jungmichel, der bei Erik Widmark in Lund volontiert hatte, einen sehr wichtigen Beitrag zur Einführung der Widmarkschen Methode der Blutalkoholbestimmung in Deutschland (s. Kapitel 18), am 1.4.1934 erfolgte die Ernennung zum Privatdozenten. Es folgte die Tätigkeit als 1. Assistent am gerichtsmedizinischen Universitätsinstitut in München. Als die Nazis Walter Schwarzacher seiner politischen Haltung wegen von dem Lehrstuhl in Heidelberg entfernten, wurde Jungmichel für ein reichliches Jahr mit der kommissarischen Vertretung betraut und übernahm schließlich im Oktober 1938 – nach einer weiteren kommissarischen Tätigkeit in Greifswald – das Institut für gerichtliche Medizin in Göttingen. Von seiner Geisteshaltung her konnte Jungmichel damals »als ein in jeder Beziehung politisch unbedingt zuverlässiger Parteigenosse gewertet werden«.[31]

Bis 1943 hat Jungmichel etwa 53 wissenschaftliche Arbeiten verfaßt[32], darunter sind neben Arbeiten zur Alkoholwirkung besonders auch solche zur forensischen Blutgruppenkunde hervorzuheben. Daneben hat Jungmichel auch zu kriminalbiologischen Themen gearbeitet, etwa »eine Verbrecherfamilie« beschrieben (1935) oder »neue Wege in der Verbrechensbekämpfung« in seiner Antrittsvorlesung am 24.2.1934 aufgezeigt.

»Die Entwicklung nach dem Krieg unterbrach seine wissenschaftliche Entfaltung auf rechtsmedizinischem Gebiet.« (Grüner 1981, S. 501.) Dazu ergänzte Mallach (S. 176): »Nach Entlassung aus amerikanischer Kriegsgefangenschaft am 29.6.1945 Rückkehr nach Göttingen. Amtsenthebung auf Anordnung der britischen Militärregierung am 14.11.1945«. Dennoch war die Karriere Jungmichels keineswegs beendet: »Ab 30.9.1948 Professor zur Wiederverwendung gemäß § 131 Grundgesetz. Erteilung eines Lehrauftrages für Versicherungsmedizin am 31.3.1952. Ernennung zum Ordinarius für Versicherungsmedizin am 9.9.1958. Emeritierung am 3.9.1970.« (Ebenda.)

Schon ab November 1956 war Jungmichel Oberbürgermeister der Stadt Göttingen geworden, dieses Amt behielt er bis Oktober 1966. In den Jahren 1959–1967 gehörte er auch dem niedersächsischen Landtag an. Auszeichnungen und Ehrungen blieben nicht aus: Das Große Verdienstkreuz des Verdienstordens der Bundesrepublik Deutschland

(1972), die Ehrenbürgerschaft der Stadt Göttingen am 30.4.1977. Gottfried Jungmichel starb am 2. Februar 1981 in Göttingen.

Nachdem bereits 1952 insgesamt fünf mit Jungmichel keineswegs vergleichbaren »Ehrenbürgern« der Stadt Göttingen ihre Rechte aberkannt wurden[33], wurde vor einiger Zeit auch die Ehrenbürgerschaft Jungmichels in Zweifel gezogen. Die GAL stellte am 9. März 2001 einen entsprechenden Antrag, der vom Rat der Stadt jedoch abgelehnt wurde.

Wenn man wesentliche schriftlich überlieferte Äußerungen von Berthold Mueller ansieht, muß man unbedingt zur Ansicht gelangen, daß er ein sehr engagierter Befürworter des Nationalsozialismus gewesen ist. Andererseits findet man seinen Namen in kaum einem Buch, das sich mit dem Problem »Medizin im Nationalsozialismus« beschäftigt – im Gegensatz zu Gerichtsmedizinern wie Gerhard Buhtz, Herwart Fischer, Gerhart Panning, Friedrich Pietrusky, Kurt Walcher und anderen. Es hat den Anschein, als ob Mueller in erster Linie ein perfekter Darsteller der nationalsozialistischen Auffassungen von Recht und Gesundheitssystem gewesen ist und weniger ein besonders aktiver Nazi.

Geboren am 14.01.1898 in Memel als Sohn eines Gymnasialprofessors, hatte Mueller nach Schulbesuch in Ostpreußen und Berlin 1915 die Reifeprüfung in Insterburg/Ostpr. abgelegt und anschließend in Königsberg Medizin studiert. Im I. Weltkrieg hatte er seinen Dienst als Kriegsfreiwilliger begonnen. Dem medizinischen Staatsexamen (1921) folgte während der Medizinalpraktikantenzeit 1922 die Promotion zum Dr. med. Nach dreijähriger Assistententätigkeit am Pathologischen Institut Königsberg wurde Mueller am 1.3.1925 Assistent am Institut für gerichtliche und soziale Medizin der Universität Königsberg, ein Jahr später ging er nach Greifswald zu Willy Vorkastner, dem er 1927 nach Frankfurt/M. folgte; beide blieben dort bis 1930. Am 28.12.1929 habilitierte sich Mueller mit einer Arbeit über die Erblichkeit von Fingerbeerenmustern. Nach dem plötzlichen Tod Vorkastners am 19.11.1931, mit dem Mueller nach Halle/S. gegangen war, folgte eine Lehrstuhlvertretung bis Ende September 1932. Nach anderthalbjähriger Tätigkeit in München wurde Mueller am 1.5.1934 persönlicher Ordinarius in Göttingen und wechselte 1937 nach Heidelberg, wo er bis 30.3.1941 dem Institut vorstand. Vom 1.4.1941 bis 31.12.1944 leitete er, mit Unterbrechungen durch Kriegsdienst, das Institut für gerichtliche Medizin in Königsberg. Ab 1.1.1945 übernahm Mueller zumindest nominell das Breslauer Institut für gerichtliche Medizin (bis 1.5.1945). (Ludwig 1972, S. 55 f.)

Vom 4.11.1935 bis 30.9.1937 und vom 1.8.1940 bis 30.9.1942 war Berthold Mueller Vorsitzender der Deutschen Gesellschaft für gerichtliche und soziale Medizin, auch nach 1945 hatte er den Vorsitz der Gesellschaft inne.

Schon auf der 23. Tagung der Gesellschaft für gerichtliche Medizin im September 1934 in Hannover hielt Mueller ein Hauptreferat über »Nationalsozialistische Strafgesetzgebung«, das sich mit psychiatrischen und gerichtlich-medizinischen Gesichtspunkten befaßte. Behandelt wurden dabei mit dem Anspruch, »das kommende Strafrecht darf nicht nur in großen Zügen, sondern muß in allen Einzelheiten durchdacht und dem Wesen des deutschen Volkes angepaßt werden«, Probleme wie Zurechnungsfähigkeit, Trunkenheitsdelikte, ärztliche Zeugnisse, Abtreibung, Selbstverstümmelung, Operationsrecht, Zwangsuntersuchung; Verhandlungsfähigkeit, gerichtliche Sektionen, Leichenschau und Verwaltungssektionen. Auch zu Begriffen wie »Rassenverrat« und *»lebensunwertes Leben«* entwickelt Mueller Gedanken, wobei er z. B. ausführt, daß gegen die »Vernichtung lebensunwerten Lebens ... weder vom völkischen noch vom ärztlichen Standpunkt Bedenken geltend zu machen sind«. (Mueller 1935, S. 126.)

1938 erschien die 1., 1944 die 2. und 3. und letzte Auflage eines »Lehrbuches für Studenten und Ärzte« über »Gerichtliche und soziale Medizin einschließlich des Ärzterechts« von Berthold Mueller und Kurt Walcher. Mueller hat dabei den ersten Teil – »Arztrecht, soziale Medizin« – bearbeitet, der medizinische Teil – »gerichtliche Medizin« – stammt von Walcher. Obgleich selbstverständlich absolut »linientreu« formuliert, besticht die Muellersche Darstellung der Facetten des NS-Gesundheitssystems noch heute durch ihren ungewöhnlichen Informationsgehalt.

Welchen Grad von Nähe Mueller wirklich zum NS-System gehabt hat, kann man allerdings heute allein anhand von Akten und Publikationen nicht mehr recht ausdeuten: »In Göttingen konnte noch 1936 der jüdische Mediziner Helmut Gutmann unter Befürwortung des Dekans Berthold Mueller (geb. 1898) und des Physiologen Hermann Rein (1898–1953) promoviert werden. Der Promovend mußte jedoch zuvor den Verzicht auf die Approbation erklären und seine Fahrkarte nach New York vorlegen.«[34] Auch der mit »vertraulich« gekennzeichnete Bericht über Einzelheiten der Affäre um Gerhard Buhtz mit Datum vom 10.3.41 (s. Dok. 9) deutet auf eine gewisse Distanz zumindest zu den im Text aufgeführten NS-Funktionären.

Berthold Mueller geriet 1945 in amerikanische Kriegsgefangenschaft und erlebte dann »bei Professor Willy Giese in Bremen eine bemerkenswerte Zwischenzeit, in der er an einer großen Prosektur seinen gerichtsmedizinischen Sachverstand einbrachte ... am 1. Dezember 1948 erfolgte seine Wiederberufung auf den Lehrstuhl an der Universität Heidelberg« (Janssen 1977, S. 1203). Die Inanspruchnahme dieser Stelle spricht natürlich dafür, daß auch bei Mueller die Entnazifizierung ihre Zeit brauchte ...

Den Lehrstuhl für gerichtliche Medizin in Heidelberg hatte Mueller dann bis zu seiner Emeritierung am 1.11.1968 inne. Er starb am 9.7.1976 in Heidelberg.

Zweifellos ist Berthold Mueller einer der bedeutendsten Gerichtsmediziner des 2. Drittels des 20. Jahrhunderts. Aus seiner Feder stammen über 150 wissenschaftliche Arbeiten. Seine 1953 (1. Auflage, 2. Auflage 1975) erschienene »Gerichtliche Medizin« ist »das umfangreichste und reifeste Werk, welches Professor Mueller in der ganzen Welt bekannt und berühmt« gemacht hat (Weinig 1968). »Zur Entwicklung der gerichtlichen Medizin in Deutschland wäre es der Wunsch von Berthold Mueller gewesen, wenn diese ohne Ausweitung ihres Anspruches auf Kompetenz bei der strengen somatischen Konzeption der österreichischen Vorbilder geblieben wäre« (Janssen 1977).

Ferdinand von Neureiter, am 23.7.1893 in Budapest als Sohn eines Diplom-Ingenieurs geboren, besuchte in Wien Volksschule und Gymnasium und studierte ab 1912 an der Wiener Universität Medizin. Nach Unterbrechung des Studiums durch »Dienst bei der Armee im Felde« zwischen August 1914 und Mai 1919 wurde Neureiter – der offenbar (wie im vorliegenden Lebenslauf vom 31.4.1934) auf das »von« gern verzichtete – am 26.7.1920 promoviert, nachdem er »die Prüfungen aus allen 18 Lehrgegenständen des medizinischen Studiums mit ›ausgezeichnetem‹ Erfolg abgelegt hatte«. Nach Tätigkeit im anatomischen Institut wurde von Neureiter am 1.4.1921 Assistent am gerichtlich-medizinischen Institut der Universität Wien. Sein Lehrer Albin Haberda hat ihn sehr geschätzt und beschrieb den »Habilitationsbewerber« 1924 »als einen überaus bescheidenen und ehrenhaften, zuverlässigen, liebenswürdigen, repräsentativen und jedem Eigendünkel fernen Mann ... der trotz seiner Jugend zu den besten Vertretern der gerichtlichen Medizin gehört.«[35]

Schon am 1. Januar 1923 war von Neureiter von der medizinischen Fakultät zum a. o. Professor für gerichtliche Medizin und als Vorstand des neu zu gründenden gerichtsmedizinischen Institutes an der lettländischen Universität Riga berufen worden. Trotz erfolgreicher Tätigkeit in Riga – 1930 konnte endlich ein eigenes Institutsgebäude bezogen werden, der junge Professor publizierte zahlreiche Arbeiten und war in viele wissenschaftliche Gremien integriert – hat sich Neureiter um eine Rückkehr nach Wien bemüht, »nicht um das Streben, meine Stellung materiell zu verbessern. Dabei leitet mich vielmehr ausschließlich der Wunsch, wieder in der Heimat, im deutschen Sprachkreise, unter Bedingungen, die eine erspriessliche wissenschaftliche Arbeit ermöglichen, wirken und in meiner Muttersprache unterrichten zu können«, heißt es in einem Brief an den Schwiegervater, Ministerialrat Dr. Leon Beldowicz.[36] 1934, nach dem Tode von Albin Haberda, scheiterte dieser Versuch, dessen Nachfolger in Wien zu werden.

Bereits zu diesem Zeitpunkt konnte von Neureiter 57 wissenschaftliche Arbeiten präsentieren. Obwohl kriminalbiologische Themen dabei nur eine untergeordnete Rolle spielten, gab er am 1.6.1937 seine akademische Tätigkeit in Riga auf und wurde Regierungsrat im Reichsgesundheitsamt in Berlin und Leiter der »Kriminalbiologischen Abteilung« des Amtes. In dieser Position beschäftigte er sich intensiv mit der Realisierung der nazistischen Vorstellungen von einem reichseinheitlichen »Kriminalbiologischen Dienst« (s. Kapitel 11). Wahrscheinlich war diese Tätigkeit jedoch keineswegs der Traum von Neureiters, sondern eher das Sprungbrett nach Deutschland, wie Bemühungen z. B. um die Übernahme des gerichtsmedizinischen Lehrstuhls in Jena – als Nachfolger von Buhtz, der nach Breslau gegangen war – andeuten: »Im übrigen kann ich melden«, so schrieb er an Buhtz, »daß sich Herr Präsident Astel um mich interessiert und ich auch vom Gaudozentenschaftsführer zur Einsendung eines Lebenslaufes und eines Verzeichnisses meiner Arbeiten nebst Lichtbild vor wenigen Tagen aufgefordert wurde. Gebe Gott, daß das Ganze einen guten Ausgang nimmt!«[37] Zweieinhalb Jahre später, am 1. Januar 1940, übernahm von Neureiter den Lehrstuhl für gerichtliche Medizin an der Universität Hamburg, bevor er 1941 an die sog. Reichsuniversität Straßburg berufen wurde.

»Seine immer vorbildliche Tätigkeit als Lehrer und Forscher fand ein tragisch rasches Ende«, schrieb Schwarzacher (1956, S. 932), »als eine schwere Erkrankung, die Diagnose schwankte zwischen Tumor und Tuberkulose – die Obduktion ergab sowohl das eine wie auch das andere ihn im Jahre 1944 zwang, ein Sanatorium im Schwarzwald aufzusuchen.« Ferdinand von Neureiter starb am am 7.6.1946 in Peterstal im Benschtal/Schwarzwald.

Die wissenschaftliche Tätigkeit von Neureiters »findet ihren Niederschlag in fast 100 Publikationen, deren Großteil in Konzeption und Behandlung neue und originelle Wege beschreitet. ... Aus seiner Feder stammen zwei Lehrbücher der gerichtlichen Medizin in lettländischer

Sprache. ... Neureiter war auch einer der erfolgreichsten Mitarbeiter am ›Handwörterbuch der gerichtlichen Medizin‹, das gemeinsam mit Pietrusky und Schütt herausgegeben wurde. Für seine Verdienste wurde Neureiter zum Ehrendoktor der Universität Riga promoviert und die Kaiserlich Leopoldinische Akademie in Halle wählte ihn zum korrespondierenden Mitglied.« (Schwarzacher.)

Geboren am 22.4.1900 in Libau (ehem. Kurland), kam *Albert Ponsold* im Alter von 14 Jahren nach Petersburg, wo er an der Petri-Kirchenschule 1918 das Abitur ablegte. Im gleichen Jahre begann er ein Medizinstudium in Dorpat, das er 1919 in Berlin fortsetzte. Die Jahre 1924/25 verbrachte Ponsold als Medizinalpraktikant in Berlin, die Approbation erlangte er am 17.5.1926.

Es folgten von 1927 bis 1930 Assistentenjahre am Anatomischen Institut in Berlin und Marburg, danach ein Jahr am Stubenrauch-Krankenhaus in Berlin. Vom 1.7.1931 bis 30.9.1932 war Ponsold Assistent am Institut für gerichtliche Medizin Berlin, anschließend bis Juli 1933 an der Nervenklinik Kiel und ab 9.7.1935 am Halleschen Institut für gerichtliche Medizin bei Walcher bzw. Schrader. 1934 legte Ponsold sein Kreisarztexamen ab und ein Jahr später, am 10.9.1935, habilitierte er mit einer Arbeit über »Intraabdominelle Skelettierung und Mumifizierung von Föten bei experimentellem extrauterinem Abort«.

Im Juni 1939 folgte die Ernennung zum Dozenten »neuer Ordnung«: »Politisch ist Ponsold zuverlässig. Er ist Parteimitglied und Sturmführer im NS-Fliegerkorps«, heißt es in seiner Hallenser Personalakte.[38] Zum 1. Oktober 1941 wurde Ponsold auf den Lehrstuhl für gerichtliche Medizin an der »Reichsuniversität Posen« berufen, den er bis 1945 innehatte (s. Kapitel 5).

Im Unterschied zu vielen seiner gerichtsmedizinischen Berufskollgen mußte Ponsold seinerseits auf eine Entnazifizierung nicht warten: »In dem Fahndungsbuch der Engländer war mein Name verzeichnet, aber in der Rubrik ›Nazi‹ ein Fragezeichen gesetzt. Weder war ich in der SS gewesen noch hatte ich der Partei angehört. Insofern hatte ich nichts zu befürchten«, ließ Ponsold 1980 auf Seite 196 des Buches »Der Strom war die Newa« verkünden. Das Fragezeichen hinter dem Wort »Nazi« wäre natürlich absolut entbehrlich gewesen, denn seit 1. Mai 1937 gehörte er der NSDAP an (Nr. 4 047 403), seit 1933 schon der SA, er war Mitglied des NS-Ärztebundes und des NS-Dozentenbundes, besaß die Zulassung als Arzt im Amt für Volksgesundheit der NSDAP, war »Sturmarzt« des NSKK und arbeitete in einem Erbgesundheitsgericht mit. Trotzdem »erfreute« er sich »eines frühen Starts« (ebenda, S. 207), indem er nach dem Ver-

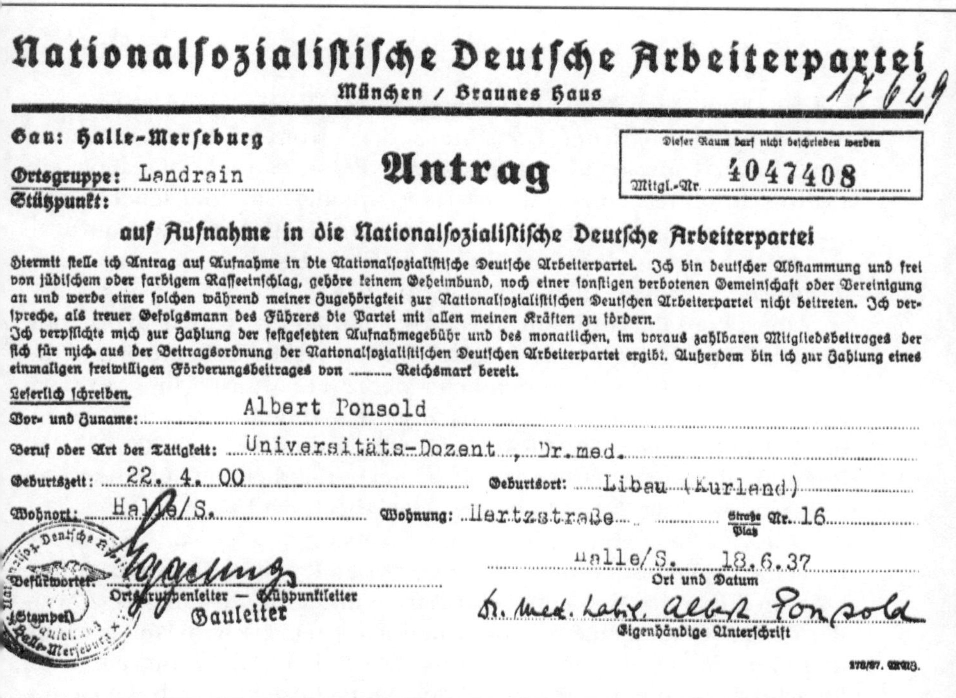

Nationalsozialistische Deutsche Arbeiterpartei 17629
München / Braunes Haus

Gau: Halle-Merseburg

Dieser Raum darf nicht beschrieben werden

Mitgl.-Nr. 4047408

Antrag

Ortsgruppe: Landrain
Stützpunkt:

auf Aufnahme in die Nationalsozialistische Deutsche Arbeiterpartei

Hiermit stelle ich Antrag auf Aufnahme in die Nationalsozialistische Deutsche Arbeiterpartei. Ich bin deutscher Abstammung und frei von jüdischem oder farbigem Rasseeinschlag, gehöre keinem Geheimbund, noch einer sonstigen verbotenen Gemeinschaft oder Vereinigung an und werde einer solchen während meiner Zugehörigkeit zur Nationalsozialistischen Deutschen Arbeiterpartei nicht beitreten. Ich verspreche, als treuer Gefolgsmann des Führers die Partei mit allen meinen Kräften zu fördern.
Ich verpflichte mich zur Zahlung der festgesetzten Aufnahmegebühr und des monatlichen, im voraus zahlbaren Mitgliedsbeitrages der sich für mich aus der Beitragsordnung der Nationalsozialistischen Deutschen Arbeiterpartei ergibt. Außerdem bin ich zur Zahlung eines einmaligen freiwilligen Förderungsbeitrages von .... Reichsmark bereit.

Leserlich schreiben.

Vor- und Zuname: Albert Ponsold

Beruf oder Art der Tätigkeit: Universitäts-Dozent, Dr. med.

Geburtszeit: 22. 4. 00 Geburtsort: Libau (Kurland)

Wohnort: Halle/S. Wohnung: Hertzstraße Straße/Platz Nr. 16

Befürwortet:
Ortsgruppenleiter — Stützpunktleiter
Gauleiter
(Stempel)

Halle/S. 18.6.37
Ort und Datum

Dr. med. habil. Albert Ponsold
Eigenhändige Unterschrift

Abb. 7: Aufnahmeantrag Albert Ponsolds für die NSDAP – ein Widerspruch zur Behauptung in seinem Buch »Der Strom war die Newa« (S. 196), er hätte nie »der Partei« angehört.

lassen Poznańs zunächst vertretungsweise die Leitung des Düsseldorfer Instituts übernahm und schon 1947 nach Münster berufen wurde.

Albert Ponsold publizierte eine größere Zahl wissenschaftlicher Arbeiten zu verschiedenen Themen der gerichtlichen Medizin, er war einer der Autoren des Handwörterbuches der gerichtlichen Medizin und Naturwissenschaftlichen Kriminalistik. Auch ein didaktisch gut aufgebautes Lehrbuch, das mehrere Auflagen (1950, 1857, 1967) hatte, entstand unter seiner Federführung.

In den frühen Jahren der BRD war Ponsold eine durchaus anerkannte Persönlichkeit: er gehörte – neben anderen, zwar bekannten, aber durchweg ebenfalls nazistisch vorbelasteten Personen – dem ersten Bundesgesundheitsrat an, der sich am 27. April 1953 konstituierte.[39]

In seiner Tätigkeit als gerichtsmedizinischer Sachverständiger hat Ponsold jedoch mehrere grobe Fehlgutachten mit gravierenden Folgen für die Angeklagten erstattet. Am bekanntesten ist dabei der Fall Hetzel geworden: Der zum Zeitpunkt des Vorfalls (1953/plötzlicher Tod einer jungen Frau nach Geschlechtsverkehr) 27-jährige Mann wurde auf Grund des Ponsoldschen Gutachtens, der – trotz erfolgter Obduktion durch zwei Pathologen – anhand von Fotos minderer Qualität ein Erdrosseln mittels eines Kälberstrickes annahm, zu einer lebenslänglichen Freiheitsstrafe verurteilt und erst nach 16 Jahren in einem Revisionsverfahren – in dem Otto Prokop als Sachverständiger auftrat – freigesprochen (Prokop 1970, Arnau 1970, 1974).

Albert Ponsold wurde am 30.9.1968 emeritiert, hatte jedoch bis Ende März 1970 noch die kommissarische Vertretung des Lehrstuhls und die Leitung des Instituts für gerichtliche Medizin in Münster inne. Er starb am 14.2.1983 in Münster. Noch nach seinem Tode hat sich ein Gericht, das Verwaltungsgericht Münster, für ihn interessiert: 228 000 DM soll Ponsold – im Zusammenhang mit seinen gerichtlichen Gutachten – zu wenig an das Land Nordrhein-Westfalen abgeführt haben.[40]

Bei der Beschäftigung mit dem Lebensweg von *Gerhard Schrader* fallen seine engen Beziehungen zu Theorie und Praxis der Todesstrafe auf: »Als am 30. Januar 1933 ein Schlußstrich unter ein System gesetzt wurde, dessen Gedankengänge dem nationalsozialistischen Weltanschauungsbild diametral entgegengesetzt waren, fiel gleichzeitig auch die Entscheidung in einer Frage, die viele Jahrzehnte hindurch die Gemüter bewegt hatte, nämlich die der Zweckmäßigkeit und Beibehaltung der Todesstrafe«, theoretisierte er 1934. Besonders in den späten Jahren der Nazidiktatur hatte er dann engste Beziehungen zur Hinrichtungsstätte »Roter Ochse« in Halle (s. Kapitel 16).

Geboren am 9. Juli 1900 als Sohn eines Arztes in Oppeln/Oberschlesien, hatte Gerhard Schrader nach dem Besuch des humanistischen Gymnasiums in Rybnik und Beuthen (Oberschlesien) in Breslau und München Medizin studiert und nach Ablegung des Staatsexamens in Breslau am 25.6.1925 promoviert. In den Jahren 1926–1930 war er Assistent am Hygienischen und Bakteriologischen Institut Breslau, an der Psychiatrischen Universitätsklinik Frankfurt/M. und am Institut für gerichtliche und soziale Medizin in Halle/S. Vom 1.11.1930 bis 1.11.1934 fungierte er als 1. Assistent am gerichtlich-medizinischen Institut Bonn, habilitierte sich hier und erhielt am 28.11.1931 eine Dozentur.

Ab 1.11.1954 war Schrader ordentlicher Professor und Direktor des Institutes für gerichtliche Medizin der Universität Marburg. Am 1.4.1937 übernahm er in Nachfolge von Kurt Walcher das planmäßige Extraordinariat für gerichtliche und soziale Medizin an der Universität Halle. Die Berufung zum planmäßigen Ordinarius erfolgte 1941. Wie Walcher vor ihm wirkte auch Schrader in Halle an der medizinischen Fakultät im

Sinne des Nationalsozialismus. Er war seit 1. Mai 1933 Mitglied der NSDAP (Nr. 2 117 844) und gehörte bis November 1934 der SA an, später war er im NSKK als »Sturmarzt« tätig.[41] Zur Tätigkeit Schraders in Halle führen Kaiser und Simon aus: »Meldungen über seine Beförderung zum ›Sanitäts-Obersturmführer‹ und zum ›stellvertretenden Standartenführer‹ gehen wiederholt an die Universitätsleitung ab.« (1978, S. 60.) Als Ausdruck der Tatsache, daß auch die Deutsche Akademie der Naturforscher in Halle bei ihren Entscheidungen zumindest partiell in die Verstrickungen der faschistischen Politik geraten war – das wissenschaftliche Œuvre Schraders ist nicht allzu umfangreich und beschränkt sich auf Zeitschriftenbeiträge – , werten die Autoren die Berufung Schraders zum Mitglied der Leopoldina (Mitglieds-Nr. 4 704) am 12. Juni 1943 (vgl. ebenda, S. 62).

Bereits längere Zeit als Schriftführer der Fachgesellschaft tätig, übernahm Schrader am 24.10.1942 den Vorsitz der »Gesellschaft für gerichtliche Medizin und Kriminalistik« und wurde am 24.10.1944 »durch den Herrn Reichsminister des Innern« erneut zum Vorsitzenden bestellt. 1943 wurde er mit den Untersuchungen der Massengräber von Winniza beauftragt (s. Kapitel 15).

Gerhard Schrader verließ seinen Lehrstuhl in Halle im Frühjahr 1945 und starb am 10. Mai 1945 in Bonn (Mallach, S. 213).

Mehr als bloße Mitgliedschaft in der NSDAP war der Grund dafür, daß man *Kurt Walcher* am 21. Juli 1945 auf Weisung der amerikanischen Militärregierung seines Amtes als Direktor des Instituts für gerichtliche Medizin und Kriminalistik in Würzburg enthob und sein »Antrag auf Wiedereinstellung«, den er am 9.5.1949 gestellt hatte, letztlich keine Zustimmung fand. Fünf Jahre, vom Sommersemester 1939 bis Sommersemester 1944, war Walcher mit einer kurzen Unterbrechung im Jahre 1940 Führer des NSDDB an der Universität Würzburg und im gleichen Zeitraum Leiter der Dozentenschaft gewesen (vgl. Pengel, S. 164).

Geboren am 23.10.1891 in Stuttgart als Sohn eines Landrichters, hatte Walcher nach dem Besuch der Lateinschule in Blaubeuren, Reifeprüfung am Gymnasium zu Reutlingen (1909) und Militärzeit als Einjährig-Freiwilliger ab Sommersemester 1910 ein Medizinstudium in München begonnen, das er in Freiburg/Br., Kiel, Erlangen fortsetzte und schließlich 1917 in Tübingen mit dem Staatsexamen beendete. Ab Ende August 1914 hatte er Dienst im Lazarett getan, später, nach abgelegtem Examen, war er Truppenarzt bis Dezember 1918. Nach Kriegsende schlossen sich Assistenzarzttätigkeit an der Heil- und Pflegeanstalt Schussenried sowie am Pathologischen Institut in Berlin-Lichterfelde an. Über 10 Jahre, vom 1.1.1922 bis 30.9.1932, war Walcher dann ordentlicher Assistent am gerichtlich-medizinischen Institut in München, wo er 1927 habilitierte. Am 1. Oktober 1932 erfolgte die Ernennung zum persönlichen Ordinarius in der Medizinischen Fakultät der Universität Halle. Seit 1. Mai 1933 Mitglied der NSDAP (Mitglieds-Nr. 2 187 041)[42], war Walcher u. a. Dekan der Medizinischen Fakultät und »Ratsherr der Stadt Halle« und spielte offenbar hauptsächlich zu Beginn des nationalsozialistischen Infiltrationsprozesses an der Fakultät eine wichtige Rolle bei der Durchsetzung der hochschulpolitischen Absichten der Nazis. Zum 1.10.1936 folgte »Pg. Prof. Dr. med. Kurt Walcher ... einem Ruf nach Würzburg«[43] und wurde dort wiederum persönlicher Ordinarius. Hier übernahm Walcher den durch das Ausscheiden von Herwart Fischer freigewordenen Lehrstuhl.

»Die zahlreichen wissenschaftlichen Veröffentlichungen von Walcher betreffen viele Gebiete der somatischen gerichtlichen Medizin: die Leichenveränderungen, die vitale Reaktion ... das Ertrinken, Schußverletzungen, Handlungsfähigkeit nach Verletzungen. Er verfaßte mehrere zusammenfassende Berichte über Forschungsergebnisse in unserem Fache. ... Unser Fach verdankt ihm ferner die Abfassung einiger wichtiger Bücher ...« (Mueller 1974, S. 321).

Ab 15.11.1949 arbeitete er im gerichtsärztlichen Dienst in Amberg und wurde ein Jahr später Landgerichtsarzt im Staatlichen Gesundheitsamt München-Land und Blutgruppensachverständiger. 1956 wurde Walcher pensioniert. Er starb am 20.3.1973 in Diessen am Ammersee.

Ferdinand Wiethold »verlor [1945 – F. H.] seinen Lehrstuhl, für kurze Zeit auch die Approbation, und es hat viele Jahre gedauert, ehe er wieder den Lehrstuhl innehatte, auf den er 1941 berufen worden war«, schreibt sein Schüler Kurt Wagner in einem Nachruf (1961, S. 5). Möchte man sich über den Lebensweg dieses Gerichtsmediziners orientieren, so findet man durchweg lückenhafte Darstellungen[44], die keine Erklärung dafür anbieten, *warum* Wiethold so lange auf seine Wiedereinsetzung warten mußte.

Mallach z. B. schildert den »Weiterbildungs- und Werdegang« des am 24.12.1893 in Bocholt/Westf. geborenen Ferdinand Wiethold, der nach dem Medizinstudium (in Berlin, Bonn, Kiel, Münster und München) 1918 das Staatsexamen abgelegt, am 27. Mai 1920 promoviert und am 21. Dezember 1929 in Bonn über »Beweggründe und Ursache der Sittlichkeitsverbrechen« habilitiert hatte, wie folgt: »Vom 19.1.1920 bis zum 31.1.1921 Assistent am Pathologischen Institut der Universität Frankfurt/M. bei Bernhard Fischer-Wasels. Vom 1.3.1921 bis zum

30.6.1923 Assistent am Preußischen Hygiene-Institut in Landsberg (Warthe) bei Ernst Artur Emanuel Wernicke. Ab 1.7.1923 Assistent an der Universitäts-Nervenklinik Rostock bei Max Rosenfeld.

Vom 1.10.1925 bis zum 30.4.1926 außerplanmäßiger Assistent am Institut für Gerichtliche Medizin der Universität Breslau bei Georg Puppe, vom 1.5.1926 bis zum 31.10.1930 am Institut für Gerichtliche und Soziale Medizin der Universität Bonn bei Victor Müller-Heß. Kreisarztexamen am 14.7.1928 – Ort nicht eruierbar.

Vom 1.11.1930 bis zum 29.4.1935 Oberassistent am Institut für Gerichtliche und Soziale Medizin der Universität Berlin bei Victor Müller-Heß. Am 11.8.1932 Ernennung zum außerplanmäßigen Professor. Am 6.6.1935 Ernennung zum Extraordinarius und Bestellung zum Direktor des Institutes für Gerichtliche Medizin der Universität Kiel als Nachfolger von Ernst Ziemke sowie am 1.5.1941 zum Extraordinarius und Bestellung zum Direktor des Institutes für Gerichtliche und Soziale Medizin der Universität Frankfurt/M. als Nachfolger von Rolf Hey. Am 1.12.1958 Ernennung zum Ordinarius. Stirbt 67jährig während seiner Amtszeit.«

Auch die breit angelegte Doktorarbeit von Rolf-Günther Kögler (1988) über die gerichtliche Medizin an der Universität Frankfurt am Main gibt über die Jahre nach 1945 keinerlei Auskunft. Selbst die mit 48 Titeln reiche Publikationsliste Wietholds bietet kaum einen Anhalt für das, was Wiethold offenbar nach 1945 vorgeworfen werden mußte: »Über das Gesetz zur Verhütung erbkranken Nachwuchses« (1934) und »Zur Frage der Entmannung gemeingefährlicher Gewohnheitsverbrecher« (1934) haben auch andere Autoren geschrieben. Vielleicht ist Ferdinand Wiethold vorzuwerfen, daß er sich besonders in den frühen Jahren der NS-Zeit engagiert hat, schrieb doch Wagner im Nachruf über seinen Lehrer: »Sein Arzttum und seine wissenschaftlichen Erkenntnisse, nicht zuletzt aber auch seine innere Gesinnung, verboten ihm, auch nur entfernt jene Wege gutzuheißen, die zumindest in den letzten Kriegsjahren die nationalsozialistische Justiz förmlich vorschrieb.«

Unter der Vielzahl der Kreisärzte gibt es einige, die der gerichtlichen Medizin *und* dem Nationalsozialismus in besonderer Weise verbunden waren. Beispielhaft sollen Eduard Schütt und Nathanael Wollenweber kurz besprochen werden.

Eduard Schütt, am 28. 12. 1875 in Frankfurt a. M. geboren, hatte in Erlangen Medizin studiert und nach Approbation und Promotion ab 1902 als Arzt in Osnabrück, Griesheim, und Bachardeh gearbeitet, war dann Kriegsteilnehmer und hatte 1924 das Kreisarztexamen abgelegt.

Von 1926 bis 1933 war Schütt als Gerichtsmedizinalrat für Barmen und Elberfeld zuständig.

In einem an den REM gerichteten Schreiben des Vorsitzenden der gerichtsmedizinischen Fachgesellschaft vom 4.11.1938 erlaubte sich Professor Buhtz die Anregung, »Herrn Dr. Schütt den Titel ›Professor‹ zu verleihen.« Schütt hat nach der nun folgenden Begründung einiges zu bieten: Er »hat als Direktor im Reichsgesundheitsamt die Leitung der Abteilung für Erb- und Rassenpflege inne. Ferner ist er Leiter der Poliklinik für Erb- und Rassenpflege beim Kaiserin Augusta Viktoriahaus in Charlottenburg, Mitglied des Preussischen Landesgesundheitsrates und der Prüfungskommission für Amtsärzte, Dozent an der Staatsakademie des öffentlichen Gesundheitsdienstes in Berlin, amtsärztlicher Beisitzer des 1. Senates des Erbgesundheitsobergerichtes beim Kammergericht Berlin, Mitherausgeber des ›Öffentlichen Gesundheitsdienstes‹ und der ›Schriftenreihe des [R]eichsgesundheitsamtes‹, Mitherausgeber und Schriftwalter der ›Deutschen Zeitschrift für die gesamte gerichtliche Medizin‹ und Leiter der ›Wissenschaftlichen Gesellschaft der deutschen Ärzte des öffentlichen Gesundheitsdienstes‹.«[45]

Die ideologischen Voraussetzungen für derartige Funktionen hatte sich Schütt schon vor 1933 erworben: 1927 war er Mitbegründer einer eugenischen Arbeitsgemeinschaft in Elberfeld, die zwei Jahre später als »Eugenische Gesellschaft Barmen-Elberfeld« eine Ortsgruppe der »Deutschen Gesellschaft für Rassenhygiene« wurde, und er war – als erster preußischer Medizinalbeamter – bereits 1930 der NSDAP beigetreten (vgl. Labisch und Tennstedt, S. 496). Folglich war das, was Buhtz in seiner Anregung weiter schrieb, keineswegs Lobhudelei: »Direktor Schütt war unter den gerichtlichen Medizinern zweifellos einer der allerersten, die für die Beachtung der Erbgesetze im Rahmen der Bevölkerungspolitik und bei der Verbrechensbekämpfung eingetreten sind. Dies beweist u. a. der Antrag, den er auf der 17. Hauptversammlung des Deutschen Medizinalbeamtenvereins in Stuttgart im September 1929 gestellt hat. Damals verlangte er, die Hauptversammlung möge ihre Aufmerksamkeit neben der Fürsorge für die heutige Generation in erhöhtem Masse einer Fürsorge für die kommenden Geschlechter zuwenden; sie wolle prüfen, ob nach dem heutigen Stande der Frage der Sterilisierung Minderwertiger und Verbrecher bereits Wege zu einer eugenischen Auslese beschritten werden können, um der schrankenlosen Vermehrung menschlichen Elends entgegenzutreten. Ähnlich lauteten seine Anregungen, die [er] kurz vorher auf der 18. Tagung der Deutschen Gesellschaft für gerichtliche und soziale Medizin in Heidelberg geäussert hat. Schütts in vieler

Beziehung wegweisende Ansichten über die Bekämpfung der Kriminalität vom bevölkerungspolitischen, rasseanthropologischen und erbbiologischen Standpunkt sind in dem als eigene Broschüre gedruckten Vortrage enthalten, den er auf der wissenschaftlichen Sitzung vom 1. September 1933 anässlich der 50. Jahrestagung des preusischen Medizinalbeamtenvereins gehalten hat. Im Jahre 1933/34 hat Schütt im Rheinland eine ausserordentlich umfangreiche Vortragstätigkeit entfaltet, die sich auf die Aufklärung von Ärzten, Juristen und Laien in Fragen der Kriminalbiologie und der Erb- und Rassenpflege erstreckte.«

Schütt habe sich, so Buhtz weiter, »stets weitestgehend für die gerichtliche Medizin und deren Bedürfnisse bei den massgebenden Stellen eingesetzt. So gehen auf ihn die dem Innenministerium vorliegenden Entwürfe über die Neuordnung des gerichtsärztlichen Dienstes, über die ärztliche Zwangsleichenschau und über die Einführung von Verwaltungssektionen zurück ...«

Offenbar war Schütt in erster Linie ein Mann des gesprochenen Wortes, denn die Zahl der wissenschaftlichen Arbeiten, die den Antrag auf den Professorentitel hätten unterstützen können, war nicht allzu üppig: Über einen »Knochenfund mit geglückter Identifizierung«, einen »Fall von Bulbärparalyse nach Cocain-Adrenalininjektionen nach Zahnbehandlung« und über »zwei Fälle von Bolus-Tod« konnte man in der Deutschen Zeitschrift für die gesamte gerichtliche Medizin (1930, 1934) nachlesen und »Die gesetzliche Entmannung von Sittlichkeitsverbrechern« hatte Schütt 1934 in der Zeitschrift für Medizinalbeamte besprochen. Auch in dem gemeinsam mit Ferdinand von Neureiter und Friedrich Pietrusky herausgegebenen »Handwörterbuch der gerichtlichen Medizin und naturwissenschaftlichen Kriminalistik« beschränkte er sich – im Gegensatz zu von Neureiter und Pietrusky – auf nur zwei Beiträge (»Vaterschaftsnachweis und –ausschluß« und »Verbrecherische Unterdrückung bzw. Verletzung des Personenstandes«).

Das mehrseitige Fürspracheschreiben von Buhtz hatte keinen Erfolg: »Vertraulich« und als »Einschreiben« teilte der Präsident des Reichsgesundheitsamtes, Prof. Dr. Reiter, dem Vorsitzenden der gerichtsmedizinischen Fachgesellschaft am »28. Juni (Brachet) 1939« mit: »Wie mir der Herr Reichsminister für Wissenschaft, Erziehung und Volksbildung mitteilt, hält er die vorliegenden Allgemeinverdienste des Direktors Dr. Schütt allein für die Verleihung des Professortitels an den Genannten nicht für ausreichend. ... Ich vermag daher den Antrag ... auf Verleihung des Professorentitels an Direktor Dr. Schütt nicht weiter zu verfolgen.«[46]

Wie sich spätestens zwei Jahre später zeigte, fühlte sich Schütt den Belangen der Fachgesellschaft viel weniger als seinem Dienstherren verpflichtet: Er trug, indem er das mit »streng vertraulich« gekennzeichnete Schreiben »an alle Fachvertreter« dem Innenministerium zugänglich machte, ganz maßgeblich zur Ablösung des eigenständig und -mächtig agierenden Vorsitzenden Gerhard Buhtz bei (s. Kapitel 9.; Dok. 9).

Eduard Schütt hatte ganz zweifelhaft auch eine Neigung zu Blumigkeit in der Wortwahl und einen Hang zur Poesie: 1938 beschrieb er Hitler als »gottgesandten Führer mit der unwiderstehlichen Überzeugungskraft des Sehers«, und im gleichen Jahre konnte er im Rahmen eines »künstlerischen Wettbewerbes des Sanitätskorps der Wehrmacht« das Gedicht »Die künstliche Hand« – nachempfunden aus Erlebnissen des I. Weltkrieges oder Vorausahnung auf Ereignisse der nächsten fünf Jahre, auf alle Fälle grauslige Lyrik – im »Jungarzt« publizieren.

Nach 1945 hat sich Schütt abfällig über das Vergangene geäußert: »Das Wort ›Revolution‹ ist mir derart ekelhaft und verhaßt, daß es mich bei den Nazis immer angewidert hat, wenn von einer nationalsozialistischen Revolution die Rede war. Wir sind Barockmenschen, also mindestens 200 Jahre zu spät geboren.« (Zit. nach Labisch und Tenstedt, S. 497.) Schütt starb am 28. Juli 1948 in Laufen/Oberbayern.

Nathanael Wollenweber, ein Pfarrerssohn aus Freudenberg/Siegen, wurde am 16. März 1875 geboren und studierte von 1895 bis 1900 in Berlin, Marburg und Bonn Medizin. Nach allgemeinärztlicher Tätigkeit und Kreisarztexamen war er ab September 1906 für mehrere Jahre Kreisassistenzarzt in Bochum und dann ab 1909 bis 1935 Kreisarzt des Landkreises und Gerichtsarzt des Stadtkreises Dortmund. Mit etwa 2 300 durchgeführten gerichtlichen und Unfall-Sektionen verfügte Wollenweber über eine beträchtliche gerichtsmedizinische Praxis. Im Preußischen Medizinalbeamtenverein fungierte er zwischen 1923 und 1933 als Schrift- bzw. Geschäftsführer.

Auch Wollenweber war schon, bevor dafür Opportunitätsgründe eine Rolle gespielt haben könnten, der NSDAP beigetreten: Am 15. November 1932 war dies geschehen, direkt bei Leonardo Conti habe er sich in Berlin angemeldet (vgl. Labisch und Tennstedt, S. 516). Sein Anteil am Gesetz zur Vereinheitlichung des Gesundheitswesens muß beträchtlich gewesen sein: »Wenn nach dem nationalsozialistischen Umschwung noch Raum war für Dr. Gütt und das Gesetz für Vereinheitlichung des Gesundheitswesens, so darf ich das ohne Übertreibung wesentlich als mein Werk bezeichnen ... Unzählige Stunden des Abends und der Nacht, alle Sonn- und Urlaubstage sind in diesem Kampf sogar unter einer gewissen Vernachlässigung der Familie geopfert worden« (zit. nach ebenda). Trotzdem wurde Wollenweber – so schreiben Labisch und Tennstedt – nach 1933 von Arthur Gütt »›ausgebootet‹, vermutlich weil er die mehr oder weniger beibehaltene Gebührenablieferungspflicht der Kreisärzte nicht tolerierte und die ideologische Aufwertung durch rassenhygienische Aufgaben nicht als Kompensation ansah.«

Ab April 1935 arbeitete Wollenweber – auf Veranlassung von Conti – als Amtsarzt und Leiter des Gesundheitsamtes in Lünen; noch im Amt, wurde er im März 1945 im Auftrag des NSDAP-Kreisleiters verhaftet, konnte jedoch fliehen. In den Kriegsjahren war Wollenweber Beisitzer im Vorstand der Gesellschaft für gerichtliche Medizin. Auch Eduard Schütt war Beisitzer im Vorstand (s. Kapitel 9). Beide waren übrigens gemeinsam seit 1937 Herausgeber der Schriftenreihe »Der Arzt des öffentlichen Gesundheitsdienstes«. Im Juni 1946 ging Wollenweber in den Ruhestand, 1951 verstarb er in Dortmund.

Mitläuferstorys:
»Anwärter seit ... – kein Mitgliedsbuch, kein Amt, kein Rang«

»Die meisten meiner Fachkollegen waren in der nationalsozialistischen Partei und mußten nach dem Kriege wegen der Entnazifizierung auf die Wiedereinsetzung warten«, liest man auf Seite 207 des Buches »Der Strom war die Newa« von Albert Ponsold. Das »Warten auf die Wiedereinsetzung« als Lehrstuhlinhaber war nach 1945, wie z. B. Nekrologe, Geburtstagswürdigungen und andere Quellen dokumentieren, in der Gerichtsmedizin sehr verbreitet, wenn auch – Ponsold selbst bewies es – trotz NSDAP-Zugehörigkeit keineswegs obligat. Die folgenden biographischen Details, die keinen Anspruch auf Vollständigkeit erheben und alphabetisch geordnet sind, belegen die Ponsoldsche Feststellung.

Herbert Elbel[47], so kann man bei Höpfner (S. 291) lesen, »war Österreicher und laut eigenem Lebenslauf 1928 Mitbegründer des NS-Studentenbundes in Innsbruck. Er trat 1932 mit allen Mitgliedern seiner Burschenschaft Suevia der NSDAP bei (Eintrittsdatum 1.3.1932, Mitgl. Nr. 900 575/BDC PA Elbel). In Göttingen wurde er 1935 auf Veranlassung des Dozentenführers Schürmann angesichts der bevorstehenden Habilitation SS-Anwärter und stellvertretender SS-Sanitätsstaffelführer. Da er aber ohne die Einwilligung der SS heiratete, kam es nie zu einer formellen Aufnahme.« In der Fußnote heißt es dazu: »Elbel heiratete im November 1935, hatte zwar einen Antrag auf Genehmigung beim Reichsführer SS eingereicht, der jedoch nicht abschließend entschieden werden konnte, da in Österreich keine Recherchen für den umfangreichen Abstammungsnachweis durchgeführt werden konnten. Der letzte Hinweis auf eine Bearbeitung des Aufnahmeantrages findet sich am 15.7.1939. (Vgl. SS-Akte Elbels im BDC. Weiterhin Karteiblatt Elbels in BA R 21/Anhang). Der Prüfungsausschuß der Universität Bonn bezeichnete Elbel 1945 als unpolitischen Menschen und empfahl seine weitere Verwendung. 1946 wurde er dann zum Ordinarius ernannt und stand über seine Emeritierung hinaus 34 Jahre als Gerichtsmediziner, aber auch als ›Vater des Bonner Studentenwerkes‹ im Dienst der Universität.«

Zu *Augustin Förster*[48] teilt Schulte (S. 58) mit: Amtsenthebung im Jahre 1945, Wiedereinsetzung 1949.

Bei *Wilhelm Hallermann* (Kiel) verlief die Entwicklung anders: Obwohl »seit 1933 in der SA, seit 1.5.1937 in der Partei, Mitglied-Nr. 4 358 616«,[49] übernahm er »unter schwierigen Zeitverhältnissen ... 1946 die Leitung des Studentenwerks an der Universität Kiel« (Gerchow 1977, S. 500) und wurde 1947 schon zum Dekan der Medizinischen Fakultät ernannt.

Das Schicksal *Hermann Merkels*[50] nach 1945 hat Thomas Geiner in seiner Dissertation ausführlich beschrieben: »Prof. Merkel, der nach seiner Emeritierung im Sommersemester 1939 auf Anordnung des Reichministers für Wissenschaft, Erziehung und Volksbildung mit der weiteren Leitung des gerichtsmedizinischen Institutes für die Zeit von 1938 bis 1945 betraut war, wird am 27. Juli 1945 auf Weisung der amerikanischen Besatzungsbehörde aus seinen Ämtern und Stellungen entlassen. Ihm wird seine Mitgliedschaft in der NSDAP und seine Zugehörigkeit zur SA vorgeworfen. Prof. Merkel erhebt am 21. August 1945 Einspruch gegen seine Dienstenthebung. Als dieser Einspruch abgelehnt wird, stellt er den Antrag, ein Spruchkammerverfahren gegen ihn zu eröffnen und ihn in die Gruppe der Mitläufer einzureihen. Durch eine Reihe von Bestätigungsschreiben kann Prof. Merkel nachweisen, daß er sich bei seiner Arbeit niemals von nationalsozialistischen Idealen leiten ließ und im Gegenteil sogar mehrmals öffentlich Ansichten vertrat, die dem nationalsozialistischen Gedankengut widersprachen und wegen denen er mehrmals angegriffen wurde. Am 16. Januar 1948 wird Prof. Merkel von der Spruchkammer als Mitläufer eingestuft und zur Zahlung eines Sühnebetrages von 2000 DM verurteilt. Nachdem er nach der Bezahlung dieser Geldsumme wieder rehabilitiert ist, beantragt Prof. Merkel im Mai 1948 seine Wiedereinstufung in den Emeritierungsstand.

Der nunmehr 75jährige muß seit 1945 ausschließlich von seinen Ersparnissen leben, da er auf Grund seiner Dienstenthebung über kein Einkommen mehr verfügt. Als im Juli 1948 noch nichts (!) über seine zukünftige Stellung entschieden ist und seine Ersparnisse vor allem nach der Währungsumstellung erschöpft sind, bittet Prof. Merkel das Dekanat der medizinischen Fakultät um einen Vorschuß von 200 DM. Im Hinblick auf seine bevorstehende Pensionierung erhält er den von ihm erbetenen Geldbetrag. Am 5. August 1948 wird er in den Ruhestand versetzt. Er erhält jedoch lediglich ein Ruhestandsgehalt, während ihm die vollen Rechte und das volle Gehalt eines emeritierten Professors nicht zuerkannt werden. Am 3. Oktober beantragt Prof. Merkel noch einmal, ihn wieder als emeritierten ordentlichen Professor einzustufen. Diesem Antrag wird vom Bayerischen Staatsministerium für Unterricht und Kultus im Hinblick auf die bestehende Rechtslage zunächst nicht entsprochen. Als Prof. Merkel nach Änderung der Gesetzeslage seinen Antrag wiederholt, erhält er ab dem 25. Oktober 1952 wieder das volle Gehalt eines Emeritus. Die anderen Rechte eines emeritierten Professors, wie die Teilnahme an den Fakultätssitzungen oder die Eintragung in das Vorlesungsverzeichnis, erhält er erst am 22. Mai 1953 zurück, nachdem sich die medizinische Fakultät und vor allem auch sein Nachfolger Prof. Dr. Laves für seine Belange eingesetzt haben.«

Hans Molitoris[51] hatte es bis zum Gaudozentenbundführer im Gau Franken (Nürnberg) gebracht. Diese Funktion hatte er sechs Jahre (1937–1943) inne und wurde darin nur noch von dem Chirurgen Heinrich Gissel, der das Amt sieben Jahre in Mecklenburg ausübte, übertroffen (vgl. Pengel, N., S. 52). Des Gaudozentenbundführers wissenschaftliche Hinterlassenschaft ist mit 15, bis 1933 verfaßten Publikationen nicht sehr umfangreich (vgl. Kelz, H. M., S. 77 ff.).

Martin Nippe[52] war »mit Mitgliedsnummer 2 857 164 Parteigenosse, Mitglied des N.S.D.-Ärztebundes, Mitglied des N.S. Lehrerbundes« und »vor Eintritt in die N.S.D.A.P. keiner Partei zugehörig«. Aber: »Es war ihm auch nicht mehr vergönnt, den Neuaufbau des Reiches durch den Führer bis zum Ende miterleben zu dürfen«, schrieb Berthold Mueller in einem Nachruf.

Otto Schmidt antwortete nach dem Kriege auf die Frage nach seiner NSDAP-Mitgliedschaft: »Anwärter seit 15.6.38, kein Mitgliedsbuch, kein Amt, kein Rang«.[53] 1948 wurde er nach Göttingen berufen.

Friedrich Timm (Jena) gehörte seit dem 1. Mai 1933 »der NSDAP (Mitgl.-Nr. 2 383 147) und folgenden Untergliederungen an: NSD-ÄB, NSLB, NS-Doz.B., NSV, RLB, Opferring.«[54]

Günther Weyrich[55] kam am 8. Mai 1945 in amerikanische Kriegsgefangenschaft. »Nach schweren Jahren der Nachkriegszeit erhielt er 1954 den Ruf ... nach Freiburg« (Spann 1988, S. 374). Weyrich klagte noch 1986: »Alle deutschen gerichtsmedizinischen Institute sind im 2. Weltkrieg durchgekommen, nur das Prager Institut hat den Krieg nicht überlebt« (Weyrich 1986, S. 730).

Michael H. Kater, der sich mit der Statistik der NSDAP-Zugehörigkeit der Ärzte beschäftigt hat, gibt an, daß 44,8 % aller Ärzte, die sich von 1936 bis 1945 bei der Reichsärztekammer registrieren lassen mußten, Anhänger der NSDAP waren. Vom Berufsstand der gerichtlichen Mediziner dürfte dieser Prozentsatz sehr deutlich übertroffen worden. Kater stellte auch Unterschiede hinsichtlich des Lebensalters der Ärzte, die der NSDAP angehörten, fest: Von den Medizinern, die zwischen 1925 und 1932 ihre Zulassung erhielten, waren 53,1 % der Nazipartei beigetreten, von den zwischen 1919 und 1925 zugelassenen waren es 50,8 %. Dagegen waren unter den zwischen 1878 (dem frühesten in dieser Stichprobe genannten Datum) und 1919 zugelassenen Ärzten mit 39,1 beträchtlich weniger Parteimitglieder. Er wertet dies als »ein starkes Indiz dafür, daß von den nationalsozialistischen Ärzten jene Gruppe am engagiertesten war, die erst relativ kurz vor Hitlers ›Machtergreifung‹ ihren Abschluß gemacht hatte und der, insbesondere in den Jahren der Weltwirtschaftskrise, von ihren älteren, etablierten Kollegen der Zugang zum Arztberuf verwehrt worden war. ... Diese Ärzte waren in einer Ära der erbitterten ideologischen Auseinandersetzungen sozialisiert worden und der zunehmenden politischen Präsenz der Nazis ausgesetzt. Bis einschließlich 1933 hatten sie sich aus Empörung über die widrigen Verhältnisse und weil sie sich von prädestinierten Führern eine glänzende Zukunft versprachen, dem nationalsozialistischen Lager angenähert« (Kater 2000, S. 107 f.).

In der Generation derer, die in der Zeit des Nationalsozialismus Assistenten im Fach wurden, hat es folglich nicht wenige gegeben, die schon in ihrer Jugend zur Nazipartei gekommen waren. Einige Beispiele: *Rudolf Manz* (Jahrgang 1908) war bereits »seit 1930 Mitglied der NSDAP«,[56] *Ernst Kühn* (Jahrgang 1908) seit 1. Juni 1931 (Mitgl.-Nr. 551 190)[57] und *Joachim Camerer* (Jahrgang 1910) ebenfalls seit 1931.[58] Auch *Heinz Cortain* (Jahrgang 1908) war »Pg. und als solcher politisch als Amtsleiter der N.S.D.A.P. tätig«.[59]

In anderen Fällen war der Eintritt in die NSDAP – so wurde zumindest nach 1945 oftmals angegeben – eine wichtige Hilfe beim Einstieg in eine erstrebte neue Position. *Rolf Niedenthal* »ersuchte im Mai 1933 um

Aufnahme in die Partei, um die angestrebte Stelle als Gerichtsarzt bekommen zu können«.[61] Bei *Emil Weinig* wurde »am 1. Mai 1937 ... korporative Überführung in die Partei durch das NSKK ohne eigenen Antrag beantragt« (Mitgl.-Nr. 5 817 573)[60], und nach 1945 schrieb *Walter Neugebauer* in einer »Autobiographie« in merkwürdiger Selbstdistanzierung: »Im Juni 1939 trat er, in der Meinung des besseren Vorwärtskommens gerade im Rahmen der Berufungsverhandlungen für Prag der NSDAP und der SA bei«.[62]

Kapitel 8

Diskriminierung, Repression und Gewalt – auch gegen Fachvertreter

»Die politischen Umwälzungen des Jahres 1933 erschütterten auch unser Fach«, schreibt Krauland in einer recht ausführlichen Darstellung der Geschichte der ehemaligen »Deutschen Gesellschaft für gerichtliche Medizin«. Nach 16 Zeilen unverfänglichen Zwischentextes beendet er diesen Abschnitt mit dem Satz: »Die Schrecken des Krieges und die Erschütterungen und Verschiebungen der Nachkriegszeit lähmten lange Zeit jedes wissenschaftliche Leben, ganz besonders auch in unserem Fach.« (Krauland 1970, S. 27.)

In diesen spärlichen Auskünften über jene Zeit verbergen sich nicht nur die im vorigen Abschnitt beispielhaft angeführten Einzelheiten über das Konformitätsverhalten prominenter Fachvertreter zum Nationalsozialismus, sie schließen zugleich ein Schweigen darüber ein, was anderen, z. T. sehr bedeutenden Fachvertretern von den Nazis zugefügt wurde. Auch Stürzbecher beklagt dieses Schweigen, wenn er, auf die besonderen Verdienste der beiden Berliner Gerichtsmediziner *Fritz Strassmann und Paul Fraenckel*[1] eingehend, schreibt: »Im Sinne der Nürnberger Gesetze waren Strassmann und Fraenckel Juden. Beide gaben das wichtigste Publikationsorgan der Gerichtlichen Medizin, die ... Zeitschrift für gerichtliche Medizin heraus. Unter dem politischen Druck der Nürnberger Gesetze mußten beide die redaktionelle Tätigkeit aufgeben. Strassmann ist 1940 im hohen Alter eines natürlichen Todes gestorben; Fraenckel beging Suizid, als er den Judenstern tragen mußte. Als nach dem Zusammenbruch die Zeitschrift wieder erscheinen konnte, finden wir in ihr keinen Hinweis darauf, daß die verdienten langjährigen Schriftleiter aus der Redaktion ausscheiden mußten und vom NS-Regime verfolgt wurden.« (Stürzbecher 1984, S. 22.)

Einzelheiten zum Ableben von *Paul Fraenckel* beschrieben Geserick, Vendura und Wirth (2001, S. 195 ff.): »Am 10. September 1941 verstarb im Martin-Luther-Krankenhaus in Berlin-Grunewald der 67-jährige Prof. Dr. Paul Fraenckel an einer Überdosis von Morphium und Veronal. Das tödliche Gift hatte er sich selbst beigebracht. Da er sich als Fachmann auf die Wirkungsweise verstand und rechtzeitig mit einem ausreichenden Vorrat versorgt hatte, bestand keine Hoffnung auf Rettung. ... Die letzten von Fraenckel niedergeschriebenen Sätze lauteten: ›Das ertrage ich nicht – den gelben Davidstern auf der Brust! Es ist der gefürchtete Keulenschlag, den ich doch immer noch nicht für möglich halten wollte.‹«

Die Rassengesetzgebung vertrieb auch den Sohn Fritz Strassmanns, *Georg Strassmann*[2], aus Breslau, wo er zehn Jahre gerichtsmedizinisch tätig gewesen war.

Repressionen und Gewalt auf der »Grundlage« der NS-Rassengesetze haben auch die Vertreter anderer medizinischer Fächer, die der gerichtlichen Medizin durch ihre Forschungsergebnisse nahe waren, erdulden müssen. *Fritz Schiff* vom Krankenhaus Berlin-Friedrichshain, weltweit bekannt als Mitbegründer einer wissenschaftlichen Spurenkunde, mußte nach Amerika auswandern.[3] *Leone Lattes*, der sich besondere Verdienste um die Identifikation von Blutflecken erwarb und auch ein umfangreiches Werk über gerichtliche Unfallmedizin schrieb, floh vor dem italienischen Faschismus nach Südamerika.[4] Der Name *Ludwik Hirszfeld*[5] ist mit der gesamten Blutgruppenkunde der ersten Hälfte unseres Jahrhunderts auf das engste verbunden. Dieser auch musisch hochbegabte Gelehrte – er war z. B. Mitglied des polnischen Schriftstellerverbandes – kämpfte unter schwierigsten Bedingungen im Warschauer Ghetto gegen Flecktyphus, hielt Kurse für Sanitärausbildung zum Kampf gegen Epidemien ab und bearbeitete die anstehenden riesigen medizinischen Probleme unter ständiger Bedrohung des eigenen Lebens zudem z.T. noch wissenschaftlich (vgl. Jaworski 1980, S. 52).

Repressionen trafen auch diejenigen Fachvertreter, die den Faschisten offenbar schon vor der Annexion Österreichs auf Grund ihrer politischen Positionen oder ihrer ablehnenden Haltung zu den gesundheits- und bevölkerungspolitischen Gewaltakten der Nazis, auffällig geworden waren. Unmittelbar nach dem Einmarsch wurde der

Vorstand der Wiener Lehrkanzel für gerichtliche Medizin, *Fritz Reuter*, seines Amtes enthoben, und Philipp Schneider als Nachfolger eingesetzt. In Graz wurden *Walther Schwarzacher* und sein Oberassistent *Wolfgang Laves* entlassen, den Lehrstuhl übernahm Anton Werkgartner (s. Kapitel 6).

Auch das Schicksal polnischer Lehrstuhlinhaber in der Zeit des Faschismus soll kurz erwähnt werden: Der Nachfolger von Wachholz auf dem Krakówer Lehrstuhl, *Prof. Dr. Jan St. Olbrycht*[6] wurde am 30. Juni 1942 inhaftiert und war dann bis 1945 Häftling in den Konzentrationslagern Auschwitz und Mauthausen (vgl. Popielski 1968, S. 92). Dozent *Dr. Robel*, Leiter der chemischen Abteilung des gerichtsmedizinischen Institutes in Kraków, wurde als polnischer Wissenschaftler ins KZ Sachsenhausen verbracht und 1941 von Beck »nach schwierigsten Verhandlungen mit Berliner Dienststellen« freibekommen.[7] Den Leiter des Instituts für gerichtliche Medizin der Universität Lemberg (Lwow), *Prof. Dr. Wladimir Sieradski*, ermordeten die Nazis bereits am 4. Juli 1941 kurz nach ihrem Einmarsch in die Stadt (s. Kapitel 5). Der Gründer des Poznańer gerichtsmedizinischen Institutes, *Prof. Dr. Stefan Horoszkiewicz*[8], wurde aus seinem Amt vertrieben, seine Frau, die jüdischer Herkunft war, 1942 von den Faschisten erschossen.

In Deutschland hat es nur wenige Lehrstuhlinhaber gegeben, die dokumentarisch nachweisbar der NSDAP nicht beigetreten waren. Gottfried Raestrup, der das Leipziger Institut leitete, und Heinrich Többen aus Münster gehörten dazu.

Gottfried Raestrup bejahte 1946 die Frage »Wurden Sie jemals aus politischen, rassischen, religiösen oder ähnlichen Gründen, oder weil Sie aktiv oder passiv den Nationalsozialisten Widerstand leisteten, in Haft genommen oder in ihrer Freizügigkeit, Niederlassungsfreiheit oder sonstwie in Ihrer gewerblichen oder beruflichen Freiheit beschränkt?«, mit folgenden Formulierungen:

»Allenthalben steigende Schwierigkeiten wegen Nichteintrittes in die Partei u. wegen Ehelosigkeit. Ständige Übergehung u. Benachteiligungen in dienstl. Belangen an der Univer. i. d. dtsch. Gesell. f. gerichtl. Med. u. Krim., in der Partei u. persönl. Verkehr mit Parteimitgliedern. Drohung und ›Rote Ankreuzung‹ meines Namens bei der Partei wegen zu geringer oder gar keiner Zahlung von NSV-Beiträgen. Angebl. meine beabsichtigte Liquidierung durch Partei nach Kriegsende. 1944 trotz Vorschlages d. med. Fakul. Breslau nicht mehr auf den Lehrstuhl f. gerichtl. Med. Breslau berufen.«[9] Andererseits ist bei Raestrups Wirken in den Jahren zwischen 1933 und 1945 kein Hinweis dafür zu entdecken, daß er sich z. B. Zurückhaltung beim Umgang mit den »Praxispartnern« der Gerichtsmedizin, Staatsanwälten und Richtern, Polizei und Gestapo, auferlegt hätte. Selbst Roland Freisler dankte ihm von Herzen ... (s. Dok. 4) *Heinrich Többen*, vor 1933 dem »Zentrum« nahe und auch später Kontakte zur katholischen Geistlichkeit pflegend, hatte – nach der »politischen Beurteilung« durch den »Leiter des Gaupersonalamtes« vom Oktober 1941 – »noch in keiner Weise den Beweis dafür erbracht ... daß er jederzeit bereit ist, rückhaltlos für den nationalsozialistischen Staat einzutreten«.[10] Sein Institut wurde von den Nazis als »katholischer Laden« bezeichnet, er selbst in einem Dienststrafverfahren, das auf einem zum Skandal hochgespielten Gutachten aufgebaut worden war, zeitweise seines Amtes enthoben, auch die weitere Ausübung seiner Privatpraxis wurde ihm untersagt (vgl. Siegel 1966, S. 53 ff.). Auch bei Többen muß ein »Allerdings« angefügt werden: Teile seiner theoretischen Arbeiten zu Verbrechensbekämpfung und Strafvollzug widersprachen durchaus nicht den von den Nazis praktizierten eugenisch-rassenhygienischen Maßnahmen.

Abneigung gegen das Naziregime und Ablehnung der faschistischen »Ideologie« hat es bei einzelnen Fachvertretern sicherlich gegeben. Nachweisbarer Einspruch oder gar Widerstand derer, die »ärztliche Rechts- und Standeskunde« lehrten, blieb allerdings innerhalb der Grenzen »Großdeutschlands« auch angesichts »gesundheitspolitischer« Praktiken wie der Euthanasieaktionen aus – in der nahen Schweiz wagte schließlich der Gerichtsmediziner *Fritz Schwarz*[11] eindeutigen Protest (vgl. Schwarz, F., 1944, S. 297 ff.).

Frauen haben sich in Medizin und Naturwissenschaften in den ersten Jahrzehnten des 20. Jahrhundert zunehmend auch als *Wissenschaftlerinnen* etabliert. In der NS-Zeit hatten sie es jedoch doppelt schwer, auf der akademischen Leiter emporzusteigen. Die Behinderungen begannen bereits bei der Ausbildung, denn zumindest in den Anfangsjahren des NS-Regimes wurde das Frauenstudium nahezu generell abgelehnt. Dafür steht z. B. eine Meinungsäußerung des Referenten für Medizin im REM, Prof. Bach. Er schrieb in einer persönlichen Stellungnahme vom 18.11.1939 an seinen Kollegen Oberregierungsrat Huber:

»... 1. Der Beruf der Frau ist nicht ein Hochschulstudium;

2. für die Ehe sind diese Weiber meistens schlecht zu gebrauchen, da sie zum Teil verbogen sind, zum Teil in einem recht hohen Heiratsalter stehen;

3. ihre medizinische Verwendungsfähigkeit ist beschränkt, sowohl was die reine Berufsausübung anbelangt ... auch für kolonisatorische

Arbeiten, wie jetzt in Polen und im Sudetenland kommen sie nicht in Frage, genau so wenig wie für die Landarzttätigkeit.

4. Nur ein geringer Prozentsatz, jedenfalls viel geringer als beim Mann, bringt Führereigenschaften mit, die zum Arztberuf, wenn er ideal gestaltet werden soll, unbedingt notwendig sind ...

Ich ... würde vorschlagen, dass an keiner Fakultät die Zahl der Neueinschreibungen weiblicher Studierender 10 % der männlichen Studierenden überschreiten darf.«[12]

Tatsächlich betrug im Sommersemester des Jahres 1939 der Anteil der weiblichen Studienanfänger in der Medizin nur 7,2 %. Das änderte sich im Laufe der folgenden Kriegsjahre: männliche Ärzte waren für den Militäreinsatz vorgesehen, Ärztinnen für die Versorgung der Zivilbevölkerung, schließlich sogar im Sinne einer »Notdienstverpflichtung«. Folglich stieg der Anteil der Medizinstudentinnen stark an: im Sommersemester 1944 waren 62,9 % der Neuimmatrikluierten weiblich (Kramer 1997, S. 69).

Selbst die Anthropologin *Ilse Schwidetzky*[13], obgleich der nazistischen Rassenideologie durchaus zugetan und für diese engagiert, hatte 1937 schlechte Voraussetzungen für eine Dozentur: »Der Minister hat auf den Bericht vom 1.6.1937 – Nr. 990/37 – betr. die Meldung der Dr. phil. Ilse Schwidetzky beim Anthropologischen Institut für die Ableistung der nichtwissenschaftlichen Voraussetzungen zur Erlangung der Dozentur wie folgt entschieden: Da dem Dozenten außer seinen wissenschaftlichen Leistungen wesentliche erzieherische und Führereigenschaften voraussetzende Aufgaben zufallen, fehlt dem weiblichen Dozenten künftig die Voraussetzung für eine ersprießliche Tätigkeit.

Die Reichshabilitationsordnung hat mit Einführung der Dozentenlehrgänge einen ausschließlich männlichen Hochschullehrernachwuchs im Auge gehabt. Bei dieser Sachlage wird es kaum möglich sein, der Genannten die Erteilung der Dozentur in Aussicht zu stellen. Gegen eine forschende Tätigkeit an einer Hochschule oder in einer Forschungsanstalt bestehen jedoch keine Bedenken. Als solche sind auch die Beteiligung an speziellen Seminaren und Übungen zu betrachten. Ich bitte, Fräulein Dr. Schwidetzky im obigen Sinne in angemessener Weise zu verständigen.«[14]

Eine der ersten Frauen in der Gerichtsmedizin war *Elisabeth Nau*[15], sie beschrieb ihre Laufbahn so: »Die Absicht, mich zu habilitieren, mußte ich nach 1933 für unbestimmte Zeit aufgeben, da ich die seinerzeit geforderten Voraussetzungen (Mitgliedschaft oder Betätigung in der NSDAP, der NSF, dem BDM usw., Besuch der Dozentenakademie und

Teilnahme an dem Dozentenlager oder anderen ärztlichen oder politischen Schulungskursen) nicht erfüllt habe. Infolgedessen konnte ich mich erst mehrere Jahre später nach Überwindung großer Schwierigkeiten auch ohne Erfüllung dieser damals geforderten politischen Voraussetzungen im Sommer 1940 habilitieren und einige Monate später die Dozentur erwerben.«[16]

Die Verschiedenheit menschlicher Schicksale läßt sich aus archivalischen Quellen oftmals nur bruchstückhaft nachvollziehen, autobiographische Hinterlassenschaften sind selten. Die folgenden Beispiele erhellen skizzenhaft, aber dennoch schlaglichtartig den »zerstörenden Negativismus« (Thomas Mann), dem menschliche Individuen durch den Nazismus ausgesetzt waren.

Ernst Giese und seine jüdischen Patienten

Nach dem Machtantritt der Nazis im Jahre 1933 hatte der Gerichtsmediziner Ernst Giese seine berufliche Karriere bereits weitgehend hinter sich, seine Emeritierung erfolgte am 1. April 1935. Sein Nachfolger als Leiter der »Anstalt für gerichtliche Medizin« der Universität Jena wurde Gerhard Buhtz.

Geboren am 27.11.1865 in Jena als Sohn eines Zimmerermeisters, hatte Giese nach dem Besuch des Gymnasiums Carolo-Alexandrinum in Jena Ostern 1884 das Abiturientenexamen bestanden und an den Universitäten Jena, München und wieder in Jena Medizin studiert; Staatsexamen und Promotion zum Dr. med. folgten im Dezember 1888 in Jena. Ab 1.10.1889 war Giese Assistenzarzt an der Psychiatrischen und Nervenklinik der Universität Halle geworden und ab 1.7.1891 stellvertretender Assistenzarzt an der Inneren Abteilung des Eppendorfer Krankenhauses. Im Frühjahr 1892 ließ er sich als praktischer Arzt in Jena nieder und arbeitete gleichzeitig an der Universitäts-Ohrenklinik. Nachdem er 1897 das Physikatsexamen abgelegt hatte, wurde er 1900 Bezirksarzt in Jena.

Im Oktober 1901 habilitierte Giese zum Thema: »Experimentelle Untersuchung über Erfrierung«. Nach einer Probevorlesung »Über den gegenwärtigen Stand des forensischen Blutnachweises« folgte 1902 die Ernennung zum Privatdozenten. 1907 wurde Giese zum nichtbeamteten a. o. Professor ernannt.

Während des I. Weltkrieges war Ernst Giese als Oberstabsarzt Chefarzt des Reservelazaretts Jena, das rund 2 000 Betten umfaßte und eine umfangreiche Verwaltungstätigkeit erforderte. Nach dem Kriege, am

1.4.1920, bewilligte die Thüringische Landesregierung einen bezahlten Lehrauftrag, am 1.10.1925 wurde Giese zum planmäßigen a. o. Professor ernannt. Bis zu diesem Zeitpunkt war er zugleich vollbesoldeter Kreisarzt, danach führte er die Kreisarztgeschäfte z. T. noch weiter bis 31.3.1926.[17]

Nach 1945 hat Giese einen »Persönlichen Fragebogen« zu seinem Verhalten in der NS-Zeit ausfüllen müssen. Die Frage 34 »Teilnahme an antifaschistischer illegaler Arbeit?« beantwortete er mit »Nein«. Frage 35 lautete: »Wurden Sie oder Ihre Verwandten für politische Überzeugungen Verfolgungen, Bestrafungen oder sonstigen Maßnahmen seitens der Hitlerregierung unterzogen?« Gieses Antwort: »Ich wurde 1938 beschimpft und als ›Judendoktor‹ bezeichnet, weil ich mich der Überführung eines jüdischen Kranken in das KZ-Lager Buchenwald mit Erfolg widersetzt hatte.«

Susanne Zimmermann (2000) ist der »Haltung von Fakultätsangehörigen gegenüber jüdischen Mitbürgern« an der Universität Jena nachgegangen und dabei besonders auf die Aktivitäten von Ernst Giese gestoßen. Hinter den wenigen Worten der eben zitierten Gieseschen Antwort verbirgt sich folgender Sachverhalt: Der Dekan der Medizinischen Fakultät Jena, der Pathologe Werner Gerlach, informierte am 13.11.1938 den Thüringer Landesärzteführer Dr. Richard Rohde darüber, daß Giese in der Nacht, »in der sich das Volk gegen die Judenpest Luft machte« (diese Nacht lag vier Tage zurück), einen von dem Chirurgen Prof. Dr. Guleke (seinerseits Parteigenosse und sogar »Träger eines Goldenen Ehrenzeichens der Partei«) privat operierten Patienten – einen »Volljuden« – zwar als transport-, aber als haftunfähig bezeichnet habe. Giese selbst sagte, daß ihm keine Bestimmungen bekannt seien, die eine Behandlung jüdischer Patienten verbieten würden.

Trotz der Vorhaltungen von Dekan Gerlach und anonymer, meist telefonisch vorgebrachter Bedrohungen hat Giese in den folgenden Jahren auch zu seinen jüdischen Patienten gestanden. Susanne Zimmermann schreibt: »Er behandelte sie weiterhin und wurde mehrfach auch an das Sterbe- oder Totenlager den Freitod wählender Juden geholt. Ernst Giese stellte den Totenschein für seine langjährige Patientin Therese Z. (geb. 1864) aus, die am 9.9.1942 ihrem Leben mit Stadtgas ein Ende setzte. Nach dem Bericht der Kriminalpolizei war die ›Veranlassung hierzu ... offenbar ein altes Beinleiden, was ihr Beschwerden machte, und in letzter Zeit hat sie auch über Halsbeschwerden geklagt. Vor allem war der Z. unangenehm, daß sie in Kürze nach Theresienstadt evakuiert werden sollte. Sie ist Jüdin.‹

Am 20.4.1944 nahm sich eine weitere jüdische Patientin Gieses, Frau S., geb. 1865, mit einer Überdosis Veronal das Leben. Sie sollte sich, entsprechend einer am Vortag von der Gestapo ergangenen Aufforderung, an diesem Tag um 8 Uhr zur ›Evakuierung‹ melden. Giese stellte auch hier den Totenschein aus.

Prof. Gieses menschliches Verhalten unterscheidet sich grundsätzlich von den Äußerungen Gerlachs und den Äußerungen anderer Jenaer Mediziner.«[18]

Ernst Giese – ein wichtiger Praktiker der alten Schule der deutschen Gerichtsmedizin – erwarb sich noch im hohen Alter bleibende Verdienste mit der gemeinsam mit Benno von Hagen erarbeiteten »Geschichte der Medizinischen Fakultät der Friedrich-Schiller-Universität Jena«. Er starb am 6.12.1956 in Jena.

Vom Elektropathologen, dem es an rassischen Voraussetzungen mangelte

Am 7. April 1938, wenige Wochen nach der Besetzung Österreichs durch deutsche Truppen am 12. März, teilte der neuernannte kommissarische Dekan der Medizinischen Fakultät der Wiener Universität, Professor Pernkopf, dem österreichischen Unterrichtsministerium mit, »dass Professor Stephan *Jellinek* mangels der rassischen Voraussetzungen den Diensteid nicht leisten konnte und daher zu beurlauben ist.« Der Dekan beantragte jedoch, dass Jellinek »bis auf weiteres die Lehrkanzel und der Lehrapparat für Elektropathologie zur treuhänderischen Verwaltung und Benützung überlassen bleibt und dass ihm Herr Franz *Maresch*, Landesbetriebszellenleiter, als technischer Verwalter kommissarisch an die Seite gestellt wird.«[19]

Stefan Jellinek, am 29. Mai 1871 im Prerau (Pfierov) in Nordmähren geboren, hatte nach dem Medizinstudium (1892–1898) an der Universität Wien zunächst am allgemeinen Krankenhaus in Wien und von 1903 bis 1909 als Assistent an der medizinischen Krankenabteilung in Wieden gearbeitet. 1908 hatte er sich im Fach innere Medizin mit besonderer Berücksichtigung der Elektropathologie habilitiert. Schon unter Kolisko, der von 1898 bis 1916 Vorstand des gerichtsmedizinischen Institutes war, fand Jellinek Anschluß an das Institut und wurde von diesem sehr gefördert, eine Sammlung zur Elektropathologie war durch seine Initiative entstanden. Am 1. August 1910 wurde er Assistent am Wiener gerichtsmedizinischen Institut. Immer auch mit der klinischen Medizin verbunden, war er während des I. Weltkrieges Chefarzt der Nervenabteilung im Garnisonsspital Wien und übernahm ab März 1919 die neugeschaffene elektropathologische Station im gleichen Spital. Lehraufträge hatte Jellinek sowohl an der TU wie auch an der Universität Wien; im Jahre 1929 erfolgte schließlich die Ernennung zum außerordentlichen Professor. Seither war er Leiter des elektropathologischen Museums, das im Jahre 1936 aus dem gerichtsmedizinischen Institut in einen anderen Teil des Allgemeinen Krankenhauses übersiedelte. Hier gliederte Jellinek dem Museum eine Elektro-Unfallberatungs- und Untersuchungsstelle an. Schon 1932 war in einem Leipziger Verlag sein noch heute bedeutungsvolles Buch über die Klinik und Histopathologie elektrisch bedingter Verletzungen erschienen.

Die Absichten der neuen Herren hat Jellinek sicherlich nicht sofort durchschaut: »Der Professor für Elektropathologie Dr. Stefan Jellinek hat dem Dekanat eine Bitte unterbreitet, trotz seiner jüdischen Abstammung im Lehrkörper der Universität belassen zu werden. ... Professor Dr. Jellinek hat bei den Justizbehörden gebeten, in seiner Eigenschaft als Sachverständiger für elektrische Unfallfolgen belassen zu werden. ... Das Reichsjustizministerium Abteilung Oesterreich [ersucht] um eine Mitteilung, ob Professor Dr. Jellinek tatsächlich als einziger Sachverständiger auf diesem wissenschaftlichen Gebiete anzusehen ist oder ob auch andere Aerzte mit Erfolg zur Begutachtung elektrischer Unfallfolgen im Gerichtsverfahren herangezogen werden könnten.«[20]

Auf diese, mit dem 27. Juni 1938 datierte Anfrage gab es Antworten von verschiedenen Instanzen und Personen; im Schreiben des NSD-Dozentenbundes Wien heißt es am 4. Juli 1938: »Der NS-Dozentenbund vertritt die Auffassung, dass ein Jude auf keinen Fall akademischer Lehrer sein kann, somit also auch Prof. Dr. Jellinek nicht weiter im Lehrkörper der medizinischen Fakultät verbleiben darf.«[21]

Anton Werkgartner, damals Leiter des Wiener Universitäts-Institutes für gerichtliche Medizin, war im Schreiben vom 14. Juli 1938 zwar der Meinung, dass Jellinek »zweifellos zu den besten Kennern der Schädigungen durch den elektrischen Strom (gehört) und ... auf diesem Gebiete der erste Fachmann der Ostmark« sei und »in Anerkennung dieser Sonderstellung ... häufig auch im deutschen Reiche (vor dem Umbruch) von den Obersten Justizbehörden zur Erstattung von Obergutachten herangezogen worden« ist. Andererseits: »Die Begutachtung elektrischer Unfälle kann jedoch ... gewiss auch durch andere Vertreter der medizinischen Wissenschaft und bezüglich der technischen Umstände durch den langjährigen Mitarbeiter Prof. Jellineks,

Herrn Ing. Franz Maresch ... oder durch andere Sachverständige auf dem Gebiet der Elektrotechnik erfolgen.«[22]

»Großzügigerweise« vertrat der Vertreter des NSD-Dozentenbundes den Standpunkt, »dass man Herrn Prof. Dr. Jellinek die Ausreise möglichst erleichtern soll. Eine Ausbezahlung der Pension in das Ausland kommt kaum in Frage ...«[23]

Im Ausland war Jellinek keineswegs ein Unbekannter: Schon am 28. Februar 1939 teilte er dem Dekanat mit, »dass aller Wahrscheinlichkeit nach mir ein Arbeitsplatz an der Universität in Oxford zuteil werden dürfte«.[24] »The Queen's College, Oxford« wurde die neue Wirkungsstätte des nunmehr fast 68-jährigen. Am 4. Mai 1948 (!) teilte das Wiener Bundesministerium für Unterricht dem weiter in Oxford lebenden Wissenschaftler mit, die Entscheidung von 1938 sei aufgehoben. »Eine Nachzahlung von Bezügen tritt hierdurch nicht ein.«[25]

Seine Zuneigung zu Wien und zu seiner Universität hat Jellinek offenbar nie verloren: »Das unerbittliche Zeitmass erfüllt mich mit Wehmut, trotzdem drängt es mich zu versuchen, mein bescheidenes Können in den Dienst der Universität zu stellen«.[26] Er soll als Gastprofessor für das Fach Elektropathologie bestellt werden, am 11. Juli 1948 trifft er in Wien ein. Mit Entschließung vom 10. November 1960 wird dem Begründer der Elektropathologie das österreichische Ehrenkreuz für Wissenschaft und Kunst I. Klasse verliehen. Am 2. September 1968 ist Stefan Jellinek gestorben.

Die Prominenz des Wissenschaftlers Jellinek und die Bekanntheit seiner Sammlung mag die Ursache dafür gewesen sein, daß er sich noch vor seiner Ausreise zur Frage des »Eigentumsrechtes an den Musealobjekten« in einem umfangreichen, an das Dekanat gerichteten Schreiben vom 15. Juli 1938 äußern konnte: Er habe die Sammeltätigkeit seit nahezu 40 Jahren betrieben, dies sei besonders in den ersten 10–15 Jahren mit erheblichen Geldausgaben für ihn verbunden gewesen. Woraus diese Ausgaben resultierten, erläuterte Jellinek an einigen Beispielfällen, die zugleich einen Einblick in die Art seiner Aktivitäten geben:

»1. Am 4. VI. 1902 wurden in Göding zwei Bauarbeiter durch Blitzschlag getötet. Ich fuhr sofort dorthin, erwirkte mir durch Geldablöse von den armen Angehörigen der Toten die Erlaubnis, die Leichen zu sezieren, brachte die Gehirne und andere Leichenteile, beschädigte Kleider, nach Wien, führte im Neurologischen Institut von Prof. Obersteiner die histologische Untersuchung durch, welche in meiner ›Elektropathologie‹ 1903, auf Seite 122–128 veröffentlicht ist; die Rechnung für meine Ausgaben (Reisespesen, Ablöse, Ankauf von Behältnissen,

Alkohol für die anatomischen Präparate) konnte mir von keiner Stelle präsentiert werden, weil sich niemand dafür interessierte.

2. Am 10. VIII. 1907 wurde in Friedberg in Böhmen der Theresianum-Präfekt Teufelberger durch Blitzschlag getötet, dessen Frau und Kinder ernstlich verletzt. Da ich die Behandlung der Verletzten ohne Entgelt durchführte, so stellte Frau T., deren Tochter Lehrerin ist und in Wien lebt, die goldene Uhr und goldene Kette (ihres Gatten), welche interessante Blitzspuren aufwiesen, mir zur Verfügung und gab sich mit einer von mir geleisteten Ablöse von 70 Kronen zufrieden. Diese Ausgabe wurde mir nicht vergütet.

3. Im Juni 1922 fuhr ich nach Nossentiner Hütte in Mecklenburg-Schwerin, um dort unter Leitung des Dorfschullehrers H. Berg nach Blitzröhren[27] zu graben; ich brachte kostbares Musealmaterial heim. Die Reisespesen, die Entlohnung für zwei Waldarbeiter – eine Blitzröhre erstreckte sich in eine Tiefe des Forstgrundes von 3–4 Metern – und sonstige Ausgaben wurden mir weder von den Bahnbeamten noch von anderen Personen, die mir behilflich waren, bestätigt noch auch vergütet.

4. Zu den lehrreichsten und schönsten Stücken der Sammlung gehören 18 Moulagen, hergestellt von Dr. Henning's Meisterhand (die Sammlung besitzt im Ganzen 41 Moulagen). ... Diese Moulagen waren Reproduktionen von Verletzungen elektrischer Unfallopfer, welche über meine Intervention bei den Behörden (z. B. auch Polizei und Gendarmerie) im Krankenhaus Wieden, wo ich tätig war, aufgenommen wurden; für auswärtige mittellose Kranke wurden von mir Reisespesen bezahlt. Zu diesen Moulagen liess ich im Wiedner Krakenhaus photographische Aufnahmen über die Stadien des Heilungsverlaufes (vom Photographen Eckert, Favoritenstrasse) anfertigen, dazu Skizzen vom Zeichner Anderle (derzeit im Ruhestand in Wien lebender Magistratsbeamter). Derart sammelte ich ein Material in meinem Privatbesitze an, welches ich in der Allgemeinen Hygiene-Ausstellung Wien 1906 zur öffentlichen Schau brachte, das derartiges Interesse hervorrief, dass der Abgeordnete Kindermann und Genossen (wie K. H. Wolf, Pernerstorfer, Derschatta etc.) im Abgeordnetenhaus eine Interpellation an die Regierung richteten (Sitzungsbericht 36.3821 ddo. 20. V. 1906), ob die Regierung bereit sei, diese neuartige Sammlung zur Grundlage eines neuen Forschungsinstitutes für Elektropathologie zu machen und den Aussteller zum Vorstand zu ernennen. Die Kosten für diese Moulagen, Photographien, Anfertigung von Modellen, Herbeischaffung von Leihgaben aus dem Elektrotechnischen Institute, aus dem Städtischen Elektrizitätswerk etc., wel-

Finanzamt Innere Stadt-Ost
Reichsfluchtsteuerstelle
für das Land Österreich

Postsparkassen-Konto Nr. 43.167

Wien, I. 10. Juni 1939
Riemergasse 2
Fernruf R 22-5-95

Aktenzeichen Jellinek, Dr. Stefan

Kontonummer -- Fl.

An

das Dekanat der medizinischen Fakultät der Universität
in Wien

W i e n.

Betrifft: Reichsfluchtsteuer Dr.Stefan Jellinek
und Ehefrau Emilie geb. Wertheimer Wien
VIII., Josefstädterstrasse 21

Unter Bezugnahme auf das dortige Schreiben vom 5. Juni 1939 - 1781 aus 1937/38 - bitte ich um Mitteilung, von welcher Summe als Ablösung für das Museum nach dem dortigen Vorschlag an das Ministerium für innere und kulturelle Angelegenheiten ausgegangen worden ist. Wenn auch keine Summe genannt wurde, so müßte sich meines Erachtens doch der Wert des Museums annähernd schätzen lassen.

In Vertretung
gez. Dr.Schumacher

beglaubigt

Finanzamt Innere Stadt-Ost · Reichsfluchtsteuerstelle

Abb. 8: Ein Schreiben der »Reichsfluchtsteuerstelle für das Land Österreich«, den »Wert« des Jellinekschen Museums betreffend.

che die Grundlage für das spätere Museum bildeten, habe ich aus Eigenem bestritten ...«[28]

Zum Abschluß seines zehnseitigen Schreibens nennt Jellinek »die Namen von zwei Herren ...die imstande sind, aus eigener Wahrnehmung zu bezeugen, dass ich alle aus dem Aufbau und dem Betrieb des Museums erwachsenen Kosten aus eigenen Mitteln (bzw. aus den mir persönlich zugekommenen Spenden) bestritten habe: es ist dies Prof. Dr. Philipp Schneider, Ordinarius für Gerichtliche Medizin dzt. in Göttingen und Herr Ing. Franz Maresch, Landesleiter der N.S.B.O«.[29]

Jellinek hatte mit diesen zwei Namen zugleich zwei engagierte Nationalsozialisten genannt. Die archivalischen Unterlagen geben keine Auskunft darüber, wie sich Ing. Maresch geäußert hat, doch Schneider, inzwischen Direktor des Wiener Instituts geworden, beurteilt den Wert des Museums, indem er »als Grundlage die 30-jährige Arbeitszeit des Professor Jellinek zur Aufstellung des Museums, die 14-jährige Tätigkeit seines Mitarbeiters Ing. Franz Maresch, die Einrichtungskosten des neuen Museums, wie es vor ein paar Jahren aufgestellt wurde und den beiläufigen Sachwert der Präparategläser, Bilderrahmen und sonstigen Gegenstände, wie Projektionsapparat, Inhalt des Laboratoriums, besondere Instrumente u. a. m. herangezogen« hat, und kommt in diesem Sinne »bei vorsichtiger Schätzung ... zu einer Summe von etwa RM 250.000 bis 300.000.« Allerdings räumt er ein: »Nicht geschätzt ist damit der Sammlungs- und Liebhaberwert des Museums, zumal sich dieser geldlich nicht erfassen lässt.«

Von den persönlichen Aufwendungen Jellineks ist also in keiner Weise die Rede, die Akten geben keine Auskunft darüber, ob und wieviel Geld ihm letztlich für seine Sammlung zugestanden hätte. Wohl aber dürfte sich daraus die Höhe der »Reichsfluchtsteuer« (s. Abb. 8) ergeben haben.

Letztlich waren solche Rechnungen jedoch bedeutungslos, denn der nunmehrige jüdische Paßinhaber durfte – unter Mitnahme weniger persönlicher Habseligkeiten – ohnehin nur mit 10 Reichsmark an Devisen ausreisen. Der Leiter der »Zentralstelle für jüdische Auswanderung in Wien« hatte dies, selbstverständlich in Abstimmung mit seinen Vorgesetzten in Berlin, so eingerichtet. Es war der damalige SS-Untersturmführer Adolf Eichmann.[30]

Die letzten Lebensjahre des »Vaters der polnischen Gerichtsmedizin«

Auf dem 1. internationalen Kongreß für gerichtliche und soziale Medizin, der im September 1938 in Bonn stattfand, war die Gründung einer »Internationalen Akademie für gerichtliche und soziale Medizin« beschlossen worden (s. Kapitel 10). Den Senior der polnischen Gerichtsmedizin, Leon Wachholz (geboren 1867) hatte man zu einem der drei Vizepräsidenten gewählt.

Anläßlich des Gründungskongresses der Internationalen Akademie veranstaltete die »Deutsche Gesellschaft für gerichtliche, soziale Medizin und Kriminalistik am 21. September 1938 in Bonn auch ihre 27. Tagung und ernannte Prof. Dr. Wachholz zum »korrespondierenden Mitglied«. In einem Schreiben an Wachholz gab der Vorsitzende der Gesellschaft, Prof. Dr. Gerhard Buhtz, am 11. Oktober 1938 »der Hoffnung und dem Wunsche Ausdruck ... dass nicht nur unsere wissenschaftlichen Beziehungen, sondern auch die bereits angeknüpften freundschaftlichen und persönlichen Bande erhalten bleiben und dass sie sich im Laufe der Jahre noch enger gestalten mögen«.[31]

Von der Tatsache, daß Professor Wachholz auf der Gründungsveranstaltung der Internationalen Akademie zu einem Ihrer Vizepräsidenten gewählt wurde, scheint der so Geehrte offiziell zunächst nichts erfahren zu haben, denn in einem Schreiben vom 18. November 1938 bittet er Buhtz, ihm freundlichst mitteilen zu wollen, »ob dieser Verein schon besteht, wie man sein Mitglied werden kann, wer den Vorsitz führt und den Ausschuss bildet, endlich wer die Schriftleitung hat«.[32]

Eine Woche später, am 25. November 1938, schrieb Buhtz an Prof. Wachholz, daß Sand (Kopenhagen) zum Vorsitzenden der neuen internationalen gerichtsmedizinischen Vereinigung bestimmt worden sei, die Namen der Vizepräsidenten werden in seinem Schreiben nicht mitgeteilt, vielmehr formulierte er unbestimmt: »Ich vermute, dass Sie noch im Laufe dieses Winters eine nähere Mitteilung erhalten werden«. [33]

In jenen Monaten mag es auch gewesen sein, daß Wachholz die Sonderdrucke einer seiner letzten wissenschaftlichen Arbeiten vor dem Ausbruch des Krieges zugeschickt erhielt. Sie war ein »Beitrag zur Geschichte der medizinischen Fakultät in Krakau« und befaßte sich mit dem Wirken des Professors der theoretischen und klinischen Chirurgie, Johann Nepomuk Philip Rust (1775–1840), der zwischen 1803 und 1809 in Kraków tätig war. Das Manuskript war bei der Leipziger Schriftleitung von »Sudhoffs Archiv für Geschichte der Medizin und Naturwissenschaften« am 24. Januar 1938 eingegangen.[34]

Der Kontakt von Professor Wachholz zur »Deutschen Gesellschaft für gerichtliche, soziale Medizin und Kriminalistik« blieb auch im ersten Halbjahr des Jahres 1939 erhalten. Der Einladung der Gesellschaft zur Teilnahme an der 28. Tagung, die vom 30. Mai bis 2. Juni 1939 in Bad Ischl stattfand, konnte Wachholz infolge seines angegriffenen Gesundheitszustandes nicht folgen, wie aus einem Brief an Buhtz vom 22. Mai 1939 hervorgeht: »Da ich nun persönlich nicht erscheinen kann, fühle ich mich verpflichtet, zu Ihren Händen, als Vorsitzenden der Gesellschaft, meine innigsten Wünsche fruchtbarster Erfolge an Hochgeehrte Versammlung zu richten«.[35]

Im zweiten Drittel des Jahres 1939 – am 14. August – wurde Professor Wachholz eine weitere Ehrung zuteil: die Ernennung zum Mitglied der »Kaiserlich-Leopoldinisch Carolinisch Deutschen Akademie der Naturforscher«, die ihren Sitz in Halle/Saale hatte und damals von dem Physiologen Emil Abderhalden (1877–1950) geleitet wurde. Als die Liste der zwischen 1. April und 31. Dezember 1939 neu ernannten Mitglieder, die auch den Namen »Leon Wachholz« enthält, in der »Nova Acta Leopoldina« erschien[36], war Polen bereits von deutschen Truppen besetzt und Professor Wachholz Häftling im Konzentrationslager Sachsenhausen.

Über die Vorgänge an der Krakauer Universität während der ersten Novembertage des Jahres 1939 hat Gaweda ausführlich berichtet, bemerkenswert ist der auch von ihm zitierte und dokumentierte Schriftsatz des Reichserziehungsministers Bernhard Rust – einem Urenkel des oben erwähnten Chirurgen Rust – an den Leiter der deutschen faschistischen Verwaltungsbehörden, Hans Frank, in dem Rust die Bitte ausspricht, »die Wiedereröffnung der Universität Krakau unter allen Umständen zu verhindern«.

Das Schicksal von Professor Leon Wachholz, der mit seinen 72 Lebensjahren, seit 1. Oktober 1933 im Ruhestand lebend, keinesfalls ein Feind »der Deutschen« war, sondern sicherlich viel eher ein bürgerlicher, kosmopolitisch eingestellter Gelehrter mit humanistischer Grundhaltung, belegt, daß die Nationalsozialisten keinerlei Rücksichten auf derartige »Besonderheiten« nahmen. Gemeinsam mit weiteren 154 wissenschaftlichen Mitarbeitern der Universität wurde er für den 6. November 1939 zu einem »Vortrag über den Zustand der Wissenschaften im heutigen Deutschland« in das Collegium Novum eingeladen. Alle Anwesenden – es waren insgesamt 183 Personen – wurden verhaftet und, nach Aussonderung einiger Fachleute durch deutsche Institutionen, die für die Wehrmacht arbeiteten, und einiger Ukrainer, in das Gefängnis von Breslau und von dort in das Konzentrationslager Sachsenhausen übergeführt.

Am 16. November wandte sich die Ehefrau des Gelehrten, Josephine Wachholz, an den Vorsitzenden der Deutschen Gesellschaft für gerichtliche, soziale Medizin und Kriminalistik, Prof. Dr. Buhtz, mit der Bitte um Entlassung ihres Mannes aus der Haft. Vermittelnd hat dabei offenbar ein Regierungsrat Dr. Nestler, der bei der Familie Wachholz unmittelbar nach der Besetzung Krakóws einquartiert worden war, mitgewirkt.[37]

Buhtz bestätigte den Eingang der beiden Briefe in einem kurzen Schreiben an Nestler vom 21. November 1939 und teilte darin mit, er habe sich »sofort an die zuständige Stelle gewandt«.[38]

Tatsächlich hat sich Buhtz auch – obgleich auf ihn die Bezeichnung »strammer Nazi« zweifellos zutraf – für eine Freilassung von Leon Wachholz eingesetzt. Dies beweist sein Schreiben an Prof. Dr. Martin Staemmler, der seit 1. November 1938 Rektor der Breslauer Universität war und als »Alt-Parteigenosse« und »Mitarbeiter des Reichsleiters des Rassenpolitischen Amtes« zweifellos über weitreichende Verbindungen verfügte. Im Brief von Buhtz, er datiert vom 21. November, heißt es unter anderem: »Professor Wachholz wurde erst im vergangenen Jahre von unserer Gesellschaft dadurch geehrt, daß er zum korrespondierenden Mitglied ernannt wurde. ... Diese Ernennung erfolgte mit ausdrücklicher Zustimmung des Herrn Reichserziehungsministers und des Auswärtigen Amtes. Es lagen nicht die mindesten Bedenken gegen seine Persönlichkeit vor; im Gegenteil, er wurde als warmer Freund Deutschlands allenthalben geschätzt. Ich wäre Ihnen daher sehr dankbar, wenn Sie dieses Schreiben an den Herrn Generalgouverneur in Krakau weiterreichen würden, damit möglicherweise bald eine Enthaftung dieses verdienten Gelehrten erfolgen kann, der m. E. nur durch eine Verkettung unglücklicher Umstände in den Verdacht einer deutschfeindlichen Stellungnahme gekommen sein kann.«[39]

Ob Staemmler seinerseits irgend etwas für die Freilassung von Prof. Wachholz unternommen hat, ist nicht bekannt. Fest steht, daß Wachholz inhaftiert blieb. Erst am 8. Februar 1940 wurde er zusammen mit weiteren 101 Personen, die wie er vor 1900 geboren waren, unter dem Druck der öffentlichen Meinung ganz Europas, insbesondere der Diplomatenkreise und wissenschaftlichen Autoritäten, aus der Konzentrationslagerhaft entlassen.

Für seinen Aufenthalt in Sachsenhausen sind dokumentarische Belege nicht verfügbar. Immerhin waren die Bedingungen für seine Existenz im Lager so miserabel – weil eben typisch für ein Konzentrationslager – daß Wachholz als ein von Krankheit schwer gezeichneter Mann nach Kraków zurückkehrte.

Was aber sollte nun mit dem Vizepräsidenten der Internationalen Akademie für gerichtliche und soziale Medizin, Leon Wachholz, im besetzten Polen werden? Auch den »Ehrenpräsidenten« der Akademie, die nach Ausbruch des Krieges offenbar völlig zu einem wissenschaftspolitischen Instrument nazistischer Interessen auf dem kleinen Randgebiet »Gerichtliche Medizin« geworden war, hat diese Frage bewegt.

Deshalb fragte Friedrich Pietrusky am 8. Oktober 1941 bei dem zuständigen Sachbearbeiter im Reichserziehungsministerium, Dr. Klett an: »Die Internationale Akademie für gerichtliche Medizin, deren Ehrenpräsident ich bin, hat zum Präsidenten Prof. Sand-Kopenhagen. Dieser kümmert sich um nichts, so dass ich ihn absetzen lassen will, was mir mit Hilfe der anderen Mitglieder im Präsidium wohl gelingen wird. Ich will dann das Präsidium so lange übernehmen, bis die Akademie genügend organisiert ist und werde es später irgend jemand abgeben. Im Präsidium sitzt Prof. Wachholz aus Krakau. Nach einer Verfügung sollen wir die Beziehungen zu den polnischen Professoren nicht aufnehmen. Das begrüsse ich an sich sehr. ... Die Frage ist nun, ob Wachholz im Präsidium der Internationalen Akademie bleiben darf oder ob ich versuchen soll, ihn herauszuorganisieren. Bitte geben Sie mir Antwort, nachdem Sie sich an zuständiger Stelle erkundigt haben.«[40]

Ob es eine direkte Antwort von Klett an Pietrusky gegeben hat, ist nicht ersichtlich, wohl aber existiert ein Schreiben aus dem »Reichsministerium des Innern‹« an Pietrusky vom 20. März 1942, in dem es heißt: »Die politische Beurteilung des Professors Wachholz-Krakau macht es notwendig, ihn unverzüglich aus dem Präsidium der ›Internationalen Akademie für gerichtliche Medizin‹ zu entfernen. Ich stelle Ihnen anheim, zunächst Professor Wachholz den freiwilligen Austritt nahezulegen. Sollte sich das als undurchführbar erweisen, so bitte ich, mir alsbald zu berichten.«[41]

Als diese Konsequenzen einer »politischen Beurteilung« des Prof. Wachholz formuliert wurden, hatte der Gelehrte nur noch wenige Monate zu leben, er starb am 1. Dezember 1942 in Kraków an den Folgen der Lagerhaft.

Arzt im Jenseits der Menschlichkeit: ein Gerichtsmediziner in Auschwitz

»Dr. Mengele, der Erste Arzt des KZ Auschwitz, ist unermüdlich. Stunden verbringt er in der Versuchsbaracke des Zigeunerlagers, halbe Tage steht er auf der Judenrampe, wo nun schon täglich vier bis fünf Züge mit ungarischen Deportierten eintreffen.

In langen Kolonnen und Fünferreihen marschieren immer neue Häftlinge in Begleitung der SS heran. Nur von weitem kann ich dies beobachten, doch anhand der guten Kleider und modernen Mäntel, der hübschen Handtaschen vermag ich auch durch drei, vier Umzäunungen festzustellen, daß diese Menschen aus einer Großstadt kommen müssen.

Auch sich mit mir zu beschäftigen, findet Dr. Mengele noch Zeit. Ein von Häftlingen gezogener langer Karren hält vor der Sektionskammer. Das Leichentransportkommando lädt zwei Leichen vom Wagen. Auf der Brust tragen sie die mit blauer Fettkreide gemalten Buchstaben ›ZS‹ – Abkürzung für: ›Zur Sektion‹.

Der Kapo von Block 12 gibt mir einen intelligenten französischen Gefangenen als Gehilfen. Wir legen den ersten Leichnam auf den Tisch. Ein starkes schwarzes Drahtkabel liegt um seinem Hals – entweder hat er sich selbst erhängt, oder er wurde erhängt. Oberflächlich untersuche ich auch die zweite Leiche; an den kleinen runden Hautverschmorungen und der auffallenden lilarötlichen Verfärbung der Haut erkenne ich unschwer die Todesursache: Stromtod. Auch hier rätsle ich, welche von beiden Möglichkeiten wohl zutrifft: Rannte das Opfer freiwillig gegen die geladenen Drähte, oder wurde es hineingestoßen? Im KZ treten beide Fälle gleich häufig auf ...

Die Formalitäten sind in beiden Fällen die gleichen, es ist gleichgültig, ob jemand Selbstmord beging oder ermordet wurde. Beim Zählappell wird er aus dem Bestand gestrichen, man verlädt ihn auf einen Leichenkarren und bringt ihn zur Leichenkammer. Täglich werden 50 bis 60 Tote gebracht; von dort transportiert sie ein Lastwagen in eines der Krematorien.

Die beiden Leichen sind mir von Dr. Mengele als Prüfungsobjekte zugedacht. Vorher mahnt er mich nochmals zur Achtsamkeit: Soll ich doch dem genügen, wozu ich mich gemeldet hatte.

Autogeräusche. In der Baracke 12 wird ›Achtung‹ gerufen. Dr. Mengele ist mit zwei hochrangigen SS-Offizieren eingetroffen. Sie hören sich die Meldungen vom Kapo und vom Leitenden Arzt an. Dann gehen sie geradewegs zum Sektionsraum, gefolgt von den prominenten Häftlingsärzten des Lagerteils B II f. Es ist, als wären sie in der Sektionsabteilung eines großen Forschungsinstitutes, wo ein besonders interessanter Fall untersucht werden soll. Auf den Gesichtern nehme ich gespannte Aufmerksamkeit wahr und Neugier darauf, was ich wohl kann. Ich habe vor einem gefährlichen Forum zu bestehen. Ich fühle, wie meine Häftlingsgefährten mit mir fiebern.

Außer mir weiß niemand, daß ich am Breslauer Gerichtsmedizinischen Institut als Mitarbeiter von Professor Dr. Georg Strassmann drei Jahre lang auch viele Selbstmordfälle bearbeitet habe. Was mein damaliger Verstand konnte, kann auch der jetzige, der des KZ-Arztes mit der Nummer A 8450.

Ich beginne mit der Sektion. Ich öffne den Schädelinnenraum, den Brustkorb, die Bauchhöhle, entnehme alle Organe und erläutere bei deren Sektion jede Abweichung vom Normalen. Die auf mich einhagelnden Fragen beantworte ich prompt.

Ein Ausdruck befriedigter Neugier macht sich auf den Gesichtern breit, die anerkennenden Blicke vermitteln mir die Erkenntnis, daß meine Prüfung glücklich verlief ...«[42]

Der Geprüfte war der ungarische Arzt Dr. Miklós Nyiszli, der, 43 Jahre alt, während der Deportation der ungarischen Juden von Gyula aus mit seiner Familie in einem »Sonderzug« nach Auschwitz gebracht wurde. Der Transport traf am 29. Mai 1944 auf der Selektionsrampe ein, die Familie wurde getrennt.

2 000 Männer wurden an jenem Tage, mit den Häftlingsnummern A 7741 bis 9740 gekennzeichnet, zur »Vernichtung durch Arbeit« ausgesondert. Auch Dr. Nyiszli war unter ihnen, er erhielt die Nummer A 8450. Zusammen mit 7 000 anderen männlichen Häftlingen wurde er tags darauf in das Lager Auschwitz III in Monowitz verlegt. Hier war er zunächst beim Bau der Buna-Werke des IG-Farben-Konzerns eingesetzt, hier lernte er die mörderischen Lebens- und Arbeitsbedingungen der KZ-Häftlinge kennen. Gegen Ende Juni 1944 – das entsprechende Schriftstück trägt das Datum des 27. Juni – erfolgten die Verlegung des Häftlings A 8450 und zweier anderer Ärzte nach dem Lager Auschwitz-Birkenau und die Unterbringung im Block 12 des Häftlingskrankenbaulagers B II f. Der Auftrag zu dieser Verlegung soll vom 1. Lagerarzt des KZ Auschwitz III, SS-Hauptsturmführer Dr. Horst Paul Sylvester Fischer, erteilt worden sein.

Am Block 12 befand sich ein kleiner Anbau, der einst als Sektionsraum gedient hatte; diesen Raum für Obduktionen wieder zu nutzen, war offenbar eine Idee Mengeles, des Lagerarztes von Auschwitz II. Bis gegen Ende August 1944 arbeitete Nyiszli dann als Obduzent im Auftrage Mengeles.

Wahrscheinlich nach dem 30. August erfolgte seine Versetzung zum Sonderkommando im Krematorium II. Die Lebensbedingungen im Sonderkommando waren zwar für die dortigen Häftlinge wesentlich günstiger als für die anderen Häftlinge, doch es bestand nahezu keine Aussicht zu überleben. Regelmäßig wurden die unmittelbaren Zeugen der Massenvernichtungen in den Gaskammern nach einigen Monaten durch die SS vernichtet, und ein neues Sonderkommando, dem ein gleiches Schicksal beschieden war, wurde zusammengestellt.

Nach allem, was aus Nyiszlis Erlebnisbericht zu entnehmen ist, hat er besonders im Auftrag von Mengele und SS-Arzt Dr. Wolff in der Zeit seines Aufenthaltes in Auschwitz einige Hundert Sektionen und die erforderlichen Zusatzuntersuchungen durchgeführt. Daß darunter auch die Durchführung von gerichtlichen Sektionen im Auftrag des Militärgerichtes Gleiwitz fiel, ist zweifellos ein juristischer Anachronismus, der einerseits etwas über den bereits desolaten Zustand der gerichtsmedizinischen Arbeit in jener Region, andererseits aber auch etwas über die gute fachliche Qualifikation des Häftlingsarztes Dr. Nyiszli aussagt.

Offenbar gelang es Nyiszli, bei Mengele fachliche Anerkennung und ein gewisses Vertrauen zu gewinnen, so daß es ihm sogar möglich war, seine Frau und seine Tochter im Lagerabschnitt B II c aufzusuchen sowie schließlich auch der Vernichtungsaktion, der – wie alle zuvor – auch das letzte Sonderkommando zum Opfer fiel, zu entgehen. Außer den beiden ärztlichen Kollegen Nyiszlis und dem Sektionsgehilfen überlebten nur etwa 30 Häftlinge.

Ende November 1944 erfolgte eine Verlagerung des Sektionsraumes in das Krematorium V: der Abbruch des Krematoriums II begann, das Ende von Auschwitz nahte.

Bereits kurz nach Kriegsende hat Miklós Nyiszli seinen Erlebnisbericht über Auschwitz vorgelegt, er erschien zuerst in ungarischer Sprache, es gibt Editionen in England, den USA, in Frankreich, Italien, Brasilien, Polen, Ungarn, Rumänien – eine Ausgabe in deutscher Sprache erschien erst im Jahre 1992.[43]

Im Sommer 1947 meldete sich Dr. Nyiszli bei den Nürnberger Prozeßbehörden und erbot sich, als Zeuge vor Gericht aufzutreten. Auf die daraufhin erfolgte Ladung reiste er im Oktober 1947 nach Nürnberg und gab seine Kenntnisse über die Behandlung von Kranken, über die Anwendung von Giftgas bei der Massentötung von Menschen in Auschwitz und über die Experimente an lebenden Menschen zu Protokoll. Seine Angaben sind in den Vorermittlungsakten niedergelegt.[44] Eine überarbeitete Fassung erschien als Serie unter dem Titel »Ich war Zeuge in Nürnberg« in großen Tageszeitungen. Dort schrieb Nyiszli zusammenfassend: »Für die IG verkamen die Häftlinge zu Rohmaterial, zu einem menschlichen Erz, dem man systematisch das Mineral des Lebens entzog. Wenn alle verwendbare Energie aus den Häftlingen herausgepreßt war, wurden sie nach Birkenau transportiert, wo die SS sie für das Recycling für die deutsche Kriegswirtschaft aufbereitete: Goldzähne für die Reichsbank, Haare für die Matratzenherstellung und Fett für die Seifenbereitung. Selbst die Klagerufe der Verurteilten wurden noch benutzt, um die verbleibenden Häftlinge zu größeren Arbeitsanstrengungen zu treiben ...«[45]

Zur Charakterisierung jener Art von »Wissenschaft«, die in Auschwitz

z. B. von Mengele betrieben wurde, mag der folgende Text aus Nyiszlis Buch nützlich sein:

»Bei der Ankunft eines dieser Transporte entdeckt Dr. Mengele unter den zur Selektion Antretenden einen buckeligen, etwa 50-jährigen Mann. Der Krüppel ist nicht allein. Ein ungefähr 15-jähriger, hochgewachsener Junge mit außergewöhnlich schönen Gesichtszügen steht neben ihm: Vater und Sohn. Das rechte Bein des Sohnes hat einen Fehler: Mit einer Gehstütze aus Stahlplatten und einem dicksohligen orthopädischen Schuh wurde er korrigiert.

Natürlich meint Dr. Mengele sofort, in diesen beiden ein Schulbeispiel für die Degeneration der jüdischen Rasse entdeckt zu haben. Sofort werden sie aus der Reihe genommen. Mengele winkt einen SS-Unteroffizier heran. Aus seinem Notizbuch reißt er zwei Seiten, notiert etwas und schickt die beiden Unglücklichen in Begleitung des SS-Mannes ins Krematorium II.

Es ist etwa mittags zwölf Uhr. Im Krematorium II ist heute Betriebspause. Im Moment auch für mich. Ich halte mich in meinem Zimmer auf. Dort findet mich der diensthabende SS-Posten und ruft mich zum Tor. Da stehen sie, Vater und Sohn, hinter ihnen ihr Begleiter. Ich nehme die an mich gerichtete schriftliche Nachricht Mengeles entgegen. ›Sektionsraum Krematorium II. Untersuchen Sie beide klinisch. Nehmen Sie die genauen Maße von Vater und Sohn. Füllen Sie genaue, alle Daten beinhaltende klinische Untersuchungsblätter aus, unter besonderer Beachtung der Entstehungsursachen für die entdeckten Deformitäten.‹

Das zweite Briefchen ist an Oberscharführer Muhsfeldt gerichtet. Obwohl ich es nicht lesen kann, ist mir klar, was in ihm steht. Ich übergebe es einem Mann vom Sonderkommando, der es Muhsfeldt aushändigen wird.

Vater und Sohn, diese von den elenden Ghetto-Jahren in Litzmannstadt gezeichneten Gestalten, sehen mich, von schlimmen Befürchtungen erfüllt, fragend, doch stumm an. Ich überquere mit ihnen den sonnigen Hof. Mit einigen beruhigenden Worten begleite ich sie in den Sektionsraum. Zum Glück haben wir keine Leiche auf dem Tisch. Es wäre ein furchtbarer Anblick für die zwei! Aus Mitleid untersuche ich sie nicht hier, in dem streng riechenden, düsteren Raum, sondern nebenan in meinem hellen, warmen Arbeitszimmer. Der Vater war, so erfahre ich im Gespräch, ein angesehener Textilgroßhändler in Litzmannstadt, der in den Friedensjahren oft berühmte Wiener Ärzte konsultiert hatte, um eine Heilung seines Sohnes zu erreichen.

Zuerst unterziehe ich den Vater einer gründlichen Untersuchung. Die Krümmung seiner Wirbelsäule ist die Folge einer späten Rachitis, der sogenannten englischen Krankheit. Selbst bei genauester Untersuchung kann ich keine andere Krankheit oder Abnormität finden. Ich versuche, den Alten zu beruhigen, sage, er werde von hier sicher in ein Arbeitslager kommen.

Bevor ich den klugen, auffallend schönen, doch völlig verstörten Jungen untersuche, spreche ich mit ihm. Mit vor Angst zitternder, farbloser Stimme spricht er von den unzähligen schrecklichen und schmerzhaften Erlebnissen des Ghetto-Daseins. Als er 10 Jahre alt war, sperrte man ihn mit seinen Eltern hinter Stacheldraht. Seine Mutter, eine zerbrechliche, sensible Frau, hielt den auf sie einstürmenden Ereignissen nicht lange stand. Melancholie und Depression beherrschten sie völlig. Damit ihr Mann und ihr Sohn etwas mehr von der ohnehin ungenügenden Nahrung bekamen, aß sie wochenlang kaum. Die selbstlose Gattin und ihr Kind unendlich liebende Mutter starb schon im ersten Ghetto-Jahr ihren Märtyrertod. So fristeten der verwaiste Sohn und der Mann allein ihr trauriges Dasein. Nun sind sie hier im Krematorium II. Was für eine Verirrung des Schicksals, daß ausgerechnet ich, der jüdische Arzt, sie mit genauen klinischen Methoden untersuchen muß, ehe sie in den Tod gehen, und daß ich anschließend die Sektion ihrer noch warmen Körper vornehmen muß. Ich fühle so stark die furchtbare Tragödie unseres gemeinsamen Schicksals, daß meine Nerven in meiner Machtlosigkeit zum Zerreißen gespannt sind. Wessen Wille war es, der unser unglückliches Volk in solche Ketten des Schreckens legte? Wenn es Gottes Wille war, dann hatte wohl auch er sich schon voll Scham abgewandt, denn so etwas hätte auch er nicht gewollt!

Ich nehme mich einigermaßen zusammen. Dann untersuche ich auch den Jungen. Ich stelle an seinem rechten Fuß eine angeborene Verkrüppelung fest, verbunden mit Muskelschwund. Der wissenschaftliche Name dieser Anormalität: Hypomelie. Geniale Hände hatten ihn mehrmals operiert. Dadurch war zwar sein Bein kürzer geworden, doch mit Bandage und orthopädischem Schuhwerk war er vollständig gehfähig. Andere Auffälligkeiten kann ich an seinem Körper nicht finden.

Ich frage, ob sie essen möchten. Sie seien sehr hungrig, antworten sie. Ein Mann des Sonderkommandos bringt ihnen eine reichliche Portion Makkaroni mit Gulasch. So etwas kommt nur beim Sonderkommando auf den Tisch. Gierig verschlingen sie das lange entbehrte, gute Essen. Sie wissen nicht, daß dies ihre Henkersmahlzeit ist. Ich weiß es dafür um so besser, und das macht es mir nicht leichter. Dann, eine halbe

Stunde später, erscheint Oberscharführer Muhsfeldt mit vier Leuten des Sonderkommandos. Die zwei werden in den Heizungsraum geführt, wo man sie die Kleider ablegen läßt. Die Waffe des Oberscharführers kracht zweimal. Vater und Sohn liegen tot auf dem blutigen Beton. Oberscharführer Muhsfeldt hat Dr. Mengeles Befehl ausgeführt.

Jetzt bin ich wieder an der Reihe. Die zwei Leichen werden in den Sektionsraum gebracht. Mir ist vor ohnmächtiger Wut so übel, daß ich meinen Kameraden die Sektion überlasse, während ich das Protokoll schreibe. Übrigens erbringt die Sektion keinerlei Befunde, die ich nicht auch schon an den Lebenden erhoben hätte. Es sind gewöhnliche, übliche Befunde, doch sicher sehr ›brauchbar‹ als Propagandamaterial zur Untermauerung der Theorie von der Degeneration der jüdischen Rasse ...

Dr. Mengele, der an diesem Tag mindestens 10 000 Menschen in den Tod geschickt hat, erscheint am Abend im Sektionssaal. Mit größtem Interesse lauscht er meinem Bericht über die Untersuchungsergebnisse der lebenden und die Sektionsbefunde der ermordeten Körperbehinderten.

›Diese Leichen dürfen nicht verbrannt werden‹, meint er, ›man muß die Skelette präparieren und ins Anthropologische Museum nach Berlin schicken.‹

Er fragt, welche Methoden einer sauberen Präparation von Skeletten mir bekannt sind. ›Es gibt zwei Möglichkeiten‹, antworte ich, ›einmal die Auflösungsmethode, die darin besteht, daß man die Leichenteile in Chlorkalk-Wasser legt. Nach zwei Wochen sind alle Weichteile aufgelöst. Danach gibt man die Knochen in eine Benzinlösung, die das Fett löst, wodurch sie trocken, geruchlos und schneeweiß werden. Die zweite Methode ist kürzer: das Kochen. Die Leiche wird einfach so lange im Wasser gekocht, bis sich die Fleischteile leicht von den Knochen lösen lassen. Danach wird auch hier das Benzinbad angewandt, um die Knochen zu bleichen und zu entfetten.‹

Dr. Mengele befiehlt die schnellere Methode, das Kochen. Ein Befehl im Konzentrationslager ist sehr kurz. Niemand sagt, wo der KZ-Häftling die zur Realisierung des Befehls notwendigen Geräte hernehmen soll. Der Befehl aber muß ausgeführt werden!

Solche Sorgen habe ich jetzt auch. Zwei Tote müssen gekocht werden. Worin und wo? Ich wende mich am nächsten Morgen an Oberscharführer Muhsfeldt um Hilfe. Ich berichte ihm, daß zwei Leichen gekocht werden müssen, ich aber keine entsprechenden Behälter habe. Mit Schaudern nimmt sogar er das Gesagte zur Kenntnis. Er denkt nach; zwei riesige Eisenblech-Fässer fallen ihm ein. Ungenutzt liegen sie im Lager.

Diese Fässer stellt er mir zur Verfügung; auf dem Hofe soll man ein offenes Feuer unter ihnen entfachen. Ich füge mich seiner Empfehlung. Aus Ziegeln werden die Feuerstätten errichtet, die Fässer mit ihrem furchtbaren Inhalt darübergesetzt. Das Kochen beginnt. Zwei Kommando-Angehörige teile ich zum Holzholen und Heizen ein.

Nach fünf Stunden und mehreren Proben habe ich mich überzeugt, daß sich die Weichteile nun leicht von den Knochen lösen lassen. Das Feuer kann gelöscht werden, doch bis zum Abkühlen müssen die Fässer noch an ihrem Platz bleiben.

Mangels anderer Beschäftigungen sitze ich in einem kleinen Gebüsch in der Nähe der Fässer und lese. Stille umgibt mich. Heute ist kein Betrieb. Den Schornstein des Krematoriums setzen gerade vier gefangene Maurer aus Auschwitz I instand. Es wird Abend. Die Fässer kühlen langsam ab, und gerade will ich mich erheben, um sie leeren zu lassen, als einer der Bewacher der Fässer angestürzt kommt und völlig außer sich schreit: ›Doktor! Die Polen essen das Fleisch aus den Fässern!‹

Ich springe auf und renne los. Vier gestreift gekleidete Häftlinge stehen stumm und entsetzt um die Fässer herum: die polnischen Maurer. Sie hatten ihre Arbeit beendet und warteten auf ihre Bewacher, die sie ins Lager Auschwitz I zurückbringen würden. Die ausgehungerten Männer suchten nach etwas Genießbarem, schließlich erblickten sie die eine kurze Zeit unbeaufsichtigten Fässer. Sie nahmen an, das Fleisch in den großen Behältern werde für das Sonderkommando gekocht. Sie rochen daran, nahmen einige größere Stücke heraus und begannen, sie gierig zu verschlingen. Allerdings nicht lange, denn die zwei Heizer kamen zurück und bemerkten sie. Die Polen sind vor Entsetzen wie gelähmt, seit sie wissen, was sie gegessen haben ...

Nach dem Benzinbad richtet der Gehilfe des Sektionsraumes die Skelette mit großer Sachkenntnis her. Sie liegen ausgebreitet auf dem Tisch des Arbeitszimmers, auf dem ich zuvor die noch lebenden Opfer untersucht hatte.

Dr. Mengele ist überaus zufrieden. Er bringt gleich mehrere hochrangige Ärztekollegen zur Besichtigung der Skelette mit. Mit bedeutsamen Blicken begutachten sie die Skelett-Teile. Sie werfen mit wissenschaftlichen Ausdrücken nur so um sich. Dabei tun sie so, als sei die körperliche Schädigung der beiden Opfer ein beispielloser medizinischer Befund. Pseudowissenschaft! Es gibt hier keine besondere Anomalie! Was man sieht, findet sich bei Tausenden Menschen in allen Teilen der Welt. Selbst ein einfacher praktischer Arzt, der im Vergleich dazu nur mit wenigen Menschen in Berührung kommt, sieht in seiner

Praxis hin und wieder solche Fälle. Doch für diese ›Fachleute‹ ist auch ein solcher Gelegenheitsbefund ›beweiskräftig‹. Nutzt doch die Nazipropaganda naturgemäß jegliche in ein wissenschaftliches Mäntelchen kleidbare Lüge, sei sie auch noch so himmelschreiend. Diejenigen aber, die solche Art ›Propagandamaterial‹ betrachten und den erläuternden Text lesen werden, besitzen kaum kritischen Verstand, sondern werden alles so hinnehmen, wie man es ihnen serviert.

Die beiden Skelette werden in lange derbe Papiersäcke verpackt, mit Begleitpapieren versehen und nach Berlin geschickt. Auch auf diese Sendung wird der Stempel gedrückt: ›Dringende kriegswichtige Sendung‹.«[46]

Kapitel 9

Die »Vereinigung der Fachgenossen«

Die frühen Jahre

Die Vorgeschichte der deutschen Gesellschaft für gerichtliche Medizin ist zugleich ein Teil der Geschichte der Gesellschaft Deutscher Naturforscher und Ärzte.

Nachdem sich auf der Gründungsversammlung dieser Vereinigung am 18. September 1822 in Leipzig 15 Mitglieder und etwa 40 Gäste zusammengefunden hatten, konstituierten sich in der Folgezeit – die Versammlungen wurden jährlich in jeweils einer anderen Stadt durchgeführt – eine Reihe von Fachsektionen. Obwohl auch gerichtsmedizinische Themen schon frühzeitig z. B. durch die Mitwirkung von Wagner und Casper nicht völlig ausgespart wurden (vgl. Krauland 1969, S. XVII), konstituierte sich erst 45 Jahre später unter dem Einfluß Max von Pettenkofers eine Sektion »Öffentliche Gesundheitspflege und Staatsarzneikunde« und schließlich 1886 in Berlin als 25. eine eigene Sektion für »Gerichtliche Medizin«.

Trotz der in den folgenden Jahren fast regelmäßig durchgeführten Zusammenkünfte der Sektion blieb die Ausstrahlung der wenigen wissenschaftlich ambitionierten Fachvertreter zunächst gering. Erst als Georg Puppe auf der 76. Versammlung Deutscher Naturforscher und Ärzte in Breslau (1904) in der Sektionssitzung »Gerichtliche Medizin«

die Bildung einer ständigen gerichtsärztlichen Vereinigung anregte, wurde im November 1904 ein Gründungsaufruf, unterzeichnet von Ipsen (Innsbruck), Kratter (Graz), Lesser (Breslau), Puppe (Königsberg), Strassmann (Berlin) und Ungar (Bonn), publiziert. Zweck der Gesellschaft sollte sein: »Einen Mittelpunkt für gemeinsame wissenschaftliche Arbeiten zu bilden und zu einer persönlichen Vereinigung der Fachgenossen beizutragen.« Der auf der 26. Naturforscherversammlung »neugegründeten Gesellschaft sind sofort alle anwesenden Fachgenossen als Mitglieder beigetreten.«[1] Diese 20 Gründungsmitglieder kamen überein, ihre Tagungen weiterhin mit denen der Naturforscher- und Ärzteversammlung gemeinsam durchzuführen; ein Einführender (jeweils ein ortsansässiges Mitglied) hatte die Jahrestagung vorzubereiten und die Teilnehmer zu begrüßen. Der Vorstand setzte sich aus dem I. und II. Vorsitzenden, dem Schriftführer und dem Schatzmeister zusammen. Um die Kontinuität der Leitungstätigkeit der Gesellschaft zu wahren, wurde bestimmt, daß der stellvertretende Vorsitzende im folgenden Jahr die Aufgaben des I. Vorsitzenden übernehmen sollte (vgl. ebenda, S. XXII).

Die Gründung einer wissenschaftlichen Gesellschaft für gerichtliche Medizin war damals keineswegs ein Novum in Europa: Die französische »Société medécine légale de France« bestand bereits seit 38 Jahren, in Belgien war eine gleichartige Gesellschaft 16 Jahre, in Italien sieben und in England vier Jahre früher gegründet worden. Auch in Übersee, in New York, gab es seit langem eine »Medico-Legal Society«.[2]

Daß eine fachwissenschaftlich und berufsorganisatorisch ausgerichtete Vereinigung forensisch tätiger Mediziner schon zum Gründungszeitpunkt der neuen Gesellschaft längst überfällig gewesen sein dürfte, wird am eindrucksvollsten durch den Mitgliederzuwachs im ersten Jahr ihrer Existenz bestätigt: Zum Zeitpunkt der »Verhandlungen der I. Tagung der Deutschen Gesellschaft für gerichtliche Medizin in Meran, 25.–28. September 1905« umfaßte das Mitgliederverzeichnis (gemäß Stand vom 1. Mai 1905) bereits 221 Namen, darunter eine besonders große Anzahl von Kreisärzten und ihnen funktional gleichgestellte Mediziner mit recht unterschiedlichen Titulaturen.[3]

Auf die Tagung von Meran folgten jeweils im September durchgeführte gleichartige Veranstaltungen in Stuttgart (1906), Dresden (1907), Köln (1908), Salzburg (1909), Königsberg (1910), Karlsruhe (1911), Münster i. W. (1912) und Wien (1915), wo man Richard Kockel zum I. und Albin Haberda zum II. Vorsitzenden wählte. Die Publikation der »Verhandlungen« auf den einzelnen Tagungen und die Ergebnisse der

Sitzungen der Gesellschaft einschließlich der Mitgliederverzeichnisse, Satzungen usw. erfolgte jeweils in der »Vierteljahresschrift für gerichtliche Medizin und öffentliches Sanitätswesen«.

In den folgenden sechs Jahren fielen, bedingt durch den I. Weltkrieg, die Jahrestagungen aus, 31 Mitglieder starben in dieser Zeit, die Mitgliederzahl ging auf 127 zurück (vgl. ebenda, S. XXV).

Als man sich 1920 in Bad Nauheim wieder zusammenfand, wurde der Vorschlag Puppes, der in den sozialgesetzlichen Maßnahmen der vergangenen Jahrzehnte ein neues Arbeitsgebiet besonders auch der gerichtlichen Medizin sah, akzeptiert und die Umbenennung der Vereinigung in »Gesellschaft für gerichtliche und soziale Medizin« beschlossen.

Da die »Gesellschaft Deutscher Naturforscher und Ärzte« ab 1921 nur noch alle zwei Jahre tagte, faßte man in diesem Jahre in Erlangen den Beschluß, die eigenen Tagungen abwechselnd an die Tagungen der Naturforscher bzw. an die der Medizinalbeamten anzuschließen.

Die 12. Tagung fand 1922 in Leipzig statt. Die im Inflationsjahr 1923 in Bad Steben/Fichtelgebirge geplante 15. Tagung wurde offenbar der schlechten Wirtschaftslage wegen abgesagt; der bescheidene Programmzettel deutet die finanziellen Nöte an, in denen sich auch viele Mitglieder der Fachgesellschaft befunden haben mögen: »Wohnungen ohne Frühstück sind frei ... Auf die Hauptmahlzeiten werden 10% Ermäßigung gewährt«.

1924 wurde die 15. Tagung in Innsbruck nachgeholt, 1925 traf man sich in Bonn, 1926 in Düsseldorf, 1927 in Graz, 1928 in Hamburg, 1929 in Heidelberg, 1930 in Königsberg und 1931 in Leipzig. Paul Fraenckel ablösend, wurde hier Richard Kockel zum I. Vorsitzenden und Martin Nippe zu seinem Stellvertreter gewählt.

Die Mitgliederzahl betrug nach einem Verzeichnis aus dem Jahre 1926/27 damals 182. In den Jahren um 1930 wurden Geschäftsordnung bzw. Satzungen der Gesellschaft offenbar mehrfach geändert, teilweise wurden sie auch als Diskussionsgrundlage mit entsprechenden Veränderungsanträgen einzelner Mitglieder gedruckt.

Die 21. Tagung der »Gesellschaft für Gerichtliche und Soziale Medizin« wurde vom 27. bis 30. September 1932 in Wiesbaden durchgeführt. Martin Nippe wurde Vorsitzender der Gesellschaft, Hermann Merkel – im Hinblick auf die 1933 in München geplante 22. Tagung – sein Stellvertreter, die Geschäftsführung oblag Ernst Ziemke.

Die Entwicklung der Fachgesellschaft von 1933 bis 1940

Für die geplante 22. Tagung der Gesellschaft waren als Referate vorgesehen ein Vortrag von Fritz Reuter über »Die Bedeutung der Sterilisation für die gerichtliche Medizin« und ein Vortrag des Königsberger Psychiaters August Bostroem (1886–1944) über »Die Begutachtung der behandelten Paralytiker«. Meldungen zu weiteren Vorträgen und Demonstrationen wurden bis zum 1. Juli 1933 an Schriftführer Prof. Dr. Ziemke erbeten.[4]

Nach der Machtübernahme durch die Nationalsozialisten im Frühjahr 1933 weitete sich deren Einflußnahme in wenigen Monaten auch auf nahezu alle Bereiche des kulturellen und wissenschaftlichen Lebens aus, wobei Medizin und Gesundheitswesen offenbar einer besonderen nazistischen Infiltration ausgesetzt waren. Die Mitteilungen zur »Tagesgeschichte« z. B. in der »Münchner Medizinischen Wochenschrift« des Jahres 1933 legen ein beredtes Zeugnis von der rasch eskalierenden Unterdrückung und Ausschaltung Andersdenkender und »rassisch« Andersartiger ab. In dieser Phase des »Umbruches« nimmt sich auch die folgende Mitteilung in der »MMW« vom 11. August 1933 keineswegs ungewöhnlich aus: »Die auf den 4.–7. September 1933 anberaumte Tagung der Deutschen Gesellschaft für gerichtliche und soziale Medizin kann leider nicht stattfinden, sie wird hiermit abgesagt.«

Entschieden wurde über die Nichtdurchführung der Tagung in den ersten Augusttagen, denn bereits am 3. August teilte Nippe seinem Kollegen Ziemke mit: »Am Vormittag des 3.8.33 erhielt ich dann eindeutig, und zwar autoritativ, eine Nachricht, daß unsere Tagung jetzt nicht stattfinden solle, und habe ... auch von Merkel ein Telegramm folgenden Wortlauts erhalten: ›Erbitte wegen örtlich gestellter Anträge Tagungsverlegung Frühjahr 1934 München gez. Merkel.‹«[5]

»Autoritatives« Drängen und »örtlich gestellte Anträge« waren also die Gründe für den Ausfall der Tagung – Merkel erhielt als Erfüllungsgehilfe den Auftrag, die Tagung »von sich aus« abzusagen.

Vorausgegangen war offenbar ein Phase der Unklarheit: »Im Grunde liegt das ganze Schwanken daran, daß man von den einzelnen jetzigen massgebenden Stellen keine ganz klaren Auffassungen extrahieren kann. Daß wir unsere nächste Tagung ganz anders gestalten müssen, darüber besteht gar kein Zweifel«, urteilte Nippe in einem weiteren Brief an Ziemke am folgenden Tag.[6]

Trotzdem machte er sich bereits Gedanken über den zukünftigen Vorsitzenden: »Ich persönlich würde als neuen Vorsitzenden Herwart

Fischer-Würzburg vorschlagen ... Was Herwart Fischer anlangt, so können Sie überzeugt sein, daß, wie die Dinge nun einmal liegen, dieser am allermeisten neben Pietrusky aus unseren Reihen zu sagen hat ...«[7]

Nippe behielt den Vorsitz für ein weiteres Jahr und war in dieser Zeit u. a. damit beschäftigt, einen Entwurf für neue Satzungen der Gesellschaft zu erarbeiten. Als er diese gegen Ende August 1934 an seine Fachkollegen verschickte, formulierte er in seinem Begleitschreiben: »Die neuen Satzungen sind von kompetenter juristischer Seite geprüft worden. Danach ist es zweckmäßig, wenn nicht notwendig, dass wir eine neue Gesellschaft gründen, die selbstverständlich im übrigen abgesehen von einer Namensänderung die gleichen Ziele usw. hat wie unsere bisherige wissenschaftliche Gesellschaft.«[8]. Die neue Bezeichnung für die alte Gesellschaft sollte lauten: »Deutsche Gesellschaft für die gesamte gerichtliche Medizin«. Im § 2 wurde der wohl wesentlichste Grund für die »Neugründung« genannt: »Sämtliche Mitglieder müssen arischer Abstammung sein. Ausnahmen gelten analog dem Berufs-Beamten-Gesetz.«

Das »Berufs-Beamten-Gesetz« betraf z. B. so verdienstvolle Mitglieder wie Fritz und Georg Strassmann, Paul Fraenckel, Friedrich Leppmann u. a., die wenig später durch das »Reichsbürgergesetz« endgültig aus ihren Positionen eliminiert wurden. »Nach dem Runderlasse der Herrn Preußischen Ministers des Innern vom 7. d. Mts. – II Z 3418/35b – [war] in den Entlassungsurkunden den Beamten der Dank auch nach 25-jähriger Dienstzeit nicht auszusprechen, wenn sie nicht deutschen oder artverwandten Blutes sind.« Im Falle eines anderen Wissenschaftlers hieß es in einem Schreiben an den REM weiter: »Da die hier vorgelegte Entpflichtungsurkunde für den nichtarischen Professor Dr. Ehrlich die Dankesformel enthält, bitte ich um Ausfertigung und Übersendung einer neuen Urkunde.«[9]

Die 23. Tagung der Gesellschaft – die ihren Namen zunächst beibehielt – fand vom 16. bis 20. September 1934 in Hannover statt und wurde von Schackwitz organisiert. Vorsitzender der Gesellschaft wurde Friedrich Pietrusky, sein Stellvertreter Hermann Merkel.

Der Jurist Günther Vollmer – er bearbeitete bereits seit 1929 in der »Gauleitung der NSDAP« Königsberg die Rechtsangelegenheiten – verbreitete auf der Tagung seine Kenntnisse »Über nationalsozialistische Strafgesetzgebung« (vgl. Vollmer 1935, S. 9 ff.). Auch Berthold Mueller hielt einen Vortrag zum gleichen Thema (vgl. Mueller 1935, S. 114 ff.), während Ferdinand Wiethold »Zur Frage der Entmannung gemeingefährlicher Gewohnheitsverbrecher« referierte (vgl. Wiethold 1935, S. 135 ff.).

Die nazistische Politik der »Gleichschaltung« der verschiedenen Organisationen bezog 1934 auch die medizinischen Gesellschaften ein: Im Oktober 1934 wurden im Auftrage des RMI und im Einvernehmen mit Reichsärzteführer Gerhard Wagner die medizinischen wissenschaftlichen Gesellschaften und Vereine unter Führung des Präsidenten des Reichsgesundheitsamtes, Hans Reiter, zu einer Arbeitsgemeinschaft zusammengeschlossen. »Es war selbstverständliche Forderung für eine Beteiligung an der Arbeitsgemeinschaft, daß die Führung der angeschlossenen Gesellschaften und Vereine betont auf dem Boden des nationalsozialistischen Staates ständen. Dem Auftrag des Herrn Reichs- und Preußischen Ministers des Innern entsprechend wurde von allen zur Arbeitsgemeinschaft eingeladenen Organisationen eine Aufstellung des Gesamtvorstandes eingefordert und die fachliche und politische Eignung der benannten Herren mit dem Reichsärzteführer durchgeprüft.« (Rott 1936, S. 105.) Hinsichtlich der Mitgliedschaft in wissenschaftlichen Gesellschaften wurden folgende Richtlinien festgelegt:

»1. Als ordentliche Mitglieder der Gesellschaften können aufgenommen werden:

a) Reichsbürger,

b) deutschblütige Reichsdeutsche im Ausland, deutschblütige Danziger, Österreicher und Volksdeutsche,

c) Ausländer, sofern sie als deutschfreundlich bekannt sind und vom engeren Vorstand ausdrücklich vorgeschlagen werden.

2. Andere Ausländer und solche deutsche Staatsangehörige, welche die Bedingungen der Nürnberger Gesetze für die Reichsbürgerschaft nicht erfüllen, können nur als außerordentliche Mitglieder aufgenommen werden.

3. Der Vorsitzende der Gesellschaft sowie die Mitglieder des engeren Vorstandes müssen deutschblütig sein. ...« (zit. nach ebenda, S. 109).

In den folgenden Jahren fanden die Tagungen der Gesellschaft wieder regelmäßig statt: Vom 4. bis 6. September 1935 in München; Pietrusky behielt das Amt des Vorsitzenden und wurde ein Jahr später in Dresden (17.–19. September 1936) von Berthold Mueller abgelöst. Ebenso wie der I. Vorsitzende dürften auch dessen Stellvertreter Gerhard Buhtz und der Schriftführer, Gerhard Schrader, ohne jegliche Beanstandungen »durchgeprüft« worden sein.

Bei der 26. Tagung, die vom 12. bis 14. Mai 1937 in Breslau stattfand, war Karl Reuter »Einführender«, der alte Vorstand Mueller – Buhtz – Schrader behielt seine Funktion bei (vgl. Krauland 1970, S. XXXI).

Ende Juli 1937 wurde ein neues Mitgliederverzeichnis der Vereinigung gedruckt, die sich nunmehr »Deutsche Gesellschaft für gerichtliche, soziale Medizin und Kriminalistik« nannte, es enthält 159 Namen Im folgenden Jahr traten der Gesellschaft u. a. bei: »Dr. Hansen, Hamburg«, »Dr. Krauland, Innsbruck«, »Dr. Lommer, Jena«, »Dr. R. Manz, Greifswald«.[10]

Um die Jahreswende 1937/38 ergab sich eine Änderung im Vorstand der Gesellschaft: Unter dem Datum des 20. Januar 1938 teilte Buhtz den vorgesetzten Instanzen der Jenaer Universität, dem REM, dem RMI (Medizinalabteilung), dem RJM, dem Präsidenten des RGA, dem »Reichsführer SS und Chef der Deutschen Polizei« und dem »SD-Oberabschnitt Elbe/Leipzig« in gleichlautenden Schreiben mit, daß er »zum Vorsitzenden der Deutschen Gesellschaft für gerichtliche, soziale Medizin und Kriminalistik ernannt worden [sei] und den Vorsitz übernommen habe«.[11]

Auch »alle Fachvertreter und derzeitigen Lehrstuhlinhaber« erfuhren am gleichen Tage von der Übernahme des Vorsitzes der Gesellschaft durch Buhtz und von seinen Plänen für 1938: »Die diesjährige Tagung der Gesellschaft soll unmittelbar vor der Internationalen Tagung in Bonn und zwar am 21.9.38 stattfinden. ... Wir wollen am 21.9.38 möglichst gute Vorträge jüngerer Kollegen zulassen, damit unsere Tagung als Auftakt für die Internationale Tagung bei den ausländischen Mitgliedern einen guten Eindruck hinterlässt.«[12]

Geplant war diese 27. Tagung allerdings ursprünglich in Stuttgart. Berthold Mueller hatte in seiner Eröffnungsrede als Vorsitzender in Breslau – man tagte »diesmal im kleinen Kreis« – Stuttgart als voraussichtlichen Tagungsort genannt (vgl. Mueller 1938, S. 133), weil auch die »Gesellschaft Deutscher Naturforscher und Ärzte« dort vom 18. bis 21. September ihre 95. Versammlung abzuhalten beabsichtigte. Um die Intentionen, die sich besonders für faschistische Wissenschaftspolitiker um den Gründungskongreß einer »Internationalen Akademie für gerichtliche und soziale Medizin« rankten (s. Kap. 3) nicht durcheinanderzubringen und um gleichzeitig die Naturforschergesellschaft nicht zu brüskieren, wurde in Stuttgart am 20. September 1938 eine »Sondertagung der Deutschen Gesellschaft für gerichtliche, soziale Medizin und Kriminalistik« mit fünf Vorträgen von insgesamt drei und einer Viertelstunde Dauer veranstaltet.

Tags darauf, am 21. September 1938, fand in Bonn die als 27. Tagung der Gesellschaft deklarierte Veranstaltung statt; 17 der etwa 20 angemeldeten Vorträge wurden später publiziert (vgl. DZ 30/1938).

Am dritten Tag – dem 22. September 1938 – begann ebenfalls in

Bonn der dritte Gerichtsmedizinerkongreß, der, wenn auch unter ungünstigsten politischen Umständen, zugleich zur Gründung einer internationalen Vereinigung der gerichtlichen Mediziner führte.

Vielleicht dem 1921 in Erlangen gefaßten Beschluß (s. Kap. 3) folgend, führte man die 28. Tagung der Gesellschaft vom 30. Mai bis 2. Juni 1939 »in Anlehnung an die Tagung der Wissenschaftlichen Gesellschaft der Aerzte des öffentlichen Gesundheitswesens«, also der Amtsärzte, in Bad Ischl durch Philipp Schneider, nunmehr Direktor des Instituts für gerichtliche Medizin der Universität Wien, formulierte in der »Wiener klinischen Wochenschrift« vom 26. Mai 1939 »zur Begrüßung der 28. Tagung« emphatisch: »Jetzt haben sich ... die Zeiten völlig gewandelt! Die altbewährte österreichische Ostmark ist in das große, auf nationalsozialistischer Weltanschauung geeinte deutsche Vaterland heimgekehrt, und damit sind auch für die gerichtliche Medizin endgültig alle Schranken gefallen, die teils durch die verschiedene Entwicklung des Faches im alten Oesterreich und im früheren Deutschland, teils durch das ungleiche Recht zwangsläufig gebildet waren.«

Von besonderem Interesse für das Fach gerichtliche Medizin war der Vortrag von Arthur Gütt, der die Vorstellungen der faschistischen »Gesundheitsführung« über die »Neuordnung des gerichtsärztlichen Dienstes in Deutschland« entwickelte, weitere thematische Schwerpunkte der Tagung waren gerichtsärztlich-kriminalistische Gesichtspunkte von Abtreibung und Kindestötung sowie Leichenschau und Leichenöffnung.[13]

Die nächste, 29. Tagung der »Gesellschaft für gerichtliche, soziale Medizin und Kriminalistik« war dann schon die »Kriegstagung«, die letzte Tagung in der Zeit des Nationalsozialismus. Man traf sich in Innsbruck vom 15. bis 17. Mai 1940; die »Begrüßungsansprache« des Vorsitzenden Gerhard Buhtz ist überreich an Formulierungen, die den faschistischen Geist des Vorstandes der Gesellschaft eindeutig belegen. Noch nie zuvor allerdings dürfte die Umklammerung des Faches durch die Vollzugsorgane nazistischer Gewaltherrschaft so deutlich sichtbar geworden sein wie auf dieser Tagung: »Die Kriegstagung in Innsbruck war reich besucht. Neben den Angehörigen des Faches waren insbesondere Vertreter der Justiz und der Polizei erschienen, an ihrer Spitze der Staatssekretär im Reichs-Justizministerium, Dr. Freisler. Viele Richter und Staatsanwälte, viele Kriminalbeamte und Angehörige des Sicherheitsdienstes, die zum großen Teil aus den eingegliederten Ostgebieten, aus dem Protektorat und aus dem Generalgouvernement herbeigeeilt waren, nahmen an der Tagung teil. Die Medizinalabteilung des Innenministeriums hatte gleichfalls einen Vertreter entsandt. Eine Abstellung von Amtsärzten in größerer Zahl war nicht möglich gewesen, weil sie vielfach als örtliche Luftschutzärzte in der Zeit des Beginnes des deutschen Gegenangriffes im Westen an ihren Dienstort gebunden waren. Die Uniformen der Wehrmacht, die feldgraue Uniform der SS und die neue Beamtenuniform beherrschten das Bild. Eine besondere Freude für die Teilnehmer war es, daß der Führer auf einem Begrüßungstelegramm die besten Wünsche für den Verlauf der Tagung ausgesprochen hatte«, berichtete Mueller (1940, S. 643). Und in einem anderen Bericht heißt es erläuternd und auf den Hauptschwerpunkt der Tagung eingehend: »Als Vertreter des Chefs der Sicherheitspolizei, Gruppenführer Heydrich, war Reichskriminaldirektor SS-Oberführer Nebe mit den Sachbearbeitern des Reichskriminalpolizeiamtes und sämtlichen Leitern der Kriminalpolizeileitstellen oder ihren Vertretern anwesend. Im Vordergrund der Tagung standen 4 bedeutsame Vorträge, die an Hand von Lichtbildern und Präparaten eingehend die polnischen Greueltaten an den Volksdeutschen aufzeigten und die asoziale, unschöpferische Grundnatur polnischen Wesens brandmarkten. Es sprachen Staatssekretär Dr. Freisler-Berlin über ›Psychische Grundlage der Polengreuel, dargestellt an der Entwicklung des polnischen Volksgeistes‹ (veröffentlicht in der ›Deutschen Justiz‹, 1940, Heft 20), Oberstabsarzt Dr. Panning-Berlin über den ›Bromberger Blutsonntag‹, Dozent Dr. Hallermann-Berlin über ›Die Todesopfer der Volksdeutschen Geiselzüge aus dem Warthegau‹ und Kriminalkommissar Dr. Wehner-Berlin über die ›Kriminalistischen Ergebnisse bei der Aufklärung der Greuel an den Volksdeutschen‹. In einer Sonderschau, die demnächst im Gebäude des Reichskriminalpolizeiamtes gezeigt wird, konnten den Teilnehmern die Ergebnisse der gerichtsärztlichen und kriminalpolizeilichen Untersuchungen in Polen vor Augen geführt werden. Im Verlaufe der Tagung ergriffen weiterhin eine Anzahl bekannter Forscher das Wort über Themen aus ihren Sondergebieten.« (Sommerfeld 1940, S. 72.)

An der Zusammensetzung des Vorstandes – Buhtz als Vorsitzender, Schrader als sein Stellvertreter und Schriftführer, Erich Fritz als Kassenwart, Mueller, Schneikert[14] und Schütt als Beisitzer – änderte sich zunächst nichts. Buhtz hatte »durch einmütigen Beschluss der Fachvertreter und durch Bestätigung der Mitgliederversammlung« den Auftrag übernommen, »den Vorsitz weiter zu führen, insbesondere so lange der Krieg dauert und die in Gang befindlichen Verhandlungen noch nicht abgeschlossen sind.« (s. Dok. 3)

Die Absetzung eines renitenten Vorsitzenden: zur Affäre um Buhtz

Der sich beruflich als »gerichtsärztlicher Kriminalist« verstehende Gerichtsmediziner Gerhard Buhtz hatte selbst in seiner emphatischen Begrüßungsansprache auf der Innsbrucker »Kriegstagung« und eingedenk der »gemeinsamen Grundlage der weltanschaulichen und politischen Ausrichtung« von Fachgesellschaft und Naziherrschaft bestimmten Absichten »der vom Reichsführer SS gegebenen Richtlinien« (z. B. hinsichtlich der Aufgaben des KTI) und Überlegungen zur »Neuordnung des gerichtsärztlichen Dienstes« (z. B. von Gütt formuliert) ziemlich unzweideutig widersprochen (vgl. Buhtz 1941, S. 3 ff.). Bereits in der Vergangenheit hatte es wegen seiner von der offiziellen Linie abweichenden Vorstellungen über die Aufgaben der Universitätsgerichtsmedizin und der Gesundheitsämter Aussprachen und Differenzen mit Leonardo Conti, dem für das Gesundheitswesen zuständigen Staatssekretär im Reichsinnenministerium, gegeben.

Als das von Buhtz mit »streng vertraulich« »an alle Fachvertreter« gerichtete Schreiben vom 23. Mai 1940 (s. Dok. 3) über Eduard Schütt, Beisitzer im Vorstand und Beamter des Innenministeriums, in die Hände Contis gelangte, war dessen Geduld mit dem renitenten Vorsitzenden – dessen Wiederwahl überdies noch durch den RMI zu bestätigen war – zu Ende: In einem »Schnellbrief« vom 3. Juli 1940 wurde Buhtz von Conti für den 16. Juli 1940 in das Innenministerium geladen. Einladungen erhielten auch der REM und der RJM sowie der Präsident des Reichsgesundheitsamtes.[15]

Doch der Vorsitzende, dem vom RMI – über Conti – vorgeworfen wurde, »auf jede ihm möglich erscheinende Weise in die Verwaltungsarbeit meines Ministeriums und anderer Ressorts einzugreifen« und dabei »in einer Art und Weise [vorzugehen], die ich nicht länger hinnehmen kann«,[16] gab noch nicht auf. Unter dem 9. Juli 1940 verschickte er ein weiteres, »streng vertrauliches«, fünfseitiges, engzeilig beschriebenes Schriftstück mit mehreren Anlagen »an alle Fachvertreter«, um seine Positionen nochmals darzulegen und bis zum 14. Juli 1940 um eine Stellungnahme zu insgesamt 13, teilweise untergliederten Fragen zu ersuchen.[17] Auch der Versuch, beim REM durch ein sechsseitiges Schreiben vom 6. Juli um Unterstützung für die kommenden Auseinandersetzungen mit Conti zu bitten, unterblieb nicht.[18]

Wie die »Niederschrift über die Sitzung am 16. Juli d. Js., betreffend: ›Schreiben des Vorsitzenden der Deutschen Gesellschaft ... Universitätsprofessor Dr. Buhtz vom 23. Mai d. J. an alle Fachvertreter‹« belegt, waren dabei hochrangige Nazifunktionäre zugegen: Staatssekretär Conti als Leiter der Sitzung ließ sich durch sieben (!) weitere Vertreter der Abteilung IV des RMI unterstützen, Freisler – als Staatssekretär im RJM – war mit einem Ministerialrat erschienen, vom RGA war Oberregierungsrat Dr. Kresiment und vom REM Ministerialrat Dr. Klingelhöfer anwesend. In der einstündigen Sitzung führte im wesentlichen Conti das Wort, auch Freisler hatte einiges zu sagen, wenige Sätze sind von Klingelhöfer protokolliert – wie es der Gewichtung der beteiligten Ministerien entsprach. Der Protokollant Dr. Ernst (vom RMI) faßte die Schlußworte Contis so zusammen: »Professor Buhtz habe nichts vorgebracht, was sein Verhalten rechtfertigen könnte. Er halte Prof. Buhtz auf Grund seines bisherigen Verhaltens und seiner ganzen Einstellung nach als Vorsitzenden der Gesellschaft für gerichtliche Medizin ›für unmöglich‹. Bei seiner weiteren Belassung als Vorsitzender ... könnte bei seinen Arbeitsmethoden sogar die Gefahr entstehen, dass das gegenseitige Vertrauensverhältnis der beteiligten Ministerien gestört würde.«[19]

Der Vertreter des REM, dessen Dienststelle schon Tage zuvor zur Erkenntnis gekommen war, »daß Prof. Buhtz sich in der Angelegenheit äußerst ungeschickt und tolpatschig benommen habe und daß die Lage für ihn in seiner Eigenschaft als Vorsitzender seiner Gesellschaft kritisch sei«,[20] hatte in der Sitzung betont, daß »auch sein Ministerium ... hinsichtlich des gerichtsärztlichen Dienstes auf dem Boden der durch das Gesetz über die Vereinheitlichung des Gesundheitswesens getroffenen Regelung« stehe.

Über einen Schriftsatz des Staatssekretärs Conti vom 18. Juli erfuhr Buhtz die Entscheidung des Reichsinnenministers: »Ich eröffne Ihnen hiermit nochmals schriftlich, daß ich Sie als Vorsitzenden der genannten Gesellschaft ablehne. Gleichzeitig berufe ich Sie als Vorstandsmitglied dieser Gesellschaft ab. Ich ersuche Sie, unverzüglich die Geschäfte des Vorsitzenden an den Schriftführer und stellvertretenden Vorsitzenden, Univ. Prof. Dr. Gerhard Schrader, Halle, Franzosenweg l, abzugeben, an den ich Abschrift dieses Erlasses gesandt habe.«[21]

Bis zu dieser Entscheidung war allerdings den Fachvertretern nicht bekannt, wer das Buhtzsche Schreiben vom 23. Mai 1940 dem RMI in die Hände gespielt hatte. Das Rätselraten in der Gesellschaft um die Person dieses Zuträgers hielt noch einige Zeit an, wobei sich offenbar besonders Berthold Mueller um eine Aufklärung bemühte. Seine mit »Vertraulich« gekennzeichnete »Niederschrift« vom 10.3.1941 ist das Ergebnis sicherlich nicht ganz einfacher Recherchen, sie enthält darüber hinaus eine Reihe interessanter Einzelheiten über eine kritische Phase der deutschen Gesellschaft für gerichtliche Medizin (s. Dok. 9).

Die Fachgesellschaft in den Kriegsjahren

Nach der Nichtbestätigung bzw. Ablehnung von Gerhard Buhtz als Vorsitzendem der Fachgesellschaft wurde der stellvertretende Vorsitzende und Schriftführer, Gerhard Schrader, von Conti ersucht, die »Geschäfte [der Gesellschaft – F. H.] einstweilen zu übernehmen und die Bestellung eines neuen Vorsitzenden in die Wege zu leiten. Ferner ersuche ich Sie, die Umwandlung der Bezeichnung ›Deutsche Gesellschaft für gerichtliche und soziale Medizin und Kriminalistik‹ durch Weglassung der Worte ›und soziale‹ in ›Deutsche Gesellschaft für gerichtliche Medizin und Kriminalistik‹ in die Wege zu leiten.«[22] Einer Anregung des Buhtz-Briefes vom 23. Mai 1940 folgte Conti insofern, als er die Worte »soziale Medizin« nun auch in den Bezeichnungen der Universitätsinstitute zu vermeiden befahl und dies über den REM durchsetzen ließ.

Nach einer Zeit der Geschäftsführung durch Schrader teilte Reiter, der Präsident des Reichsgesundheitsamtes, am »6.November (Neblung) 1940« Prof. Dr. Berthold Mueller »im Auftrag des Herrn Reichsministers des Innern (Erlaß IV f 2485/40/4396 vom 23. Oktober 1940) ... [die] Bestätigung als Vorsitzender der Deutschen Gesellschaft für gerichtliche Medizin und Kriminalistik mit. Aus dem an mich gerichteten Schreiben geht weiter hervor, daß der Minister auch den Verbleib von Herrn Buhtz in einem anderen Amt des Vorstandes ablehnt. Ich bitte Sie daher, eine Neubildung des Vorstandes vorzunehmen – wobei natürlich gegen eine Wiederberufung von Herrn Schrader als Schriftführer keine Bedenken bestehen – und mir das Ergebnis mitzuteilen.«[23]

Das »Ergebnis« mag auch Mueller nicht recht befriedigt haben: Schütt mußte als Beisitzer beibehalten werden, und auch Heess vom KTI wurde Beisitzer (somit waren zwei Vertreter des RMI im Vorstand). Schrader führte die Geschäfte als Schriftführer und stellvertretender Vorsitzender, Erich Fritz blieb Kassenwart, als weiterer Beisitzer fungierte Wollenweber.

Nicht frei von einem resignativen Unterton sind Formulierungen in einem Begleitschreiben Muellers vom 8. Januar 1941 an seinen Schriftführer, der einen Brief »An die Mitglieder der Deutschen Gesellschaft für gerichtliche Medizin und Kriminalistik« verschicken und dabei den Muellerschen Entwurf verwenden sollte: »Ich schlage vor, den Gesellschaftsmitgliedern eine Mitteilung nach beiliegendem Entwurf zu übersenden. Irgendeine Nachricht müssen sie ja schließlich erhalten. Ich stelle anheim, gewisse Änderungen vorzunehmen, oder auch Punkte hinzuzusetzen. Ich würde es für zweckmäßig halten, dass der Schriftführer derartige Rundschreiben gegenzeichnet. Sie sind dazu berechtigt, da laut schriftlicher Mitteilung des Präsidenten des Reichsgesundheitsamtes gegen Ihre Beibehaltung als Vorstandsmitglied nichts einzuwenden ist. ... Ihre Bestätigung ist damit gewissermassen schon vorweggenommen.«[24] Die von Schrader verschickte Mitteilung entsprach, außer dem von ihm zugefügten Dank an Schneikert, dem Entwurf Muellers.

Die Überarbeitung der Satzungen der erneut umbenannten Gesellschaft war zwar durch ein erweitertes Vorstandsgremium bereits 1937 auf der Breslauer Tagung abgeschlossen worden, doch der RMI hatte in der Folgezeit mehrfache Änderungs-»Wünsche« vorgebracht und seine Bestätigung versagt, so daß eine Drucklegung der Satzungen offenbar nicht zustande kam. Grund für diese Verzögerung war einzig und allein die Absicherung des Einflusses des Reichsinnenministeriums auf den Vorstand und damit auf die gesamte Fachgesellschaft auch über entsprechende Formulierungen in verschiedenen Paragraphen der Satzungen. Administrative Vermittlerdienste übernahm dabei offenbar der Präsident des RGA, Professor Reiter. Ein Brief Reiters vom »17. April/Ostermond 1941« gab schließlich den Weg frei für die Drucklegung. Die »Rechte« des Reichsministers des Innern waren in den §§ 8, 9 und 15 angesprochen – der somit Herrscher über Vorstand und Gesellschaft wurde:

»§ 8. Die Vorstandsmitglieder werden vom Vorsitzenden in den Vorstand berufen und aus dem Vorstand abberufen. Eine Veränderung in der Zusammensetzung des Vorstandes bedarf der Bestätigung des Reichsministers des Innern, der berechtigt ist, jederzeit von sich aus Vorstandsmitglieder abzuberufen.

Um eine Stetigkeit der Geschäftsführung zu erreichen, soll der Schriftführer längere Zeit im Amt bleiben. Seine Abberufung ist nur nach Anhörung der Mitgliederversammlung – unbeschadet des Rechtes jederzeitiger Abberufung durch den Reichsminister des Innern – zulässig.

§ 9. Die Amtszeit des Vorsitzenden beträgt 2 Jahre. Er wird auf Vorschlag des abtretenden Vorstandes nach Anhörung der Mitgliederversammlung ... vom Reichsminister des Innern bestellt, der Reichsminister des Innern kann jederzeit vom Vorschlag des abtretenden Vorsitzenden oder dem der Mitgliederversammlung abweichen ...

§ 15. Über die Auflösung der Gesellschaft entscheidet die Mitgliederversammlung. ... Diese Entscheidungen bedürfen des Einverständnisses des Reichsministers des Innern.«

Verständlicherweise wurde im Laufe des Krieges auch die Arbeit der Fachgesellschaft zunehmend schwieriger. Hatte man auf der sog. Kriegstagung in Innsbruck noch davon gesprochen, 1941 in Prag oder Würzburg zur nächsten Tagung zusammenzukommen (was nicht realisierbar war), so wurde ein Versuch Muellers, für den 9. April 1942 eine Sitzung wichtiger Fachvertreter nach München einzuberufen, »um die neuen Sektionsvorschriften durchzusprechen und um zur Frage der Abgrenzung der Tätigkeit der Institute für gerichtliche Medizin und der kriminaltechnischen Institute der Kriminalpolizeileitstellen Stellung zu nehmen«,[26] vom RMI durch einen »Schnellbrief« verhindert.

Muellers Neigung, weiter als Vorsitzender der Gesellschaft zu wirken, mag damals recht gering gewesen sein. Die von ihm gefertigten Schriftstücke sind 1942 meist unterzeichnet mit »zeitiger Vorsitzender der Gesellschaft«. So beeilte er sich schon am 16. Juni 1942 durch ein Schreiben an Ministerialrat Dr. med. Ernst (RMI) seinen Standpunkt zu verdeutlichen, »dass [seine] Amtszeit am 25.10.1942 abläuft« und nichts mit der Bestätigung des Gesamtvorstandes (die am 19.6.41 erfolgt war – Amtszeitende also 19.6.43) zu tun habe.[26] Im RMI teilte man diese Ansicht, und so leitete Mueller eine schriftliche Befragung der Mitglieder ein, ob gegen eine Nominierung Schraders als Vorsitzenden Einwände bestünden. »Auf dieses Schreiben erhielt ich [= Mueller – F. H.] bis zum Stichtag, dem 11. September 1942, 11 Antworten. Die übrigen Mitglieder haben sich nicht geäussert. ... Von den 11 Mitgliedern, die sich geäussert haben, stimmen 7 meinem Vorschlag ausdrücklich zu. 3 haben mitgeteilt, dass sie gegen die Bestellung von Prof. Schrader keine Bedenken haben, jedoch angeregt, einen Wechsel des Vorsitzes in der Kriegszeit zu vermeiden. Ein Mitglied hat Bedenken gegen den Vorschlag geltend gemacht und eine geheime Zettelwahl angeregt.«[27]

Schrader führte dann die Geschäfte des Vorsitzenden in den Jahren bis 1945. Größere Initiativen zur fachgesellschaftlichen Weiterentwicklung waren ihm allein auf Grund der für Deutschland zunehmend aussichtsloseren Lage an den Fronten und in der Heimat unmöglich. Auch er hatte – wie das zusammenbrechende »Dritte Reich« – lediglich »Abwehrkämpfe« zu führen, z. B., um das Fach nicht gänzlich aus den Lehr- und Prüfungsplänen der medizinischen Fakultäten der Universitäten verschwinden zu lassen (s. Kapitel 2) oder dessen Vereinnahmung in »Gausicherheitsämtern« (s. Kapitel 11) aufzuhalten.

Kapitel 10

Die Entwicklung der internationalen Beziehungen

Eine internationale Zusammenarbeit gerichtlicher Mediziner hat es, wenn man die deutsche Gerichtsmedizin betrachtet, in den ersten Jahrzehnten des 20. Jahrhunderts zweifellos nur in Ansätzen gegeben. Das Vorhandensein einer reichen deutschsprachigen Literatur, die Antworten auch auf komplizierte Fragen des kasuistisch angelegten Alltags eines Praktikers bereithielt, die zunächst allgemeine Mißachtung der Gerichtsmedizin als Lehr- und Prüfungsfach an den Universitäten und die vielfach gestörten Beziehungen zwischen dem kaiserlichen Deutschland und seinen europäischen Nachbarn, die schließlich im I. Weltkrieg gipfelten, mögen einige Gründe für kaum vorhandene internationale Kontakte gewesen sein.

Als sich die Verhältnisse für die der ersten Generation von Gerichtsmedizinern nachfolgenden Fachvertreter günstiger gestalteten, wurden die Möglichkeiten eines Gedankenaustausches über Fachprobleme vorwiegend individuell genutzt: »In Verfolg dieser persönlichen wissenschaftlichen Auffassung über die Ziel- und Grenzsetzung der gerichtlichen Medizin habe ich seit Jahren Studienreisen an ausländische Universitäten folgender Länder unternommen: Holland – 1928, Belgien – 1929, England – 1930, Frankreich – 1929 und 1937, Ungarn – 1931 und 1937, Tschechoslowakei – 1931, Jugoslawien – 1931 und 1937, Dänemark – 1932 und 1935, Schweden – 1932 und 1935, Norwegen – 1932, Portugal – 1937, Italien – 1930, Schweiz – 1925, 1926, 1929, 1931, 1934, 1937, 1939.«[1] Müller-Heß, von dem diese Aufzählung stammt, ist aber mit einer so großen Zahl von Auslandsreisen zu fachlichen Studienzwecken zweifellos eine Ausnahme.

Belege über die Teilnahme ausländischer Wissenschaftler an deutschen gerichtsmedizinischen Tagungen bzw. über die Teilnahme deutscher Gerichtsmediziner an Tagungen im Ausland sind für die ersten Jahrzehnte des 20. Jahrhunderts recht spärlich.[2] Erst in der zweiten Hälfte der dreißiger Jahre ist der Tagungsbesuch von Ausländern bzw. deutscher Gerichtsmediziner im Ausland auch in archivalischen Dokumenten niedergelegt worden, wobei die Zielstellung solcher Teilnahme bzw. aktiver Beteiligung zunehmend im Sinne des Nationalsozialismus politisiert wurde.

In jenen Jahren führten schließlich auch langjährige Bemühungen zur Gründung internationaler wissenschaftlicher Vereinigungen, deren Vertreter sich mit gerichtlicher und sozialer Medizin, mit Kriminalistik und Kriminologie usw. beschäftigten, zur Bildung entsprechender Organisationsstrukturen.

Gäste aus Frankreich; zu Gast in Paris

An der 25. Tagung der deutschen Gesellschaft für gerichtliche und soziale Medizin, die vom 14. bis 19. September 1936 in Dresden stattfand, nahmen auch der Vorsitzende der französischen gerichtsmedizinischen Gesellschaft, Prof. Dr. Leclercq, und ein Abteilungsleiter aus seinem Institut in Lille, Prof. Dr. Muller, teil. Beide Gäste wurden vom Vorsitzenden der deutschen Gesellschaft, Prof. Dr. Berthold Mueller, in der Einleitungsansprache besonders begrüßt. Tags darauf hielt Leclercq eine Rede, in der er die Mitglieder der deutschen Gesellschaft zu einem 1937 in Paris geplanten »Congrés international de médecine légale et de médecine sociale en langue francaise« einlud. Dabei handelte es sich um eine seit vielen Jahren abwechselnd in Paris und in Brüssel durchgeführte Tagung gerichtlicher Mediziner, an der außer Franzosen und Belgiern und den Gerichtsmedizinern der romanischen Schweiz auch einzelne Vertreter anderer Länder – »Skandinavier, die Rumänen und meines Wissens neuerdings auch Sowjetrussen« – teilzunehmen pflegten.[3]

Schon in einem ersten, an das REM gerichteten Gesuch um die Möglichkeit der Teilnahme an einer solchen wissenschaftlichen Veranstaltung – Pietrusky als »Führer« der deutschen Delegation, Mueller und Schrader wurden in Vorschlag gebracht – umriß Berthold Mueller am 4. Dezember 1936 die politisch-ideologischen Prämissen: »Im Einvernehmen mit meinen Fachkollegen möchte ich mich auf den Standpunkt stellen, dass wir diese Tagung nicht als internationale Tagung anerkennen können. Es kommt daher auch kaum infrage, dass wir auf ihr Vorträge halten und uns dabei der französischen Sprache bedienen.«[4]

Andererseits, so fuhr Mueller fort, habe er sowohl von Prof. Knud Sand[5] aus Kopenhagen als auch von Prof. Muller aus Lille erfahren, daß man in Paris über eine »internationale Zusammenkunft der gerichtlichen Mediziner mit Gleichberechtigung verschiedener Verhandlungssprachen zu unterhandeln« beabsichtige. »Wir sind der Ansicht, dass die Vertreter der deutschen Gesellschaft für gerichtliche Medizin ihre Mitarbeit zusagen können.«[6]

Als der Präsident des Reichsgesundheitsamtes in einem Schreiben vom 16. Dezember 1936 mitteilte, daß bei der Pariser Tagung voraussichtlich auch Deutsch als Verhandlungssprache zugelassen werden würde, hielt Mueller in einem weiteren Brief an den REM »eine zu grosse Zurückhaltung unsererseits [für] nicht mehr erforderlich« und benannte weitere deutsche Interessenten (Hey, Buhtz, Ponsold) für eine Teilnahme.[7]

Einen eigenen Weg hatte offenbar Professor Müller-Heß eingeschlagen, um den Kongreß besuchen zu können: Er wollte eine Vortragsreise in Portugal dazu nutzen, um auf der Rückreise von dort am 24. Mai in Paris einen Vortrag »Über die Kastration auf Grund der neuen gesetzlichen Bestimmungen« zu halten.[8] Auch der Gewerbehygieniker Ernst Baader hatte sich um eine Teilnahme bemüht.[9]

Die Gründe, die das Reichserziehungsministerium – in Abstimmung mit dem Reichsinnenministerium, dem Auswärtigen Amt, dem »Stellvertreter des Führers«, der »Auslandsorganisation der NSDAP« und der Zweigstelle Paris des »Deutschen Akademischen Austauschdienstes«[10] – dazu bestimmten, die deutsche Delegation möglichst klein zu halten und Vorträge auf der Tagung nicht zu gestatten, wurden durch den REM in einem »Schnellbrief« vom 14. Mai wie folgt formuliert: »Die französische Kulturpolitik verfolgt das Ziel, sich den maßgebenden organisatorischen Einfluss auf die wissenschaftliche Arbeit der Welt zu sichern. Der hierzu eingeschlagene Weg ist vielfach der, dass ein ursprünglich nationaler Kongress durch Einladung ausländischer Gelehrter und die Zulassung fremder Sprachen als Verhandlungssprache zu einem internationalen Kongress erweitert wird, und dass alsdann die ständige Wiederkehr dieses Kongresses auf der Grundlage einer internationalen Organisation mit dem Sitz in Frankreich oder Belgien auf französische Initiative hin beschlossen wird; um einen derartigen Versuch scheint es sich im vorliegenden Fall zu handeln.

Im vorliegenden Fall muß deshalb auf der einen Seite alles vermieden werden, was von deutscher Seite den französischen Bemühungen internationales Gewicht geben könnte. Auf der anderen Seite bleibt für die deutsche Wissenschaft nichts übrig, als darauf zu achten, dass sie nicht völlig ausgeschaltet wird. Unter diesen Umständen halte ich es für das Richtigste, sich mit der Entsendung der in Ihrem ursprünglichen Bericht vom 4.12.1936 vorgeschlagenen Delegation zu begnügen und Vorträge auf der Tagung nicht zu übernehmen ...«[11] (s. Dok. 10)

Trotzdem gelang es Baader, an der Pariser Tagung teilzunehmen. Auch Müller-Heß kam – verspätet – nach Paris, bei seinem völligen

Fernbleiben wäre »der Eindruck unvermeidlich [gewesen], daß dies auf behördliche Einflußnahme hin geschieht«.[12] Einen Vortrag hielt aber auch er nicht, denn insbesondere über Gesetzgebungsfragen wollte man in Frankreich keinesfalls sprechen. »Es besteht die Gefahr, dass alles, was hierüber mitgeteilt wird, späterhin böswillig entstellt werden könnte«, schrieb Mueller an das REM.[13] Müller-Heß reiste also »mit einer vorher mitgeteilten und begründeten derartigen Verspätung, daß er seinen Vortrag auf dem Kongreß nicht mehr halten [konnte], und nur zu dem Zweck, um sich auf dem Kongreß zu zeigen und mit ausländischen Wissenschaftlern, mit denen er über sein Referat korrespondiert hat, Fühlung zu nehmen.«[14]

Derartige Manipulationen und Überlegungen, von der NS-Wissenschaftspolitik des REM auf dem Nebengebiet Gerichtsmedizin, aber dennoch letztlich im Interesse deutschen Vormachtstrebens in Europa betrieben, änderten nichts an der Tatsache, daß in Paris im Mai 1937 ein internationaler Kongreß stattfand, an dem neben den französischen Gastgebern Fachvertreter von weiteren 12 Nationen (Albanien, Belgien, Brasilien, Dänemark, Deutschland, Griechenland, Großbritannien, Irak, Italien, Luxemburg, Polen und Schweiz) teilnahmen. Politische Einschätzungen der Teilnehmer des Kongresses, wie sie in Pietruskys Abschlußbericht vom 31. Mai 1937 (s. Dok. 11) getroffen wurden, beeinträchtigen die Vermutung nicht, daß die Mehrzahl der anwesenden Fachvertreter von den lauteren Absichten einer Verbesserung der internationalen Zusammenarbeit und von dem Wunsch nach Weiterentwicklung des Fachgebietes im Interesse einer humanistisch orientierten Rechtspflege motiviert waren.

Andererseits kann nicht übersehen werden, daß zumindest die Zusammensetzung der deutschen Stammdelegation – einschließlich des Nichtgerichtsmediziners Baader – Gewähr dafür bot, daß in Paris profaschistische deutsche Interessen erfolgreich vertreten wurden. Man ließ sich zu korrespondierenden Mitgliedern der französischen gerichtsmedizinischen Gesellschaft ernennen und schlug seinerseits französische Fachvertreter als korrespondierende Mitglieder der deutschen Gesellschaft vor, von denen man sagen konnte: »Wir haben nicht die geringsten Anhaltspunkte dafür, dass diese Herren Juden sind, auch gehören sie nach Meinungsäußerungen, die wir von ihnen hörten, offenbar nicht zu den französischen Linksparteien«.[15] Auf Zusammenarbeit im Rahmen einer internationalen Assoziation angesprochen, zeigte sich der deutsche Delegationsführer Pietrusky durchaus zugänglich, er akzeptierte sogar »die im diplomatischen Verkehr geübte Gepflogenheit« der Benutzung der französischen Sprache, z. B. bei der Nennung der beteiligten Länder und der Reihenfolge der Durchführung internationaler Tagungen: »Die meisten Teilnehmer merkten allerdings erst später, daß bei Anwendung der französischen Sprache Deutschland an erster Stelle kam. Die Franzosen waren über dieses Ergebnis sichtlich sehr unangenehm berührt ...«[16] So kam es, daß die Gründungstagung der geplanten internationalen Vereinigung nicht, wie zunächst vorgeschlagen, in Lausanne in der französisch-sprachigen Schweiz, sondern in Bonn – Allemagne stattfand.

Der Gründungskongreß der »Internationalen Akademie für gerichtliche und soziale Medizin« – Bonn 1938

Das von Pietrusky formulierte Fazit der Pariser Tagung lautete: »Wir haben Beziehungen zu Fachvertretern verschiedener Länder geknüpft ... haben insbesondere mit den Franzosen freundschaftliche Fühlung genommen. ... Die Führung der internationalen Zusammenarbeit der gerichtlichen und sozialen Medizin durch die Franzosen wurde verhindert und zunächst durch uns übernommen. Die organisatorischen Arbeiten dieser Zusammenarbeit führt Deutschland durch, wo die erste Tagung stattfindet. Es wird sich jetzt darum handeln, die gewonnene Stellung weiter auszubauen.«[17]

Die Vorbereitungsarbeiten für diese Tagung begannen im Herbst 1937. Sie lagen in den Händen Pietruskys, denn Bonn war offenbar besonders dank Pietruskys weitreichenden Einflusses als Tagungsort vorgesehen. Im Heft 6 der Deutschen Zeitschrift für gerichtliche Medizin des Jahrganges 1937 erschien eine Einladung »an die Herren Fachvertreter des Auslandes«, um eine »internationale Zusammenarbeit der gerichtlichen und sozialen Medizin aufzubauen«. Etwa 1 000 Ankündigungsschreiben wurden gedruckt, oftmals »mußten mühsam die Anschriften der Fachvertreter z. T. mit Hilfe der Deutsch-Akademischen Auslandsstellen und bekannter Fachvertreter zusammengesucht werden«.[18]

Neben solchen offiziellen Verlautbarungen gibt es in den dokumentarischen Unterlagen einen reichen Schriftwechsel zwischen RMI, REM und Auswärtigem Amt über die Frage, ob man sowjetische Fachvertreter einladen sollte oder nicht – schließlich verzichtete man auf eine solche Einladung.[19]

Auch Finanzierungsfragen spielten von Anfang an eine nicht unerhebliche Rolle: Da die »Federführung für den Kongreß beim Innenministerium liege«, müsse Pietrusky »seinen Kostenanschlag demnach an das Innenministerium richten«, urteilte das REM, als Pietrusky bei diesem Ministerium um 4 000,00 RM Zuschuß bat.[20] Das Reichsinnenministerium seinerseits machte geltend, daß, obgleich die Federführung in allen internationalen Angelegenheiten ihm zustehe, auf dem Gebiet der Gerichtsmedizin »der akademische Sektor besonders stark« sei – weshalb eigentlich der REM stärker an den Kosten beteiligt werden müßte. »Wenn das Innenministerium den Kongreß übernehme, werde es dafür sorgen, daß die Gesundheitsämter in stärkerem Maße, als bisher geplant ist, zur Mitarbeit an dem Kongreß herangezogen werden.«[21]

Das Programm für die Tagung wurde im wesentlichen von Pietrusky erarbeitet und durch das RMI abgesegnet. Der Vertrieb von 300 Programmen erfolgte über das Auswärtige Amt, dessen Vertreter »sie auf dem üblichen Wege den fremden Regierungen zu überreichen und sich für die Teilnahme fremder Wissenschaftler am Kongreß einzusetzen« gebeten wurden.[22]

Zum Ehrenpräsidenten der Tagung wurde Dr. Arthur Gütt – »Ministerialdirektor im Reichs- und Preußischen Ministerium des Innern und Leiter der Abteilung Volksgesundheit« – bestimmt. Einem sog. Ehren-Ausschuß stand Heinrich Himmler (als »Reichsführer SS und Chef der Deutschen Polizei im Ministerium des Innern«) vor. Dr. Wacker, Staatsminister und Chef des »Amtes Wissenschaft« im Reichserziehungsministerium, der Leiter der kulturpolitischen Abteilung im Auswärtigen Amt, Stieve, ein Vertreter des Reichsjustizministeriums (Dr. Schäfer), ein Ministerialdirektor im Arbeitsministerium (Dr. Engel), der Heeres-Sanitätsinspekteur Prof. Dr. Waldmann, Reichsärzteführer Dr. Wagner, der Präsident des Reichsgesundheitsamtes, Prof. Reiter, sowie Universitätsrektor und Oberbürgermeister der Stadt Bonn vervollständigten dieses Gremium. In einem »Arbeitsausschuß« waren insgesamt 24 Personen, größtenteils deutsche und ausländische Fachvertreter tätig.[23]

Den »Ablauf des Empfangsabends des Ehrenpräsidenten« hatte Pietrusky für den 22. September 1938 wie folgt geplant: »Beginn 8.30 Uhr. Dunkler Anzug erwünscht. Tischordnung wird nicht gemacht, doch sollen die prominenten Vertreter an den Tisch des Ehrenpräsidenten, gegebenenfalls an einen zweiten Tisch des Vertreters des Reichserziehungsministers gesetzt werden. Bei Beginn sollen Liköre und ähnliche Gemische geboten werden. Gegen 9.15 Uhr wird eine kalte Platte gereicht. Der Ehrenpräsident hält eine ganz kurze Ansprache, auf die möglichst der älteste der Ausländer antwortet. Musik soll möglichst während des Abends spielen, doch wird darüber noch entschieden.

Ende gegen 11–11 1/2 Uhr. Die kalte Platte soll der Veranstaltung des Ehrenpräsidenten entsprechend eine möglichst gute sein. Die Kosten für die Person sind mit 5 Mark festgesetzt, was wenig ist, zumal Getränke, Zigarren, Zigaretten und gegebenenfalls Musik auch davon zu bezahlen sind. Ob es möglich sein wird, Schaumwein zu reichen, erscheint bei diesem geringen Satz zweifelhaft ...«[24]

Der damalige Vorsitzende der »Deutschen Gesellschaft für gerichtliche, soziale Medizin und Kriminalistik«, Professor Buhtz, wurde in Vorbereitung der Tagung tätig, als es um Vorschläge für die Ernennung ausländischer Fachvertreter zu Ehren- oder korrespondierenden Mitgliedern der deutschen Gesellschaft ging. »Die Deutsche Gesellschaft hat ... bisher nur 2 oder 3 auswärtige Gelehrte zu korrespondierenden Mitgliedern bezw. Ehrenmitgliedern ernannt. Gerade vom Standpunkt der Aussenpolitik und der deutschen Kulturpolitik erscheint es mir ausserordentlich wünschenswert, den Rahmen diesmal etwas weiter zu spannen«, schrieb der Vorsitzende und verwies auf die französische Fachgesellschaft, die etwa 70 Ehren- bzw. korrespondierende Mitglieder – darunter 7 Deutsche – hatte. Buhtz spannte den Rahmen aber offenbar dann doch zu weit: Seine Vorschlagsliste enthielt 17 Ehrenmitglieder und über 60 Vorschläge für korrespondierende Mitglieder aus 36 Ländern. »... viel zu umfangreich«, befand der Präsident des Reichsgesundheitsamtes, Prof. Reiter, und formulierte abschließend: »Mir ist von *keiner* in- oder ausländischen wissenschaftlichen Gesellschaft bisher bekannt geworden, dass sie in gleicher Weise verschwenderisch mit den zu ernennenden Ehren- oder korrespondierenden Mitgliedern umgegangen ist.«[25]

Der I. Internationale Kongreß für gerichtliche und soziale Medizin fand dann wie geplant vom 22. bis 24. September 1938 in Bonn statt. Die angekündigten Exponenten der NS-Führungsclique waren nicht erschienen: Himmler ließ sich durch Reichskriminaldirektor Arthur Nebe vertreten, für den Reichserziehungsminister und für den Ehrenpräsidenten der Tagung, Arthur Gütt, erschien Ministerialrat Dr. Cropp.

Allerdings hielt sich Hitler in unmittelbarer Nähe des Kongresses auf: Er verhandelte in Bad Godesberg am 22. September 1938 mit dem britischen Premierminister Chamberlain über die Tschechoslowakei und gab von hier aus den Befehl zur Überschreitung der Grenze zur ČSR, zur »Befreiung« des Sudetenlandes durch die Freikorpseinheiten unter Henlein. Am Abend des 23. September verkündete die tschechoslowakische Regierung die Mobilmachung. Wenige Tage später war mit Englands und Frankreichs Billigung und Hilfe das Münchner Abkommen

Realität geworden, der »Gau Sudetenland« entstanden. Die Resttschechoslowakei wurde schließlich im März 1939 annektiert (vgl. Biman und Čilek 1985, S.167 ff.).

Auch auf den Kongreß sind die Ereignisse jener Tage nicht ohne Einfluß geblieben: »Leider haben viele noch in letzter Minute wegen der gespannten politischen Lage ihre Zusage zur Teilnahme zurückgezogen«, sagte Pietrusky in seiner Begrüßungsansprache.[26] So waren dann von den geplanten 36 Teilnehmerländern am Kongreß lt. Pietrusky nur 24 oder 25 verschiedene Nationen vertreten.

Die Palette der Vortragsthemen war reich gegliedert und enthielt Beiträge von Vertretern aus 24 Ländern. Der Darstellung der neuen gesetzlichen Bestimmungen zur Bekämpfung von »Minderwertigen« durch Sterilisation und Kastration enthielt man sich von deutscher Seite völlig. In zumindest einem Vortrag kamen allerdings Tendenzen des Umganges mit psychisch Kranken zur Darstellung, die das Problem »Versuche am Menschen« in einem neuen Licht zeigten. Gemeint ist der Vortrag von Philipp Schneider über »Alkohol- und Blutliquorschranke«: »Die 24 Versuchspersonen waren Insassen der Heil- und Pflegeanstalt in Göttingen. Es wurden ruhige, meist schon seit Jahren in der Anstalt befindliche Pfleglinge, größtenteils Schizophrene, einzelne Imbezille und Manisch-Depressive ausgewählt ... Bei jeder Versuchsperson wurde ... meist zweimal Blut und einmal Rückenmarksliquor abgenommen, in mehreren Fällen wurde auch Gehirnliquor durch occipitale Punktion gewonnen.« (Schneider, Ph., 1938, S. 470 f.). In einer Sitzung, in der alle auf dem Kongreß anwesenden Nationen vertreten waren, wurde schließlich auf Anregung der italienischen Vertreter Prof. Dr. Moriani und Prof. Dr. Gerin die Gründung der Internationalen Akademie für gerichtliche und soziale Medizin beschlossen. Entsprechende Satzungen wurden angenommen und ein Präsidium gewählt, das aus den Ehrenpräsidenten Prof. Dr. Pietrusky (Bonn) und Prof. Dr. Leclercq (Lille), dem Präsidenten Prof. Dr. Sand (Kopenhagen) und den Vizepräsidenten Prof. Dr. Moriani (Rom), Prof. Dr. Wachholz (Krakau) und Prof. Dr. Balthazard (Paris) bestand. Generalsekretär wurde Prof. Dr. Gerin (Rom) und Schatzmeister Prof. Dr. Miloslavich (Zagreb).[27]

Über dieses Gremium berichtete Pietrusky in einem Brief an den REM folgendes: »Da uns die Organisation des I. Internationalen Kongresses allein überlassen worden war, konnten wir bei der Zusammensetzung des Präsidiums nur dafür eintreten, daß deutschfreundliche Vertreter gewählt wurden, die die Aufnahme von Bolschewisten und

Juden in die Akademie möglichst verhindern. Das dürfte geschehen sein. Im Präsidium sind zwei Italiener und ein Jugoslave ... ferner ein Pole ... Schließlich bin ich zum Ehrenpräsidenten dieser Akademie gewählt worden, der Sitz und Stimme ständig im Präsidium hat, das selbst für 3 Jahre gewählt ist. Präsident ist Prof. Sand-Kopenhagen, außerdem sind noch zwei Franzosen gewählt. Selbst wenn, was durchaus nicht sicher ist, diese drei Herren eine andere Meinung als wir vertreten sollten, so besitzen wir doch die Stimmenmehrheit. Der nächste Internationale Kongreß findet entsprechend der alphabetischen Reihenfolge in Kopenhagen unter dem Präsidium von Prof. Sand statt.«[28]

Politische Ambitionen im Interesse des nationalsozialistischen Staates und nationalistische Rivalitäten zumindest auf deutscher Seite haben folglich auch bei der Gründung der Internationalen Akademie für gerichtliche und soziale Medizin eine nicht unwesentliche Rolle gespielt.

Weitere internationale Verbindungen und Kongresse

Auf Anregung der »Societá italiana di antropologia e psicologia criminale«, die ihren Sitz in Rom hatte, wurde am 16. Juli 1937 in der italienischen Hauptstadt eine »Internationale Gesellschaft für Kriminologie« gegründet, der zunächst kriminologische bzw. kriminalprophylaktisch tätige Institutionen und Gesellschaften aus Frankreich, Österreich, Belgien, Argentinien, England, Brasilien, Bulgarien, Polen, Kolumbien, Ägypten, Uruguay und der Tschechoslowakei angehörten. Nach der Annexion Österreichs wurde die österreichische »Kriminalbiologische Gesellschaft« zu einer »großdeutschen« Vereinigung, »deren Präsidium zur Zeit in München [von Mezger – F. H.] geführt wird«.[29]

Edmund Mezger leitete auch die Vorbereitungsarbeiten für den I. Internationalen Kongreß für Kriminologie, der vom 3. bis 8. Oktober 1938 in Rom stattfand. Unter den 12 Wissenschaftlern der deutschen Delegation sind die Namen der Gerichtsmediziner Buhtz und Többen genannt.[30] »Die amtliche Delegation« wurde vom Staatssekretär im REM, Dr. Roland Freisler, »geführt«. Empfohlen wurde den deutschen Teilnehmern, »an Kleidungsstücken vorsorglich Uniform, Frack, Smoking und kleinen Rock (schwarzes Jackett und gestreifte Hose) mitzunehmen.«[31] Über den »Römischen Kongreß für Kriminologie« erschien 1939 eine »Kameradschaftsarbeit von Teilnehmern und Mitarbeitern ...«[32]

In den späten dreißiger Jahren gestalteten sich die Verbindungen der deutschen gerichtsmedizinischen Gesellschaft zur Fachgesellschaft im faschistischen Italien recht eng. So konnte man auf dem Kongreß in Bad Ischl eine starke italienische Abordnung unter Prof. Moriani begrüßen und war der Hoffnung, auf dem 8. Nationalen Kongreß der gerichtlichen Mediziner Italiens, der vom 29. September bis 2. Oktober 1939 in Padua stattfinden sollte, mit einer neunköpfigen Delegation auftreten zu können. Doch dieser Kongreß fiel, offenbar durch den Kriegsbeginn, aus.[33]

Ein Jahr später machte Gerhard Buhtz vom 24. Mai bis 10. Juni 1940 eine Studienreise nach Italien, nahm vom 30. Mai bis 1. Juni am Kongreß in Neapel teil, der sich mit »gerichtsärztlichen Kolonialfragen« befaßte, und wurde Ehrenmitglied der italienischen Fachgesellschaft. Auch hier waren wieder Bekleidungsfragen zu klären: Auf eine entsprechende Anfrage beim SS-Hauptamt erhielt er am 11.4.1940 die Antwort: »Das Tragen der SS-Uniform ist nur bei besonderen Anlässen nach Rückfrage bei der zuständigen Landesgruppe (Rom) gestattet«.[34] Sein Eindruck von den italienischen Kollegen: »In den Akademikerkreisen spürt man doch noch gelegentlich den früheren französischen Kultureinfluss und die während des letzten Krieges betriebene französische Propaganda. Das äusserte sich z. B. bei einer Unterhaltung über die Polengreuel und das deutsche Weissbuch. Bei dieser Gelegenheit wurde ich von einem italienischen Kollegen gefragt, ob ich auch die recht einleuchtenden Ausführungen der französischen Erwiderung kenne. Gelegentlich wurden auch kritische Äusserungen über das ›Imperium Romanum‹ laut; es wurde als Luftballon bezeichnet, ohne Inhalt, der leicht platzen könne und dann die Hohlheit zeigen könne ...«[35]

Auch mit Frankreich waren nach der Internationalen Tagung in Bonn Kontakte erhalten geblieben: Buhtz hatte nach seiner Teilnahme am Kongreß der französischen Gerichtsmediziner in Paris (3.–5. Juni 1939) in freundlichen Worten formulierte Dankschreiben an seine französischen Kollegen verschickt und der Hoffnung Ausdruck gegeben, »dass sich die wissenschaftlichen und persönlichen Bande zwischen den französischen und deutschen Gerichtsmedizinern ... wieder enger knüpfen mögen, und dass sie dazu beitragen mögen, Brücken von Volk zu Volk zu schlagen, die auf keinem besseren Fundament ruhen können als auf der gegenseitigen Achtung vor der Persönlichkeit und der persönlichen Bekanntschaft«.[36] Doch drei Monate nach dem Kongreßbeginn in Paris war zwischen Deutschland und Frankreich Krieg und die »gegenseitige Achtung vor der Persönlichkeit« hatte ihr Fundament – den Frieden – verloren.

Kapitel 11

Über »Dauerversager« und »Artverbrecher«

Kriminalbiologischer Dienst und kriminalbiologische Einrichtungen

Die wissenschaftliche Beschäftigung mit der Person eines Straftäters und mit den individuellen und gesellschaftlichen Ursachen für sein kriminelles Verhalten begann in der zweiten Hälfte des 19. Jahrhunderts. Man versuchte, Fragen nachzugehen, die sich heute – beispielhaft – etwa wie folgt formulieren lassen:

· Ist eine von der Polizei sistierte Person identisch mit jener, für die eine bestimmte, etwa durch Tatzeugen abgegebene oder durch frühere polizeiliche Maßnahmen dokumentierte Beschreibung zutreffend ist? [1]

· Welche neuen naturwissenschaftlichen, technischen oder medizinischen Erkenntnisse lassen sich für die Ermittlung eines Straftäters bzw. für die Aufklärung einer Straftat nutzbar machen? [2]

· Welche theoretischen Verallgemeinerungen gestattet die statistische Auswertung einer Vielzahl bekanntgewordener und aufgeklärter Straftaten?

· Gibt es Gemeinsamkeiten in Habitus und Psyche von »Verbrechern«?

· Wie ist die Prognose wiederholt straffällig gewordener Menschen zu beurteilen?

· Wie sollte der Staat bei der Bekämpfung von Straftaten präventiv wirksam werden?

Auch die Untersuchung von im weitesten Sinne des Wortes andersartigen Menschen und Menschengruppen ist in jenen Jahrzehnten aktuell geworden und hat neben wissenschaftlich noch heute akzeptierter Erkenntnis multiple Pseudotheorien geboren: erste eugenische Ratschläge, aber auch rassenhygienische Ideen, die letztlich in Empfehlungen zu »Auslese« und »Ausmerze« mit dem Ziel einer »Aufartung« gipfelten.

Die als übergreifendes vulgärmaterialistisches Denkschema von Theoretikern unterschiedlichster Fachgebiete angewendete biologistische Betrachtungsweise vielfältigster Formen individuellen Andersseins und gesellschaftlichen Zusammenlebens läßt sich auch für die im Umfeld von Strafrechtswissenschaften, gerichtlicher Medizin und Psychiatrie neu entstehenden Wissensgebiete – und natürlich auch für die genannten Fächer selbst – nachweisen.

In den Jahren nach 1871 publizierte der italienische Psychiater, Anthropologe und Gerichtsmediziner Cesare Lombroso[3] seine Theorie vom »Homo delinquens«, vom »geborenen Verbrecher«. Nach dieser Auffassung ist der »Verbrecher« ein ganz eigener anthropologischer Typus des Menschen, erkennbar an äußerlich wahrnehm- und vermeßbaren körperlichen Merkmalen und ausgestattet mit bestimmten psychischen Eigenschaften. Diese Eigenarten lassen ihren Träger mit unentrinnbarer Naturnotwendigkeit zum Verbrecher, wenn auch gelegentlich zum unentdeckten, werden. Die Natur schaffe den Verbrecher, die Gesellschaft gäbe ihm nur die Bedingungen, Verbrechen zu begehen.

Für diese Theorie war es, verfolgt man das Leben und Wirken des Strafrechtswissenschaftlers Franz von Liszt[4], ein kurzer Weg von Italien nach Berlin. Von Liszt publizierte 1881 die 1. Auflage seines bedeutenden Lehrbuches des deutschen Strafrechts und beschäftigte sich zunehmend auch mit kriminalpolitischen Fragen, wobei er für eine »Zweispurigkeit« im Strafrecht eintrat. Dem Strafensystem solle, so seine Empfehlung, ein System sichernder und bessernder Maßnahmen an die Seite gestellt werden, d. h., zusätzlich zu einer Strafe müsse überall dort, wo um der Belange der Gemeinschaft willen eine längere Festsetzung des Delinquenten geboten erscheine, eine auf die Eigenart des Täters abgestimmte freiheitsbeschränkende Maßnahme wirksam werden können. Ein solcher, auf unbestimmte Zeit eingeleiteter Strafvollzug käme bei allen Delinquenten in Betracht, die durch pädagogische Einflußnahme resozialisiert werden könnten. Dies seien vor allem junge Straftäter und solche Gewohnheitsverbrecher, die man auf Grund genauer Erkenntnisse ihrer Anlagen als resozialisierbar anzusehen habe. Andererseits plädierte von Liszt für die »rücksichtslose Unschädlichmachung« des endgültig Gescheiterten.

Durch diese Gedankengänge war die Notwendigkeit geboren, ein Wissensgebiet, ja letztlich eine Institution zu schaffen, die sich gutachterlich zur Lebensprognose wiederholt straffällig gewordener Menschen zu äußern bereit fand. Für dieses Wissensgebiet fand von Liszt den Terminus »Kriminalbiologie«; er verwendete diesen Begriff erstmals in der 3. Auflage seines Lehrbuches[5] und verstand darunter die wissenschaftliche Untersuchung der körperlichen und geistigen Eigenarten eines Straftäters und die Feststellung der in diesen Eigenarten gelegenen Bedingungen des Verbrechens. Der Kriminalbiologie stellte er die Kriminalsoziologie – die wissenschaftliche Untersuchung des Verbrechens als einer Erscheinung des gesellschaftlichen Lebens – gegenüber. Beide zusammen, so von Liszt, hätten die Erkenntnisgrundlagen für die Kriminalpolitik zu bilden.

Obwohl er in der Reichshauptstadt Berlin wirkte, ließ die amtliche Politik den »großen Meister des Strafrechts« und Theoretiker der Kriminalpolitik abseits stehen, als es um eine Reformierung des Strafrechts ging. Das Reichsjustizamt berief von Liszt weder in die Kommission von 1906, aus deren Arbeiten der Vorentwurf von 1909 hervorging, noch in die Kommission von 1911, die aus dem Vorentwurf den Strafgesetzentwurf von 1913 gestaltete.[6] Dabei hatte von Liszt bereits 1889–1892 in einer umfangreichen Aufsatzreihe zu »kriminalpolitischen Aufgaben« ausführlich Stellung bezogen[7] und im Jahre 1904 die »Monatsschrift für Kriminalpsychologie und Strafrechtsreform« begründet. Im Jahre 1904 wurden auch die ersten Schritte zur Konsolidierung der rassenhygienischen Bewegung in Deutschland gegangen: Der Arzt und »Vater« der deutschen Rassenhygiene, Alfred Ploetz (1860–1940), initiierte die Zeitschrift »Archiv für Rassen- und Gesellschaftsbiologie«.[8]

An sachbezogenen Zeitschriften erschien im September 1898 das erste Heft eines »Archivs für Kriminal-Anthropologie und Kriminalistik«, das, »mit einer Anzahl von Fachmännern« (lt. Ankündigung), von Hans Gross herausgegeben wurde.[9] Einen allgemeinen kriminalpolitischen oder gar gesellschaftstheoretischen Anspruch hat diese Zeitschrift wohl nie ernsthaft erhoben. Dies trifft auch – von einzelnen Artikeln abgesehen – für die Zeit nach 1933 zu und ist sicherlich dem seit 1917 als Herausgeber wirkenden Robert Heindl[10] zu danken.

Abgesehen von den Aktivitäten Franz von Liszts, der 1919 starb, hat sich »kriminalbiologisch« in den ersten zwei Jahrzehnten des 20. Jahrhunderts in Deutschland wenig ereignet. Auch die Gerichtsmediziner haben sich mit »Kriminalbiologie« offenbar zunächst kaum beschäftigt. Nicht ohne objektive Ironie ist allerdings die Tatsache, daß der Gesetzgeber der Weimarer Republik aus den an Liszts Namen anknüpfenden Reformideen »in einseitiger Weise« (Schmidt 1942, S. 221) diejenigen herausgriff und durch Novellengesetze verwirklichte, die als Milderungen des überkommenen Strafrechts aufgefaßt werden mußten. Schmidt führt insbesondere die Neuordnung der strafrechtlichen Bekämpfung der Kriminalität der Jugendlichen, die Neufassung der Geldstrafenbestimmungen und die erweiterte Handhabung der bedingten Begnadigung an. Dadurch, so Schmidt, sei das Wort »Spezialprävention« in Mißkredit gebracht worden und Liszts Strafauffassung in den Geruch einer »weichlich-nachgiebigen Besserungs-Theorie« geraten (ebenda).

Neue theoretische Ausdeutungen des Inhaltes der Kriminalbiologie nach Beginn der Nazidiktatur stammen hauptsächlich von Juristen. So ergab sich 1934 z. B. für den Strafrechtler Edmund Mezger »die Notwendigkeit, mit der *gesamtbiologischen* Betrachtungsweise ernst zu machen: ... neben die Hirnrinde in ihrer früher beherrschenden Monopolstellung für das Verständnis biologisch-physiologischen Geschehens ist die Berücksichtigung des Hirnstamms, des vegetativen Nervensystems, der Vasomotorik, der innersekretorischen Vorgänge, der Kretschmerschen Konstitutionslehre, der Lehre von den Ausdrucksphänomenen, der dynamischen Verbrechensauffassung, der Lehre von den kriminellen Anlagen, des Psychogramms, der kriminalbiologischen Untersuchungsstellen usw. getreten«.[11] Mezger schlußfolgerte dann auch, daß es zwar »keinen einheitlichen, aber doch im weiteren Sinne einen ›geborenen‹ Verbrecher« gäbe und deshalb die »Forderung nach *rassenhygienischen Maßnahmen* zur Ausrottung krimineller Stämme unabweislich« sei. Als kriminalpolitischen Ratschlag formuliert er: »Für uns bleibt ... im totalen Staat die Notwendigkeit vorbeugender Maßnahmen gegen angeboren verbrecherische Individuen vor jeder Verbrechensbegehung angezeigt«.[12]

Kriminalpolitische Programmatik dieser Art findet sich auch in den Arbeiten des Juristen Franz Exner und des Hygienikers Fritz Lenz. Für Fritz Lenz[13] war Kriminalbiologie »die logisch geordnete (systematische) Lehre von der Persönlichkeit des Täters und seinem Verbrechen als individuellem Erlebnis« (Lenz 1927, S. 20). Franz Exner, der als Jurist der Öffentlichkeit ein Werk über »Kriminalbiologie« vorlegte, definierte Kriminalbiologie als »die Lehre vom Verbrechen als Erscheinung im Leben des Volkes und im Leben des Einzelnen« (Exner 1939, S. 11).

Ähnlich biologistischen Grundvorstellungen mag der Gerichtsmediziner Kurt Böhmer gefolgt sein, als er formulierte: »Kriminalbiologie ist Erscheinungslehre des völkischen Unrechtes geworden.« (Böhmer 1938, S.88.) Bei der »engen Verbindung zwischen Kriminalbiologie und Kriminalpolitik« müsse »das Grundprinzip aller Betrachtung und Behandlung des Täters ein ›biologisches‹ sein« (ebenda, S. 102).

Ferdinand von Neureiter, der sich schon 1928 zur »Ausgestaltung des kriminalbiologischen Dienstes in Lettland« geäußert hatte (er war von 1923 bis 1937 Professor der gerichtlichen Medizin an der Lettländischen Universität Riga), übernahm die Lenzsche Definition und sah inhaltlich die Kriminalbiologie als die Einheit von Kriminalsomatologie und Kriminalpsychologie an. Die Kriminalbiologie wurzele »vornehmlich in der Konstitutions- und in der Erbbiologie, in der medizinischen Psychologie, der Charakterkunde und der Psychopathologie« (v. Neureiter 1940, S. 3). Sie suche »durch die typenmäßige Erfassung jener Gemeinschädlinge, die ob ihrer Nachkommenschaft den Bestand künftiger Geschlechter gefährden, zum Ausbau der Erb- und Rassenpflege beizutragen. ... Ob ihrer Einstellung auf die erbkundlichen Belange vermag die Kriminalbiologie schließlich noch die ›Erbbestandsaufnahme‹ des Deutschen Volkes, jene Inventarisierung aller Erbanlagen zu unterstützen, die der Staat betreibt, um zu erfahren, wo er überall mit ausmerzenden und fördernden Maßnahmen um der Volksaufartung willen einzusetzen hat.« (Ebenda, S. 6 f.)

Mit einer solchen »Inventarisierung aller Erbanlagen« hatte man im Reichsgesundheitsamt[14] bereits im März 1935 begonnen. Die damals neu geschaffene »Abteilung L (Erbmedizin)« unter ihrem Direktor, dem ehemaligen Gerichtsmediziner Dr. Eduard Schütt, bearbeitete alle mit der erbbiologischen Gesetzgebung zusammenhängenden Fragen. Hier liefen die Berichte sämtlicher Erbgesundheitsgerichts-Verfahren, Ehestandsbeihilfen usw. zusammen, um »wissenschaftlich bearbeitet« zu werden und dem bevölkerungspolitischen Ziel der »nationalsozialistischen Staatsführung« – *»die erbgesunde, kinderreiche Familie deutschen Blutes«*, realisiert durch »Förderung hochwertiger deutscher Volksgenossen im Leben und Beruf« und »Ausmerze Erbkranker durch Verhinderung ihrer Fortpflanzung« (Schütt 1936, S. 71 f.) – zu dienen.

Die von Schütt geleitete Abteilung weitete sich rasch aus, zog von der Klopstockstraße in Berlin-Tiergarten nach Berlin-Dahlem »Unter den Eichen 82/84« und bildete Unterabteilungen.

Die Abteilung L 1 umfaßte die »Allgemeine und angewandte Erb- und Rassenpflege« und wurde von Schütt betreut, dem der Psychiater Fred Dubitscher zur Seite stand. Angegliedert war dieser Abteilung die »Poliklinik für Erb- und Rassenpflege am Kaiserin-Auguste-Viktoria-Haus« in Berlin-Charlottenburg. Schütts besondere Aufgabe bestand in der *»erbbiologischen Bestandsaufnahme des deutschen Volkes«* (ebenda) durch den Aufbau einer »reichseinheitlichen Kartei« für »alle Erbkranken, Erblichbelasteten und für die Hochwertigen« (ebenda, S. 73), er erstattete erbbiologische und erbbiologisch-anthropologische Gutachten für Gerichte und für die »Reichsstelle für Sippenforschung«. In der Poliklinik fanden umfangreiche Forschungen an »asozialen Sippen« statt.

1936 wurde der Abteilung L ein besonderes Referat für Kriminalbiologie angegliedert, das 1937 als Abteilung L 2 zur »kriminalbiologischen Forschungsstelle beim Reichsgesundheitsamt« ausgebaut und dem zum Regierungsrat gewordenen Professor v. Neureiter unterstellt wurde. Ziel dieser Maßnahme war eine wesentliche Erweiterung der »lückenlosen Erfassung«: Die kriminalbiologische Forschungsstelle sollte »in engster

Verbindung mit dem Reichsjustizministerium« arbeiten »und mit diesem gemeinschaftlich die Neuorganisation der Kriminalbiologie im Reich« aufnehmen (Reiter 1936, S. 24).

Die entsprechenden gesetzlichen Regelungen dafür waren z. T. bereits vorhanden bzw. ließen nicht lange auf sich warten. Nach den Erfahrungen, die vor allem in Bayern gemacht worden waren,[15] ordnete der RJM durch eine Verfügung vom 30. November 1937 die Einrichtung eines »kriminalbiologischen Dienstes« für den Bereich der Reichsjustizverwaltung an,[16] der »durch die planmäßige Erforschung der Wesensart krimineller Persönlichkeiten der Strafrechts- und der Erb- und Rassenpflege des deutschen Volkes dienen« sollte. »Seine Ergebnisse werden einerseits den ärztlichen Sachverständigen, die vor der Verhängung von Freiheitsstrafen und vor der Entscheidung über Maßregeln der Sicherung und Besserung von den Gerichten gehört werden, für ihre Gutachten zur Verfügung gestellt, andererseits werden dem Gesetzgeber die Erkenntnisgrundlagen für jene eugenischen Maßnahmen geliefert, die geeignet sind, die zum Verbrechen disponierenden ungünstigen Erbanlagen im Volke auszurotten.« (v. Neureiter 1938 a, S. 515.)

Bereits 1935 war durch einen Erlaß des RJM verfügt worden, Rechtsbrecher »nach erbkundlichen, psychologisch-psychiatrischen und soziologischen Grundsätzen« zu untersuchen, »um ein möglichst geschlossenes Bild des Untersuchten und damit die für seine soziale und rassische Bewertung erforderlichen Unterlagen zu gewinnen.«[17] Nachdem ein »Gesetz gegen gefährliche Gewohnheitsverbrecher und über Maßregeln der Sicherung und Besserung« schon ab 1. Januar 1934 wirksam geworden war, wurden im Bereich der Strafvollzugsverwaltung bis zum 31. Dezember 1936 1 335 Entmannungen bei »gefährlichen Sittlichkeitsverbrechern« durchgeführt, 1937 waren es 286 und 1938 288 Entmannungen.[18]

Die Dokumentation der »Erfolge« bzw. der »Mißerfolge« der verstümmelnden Zwangsoperation und die Perfektionierung des Verfahrens oblag der Abteilung L 2; von Neureiter publizierte darüber (vgl. »Zwei Versager nach der Entmannung aus kriminalpolitischer Anzeige« – v. Neureiter 1938 b). Er sorgte in seinem neuen Amt auch für die Fertigstellung und Einführung eines 18seitigen Fragebogens über jeden Gefangenen. Dieser »kriminalbiologische Akt«, der von den Ärzten der »kriminalbiologischen Untersuchungsstellen« (die »in allen Gefangenenanstalten des Reiches, in denen ein Arzt hauptamtlich tätig« war, gegründet wurden) auszufüllen war, wurde dann den neun (nach der Besetzung Österreichs: zehn) »kriminalbiologischen Sammelstellen«

zugeleitet. »Ihre Aufgabe ist es, die eingehenden kriminalbiologischen Akten zu sichten, zu ordnen und für die Benutzung durch die berufenen Organe der Strafrechtspflege bereit zu halten sowie eine zusammenfassende Beurteilung der Prüflinge in konstitutionsbiologischer, erbbiologischer, kriminalbiologischer, soziologischer und prognostischer Beziehung zu liefern.« (v. Neureiter 1938 a, S. 515 f.) Die Urschrift der Karteikarten verblieb in der Sammelstelle, Durchschriften gingen an die Neureitersche Forschungsstelle beim RGA und an die Gesundheitsämter, die für den Wohn- bzw. Geburtsort des Gefangenen zuständig waren. Querverbindungen der Forschungsstelle bestanden auch zum Reichsjustiz- und zum Reichsinnenministerium.[19]

Auch mit der »Bedeutung und dem Geltungsbereich der Begriffe ›Ehetauglichkeit‹ und ›Eheeignung‹« – in Auslegung der nazistischen Vorschriften über die »Gewährung von Ehestandsdarlehen«[20] – hat sich von Neureiter befaßt, wie entsprechende Publikationen belegen (vgl. v. Neureiter 1937, S. 862 ff. und 1938 c, S. 305 ff.). »Eine Brücke zur Praxis« war auch dem Direktor der Abteilung L, Eduard Schütt, geboten, der »einer Muster-Ehe-Beratungsstelle in Berlin« vorstand (Reiter 1936, S. 24).

1938 erhielt von Neureiter einen Lehrauftrag für Kriminalbiologie an der Rechts- und Staatswissenschaftlichen Fakultät der Friedrich-Wilhelm-Universität Berlin (vgl. Grell, Ursula, 1988, S. 61); als er 1939 den Lehrstuhl für gerichtliche Medizin an der Hamburger Universität übernahm, endete seine Tätigkeit in Berlin.

Nachfolger Ferdinand von Neureiters wurde der Psychologe und Psychiater Dr. phil. Dr. med. habil. Robert Ritter[21], der schon vorher der Abteilung L 3, der »Rassenhygienischen und bevölkerungsbiologischen Forschungsstelle des Reichsgesundheitsamtes«, vorgestanden hatte und sich nunmehr »Leiter der Rassenhygienischen und Krimnalbiologischen Forschungsstelle« nennen konnte. Ritters Bestrebungen gingen dahin, »den Stellen, denen die vorbeugende Verbrechensbekämpfung obliegt, jederzeit zu melden, wann und wo Menschen heranwachsen, die als Gefährdete *unter Umständen* einer Sondererziehung, einer unauffälligen Beobachtung, einer Schutzaufsicht oder gar einer halboffenen bzw. einer geschlossenen Bewahrung bedürfen.« (Ritter 1941, S. 41.) »Die erste große Aufgabe der Kriminalbiologie« war für ihn daher »die ärztliche Beurteilung und die Sichtung ... der Straffälligen ... im Hinblick auf eine angemessene Behandlung« (ebenda, S. 38). »Sobald man in jedem Gau die Erbstämme der Gemeinschaftsfremden und der Verbrecher so umfassend wie möglich erforscht, entdeckt und festgelegt hat, und solange eine zentrale Stelle diese Kenntnisse bewahrt und sie fortlaufend ergänzt, wäre es in Zukunft ohne Umstände möglich, jeder Amtsstelle im Reich sofort über den Erbwert jedes verdächtigen Unbekannten Auskunft zu geben.« (Ebenda, S.40.) In der Annahme, daß es ihm und seinesgleichen gelungen sei, »die biologische Einheitlichkeit des *Gaunertums* aufzudecken«, wandte er sich besonders der Aufgabe zu, »auch eine andere asoziale und kriminelle Bevölkerungsgruppe, die der Zigeuner und Zigeuner-Bastarde, zu erfassen und zu sichten, sowie für praktische polizeiliche und rassenhygienische Zwecke ein Zigeuner- und Landfahrersippenarchiv zu schaffen« (ebenda).[22]

»Ihre ›Rassendiagnosen‹« – so schreibt Gilsenbach – »gründeten Ritter und seine Mitarbeiter vor allem auf genealogische Ermittlungen. Aus standesamtlichen Urkunden, Kirchenbüchern, polizeilichen Fahndungslisten, Aussagen von Familienangehörigen und anderen Quellen erkundeten sie die Verwandtschaftsverhältnisse der Sinti-Familien. Oft gelang es ihnen, einige der Vorfahren bis ins 18. Jahrhundert zurück zu verfolgen. Von diesen ›Stammeltern‹ nahm Ritter mehr oder weniger willkürlich an, sie seien ›stammechte Zigeuner‹ gewesen, was für ihn gleichbedeutend mit ›reinrassig‹ war. ... Den ›Mischlingsgrad‹ errechneten Ritters Rassenforscher rein statistisch nach dem kleinen Einmaleins.« (Gilsenbach 1988, S. 22 f.) Solche Art »Diagnostik« und »ärztliche« Gutachtertätigkeit hat für viele Tausende Menschen, besonders für nicht »reinrassige Zigeuner« – »Zigeunermischlinge« – den Tod bedeutet: In Auschwitz sind etwa 20 000 Häftlinge des »Zigeunerlagers« an Hunger und Seuchen gestorben oder in den Gaskammern getötet worden.[23] »In den von den Hitlerarmeen okkupierten Ostgebieten, in Polen, Jugoslawien, der Sowjetunion machten Hitlers ›Einsatzgruppen‹ Jagd auf alle ›Zigeuner‹, ohne jemals die Frage zu stellen, ob sie Kelderari oder Lowara, Vlachika-Ròm oder Ungarika-Ròm, ob sie Voll-, Halb-, Viertel- oder Achtelzigeuner niedermetzelten.« (Ebenda, S. 36 f.)

Ohne das Wirken Ritters und seine kriminalbiologischen Absichten aus den Augen zu verlieren, muß an dieser Stelle eingefügt werden, daß man der Eduard Schütt unterstellten Abteilung im RGA in den späten dreißiger Jahren auch ein »Erbwissenschaftliches Institut« (Abteilung L 4) angliederte, das von dem Mediziner und Biologen Prof. Dr. Günther Just[24] geleitet wurde. Just »plante die Verwirklichung der Verbindung zwischen wissenschaftlicher Humangenetik und der Rassenhygiene. ... Das Institut führte Forschungen an Hilfsschülern durch, initiierte sehr modern anmutende Versuchsreihen über ›Umweltschädigungen‹ und untersuchte die Entwicklungs- und Erbpathologie am Tier.« (Grell, Ursula, 1988, S. 61 f.)

Als »der Reichsminister des Innern auf Vorschlag des Reichsführers SS mit Erlaß vom 21.12.1941 dem Reichskriminalpolizeiamt ein Kriminalbiologisches Institut angliedert, das vor allem den Auftrag hat, die Maßnahmen der vorbeugenden Verbrechensbekämpfung in Zukunft auch erb- und lebensgesetzlich auszurichten« (Ritter 1942, S. 117), wurde Robert Ritter auch Direktor dieser Einrichtung. Dem »Kriminalbiologischen Institut der Sicherheitspolizei«, dessen Diensträume sich im Gebäude des Reichskriminalpolizeiamtes in Berlin C 2, Werderscher Markt 5/6, befanden, oblag es, »die sicherheitspolizeilichen Behörden und Dienststellen in allen einschlägigen Fragen fachmännisch zu beraten und an der Gestaltung und an dem organisatorischen Ausbau dieses neuen und kriegswichtigen Arbeitszweiges der Sicherheitspolizei mitzuwirken.« (Ebenda.)

»Dauerversagern« und »Artverbrechern«, die man »schon in früher Jugend« erkennen müsse, galt das besondere Interesse Ritters; »in allen fragwürdigen Fällen« müsse man daher »rechtzeitig eine kriminalbiologische Untersuchung in die Wege leiten« (ebenda, S. 118). Einige Termini in der zitierten Ritterschen Publikation deuten deren inhaltliche Schwerpunkte an: »Jugendsichtungsstätte« – »kriminalbiologische Sichtungsstätte« – »Vorbeugungshaft« (für Minderjährige zwischen 18 und 20 Jahren) – »Sippenbefund, d. h. Erbbild einer Sippe« – »Sippschaftstafeln« – »Asozialenkartei« – »Asozialen-Sippschaftskartei« – »Verbrecherstämmlinge« – »Erbbestandsaufnahme des deutschen Volkes« – »lebensgesetzlich richtige Behandlung« (ebenda, S. 118 f.).

»Lebensgesetzlich richtige Behandlung«, als ein Ziel nationalsozialistischer Kriminalbiologie, aber auch anderer Formen nazistischer »Sozial-«, »Gesundheits-« und »Bevölkerungspolitik«, implizierte die Vielfalt von Möglichkeiten, die sich der Nationalsozialismus beim Umgang mit einem menschlichen Individuum unter der aus der Weimarer Zeit gestohlenen Phrase »Gemeinnutz geht vor Eigennutz« seit 1933 angemaßt hatte: Zwangssterilisierung (nach dem »Gesetz zur Verhütung erbkranken Nachwuchses«), Kastration (z. B. nach dem »Gesetz gegen gefährliche Gewohnheitsverbrecher«), »rassengesetzlich« begründete Aussonderung von »Juden«, »Zigeunern« usw., staatlich angeordnete Dauerinternierung (»Vorbeugehaft«, »Sicherungsverwahrung«) oder Tötung »Unbrauchbarer« nach wissenschaftlich verbrämten Programmen (Aktionen »T 4«, »14 f 13«), abgesehen von dem ohne jeden Ansatz einer gesetzlichen Regelung millionenfach vollzogenen Massenmord in

Konzentrations- und Gefangenenlagern, in den besetzten »Ostgebieten« und anderswo.

Insgesamt ist die Kriminalbiologie im Dritten Reich ganz zweifelsfrei eine recht »praktische« Disziplin geblieben; auch der Freiburger Kriminologe Günther Kaiser beklagt einen »Wirklichkeitsverlust der Wissenschaft« und schreibt: »Selbst der 1937 reichseinheitlich eingeführte Kriminabiologische Dienst und damit die angewandte Kriminologie bleiben weithin der Praxis von Polizei, Strafrechtspflege und Strafvollzug überlassen, werden jedoch von der wissenschaftlichen Kritik kaum begleitet.« (Kaiser 1996, S. 133.) Als Beispiel für den wissenschaftlichen Ungeist, dem auch Gerichtsmediziner anhingen, führt Kaiser ein 1944 von Hans Koopmann[25] veröffentlichtes Gutachten über einen 25-jährigen Eigentumstäter an.[26] Da steht in der Dokumentation des »Befundes« zu lesen: *»Das Aussehen des Untersuchten erinnert an das Aussehen eines Menschenaffen (Gorilla).* Kopf verhältnismäßig groß, hervortretende[s] Jochbein, spitzes Kinn, Ohrläppchen angewachsen. 3 Querfinger breit unterhalb der Brustwarze findet sich beiderseits ein schön ausgebildetes überzähliges Brustwärzchen mit Haaren.« In der Epikrise wird dann der letztgenannte Befund so gedeutet: »Unter den körperlichen Merkmalen interessiert die Hyperthelie am meisten; sie spricht für die Richtigkeit der Auffassung der Gesamtpersönlichkeit des W. als ein Rückschlag. Aber«, so Koopmann, »nicht nur das körperliche Einzelmerkmal ist in diesem Falle von entscheidender Bedeutung, sondern das körperliche Gesamtaussehen. Tatsächlich wirkt das körperliche Gesamtaussehen des W. gorillaähnlich. An psychischen Anomalien zeigt W. Gefühlsabstumpfung, moralische Ausfälle, Gewissensausfälle, Roheit, Vagabundage, Eitelkeit, Trägheit, dabei auffallendes Interesse für Religion.« In seinem Gutachten kommt Koopmann zu dem Ergebnis, daß der § 51 StGB für den Untersuchten zwar nicht in Frage komme[27], dieser wohl aber zur Gruppe der »geborenen Verbrecher« im Sinne Lombrosos gehöre, »der in dieser Gruppe von Menschen einen atavistischen Rückschlag sah. Menschen wie den Untersuchten kann man mit tierischen Lebewesen (Raubtieren) vergleichen. Diese können über Intelligenz, ja über eine gewisse Gutmütigkeit verfügen, es kann ihnen auch eine Dressur beigebracht werden, sie bleiben aber Raubtiere, die unter Umständen auch ihrem Lehrmeister gegenüber brutal, feindselig auftreten können, und es wäre unhaltbar, sie, auch wenn sie im Sinne eines Tierbändigers zahm sind, als freie Haustiere herumlaufen zu lassen. Der Untersuchte hat sich durch sein bisheriges Verhalten als brutal, tierisch triebhaft gezeigt.« Das Urteil, gestützt auf Koopmanns Gutachten:

15 Jahre Zuchthaus sowie als Zusatzstrafe weitere 4 Jahre Zuchthaus. »Die Sicherungsverwahrung wurde angeordnet.«

Einen »Beitrag zur Bedeutung des überzähligen Brustwärzchens« hatte Koopmann übrigens schon 1936 geleistet [28] und die Hyperthelie, also das Vorhandensein überzähliger Brustwarzen, als »ein sichtbares Stigma körperlicher und geistiger Minderwertigkeit, insbesondere geistiger und nervöser Minderwertigkeit (Psychopathie, Neuropathie)« bezeichnet. Sie finde sich, zusammen »mit anderen anerkannten körperlichen Degenerationszeichen« bei Männern häufiger als bei Frauen. Bei Leichen von Selbstmördern – es handle sich ja bei Suizidenten oft um einen »konstitutionellen Psychopathentyp« – sei seine Erwartung eines gehäuften Auftretens überzähliger Brustwärzchen »nicht enttäuscht worden«.

Das biologistische Grundkonzept jener Art Kriminalbiologie erlaubte auch die Einordnung politischer Gegner z. B. in die Gruppe der »fanatischen Psychopathen«: »Sie haben als aktive Naturen zu gelten, die von überwertigen Ideen beherrscht sind, diese aber nicht in sich verschließen, sondern sich zu ihnen mehr oder weniger nachdrücklich bekennen. Kriminologisch haben sie eine gewisse Bedeutung, weil sie den Behörden nicht allzu selten ... als Querulanten, Revolutionäre, Sektierer und dgl. erhebliche Schwierigkeiten bereiten.« (v. Neureiter 1940, S. 27.) Schon vor von Neureiter hatte der Franco-spanische Professor für Psychiatrie und gerichtliche Medizin Vallejo Nágera, die Hilfsdienste Pietruskys nutzend, in einer deutschsprachigen gerichtsmedizinischen Zeitschrift seine »Untersuchungen« zum Thema »Biopsychische Besonderheiten und marxistischer Fanatismus« publiziert und dabei folgende »Thesen« formuliert:

»a) Beziehungen zwischen einer bestimmten Konstitution oder normaler biopsychischer Persönlichkeit und der Prädisposition zum kämpferischen Marxismus.

b) Häufigkeit des marxistischen Fanatismus bei geistig Minderwertigen.

c) Tendenz der Psychopathen zur Eingruppierung in die Reihen der kämpfenden Marxisten.« (Nagera 1939, S. 72.)

Von solcher »Theorie« war es schließlich nur ein kleiner Schritt zur Praxis: »Daß die von den Ärzten in den Konzentrationslagern durchgeführten Selektionen – jedenfalls soweit sie kommunistische und jüdische Häftlinge betrafen – ausschließlich durch rassische und politische Überlegungen motiviert waren, gab Mennecke, als der grausige Spuk vorbei war, selbst unumwunden zu.« (Kaul 1973, S. 109.)[29]

Die große Mehrheit der deutschen und österreichischen Wissenschaftler, die sich an den Theorienbildungen um Kriminalbiologie, Kriminalpsychologie und Strafrechts-»Reform« beteiligt haben, hat sicherlich solche katastrophalen Auswirkungen nie für möglich gehalten oder gar angestrebt, aber eben zumindest »wissenschaftlich erduldet«, wenn nicht durch Anpassung gefördert oder auf Lehrgängen verbreitet. (s. Abb. 9)

Die Wandlung eines Kriminalbiologen, der sich bis weit in die zwanziger Jahre hinein weitgehend auf sozialpolitische Lösungsansätze konzentriert und für eine Entschärfung des sozialen Brennpunktes »Ruhrgebiet« eingesetzt hatte, zu einem Verfechter des Einsatzes eugenischer und rassenhygienischer Maßnahmen zur Verbrechensbekämpfung zumindest in den ersten Jahren der Nazidiktatur widerspiegelt sich in der Vita des Gerichtsmediziners Heinrich Többen.[30] Többens Interesse galt in den zwanziger Jahren neben der Jugendpflege insbesondere der Bekämpfung der Wohnungsnot, die nicht nur gesundheitliche Risiken berge, sondern auch einen Verfall der Sitten forciere, sowie dem Alkoholismus im nahegelegenen Ruhrgebiet. Neben dem strukturellen Problem der Arbeitslosigkeit machte Többen in ihnen die eigentlichen Ursachen von sexueller Verwahrlosung, Inzest, Sittlichkeitsverbrechen, Prostitution, Raub und Diebstahl aus (Többen 1929).

»Mit der Machtübernahme durch die Nationalsozialisten«, schreibt Jan Dicke (2001, S. 70 f.), »zeichnete sich bei Többen erstmals eine wirkliche Präferenz eugenischer Ansätze ab. ... Mit seiner Veröffentlichung über die Bedeutung des präkriminellen Lebens [erschienen 1933 – F. H.] vollzog Többen eine 180-Grad-Wende, die seine bisherige Arbeit in Frage stellte. Waren ihm eugenische Maßnahmen bisher lediglich als die Fürsorge und Sozialhygiene begleitende Mittel erschienen, traten sie nunmehr in den Vordergrund. Wie die meisten Mediziner bemühte sich auch Többen offensichtlich um eine weitgehende Anpassung an das neue System, dessen rassenhygienische Konzepte er mit seiner Forschungsarbeit legitimierte und untermauerte.«

Többen war – neben seiner Arbeit als Direktor des Instituts für gerichtliche Medizin der Universität Münster – bereits seit 1931 in die eugenische »Grundlagenforschung« eingebunden: Als Leiter einer kriminalbiologischen Forschungsstelle am Zuchthaus Münster (Többen war hier bereits seit 1908 als Anstaltsarzt tätig), die 1936 zur »kriminalbiologischen Sammelstelle« ausgebaut wurde, führte er bis zu seiner Amtsenthebung (1942) kriminalbiologische Untersuchungen an Gefangenen durch. Többens Einzugsbereich umfaßte dabei die Bezirke der Oberlandesgerichte Celle und Hamm.

K o c h e m - L i e d

zur kriminologischen Arbeitstagung
auf der Reichsburg Kochem vom 3. bis 6. August 1944
zu vgl. die Diensteinteilung

Melodie: Wohlauf, die Luft geht frisch und rein.

1.

Was ist denn heut' in Kochem los
Dort auf der Burg da oben?
Von allen Gau'n - die Zahl ist groß -
Selbst von der Grenze droben
Von Norden, Westen, Ost und Süd
Sind sie herbeigeeilet.
Nun hört man ihrer Sprache Lied:
// : Ein wenig jetzt verweilet! ://
Valerie, Valera!

2.

,s sind Männer von der Strafjustiz,
die in des Reiches Namen
Das Urteil sprechen wie der Blitz,
die hier zusammenkamen.
,s sind Richter, auch der Staatsanwalt
Ist zahlreich hier vertreten:
//: „Wie man den Täter findet bald
zur Abschreckung für Jeden!" ://
Valerie, Valera!

3.

Und weiter sind dann auch noch da
Verschied'ne Professoren,
Von Innsbruck, Graz,
von fern und nah',
berühmt und hochgeboren.
Der Herr Minister sandte her
Den Chef der Strafabteilung,
//: Herr Dr. Vollmer leitet sehr
mit Schwung und richt'ger Peilung! ://
Valerie, Valera!

4.

System der Kriminologie
Und Untersuchungslehre,
Auch echte Daktyloskopie
Zu hören, welche Ehre!
Es liest aus seinem Wissensschatz
Der Herr Professor Seelig-Graz,
besonders Tätertypen
//: scheint dieser sehr zu lieben. ://
Valerie, Valera!

5.

Natürlich auch Biologie
Und Erb- und Rassenkunde,
Des Täters Wertung, Wesen, Wie
Sind ein Gebot der Stunde.
Dies alles wisse der Jurist
Vom Kopfe bis zum Rumpf'l!
Dann ist zufrieden, daß Ihr's wißt,
//: der Herr Professor Stumpfl ://
Valerie, Valera!

6.

Auch kriminale Psychiatrie
Macht oft viel Kopfzerbrechen.
Der Psychopath gesteht fast nie
Vergehen und Verbrechen.
Daß beide äußerst wichtig sind's
- den Psychopathen verknackt -er -
beweist Professor Bürger-Prinz:
//: „S'ist Abart im Charakt - er!" ://
Valerie, Valera!

7.

Und weiter dann im Kursus geht's,
es spricht Professor Bohne.
Sein Thema intressiert ja stets,
Sein Vortrag ist nicht ohne!
Professor Raestrup - das Ihr's wißt -
bekannt in deutschen Landen,
ist Leichen-Öffnungs-Spezialist.
//: Weh' Euch, Verbrecherbanden! ://
Valerie, Valera!

8.

An Kursus' Anfang und am Schluß
sprach noch ein Mann vom Fache,
daß man die Kriminologie
sich gut zu eigen mache:
Herr Dr. Jung aus Dresden kam;
des Wissens Durst zu bänd'gen,
als Schluß er sich zum Thema nahm:
//: „Einsatz von Sachverständ'gen" ://
Valerie, Valera!

Abb 9: Kriminologische Arbeitstagungen »für Männer von der Srafjustiz« wurden bis weit in das vorletzte Kriegsjahr hinein durchgeführt

In der Deutschen Zeitschrift für die gesamte gerichtliche Medizin (1936, S. 36–42) erläuterte Többen auch die »Vorzüge« des neuen »Gesetzes gegen gefährliche Gewohnheitsverbrecher und über Maßregeln der Sicherung und Besserung«: die Möglichkeit einer dauerhaften Asylierung; die neue Regierung habe dem bisherigen »allzu schlaff und heilpädagogisch« eingestellten Strafvollzug entsagt und sei willens, Straftaten durch strenge gesetzliche Vorkehrungen zu verhüten und zu vermindern. Dies entspräche auch dem »lebhaften Wunsche« der Sachverständigen, es sei richtig, die »zwar noch nicht kriminellen, aber hart vor den Pforten des Verbrechens stehenden gesellschaftsschädlichen Verwahrlosten« in das Gesetz einzubeziehen.

Obwohl Többen nach 1933 zweifellos dem Nationalsozialismus sehr nahe Ansichten über die Ursachen von Kriminalität und über die Möglichkeiten der Verbrechensbekämpfung vertrat, ließ er sich »wie vor 1933 in der Erfüllung religiöser und kirchlicher Pflichten nicht behindern«, wie in einem Schreiben des Universitätskurators aus dem Jahre 1947 formuliert wird (zit. nach Dicke, S. 74). Dies mag letztlich der Anlaß für repressive Maßnahmen gegen ihn gewesen sein.

Bei der Durchsicht der »Monatsschrift für Kriminalpsychologie und Strafrechtsreform« fallen bis in den letzten Band hinein (die Zeitschrift stellte 1943 ihr Erscheinen ein) die scharfsinnigen und z. T. scharfzüngigen Formulierungen des Psychiaters Hans W. Gruhle[31] auf.

Dabei war diese Monatsschrift das »Organ der Kriminalbiologischen Gesellschaft«. Die »Kriminalpsychologie« im Titel hatte man 1937 unter der Herausgeberschaft von Exner, Reiter, Lange und Sieverts – zwei Juristen, zwei Mediziner – , durch die »Kriminalbiologie« ersetzt. Die »Kriminalbiologische Gesellschaft« selbst, die 1928 von dem Juristen Adolf Lenz (Graz), dem Gerichtsmediziner Ferdinand v. Neureiter (Riga) und dem Obermedizinalrat Theodor Viernstein (Straubing) gegründet worden war, führte jährliche Fachtagungen durch, die in der »Monatsschrift« referiert wurden. Die 4. Tagung fand z. B. 1933 in Hamburg statt – dann entstand bis zur 5. (und letzten) Tagung bemerkenswerterweise eine Pause von über drei Jahren, erst im Oktober 1937 traf man sich in München wieder. Mußten vielleicht auch nicht wenige kriminalbiologische Gutachter erst »gleichgeschaltet« werden? Schlossen sich zunächst zu wenige denjenigen an, denen Gruhle zu bedenken gab:

· »In einer klar umrissenen Strukturdarstellung kann man das Wesentliche eines Menschen oft in wenigen Zeilen tief charakterisieren, während ein Fragebogen von 248 Punkten gar zu leicht am Nebensächlichen hängenbleibt.«[32]

· »Versuche mit Analysen von Hochstaplern erbrachten ein vorzügliches Bild von den wirklich vorhandenen Charaktereigenschaften dieser Verbrecher. Aber daß sie Verbrecher waren, ging aus der Analyse nicht hervor.«[33]

· Zum Begriff »Volksschädling«: »Würde der Kriminalpsychologe freilich gefragt, wie man den Volksschädling umschreiben solle, so würde er ablehnen: der Begriff sei so allgemein gehalten, daß jeder, der ein Verbrechen, Vergehen, ja nur eine Übertretung begehe, als Volksschädling (wenn auch in sehr verschiedener Stärke) zu bezeichnen sei. ... Die Verordnung will mit der Verwendung dieser Personenbezeichnung wohl mehr, fragt sich nur, was.«[34]

· Zum Begriff »Tätertypus«: »Solcher Typenbildung bedarf man in der Wissenschaft, um sich zu verständigen. In der Praxis des Einzelfalls gilt es, eben diesen Einzelfall zu erforschen.«[35]

· »Während fast alle bisherigen Arbeiten entweder vom Bezirk oder vom Delikt ausgingen, könnte man daneben auch sehr wohl von soziologischen Momenten ausgehen, z. B. die Kriminalität ausgesprochener Spinner- und Weberorte in verschiedenen Teilen Deutschlands miteinander vergleichen.«[36]

Wenn man die oben angeführten, z. B. von Ritter stammenden, Zitate nochmals liest, zeigt sich, daß bei dieser Art Sachverständigentätigkeit leider und letztlich in der Zeit des Nationalsozialismus viel zuviel »zusammengesponnen« und in makabrer Weise mit übelster politischer Absicht verwoben worden ist.

Kripo, KTI und Gerichtsmedizin

Nach ausgedehnten personellen Machtkämpfen in der Spitze der Nazihierarchie und verschiedenen organisatorischen Experimenten hatte es Heinrich Himmler im Jahre 1936 zum »RFSSuChdDtPol. im RMdl«, d. h. zum »Reichsführer SS und Chef der Deutschen Polizei im Reichsministerium des Innern« gebracht und war somit eine der einflußreichsten Figuren des faschistischen Staatsapparates geworden.

Die Polizei war nunmehr, gegliedert in das »Hauptamt Ordnungspolizei« unter Kurt Daluege[37] und in das »Hauptamt Sicherheitspolizei« unter Reinhard Heydrich, in die Hände der SS übergegangen. Das preußische Landeskriminalpolizeiamt erhielt reichsweite Befugnisse und wurde ab 16. Juli 1937 zum »Reichskriminalpolizeiamt« (RKPA). Unmittelbar nach Kriegsbeginn festigte man die institutionelle Verbindung zwischen Polizei und SS noch weiter: Als einheitliche Dachorganisation von »Gestapo« (Geheime Staatspolizei), »SD« (Sicherheitsdienst der SS) und Kriminalpolizei wurde am 27. September 1939 das »Reichssicherheitshauptamt« (RSHA) errichtet. Leiter des RSHA wurde Heydrich als »Chef der Sicherheitspolizei und des SD«, sein Vertreter war bis 1940 der Jurist Dr. Karl Werner Best[38], danach Heinrich Müller. Seit 1940 bestand das RSHA aus sieben Ämtern; das Amt V – »Verbrechensbekämpfung (Kriminalpolizei)« – wurde von Arthur Nebe[39] geleitet (vgl. Zipfel 1960, S. 16).

Die dezentrale Arbeit der Kriminalpolizei wurde über »Kriminalpolizeileitstellen« – jeweils einen »großen kriminalgeographisch zusammenhängenden Bezirk« umfassend (Nebe 1938, S. 5) – und über meist für den Bereich eines Regierungsbezirkes zuständige »Kriminalpolizeistellen« abgewickelt. Im Jahre 1940 gab es 18 solcher Leitstellen und 64 Kriminalpolizeistellen.[40]

Das RKPA seinerseits verfügte 1938 über drei große Abteilungen: »Organisation (Abteilung I)«, »Vollzug (Abteilung II)« und »Technik (Abteilung III)«. Die Abteilung II, in die »Referate« II A bis II C untergliedert, war im Rahmen sog. Reichszentralen mit einzelnen Deliktgruppen befaßt. Zur Abteilung Technik kam schon 1938 ein besonderes Referat, »das dem Chef des Reichskriminalpolizeiamts unmittelbar untersteht: das kriminaltechniscne Institut, das zur Zeit auf eine neue, den modernsten Erkenntnissen der Wissenschaft angepaßte Grundlage gestellt wird und allen Polizeibehörden und Gerichten des In- und Auslandes zur Verfügung stehen wird« (ebenda, S. 7).

»Mit der Schaffung dieses Instituts verfügt ... die deutsche Kriminalpolizei zum erstenmal seit ihrem Bestehen über ein eigenes wissenschaftliches Laboratorium und ist dadurch, mit Ausnahme des Gebiets der gerichtlichen Medizin und vereinzelter Sonderzweige, von außerhalb der Polizei stehenden Gutachterstellen unabhängig geworden«, schrieb Dr. ing. Walther Heess[41], als er 1938 zum Leiter des »KTI« ernannt wurde (Heess 1939, S. 121). Wie in einem »Runderlaß des RFSSuChdDtPol i. RMdl vom 6.3.1939« zum Ausdruck gebracht wurde, war das Institut dazu bestimmt, »für die Sicherheitspolizei des gesamten Reichsgebiets als Untersuchungs- und Beratungsstelle in allen kriminaltechnisch naturwissenschaftlichen Fragen tätig zu sein.« (Ebenda.)

Das KTI war im 4. Stock des RKPA in 27 »schönen, hellen und hygienisch hervorragenden Räumlichkeiten« untergebracht und beschäftigte als Sachbearbeiter vier Chemiker (darunter einen Lebensmittelchemiker), einen Botaniker, zwei Fotografen sowie mehrere Hilfskräfte (vgl. ebenda, S. 122 f.).

Aus dem von Heess verfaßten »Tätigkeitsbericht 1939« läßt sich entnehmen, daß z. B. durch »die Einrichtung eines zentralen Schußwaffenerkennungsdienstes« (gemäß einem Runderlaß vom 27.7.1939) die Schußwaffenexpertise an das KTI geriet, daß eine »neugeschaffene biologische Abteilung, in welcher die gesamten botanisch-zoologischen Prüfungen, die Blut- und Spermauntersuchungen zusammengefaßt sind«, ihre Arbeit aufgenommen hatte und »daß das Institut seinen Bücher- und Zeitschriftenbestand auf allen einschlägigen Gebieten ... erheblich erweitern konnte und damit von auswärtigen Bibliotheken unabhängig geworden ist« (Heess 1940, S. 45).

Im »Tätigkeitsbericht 1941«, vom (namentlich nicht genannten) »Direktor des Kriminaltechnischen Institutes« erstattet, werden die Arbeitsergebnisse der nunmehr vier Abteilungen – »Urkundenabteilung«, »Spurenabteilung«, chemische und biologische Abteilung – vorgelegt. Es wird darüber berichtet, daß der Institutsdirektor »als Dozent für gerichtliche Chemie an der Universität Berlin seine Vorlesungen im Wintersemester 1941/42 im Vortragssaal des Institutes aufgenommen« habe und daß zur Auswertung der Untersuchungsarbeit »ab 1. Januar 1941 das Lochkartensystem (Hollerith) eingeführt« worden sei (»Kriminalistik« 1942, S. 115).

Diese Tätigkeitsberichte vermitteln den Eindruck solider polizeilicher und wissenschaftlich-kriminalistischer Arbeit im KTI. Sie enthalten jedoch keinerlei Hinweise auf die »Forschungstätigkeit«, die im Kriminaltechnischen Institut z. B. bei der Vorbereitung und Durchführung der Euthanasie-Verbrechen betrieben wurde. Zwei der im Institut angestellten Chemiker, Dr. August Becker und Dr. Albert Gottlob Widmann, haben in Gerichtsverfahren nach 1945 darüber berichten müssen.[42] (s. Dok. 12)

So war Becker offenbar »beim Start des ersten Euthanasie-Experimentes in der Heilanstalt Brandenburg ... in der ersten Hälfte des Monats Januar 1940« zugegen. »Die erste Vergasung wurde durch Dr. Widmann persönlich durchgeführt. Er bediente den Gashebel und regulierte die Gasmenge ...«[43]

Widmann wurde später auch beauftragt, »aus Tarnungsgründen die Beschaffung und Lieferung der CO-Gasflaschen durch das KTI zu übernehmen ... Er erhielt von den einzelnen Euthanasieanstalten die Bedarfsanforderungen, gab im Namen des KTI den Badischen Anilin- und Soda-Fabriken [= IG. Farbenindustrie – F. H.] in Ludwigshafen Bestellungen von CO-Gas in Flaschen auf und leitete die Auftrags- und Lieferungsbestätigungen an ... Dr. Becker ... weiter. Dieser sorgte für die

Abholung und den Transport ... in die einzelnen Euthanasieanstalten. Auch die Abrechnung erfolgte pro forma über das KTI, wobei der Angeklagte die Rechnungen abzeichnete.«[44]

Das KTI war auch beteiligt an der Erprobung von vergifteter Munition. So heißt es in einem Bericht über »Versuche mit Akonitinnitrat-Geschossen«, den der »Oberste Hygieniker« der SS Joachim Mrugowski (1905–1948) »an das Kriminaltechnische Institut z. Hdn. von Herrn Dr. Widmann« am 12.9.1944 schrieb: »Im Beisein von SS-Sturmbannführer Dr. Ding, Herrn Dr. Widmann und dem Unterzeichneten wurden am 11.9.44 an fünf zum Tode Verurteilten Versuche mit Akonitinnitrat-Geschossen durchgeführt. Es handelte sich um Geschosse von Kaliber 7,65 mm, welche mit dem Gift in kristalliner Form gefüllt waren. Die Versuchspersonen erhielten im Liegen je einen Schuß in den linken Oberschenkel. ...

Zusammenfassung: Die mit ungefähr 38 mg Akonitinnitrat in Substanz gefüllten Geschosse hatten trotz unbedeutender Verletzung nach etwa 2 Stunden eine tödliche Wirkung. Die Vergiftung zeigte sich 20 bis 25 Minuten nach der Verletzung. Im Vordergrund der Erscheinungen standen Speichelfluß, Veränderungen der Pupillen, Verschwinden der Sehnenreflexe, motorische Unruhe und starker Brechreiz.«[45]

Ein Dr. Becker gilt auch als »Erfinder« der »Gaswagen« – Fahrzeuge, deren Abgase beim Anlassen des Motors in den von der Fahrerkabine separierten Fahrgastraum einströmten und dessen Insassen töteten. Allerdings, so Becker in einem Bericht an einen Vorgesetzten im RSHA, »die Vergasung wird durchweg nicht richtig vorgenommen. Um die Aktion möglichst schnell zu beenden, geben die Fahrer durchweg Vollgas. Durch diese Maßnahmen erleiden die zu Exekutierenden den Erstikkungstod und nicht, wie vorgesehen, den Einschläferungstod. Meine Anleitungen haben nun ergeben, daß bei richtiger Einstellung der Hebel der Tod schneller eintritt und die Häftlinge friedlich einschlafen.«[46]

Die verbrecherischen Aufgaben, die das kriminaltechnische Institut bereits kurz nach seiner Gründung übernahm, lassen es verständlich erscheinen, daß die Kapazitäten ziviler Universitätsinstitute für gerichtliche Medizin *und Kriminalistik* selbst unter der Herrschaft des Nationalsozialismus nur bedingt für diese Art »wissenschaftlicher« Tätigkeit nutzbar waren. Die führenden Universitätsprofessoren des Faches mußten die ausgedehnte Übertragung von Aufgaben der naturwissenschaftlichen Kriminalistik an das KTI – wenn auch mit verhaltenem Protest – zur Kenntnis nehmen. So schrieb der damalige Vorsitzende der Fachgesellschaft, Professor Buhtz, am 26. März 1940 an den RJM: »Ich halte eine derartig starke Zentralisierung der kriminalistischen Untersuchungen beim kriminaltechnischen Institut der Sicherheitspolizei und die fast gänzliche Ausschaltung der wissenschaftlich und praktisch auf dem Gebiete der naturwissenschaftlichen Kriminalistik arbeitenden gerichtsärztlichen Institute im Interesse der Rechtspflege nicht für zweckmäßig, insbesondere auch, weil ja sonst Sachverständige von Berlin aus in alle entfernten Gebiete des Reiches reisen müssten, um die von ihnen vorgenommenen Untersuchungen vor Gericht zu vertreten ... Vor allem aber wird den Instituten das Anschauungsmaterial aus der Praxis, das für Lehre und Forschung von großer Bedeutung ist, so gut wie ganz genommen ...«[47]

Schon ein Jahr später hatte sich die Situation weiter zuungunsten der kriminalistischen Tätigkeit der Universitätsinstitute verschoben: »Die Reichskriminalpolizei ist z. Zt. dabei, kriminaltechnische Untersuchungsstellen auch in den Landes- und Provinzialhauptstädten einzurichten. Diese Untersuchungsstellen sollen das gesamte eingehende Material sichten und nur diejenigen Gegenstände nach Berlin weiterleiten, deren Untersuchung sich lohnt. Die Erstattung von Gutachten ist ihnen verboten. Trotzdem sind aber, wie festgestellt wurde, hier und da Gutachten erstattet worden. Herr Oberreg. Rat Dr. habil. Heess hat zugesagt, die Untersuchungsstellen nochmals auf das Verbot der Erstattung von Gutachten hinzuweisen. Unsere weitergehenden Vorstellungen bezüglich einer Einschränkung der Tätigkeit des kriminaltechnischen Instituts, insbesondere Nichtdurchführung von medizinischen Untersuchungen (Blut, Sperma usw.) haben bisher zu einem Erfolg nicht geführt. Unsere Bemühungen werden fortgesetzt.«[48]

Knapp fünf Monate später, am 15. April 1942, teilte Professor Berthold Mueller, seit Mitte 1940 Nachfolger von Buhtz im Amt des Vorsitzenden, seinen Lehrstuhlinhaber-Kollegen den neuesten Stand der Dinge mit: »Das Reichskriminalpolizeiamt hat die Absicht, die Kriminalpolizeileitstellen in den Gauen in sog. Sicherheitsämter umzuwandeln. Jedes Sicherheitsamt soll eine kriminaltechnische Untersuchungsstelle erhalten, die von einem Techniker (Kriminalkommissar) geleitet wird. Ausserdem soll jedes Sicherheitsamt über ein chemisches Laboratorium verfügen, das von einem Chemiker (Regierungsrat) geleitet wird. Es bestehen ja auch gewisse Meinungen, die dahin zielen, dass diese Sicherheitsämter späterhin die Staatsanwaltschaften ablösen werden, doch ist etwas Endgültiges über diese ... Frage nicht entschieden.

Es lag nun die Möglichkeit nahe, dass diesen Sicherheitsämtern auch ein Arzt beigegeben würde, und damit wären die Institute für gerichtliche Medizin in wesentlichen Teilen ihrer Aufgabe enthoben worden.

Gruppenführer Nebe hat mir jedoch nach Einholung der Zustimmung seiner vorgesetzten Dienststelle die offizielle Mitteilung gemacht, dass die Kriminalpolizei nicht vorhat, in die Sicherheitsämter Ärzte einzustellen. Diese Massnahme wäre bei dem jetzt bestehenden Menschenmangel nicht zu verantworten. Die Kriminalpolizei legt vielmehr grössten Wert auf eine weitere gute Zusammenarbeit mit uns. Man denkt an eine vertragliche Bindung der Lehrstuhlinhaber an diese neuen Sicherheitsämter. Sie sollen gewissermassen die beratenden Ärzte der Sicherheitsämter werden ...«[49]

Inwieweit Himmlersche Pläne zum Ausbau des RSHA selbst dem Chef des RKPA, Arthur Nebe, tatsächlich unbekannt waren, ist insofern uninteressant, als dem nachfolgenden Vorsitzenden der Gesellschaft, Gerhard Schrader, am 20. November des gleichen Jahres von Nebe »eröffnet« wurde, »daß auf Weisung des Reichsführers SS Himmler Fühlung mit dem Vertreter des Reichswissenschaftsministeriums Prof. de Crinis zur Frage einer engeren Verbindung der Universitätsinstitute für gerichtliche Medizin und Kriminalistik mit den künftigen Sicherheitsämtern der Kriminalpolizei in den einzelnen Gauen genommen werden solle.«[50]

Das »Kriminalmedizinische Zentralinstitut der Sicherheitspolizei«

Trotz der weitgehenden »Linientreue« der allermeisten Lehrstuhlinhaber der gerichtlichen Medizin zum Nationalsozialismus schritt die Faschisierung der Organisationsstrukturen der gerichtlichen Medizin im folgenden Jahr mit einem Runderlaß des RMdI vom 28. September 1943 über die Schaffung eines »Kriminalmedizinischen Zentralinstitutes der Sicherheitspolizei« weiter fort.

Die gerichtsmedizinischen Universitätsinstitute hatten nach diesem Erlaß gleichzeitig »die Aufgaben von kriminalmedizinischen Untersuchungsstellen« wahrzunehmen, diese wiederum sollten mit den kriminaltechnischen Untersuchungsstellen bei Kriminalpolizei- bzw. Kriminalpolizeileitstellen zu »Kriminalwissenschaftlichen Instituten bei den Kriminalpol.-(Leit-)Stellen zusammengeschlossen« werden. Immerhin: »Die Direktoren der ... einzurichtenden Kriminalwissenschaftlichen Institute müssen Professoren für gerichtliche Medizin und Kriminalistik sein, die im Einvernehmen mit dem RMfWEuV. ernannt werden.«[51] (s. Abb. 10)

In einer ersten Ausführungsbestimmung wurde festgelegt: »Das dem Reichskriminalpolizeiamt eingegliederte Kriminalmedizinische

Sonderabdruck Nr. 123
aus dem Ministerialblatt des Reichs- und Preußischen Ministeriums des Innern 1943 Nr. 40

Kriminalmedizinisches Zentralinstitut der Sicherheitspol.

RdErl. d. RMdI. v. 28. 9. 1943 — Pol S-V A 1 Nr. 2319/42*)

(1) Im Zuge des Aufbaues und der Vereinheitlichung der Sicherheitspol. hat es sich als notwendig erwiesen, für die Sicherheitspol. ein zentrales Kriminalmedizinisches Institut einzurichten. Es wird dem Reichskriminalpol.-Amt eingegliedert und führt die Bezeichnung „Kriminalmedizinisches Zentralinstitut der Sicherheitspolizei".

(2) Zur Entlastung des Kriminalmedizinischen Zentralinstituts ist von den Kriminalpol.- (Leit-) Stellen, an deren Sitz sich gerichtsmedizinische Universitätsinstitute befinden, im Wege der Vereinbarung zu veranlassen, daß diese Institute gleichzeitig die Aufgaben von kriminalmedizinischen Untersuchungsstellen wahrnehmen. Die in Frage kommenden Kriminalpol.- (Leit-) Stellen erhalten vom Chef der Sicherheitspol. und des SD. eine entsprechende Aufforderung. Soweit Kriminaltechnische Untersuchungsstellen bei den Kriminalpol.- (Leit-) Stellen bestehen, werden sie mit den Kriminalmedizinischen Untersuchungsstellen zu Kriminalwissenschaftlichen Instituten bei den Kriminalpol.- (Leit-) Stellen zusammengeschlossen. Kriminalwissenschaftliche Institute werden bei den Kriminalpol.- (Leit-) Stellen jeweils durch Sondererlasse errichtet.

A. Allgemeine Aufgaben

(1) Das Kriminalmedizinische Zentralinstitut dient als wissenschaftliche Forschungsstätte der Durchführung der sicherheitspolizeilichen, insbesondere kriminalpolizeilichen Aufgaben. Es nimmt ferner teil an der Ausbildung des ärztlichen Nachwuchses der ϟϟ und Pol.

(2) Die Aufgaben der Kriminalwissenschaftlichen Institute bei den Kriminalpol.- (Leit-) Stellen werden in dem jeweils ergehenden Sondererlaß zugewiesen.

B. Besondere Aufgaben

Das Kriminalmedizinische Zentralinstitut ist im einzelnen zuständig für

a) wissenschaftliche Bearbeitung und Weiterentwicklung aller kriminalmedizinischen Forschungsgebiete,

b) Förderung und Lenkung der von allen kriminalwissenschaftlichen Instituten durchgeführten Forschungen auf kriminalmedizinischem Gebiet,

c) Erteilung von Richtlinien hinsichtlich der im Bereich der Sicherheitspol. anfallenden kriminalmedizinischen Fragen,

d) kriminalmedizinische Untersuchung polizeilich besonders interessierender Fälle, die im Wege des kriminalpolizeilichen Meldedienstes dem Reichskriminalpol.-Amt gemeldet werden,

e) Schulung der Angehörigen der Sicherheitspol., insbesondere Kriminalpol., in kriminalmedizinischen Fragen.

C. Zusammenarbeit mit den Behörden und Dienststellen, die sicherheitspolizeiliche Aufgaben zu erfüllen haben

Alle Behörden und Dienststellen, die sicherheitspolizeiliche Aufgaben zu erfüllen haben (Staatliche Kriminalpol., Geh. Staatspol., Gend., Schutzpol. und Kriminalpol. der Gemeinden), sind gehalten, Anfragen und Ersuchen des Kriminalmedizinischen Zentralinstituts und der Kriminalwissenschaftlichen Institute bei den Kriminalpol.- (Leit-) Stellen beschleunigt zu erledigen.

D. Ausführungsbestimmungen

(1) Für die Durchführung der Aufgaben des Kriminalmedizinischen Zentralinstituts und der Kriminalwissenschaftlichen Institute bei den Kriminalpol.- (Leit-) Stellen erläßt der Chef der Sicherheitspol. und des SD. im Einvernehmen mit den beteiligten Stellen nähere Richtlinien. Darin ist vorzusehen, daß Gebühren für die kriminalmedizinischen Gutachten nicht erhoben werden.

(2) Die Direktoren der bei den Kriminalpol.- (Leit-) Stellen einzurichtenden Kriminalwissenschaftlichen Institute müssen Professoren für gerichtliche Medizin und Kriminalistik sein, die im Einvernehmen mit dem RMfWEuV. ernannt werden.

(3) Soweit es sich um Fragen der Ausbildung des ärztlichen Nachwuchses der ϟϟ und Pol. handelt, kann der Reichsarzt ϟϟ und Pol. dem Kriminalmedizinischen Zentralinstitut fachliche Weisungen erteilen.

An alle Pol.-Behörden.

An den Reichsminister der Justiz, den Reichsminister der Finanzen durch Abdruck. — MBliV. S. 1533.

*) **Sonderabdrucke (Nr. 123) dieses RdErl. können bei umgehender Bestellung von Carl Heymanns Verlag, Berlin W 8, Mauerstr. 44, bezogen werden. Sammelbestellungen erwünscht.**

Abb. 10: Runderlaß des RMI zur Einrichtung des »Kriminalmedizinischen Instituts der Sicherheitspolizei«

Zentralinstitut der Sicherheitspolizei befindet sich in den Räumen des Instituts für gerichtliche Medizin und Kriminalistik der Universität Wien, Wien IX., Sensengasse 2. Direktor des Kriminalmedizinischen Zentralinstituts der Sicherheitspolizei ist der Direktor des vorgenannten Gerichtsmedizinischen Universitätsinstituts in Wien, Prof. Dr. Philipp Schneider.« (s. Dok. 13)

Zunächst scheint die Einrichtung selbst den lokalen Hochschuldienststellen unbekannt gewesen zu sein, so fragte der Kurator der wissenschaftlichen Hochschulen in Wien am 1. November 1943 bei Schneider an: »Im Ministerialblatt des Reichsinnenministeriums 1943, S. 1534 ist ein Runderlass vom 28.9.1943 betreffend Einrichtung eines Kriminalmedizinischen Zentralinstitutes der Sicherheitspolizei veröffentlicht. In Absatz 2 des Erlasses wird gesagt, daß zur Entlastung des Zentralinstituts die Kriminalpolizeileitstellen, in deren Sitz sich gerichtsmedizinische Universitätsinstitute befinden, mit denselben eine Vereinbarung treffen sollen, wonach das Universitätsinstitut gleichzeitig die Aufgaben von kriminalmedizinischen Untersuchungstellen wahrnimmt. Zu meiner persönlichen Information bitte ich um eine Mitteilung über den derzeitigen Stand dieser Angelegenheit in Wien, ferner bitte ich um Aeusserung, inwieweit das Kriminalmedizinische Zentral-Institut als wissenschaftliche Forschungszelle etwa Aufgaben übernimmt, die bisher durch die Universitätsanstalten betreut wurden.«[52]

Am 10. November 1943 antwortete Professor Schneider dem Kurator: »Nach Abschluss einer Reihe von Vorbesprechungen in Berlin und Wien, die während des Sommers und in letzter Zeit stattfanden, kann ich Ihnen auf obigen Bezug mitteilen, dass das Kriminalmedizinische Zentralinstitut der Sicherheitspolizei vorläufig in Wien unter meiner Leitung errichtet werden soll. In welchem Haus das Institut untergebracht wird, kann ich derzeit noch nicht sagen, da diesbezüglich Verhandlungen des Reichskriminalpolizeiamtes mit anderen Stellen schweben. Zunächst hat man daran gedacht, das neue zu errichtende Institut im Universitätsinstitut für gerichtliche Medizin und Kriminalistik unterzubringen, doch ist dies praktisch wegen des Raummangels so gut wie unmöglich. Auch würde dies nur eine recht unzweckmäßige Notlösung während des Krieges bedeuten. Hinsichtlich der Schaffung kriminalwissenschaftlicher Institute bei den Kriminalpolizeileitstellen durch Heranziehung der Universitätsinstitute für gerichtliche Medizin und Kriminalistik soll es vorläufig bei der Planung bleiben und die Durchführung mit wenigen Ausnahmen erst nach dem Kriegsende erfolgen. Soweit ein derartiges Institut schon jetzt zur Aufstellung gelangt, ist im Sinne des Runderlasses vom 28.9.1943 des Reichsinnenministeriums das Einvernehmen mit dem Reichserziehungsministerium notwendig, da der jeweilige Direktor ein Professor für gerichtliche Medizin und Kriminalistik sein muss. Irgendwelche einheitliche Gesichtspunkte über die Art und Weise der von der Sicherheitspolizei mit zur Leitung von kriminalwissenschaftlichen Instituten in Aussicht genommenen Universitätsprofessoren abzuschliessenden Verträge liegen nicht vor, doch ist die Angelegenheit in Berlin bereits mehrfach beraten worden, wobei schliesslich festgelegt wurde, dass dafür letzten Endes die Erfahrungen des kriminalmedizinischen Zentralinstitutes massgeblich sein sollen.

Die Aufgaben des kriminalmedizinischen Zentralinstituts sollen in Gebiete, welche bisher durch die Universitätsanstalten betreut wurden, nicht eingreifen. Es wird beabsichtigt, die kriminalmedizinische Forschung unter Heranziehung aller Hilfsmittel der Polizei auf eine breitere Grundlage zu stellen, als dies bisher den Universitätsinstituten für gerichtliche Medizin und Kriminalistik allein möglich war, so dass ein[e] vorzügliche Ergänzung aller in gleicher Richtung wissenschaftlich tätigen Stellen des Staates zu erwarten ist.

Im Wege der kriminalwissenschaftlichen Institute soll den Universitätsanstalten das entsprechende Material für Lehre und Forschung gesichert werden, was zweifelsohne nur zu begrüßen ist. In entgegenkommender Weise hat auch das Reichssicherheitshauptamt nach Anhörung meiner Vorschläge als beratender Gerichtsmediziner festgelegt, dass dem Reichserziehungsministerium eine entscheidende Mitarbeit an der Besetzung der neuen Institute vorbehalten bleibt, weshalb eine Benachteiligung der Universitäten nicht zu erwarten ist.

Ich werde mir eine weitere Information erlauben, falls die Angelegenheit fortschreitet oder eine Änderung in der bisherigen, von der für das Fach der gerichtlichen Medizin ziemlich günstigen Planung eintreten sollte.«[53]

Schneider hatte, so geht aus einem weiteren undatierten Schreiben an den Kurator hervor, die neue Aufgabe »auf Kriegsdauer« übernommen. Die Schreibstube des kriminalmedizinischen Zentralinstitutes solle vorläufig im Universitätsinstitut für gerichtliche Medizin und Kriminalistik untergebracht werden, bis man geeignete Räume an anderer Stelle gefunden habe. In personeller und materieller Beziehung habe das Universitätsinstitut für gerichtliche Medizin und Kriminalistik dadurch keine Belastung, da dem Institut »vom Reichskriminalpolizeiamt ein Assistenzarzt, eine Sekretärin, eine technische Assistentin und eine

Chemikerin zur Verfügung gestellt wurden und überdies eigenes Schreibstubenmaterial und die notwendigsten Apparate zur Untersuchung vorhanden sind«.[54]

Die Formulierung der Aufgaben des »Zentralinstituts« – Durchführung gerichtsmedizinischer Obduktionstätigkeit bei »besonderem sicherheitspolitischen Interesse«, Untersuchung menschlicher Blute und Blutspuren und von Sperma, Schulungstätigkeit für »Kriminal- und Gendarmeriebeamte«, Sammlung aller anfallenden Obduktionsprotokolle von Mordfällen, nicht aber z. B. psychiatrische und »kriminalbiologische« Begutachtungen – liest sich ähnlich harmlos wie die »Tätigkeitsberichte« aus dem KTI. Ob durch eine tatsächliche Funktion des Kriminalmedizinischen Zentralinstituts jemals Anlaß bestand, solche Berichte bis zum Kriegsende zu fertigen, ist bisher nicht zu klären gewesen.

Die »Schlußvorschriften« der oben genannten »Ausführungsbestimmungen« lassen die Folgerung zu, daß letztlich der nahende Zusammenbruch Hitlerdeutschlands die endgültige Vereinnahmung aller gerichtsmedizinischen Universitätsinstitute als »kriminalmedizinische« Einrichtungen von »Gausicherheitsämtern« verhinderte.

Kapitel 12

Gerichtsmedizin und Konzentrationslager

Die Verwaltung des Todes

Bald nachdem man Anfang 1940 in Groß-Rosen in Niederschlesien – nicht zuletzt wegen der Nähe von Lagern abbaufähigen Granits – ein »Arbeitslager« einrichtete, bekam dieses neue Konzentrationslager ein eigenes Standesamt, das zunächst auch die Sterbefälle im zivilen Teil des Ortes mit bearbeitete. Im Sterbebuch sind von Oktober bis Ende Dezember 1940 36 Todesfälle im Lager und drei in Groß-Rosen eingetragen. 1941 verstarben 434 Lagerinsassen und 19 Ortsansässige, bis zum 30. September 1942 dann schon 1 402 Inhaftierte und 14 Einwohner, im folgenden Jahr gab es im Lager etwa 3 300 Todesfälle (vgl. Sprenger, S. 220 ff.). Ab Mai 1942 durften die Angehörigen von Verstorbenen nicht mehr direkt durch das Lager, sondern nur noch durch die jeweilige Einweisungsinstanz benachrichtigt werden. Schließlich wurde 1944 außerdem in den Sterbebüchern für verstorbene »Nacht-und-Nebel-Häftlinge«[1] ein Sperrvermerk eingeführt, wonach Auskünfte über den Verstorbenen nur mit Zustimmung des RMI erteilt werden durften.

Während des Krieges wurde es dann üblich, in allen Konzentrationslagern lagereigene Standesämter einzurichten. Dies geschah, um die hohe Sterblichkeit und die Todesursachen, besonders die seit Kriegsbeginn laufend steigende Zahl von Exekutionen, zu verschleiern.

In den Sterbebüchern des Lagers Auschwitz sind etwa 80 000 verstorbene Häftlinge registriert, allerdings ist darunter kein einziges Opfer der Gaskammern.[2] Formale Sorgfalt auch im »Jenseits der Menschlichkeit« – als wichtiges Merkmal nazideutscher Ordnung – ist selbstverständlich auch bei der Ausfüllung der Totenmeldungen in Auschwitz verlangt und von den Häftlingen der entsprechenden Schreibstube und den SS-Doktoren auch eingehalten worden. »Die Todesursache wurde immer mit ›natürlich‹ diagnostiziert, mit Ausnahme von zwei Todesarten: a) Tod durch Selbstmord und b) Erschießung während der Flucht«, schreibt der Arzt Tadeusz Paczuła, der 1940 als Jugendlicher nach Auschwitz kam und mehrere Jahre in der Hauptschreibstube des Häftlingskrankenbaus tätig war. In solchen Fällen eines nichtnatürlichen Todes wurden offenbar sogar Obduktionsprotokolle erstellt: »Der *Sektionsbericht* über die gerichtsmedizinische Sektion war selbstverständlich eine Fiktion, da keine Sektionen der Erschossenen oder Gehenkten durchgeführt wurden. Jedes Dokument wurde vom *Lagerarzt* unterschrieben. ... Für einen normal verstorbenen Häftling [waren] 21 Unterschriften und für einen keines natürlichen Todes gestorbenen Häftling 33 Unterschriften zu leisten ...« (Paczuła 1962/1994, S. 159 f.; s. Dok. 14).

Zwischen »Erwartung« und Wirklichkeit: Obduktionsergebnisse in Konzentrationslagern

Obwohl in fast jedem größeren Konzentrationslager auch Sektionsräume vorhanden waren, sind die Mitteilungen darüber, wer dort obduzierte und aus welchen Anlässen obduziert wurde, nicht allzu reichlich.

Für das *Konzentrationslager Buchenwald* hat Susanne Zimmermann (1994, 2000) wichtige Einzelheiten publiziert. Danach bestanden schon kurze Zeit nach Inbetriebnahme (1937) Kontakte zwischen dem Lager und dem von Buhtz geleiteten Institut für gerichtliche Medizin in Jena, dessen Mitarbeiter Jobst Waechter Obduktionen im Lager durchführte.

Im Institut für Rechtsmedizin sind noch einzelne Protokolle über Sektionen von Häftlingen und SS-Angehörigen aus dem KZ Buchenwald vorhanden. Ein Protokoll stammt vom 19.2.1938. Waechter obduzierte im KZ Buchenwald den Häftling D. O. (geb. 29.3.1916). Die Diagnose lautete: »versagendes rechtes Herz bei Emphysem, rechtsseitiger Verwachsung der Lunge, beginnende Lungenentzündung«. (Zimmermann 2000, S. 176.) Weitere Sektionen Buchenwalder Häftlinge wurden durch Waechter am 5.4., am 9.5., am 13.5. und am 14.5.1938 durchgeführt. Die Jenaer Gerichtsmediziner stellten auch »amtsärztliche Bescheinigungen« über »auf der Flucht« erschossene Buchenwalder Häftlinge aus.

Buhtz selbst ist nachweislich nur mit der Sektion eines in Buchenwald tätig gewesenen SS-Mannes in Verbindung zu bringen. Der 22-jährige SS-Rottenführer war vermutlich von zwei Häftlingen mit Hieben auf den Kopf getötet worden. Buhtz hatte ihn am 14. Mai 1938 im Beisein des SS-Standortarztes Dr. Kirchert im Städtischen Krankenhaus Weimar seziert und dabei – für weitere Untersuchungen und zur Präparation des Schädels – den Kopf der Leiche abgesetzt. Mit dieser Vorgehensweise hatte er sich die direkte Kritik Heinrich Himmlers zugezogen, der am 8. Juni 1938 an den SS-Reichsarzt Dr. Ernst Robert Grawitz schrieb: »Wogegen ich mich wende, ist die sehr pietätlose Art, wie die Leichenöffnungen vorgenommen werden. Meines Erachtens kann der Schädel auch seziert werden, ohne daß der Kopf abgeschnitten wird. Lassen Sie sich bitte einmal von SS-Gruppenführer Eicke beschreiben, wie die Sektion des SS-Mannes Kallweit in Buchenwald vor sich gegangen ist, und in welcher Weise mir das gezeigt wurde.« Der Reichsführer-SS hielt es »deshalb für notwendig, daß zu dem Befehl über die Aufbahrung von Leichen eine genaue Anweisung von ärztlicher Seite erfolgt, was unter pietätvoller Form zu verstehen ist«. Man möge, so die Weisung Himmlers, unter »Verwendung des medizinischen Dekans an der Universität Jena, SS-Sturmbannführer Gerlach (pathologischer Anatom), eine Anregung« über die Durchführung von Sektionen bei SS-Angehörigen erarbeiten. Wenige Wochen später war diese Anleitung formuliert, sie besagte u. a.: »Leichenöffnungen werden auf Grund der für den derzeitigen Stand der Wissenschaft maßgebenden Normen von Fachpathologen durchgeführt. Die Entfernung von Leichenteilen (Kopf und Gliedmaßen) hat zu unterbleiben und ist durch Skizzen und Photographie zu ersetzen. Ausnahmen sind nur im Einverständnis mit dem Reichsarzt-SS oder dem mit der Durchführung der Sektionen in der SS vom Reichsführer-SS beauftragten SS-Sturmbannführer Prof. Dr. Gerlach, Jena, path. anatom. Institut, Tel. 3642, zulässig«.[3]

Vom Reichsarzt der SS wurde angewiesen, daß Prof. Gerlach fortan die Sektionsprotokolle von Häftlingen wie von SS-Angehörigen zu erhalten habe. Gleichzeitig wurden die Konzentrationslager beauflagt, für die Sektionen von Häftlingen einen besonderen Sektionsraum zu schaffen.

Nachdem der Pathologe Gerlach und seine Assistenten die Sektionstätigkeit im Konzentrationslager Buchenwald übernommen hatten, wurden z. B. nach einem Bericht vom 26.2.1941 im Zeitraum von 1938 bis 1940 für die SS insgesamt 124 Obduktionen durch Jenaer Pathologen durchgeführt. (Zimmermann 2000, S. 178.) Obgleich in der Durchführung von Sektionen in einem Konzentrationslager zunächst einmal eine medizinisch berechtigte Handlung gesehen werden kann, scheint es z. B. in Buchenwald oftmals darum gegangen zu sein, bei der Untersuchung verstorbener Häftlinge möglichst eine »natürliche« Todesursache zu finden und auch zu bescheinigen: »Unmittelbar vor der Sektion hatte der Lagerarzt Dr. Ding einen kurze ›informatorische‹ Besprechung mit dem Prosektor, wobei er sagte, daß die Verwaltung daran interessiert sei, die Angelegenheit möglichst rasch und ohne besondere Weiterungen zum Abschluß zu bringen. ... Immer wieder konnte ich feststellen, daß die Sektionsprotokolle ›erforderlichenfalls‹ genau so zusammengelogen und zusammengefälscht wurden wie fast alle anderen Akten des Lagers. Was der Prosektor nicht sehen, nicht finden, nicht feststellen sollte, das stellte er nicht fest, und umgekehrt«, urteilt Poller, »Arztschreiber in Buchenwald« (Poller 1947, S. 91 ff.).

Solches Verhalten des »Prosektors« dürfte auch eine Erklärung etwa für die Wege des Jenaer Pathologen und SS-Standortarztes Otto Hübner nach 1945 gewesen sein, über die Susanne Zimmermann schreibt: »Daß sich Hübner als Pathologe im KZ Buchenwald besonders engagierte, belegen auch Aussagen der ehemaligen Häftlinge Ernst Busse und Walter Poller. Der Pathologe Hübner wurde vermutlich nach 1945 nicht durch Mitglieder der Medizinischen Fakultät über seine Tätigkeit im Konzentrationslager Buchenwald befragt. Im September 1945 eröffnete ihm sein Kollege Dr. Güthert vom Pathologischen Institut im Auftrage des Kurators der Universität, daß durch freiwilliges Ausscheiden aus dem Dienst von einer Überprüfung der politischen Vergangenheit Abstand genommen werde. Hübner verließ daraufhin die Universität und übernahm zum 1.10.1945 die Leitung der Pathologischen Abteilung der Städtischen Krankenanstalten Erfurt. Nach dem Bekanntwerden belastender Momente erfolgte jedoch bereits nach einem Monat seine Entlassung und eine vorübergehende Inhaftierung durch die SMAD. Später wurde Hübner als Pathologe am Stadtkrankenhaus Celle tätig.« (Zimmermann 2000, S. 178.)

Der Nachfolger von Gerhard Buhtz auf dem Jenaer Lehrstuhl für gerichtliche Medizin, Friedrich Timm, war mindestens in einem Falle als Obduzent für die SS in Buchenwald tätig: Er sezierte am 13. September 1943 den unter unklaren Umständen verstorbenen SS-Hauptscharführer Rudolf Köhler. Bei der Sektion zugegen waren der SS-Richter Morgen, die Buchenwalder SS-Lagerärzte Dr. Ding-Schuler, Dr. Hofer und Dr. Plaza sowie der Jenaer Internist Dr. Sundermann. Köhler war wegen Korruptionverdachtes inhaftiert gewesen, unter gleichem Verdacht standen auch Lagerkommandant Koch und der Lagerarzt Hoven. Nach klinischen Angaben sollte es sich um eine Nikotinvergiftung durch Aufnahme von Zigarettenkippen und extremes Rauchen handeln. Die toxikologisch-chemischen Untersuchungen von Organmaterial, im KTI Berlin durchgeführt, ergaben zudem den Nachweis von Veronal. Trotz dieser Zusatzuntersuchungen gelang eine eindeutige Klärung der Todesursache nicht.

Eigene Berichte von Ärzten, die Obduktionen in Konzentrationslagern durchführten, sind selten. Auch wenn man dieses Problem so wie Albert Ponsold – als es Konzentrationslager gab, war er Direktor des gerichtsmedizinischen Instituts an der »Reichsuniversität« Posen – beschreibt, der bei einer *gerichtlichen Sektion* in einem Konzentrationslager (was eine Seltenheit gewesen sein dürfte) feststellte: »zu Tode geprügelt«, kann man davon ausgehen, daß nazistischen Schlägern und Totschlägern innerhalb und außerhalb von Lagermauern kaum ernsthafte Konsequenzen drohten – trotz Einhaltung bestimmter strafprozessualer Vorschriften, die etwa eine Obduktion verlangten. »In einem Konzentrationslager war ein Mann zu Tode gekommen. Die Obduktion war von der Staatsanwaltschaft beantragt worden entgegen der SS! Als ich an den Sektionstisch herantrat, erschrak ich: die Leiche, die dalag, war die jenes Deutschen, der den SS-Führer beleidigt hatte. Besorgt obduzierte ich. Geheuer war mir nicht zumute, denn die Willkür der SS war bedrohlich, und ich hatte sie zu fürchten, da es um das Offenlegen einer Schandtat der SS ging. Was ich an der Leiche zu sehen bekam, hatte ich in diesem Ausmaß noch nie zu Gesicht bekommen. Am Gesäß war die Haut abgeschunden. Das Gesäß selbst – ein schlaffer Hautsack voller Blut und Gewebsfetzen. So schauerlich, daß sich die Frage des Staatsanwaltes erübrigte, ob der Tod dadurch herbeigeführt worden sei. Kein Zweifel: Fettembolie, zu Tode geprügelt. Aber die gegen die SS erhobene Anklage wurde niedergeschlagen.« (Ponsold 1980, S. 185.)

Die ausführliche Schilderung einer gerichtlichen Sektion im *Konzentrationslager Auschwitz* verdanken wir dem Ungarn Miklós Nyiszli: »Der ...

Befehlshaber des Krematoriums ... setzt mich davon in Kenntnis, daß am Nachmittag eine wichtige auswärtige Kommission zu erwarten sei. Der Sektionsraum müsse vorbereitet werden.

Noch vor Eintreffen der Kommission rollt ein schwarzer geschlossener Leichenwagen in den Hof. Er bringt die Leiche eines SS-Sturmführers. Ich lasse den Toten, so wie er ist, in Uniform also, auf den Sektionstisch legen.

Pünktlich zur angegebenen Zeit erscheint die Kommission, bestehend aus hochrangigen SS-Führern in blitzsauberen Uniformen. Ein SS-Arzt im Range eines Hauptsturmführers, ein Anwalt, ein Untersuchungsrichter, zwei Kriminalisten von der Gestapo und ein Kriegsgerichtsnotar – das sind die Mitglieder des Gremiums. Einige Minuten später trifft auch Dr. Mengele ein. Ich biete allen Platz an, und nach einem kurzen Gespräch geben die Kriminalisten die Umstände bekannt, unter denen die Leiche gefunden wurde. Die von einer Schußwaffe stammenden Wunden des Toten sprächen für Mord oder für ein Attentat. Der Revolver des toten Offiziers habe sich in der Pistolentasche an seinem Gürtel befunden, eine Selbsttötung sei damit ausgeschlossen.

Sie nehmen an, daß ein Mord vorliegen könnte, den Offiziersgefährten, vielleicht auch verärgerte Untergebene aus irgendeinem Grund begingen. Noch mehr aber käme die Möglichkeit eines Attentats in Betracht, denn im hauptsächlich von Polen bewohnten Gleiwitz und seiner Umgebung gäbe es viele Partisanen. Anschläge kämen häufig vor.

Die Autopsie muß entscheiden, ob der Schuß von vorn oder von hinten abgegeben wurde, aus welcher Entfernung, mit welcher Art Waffe.

In Gleiwitz gibt es momentan keinen Gerichtsmediziner. Darum wurde die Leiche hierher nach Auschwitz gebracht. Die Entfernung zwischen beiden Orten beträgt lediglich 40 Kilometer, der hiesige Sektionsraum ist der nächstgelegene.

Dem Gespräch der Kommission folge ich in respektvoller Entfernung als Zuhörer, und mit der Geduld eines KZ-Häftlings erwarte ich Dr. Mengeles Anweisungen.

Daß es mir, dem jüdischen KZ-Häftling, ›vergönnt‹ sein würde, die Leiche eines arischen SS-Angehörigen mit meiner Berührung zu ›beschmutzen‹, sie sogar zu sezieren, wäre mir nicht im Traum eingefallen. Schließlich hatten mir die Rassengesetze schon im freien bürgerlichen Leben verboten, christliche bzw. arische Kranke zu behandeln. Ich war also sehr überrascht, als Dr. Mengele mir die Durchführung der Sektion befahl.

Zuerst muß die Leiche entkleidet werden. So etwas ist keine leichte Aufgabe. Schon das Ausziehen der Stiefel ist eine Arbeit für zwei. So bitte ich um die Erlaubnis, mir Hilfe für das Entkleiden des Toten zu holen. Die Kommissionsmitglieder unterhalten sich eifrig, dabei sehen sie uns zerstreut zu. Bei den ersten Schnitten habe ich mit Lampenfieber zu kämpfen. Ich führe einen Schnitt durch die Haut des Hinterkopfes und ziehe mit geübter Bewegung den größeren Teil der Kopfschwarte über das Gesicht des Toten, den anderen in seinen Nacken. Dann kommt die anstrengendste Arbeit: das Aufsägen des Schädels, die Abnahme des Schädeldaches. Schnell folgen dann die vorgeschriebenen Schritte zur Untersuchung der Kopfhöhle.

Nun komme ich zur Inspektion der beiden Wunden. Wenn ein Durchschuß vorliegt, entstehen bei jeder Schußverletzung zwei Wunden: vom Einschuß und vom Ausschuß. In der Mehrzahl der Fälle kann sie der Fachmann leicht voneinander unterscheiden, da die Einschußwunde in der Regel kleiner ist. Im vorliegenden Fall sind die unter der linken Brustwarze bzw. im oberen Teil der Schulterblattregion befindlichen Wunden aber gleich groß.

Der Fall beginnt kompliziert und damit interessant zu werden. Wieso sind Ein- und Ausschußwunde gleich groß? Ich muß die Erklärung für dieses den Erfahrungen widersprechende Phänomen finden. Dr. Mengele kommt plötzlich ein Gedanke: Wenn nun kein Durchschuß, sondern zwei Einschüsse vorliegen. Der erste von vorn, der zweite von hinten oder umgekehrt. Folgender Ablauf wäre denkbar: Nach dem ersten Schuß stürzte das Opfer zu Boden, wo es der zweite traf. Die Geschosse wiederum haben den Körper nicht verlassen, daher die zwei gleich großen Schußwunden. Diese Version hat vieles für sich. Ich muß sie überprüfen, also lege ich den Schußkanal frei. Das Geschoß durchschlug die Herzmuskulatur, streifte die linke Seite der Wirbelsäule und gelangte in einem Winkel von 35 Grad zur oberen Seite des linken Schulterblattes. Ein kleines Stück davon absplitternd, verließ es den Körper. Die Situation ist völlig klar. Ein Schuß wurde abgegeben, aller Wahrscheinlichkeit nach von vorn, da der Schußkanal im Winkel von 35 Grad von vorn unten nach hinten oben verläuft. Einschuß- und Ausschußwunde sind deshalb gleich groß, weil die Kugel die Wirbelsäule streifte, ein Stück Schulterblatt ausbrach und dermaßen an Geschwindigkeit verlor, daß keine größere Ausschußwunde entstehen konnte. Von oben nach unten, in einem Winkel von 35 Grad, schießt normalerweise niemand. Um so schießen zu können, müßte man den Arm hochhalten. Das wäre sehr umständlich und riskant. Ein Partisan handelt nicht so, er kann geradeaus schießen. Der Schuß wurde aber von vorn abgegeben, mit nach oben gerichteter Waffe, aus nächster Entfernung.

BETRIEBSVORSCHRIFT

des koksbeheizten Topf-Dreimuffel-Einäscherungsofen

Vor Beschickung der beiden Koksgeneratoren mit Koks muss der Rauchkanalschieber am Ofen geöffnet werden.

Nunmehr kann in den beiden Generatoren Feuer angefacht und unterhalten werden, hierbei ist zu beachten, dass die Sekundarverschlüsse rechts und links der Ascheentnahmetüren (Koksgeneratoren) geöffnet sind.

Nachdem die Einäscherungskammern gut rotwarm (ca. 800°C.) sind können die Leichen hintereinander in die drei Kammern eingefahren werden.

Jetzt ist es zweckmässig das seitwärts am Ofen stehende Druckluftgebläse anzustellen und ca. 20 Minuten laufen zu lassen. Hierbei ist zu beobachten, ob zuviel oder zu wenig Frischluft in die drei Kammern eintritt.

Die Regulierung der Frischluft erfolgt durch die Drehklappe die sich in der Luftrohrleitung befindet. Weiterhin müssen die rechts und links der Einführtüren angeordneten Lufteintritte halb geöffnet werden.

Sobald die Leichenteile vom Schamotterost nach der darunter liegende Ascheschräge gefallen sind, mussen diese mittels der Kratze nach vorn zur Ascheentnahmetür gezogen werden. Hier konnen diese Teile noch 20 Minuten zum Nachverbrennen lagern. Dann wird die Asche in den Aschebehälter gezogen und zur Abkühlung beiseite gestellt.

Zwischendurch werden neue Leichen in die Kammern nach einander eingeführt.

Die beiden Koksgeneratoren müssen von Zeit zu Zeit mit Brennstoff beschickt werden.

Jeden Abend müssen die Generatorroste von den Koksschlacken befreit und die Asche herausgenommen werden.

Zu beachten ist ferner, das nach Betriebsschluss, sobald die Generatoren leer gebrannt und Glutteile nicht mehr vorhanden sind, alle Luftschieber und Türen, desgl. auch der Rauchkanalschieber am Ofen geschlossen sein müssen um den Ofen nicht auszukühlen.

Nach jeder Einäscherung steigt die Temperatur im Ofen. Daher bitte beachten, dass die Innentemperatur nicht über 1000°C. kommt (Weissglut).

Diese Temperatursteigerung kann durch Lufteinblasen verhindert werden.

Abb. 11: Betriebsvorschrift für einen Krematoriumsofen in Auschwitz

Ob ein Bekannter oder ein Fremder den Lebensweg des Sturmführers beendet hatte – dies herauszufinden bleibt Sache der Kriminalisten.

Wie ich sehe, sind die Mitglieder der Kommission zufrieden, sie erklären sogar, nun jeden ähnlichen Fall hierherzubringen. Für sie ist das eine bequeme und gute Lösung.

So werde ich nach dieser Sektion zum Gerichtsmediziner des Kreises Gleiwitz, bin ein KZ-Gerichtsarzt mit allen daraus resultierenden Aufgaben. Eine solche Stellung gibt es sicher nicht zweimal auf der Welt.« (Nyiszli 1992, S. 55–58.)

Ähnlich sorgfältig wie im von Nyiszli geschilderten Fall dürfte man bei Obduktionen vorgegangen sein, bei denen »Forschungsaufgaben« im Vordergrund standen. Aus dem »Revier« des Konzentrationslagers Dachau ist bekannt, daß hier im Spätsommer des Jahres 1942 Versuche liefen, mit »biochemischen« Mitteln, z. B. Tabletten aus Kalium phosphoricum, Ferrum phosphoricum und Silicium, und andererseits mit dem neuentwickelten Sulfonamid Tibatin Phlegmonen zu behandeln. Die biochemischen und Sulfonamid-Versuche liefen parallel: »20 Priester wurden herbeigeschafft. Unter ihnen befand sich auch der tschechische Kaplan Jaroslav Zámeãnik, außerdem ein Holländer, die übrigen waren Polen. Alle erhielten eine Eiterinjektion in den Oberschenkel. Als sich bei ihnen riesige Phlegmonen bildeten, wurde aus vergleichbaren Fällen jeweils eine biochemische Achtergruppe und eine gleichgroße Sulfonamidgruppe gebildet. Die restlichen bildeten die Kontrollgruppe, die keinerlei Medikamente erhielt. Die ersten Inzisionen wurden durchgeführt und die biochemische sowie die Sulfonamid-Therapie begonnen. Alle litten unter unerträglichen Schmerzen. Zámeãnik befand sich unter den ersten, die starben. Über die Versuche wurde eine detaillierte Dokumentation angelegt. ... Die Versuche bewiesen die Wirksamkeit der Sulfonamide. Nach Verabreichung des intravenös injizierten Tibatins lokalisierten sich die Entzündungen und das Fieber sank ab. Der Zustand der übrigen Patienten war äußerst schwierig. Die Gruppe mit den biochemischen Mitteln litt noch mehr [als] die Kontrollgruppe aufgrund der Einnahme von Überdosen an Tabletten an schweren Magenbeschwerden. Sie hatten einen ausgetrockneten verätzten Mund und, wie die Obduktion dann später auch nachwies, ebenso angegriffene Magenschleimhäute. Etliche aus dieser Gruppe starben ...« (Zámeãnik 1993, S. 139).

Auch der SS-Arzt Sigmund Rascher[4], der in Dachau vielfach tödlich verlaufende Unterkühlungsversuche und Versuche in Unterdruckkammern (zur Simulation von Fallschirmabsprüngen aus großer Höhe) an Häftlingen durchführte, legte Wert auf die Sektion seiner Opfer. In einem ersten Zwischenbericht an den Förderer seiner Art von »Wissenschaft«, Heinrich Himmler, vom 5.4.1942 schildert er den Verlauf eines Experiments: »... Dauerversuch ohne Sauerstoff in 12 km Höhe bei einem 37-jähr[ig]en Juden in gutem Allgemeinzustand. Die Atmung hielt bis 30 Minuten an. Bei 4 Minuten begann die Vp [= Versuchsperson – F. H.] zu schwitzen und mit dem Kopf zu wackeln. Bei 5 Minuten traten Krämpfe auf, zwischen 6 und 10 Minuten wurde die Atmung schneller, Vp bewußtlos, von 11 Minuten bis 30 Minuten verlangsamte sich die Atmung bis 3 Atemzüge pro Minute, um dann ganz aufzuhören. Zwischendurch trat stärkste Cyanose auf, außerdem Schaum vor dem Mund. In 5-minütlichen Abständen wurde EKG in 3 Abteilungen geschrieben. Nach Aussetzungen der Atmung wurde ununterbrochen EKG bis zum völligen Aussetzen der Herzaktion geschrieben. Anschließend, etwa 1/2 Stunde nach Aufhören der Atmung, Beginn der Sektion.«

Was Rascher dabei erlebte, mag ihn an das Physiologie-Praktikum während seines Studiums – als man an den Herzen dekapitierter Frösche experimentierte – erinnert haben, das Objekt seiner (und eines Obduzenten?) Untersuchungen war in diesem und ähnlichen Fällen jedoch nicht ein frisch gemordeter, sondern ein noch sterbender Mensch: »Nach Eröffnung der Brusthöhle liegt der Herzbeutel prall gefüllt vor (Herzbeuteltamponade). Nach Eröffnung des Herzbeutels entleeren sich im Strahl 80 ccm klare gelbliche Flüssigkeit. Mit dem Moment des Aufhörens der Tamponade beginnt der rechte Vorhof kräftig mit anfänglich 60 Aktionen pro Minute zu schlagen und wurde dann immer langsamer. 20 Minuten nach Eröffnung des Herzbeutels stichweise Eröffnung des rechten Vorhofes. Es entleert sich etwa 15 Minuten lang in spritzender Form Blut in dünnstem Strahl. Danach Verstopfung der Stichwunde im Vorhof durch Blutgerinnung und erneute Beschleunigung der Aktion des rechten Vorhofes.

Eine Stunde nach Aufhören der Atmung Herausnahme des Gehirns mit völliger Durchtrennung des Rückenmarks. Daraufhin 40 Sekunden Stillstand der Vorhofaktion. Dann begannen wieder erneute Vorhofaktionen und hörten erst endgültig 8 Minuten später auf.«

Im Unterschied zu den erwähnten Froschexperimenten – bei denen der Student vor dem Beginn des Experimentes mittels eines nach oben geführten Scherenschnittes durch das Froschmaul das Gehirn des Versuchstieres abtrennte, es also enthirnte – verfuhr Rascher genau umgekehrt: er reaktivierte das Herz vor der endgültigen Enthirnung, er »studierte« zuerst die wieder in Gang gekommenen Herzaktionen ...

Und was war am Gehirn festzustellen? »Im Hirn fand sich ein schweres subarachnoidales Hirnödem. In den Hirnarterien findet sich reichlich Luft. Außerhalb finden sich in den Herz- und Lebergefäßen massenhaft Luftembolien. Die anatomischen Präparate werden konserviert, um zu einer späteren Auswertung durch mich vorhanden zu sein.

Meines Wissens ist der letztgeschilderte Fall der erste beobachtete dieser Art beim Menschen überhaupt. Wissenschaftlich gewinnt der oben geschilderte Herzvorgang noch besonderes Interesse, da ich die Herzaktion bis zum Schluß mit EKG mitgeschrieben habe ...«[5]

Heinrich Himmler hat die Versuchsergebnisse Raschers offenbar mit großem Interesse entgegengenommen und sich auch eigene Gedanken gemacht: »... Die Versuche sollen vor allem in der Richtung einmal ausgewertet werden, ob es nicht möglich ist, bei diesen langen Arbeiten des Herzens derartige Menschen ins Leben zurückzurufen. Sollte ein solcher Versuch des Zurückrufens in das Leben gelingen, so ist selbstverständlich der zum Tode Verurteilte zu lebenslänglichem Konzentrationslager begnadigt ... Freundliche Grüße und Heil Hitler!«

Die Sektionsräume in Konzentrationslagern dienten nicht selten auch als Exekutionsräume. So wird vom *Konzentrationslager Groß-Rosen* berichtet, daß Ärzte und SS-Sanitätsdienstgrade im Sektionsraum des Krematoriums tödliche Injektionen verabreichten. Gespritzt wurden z. B. Blausäure oder Phenol, nachdem man zuvor mit Benzin- und Luftinjektionen experimentiert hatte. Isabell Sprenger schreibt dazu: »Die Herkunft der Gifte ist nicht endgültig geklärt, doch deuten Hinweise darauf, daß sie aus dem Gerichtsmedizinischen Institut beziehungsweise Institut für gerichtliche Medizin der Universität Breslau stammten. Zwischen diesem Institut und dem Konzentrationslager bestanden insofern zumindest 1940 regelmäßige Kontakte, als Ärzte von dort zum Lager kamen, um im Auftrag des Kommandeurs Sektionen an verstorbenen Gefangenen durchzuführen.« (Sprenger 1996, S. 150.)

Unauffälliges »Forschen« am »Material aus einem großen Gefangenenlager«

»Die NS-Zeit zeigt, wie wenig ärztlich postulierte Ethik hemmt, wenn die Versuchsobjekte erst einmal aus der Wertegemeinschaft herausdefiniert sind«, schreibt Ernst Klee (2001, S. 137). Für die »einmalig günstige Gelegenheit« des Nutzens ganzer Menschengruppen – Geisteskranke und Behinderte, Polen und Russen, straffällig Gewordene, politisch

Mißliebige, Homosexuelle, »Zigeuner« und Juden – für medizinische »Forschungen« gibt es mannigfaltige Belege. Zwei Arbeiten zur akademischen Qualifikation aus dem Fachgebiet der gerichtlichen Medizin sollen kurz vorgestellt werden.

Erich Wagner war von November 1939 bis Dezember 1940 als SS-Untersturmführer und Arzt im KZ Buchenwald tätig. Die Zeit im Lager hat er genutzt, um mit einer Dissertation 1940 einen »Beitrag zur Tätowierungsfrage« zu leisten.

Tätowierungen haben in der gerichtlichen Medizin eine Bedeutung als »besondere Kennzeichen« zur Identitätsfeststellung. Insofern ist es nicht verwunderlich, daß der Gerichtsmediziner Friedrich Timm in Jena als »Doktorvater« genannt wird und Wagner ihm »für die freundliche Überlassung der Arbeit und die bereitwillige Unterstützung bei der Durchführung« abschließend dankt.

»Das Material, das ich von 800 Tätowierten der verschiedensten Bevölkerungsschichten (Vorbestraften und nicht Vorbestraften) gesammelt habe, entstammt einem großen Gefangenenlager. Diese Untersuchungen geben gerade wegen ihrer an einem außerordentlich gemischten Material aufzuzeigenden Buntheit und Mannigfaltigkeit einen Querschnitt durch dieses ganze Gebiet«, liest man einleitend bei Wagner (S. 2). Der als Arztschreiber tätige Eugen Kogon erinnert sich, wie Wagner sein »Material« fand, wie er das Lager nach Tätowierten absuchte: »Die Häftlinge wurden dann vom Kommandanten Koch ans Lagertor gerufen, nach der Pracht ihrer tätowierten Haut ausgesucht und ins (Kranken-)Revier geschickt. Bald darauf erschienen die besten Hautexemplare in der ›Abteilung für Pathologie‹, wo sie präpariert und jahrelang SS-Besuchern als besondere Kostbarkeiten gezeigt wurden.« (Kogon 1979, S. 161 f.)

»Bei den 800 von mir Untersuchten wurde ... insgesamt 931 mal tätowiert.« (S. 3.) »Bei 500 Tätowierten (= 63 %) fanden sich nur einfarbige, bei 287 Tätowierten (= 36 %) zweifarbige und bei 13 Tätowierten (= 1 %) mehrfarbige Abbildungen.« (S. 4.) ... »Wir sehen, daß die beiden Voraussetzungen untere Volksschichten und wenig Intelligenz ... klar zum Ausdruck kommen, denn zwei Drittel der Tätowierten haben nur die Volksschule besucht und ein Drittel aller Tätowierten zeigte mangelnde Leistungen.« (S. 15.) ... »Nach Lombroso kennzeichnet der Brauch des Tätowierens einen besonderen anthropologischen Typ und ist als eine Rückschlagserscheinung aufzufassen; die Tätowierung charakterisiere den sittlich defekten Menschen und sei im wesentlichen nur bei dem geborenen Verbrecher und bei der geborenen Dirne heimisch.« Wagner meint hingegen, man müsse auch die »soziologische Seite« sehen: »Wenn man ... viele Verbrecher tätowiert sieht, so hatte, wie so oft, die gleiche Ursache – rohe, haltlose Veranlagung in minderem Milieu – zwei Wirkungen: Tätowierung und Verbrechen.« (S. 17.) ... »Die von mir gefundenen, recht anschaulichen Zahlen sehen sich wie folgt an: rund ein Drittel aller sich in Haft befindlichen kriminell Vorbestraften sind tätowiert, während diese Zahl bei den nicht oder nur politisch Vorbestraften ein Dreißigstel beträgt. Von den 800 Tätowierten sind 80 % kriminell vorbestraft, die restlichen 20 % nicht vorbestraft (13 %) oder nur politisch (7 %) vorbestraft. Uns interessieren hier nur die Kriminellen ...« (S. 18.) »Bei der Betrachtung der Zusammenhänge zwischen Verbrechertum und Tätowierung zeigt sich ein Vorherrschen der Tätowierungen unter Gewaltverbrechern, nicht aber unter den ausgesprochenen Schwerverbrechern, bringen doch die Tätowierungen für letzteren ganz im besonderen den Nachteil mit sich, daß sie ein durch nichts zu tilgendes Erkennungszeichen sind.« (S. 20.)

Keine Stelle am Körper, so heißt es, werde ausgelassen; die »zunehmende Verhüllung des menschlichen Körpers [bedingt jedoch] ein gleichlaufendes Schwinden des Gefallens am Tätowieren«. 70 % (550) der Tätowierten empfanden Reue, bei 254 Mann bestand der Wunsch zur Entfernung der Tätowierung. »Von kindlicher Dummheit spricht es, wenn man sich heute nach Jahren noch ärgert, weil man eigentlich damals statt einer Schlange einen Frauenkopf tätowiert haben wollte. Nicht nur der Milieuwechsel, sondern auch der Wechsel der politischen Gesinnung stimmt die einstige Freude an dem Hautschmuck zur Reue um. ... Einen dauernden Widerspruch zu ihrem Glauben finden sowohl die Juden als auch das seltsame ›Völklein‹ der Bibelforscher in der Tätowierung, und sie würden sich schon deshalb heute niemals wieder tätowieren lassen.« (S. 47.)

Im Anhang der Arbeit findet sich ein »Fragebogen für Untersuchungen an Tätowierten« und ein Bildteil. Dem Lebenslauf kann man entnehmen, daß Erich Wagner 1912 in Komotau geboren wurde und nach Schulbesuch in Salzburg, Bad Reichenhall und München ab 1933 an verschiedenen Universitäten in Österreich und Deutschland Medizin studierte. Nach Ablegung des Staatsexamens im Dezember 1938 wurde er am 6. September zur Waffen-SS eingezogen.

Die Dissertation »an sich« – obwohl es sich dabei letztlich um ein »dünnes Brett« handelt – enthält natürlich keinen Hinweis auf den verbrecherischen Hintergrund des Treibens des *SS-Arztes Wagner.* Sie enthält verständlicherweise auch keinen Dank an einen Häftling namens

Grünwald, der die Arbeit geschrieben haben soll. Belegt ist aber, daß Wagner in Buchenwald schnell zu einer traurigen Berühmtheit gelangte, denn *er* begann mit der Einführung von Tötungen durch Injektionen. Nicht wenige seiner Opfer dürften dabei dem »Material« für seine Doktorarbeit angehört haben. Fritz Lettow, Häftling und »Arzt in den Höllen« hat in seinen »Erinnerungen an vier Konzentrationslager« darüber berichtet, daß in Baracke II, wo auch die Pathologie untergebracht war, besonderen Gästen auch hin und wieder etwas Besonderes gezeigt wurde: »Gegerbte Menschenhaut. Die SS ließ mit Vorliebe die betreffenden Hautstellen Tätowierter ausschneiden und gerben und daraus dann von den Dekorateuren Lampenschirme, Taschen, Bucheinbände herstellen. Der Stolz des Kommandanten war ein bunter Lampenschirm mit interessanten und schönen Tätowierungen aus Häftlingshaut.« (Lettow, S. 108.)

Wagners akademische Gutachter und Prüfer bewerteten die Buchenwald-Dissertation mit »sehr gut«, denn, so Timm in seinem Gutachten, sie entsprach »nach Form und Inhalt durchaus den Anforderungen, die an eine Dissertation zu stellen« sind. Auch Gutachter Prof. Dr. Hämel, Dermatologe und wie Timm NSDAP-Mitglied, fand lobende Worte über die Arbeit. Sind ihnen das Schicksal des »Materials« und die Art der Methodik der »Untersuchung« unbekannt gewesen?

1958 wurde Wagner verhaftet. Nachdem das Landgericht Offenburg ihn wegen Mordes anklagen wollte, suizidierte er sich am 22.3.1959 (vgl. Zimmermann 2000, S. 179).

»Längere Haftdauer begünstigt das Auftreten einer Nekrospermie«[6], war *ein* Fazit einer Habilitationsschrift, die 1944 in Breslau verteidigt wurde. Der Autor, Hellmut Dencks, am 9. Juni 1908 in Naumburg/Saale als Sohn eines Apothekers geboren, hatte zunächst die wissenschaftliche Prüfung für das Lehramt an höheren Schulen bestanden und studierte dann erst Medizin. 1938 hatte er das Staatsexamen abgelegt, an der Universität Jena promoviert und war, nach Assistententätigkeit in verschiedenen klinischen Fächern und sechsmonatiger Militärdienstzeit, Anfang August 1940 Assistent am Institut für gerichtliche Medizin und Kriminalistik der Universität Breslau geworden. Offenbar früh an kriminalistischen Fragestellungen interessiert, hatte er bereits 1934 und 1935 zusammen mit Specht in den Kriminalistischen Monatsheften drei Arbeiten (»Ein seltener Fall von Selbstentzündung« und »Die Sonne als Brandstifter«/Teil I und II) veröffentlicht.

Unter dem harmlos anmutenden Titel »Fluoreszenzmikroskopische Untersuchungen mit der Akridinorangefärbung an menschlichen Spermatozoen/Eine Möglichkeit zur Unterscheidung lebender und toter Spermatozoen durch eine Vitalfärbung« legte Hellmut Dencks im Jahre 1944 seine Habil.-Arbeit vor.

Ausgangspunkt seiner Untersuchungen war die Feststellung, daß sich deutlich bewegliche Samenfäden nach Behandlung von Spermaflüssigkeit mit einer Akridinorangelösung bei luminiszenzmikroskopischer Beobachtung kupferrot färben, während unbewegliche, jedoch noch nicht abgestorbene Spermien grün erscheinen.

Untersuchungsobjekte waren sämtlich »Insassen einer Haftanstalt«, denen man z. T. – in einer Untersuchungs-»Gruppe 2« (Männer zwischen dem 16. und 30. Lebensjahr) - die Hoden röntgenbestrahlt hatte. Die Gruppen 1 und 3 hatten keine Röntgenbestrahlung erhalten.

In einer auf den Seiten 41 und 42 der Arbeit plazierten Tabelle sind »die Fälle dieser Gruppe ... geordnet nach steigenden Dosen der gegebenen Röntgenstrahlen.« (s. Dok. 15) »Von diesen 18 Fällen wären 9, d. h. 50 % ›unechte‹ Nekrospermien. Inwieweit eine Röntgenbestrahlung, Krankheit, Ernährung oder der psychische Einfluß der Haft bei den übrigen Insassen eine ›echte‹ oder ›unechte‹ Nekrospermie hervorgerufen haben, wird sich im einzelnen nicht angeben lassen. Insbesondere kann nicht angegeben werden, ob bei der Bestrahlung nur die Hoden bestrahlt wurden, oder auch andere Teile des Genitaltrakts in Mitleidenschaft gezogen wurden. Letzteres wäre auch bei guter Abdeckung des Bestrahlungsfeldes durch Streustrahlung möglich. Eine Systematik hinsichtlich des Auftretens einer Nekrospermie aus dieser Gruppe abzulesen, ist infolge der Vielzahl der an der Nekrospermie beteiligten Komponenten nicht möglich. – Ein Urteil über den Erfolg einer Röntgenbestrahlung oder -sterilisierung läßt sich nicht abgeben, da es durchaus denkbar ist, daß die ›lebenden‹ Spermatozoen noch aus Zeiten der vollen Funktionstüchtigkeit der Keimdrüsen stammen können, auch wenn die Bestrahlung schon 3–3,5 Monate zurückliegt.« (S. 42 f.)

Die Spermagewinnung (auch in den Gruppen 1 und 3) erfolgte meist durch »Prostatamassage«. Wie diese vor sich ging, schilderte der ehemalige Rapportschreiber im Häftlingskrankenbau Dr. Tadeusz Paczuła (zit. nach Klee 1986, S. 301): »Die ausgehungerten jüdischen Häftlinge kamen aus Birkenau, haben ihr Mittagessen verloren, weil sie erst abends zurückkehrten, im Stammlager haben sie keinen Tropfen Tee bekommen, und dabei mußten sie auf sehr brutalem Weg ihren Samen abgeben. Eine Kurbel wurde in den Mastdarm eingeführt, und so lange wurden die Drüsen gereizt, bis es zur Ejakulation kam. Die

Häftlinge baten um Erbarmen, es war für sie eine Qual, und total erschöpft mußten sie nach Birkenau zurück und wieder an die Arbeit.«

Brutale und das gefangene Individuum zusätzlich entwürdigende Menschenversuche also, deren Ergebnisse selbst im Nazistaat »zur Veröffentlichung bisher nicht freigegeben worden« waren (vgl. Dencks 1944, S. 39). Dabei war das »Ergebnis dieser Arbeit« lediglich »eine Aufspaltung des Begriffes der ›Nekrospermie‹ in die Bezeichnung ›echte Nekrospermie‹ und ›unechte Nekrospermie‹ (›Pseudonekrospermie‹), je nachdem grüne oder kupferrote Spermien unter Innehaltung aller Voraussetzungen der Färbetechnik erhalten werden.« (S. 54.) Eine Erkenntnis war aber auch – gesichert an dem Verhalten der Spermien der Männer aus den Häftlingsgruppen 1 und 3 –, »daß längere Haftdauer das Auftreten einer Nekrospermie begünstigt«. (S. 43.) Hinsichtlich des eigentlichen Zieles der Röntgenbestrahlung – die erfolgreiche, kostenarme und schnell durchzuführende Sterilisierung großer Menschengruppen – konnte Dencks also keinen wesentlichen Beitrag liefern. Wohl aber unterstützte man in dem von Gerhard Buhtz geleiteten Breslauer Institut für gerichtliche Medizin auch weiterhin das bevölkerungspolitische Großprojekt der Nazis: Röntgenbestrahlte und danach extirpierte Hoden und Eierstöcke gelangten in das gerichtsmedizinische Institut und wurden hier histologisch bearbeitet und begutachtet. (Vgl. Klee 1986, S. 100.)

Kapitel 13

Das Institut für wehrgerichtliche Medizin

Ein Sproß der Pepinière

Auf Anregung des Generalchirurgen der Preußischen Armee Johann Goercke (1750–1822) wurde im Jahre 1795 in Berlin eine Unterrichtsanstalt gegründet, die als »Pflanzschule« (Pepinière, im Volksmund »Pfeifhahn«) junge Leute auf Kosten des Staates so weit in der Medizin heranbilden sollte, daß sie als »Kompagniechirurgen« in das Heer eintreten konnten, wo sie eine Anzahl von Jahren zu dienen hatten. 1818 erhielt sie den Namen »Medicinisch-chirurgisches Friedrich-Wilhelms-Institut« und wurde später mit der »Medicinisch-chirurgischen Akademie für das Militär« verbunden. 1895 wurde die Anstalt zur »Kaiser-Wilhelm-Akademie«; Namen wie der des Physikers Hermann Ludwig v. Helmholtz (1821–1894), der den Augenspiegel erfand, des Pathologen Rudolf Virchow (1821–1902), des Internisten Ernst von Leyden (1832–1910), des Neurologen Nothnagel (1841–1905) und der Bakteriologen Friedrich Löffler (1852–1915), Emil von Behring (1854–1917) und Paul Uhlenhuth (1870–1957) sind mit der Akademie eng verbunden, sie haben an der Akademie studiert. Die Räume der alten Pepinière waren in der Friedrichstraße 139–141. Hier wohnten die Eleven und erhielten Unterricht in speziell militärärztlichen Fragen, während die eigentliche medizinische Ausbildung gemeinsam mit den zivilen Studenten an der Berliner Universität stattfand, wo auch die entsprechenden Prüfungen zu absolvieren waren. Im Jahre 1905 wurde, da neben Ausbildungs- auch zunehmend Forschungsaufgaben bewältigt werden sollten, unter Kaiser Wilhelm II. der Grundstein für eine neue Akademie gelegt, die 1910 mit einem großzügigen Neubau in der Scharnhorststraße eingeweiht wurde.[1]

Als Folge des I. Weltkrieges, der auch sehr viele Opfer unter den Militärärzten forderte, mußte nach den Bestimmungen des Versailler Vertrages auch die Kaiser-Wilhelm-Akademie ihre Pforten schließen, die letzten Studierenden verließen 1920 die Anstalt, das Gebäude wurde vom Arbeitsministerium übernommen.

Am 25.5.1934 erließ das Reichswehrministerium folgende Verfügung: »Mit dem 1. Oktober 1934 wird im Gebäude der ehemaligen Kaiser Wilhelm-Akademie, Scharnhorststraße 35, die Militärärztliche Akademie eröffnet. Sie dient zur Aufnahme und Ausbildung der Fahnenjunker (im San.-Korps) sowie von Marine-Sanitätskadetten und -fähnrichen während des medizinischen Studiums.«

Die Aufgaben der Militärärztlichen Akademie bestanden in der Ausbildung von Sanitätsoffizieren und in militärmedizinischer Forschungsarbeit. Die Akademie untergliederte sich in den Stab, eine Ausbildungsstaffel und in drei Bereiche, die als Lehrgruppen bezeichnet wurden: Lehrgruppe A (Vorkliniker) und B (Kliniker) waren Ausbildungslehrgruppen, die Lehrgruppe C galt als Forschungslehrgruppe. Diese Gruppe bestand aus einzelnen Instituten der verschiedenen medizinischen Fachrichtungen und deren Sammlungen.

Bereits im Jahre 1935 entstand im Rahmen der Lehrgruppe C eine pathologisch-anatomische Abteilung, deren Leiter, Prof. Dr. Paul Schürmann (1895–1941), zugleich Kommandeur der Lehrgruppe C war. Am 1. Mai 1938 wurde Gerhart Panning, vorher Oberarzt am Institut für gerichtliche Medizin der Berliner Universität, Leiter einer im Rahmen der pathologisch-anatomischen Abteilung neugeschaffenen gerichtlich-medizinischen Untersuchungsstelle.[2] Nach Hubert Fischer arbeiteten an der von Schürmann geleiteten Gesamtabteilung am 21. Januar 1939 als sog. Hilfsärzte »Stabsarzt Dr. Rommeney, Stabsarzt Dr. Emminger, Stabsarzt Dr. Panning, Stabsarzt Dr. Raab, Assistenzarzt Dr. Scheifler« (ebenda).[3] Nachdem die pathologisch-anatomische Abteilung zum »Institut für Allgemeine und Wehrpathologie« umstrukturiert worden war – deren Leiter blieb der am 1. März 1939 zum Oberfeldarzt beförderte Prof. Schürmann –, entstand auch ein »Institut für wehrgerichtliche Medizin«, das Panning übernahm.

Die Schaffung eines solchen Institutes war übrigens schon im I. Weltkrieg im Kreise führender Gerichtsmediziner ins Auge gefaßt worden, so etwa von Fritz Strassmann, der seinerzeit, am 25. April 1917, an seinen Leipziger Kollegen Richard Kockel geschrieben hatte: »Unser Fach ist ... wohl das einzige medizinische Sonderfach, dessen Selbständigkeit von der Militärmedizinalverwaltung insofern nicht anerkannt wird, als man ›wissenschaftliche Beiräte‹ für gerichtliche Medizin nicht angestellt hat. Mir erscheint das bedauerlich und es wäre wohl zu erwägen, ob wir nicht in einer Eingabe an den Generalstabsarzt der Armee auf eine solche Bestellung von beratenden Gerichtsärzten hinwirken sollten. Ich glaube wohl, dass ein Bedürfnis dafür vorhanden ist ...«[4]

Die Initiative zur Gründung eines eigenständigen Institutes für wehrgerichtliche Medizin ging von der Lehrgruppe C aus, die in einem Schreiben an die Führung der Militärärztlichen Akademie am 25. Mai 1940 zum Ausdruck brachte, daß die Beibehaltung des bisherigen Zustandes die »natürliche Weiterentwicklung« hemmen würde und andererseits Kriegsgerichte die gerichtsmedizinische Untersuchungsstelle als bloßes Anhängsel des pathologischen Akademieinstitutes ansehen und ihre Aufträge deshalb an das Universitätsinstitut vergeben könnten. Schon am 5. Juli 1940 stimmte der Heeressanitätsinspekteur – Generaloberstabsarzt Dr. Waldmann – der Einrichtung eines entsprechenden Institutes zu.[5]

Der gerichtlich-medizinischen Untersuchungsstelle hatten zunächst nur zwei Zimmer im Institut für Wehrpathologie zur Verfügung gestanden.[6] Zunächst konnte Panning auch nach Einrichtung des eigenen Instituts keine Änderung erreichen, noch im November 1941 bestand das Institut lediglich aus dem Zimmer des Leiters, einem Laborraum, einer – »leihweise« – vom pathologischen Institut zur Verfügung gestellten Toilette, die als Fotolabor genutzt wurde, und einem Schreibmaschinenplatz in der Bücherei der Militärärztlichen Akademie. Weiterhin bestand die Möglichkeit, die histologische Technik, die Säuberung und Pflege der Sektionsinstrumente und die provisorische Aufbewahrung der Sammlungspräparate – in der Hauptsache handelte es sich dabei um die Schausammlung der »Polengreuel« – in den Räumen des pathologischen Institutes vorzunehmen. Für Geschoßuntersuchungen wurde vielfach die von Prof. Brüning gegründete »Kriminalistische Abteilung der preußischen Landesanstalt für Nahrungsmittelchemie« in Anspruch genommen. Auch in der Lehre war »die Enge ... sowohl der Prüfungstätigkeit als auch einer lebendigen Ausgestaltung des Unterrichts abträglich«.[7]

Eine gewisse räumliche Erweiterung ergab sich, als Ende 1941 die Blutalkoholuntersuchungsstelle in das Institut für wehrgerichtliche Medizin integriert wurde. Im November 1942 verfügte das Institut über 11 Räume, am 19. Juli 1943 war die Raumaufteilung wie folgt: ein Arbeitszimmer des Institutsleiters, zwei Arbeitszimmer für Hilfsärzte, zwei Geschäftszimmer, eine Bibliothek (zugleich Schreibzimmer), ein Wohlfahrtsraum, ein großes Labor (für Blutalkoholbestimmungen), ein großes Labor für Spurenkunde, Geschoßuntersuchungen und Histologie, ein kleiner Laborraum für serologische Arbeiten und als Dunkelraum, ein Fotolabor (zugleich Aufnahmeraum und Dunkelkammer), eine Spülküche und drei Abstellräume (vgl. Alex, S. 8). Obwohl dies nach Pannings Ansicht keineswegs ausreichend war – Sammlungsräume, einen Raum für Schießversuche bei Schußbegutachtungen, eine größere Fotowerkstatt und ein Vortragsraum hielt er für erforderlich –, kam für ihn eine Auslagerung aus dem Komplex der Militärärztlichen Akademie nicht in Betracht; in einem Schreiben an die Lehrgruppe C heißt es:

»1) Das Institut für wehrgerichtliche Medizin ist oft auf die Zusammenarbeit mit anderen Instituten der Militärärztlichen Akademie angewiesen, z. B. mit den Untersuchungsstellen des physiologisch-chemischen und des hygienischen Instituts.

2) Zur Erfüllung seiner Aufgaben gegenüber der Wehrmachtsrechtspflege ist eine enge Zusammenarbeit mit der gerichtlich-chemischen Untersuchungsstelle des Instituts für Wehrpharmazie und angewandte Chemie erforderlich. Dies ist nur durch den räumlichen Zusammenhang beider Dienststellen gewährleistet.

3) Die Bearbeitung der hier in großer Zahl zusammenlaufenden Beweisstücke in Selbstverstümmelungssachen kann nicht auf zwei räumlich voneinander entfernte Dienststellen verzettelt werden.

4) Das Institut ist wegen kriegsbedingter Beschaffungsschwierigkei-

ten für Sondergeräte auf Mitbenutzung des Bestandes anderer Institute angewiesen.

5) Der Sektionsdienst würde erschwert werden, da Sektionsgelegenheit im nahe gelegenen Schauhaus entfallen würde.«[8]

Die Kriegslage erzwang 1943 andere Entscheidungen als eine großzügige Erweiterung des Instituts: die zunehmenden Bombenangriffe auf die »Reichshauptstadt« führten Anfang Oktober zu einer teilweisen Auslagerung von Instituten der Akademie, darunter des gerichtlich-medizinischen Institutes, nach Gießen. Leiter dieser Außenstelle wurde mit Kommandierung vom 2.10.1943 Oberarzt Dozent Dr. Huber. Personell zugeteilt war ihm der Stabsapotheker Diplomchemiker Dr. Mayer, der vorher an der gerichtlich-chemischen Abteilung des Instituts für Wehrpharmazie und angewandte Chemie tätig gewesen und nun für chemische und spektrographische Untersuchungen bei Verdacht auf Nahschuß verantwortlich war. Zum Kommando gehörten weiterhin ein Sanitätsdienstgrad, eine Schreibkraft, eine technische Assistentin und eine Hilfskraft. Die Außenstelle wurde in den Räumen des Institutes für Forstzoologie in der Braugasse 7 untergebracht und am 6.12.1944 durch Bombeneinwirkung zerstört (vgl. Alex, S. 65).

Da es sich bei dem Institut für wehrgerichtliche Medizin um eine militärische Einrichtung handelte, ist ein relativ häufiger Wechsel auch der Ärzte und anderen akademischen Mitarbeiter – die als Wehrmachtsangehörige zum Institut kommandiert wurden – festzustellen. In den jährlichen »Tätigkeitsberichten« ist dieser häufige Personalwechsel dokumentiert. So waren im Berichtszeitraum von November 1939 bis Oktober 1940 neben Gerhart Panning und Wilhelm Hallermann und August Brüning kurzzeitig auch Gottfried Jungmichel und Philipp Schneider tätig, im folgenden Jahr werden außer Panning und Brüning Stabsarzt Dr. Gerhard Rommeney (kommandiert zum Universitätsinstitut für gerichtliche Medizin und Kriminalistik Berlin)[9] und Assistenzarzt Dr. Oswald Huber genannt. Im Berichtszeitraum vom 1. November 1941 bis 31. Oktober 1942 werden neben Panning, Rommeney, Brüning und Huber Oberarzt Dr. Friedrich Jobst Waechter[10] und Assistenzarzt Dr. Gerhard Hansen genannt, im folgenden Berichtszeitraum, der bis zum 31. Oktober 1943 reicht, sind Oberstabsarzt Albert Frentzel-Beyme[11], Stabsarzt Dr. Siegfried Müller[12] und Stabsarzt Dr. Rolf Niedenthal neu hinzugekommen, Hansen ist ausgeschieden.[13] Für die Folgezeit ist kein Tätigkeitsbericht erhalten geblieben.

Die in den Berichten ausgewiesenen Tätigkeiten betreffen z. B. für das Jahr 1939/40 den Einsatz von Panning und Hallermann bei der

Untersuchung von exhumierten »Volksdeutschen« in besetzten polnischen Gebieten um Bromberg und Posen (s. Kapitel 15), einen Einsatz Pannings während des Frankreich-Feldzuges und die Durchführung von Schießversuchen im westlichen Operationsgebiet. Neben diesen, als »kriegsspezifische Aufgaben« ausgewiesenen Tätigkeiten wird die »Erledigung laufender Anforderungen von Kriegsgerichten und anderen Wehrmachtsdienststellen in Form von Leichenöffnungen und forensischen Untersuchungen« angegeben.[14]

Im Bericht für 1940/41 werden 70 Leichenöffnungen, 29 serologische, histologische und mikrochemische Untersuchungen, 8 ausführlich begründete Gutachten zu Sektionen und 6 Aktengutachten angegeben. Im gleichen Bericht wird erwähnt, daß sich Panning vom 24. Juni bis 15. August zur Armee-Sanitäts-Abteilung 542 (Ostraum) »zwecks Untersuchung von Geschoßwirkungen« aufhielt.[15] Außerdem hatte der nunmehr zum Dozenten ernannte Panning Lehrverpflichtungen an der Universität zu übernehmen.

Die recht geringe Anzahl von Sektionen erklärt sich aus der Tatsache, daß durch einen Standortarztbefehl vom 19.9.1939 die Wehrkreispathologen auch mit der Vornahme gerichtlicher Sektionen betraut wurden. Später wurde dieser Zustand auf Initiative Pannings geändert, am 10. August 1942 erging eine Anordnung des OKW, in der den Heeresgerichten empfohlen wurde, »im Interesse der Strafrechtspflege ... in geeigneten Fällen die an den gerichtsärztlichen Instituten des Reichs tätigen Ärzte bei Leichenöffnungen im Heimatgebiet heranzuziehen«. Das Institut für wehrgerichtliche Medizin sollte besonders dann herangezogen werden,

»a) wenn besondere geheimhaltungspflichtige Nebenumstände der Tat vorliegen;

b) wenn durch die Anwendung von Militärwaffen im weitesten Sinne der Tod verursacht ist (Mord, Totschlag, Körperverletzung mit tödlichem Ausgang, fahrlässige Tötung, Tötung in Notwehr oder in Ausübung des Befehlsnotrechts, nicht dagegen bei Selbstmord mit Militärwaffen);

c) wenn Begutachtungen auf dem Gebiet der Spurenkunde erforderlich sind;

d) wenn in sonstigen Fällen die örtlich in Frage kommenden Sachverständigen verhindert sind.«[16]

Im folgenden Berichtszeitraum konnte mit 166 Leichenöffnungen die Sektionstätigkeit deutlich gesteigert werden. Neben anderen Gutachten (z. B. 10 psychiatrische und 22 Blutgruppengutachten) wurden

25 Eingänge mit der Frage nach dem Vorliegen einer Selbstverstümmelung, ausschließlich durch Nahschuß verursacht, bearbeitet.[17]

Im Tätigkeitsbericht 1942/43 wurden 118 Untersuchungen bei Selbstverstümmelungsversuchen durch Nahschuß und 567 Blutgruppenuntersuchungen in Vaterschaftssachen, 77 verschiedene ausführliche Gutachten bei annähernd gleichbleibenden Sektionszahlen angegeben. Zu den Untersuchungen in Katyn waren Panning und Huber einige Tage, Waechter einen Monat kommandiert, auch Müller arbeitete in Katyn.

Obwohl Gerhart Panning am 1. Dezember 1942 als Nachfolger von Pietrusky auf den Lehrstuhl für gerichtliche Medizin und Kriminalistik der Universität Bonn berufen wurde, blieb seine militärische Dienststellung an der Akademie zunächst davon unberührt. Durch einen wochenweisen Wechsel zwischen Bonn und Berlin versuchte er dieser Doppelfunktion gerecht zu werden.[18] Nach dem Tode von Panning übernahm Victor Müller-Heß[19] die Leitung des Instituts für wehrgerichtliche Medizin.

Professor Dr. Müller-Heß dürfte nicht nur auf Grund der Tatsache, daß er in Berlin ansässig und tätig war, der geeignete Nachfolger für Panning gewesen sein – er genoß auch das Vertrauen der nationalsozialistischen Machthaber als Gutachter bei politisch und propagandistisch wichtigen Prozessen (vgl. Bartnik und Biermann, zit. bei Wirth, Strauch und Radam 1986, S. 56). Allerdings war Müller-Heß auf Grund eines Antrages der Medizinischen Fakultät der Berliner Universität vom 20.5.42 »uk« gestellt, konnte somit auch nicht ohne weiteres die Aufgaben des militärischen Leiters eines Institutes der Militärärztlichen Akademie übernehmen. Sein Interesse an dieser Funktion dürfte andererseits der wesentliche Grund dafür gewesen sein, daß er im Herbst 1942 beim neuen Heeres-Sanitätsinspekteur, Generaloberstabsarzt Prof. Dr. Siegfried Handloser (1885–1954), vorstellig wurde »mit der Bitte, diese Uk-Stellung rückgängig zu machen, da sie ihn in einer Zeit, in der die Mehrzahl der Männer die Uniform tragen, bedrücke. Auch glaube er, daß seine zivile Verwendung seine Einwirkungsmöglichkeit auf Wehrmachtgerichte vermindern könne und gerade für diese Stellen sei er zur Zeit stark beschäftigt. ... Mit einer evtl. erneuten Einberufung müßte die Universität gewärtigen, daß Prof. Müller-Heß auch erweiterte Aufgaben übertragen werden könnten.«[20]

Die trotz beträchtlichen Umfanges der Berliner Universitätspersonalakte von Müller-Heß nur sehr bescheiden zum Ausdruck kommende Einbindung des Berliner Lehrstuhlinhabers in wichtige Funktionen, die der nazistischen Militärgerichtsbarkeit dienten, wird auch verdeutlicht durch eine Mitteilung des Wehrmachtsuntersuchungsgefängnisses in »Berlin NO 40, Lehrter Str. 61« vom 28. November 1944, nach der »Prof. Dr. Müller-Heß ... zum Personal des W.U.G. [rechnet] ... Er wurde mit Wirkung vom 1.11.44 zum Oberfeldarzt befördert.«[21]

Die Verbindungen zwischen Müller-Heß und Siegfried Handloser, der später vom US-Militärtribunal I in Nürnberg der Kriegsverbrechen und Verbrechen gegen die Menschlichkeit für schuldig befunden und zu lebenslänglicher Haft verurteilt wurde, dürften nicht nur lose gewesen sein: Noch für den 60. Geburtstag des »Chefs des Wehrmachtsanitätswesens«, der am 25. März 1945 zu feiern war, hatte Müller-Heß eine recht umfangreiche Publikation vorbereitet, ihr Titel: »Über die Wirkungsweise verschiedener Geschoßarten auf den menschlichen Körper«.[22]

Über das Ende der gesamten Einrichtung schreibt Hubert Fischer: »In den letzten Kriegstagen überstürzten sich die Ereignisse auch an der Militärärztlichen Akademie. Nachdem eine Luftmine vor dem Portal an der Scharnhorststraße niedergegangen war, hat Oberstarzt Dr. Harth die restlichen Angehörigen der MA in Omnibussen und mit der Eisenbahn nach Göttingen und Claustal überführt und die Jahrgangs- und Aufsichtsoffiziere in Kliniken und Lazaretten zurückgelassen. Er selbst meldete in Landshut dem Inspekteur, Generalleutnant Walter die Auflösung der Akademie.« (Fischer, Hubert, 1975, S. 23.)

»Die Kriegswaffen und ihre Wirkung« – zum Wirken von Gerhart Panning

»Am Dienstag den 5. März 1940 um 16.20 Uhr hielt Herr Dr. Gerhart Panning seine Lehrprobe mit dem Thema ›Die Kriegswaffen und ihre Wirkung‹. ... Die Verleihung der Dozentur für gerichtliche und soziale Medizin wird befürwortet«, teilte der Dekan der Medizinischen Fakultät der Berliner Universität im März 1940 dem Reichserziehungsministerium mit.[23]

Geboren am 10. Juni 1900 in Erfurt als Sohn eines Lehrers, hatte Panning hier das Gymnasium bis zur Unterprima besucht, war dann von September 1917 bis Mai 1919 Kriegsfreiwilliger gewesen und hatte im Sommer 1918 das Kriegsnotabitur hinter der Front abgelegt. Nach zwei Semestern Philosophie in Jena studierte Panning ab Sommer 1920 Medizin in München, Jena und Berlin und bestand hier am 9.7.1925 die Staatsprüfung. Nach der Medizinalpraktikantenzeit erhielt er am 1. Juli

1926 die Approbation und promovierte am 29.1.1927 zum Dr. med. Über sechs Jahre war Panning dann zwischen Januar 1927 und März 1933 Assistent an den Pathologischen Instituten der Universitäten Halle/S. und Königsberg bzw. an der Pathologischen Anstalt der Stadt Magdeburg, um ab Oktober 1933 – nach halbjähriger Tätigkeit am Institut für gerichtliche und soziale Medizin der Universität Greifswald – Assistent am Berliner Institut unter Victor Müller-Heß zu werden. Am 1. Mai 1938 wurde Panning als aktiver Stabsarzt in die Wehrmacht übernommen und zum Leiter der gerichtlich-medizinischen Untersuchungsstelle in der pathologischen Abteilung der Militärärztlichen Akademie Berlin ernannt. Am 5. März 1940 habilitierte er, seine Arbeit »Die vitale Reaktion am Knochen« wurde kurze Zeit später veröffentlicht. Ab 1.12.1942 wurde Panning zunächst vertretungsweise mit dem von Pietrusky freigemachten Lehrstuhl der gerichtlichen Medizin in Bonn betraut, schließlich am 28.4.1943 zum Ordinarius berufen. Gleichzeitig wurde er Direktor des Bonner gerichtsmedizinischen Institutes. Schon nach wenigen Monaten mußte sich Panning in ärztliche Behandlung begeben: »Nachdem ich inzwischen klarer sehe, zeige ich an, dass ich mit einem vorwiegend produktiven, cavernösen Prozess am 4.10.43 in das Res. Laz. Waldsanatorium Schömburg Krs. Calw/Württ., überführt werde. Man stellt mir die Voraussicht, dass ich mindestens etwa 1 Jahr aus der Arbeit ausfalle.«[24] Zunächst scheint sich der Krankheitsprozeß günstig entwickelt zu haben, noch am 20. März schrieb Panning einen ausführlichen Brief aus der Heilstätte an den Bonner Dekan, von Institutsangelegenheiten ist die Rede und: »... leider bin ich auch diesmal wieder ... recht behindert, jetzt rein iatrogen; man hat mir eine Caustik gemacht, die bei grosser Ausdehnung der Pleurastränge recht eingreifend war.«[25] Zwei Tage später starb Gerhart Panning.

Obgleich nach der Übernahme Pannings in die Wehrmacht im Jahre 1938 ein Eintritt in die NSDAP ohnehin nicht mehr in Betracht kam, war Panning auch vorher nur einer Gliederung der Partei, dem NSKK, zugehörig. »Weltanschaulich steht er nicht erst seit seinem Übertritt zum Heer auf dem Boden des Nationalsozialismus«, heißt es in einer von Pannings Dienstvorgesetztem, dem Kommandeur der Lehrgruppe C der Militärärztlichen Akademie, Prof. Paul Schürmann, für die Habilitation Pannings gefertigten Beurteilung vom 16. Mai 1939.[26] Er bescheinigt ihm ansonsten eine »vorzügliche pathologisch-anatomische Ausbildung«, einen »ausgezeichneten Ruf« bei »den Wehrmachtsgerichten, in seinen Fachkreisen und bei den Pathologen, die ihn kennen«, er sei »immer hilfsbereit, bescheiden für seine Person, von idealistischer

Veranlagung«, bei allem, was er tue, spüre man »neben dem Eifer den tiefen wissenschaftlichen Ernst«.

Schürmann, der als ein ernsthafter Zeitzeuge gelten kann, dem von Rudolf Nissen ein »dezidierter politischer Antagonismus« bescheinigt wird,[27] hat über die Experimente, die Panning für eine Arbeit durchführte, die sich mit »Wirkungsform und Nachweis der sowjetischen Infanteriesprengmunition« beschäftigen sollte, nichts mehr erfahren. Er fiel schon am 2.7.1941 bei den Kämpfen um den Übergang über die Beresina bei Borissow/UdSSR.

Diese Experimente, die einen »Fall Panning« begründeten, sind in die Literatur über Naziverbrechen als ein sehr schlimmes Beispiel eingegangen und vielfach dargestellt worden. Alfred Streim (1932–1996), seit 1984 Leitender Oberstaatsanwalt und Leiter der zentralen Fahndungsstelle für NS-Verbrechen, hat die inhaltlichen Hintergründe eines von Helmut James Graf von Moltke[28] am 12. September 1941 an seine Ehefrau geschriebenen Briefes aufzuklären versucht. Der Jurist Graf v. Moltke, Sachverständiger für Völkerrecht beim OKW, schrieb damals an seine Ehefrau Freia: »... Gestern flatterte mir folgendes auf den Tisch. Ein Offizier meldete, es sei völkerrechtswidrig hergestellte Munition bei den Russen gefunden worden. Dum-Dum-Geschosse. Daß es sich wirklich um solche handelt, lasse sich durch das Zeugnis des Oberarztes P. beweisen; dieser habe in einem Großversuch die Munition bei Judenexekutionen verwandt: Dabei habe sich Folgendes herausgestellt: Bei Kopfschüssen reagiere das Geschoß so u. so, bei Bauchschüssen so u. so, bei Treffen der Gliedmaßen so u. so. Diese Ergebnisse lagen wissenschaftlich aufgearbeitet vor, so daß die Völkerrechtswidrigkeit einwandfrei nachzuweisen sei. Das ist doch ein Höhepunkt der Vertiertheit und Verkommenheit. Und man kann nichts machen. Ich hoffe aber, daß es doch möglich sein wird, eines Tages den meldenden Offizier und Herrn P. vor ein Gericht zu bekommen.«[29]

Der erhalten gebliebene Brief von Graf Moltke brachte mehr als 20 Jahre nach dem Ende der Naziherrschaft eine gerichtliche Untersuchung in Gang. Im Zusammenhang mit einem Verfahren gegen Angehörige des Sonderkommandos 4 a der Einsatzgruppe C, dem sog. Callsen-Prozeß, der 1968 vor dem Schwurgericht Darmstadt lief, wurde festgestellt, daß Panning, der – laut zitiertem Bericht über die Tätigkeit im Zeitraum 1940/41 – vom 24.6.bis 15.8.1941 zwecks Untersuchung von Geschoßwirkungen in den Ostraum kommandiert war, auch erbeutete sowjetische Infanteriemunition spezieller Art (Sprengmunition) zu untersuchen hatte. Dabei hätten ihm die üblichen Untersuchungsmethoden, d. h. Schußversuche auf unbelebte Ziele, nicht genügt. SS-Standartenführer Blobel, der Kommandeur des Sonderkommandos 4 a der Einsatzgruppe C, der mit der planmäßigen Vernichtung von Juden beschäftigt war, stellte Panning daraufhin eine mindestens 6 Personen umfassende Gruppe von nach politischen und rassischen Gesichtspunkten ausgesonderten sowjetischen Gefangenen und eine Gruppe ausgesuchter Schützen zur Verfügung.

»Der Versuch fand im August 1941 von Shitomir aus auf einem nahegelegen[en] friedhofähnlichen Gelände statt, auf dem sich ein kleines Haus, wohl eine Kapelle, befand, das wie ein Bahnwärterhäuschen aussah. Die Gefangenen mußten in der Nähe dieses Hauses in unterschiedlicher Entfernung von den Schützen stehen, knien oder sich hinlegen. Dr. P. bezeichnete den Schützen jeweils die Körperteile, auf die sie mit den von Dr. P. mitgebrachten russischen Gewehren und der russischen Explosivmunition zu schießen hatten. Die Opfer bekamen zunächst einen Schuß auf Arme, Beine oder Rumpf beigebracht, der sie nur verwunden sollte und durch den sie regelmäßig trotz der schrecklichen Wirkung des Geschosses noch nicht tödlich getroffen waren. Dann erst mit dem 2. oder 3. Schuß erfolgte der tödliche Schuß auf den Kopf des Opfers. Hierdurch und durch das Warten hinter dem Gebäude, in unmittelbarer Nähe der Exekutionsstätte, wo die Explosion der Schüsse und das Schreien und Stöhnen der nicht tödlich getroffenen Opfer zu hören waren, und durch den Anblick der verstümmelten Leichen der Vorgänger, die die Opfer auf ihrem Weg zur Exekution sehen konnten, erlitten sie besonders starke und nicht nur kurze Qualen, die nicht erforderlich waren, den Tod herbeizuführen. Die getöteten Gefangenen wurden in das Haus gebracht und ausschließlich von Dr. P. seziert ...« (Streim 1982, S. 89).

Nach Panning handelte es sich bei der untersuchten sowjetischen Munition um ein langes Spitzengeschoß vom üblichen sowjetischen Infanteriekaliber 7,62 mm mit roter Spitzenlackierung. Das Geschoß bestand aus einem Stahlmantel, der im spitzenwärtigen Drittel einen Brandsatz enthielt, an den sich eine Zündsprengkapsel anschloß. Der Bodenteil des Geschosses war mit einem Bleikern gefüllt. Dieser setzte sich nach vorn als Bleihemd fort. Das mittlere Geschoßdrittel enthielt, umgeben von diesem Bleihemd, einen Zündapparat. Dieser bestand aus einer Führungshilfe, einem Schlagbolzen und einem Sicherungsring. Durch eine locker aufgelegte Bodenplatte grenzte sich der Zündapparat vom Bleikern ab. Der federnde Sicherungsring fixierte den Schlagbolzen im Ruhezustand. Beim Auftreten des Geschosses auf den Zielwiderstand rutschte der Schlagbolzen in der Führungshülse nach vorn und löste durch Anstechen der Zündkapsel die Explosion des Geschosses aus. Der Sprengsatz bestand aus Knallquecksilber, Kaliumchlorat und Schwefelantinom, der Brandsatz enthielt eine Magnesium-Aluminium-Legierung, Kaliumperchlorat und Bariumnitrat. Die Explosion im getroffenen Körper führte zu einer schwarzgrauen Schmauchablagerung, aus Rückständen des Sprengsatzes bestehend, im Bereich einer ausgedehnten Wundhöhle, die mehr oder weniger nahe am Ausschuß gelegen sein bzw. ohne Wiederverengung in diesen übergehen konnte. Im Unterschied zu Dum-Dum-Geschossen war die Höhlenbildung nicht durch Bleiversprengungen im Wundfeld zu erklären, sondern allein durch den Druckstoß der Explosionsgase (Panning 1942).

Der von Panning in der Zeitschrift »Der Deutsche Militärarzt« publizierten Arbeit ist über das Zustandekommen der Untersuchungsergebnisse selbstverständlich nichts zu entnehmen, da ist lediglich von Schießversuchen auf Teile ausgeschlachteter Pferde und körperfremde Ziele die Rede ...

Die besprochene Publikation ist übrigens die letzte (25.) in einem von Panning aufgestellten »Verzeichnis der eigenen Veröffentlichungen«, das im Jahre 1942 endet.[30]

Zur Tätigkeit der Blutalkoholuntersuchungsstelle der Militärärztlichen Akademie

Die Blutalkoholuntersuchungsstelle der Militärärztlichen Akademie gehörte bis 1941 dem Institut für Allgemeine und Wehrhygiene der Akademie an und wurde dann dem Institut für wehrgerichtliche Medizin angegliedert.[31] Sie war zunächst im Jahre 1937 von Oberfeldarzt Dr. Dr. Wilhelm Hecksteden aufgebaut, dann von Oberstabsarzt Dr. med. Matzdorf [32] weitergeführt und ab 15.10.1941 von Unterarzt Dr. Oswald Huber übernommen worden. Hecksteden war ab 1. August 1940 als Leiter der hygienisch-bakteriologischen und Blutalkoholuntersuchungsstelle beim Militärbefehlshaber (Heeresgruppe D) in Paris tätig.

Bis Ende 1943 wurde die Einrichtung zentral für Blutalkoholuntersuchungen der Wehrmacht in Anspruch genommen. Ausnahmen bildeten nur die besetzten Westgebiete (Holland, Belgien, Frankreich), für welche die Blutalkoholuntersuchungsstelle Paris zuständig war. Die Berliner Stelle führte Untersuchungen für die Gebiete Dänemark, UdSSR, Jugoslawien, Norwegen, Finnland, Generalgouvernement (Di-

63

Blutalkohol-Untersuchungsstelle
der
Militärärztlichen Akademie
Institut für wehrgerichtliche Medizin
der Militärärztlichen Akademie

Berlin NW 40, den 24. März 1942.
Scharnhorststraße 35
Fernruf 41 65 71

Aktenzeichen: B 49 o   Tab. Nr. 14/42 geh.   **Geheim!**

Tagebuch-Nr.: B 447/42.

Betrifft: Blutalkoholbestimmung bei
Oberleutnant Horst N a u m a n n,
Pz.-Nr. L 0 9 5 7 0.

An
den T r u p p e n a r z t
Dienststelle
Feldpost-Nr. L 3 1 7 6 9
Luftgaupostamt Hamburg 1,

den Führer der Dienststelle
Feldpost-Nr. L 0 9 5 7 0
Luftgaupostamt Hamburg 1.

G u t a c h t e n

In der am 21.3.1942 um 21 Uhr entnommenen Blutprobe wurde ein Alkoholgehalt nach Widmark von 3,32 promille festgestellt. In Verbindung mit den gemachten Angaben läßt dieser Wert folgende Schlüsse zu:

Im Augenblick der Blutentnahme sowie überhaupt nach Beendigung des Alkoholgenusses befand sich Oberleutnant Naumann in Übereinstimmung mit dem klinischen Untersuchungsbefund in einem hochgradigen Alkoholrauschzustand.

In der am 22.3.1942 um 14,45 Uhr entnommenen Blutprobe wurde ein Alkoholgehalt nach Widmark von 3,03 promille festgestellt. Dieser Wert lässt in Verbindung mit den gemachten Angaben folgende Schlüsse zu:

Im Augenblick der Blutentnahme sowie überhaupt nach Beendigung des Alkoholgenusses befand sich Oberleutnant Naumann in Übereinstimmung mit dem klinischen Untersuchungsbefund gleichfalls in einem hochgradigen Alkoholrauschzustand. Er war daher weder am 21.3.1942 noch am 22.3.1942 nach dem Alkoholgenuss zum Dienst tauglich.

Hu

(Dr. H u b e r)
Unterarzt   Hu/Jo

Abb. 12: Gutachten zur Blutakloholbestimmung, durchgeführt an der Militärärztlichen Akademie

strikte Krakau, Warschau, Radom, Lublin, Lemberg), Rumänien, Griechenland und das Reichsgebiet durch.[33]

Den Tätigkeitsberichten der Blutalkoholuntersuchungsstelle über die Jahre 1938–1941 vom 3. Januar 1942 ist zu entnehmen, daß sowohl schriftliche Gutachten als auch mündliche erstellt bzw. vor Gericht abgegeben wurden. Die Mehrzahl entfiel dabei auf schriftliche Gutachten, die Zahl der Gutachten war beträchlich: Von 2 634 Gutachten im Jahre 1938 steigerte sich der Arbeitsumfang über 4 778 (1939) und 6 490 (1940) auf 7 541 schriftliche Gutachten im Jahre 1941.[34] 1942 wurden etwa 6 900 und 1943 insgesamt 4 527 Blutproben bearbeitet. 1939 wurde 74 mündliche Gutachten erstattet (1940 – 11; 1941 – 2). Die Hauptarbeit wurde dabei von nur einem Sanitätsoffizier, dem Leiter der Untersuchungsstelle, bewältigt.[35]

Im Heeres-Dienstvorschrifts-Blatt vom 28.9.1942 waren unter Nr. 718 Anweisungen zur Blutalkoholuntersuchung in der Wehrmacht aufgeführt. Dort wurde festgelegt:

»1. Die alsbaldige Entnahme der Blutproben ist notwendig bei dem Verdacht, daß ein Wehrmachtsangehöriger des der Wehrmachtgerichtsbarkeit unterworfenen Gefolges unter Alkoholeinwirkung eine strafbare Handlung begangen hat.

2. Die Entnahme wird von den in § 96 Abs. 3 MStGO. angeführten Dienststellen (Staatsanwaltschaften, Amtsgerichten, Behörden und Beamten des Polizei- und Sicherheitsdienstes und militärischen Vogesetzten) angeordnet, dies gilt für die Kriegsstrafverfahrensordnung (KStVO) sinngemäß. Ihren Weisungen ist Folge zu leisten. Militärische Vorgesetzte sind auch die Sanitätsoffiziere, soweit sie nach den Bestimmungen über das Rang- und Vorgesetztenverhältnis der Soldaten gegenüber dem Verdächtigen Vorgesetzteneigenschaft haben. Von den Polizeibeamten sind nur die als Hilfsbeamte der Staatsanwaltschaft tätigen zu einer Anordnung ermächtigt. Ihren Weisungen ist Folge zu leisten.

3. Zur Blutentnahme ist der Verdächtige dem nächsten Krankenrevier oder Lazarett zuzuführen. Die Blutentnahme nimmt ein Sanitätsoffizier oder Vertragsarzt vor. Die Entnahme hat mit Venülen, die Natriumfluorid enthalten, zu erfolgen. Anforderungen derartiger Venülen in den zuständigen Sanitätsparken, bei der Kriegsmarine bei den zuständigen Marinelazaretten oder Marinesanitätslagern.

4. Die Voraussetzungen, unter denen die Entnahme einer Blutprobe zulässig ist, sind in § 166 Abs. 1 und 2 MStGO. geregelt, während des Krieges gelten die Bestimmungen der §§ 42, 43 KStVO.

5. Die entnommenen Blutproben sind mit klinischem Befundbericht an die Militärärztliche Akademie, Blutalkoholuntersuchungsstelle, Berlin NW 40, Scharnhorststr. 35, und für die besetzten Gebiete im Westen an die Dienststelle Feldpostnummer 01366 einzusenden.

6. Blutentnahmen können auch durch einen nicht der Wehrmacht angehörenden beamteten Arzt vorgenommen werden, wenn der Zustand des zu Untersuchenden einen Transport in das nächste Krankenrevier (Lazarett) nicht gestattet oder ein Sanitätsoffizier nicht sofort erreichbar ist. In diesen Fällen ist die Blutprobe ebenfalls an die Militärärztliche Akademie bzw. Dienststelle FPNr. 03166 einzusenden.

7. Außer in den Fällen der Ziff. 1 ist gegenüber Soldaten die Blutentnahme zur Alkoholbestimmung stets auch dann zulässig, wenn etwaiger Alkoholeinfluß oder das Fehlen solchen Einflusses aus dienstlichen Gründen festgestellt werden muß ... «[36]

Mit der Verfügung Nr. 7960/42 des OKH vom 1.12.1943, die das Heeres-Verordnungsblatt 1936 – Teil B – ergänzte, wurden die chemischen Untersuchungsstellen der im Osten stationierten Heeresgruppen, soweit nicht durch Befehl des Heeresgruppenarztes der Beratende Gerichtsmediziner beauftragt wurde, sowie die chemischen Untersuchungsstellen in Oslo, Saloniki und die beim Oberbefehlshaber Süd in Italien mit der Durchführung von Blutalkoholuntersuchungen beauftragt. Für Blutalkoholuntersuchungen in den Wehrkreisen und in den übrigen Gebieten blieb die Blutalkoholuntersuchungsstelle der Militärärztlichen Akademie in Berlin zuständig. Sie war zugleich als Obergutachterstelle vorgesehen.[37]

Vorausgegangen war eine lange Diskussion über die Möglichkeit der Dezentralisierung von Blutalkoholuntersuchungen. Schon 1942 vertrat Panning in einer Stellungnahme für den Heeressanitätsinspektor vom 4. Mai die Auffassung, daß die labortechnische Blutalkoholbestimmung durch chemische Untersuchungsstellen zwar möglich sei, aber einige Gründe gegen eine solche Verfahrensweise sprächen. Die alleinige Feststellung des Alkoholwertes der Blutprobe sei nur ein erster Schritt für die Erarbeitung eines entsprechenden Gutachtens. Dieses könne jedoch nur von einem Arzt mit gerichtsärztlicher Ausbildung erstellt werden. In der erwähnten Stellungnahme hieß es weiter: »... Schon die bloße Rückrechnung von einem in der Probe gefundenen Alkoholwert auf den aktuellen, im Zeitpunkt des rechtserheblichen Vorganges bestandenen Alkoholgehalt des Blutes, kann dem Chemiker nicht überlassen werden. Die Rechnung darf nicht schematisch und routinemässig nach den geläufigen Formeln vorgenommen werden; sie muß vielmehr biologische und pathologische Voraussetzungen weitgehend einbeziehen, d. h., sie muß die wechselvollen Vorbedingungen der Resorption und des Abbaues des Alkohols unter Zugrundelegung der formblattmässig erfassten Tatsachen des Einzelfalles berücksichtigen. Auch die Anwendung des errechneten Alkoholwertes zur Beantwortung der gegebenen Rechtsfragen muß durch ärztliche Erfahrungen und Erwägungen geleitet werden. So ist, um häufig verwirklichte Beispiele zu wählen, die Beurteilung eines Alkoholwertes ganz verschieden zu handhaben, wenn es sich einmal um die Frage der Zurechnungsfähigkeit, wenn es sich das andere Mal um die Schuldfrage bei einem Verkehrsunfall handelt. Auch die Auswertung des durch das vorgeschriebene Formblatt ermittelten klinischen Befundes, einschließlich der krankhaften Veränderungen, ist ausschließlich Sache des Arztes. Hier kommen Gesichtspunkte in Betracht, die der Chemiker niemals in seiner Zuständigkeit wird einbeziehen wollen und dürfen, für die er auch keinesfalls als Sachverständiger vor Gericht auftreten kann ...« Auch eine Aufteilung der zwei Teile der Untersuchung – Blutalkoholbestimmung durch einen Chemiker oder Apotheker, Begutachtung durch den Gerichtsmediziner bzw. entsprechend vorgebildeten Arzt – stelle nur eine Notlösung dar. Zusätzlich gab er zu bedenken, daß es eigentlich unzulässig ist, daß sich ein Arzt auf fremde Werte stützt.[38]

Ein weiteres Problem sah Panning in der langen Transportdauer der Blutproben. So trafen beispielsweise aus vielen Gebieten im Sommer 1941 weit über die Hälfte der Blutproben zu spät ein. Panning sah die Lösung des Problems in der Schaffung von Untersuchungsnebenstellen. Auf Grund der zahlenmäßigen Verteilung der Einsendungen schlug er die Schaffung solcher Nebenstellen für den Südostraum und für den südlichen Teil der Ostfront in Bukarest, für den nördlichen Teil der Ostfront in Warschau vor.[39] Der Kriegsverlauf verhinderte dieses Vorhaben, so daß es 1943, um eine Beschleunigung der Verfahren zu erreichen, doch zur Einbeziehung von chemischen Untersuchungsstellen kam.[40] (s. Dok. 16) Zur Schulung der Leiter der chemischen Untersuchungsstellen wurden schließlich 1943 und 1944 Blutalkohountersuchungslehrgänge durchgeführt. Im Mai 1943 fand ein Fortbildungskurs im Institut für Wehrpharmazie und angewandte Chemie der Militärärztlichen Akademie statt. Panning schlug am 18.1.1943 dem Heeressanitätsinspektor vor, den praktischen Teil der Schulung in der Blutalkoholuntersuchungsstelle seines Instituts durchführen zu lassen. Diesem Vorschlag wurde stattgegeben, so daß er die praktischen Übungen des Kurses, welche vom 5. bis 10. Tag abgehalten wurden, selbst leitete. 1944 fand ein entsprechender 2. Lehrgang vom 8.2. bis 15.2.1944 in der Militärärztlichen Akademie statt. Daran nahmen 12 Apotheker, welche als Leiter der mit Blutalkoholuntersuchungen beauftragten chemischen Untersuchungsstellen eingesetzt waren, teil.

In den letzten Monaten des Krieges machten sich zunehmend Transportschwierigkeiten bemerkbar: Die Blutproben gingen oft erheblich verspätet und z. T. stark fäulnisverändert ein. Als Konsequenz erteilte die Sanitätsinspektion am 2.2.1945 der chemischen Untersuchungsstelle des Wehrkreisarztes I die Genehmigung, Blutalkoholuntersuchungen durchzuführen.[41] Ob nach der Kommandierung von Dr. Huber zum Stab des Oberbefehlshabers West in Paris am 15.1.1944 die Blutalkoholuntersuchungsstelle überhaupt noch von einem Sanitätsoffizier eigenständig geleitet wurde, ist fraglich.

Kapitel 14

Kriegseinsatz

Die allgemeine Entwicklung des Einsatzes von Gerichtsmedizinern im II. Weltkrieg

Zu Beginn des II. Weltkrieges erfolgte der Einsatz zur »Wehrmacht« einberufener Gerichtsmediziner – abgesehen von den wenigen, am Institut für wehrgerichtliche Medizin tätigen Ärzten – kaum fachspezifisch. So wurden z. B. für Professor Berthold Mueller folgende Funktionen angeführt: Truppenarzt – leitender Arzt einer Kriegsgefangenenweiterleitungsstelle, dort eingesetzt zur Bekämpfung einer Ruhrepidemie – medizinischer Sachbearbeiter am Wehrbezirkskommando seines zivilen Dienstsitzes Heidelberg – Leiter der pathologisch–anatomischen Untersuchungsstelle im Wehrkreis I (Königsberg) – Prosektor für eine Anzahl von Reservelazaretten in Königsberg und im Wehrkreis Ostpreußen (vgl. Fischer, Hubert, 1983, S. 22).

In seiner Antrittsvorlesung über »Die Aufgaben der gerichtlichen Medizin bei der Wehrmacht und im Kriege«, die Gerhart Panning anläßlich seiner Berufung an die Universität Bonn am 10. Februar 1943 in »der Alten Aula der Rhein. Friedrich-Wilhelms-Universität zu Bonn« hielt, hat sich Panning – »als aktiver Soldat mitten im Kriege« –

ausführlich mit der »Frage nach der wehrmedizinischen Aufgabe der Gerichtsmedizin« befaßt (vgl. Panning 1943, S. 1-20).

Die Aufgaben einer »wehrgerichtlichen Medizin« ergaben sich nach Panning »auch für den Friedensfall« aus den »Besonderheiten des Waffendienstes« mit einer »großen Zahl von Sachverhalten, die im zivilen Sektor ungewöhnlich sind« (ebenda, S. 7). Er führte als Beispiele gerichtsmedizinischer Tätigkeit Untersuchungen bei »Fliegerabsturz aus großer Höhe«, Fallschirmunfällen, Überfahrungen durch Panzer und andere Gleiskettenfahrzeuge, bei Unfällen im Reit- und Fahrdienst an, wobei meist »besondere wehrdienstliche Voraussetzungen« zu berücksichtigen seien. Auch Hitzschlag- und Ertrinkungstodesfälle wären zumeist Gegenstand gerichtlicher Aufklärung, mindestens seien in jedem Falle Fragen der Dienstaufsicht zu prüfen. Besonders bei derartigen Todesfällen gäbe es ebenso wie beim plötzlichen Tod aus unbekannter Ursache Überschneidungen mit den Aufgaben des Pathologen, was Anlaß zur Zusammenarbeit sein müsse. Als »zentralsten Gegenstand einer gerichtlichen Medizin in der Wehrmacht« nannte Panning die »Lehre vom Schuß« (ebenda, S. 9). Auch auf dem Gebiet der forensischen Psychiatrie könne die Wehrgerichtsmedizin, z. B. bei der Begutachtung Alkoholisierter, mitarbeiten (ebenda, S. 8 f.).

Abgesehen von solchen Sachverhalten, die fachliche »Sondererfahrungen« vermitteln könnten, lägen »die wesentlich kriegsgebundenen Fragen an die gerichtliche Medizin auf völkerrechtlichem Boden« (ebenda, S. 11), sie bestünden z. B. in der Aufklärung von »Greueln an Volkstumsminderheiten und an kriegsgefangenen Soldaten« (ebenda) und in der »Beurteilung illegaler Geschosse« (ebenda, S. 13) – dies nicht zuletzt zum Zwecke der Widerlegung von »Behauptungen der Feindpropaganda«. Andererseits hatte Panning in internen Ausarbeitungen z. B. für die Wehrmachtsrechtsabteilung wiederholt darauf hingewiesen, daß Fehlbeurteilungen bei der Begutachtung von Leichen durch gerichtsmedizinisch wenig ausgebildete Truppenärzte keineswegs selten sind und z. B. zur Schlußfolgerung »Verstümmelung« verleiten. So stellte er fest, daß

»· bei vermuteten Zertrümmerungen des Schädels oft die Möglichkeit der hydrodynamischen Schädelsprengung durch Gewehrschuß aus mäßiger Entfernung nicht bedacht wird,

· Rumpfwunden durch Schuß oft als Stichverletzungen mit Herausreißung von Organen verkannt werden,

· oft völlig unerwiesene Abtrennungen von Gliedmaßen als quälerische Handlungen festgestellt werden, die meist ursächlich auf Granatsplitterverletzungen zurückzuführen sind, weiterhin kommen angenommene Beschädigungen der Glieder durch Beschädigung der faulen Leichen beim Ausgraben zustande,

· berichtetes gewaltsames Ausstechen der Augen in Wahrheit auf Schußverletzungen, Fäulnis oder Madenfraß zurückzuführen ist sowie

· ermittelte Abtrennungen der Zunge und der Geschlechtsteile lediglich Folgen von Fäulnis oder Kampfverletzungen sind.

Infolge dieser Fehleinschätzungen kommt es zu unkorrekten Darstellungen in den Denkschriften der WUSt für Verletzungen des Völkerrechts.«[1]

Als Beispiel führte Panning an, daß in der Denkschrift »Kriegsverbrechen der russischen Wehrmacht 1941« das Abziehen der Haut der Hände nach Einwirkung kochenden Wassers, auch »russische Handschuhe« genannt, aufgeführt ist. Bei der Untersuchung entsprechender Präparate durch das Institut für wehrgerichtliche Medizin stellte Panning fest, daß ein Abkochen der Hände infolge eintretender Eiweißgerinnung zu einer festeren Haftung der Oberhautschichten und nicht etwa zu einer waschhautartigen Ablösbarkeit führt. Eine weitere Fehleinschätzung, die in der Denkschrift veröffentlicht wurde, bezeichnete man als »Sowjetstern«: Wie ein deutscher Truppenarzt berichtet hatte, werde toten deutschen Soldaten vom Kriegsgegner mit einem unbekannten Instrument ein fünfmarkstückgroßer Stern eingebrannt. Tatsächlich handelte es sich bei diesem Befund um eine Platzwunde infolge eines Schusses mit aufgesetzter Mündung der Waffe, also um einen sog. absoluten Nahschuß.

Die »Beratenden Gerichtsmediziner« und ihre spezifischen Aufgaben

Ab 1941 wurden dem Heeressanitätsinspekteur [2], den Heeresgruppenärzten, den Armeeärzten, den Wehrkreis- bzw. Korpsärzten, den entsprechenden höheren Kommandobehörden bei Marine und Luftwaffe und den leitenden Sanitätsoffizieren in den okkupierten Gebieten vermehrt hochqualifizierte Ärzte der verschiedenen Fachdisziplinen, meist Hochschullehrer, als »Beratende Ärzte« zugeordnet. Sie sollten die leitenden Sanitätsoffiziere der verschiedenen Kommandobehörden auf wissenschaftlichem und praktischem Gebiet beraten, waren diesen dienstlich unmittelbar unterstellt, gehörten jedoch nicht zum Stab, sondern waren z. B. Mitglieder der Armee-Sanitätsabteilungen (vgl. Seidler 1977, S. 48).

Die Funktion eines »Beratenden Gerichtsmediziners« beschränkte sich zunächst auf die Besetzung einer solchen Dienststelle beim Heeres-Sanitätsinspekteur. Gerhart Panning hat diese Funktion, in Personalunion mit der des Leiters des Instituts für wehrgerichtliche Medizin der Militärärztlichen Akademie, zum Zeitpunkt des Beginns des Krieges gegen die Sowjetunion übertragen bekommen. Im Tätigkeitsbericht des Instituts für den Zeitraum 1940/41 wird zu den Leistungen des »Beratenden« ausgeführt: »Geschoßbegutachtungen wurden in 20 Fällen für Heeres-Sanitätsinspektion und andere Dienststellen ausgeführt. Ferner wurden 180 Eingänge von Geschossen zur Verfügung: Heeresarzt 270/25050/40 vom 13.10.1940 bearbeitet. Vom 13.10. bis 20.10.41 wurde der Institutsleiter zusammen mit einer technischen Assistentin, einem Photographen und einem Sektionsgehilfen nach Belgrad kommandiert. Dort hatte er deutsche Soldatenleichen zu begutachten, welche von serbischen Partisanen getötet wurden. Panning sollte durch seine gerichtsmedizinischen Untersuchungen klären, ob die Leichen völkerrechtswidrig verstümmelt wurden. Die Begutachtung konnte auf Grund vorhandener Lichtbilder und truppenärztlicher Leichenschauberichte ohne Exhumierungen erfolgen. ... Es wurde im Berichtszeitraum je ein Verfügungsentwurf über den Einsatz gerichtlicher Mediziner im Heimatgebiet und in den Operationsgebieten angefertigt.«[3] Panning war in der Funktion »Beratender Gerichtsmediziner beim Heeres-Sanitätsinspekteur« – ebenso wie als Leiter des Instituts für wehrgerichtliche Medizin – bis zum Jahreswechsel 1943/44 tätig, Anfang 1944 übernahm Müller-Heß diese Aufgaben (vgl. Alex, S. 108).

Obgleich eine »Dienstanweisung für den Beratenden Gerichtsmediziner bei den Heeresgruppenärzten« erst 1942 geschaffen wurde,[4] sind Anregungen und Vorarbeiten für einen breiteren gerichtsärztlichen Einsatz im Kriege bereits in den beiden vorangegangenen Jahren nachweisbar.

So hatte Gerhard Buhtz schon in seinem Schreiben »An alle Fachvertreter« vom 23. Mai 1940 unter Punkt 6 von ersten Kontakten zum OKW berichtet (s. Dok. 3). Gerhart Panning war noch zu Zeiten, als Paul Schürmann neben seiner Tätigkeit an der Militärärztlichen Akademie auch »Beratender Pathologe des Heeres-Sanitätsinspekteurs« war, dem Auftrag nachgegangen, für die »Lehrgruppe C (Forschungsgruppe)« der Akademie Überlegungen zum »Einsatz gerichtlicher Mediziner in Operationsgebieten« anzustellen. Das uns vorliegende Schriftstück entstand offenbar im November des Jahres 1941 und enthält u. a. folgende allgemeine Zusammenfassung: »Der Einsatz gerichtlicher Mediziner im

Operationsgebiet erscheint ... einerseits aus rechtspolitischen Gründen als erforderlich; er ist andererseits geeignet, die wissenschaftliche Auswertung der Kriegserfahrungen in verschiedener Hinsicht zu erweitern und zu vertiefen.«[5] Hinsichtlich der »Durchführbarkeit des Einsatzes« wurde gesagt: »Die Heeresgruppe dürfte der Kapazität eines Gerichtsarztes sehr wohl entsprechen«, vorausgesetzt sei allerdings eine ausreichende Motorisierung. Personell wären für jede gerichtsmedizinische Dienststelle »ein Beratender Gerichtsmediziner, ein Hilfsarzt, eine technische Assistentin, ein Sektionsgehilfe« erforderlich.

Sehr konkret hieß es dann: »Zur Verfügung dürften nach dem Ergebnis einer mündlichen Besprechung mit dem Vorsitzenden der Deutschen Gesellschaft für Gerichtliche Medizin, Stabsarzt Prof. Dr. Mueller, vom 29.10.41, stehen: ... als Beratende: ...

1) Prof. Dr. Berthold Mueller, Stabsarzt. Ordinarius in Königsberg, z. Zt. Leiter der Pathologisch-anatomischen Untersuchungsstelle des Wehrkreises I.

2) Stabsarzt Prof. Dr. Gerhard Buhtz, Ordinarius in Breslau, z. Zt. im Osten eingesetzt.

3) Prof. Dr. Philipp Schneider, Stabsarzt, Ordinarius in Wien, z. Zt. im Osten eingesetzt.

4) Prof. Dr. Ferdinand v. Neureiter, Sonderführer, Ordinarius in Straßburg.

5) Prof. Dr. Kurt Böhmer, ohne Rang, Ordinarius in Düsseldorf.

6) Prof. Dr. Augustin Förster, Ass. Arzt, Ordinarius in Marburg (z. Zt. akademisch schwer zu vertreten).

7) Dozent Dr. Erich Fritz, Unterarzt, l. Assistent in München (bislang u. k., jetzt nach Arbeitsbeurlaubung des Ass. Arztes Dr. Camerer vielleicht loszulösen).

8) Dr. med. habil. Dr. phil. Kurt Wagner, Ass. Arzt, 1. Assistent in Frankfurt/M.

9) Dr. Waechter, Ass. Arzt, 1. Assistent in Jena, eingezogen und zur Zeit als Hilfsarzt beim Kriegslazarettpathologen 1/509 in Norwegen eingesetzt.

10) Doz. Dr. Günther Weyrich, Unterarzt, kommissarischer Direktor in Prag.

11) Dr. Werner Beck, Unterarzt, kommissarischer Institutsleiter in Krakau.

In Bezug auf Nr.10), U. A. Doz. Dr. Weyrich in Prag, wird man sich mit Rücksicht auf die Belange der Protektoratsuniversität und der zivilen Rechtspflege darauf beschränken müssen, ihn nebenamtlich die gerichtsärztlichen Funktionen für das Protektorat wahrnehmen zu lassen; auch Serbien sollte er notdürftig mitversorgen können, wogegen für Griechenland ein Einsatz als unmöglich erscheint.

Nr.11), Unterarzt Dr. Beck in Krakau kann gleichfalls nur nebenamtlich herangezogen werden.

Nr.9), Ass. Arzt Dr. Waechter, kann unter Änderung seiner Unterstellung Norwegen weiter bearbeiten, wie er nach Mitteilung des Beratenden Pathologen des H. S. Inspekteurs schon jetzt die anfallenden gerichtlichen Sektionen vorzugsweise ausführt.«

An »Hilfsärzten« wurden in dem Schriftstück genannt:

»1) Dr. Josef Posbischill, Unterarzt, Prag, zur Zeit Hilfsarzt beim Beratenden Pathologen des Wehrkreises I, Kommandierung zum Gerichtlich-medizinischen Institut der Militärärztlichen Akademie beantragt.

2) Dr. Gerhard Hansen, Ass. Arzt, Bonn, z. Zt. Hilfsarzt beim Berat. Pathol. im Wehrkreis II, im Res. Laz. Thorn angesetzt.

3) Dr. Oswald Huber, Unterarzt, Würzburg, z. Zt. Hilfsarzt in der Blutalkoholuntersuchungsstelle der M. A., bis zur Rückkehr des Leiters der Stelle, O.St.A. Dr. Matzdorff aus einem pathol.-anat. Kommando (Dezember 1941) unabkömmlich.

4) Dr. Camerer, Ass. Arzt, München, bislang Hilfsarzt bei einem Armeepathologen, z. Zt. arbeitsbeurlaubt – nur im Austausch mit Doz. Dr. Fritz einsetzbar.«

Nachdem Panning in dem für die Forschungsgruppe der Militärmedizinischen Akademie bestimmten Schriftstück auch »Vorschläge über die materielle Ausstattung« gemacht hat – sie beginnen eingedenk der Weite der Wege mit dem Satz: »Wichtigstes Erfordernis ist ausreichende Motorisierung« – formulierte er unter der Überschrift »Erfassung der Erfahrungsgüter durch die Militärärztliche Akademie«: »Alle Sektionsberichte, Gutachten, Lichtbilder und Präparate müssen unabhängig vom Dienstweg der Beratenden Pathologen den Sammelstellen der Militärärztlichen Akademie zugehen und dort zur Verfügung des Beratenden Gerichtsmediziners des Heeres-Sanitäts-Inspekteurs gesammelt werden.«

Im Laufe des 2. Halbjahres 1942 kam die Indienststellung Beratender Gerichtsmediziner und ihre Ausrüstung mit den notwendigsten Hilfsmitteln in Gang. Ihre Aufgaben können so beschrieben werden:

1. allgemeine gerichtsmedizinische Tätigkeit, insbesondere Obduktionen im Auftrage von Kriegsgerichten, meist in Fällen eines nichtnatürlichen Todes oder hinsichtlich der Todesart unklaren Todesfalles;

im Einzelfall auch spezielle Untersuchungen, z. B. zur alkoholischen Beeinflussung, zur Zurechnungsfähigkeit, spurenkundliche Untersuchungen usw.;

2. Begutachtungen in Fällen fraglicher Selbstbeschädigung oder Selbstverstümmelung;

3. Prüfung etwaiger völkerrechtswidriger Handlungen im Kriegsgebiet vom ärztlichen Standpunkt aus.

Gerhard Buhtz, der »gemäß Verfügung OKH Gen St R/Org. Abt.(II) No:9706/42 vom 24.11.42 ... für das Gebiet der Heeresgruppe Mitte als Beratender Gerichtsmediziner ... eingesetzt« wurde, hinterließ fachhistorisch interessante und detaillierte Mitteilungen über die Aufgaben beim »Einsatz eines Beratenden Gerichtsmediziners im Bereich der Heeresgruppe Mitte« (s. Dok. 17), über »Richtlinien für Sanitäts-Offiziere über Zuziehung des Beratenden Gerichtsmediziners« (s. Dok. 18) und über »Richtlinien für die Zusammenarbeit des Beratenden Gerichtsmediziners mit den pathologischen Anatomen im Heeresgruppenbereich« (s. Dok. 19). Ob das »Feldlaboratorium des Beratenden Gerichtsmediziners beim Heeresgruppenarzt der Heeresgruppe Mitte« – das sich anfangs in Smolensk/UdSSR befand – tatsächlich in der recht großzügigen Form, wie sie eine von Buhtz gefertigte graphische Darstellung ausweist, existierte, ist uns unbekannt. Von Seidler wird ganz allgemein festgestellt: »Die Einberufung von 5 Lehrstuhlinhabern für gerichtliche Medizin im Herbst 1942 zum Einsatz bei den Heeresgruppen an der Ostfront und die sofortige Zurverfügungstellung ihres Bedarfs an Hilfsmitteln (Mikroskop, Apothekerwaagen, Sektionsbestecke, Chemikalien usw.) machte der Heeressanitätsinspektion erhebliche Schwierigkeiten« (Seidler 1977, S. 50).

Trotz dieser Schwierigkeiten besaß im Jahre 1943 jede Heeresgruppe der am Krieg gegen die Sowjetunion beteiligten deutschen Armeen Beratende Gerichtsmediziner; es waren dies: für die Heeresgruppe Nord Oberstabsarzt Prof. Dr. Berthold Mueller, für die Heeresgruppe Mitte Stabsarzt Prof. Dr. Buhtz, für die Heeresgruppe B Prof. Dr. Jungmichel, für die Heeresgruppe Süd Dr. W. Müller, für die Heeresgruppe Don Dozent Dr. Elbel und für die Heeresgruppe A Medizinalrat Dr. Niedenthal (vgl. Fischer, Hubert, 1983, S. 23). Auch Prof. Dr. Ponsold war Beratender Gerichtsmediziner, zuständig für die Luftwaffe (vgl. Ponsold 1980, S. 72).

Eine stabile gerichtsärztliche Untersuchungstätigkeit hat es, der Entwicklung des Krieges und dem Verlauf der Fronten entsprechend, über einen längeren Zeitraum allerdings nur im Bereich der Heeresgruppe Nord, wo als »Beratender« Prof. Dr. Berthold Mueller und als »Hilfsarzt« Dr. Heinz Cortain tätig waren, gegeben.

Die Tätigkeit von Buhtz bei der Heeresgruppe Mitte übernahm nach dessen Tod ab Juli 1944 der »Beratende Armee-Pathologe« Prof. Dr. Paul Nordmann. Nordmann gab in einem »Geleitwort« zu Hubert Fischers Buch »Erfahrungen deutscher Pathologen im Kriege 1939–1945« seiner Freude Ausdruck, daß sein »pedantisch geführtes Kriegstagebuch in diesen Darstellungen Verwendung finden konnte«. Eintragungen, die auch die gerichtliche Medizin betreffen, finden sich in Fischers Buch besonders auf den Seiten 132/133:

»23.3.44: Prof. Nordmann fährt mit Prof. Buhtz von der Gerichtsmedizin von Moledetschno nach Wilna.

24.3.44: Prof. Nordmann ist bei einer Gerichtl. Sektion durch Prof. Buhtz in der Wilnaer Prosektur anwesend ...

29.6.44: Im Zuge der Räumung von Minsk wird das Gepäck der Gerichtsmedizin und des pathologischen Institutes in 1 1/2 Stunden auf der Rampe des Kriegslazaretts 2/609 in 2 Güterwagen geladen, die einem Lazarettzug angehängt wurden. Abfahrt des Lazarettzuges um 13 Uhr. Der Lazarettzug erreicht im Laufe der Nacht den Raum von Moledetschno. Die Patienten der gerichtlichen Medizin[6] werden in einem Güterzug, der eigens zu einem behelfsmäßigen Lazarettzug umgewandelt wurde, verladen und gehen um 23 Uhr von Minsk ab ...

30.6.44: Prof. Nordmann verläßt um 3.50 Uhr im Auto den Standort Minsk, erreicht 13.30 Uhr Moledetschno, wo das Grab von Prof. Buhtz aufgesucht wird. In seiner Begleitung befindet sich Dr. Kühn (gerichtsmedizinisches Institut Breslau, z. Zt. im Wehrmachtsgefolge). 21 Uhr Ankunft in Wilna.

Prof. Nordmann nimmt die Arbeit als Gerichtsmediziner auf. Durch die Abwesenheit von Prof. Buhtz seit 11.5. ist der Arbeitsanfall ungewöhnlich groß.

6.7.44: ... Grodno ... Stabsarzt Dr. Rebling seziert einen Autounfall ...

13.30 Uhr erteilt Generalstabsarzt Dr. Jeckel mündlich den Befehl zum Abtransport. Entbehrliches Gerät ist von unbedingt Notwendigem abzusondern. Um 18 Uhr wird als neuer Einsatzort für alle Laboratorien Litzmannstadt angegeben ...

7.7.44: Vorkommando der Laboratorien unter Führung von Stabsarzt Pollok nach Litzmannstadt ...

8.7.44: 13 Uhr Arbeitsschluß auf dem Gerichtlich-medizinischen

Institut. Verladen des Gerätes in Güterwagen des E-Transportzuges des Reservelazaretts Grodno ...

11.11.44: Prof. Nordmann hält für die Chefärzte des Wehrkreises XXI einen Vortrag über das Thema Chefarzt und Selbstverstümmlerproblem.

12.11.44: Gutachtertätigkeit bei der Gerichtsmedizin.

15.11.44: Übergabe der Geschäfte der gerichtsmedizinischen Abteilung an Oberstabsarzt der Luftwaffe d. R. Prof. Dr. Ponsold, Ordinarius für Gerichtsmedizin in Posen.«

Die personellen Verschiebungen und Einsatzgebiete der Gerichtsmediziner lassen sich besonders gegen Ende des Krieges nur schwer nachvollziehen. Prof. Dr. Jungmichel kam nach der Zerschlagung der Heeresgruppe B und nach dem Vorstoß der Roten Armee in die Ukraine nach Frankreich (vgl. Fischer, Hubert, 1983, S. 23). Stabsarzt Dr. Müller war später, d. h. im November 1944, in Krakau für die Heeresgruppe A als Beratender Gerichtsmediziner tätig und noch später, am 8. März 1945, als Oberstabsarzt in Königgrätz (Hradec Kralowe). Als Beratender Gerichtsmediziner beim Heeresgruppenarzt Nord arbeitete Heinz Cortain im Juni 1944 in Riga, vom Oktober bis 25. Februar 1945 sind seine Gutachten im »Feldlazarett 769 Libau« ausgefertigt.[8]

Nicht nur der wissenschaftlichen Fortbildung der Beratenden Fachärzte, sondern auch der »Überprüfung der in letzter Zeit erlassenen dienstlichen Hinweise und Anordnungen auf ärztlich-wissenschaftlichem Gebiet« dienten nach Handloser sog. Arbeitstagungen der Beratenden Fachärzte, an denen seit Ende 1942 auch eine »Fachgruppe Gerichtsmedizin« teilnahm. Neu an dieser »2. Arbeitstagung Ost der Beratenden Fachärzte« war auch, daß medizinische Vertreter aller drei Wehrmachtteile, der SS und Polizei, von Arbeitsdienst und Organisation Todt »beteiligt und vereinigt« waren. Die Tagung fand vom 30. November bis 3. Dezember 1942 in der Militärärztlichen Akademie Berlin statt, eine 200-Seiten-Broschüre dokumentierte Wesentliches.[8]

Bei den unter »XVI.« auf etwa 20 Seiten besprochenen »Verhandlungen der Fachgruppe Gerichtsmedizin« machten Müller-Heß und Gerhard Rommeney von der Militärärztlichen Akademie in einem gemeinsamen Vortrag Ausführungen »Zur militärärztlichen Begutachtung von Trunkenheitsdelikten« und stellten »Richtlinien für die militärärztliche Begutachtung von Trunkenheitsdelikten« vor (s. Dok. 20). Panning sprach »Über völkerrechtswidrige Geschosse« sowie »Zur Frage der Selbstbeschädigung« und Berthold Mueller über »Selbstverstümmelung durch Schuß und andere grobmechanische Einwirkungen«. Buhtz und Schneider vermittelten »Erfahrungen zur Einrichtung des gerichtsärztlichen Dienstes im Fronteinsatz« (z. B.: »... für Ostverhältnisse am besten Lkw«). Buhtz berichtete auch über »Die gerichtsärztliche Aufklärung sowjetischer Völkerrechtsverletzungen«, in einem thematisch ähnlichen Vortrag von seinem Breslauer Mitarbeiter Walter Specht unterstützt. Überlegungen und Festlegungen zur »Organisation des gerichtsärztlichen Dienstes im Operationsgebiet« und zur »Organisation des gerichtsärztlichen Dienstes in der Heimat« (mit »Bekanntgabe ... eines Vertrages ... über außergerichtliche Leichenöffnungen für die Wehrmacht ...«) vermittelte Panning den Teilnehmern. Auch ein »Merkblatt der Heeressanitätsinspektion über die Erkennung von Selbstverstümmelungen vom 6.11.1942« (s. Dok. 21) wurde diskutiert.

Über die »3. Arbeitstagung Ost der Beratenden Fachärzte vom 24.–26. Mai 1943 in der Militärärztlichen Akademie« Berlin wird berichtet: »Die Fachgruppe Gerichtliche Medizin steht bei der Wehrmacht noch im Aufbau und Ausbau. ... [es] waren die gegebenen Richtlinien, die Dienstanweisung für die beratenden Gerichtsmediziner und das Merkblatt zur Erkennung von Selbstverstümmelungen, die schon der vorigen Tagung zugrunde lagen, am Maßstab der seitherigen Erfahrungen nachzuprüfen. In diesem Sinne wurden die Erfahrungsberichte der beiden ersten, im Operationsgebiet eingesetzten Gerichtsmediziner, Oberstabsarzt Prof. Mueller und Stabsarzt Prof. Buhtz, eingehend erörtert. Es ergab sich, daß der Einsatz gerichtlicher Mediziner nicht nur von der Wehrmachtrechtspflege, sondern auch von den Sanitätsdienststellen und insbesondere von den mit der einschlägigen Arbeit bislang hauptsächlich belasteten Pathologen lebhaft begrüßt worden ist. Die Abgrenzung der Tätigkeit, vor allem gegen die des Pathologen, hat sich gut angelassen. ... Zur weiteren Einsatzplanung war ... aus dem Kreise der überhaupt vorhandenen gerichtlichen Mediziner die zur Besetzung der Planstellen notwendige Zahl zu benennen. Dabei waren große Schwierigkeiten zu überwinden, da die Belange der akademischen Arbeit und der Sachverständigentätigkeit im zivilen Sektor in jedem Einzelfalle berücksichtigt werden mußten.« Die Themen der einzelnen Vorträge, die in der Fachgruppe auf der 3. Arbeitstagung gehalten wurden, ähnelten denen der vorangegangenen Tagung.

»Die Erfordernisse des 5. Kriegsjahres nehmen verständlicherweise gestaltenden Einfluß auf das Tagungsprogramm«, formulierte Heeressanitätsinspekteur Prof. Handloser im Vorwort zum »Bericht über die 4. Arbeitstagung der Beratenden Ärzte vom 16. bis 18. Mai 1944 im

SS-Lazarett Hohenlychen«.[10] Die auf 18 Seiten referierten Vorträge, die in der Fachgruppe Gerichtsmedizin gehalten wurden, sind schon allein durch ihre Überschriften ein bezeichnender Hinweis darauf, daß der Krieg längst nicht mehr nur an den Fronten Hunderttausende Opfer forderte, sondern – und dies noch vor den verheerenden angloamerikanischen Bombenangriffen im Sommer 1944 und vor dem Inferno von Dresden – auch in der »Heimat« grauenvolle Wirklichkeit geworden war. Die Vortragsthemen: »Hitzetod und Verbrennungstod« (Büttner), »Hitzetod« (Ponsold), »Hitzewirkung auf die Atemwege« (Förster), »Einwirkung des Feuersturmes auf den menschlichen Körper« (Kraefft), »Der Staubtod« (Desaga), »Die Ursachen der tödlichen CO-Vergiftungen bei Soldaten« (Lauche), »Über Kohlenoxydvergiftungen« (Buhtz), »Kohlenoxydnachweis« (Breitenecker), »Selbstverstümmelungen« (Mueller), »Krankheitsvortäuschungen« (Baader), »Psychiatrische Begutachtung bei Selbstverstümmelungen« (Baeyer), »Über forensisch-toxikologische Fragen allgemeiner und spezieller Art« (Timm).

Eine 5. Arbeitstagung war für den Zeitraum nach Ostern 1945 in Prag geplant. Es sollten nur Themen, die zum aktuellen Kriegsgeschehen Bezug hatten, im Rahmen einer Plenarsitzung besprochen werden: »Neue Ergebnisse der Wundinfektion« und »Leistungssteigerung«. Eine vorbereitende Besprechung fand am 13.1.1945 unter Leitung von Oberstarzt Prof. Dr. Hellmuth Deist statt. Die sich rapide verschlechternde militärische Situation in den folgenden Monaten beendete auch die Planungen für die Tagung.[11]

Selbstverstümmelungen und Selbstbeschädigungen – der Arzt als Richter?

Das Problem »Selbstverstümmelung im Kriege« hatte während der ersten Jahre des II. Weltkrieges in der deutschen Wehrmacht zunächst eine geringere Bedeutung als im I. Weltkrieg. Die vierteljährliche Kriegskriminalstatistik wies den Tatbestand der Selbstverstümmelungen bis April 1942 nicht einmal gesondert aus. Das Delikt wurde als »Zersetzung der Wehrkraft« zusammen mit anderen Verstößen gegen § 5 der Kriegssonderstrafrechtsverordnung (KSSVO) registriert.[12] Von den vorzugsweise mit der Todesstrafe bedrohten Handlungen – Fahnenflucht, Feigheit und Wehrkraftzersetzung – hatte die Wehrkraftzersetzung insgesamt im Zeitraum von Juli 1941 bis März 1942 lediglich einen Anteil von 12 % (vgl. Hennicke 1965, S. 717).

Die Niederlagen der deutschen Kriegsmaschinerie in den folgenden Jahren führten zu einem wachsenden Justizterror in der Wehrmacht, die Anzahl der Todesurteile stieg rapide an. Seidler teilt mit, daß im II. Weltkrieg etwa 23 000 Soldaten wegen Wehrkraftzersetzung verurteilt worden sind, und rechnet hoch, daß wegen Selbstverstümmelung etwa 6 200 Soldaten mit dem Tode bestraft wurden (vgl. Seidler 1977, S. 235). Eigene archivalische Auswertungen ergaben, daß z. B. durch das »Gericht der 52. Sich. Division« allein innerhalb eines reichlichen Monats (zwischen 11.11.1944 und 16.12.1944) vier Todesurteile wegen Selbstverstümmelung ausgesprochen und am 28. Dezember 1944 vollstreckt wurden – unter den Verurteilten fand sich auch ein Hauptmann. Seidler führt folgendes Beispiel an: »In der Zeit vom 1.8.1942 bis 31.3.1943 wurden bei der 16. Armee 146 Soldaten der Selbstverstümmelung beschuldigt, von denen 111 Fälle gerichtsmedizinisch überprüft wurden. 66 von ihnen wurden wegen des Verbrechens verurteilt, davon 32 zum Tode. Im gleichen Zeitraum kamen beim AOK 1 899 Soldaten unter Anklage, 88 wurden gerichtsmedizinisch überprüft und 48 verurteilt, davon 40 zum Tode.« (Ebenda, S. 264.)

»Gerichtsmedizinisch überprüft« kann nach allem, was darüber in Erfahrung gebracht werden kann, in diesem Zusammenhang nur bedeuten, daß gerichtsmedizinische Untersuchungspraktiken meist durch Truppen- und Lazarettärzte angewendet wurden. Theoretische Anleitung boten dabei in erster Linie »Merkblätter« (s. Dok. 21) und anderes schriftliches Material. Daneben haben ab Ende 1942 die wenigen »Beratenden Gerichtsmediziner« zahlreiche derartige Untersuchungen durchgeführt (s. Dok. 22); auch die weiter in der Heimat tätigen Gerichtsmediziner wurden damit betraut.

Für eine Auswertung (vgl. Herber 1988) standen 167 durch archivalische Unterlagen im ehemaligen Militärarchiv der DDR dokumentierte Vorkommnisse innerhalb der nazistischen Wehrmacht zur Verfügung, in denen eine Selbstverstümmelung angenommen wurde. Während aus den Jahren 1938 bis 1941 lediglich fünf auf Selbstverstümmelung verdächtige Fälle vorlagen, waren aus dem Jahre 1942 bereits 13, 1943 34, 1944 78 und im folgenden Jahr bis zum Kriegsende nochmals 26 Fälle vorhanden (in 11 Fällen fehlten entsprechende Angaben). Mehr als ein Viertel der Beschuldigten, nämlich 45 Personen, waren bis 20 Jahre, 38 weitere zwischen 21 und 25 Jahre alt. Diese Zahlen belegen in Übereinstimmung mit Seidler die starke Beteiligung vorwiegend sehr junger, unerfahrener Soldaten an Selbstverstümmelungen (vgl. Seidler 1977, S. 264).

Erwartungsgemäß dominierte auch in unserem Untersuchungsgut die Anwendung von Schußwaffen, gefolgt von Schädigungen, die als durch Sprengkörper entstanden ausgegeben wurden. Bei den 109 auf Selbstbeibringung verdächtigen Schußverletzungen war 55mal die linke Hand betroffen, 14mal der linke Unter- und fünfmal der linke Oberarm, acht Schußverletzungen betrafen den linken Fuß; nur in 17 Fällen war eine Schußverletzung der rechten Körperseite auf eine Selbstverstümmelung verdächtig. Von sechs Verbrühungen fanden sich vier bei Soldaten, die aus Elsaß-Lothringen zur deutschen Wehrmacht verpflichtet worden waren; diese Verletzungen entstanden meist bei Fronturlauben im häuslichen Milieu, was den besonderen Argwohn der Militärjustizbehörden gegenüber »Elsässern« wachrief. Gleiches traf für zwei Knochenbrüche zu. Die Verzögerung der Heilung von Wunden, Schädigungen der Augen und einige andere seltenere Einwirkungen deuten fließende Übergänge zwischen Selbstverstümmelung und Selbstbeschädigung an.

Ebenso wie das nazistische Deutschland selbst haben auch dessen Kriegsgegner Mittel der Propaganda eingesetzt, um Soldaten der Gegenseite über Möglichkeiten der Selbstbeibringung von körperlichen Schäden, die einen Frontdienst zumindest zeitweise unmöglich machten, zu informieren. »Simulationspropaganda« wurde von deutscher Seite gegen die Rote Armee angewandt, und Sefton Delmer[13] versuchte von anglo-amerikanischer Seite dem kampfunwilligen deutschen Soldaten konkrete Hinweise zu geben, wie er den Schrecken der vordersten Linien durch »Flucht in die Krankheit« entrinnen könne: »Dr. med. Wohltat, Krankheit rettet« hieß die bekannteste, als Reclam-Bändchen getarnte Broschüre (vgl. Buchbender und Schuh 1976, S. 133).

Bei der Begutachtung der 167 Fälle wurden in insgesamt 40 Vorkommnissen nachweisbar Gerichtsmediziner tätig, in den meisten anderen Fällen war das mehr oder weniger sorgfältige Gutachten von klinisch tätigen Ärzten bzw. Pathologen erstattet worden. Insgesamt wurden – neben teilweise hohen Zuchthausstrafen – in 20 Fällen Todesurteile ausgesprochen, von denen aktenkundlich acht vollstreckt wurden. In anderen Fällen einer derartigen Verurteilung erfolgte die Aussetzung der Vollstreckung zur »Bewährung an der Front«; einigen Verurteilten bzw. Beschuldigten gelang die Flucht.

Ärztliche Gutachten haben folglich insbesondere bei der Beurteilung von Selbstverstümmelungsvorkommnissen gegen Ende des II. Weltkrieges oftmals eine sehr schwerwiegende Rolle gespielt: Sie entschieden über Leben oder Tod meist junger Menschen, denen der Krieg zuwider war und die ihr eigenes Leben auch über den Umweg einer möglichen schwerwiegenden Beeinträchtigung durch körperliche Schadenzufügung zu erhalten versuchten. Aber selbst im »letzten Aufgebot«, den »Volks-Grenadier-Divisionen«, die oft nur aus Männern im gereiften Alter und aus Heranwachsenden bestanden, waren politische und militärische »Führer« der Ansicht, »dass jeder sein Leben verwirkt, der nur versucht, sich durch Selbstverstümmelung dem Wehrdienst zu entziehen« und daß »wegen Selbstverstümmelung gefällte Urteile in geeigneter Form für den erzieherischen Unterricht auszuwerten« seien.

Der gerichtliche Mediziner, durch die Eigenart seiner Arbeit zu Objektivität und sachlichem Urteil aufgefordert, mag, wie andere Mediziner bei gleichen Anforderungen, mitunter von Gewissensbissen über das Schicksal seiner Begutachtungsobjekte geplagt gewesen sein. Doch an Belegen, die eine solche Hoffnung beweisen würden, und dafür, daß derartige Soldatenschicksale in vitale Richtung dirigiert worden wären, mangelt es in den Archiven. Der Chirurg Werner Forßmann[14] schildert sein eigenes Verhalten wie folgt: »Unter der Belastung des ersten Winterfeldzuges im Osten häuften sich ... Versuche, mit einem Heimatschuß von der Front fortzukommen. Deshalb wurden die Sanitätseinheiten angewiesen, bei der Versorgung aller auf Selbstverstümmelung deutenden Wunden Gewebsproben zu entnehmen und sie ... an das gerichtsmedizinische Institut zu schicken. Ich hatte diesen Nachweis nie notwendig, denn die seelisch zerbrochenen Männer gaben mir regelmäßig ihre Tat sofort zu und vergingen vor Angst vor den kriegsgerichtlichen Folgen. Ich habe diese Geständnisse bewußt überhört und ihre Wunden versorgt. Selbstverständlich wurde die befohlene Gewebsprobe eingeschickt, sie stammte aber stets von einem anderen unverdächtigen Verwundeten.« (Forßmann 1972, S. 218.)

In der Heimat wurde aus einem Fall der vermuteten Selbstverstümmelung sogar eine Dissertation gefertigt. Unter dem stilistisch merkwürdigen Titel »Über Selbstbeschädigungen insbesondere derer durch schlagende Werkzeuge« verfaßte 1943 in Göttingen Werner Odemar eine solche Arbeit, die, trotz 91 Seiten Umfanges, im wesentlichen folgenden Kasus zum Inhalt hat: Ein der Selbstverstümmelung beschuldigter junger Mann will sich am Vorabend seiner Einberufung mit einem Rübenhackmesser, das er mit der linken Hand führte, beim Schlachten einer Gans Zeige- und Mittelfinger der rechten Hand proximal des Mittelgelenkes abgeschlagen haben.

Der Gerichtsmediziner Prof. Dr. Jungmichel bejahte in der Verhandlung das Vorliegen einer Selbstbeschädigung, der zugezogene chirurgische Sachverständige konnte und mochte einen Unfall nicht ausschließen. Urteil nach dreitägiger Verhandlung: 4 Jahre Zuchthaus gemäß § 5 Ziff. 5 KSSVO. In der Urteilsbegründung hieß es: »Der Angeklagte ist der Selbstverstümmelung mit dem Zwecke, sich zeitweise der Erfüllung der Wehrdienstpflicht zu entziehen, schuldig und war auf Grund des § 5 Nr. 3 der Kriegssonderstrafrechtsverordnung zu beurteilen. Seine Tat ist eines der schwersten Verbrechen im Kriege, und sie wird auch nicht dadurch gemildert, daß der Angeklagte, der in seinem unreifen und ungefestigten Wesen, in Gefühlsübersteigerungen sich die fehlende Sicherheit zu geben sucht, sich mit den Gedanken an die Tat nicht etwa schon längere Zeit getragen hat und nicht mit kaltblütiger Überlegung den Entschluß dazu gefaßt hat. Endlich hat die Tat des Angeklagten, mag es ihm selbst auch nicht bewußt gewesen sein, in ihren Folgen nur zu einer unbedeutenden wehrmäßigen Beeinträchtigung geführt. Auf Grund eines alten ererbten Nierenleidens wäre er nur g. v. f. gewesen und durch den Verlust der beiden Finger hat sich nur insofern etwas geändert, daß er jetzt für den Gebrauch von Handfeuerwaffen nicht mehr in Frage kommt. Aus all diesen Gründen konnte die Tat als ein minder schwerer Fall gewertet und eine ausreichende Sühne bereits in der erkannten Strafe von 4 Jahren Zuchthaus gesehen werden« (S. 74).

Einige Zeit später wurde vom Oberreichsanwalt Nichtigkeitsbeschwerde eingelegt, der Fall wurde an ein Sondergericht verwiesen. In der erneuten Verhandlung konnte der gerichtsmedizinische Sachverständige sein Gutachten, nunmehr offenbar untermauert durch die von Doktorand Odemar durchgeführten Versuche mittels eines selbstgebauten guillotineähnlichen Fallbeils und unter Berechnung der geleisteten Arbeit bei Berücksichtigung des Winkels des Messers, vortragen: »Zwischen zwei Haltestäben läuft ein Kasten, an dessen unterem Ende das eigentliche Hackmesser sitzt. Bei den hier aufgeführten Versuchen benutzten wir das Tatmesser des B. So hatte unser Messer eine Schneidenlänge von 26 cm und einschließlich des Kastens ein Gewicht von 10 kg. Von der Guillotine unterscheidet sich unser Apparat dadurch, daß bei uns das Messer auf den Hackklotz aufschlägt, während es ja bei der Guillotine am Klotz vorbeischlägt. ... Um nun experimentell zu bestimmen, welche Kraft man beim Abtrennen von Gliedern aufwenden muss, führten wir 106 Versuche an frischen Leichen oder an Extremitäten, die amputiert worden waren, aus. ... Bei diesen Versuchen konnten wir die Feststellung machen, daß ein glattes Abtrennen von Teilen der Glieder nur dann möglich ist, wenn diese auf einer festen Unterlage aufliegen. Vor allem können glatte Knochendurchtrennungen nur dann gefunden werden, wenn die Finger, die Hand oder dergleichen, fest aufliegen« (S. 75 ff.). Durch Odemars Versuche wurde auch die nicht allzu schwer vorstellbare Tatsache erhärtet, daß, wenn der Schlag direkt durch den Gelenkspalt geführt wird, weniger »Arbeit« (im physikalischen Sinne) nötig ist als beim Schlag direkt auf den Knochen oder evtl. schräg auf das Gelenkende ...

In der Dissertation »beeindrucken« überdies Details der Schilderung dieser Rekonstruktion durch Lebensechtheit und strengen Realitätsbezug: »Leider war es uns nicht möglich, unsere Versuche dahingehend zu ergänzen, daß wir nachprüften, wieviel Arbeit man aufbringen muß, um einer Gans den Hals zu durchtrennen, da uns Gänse nicht in genügender Anzahl zur Verfügung standen. Der Versuch wäre bei gegebener Zeit noch nachzuholen.« (S. 85.)

Ergebnis der erneuten Verhandlung: Todesurteil. Ein Triumph für den Sachverständigen?

Kapitel 15

Sonderproblem: Völkerrechtsverletzungen

Es steht außer Frage, daß vom NS-Staat, beginnend mit der Besetzung des Sudetenlandes bis zur millionenfachen Vernichtung von Menschen in Kriegsgefangenen- und Konzentrationslagern, Völkerrecht unendlich viele Male mißachtet und gebrochen wurde. Ein kleiner Teil dieser Verbrechen bildete einen Gegenstand der Nürnberger Prozesse.

Andererseits hat auch die deutsche Seite während des II. Weltkrieges Anlaß gesucht und gefunden, völkerrechtswidrige Handlungen des Gegners zu untersuchen und propagandistisch zu verwerten. Als Nachfolgestelle der bereits im Ersten Weltkrieg tätigen Militäruntersuchungsstelle für Verletzungen des Kriegsrechts im Preußischen Kriegsministerium entstand am 4.9.1939 die Wehrmacht-Untersuchungsstelle für Verletzungen des Völkerrechts.[1] Leiter der mit »WUSt« üblicherweise abgekürzten Dienststelle war der Berliner Rechtsanwalt und Notar Johannes Goldsche (gest. 1953), ihre Postadresse war die des Reichskriegsministeriums in Berlin. Die WUSt war weder eine Staatsanwaltschaft mit der Zuständigkeit, Anklagen bei Verletzungen des Kriegsrechts zu erheben, noch ein Amt für auswärtige Angelegenheiten mit dem Recht, Weißbücher zu veröffentlichen. Sie war lediglich damit betraut, Material über Völkerrechtsverletzungen zu sammeln und diese Dokumente NS-staatlichen Instanzen zur Verfügung zu stellen. Insofern hatte die WUSt auch Kontakte zu gerichtsmedizinischen Experten wie Buhtz, Panning, Schrader und anderen. Andererseits hatten die Gerichtsmediziner eigentlich nur dann mit der Untersuchung von Völkerrechtsverletzungen zu tun, wenn es sich um Vorkommnisse handelte, die von vornherein der Gegenseite anzulasten waren.

»Polnische Greueltaten ...«

»Um Vergleichsmaßstäbe für das zu finden, was sich im Spätherbst 1939 und im darauffolgenden Winter im besetzten Polen und zumal in seinen westlichen Gebieten ereignete«, schreibt Broszat (1961, S. 38), müsse man »schon an die März- und Aprilwochen des Frühjahrs 1933 zurückdenken, an den Terror der SA und SS ... an die Prügelstätten und die »wilden« Konzentrationslager. ... Wie 1933 spielte sich die ... Schaffung neuer Tatsachen auch in Polen als ein gleichzeitig gelenktes und ungezügeltes Geschehen, als Gemisch von organisierter Aktion und freier Willkür ab.« Nach unvollständigen Angaben wurden bereits im September 1939 bei etwa 800 Massenmordaktionen mehr als 18 000 Polen getötet (vgl. Tuszynski und Tarnogrodzki 1980, S. 24). Aus dem okkupierten Land gelangte in jenen Monaten allerdings nur die Kunde über die »polnischen Septembermorde« nach Deutschland ...

Dabei handelte es sich um etwa 4 000 bis 5 000 »Volksdeutsche«, die vor allem in Westpreußen ansässig gewesen waren und auf die sich in den Tagen nach dem Kriegsausbruch Zorn und Haß der über den Überfall mit Recht erbitterten Polen vielfach blindlings entladen hatte. Es war zu Festnahmen und Internierungen von »Hitleristen« und Verdächtigen gekommen, die z. T. ins Landesinnere deportiert wurden und dann in das Chaos des Rückzuges der polnischen Truppen gerieten, wobei Hunderte von Internierten auf den Landstraßen umkamen, z. T. auch erschossen wurden. In Bromberg – der deutsche Bevölkerungsanteil betrug 1931 etwa 16 %[2] – und anderen Orten, in denen Deutsche wohnten, hatten Vergeltungsmaßnahmen wegen angeblicher Spionagetätigkeit, Beschießung polnischer Militärverbände usw. zahlreiche Opfer unter der deutschsprachigen Bevölkerung gefordert.

»Die Todesopfer der Volksdeutschen aus den Geiselzügen im Warthegau«[3] untersuchte Wilhelm Hallermann. Seine Aufgabe war es, »in dem weiten westpolnischen Raum, im Warthegau und den angrenzenden Gebieten einen Teil der unendlich zahlreichen Gräber, Scharrstellen und großen Leichensammelgruben aufzudecken und gleichzeitig zu versuchen festzustellen, wie die betreffenden Volksdeutschen zu Tode gekommen waren«. Hallermann besichtigte etwa 100 Leichen, einige obduzierte er: Kopf- und Brustschüsse, oft ausgeführt »mit rasanten Waffen, d. h. mit einem Militärgewehr«, waren meist die Todesursache (Hallermann 1941).

Über den »Bromberger Blutsonntag« berichtete Gerhart Panning, der in der Zeit vom 21. September bis 6. Dezember 1939 133 Sektionen und 11 Leichenbesichtigungen durchgeführt hatte (vgl. Panning 1941). Seinen Vortrag, den er auf der 29. Tagung der Gesellschaft für gerichtliche Medizin in Innsbruck hielt, leitete er mit den Worten ein: »Als im September des vergangenen Jahres [den] herrlichen Nachrichten über das siegreiche Vorgehen unserer Truppen zunehmend erschütternde Mitteilungen über Morde und Quälereien an unseren volksdeutschen Brüdern sich beimischten, als insbesondere jener furchtbare 3. September, der Bromberger Blutsonntag, bekannt wurde, da hat wohl jeder Fachgenosse selbst über die Reichsgrenzen hinaus die Notwendigkeit empfunden, daß diesen Dingen auf den Grund gegangen werde.«

Neben der Identifizierung der exhumierten Leichen und dem Nachweis, daß es sich um deutsche Opfer handelte, sowie der Feststellung der Todesursache bestand seine Aufgabe darin, etwas über die Tatwaffen und die Art ihrer Anwendung auszusagen. Panning fand, daß neben anderen Gewalteinwirkungen besonders Schußverletzungen, meist durch Militärgewehre verursacht, als Todesursache anzusehen waren und daß unter den Opfern nicht wenige Kinder und Frauen waren. Allgemeines Ziel seiner Untersuchungen war, »für Mit- und Nachwelt klare, fachlich einwandfrei geprüfte Tatsachen sicherzustellen, Tatsachen, die in der Folgezeit ihren ersten Niederschlag in dem amtlichen Dokumentenwerk des Auswärtigen Amtes gefunden haben« (ebenda, S. 7 f.).

Das »Dokumentenwerk« erschien 1940 unter dem Titel »Die polnischen Greueltaten an den Volksdeutschen in Polen« in der Bearbeitung von Hans Schadewaldt. Ein Teil der bei den Untersuchungen reichlich asservierten Präparate, Dokumente, Fotos und anderen Belege wurden im Rahmen einer »Schausammlung« auf der Innsbrucker »Kriegstagung« (s. Kap. 3) gezeigt. Sie sollten für eine später propagandistisch aufzubereitende Dauerausstellung genutzt werden. Doch waren dafür die Umstände nicht günstig, Panning berichtete Ende 1941 in einem Antrag auf räumliche Erweiterung seines Institutes: »Die Arbeiten zur Aufklärung von Völkerrechtsverletzungen im polnischen Raum (1939/40) konnten glücklicherweise außerhalb Berlins erledigt werden, in beschlagnahmten Instituten, die sowohl in Bromberg als auch in Posen ungleich bessere Arbeitsbedingungen boten als die eigenen Berliner Institutsräume. Die völkerrechtliche Auswertung in Form wissenschaftlicher Arbeiten und Herstellung einer umfangreichen Sammlung von Beweispräparaten und Lichtbildern wurde unter größten Schwierigkeiten und unter Inanspruchnahme von räumlicher Unterstützung seitens des Reichspolizeikriminalamtes und des Pathologischen Institutes der Militärärztlichen Akademie durchgeführt. Eine übersichtliche Dauerausstellung der Beweispräparate ist ganz unmöglich. Die Schausammlung, die in der Militärärztlichen Akademie nur magazinmäßig in Schränken des Pathologischen Institutes untergebracht werden könnte, ist noch im Leihbesitz des Reichspolizeikriminalamtes belassen und wird dort bei jeder Führung mit großem propagandistischem Erfolg gezeigt. Die zugehörigen Bildmappen und schriftlichen Belegstücke sind praktisch unzugänglich in dem einzigen Schrank des Institutes gestapelt, den sie mit Asservaten, Sonderdrucksammlung, Munitionsproben, Geschoßsammlung und Apparaturen teilen müssen.«[4]

Die in Bromberg gewonnenen Erkenntnisse nutzte Panning später für weitere drei Publikationen. Die Studie »Über den Nachweis der Wirkung von Kriegsfeuerwaffen an den volksdeutschen Mordopfern in Polen« beschrieb die Wundbefunde und -lokalisationen an den Opfern; Panning kam zu der Ansicht, daß es sich nicht um standrechtliche Erschießungen, sondern um eher »wilde« Schußbeibringungen gehandelt habe. Die Arbeit »Puderung als Hilfsmittel bei der photographischen Wiedergabe der Wunden an faulen Leichen« beschrieb die Möglichkeit, durch Aufbringen von Talkum Fäulnisveränderungen bei Fotoaufnahmen zu kaschieren. Eine Arbeit »Über Sarggeburt« hatte u. a. zwei von Panning am 10. und 19.11.1939 während des Bromberger Einsatzes sezierte Fälle zum Inhalt.[5]

Während man in den ersten Septembertagen von deutscher Seite noch »alle AOK« aufgefordert hatte, »sofort im Großen« zu melden, »welche Völkerrechtsverletzungen bereits vorgekommen sind«,[6] wurde in einem Fernschreiben an das Armeeoberkommando 4 vom 11. September 1939 absolut eindeutig formuliert, wie man selbst »Völkerrecht« handhabte: »*Geheim: Der Fuehrer hat im Hinblick auf die aufsaessige polnische*

Bevoelkerung in Bromberg dem Reichsfuehrer SS befohlen, dort fuenfhundert Geiseln festzusetzen und zu schaerfsten Massregeln (standrechtliche Erschiessungen) zu schreiten, bis die Befriedung erreicht ist. Truppe ist anzuweisen, die Organe des Reichsfuehrers SS hierbei nicht zu behindern.«[7]

Solche Art »Befriedung« kostete schon bald ungleich mehr Polen das Leben, als »die Panik der ersten Kriegstage unter den Bedingungen einer sich durch Rückzug und Räumung auflösenden Ordnung und des dabei herrschenden Erregungszustandes« (Broszat 1961, S. 47) an »volksdeutschen« Opfern gefordert hatte. »Um das Alibi der ›Septembermorde‹ glaubwürdiger zu machen, griff man schließlich noch zu einer ungewöhnlichen Fälschung: ... die amtlich festgestellte Zahl der getöteten oder vermißten Volksdeutschen [wurde] kurzerhand verzehnfacht. Eine vom Auswärtigen Amt im November 1939 herausgegebene Dokumentation über die ›Septembermorde‹, in welcher noch von ›etwa 5 400 Morden‹ die Rede war, mußte zurückgezogen werden; statt dessen erhielten alle in Frage kommenden deutschen Dienststellen im Februar 1940 die Weisung, künftig die Zahl von 58 000 ermordeten und vermißten Volksdeutschen als verbindliche Angabe zu benutzen.« (Ebenda, S. 48.)[8]

Letztlich boten diese »Polengreuel« der faschistischen Propaganda einen willkommenen ideologischen Bezugspunkt dafür, den »minderwertigen Charakter« des Nachbarvolkes – das seit Jahrhunderten nicht nur kulturhistorisch, sondern auch genealogisch/genetisch auf das innigste mit dem deutschen Volke verquickt ist – zu charakterisieren. Freisler tat dies z. B. auf der 29. Tagung der deutschen Gesellschaft für gerichtliche Medizin in Innsbruck in seinem Vortrag »Psychische Grundlage der Polengreuel, dargestellt an der Entwicklung des polnischen Volksgeistes«. Die üble Hetzrede des damaligen Staatssekretärs im Reichsjustizministerium erschien allerdings nicht – wie die anderen, auf der »Kriegstagung« gehaltenen Vorträge – in der »Deutschen Zeitschrift für die gesamte gerichtliche Medizin«, sondern in der Zeitschrift »Deutsche Justiz«.[9]

»Sonderkommando Buhtz«

Die Bezeichnung »Sonderkommando Buhtz« war, da offenbar hauptsächlich der Eigeninititative des Breslauer Gerichtsmediziners entwachsen und offiziellen Dienststellen unbekannt, keineswegs unumstritten. »Ein ›Sonderkommando des OKW zur Aufdeckung bolschewistischer

Greueltaten und völkerrechtswidriger Handlungen – Stabsarzt Dr. Buhtz‹ gibt es nicht«, stellte sehr klar das Oberkommando des Heeres in einem Schreiben vom 12.9.1942 fest. »St.A. d. R. Universitätsprofessor Dr. B. war aber mit 2 anderen Gerichtsmedizinern gemäß OKH/P 3 S In/Pers (Ic) Nr. 10400/41 vom 27.8.1941 zur gerichtsmedizinischen Aufklärung von Völkerrechtsverletzungen bis 15.10.1941 zum Feldheer, und zwar St.A. Dr. B. zur 16. Armee kommandiert worden. ... Im Rahmen dieses Auftrages ist Stabsarzt Prof. Dr. B. auf 2 zunächst unbekannte Gräber gestoßen. Aus den dabei erhobenen Feststellungen ist der Brief an den Reichsminister der Luftfahrt und Oberbefehlshaber der Luftwaffe/Luftwaffenpersonalamt vom 17.3.1942 entstanden, zu dem Stabsarzt Prof. Dr. B. in der vorliegenden Form nicht berechtigt war. Hätte er den vorgeschriebenen Dienstweg eingehalten, d. h. über den Armeearzt an den Heeresarzt bzw. die Heeres-Sanitätsinspektion berichtet, wäre das Schreiben ohne weiteres an die Heeresrechtsabteilung und damit auf den richtigen Weg geleitet worden ...«[10]

Das Schreiben des »Führers des Sonderkommandos« Buhtz über die bereits am 27.10.1941 exhumierten und nach der Obduktion am 29.10.41 »auf dem Ehrenfriedhof in *Dünaburg* (an der Straße nach Rositten) begrabenen« Leichen an den Reichsminister der Luftfahrt war keineswegs ein gerichtsärztliches Gutachten und enthielt kaum Einzelheiten, die zu einer Identifizierung hätten genutzt werden können.

Bei einer erneuten Exhumierung, die von einer Sonderkommission des RKPA vorgenommen wurde, stellte man fest, daß den inzwischen stark fäulnisveränderten Leichen der beiden ehemaligen Luftwaffenangehörigen die Köpfe fehlten; sie waren ganz offensichtlich bei der Obduktion abgesetzt und »asserviert« worden. »Es hat sich auch durch weitere Feststellungen nicht klären lassen, wer die beiden Flieger ... sezierte und wer im Besitz der beiden fehlenden Schädel ist. Es ist jedoch unbedingt anzunehmen, daß dies alles nicht ohne Anordnung oder Einwilligung des RLM erfolgte und daß demnach diese offenbleibenden Fragen aus den noch beim RLM befindlichen Unterlagen [sich] klären lassen werden.«[11]

Wieder einmal hatte Buhtz unnötigerweise bei Obduktionen – wie einige Zeit vorher schon im KZ Buchenwald – die Köpfe der Verstorbenen »abgesetzt« und zur weiteren »Bearbeitung« asserviert. Trotzdem gelang es der Sonderkommission des RKPA, die beiden Flieger, die bereits am 28. Juni 1941 etwa 25 km von Dünaburg entfernt nach einer Bruchlandung von sowjetischen Soldaten gefangengenommen und in Richtung Slobodka abtransportiert worden waren, zu identifizieren und auch Buhtz als Obduzenten namhaft zu machen. Zu einer Erklärung aufgefordert, teilte man mit: »Die Entnahme von Knochenteilen einer Leiche, im besonderen auch des Leichenkopfes, ist in der gerichtlichen Medizin ein aus zwingenden Gründen der Strafrechtspflege gelegentlich notwendiges Verfahren.« Es könne »die nähere und sichere Aufklärung des Herganges der Tötung unter Umständen erst durch Mazeration und Rekonstruktion des Schädels in einem Heimatlaboratorium erfolgen. ... Es erscheint uns darüber hinaus, daß auch die von Stabsarzt Prof. Dr. Buhtz hervorgehobene Absicht der Aufbewahrung der Schädel als dokumentarischer Beweisstücke für sowjetische Völkerrechtsverletzungen eine den Pietätsbelangen übergeordnete Bedeutung hat.« Zum Zeitpunkt der Abfassung dieses Schreibens (6.11.1942) waren die Schädel noch im von Buhtz geleiteten Institut für gerichtliche Medizin in Breslau, nach »Abschluß der Bearbeitung« sollten sie aber »einen würdigen Platz in der Militärärztlichen Akademie erhalten«.[12]

»Die Wehrmacht-Untersuchungsstelle für Verletzungen des Völkerrechts hat im vorliegenden Falle weder die Exhumierung der Leichen noch die Entnahme der Schädel für die Zwecke dokumentarischer Beweisführung angeordnet«, hieß es in einem Schreiben dieser Dienststelle vom 4.12.1942.[13] Buhtz selbst schrieb, die Obduktion sei »von Herrn Generaloberstabsarzt Prof. Dr. Handloser auf Grund meines persönlichen Vortrages im Führerhauptquartier vom 5.10.1941 ... befohlen« worden.[14]

Schon bevor der Gerichtsmediziner aus Breslau mit dem griffigen Namen »Sonderkommando Buhtz« Anstoß erregt hatte, wurde seine Arbeitsgruppe im Bereich der Heeresgruppe Nord (AOK 16 und 18) in der Zeit zwischen 28. August und 21. November 1941 tätig. In seinem Bericht an Heeres-Sanitäts-Inspekteur Handloser vom 4.12.1941 teilte er die Ergebnisse von 115 Exhumierungen mit. Sie betrafen 44 deutsche Soldaten, 18 »Volksdeutsche« und 52 Balten (Litauer, Letten, Esten, Weißrussen), ergänzt durch »die Untersuchung und protokollarische Vernehmung von lebenden Gemarterten sowie auf die Untersuchung von GPU-Gefängnissen«.

Bei vielen der Exhumierten stellte Buhtz Genickschüsse als Todesursache fest, fast alle diese Menschen waren also – mehr oder weniger wehrlos – getötet worden. Andererseits ergab sich oftmals kein Hinweis auf die von Zeugen angegebenen Folterungen und Verstümmelungen der Opfer, mitunter waren solche Befunde, z. B. Fesselungsmerkmale und oberflächliche Weichteilverletzungen (Schnitte) durch die fortgeschrittene Leichenfäulnis jedoch auch nicht mehr feststellbar. So heißt es z. B. über die Untersuchung einer getöteten Krankenschwester: »Nach Zeugenaussagen mit auseinandergerissenen Beinen aufgefunden, Unterkörper entkleidet, vergewaltigt, Scheide voller Stacheldraht, Kopf gespalten, Augen ausgestochen. *Untersuchungsbefund:* Kopfschuss, Einschuss über linkem Auge, Ausschuss rechte Schläfe, Augen nicht ausgestochen, sondern durch Schusswirkung geplatzt, Brüste nicht abgeschnitten, keine Scheidenverletzung durch Stacheldraht, kein Anhalt für Vergewaltigung.«[15]

Jahrzehntelang Schwierigkeiten mit der Wahrheit: Katyn

Trotz seiner Absetzung als Vorsitzender der deutschen gerichtsmedizinischen Fachgesellschaft im Jahre 1940 hat Buhtz offenbar das Vertrauen maßgeblicher Vertreter der faschistischen Führungsclique, die sich – außerhalb der »WUSt« – mit »Völkerrecht« befaßten, sehr rasch wiedergewonnen. So verwundert es nicht, daß er auch mit der Leitung der Exhumierung und Untersuchung der Leichen polnischer Offiziere in Katyn, einem Dörfchen, 20 km westlich von Smolensk/UdSSR gelegen, betraut wurde.

Angeblich hatte es bis zum Frühjahr 1943 gedauert, bis den deutschen Militärbehörden Gerüchte aus der Bevölkerung zu Ohren gekommen waren, nach denen sich in einem Wäldchen bei Katyn Massengräber befänden. Nach Probegrabungen und Vorbereitungsarbeiten im von Buhtz geleiteten gerichtsärztlichen »Feldlaboratorium« in Smolensk begannen am 29. März 1943 umfangreiche Ausgrabungen. An unmittelbar gerichtsmedizinischer Untersuchungstätigkeit waren neben Buhtz folgende Personen beteiligt: Die Gerichtsärzte Dr. Siegfried Müller, Dr. Theodor Schmidt und Dr. Jobst Waechter, die Gerichtschemiker Dozent Dr. habil. Walter Specht und Dr. Rudolf Themlitz, die wissenschaftliche Assistentin Asta Rosenthal, der Protokollführer Adolf Hengstmann, die Präparatoren bzw. Sektionsgehilfen Kurt Merzbach, Friedrich Neels und Alfred Schubert sowie die Fotolaboranten Heinz Rossbach und Bruno Zachlod. Auch der polnische Gerichtsmediziner Dr. Marian Wodzinsky aus dem damals von Beck geleiteten Krakauer Institut (s. Kap. 2) und polnische Hilfskräfte waren zur Mitarbeit verpflichtet worden.[16]

Erst 14 Tage nach dem Beginn der Exhumierungen meldete der deutsche Propagandaapparat die Auffindung der Massengräber,[17] hatte dann aber schon die Zahl von 10 000 Opfern parat.

Knapp drei Tage, vom 28. bis 30. April 1943, hielt sich eine internationale Kommission von Ärzten (8 Gerichtsmediziner, 3 Pathologen, ein Augenarzt) aus Belgien, Bulgarien, Dänemark, Finnland, Italien, Kroatien, den Niederlanden, dem »Protektorat Böhmen und Mähren«, aus Rumänien, der Schweiz, der Slowakei und aus Ungarn (außer der Schweiz also durchweg besetzte bzw. mit Deutschland verbündete Länder) in Katyn auf. Bis zur Abreise der Kommission waren 982 Leichen aus insgesamt sieben eröffneten Massengräbern exhumiert worden.

»Von den Mitgliedern der Kommission wurden persönlich 9 Leichen obduziert und zahlreiche, besonders ausgewählte Fälle einer Leichenschau unterzogen. ... Als Todesursache der sämtlich bisher ausgegrabenen Leichen wurde ausnahmslos Kopfschuß festgestellt. Es handelt sich durchweg um Genickschüsse«, hieß es im Protokoll der internationalen Kommission.[18]

Zur hinsichtlich der Urheberschaft der Massentötungen entscheidenden Frage der Liegezeit ist das Protokoll wenig aussagekräftig: »Es finden sich verschiedene Grade und Formen der Verwesung ... neben Mumifizierung ... feuchte Mazeration ...«

Der ungarische Gerichtsmediziner Prof. Dr. Orsós[19] führte an »einer größeren Reihe von Schädeln« spezielle Untersuchungen durch, um bestimmte Erscheinungen, »die bei Leichen, die weniger als 3 Jahre im Grabe gelegen haben, nicht zu beobachten« seien, nachzuweisen. Da das zeitlich zuletzt datierte, angeblich aus dem Massengrab stammende und der Kommission zu Gesicht gebrachte Dokument eine »russische Zeitung vom 22.4.1940« war und nach dem Gutachten des Forstmeisters von Herff die Massengräber mit wenigstens fünfjährigen Kiefernbäumchen bepflanzt waren, ergab sich auch für die Kommissionsmitglieder kein Widerspruch zu den von Buhtz und seinen Mitarbeitern getroffenen Feststellungen zur Leichenliegezeit.

Die Tatsache, daß sämtliche in und an den Leichen aufgefundenen Projektile und Patronenhülsen deutscher Herkunft waren (Pistolenmunition mit der Hülsenbodenprägung »Geco 7,65 D«, d. h. Munitionsfabrik Gustav Genschow & Co., Durlach bei Karlsruhe/Baden), ist der internationalen Kommission zweifellos nicht entgangen, findet aber in deren Protokoll keine Erwähnung. In dem von Buhtz gefertigten »Bericht des leitenden Gerichtsmediziners Professor Dr. Gerhard Buhtz über die Ausgrabungen von Katyn« wird dieser Umstand diskutiert.[20]

Bis zum Abbruch der Untersuchungen am 3. Juni 1943 – angeblich »wegen der sommerlichen Wärme und der starken Fliegenplage aus sanitätspolizeilichen Gründen« – wurden aus den Massengräbern insge-

Abb. 13: Den europäischen Gerichtsmedizinern wird von Prof. Buhtz die Identifizierung einer von ihnen ausgewählten Leiche demonstriert

samt 4 143 Leichen geborgen und nach der Untersuchung wieder bestattet. »Die ... Identifizierungsarbeiten ermöglichten die genaue Feststellung der Personalien von 2 815 Opfern (d. i. 67,9 Proz.).«[21]

An die für den Frühherbst 1943 geplante Wiederaufnahme der Exhumierungen war von deutscher Seite zu diesem Zeitpunkt nicht mehr zu denken: Die am 16. Juli 1941 von den Deutschen eingenommene Stadt Smolensk wurde am 25. September 1943 von der Roten Armee befreit. Genau an jenem Tage erschien der »Völkische Beobachter« auf Seite 1 mit der rotunterstrichenen Balkenüberschrift »Bolschewistische Mordgier dokumentarisch bewiesen« und dem Untertitel »Amtliches Material zum Massenmord von Katyn der Öffentlichkeit übergeben«. Und am 29. September 1943 diktierte Joseph Goebbels die im Gegensatz zu der von ihm bislang inspirierten propagandistischen Ausschlachtung der Katyn-Angelegenheit recht zweideutigen Sätze in sein Tagebuch: »Leider haben wir auch Katyn aufgeben müssen. Die Bolschewisten werden jetzt sicherlich in Kürze feststellen, daß wir die 12 000 polnischen Offiziere erschossen haben. Überhaupt ist das eine Frage, die uns sicherlich in Zukunft einiges zu schaffen machen wird. Die

Sowjets werden zweifellos ihr Bestreben darein setzen, möglichst viele solcher Massengräber ausfindig zu machen, um sie uns in die Schuhe zu schieben.« (Goebbels 1948, S. 454.)

Auf sowjetischer Seite hat man sich in den folgenden Monaten um eine eigene Darstellung der Ereignisse von Katyn bemüht. Es wurde eine hochrangige staatliche Kommission unter der Leitung des Mitgliedes der Akademie der Wissenschaften, N. Burdenko, gebildet, der als Mitglieder der Schriftsteller Alexej Tolstoi, der Metropolit Mikolaj, der Vorsitzende des allslawischen Komitees, Generalleutnant A. Gunorow, der Vorsitzende des Exekutivverbandes der Gesellschaft des Roten Kreuzes und des Roten Halbmondes, S. Kolesnikow, der Volkskommissar für Volksbildung, W. Potjomkin, der Chef des Sanitätsdienstes der Roten Armee, Generaloberst E. Smirnow und der Vorsitzende des Smolensker Bezirksexekutivkomitees, R. Melnikow, angehörten. Die gerichtsmedizinische Untersuchung der nunmehr von sowjetischer Seite in Katyn exhumierten Leichen leitete der gerichtsmedizinische Hauptsachverständige des Volkskommissariats für Volksgesundheit der UdSSR und Direktor des Staatlichen Forschungsinstitutes für gerichtliche Medizin, Prof. Dr. W. Prosorowski. Als medizinische Sachverständige waren ferner tätig der Professor für gerichtliche Medizin am 2. Moskauer Medizinischen Institut, Doktor der Medizin W. Smoljaninow, die wissenschaftlichen Oberassistenten am Staatlichen Forschungsinstitut für gerichtliche Medizin P. Siemjenowski und Dozentin M. Swajkowa sowie der Chefpathologe der Front, Major des Medizinischen Dienstes Prof. D. Wyropajew.[22]

Am 24. Januar 1944 wurde das »Kommuniqué der Spezialkommission zur Feststellung und Erforschung der Umstände der Erschießung inhaftierter polnischer Offiziere durch die faschistischen deutschen Okkupanten im Walde von Katyn« in Smolensk veröffentlicht, die »Prawda« publizierte das Dokument am 26. Januar 1944.[23]

Der sowjetische Untersuchungsbericht beinhaltet die Feststellung, daß etwa 11 000 Leichen in den Massengräbern liegen. Es handele sich um polnische Offiziere, die vor dem Einmarsch der Faschisten im »Lager Kosielsk« nahe Smolensk interniert gewesen seien, aber wegen fehlender Transportkapazität nach Kriegsbeginn durch die sowjetische Seite nicht hätten evakuiert werden können. Die Offiziere seien mit deutscher Munition erschossen worden; Genickschuß sei im allgemeinen die alleinige Todesursache. Da sich bei den Leichen Dokumente und Papiere mit Daten aus dem Jahre 1941 befänden, bestehe kein Zweifel an der Urheberschaft der Erschießungen. Die in dem deutschen

»Amtlichen Material ...« niedergelegten Vernehmungsberichte sowjetischer Zeugen seien, da unter dem beeinflussenden Druck der deutschen Eroberer zustande gekommen, wertlos.[24]

Im Nürnberger Prozeß wurde am 168. und 169. Verhandlungstag (1. und 2. Juli 1946) über die Vorgänge in Katyn verhandelt, die in der Anklageschrift wie folgt formuliert worden waren: »Im September 1941 wurden 11 000 kriegsgefangene polnische Offiziere im Katyner Wald in der Nähe von Smolensk getötet.« Als Zeugen der Anklage gegen die Angeschuldigten, eine deutsche Militärbehörde, die unter dem Decknamen »Stab des Baubataillons 537« fungierte, waren u. a. die Gerichtsmediziner Professor Prosorowski und Professor Markov (der das Protokoll vom 30. April 1943 mitunterzeichnet hatte – in Nürnberg anwesend und wurden ebenso wie ein weiterer Zeuge ausführlich vernommen. In der Nachmittagssitzung des 2. Verhandlungstages beendete der Vorsitzende des Tribunals die Beweisaufnahme mit den Worten: »Der Gerichtshof hat ... seine Anordnung getroffen; er beabsichtigt nicht, weiteres Beweismaterial anzuhören.«[25]

Der vorstehende Text wurde im Frühjahr des Jahres 1989 formuliert.[26] Damals war die Interpretation der Ereignisse von Katyn im Ostteil Deutschlands und Europas noch keineswegs unumstritten. Katyn war, wenn schon darüber gesprochen werden mußte, nach der offiziellen Lesart der Politik und damit auch der Historiker eine Tat der Nazis. Es entbehrt nicht eines gewissen Zynismus, daß man in der Nähe von Minsk eine Gedenkstätte ausgerechnet mit dem Namen »Chatyn« besuchen konnte – eines von jenen Tausenden sowjetischen Dörfern, die von den Deutschen dem Erdboden gleichgemacht und deren Bewohner ermordet wurden.

Zugetraut hat man Taten wie die von Katyn der deutschen Seite übrigens auch auf deutscher Seite, Franz Josef Strauß z. B. erlebte und beschrieb folgendes: »Zusammengetriebene Juden, kommunistische Funktionäre, unschuldige Menschen mußten mit dem Spaten eine Grube ausheben, vielleicht 50 Meter in der Länge und zwei in der Breite. Die Gefangenen standen da zu vielen Hunderten, vielleicht zu Tausenden – die Erschießungen erstreckten sich über mehrere Tage. Sie mußten sich hinknien vor der Grube, dann ging ein junger SS-Mann, vielleicht 18 Jahre und sternhagelblau, mit der Maschinenpistole von Kopf zu Kopf, drückte ab, die Toten fielen in die Grube. War eine Lage voll, wurde Erde darauf geworfen, das Morden ging weiter. ... Von da an hielt ich alles, was zu hören war, auch für möglich. Das ging bei mir so weit, daß ich Katyn, wo die Russen 4 000 polnische Offiziere erschossen, zunächst für ein Naziverbrechen hielt. Die SS-Einsatzgruppen haben die polnischen Offiziere ermordet und schieben das jetzt, typisch Goebbelsscher Propagandaschwindel, den Russen in die Schuhe – davon war ich 1943 überzeugt. Erst nach dem Krieg, als das ganze Ausmaß der Nazigreuel bekannt wurde, erkannte ich, daß meine Vermutung falsch war, daß Katyn tatsächlich ein russisches Verbrechen war.« (Strauss 1989, S. 51 f.)

Gerhard Buhtz, der der deutschen Medizinergruppe in Katyn vorstand und für den im »Amtlichen Material ...« unter Punkt 15 veröffentlichten »Bericht des leitenden Gerichtsmediziners« verantwortlich war, versuchte offenbar auch in Katyn eigene Vorstellungen zu realisieren: »Er hatte ... es bei der Heeresgruppe durchgesetzt, daß jede propagandistische Auswertung bis zur Beendigung der gerichtsmedizinischen Tätigkeit unterbunden wird. Die Propagandawelle wurde ausgelöst durch den SD-Propagandisten SS-Untersturmführer Meyer bei der Einsatzgruppe B, der über die von der Wehrmacht geheimgehaltene Katyn-Angelegenheit an das Reichssicherheitshauptamt berichtete. Buhtz hat weder die politischen Möglichkeiten der Katyn-Sache ekannt, noch überhaupt den SD unterrichtet, sondern im Gegenteil strengste Geheimhaltung befohlen. ... Buhtz hat während der Ausländerbesichtigungen sich wiederholt politische Schnitzer geleistet, die nicht ungefährlich waren. Zum Beispiel trug er vor, man könne noch genau die Maßarbeit der polnischen Uniformen erkennen, so daß die Angabe, die Uniformen seien erst von den Deutschen angezogen worden, hinfällig sei; oder er nahm plötzlich ein zur Erschießung verwendetes Geschoß und erklärte, daß es sich um ein deutsches ›Geco‹-Geschoß Kaliber 7,65 handelt. ... SD-Angehörige, die einigermaßen mit der Arbeitsweise des Prof. Buhtz vertraut sind, kommen zu dem Schluß, daß er sich in der Katyn-Affäre mit einem Glorienschein umgeben hat, der ihm weder sachlich, politisch noch charakterlich zusteht.« (s. Dok. 8)

Nach dem II. Weltkrieg und nach den Nürnberger Prozessen waren die Untersuchungen zu Katyn keineswegs abgeschlossen. Dr. Marian Wodzinski schrieb im September 1947 in London einen Bericht über seinen Aufenthalt in Katyn. Der Bericht umfaßte 27 Seiten und wurde ergänzt durch ein dreiseitiges Gutachten (s. Dok. 23). Das Gutachten stützt sich auf die Untersuchungsergebnisse von 4 143 exhumierten Leichen aus 8 Massengräbern, deren größtes 2 500, das kleinste 50 Leichen barg. Man konnte 2 730 Leichen identifizieren. Bei 22 Exhumierten handelte es sich um Zivilpersonen. Alle in den Gräbern von Katyn gefundenen Menschen wurden mit einem oder mehreren Schüssen in den Hinterkopf ermordet. Wodzinski brachte 3 194 Dokumente verschiedener Art, die bei den Erschossenen gefunden worden waren, mit nach Polen. Im Gutachten wird festgestellt, daß es nicht möglich war, nur nach dem Grad der Fäulnisveränderungen die Leichenliegezeit zu bestimmen. In Punkt 13 schrieb er: »Sachbeweise, vor allem die Tagebücher und Notizbücher ermöglichten es, die Zeit des Verbrechens genauer zu bestimmen. Alle brechen in der zweiten März- und Aprilhälfte 1940 ab.« Die Mannschaft des Polnischen Roten Kreuzes brach ihre Arbeit bei der letzten, am 1. Juni entdeckten Grube mit etwa 150–200 Leichen ab. Nur 10 Leichen wurden geborgen. Hitze, Wasser im Graben, Seuchengefahr und die Furcht vor dem Beginn des sowjetischen Angriffs in Nähe der Front waren Gründe für die Beendigung der Arbeiten. Erwähnt wird in Wodzinskis Bericht auch die Unzufriedenheit der Deutschen darüber, daß sich die im offiziellen deutschen Bericht angegebene Zahl von 12 000 Opfern nicht bestätigt hatte.

In Wodzinskis Bericht sind zwei weitere Beobachtungen ebenfalls bemerkenswert. Er schrieb, die von den Deutschen vernommenen Zeugen unter der ansässigen Bevölkerung seien bestochen worden, wenngleich man nicht habe feststellen können, in welcher Form und Höhe. Für den schwächsten Punkt der deutschen Propaganda hielt er die in den Gräbern gefundenen Patronenhülsen Kaliber 7,65 und 6,35 aus deutscher Produktion (Gustav Genschow, Durlach). Sie wurden von 1922–1931 hergestellt und nach Polen, in die baltischen Staaten und in die UdSSR geliefert.

Am 6. September 1950 machte Dr. Werner Beck vor dem Vizekonsul der Vereinigten Staaten, Leslie A. Klieforth, eine Aussage, die sich insbesondere mit dem Schicksal der in Katyn gesicherten Effekten befaßte. (s. Dok. 24) Nach Becks Angaben kamen die von der polnischen Untersuchungsgruppe bzw. vom polnischen Roten Kreuz gesicherten Dokumente – Pässe, Notizbücher, Briefe, Photographien, insbesondere von Angehörigen, Ringe, Uhren, Orden und sonstige militärische Abzeichen, Zigarettenetuis, Geld – in die Chemische Abteilung des Krakauer Instituts für gerichtliche Medizin, »mit dem Ersuchen durch geeignete chemische Bearbeitung der besonders von Leichenwachs durchtraenkten Urkunden, dieselben wieder lesbar zu machen, um eine genaue Identifizierung der Opfer von Katyn durchfuehren zu koennen.« Als sich Mitte 1944 die Frontlage zuungunsten der Deutschen geändert hatte, erhielt Beck vom Befehlshaber der Sicherheitspolizei im Generalgouvernement die Anweisung, die Dokumente von Katyn zu vernichten. Diesem Ansuchen sei er nicht nachgekommen, vielmehr wären die Dokumente, in Kisten verpackt, nach Breslau gebracht und schließlich weiter nach Dresden-Radebeul befördert worden, wo sie, in einem Lagerraum der Bahnhofspeditition gelagert, kurz vor dem Einmarsch der Roten Armee verbrannt wurden. Becks Absicht sei es gewesen, die Urkunden der amerikanischen Besatzungsmacht zu übergeben.

Zu Beginn der fünfziger Jahre beschäftigte sich das auf Anregung des Journalisten Julius Epstein gegründete »American Committee for the Investigation of the Katyn Massacre« unter Leitung des ehemaligen US-Botschafters in Polen, Arthur Bliss Lane, mit dem Thema Katyn. Epstein bemühte sich insbesondere auch, mit den ehemaligen Mitgliedern der internationalen Kommission Kontakt aufzunehmen. Mit den Gerichtsmedizinern Tramsen (Kopenhagen), Palmieri (Neapel) und Naville (Genf) entwickelte sich ein mehrfacher Briefwechsel[27], Hajek (Prag) antwortete mit wenigen Zeilen[28], für den Anatomen de Burlet (Groningen) wurde geantwortet: «... being a Nazi, fled some days before the liberation of Groningen in 1945. It is unknown where he is now. Possibly in South America.«[29]

Die dürre Antwort von Frantisek Hajek, inzwischen Professor für gerichtliche Medizin in Prag, erklärte sich aus dem Wandel seiner Ansichten nach dem Wandel der Verhältnisse in seinem Land: Er schrieb einen Artikel mit der Überschrift: »Katyn – eine Tat der Deutschen«. (Zawodny, zit. nach Kadell, S. 160). Auch der bulgarische Gerichtsmediziner Markov hatte sich von seiner Unterschrift unter das Protokoll der internationalen Ärztekommission distanziert.[30]

Epsteins Wirken führte schließlich dazu, daß das Repräsentantenhaus des amerikanischen Kongresses einen Sonderausschuß zur Untersuchung der Massenmorde von Katyn einsetzte. Seine Arbeit ergab weitere Beweise dafür, daß die sowjetische Seite für die Ermordung der polnischen Offiziere verantwortlich ist.

Die sowjetischen Akten über die Massenerschießungen in Katyn waren viele Jahre streng geheim und nur den jeweiligen Generalsekretären der KPdSU zugänglich. Auch Gorbatschow hatte mit den in der westlichen Geschichtsschreibung seit den fünfziger Jahren anerkannten Fakten zur Täterschaft noch bis ins letzte Jahr seiner Amtszeit seine Schwierigkeiten, erst im April 1990 übergab er dem damaligen polnischen Staats- und Parteichef Jaruzelski zwei Kassetten mit sowjetischen Dokumenten zu den Morden von Katyn.

Telford Taylor schreibt, die aktuelle Bedeutung des Falles Katyn beleuchtend: »Das Massaker von Katyn spielt in der Argumentation der Rechtsextremisten eine gewisse Rolle. Sie gehen in etwa von folgender Überlegung aus: Da den Deutschen das Massaker bis vor kurzem noch zu Unrecht vorgeworfen wurde, muß man annehmen, daß alle anderen Vorwürfe gegen die Deutschen, insbesondere was den Judenmord angeht, ebenso unbegründet sind.

Die Tatsache, daß die Sowjets schon seit fast einem halben Jahrhundert als Täter überführt sind, fällt dabei nicht selten unter den Tisch. So führen die ›Revisionisten‹ ihre Leser bewußt in die Irre, indem sie das sowjetische Eingeständnis aus dem Jahre 1990 in einer Weise präsentieren, als wäre erst zu diesem Zeitpunkt der wahre Sachverhalt aufgedeckt worden.« (Taylor 1994, S. 738 f.)

Die Massengräber von Winniza

»Nachdem die ersten Meldungen über Leichenfunde in Winniza dem Reichsgesundheitsführer Dr. Conti unterbreitet worden waren, erhielt ich am 10. Juni 1943 von ihm den Sonderauftrag, mich nach Winniza zu begeben und an Ort und Stelle die systematischen Ausgrabungen und gerichtsärztlichen Untersuchungen zu leiten.

Mit Rücksicht auf die vorgeschrittene Jahreszeit mußten diese Untersuchungen sofort mit aller Beschleunigung in Angriff genommen werden. Zeit für umfangreichere besondere Vorbereitungen konnte nicht mehr erübrigt werden; denn es war mir bekannt, daß kurz vorher, nämlich am 3.6.43 die Ausgrabungen in Katyn aus sanitätspolizeilichen Gründen wegen übermäßiger Hitze und Fliegenplage abgebrochen werden mußten. Die Witterung war in der folgenden Zeit in Winniza glücklicherweise wesentlich günstiger als in Katyn. Es konnte deshalb der Auftrag ohne wesentliche Unterbrechung die Sommermonate hindurch erledigt werden.«

Mit diesen Worten hat Gerhard Schrader, Professor für gerichtliche Medizin an der Universität Halle und Direktor des dortigen Institutes für gerichtliche Medizin und Kriminalistik, seinen Beitrag für das »Amtliche Material zum Massenmord von Winniza« eingeleitet.

»Die Leichenuntersuchungen wurden auf dem Gelände der Fundstätten vorgenommen. Zum Schutz vor Witterungseinflüssen wurde eine halboffene Holzhütte errichtet. Für spezielle Untersuchungen, wie z. B. Schädelmazerationen und -zusammensetzung wurden die ausgewählten Objekte nach dem gerichtlich medizinischen Institut in Halle/S. geschafft. Für die Untersuchung der Kleidungsstücke wurden an den Fundstellen Drähte zwischen Bäumen ausgespannt.

Nach diesen beschleunigt durchgeführten Vorbereitungen wurde am 15.6.43 mit den Untersuchungen begonnen.«[31]

An wissenschaftlichen Mitarbeitern standen Schrader zur Seite Dozent Dr. med. habil. Joachim Camerer, der für Leichenbergung und Bearbeitung der Untersuchungsergebnisse zuständig war, Dozent Dr. Volland sowie Prof. Dr. Malinin von der Universität Krasnodar, an Hilfskräften die Sektionsgehilfen Weingärtner und Würfel sowie für ergänzende Spezialuntersuchungen der Präparator Karl Lentsch vom gerichtsmedizinischen Institut in Halle. Die erkennungsdienstlichen Arbeiten wurden von einer Sonderkommission des Reichskriminapolizeiamtes übernommen, die von Regierungs- und Kriminalrat Class geleitet wurde.

Die unmittelbare Bergung erfolgte durch polnische und ukrainische Strafgefangene »unter Anleitung der ärztlichen Mitarbeiter«. Massengräber waren im wesentlichen an drei Stellen gefunden worden: in der unmittelbaren Umgebung der Stadt in einem ausgedehnten Obstgarten (»Fundstätte I»), auf einem alten Friedhof (»Fundstätte II») und in einem Parkgelände (»Fundstätte III»). Die Fundstätte I soll 5 644 Leichen, die Fundstätte II 2 405 und die Fundstätte III 1 383 Leichen umfaßt haben, von den insgesamt 9 432 Leichen seien 169 weiblichen Geschlechts gewesen. Die Todesursache sei in fast allen Fällen Genick- bzw. Kopfschuß durch eine kleinkalibrige Waffe (Kaliber 5,6 mm) gewesen. Die Liegezeit wurde – unter Berücksichtigung der Bodenverhältnisse (Lößboden) – mit vier bis sechs Jahren angenommen, die Erschießungen hätten folglich zwischen 1937 und 1939 stattgefunden. Eine Identifizierung der Opfer – meist Ukrainer – gelang nur in 679 Fällen (etwa 7%), z. B. durch Wiedererkennen erhalten gebliebener Bekleidungsstücke durch Angehörige.

In der Zeit vom 24. Juni bis 25. August 1943 wurden insgesamt 14 Kommissionen, darunter sechs ausländische, zu den Massengräbern von Winniza gebracht. Eine aus Medizinern bestehende Kommission unterzog »vom 13.7. bis einschließlich 15.7.1943 die Massengräber ... einer wissenschaftlichen, genauen Untersuchung»; ihr gehörten an: der Professor für Anatomie Dr. Soenen (Belgien), der Gerichtsmediziner Dr. Michailov (Bulgarien), der Professor für Anatomie Dr. Pesonen (Finnland), der Professor für gerichtliche Medizin Dr. Duvoir (Frankreich), der Professor für gerichtliche Medizin Dr. Cazzaniga (Italien), der Professor für pathologische Anatomie Dr. Jurak (Kroatien), der Pathologe Dr. ter Poorten (Niederlande), der Gerichtsarzt Dr. Birkle (Rumänien), der Professor für Anatomie Dr. Häggqvist (Schweden), der Professor für gerichtliche Medizin Dr. Krsek (Slowakei) und der Professor für gerichtliche Medizin Dr. Orsós (Ungarn). »Von der Kommission wurden 11 Obduktionen eigenhändig ausgeführt und 24 Fälle einer gerichtsärztlichen Leichenschau unterzogen. ... Die untersuchten Leichen wiesen alle Hinterhaupts- und Nackenschüsse auf, mit Ausnahme eines einzigen Querschusses. Abgesehen von einem Teil der tiefen Nackenschüsse war die unmittelbare Todesursache die Schußverletzung des Kopfes. Aus den Aussagen der Angehörigen und Augenzeugen sowie aus den bei den Leichen gefundenen Dokumenten und anderen im ... Protokoll geschilderten Leichenveränderungen und Nebenbefunden ergibt sich, daß die Tötungen etwa im Jahre 1938 ausgeführt worden sind.«[32]

Obwohl, angeblich durch Gerüchte aus der Bevölkerung angeregt, die Massengräber von den deutschen Besatzern schon im Winter 1942/43 aufgefunden worden waren und mit den Grabungen bereits Mitte Juni begonnen wurde, erschien eine erste Kurzmeldung erst am 6. Juli im »Völkischen Beobachter«. In den folgenden Tagen wurde die Berichterstattung dann ausführlicher. Am Sonntag, dem 18. Juli 1943, konnte man auf Seite 2 einen Bericht lesen unter der Überschrift: »Die Barbarei von Winniza. Das ärztliche Protokoll in Berlin überreicht.« Darin hieß es: »Das Protokoll ärztlicher Wissenschaftler und Gerichtsmediziner aus allen Ländern Europas wurde in Vertretung des dienstlich abwesenden Reichsgesundheitsführers dem Leiter der Auslandsabteilung des Reichsgesundheitsführers, Prof. Dr. Haubold, feierlich übergeben. Nach einleitenden Worten des Leiters des Gesundheitswesens in den besetzten Ostgebieten, Oberstabsarzt Dr. Waegner, der die Kommission geführt hatte, berichtete Prof. Dr. Orsos aus Budapest über die wissenschaftlichen Ergebnisse der Untersuchungen, wie sie im Protokoll niedergelegt sind. Er schloß seine Rede mit den Worten: ›Wir hoffen, daß die jetzt so schlechte Luft dieses grausig verewigten Obstgartens von Winniza seelisch reinigend auf die geistige Atmosphäre Europas und der ganzen Welt einwirken wird.‹ ...»

Vom 27. bis 29. Juli 1943 führten 12 Professoren der gerichtlichen Medizin von derzeit »deutschen« Universitäten, und zwar Förster (Marburg), Hallermann (Kiel), Dozent Hausbrandt (Königsberg) (in Vertretung Muellers), Jungmichel (Göttingen), von Neureiter (Straßburg), Panning (Bonn), Raestrup (Leipzig), Schneider (Wien), Timm (Jena), Walcher (Würzburg), Weyrich (Prag) und Wiethold (Frankfurt), zusammen mit Schrader 19 Obduktionen und 49 gerichtsärztliche Leichenschauen durch und erstatteten einen abschließenden Bericht, der die von Schrader erhobenen Befunde bestätigte. Die Gruppe traf in den ersten Augusttagen, aus Winniza zurückkommend, in Berlin ein. Wieder war Reichsgesundheitsführer Conti zur Entgegennahme des erar-

Stadtgesundheitsamt
Stadtrat und Amtsarzt

Leipzig, am 5.3.1937
Friedrich-Ebert-Str.19a

An den
Dekan der Medizinischen Fakultät
Herrn Professor H u e c k

L e i p z i g C.1
=================

Sehr geehrter Herr Professor!

Durch ein Versehen des Zustelldienstes ist mir Ihr Schreiben vom lo.v. M. erst heute zugeleitet worden. Das Schreiben betrifft die Ursache der Verhaftung von Herrn Professor Raestrup. Ich habe nicht den Auftrag, eine amtliche Erklärung des Verhaftungsgrundes abzugeben. Mir ist aber bekannt, dass die Ursache der Verhaftung die Unterschrift unter das Protokoll von Vinica ist. Wer Herrn Professor Raestrup verhaftet hat, ist mir unbekannt.

Mit besten Empfehlungen
Ihr sehr ergebener

Stadtrat und Amtsarzt

Abb. 14: Schreiben des Leipziger Amtsarztes Dr. Gelbke an den Dekan der Medizinischen Fakultät wegen der Verhaftung von Prof. Raestrup (mit falscher Angabe des Jahres: »1937« statt 1947)

beiteten Berichtes nicht zugegen: Er »weilte«, so der Bericht im »Völkischen Beobachter« vom 7. August, »in den Luftnotstandsgebieten«.

Über die bis zum 7. Oktober 1943 weitgehend abgeschlossenen Untersuchungen in Winniza erschien 1944, vom »Reichsminister für die besetzten Ostgebiete« herausgegeben, als sog. Weißbuch »Amtliches Material zum Massenmord von Winniza«, das sich in einen gerichtsmedizinischen, einen kriminalistischen und in einen juristischen Teil gliederte und das »im Rahmen der gegenwärtigen Aufklärungsaktion gegen die alle Völker mit Vernichtung bedrohende bolschewistische Gefahr ein besonders wirksames Kampfmittel sein« sollte.

Im gerichtsmedizinischen Teil, der von Prof. Dr. Schrader und seinen Mitarbeitern erarbeitet wurde, werden Ausführungen zur Todesursache, zur Identifizierung der Opfer und zu Leichenerscheinungen und Todeszeit gemacht. Ein von Dr. Camerer verfaßtes Sektionsprotokoll ist beispielhaft angefügt.

Die propagandistische Aufbereitung der Ereignisse von Winniza war – folgt man den Darstellungen in der zitierten Nazipresse – nicht allzu intensiv, obwohl die in den Massengräbern aufgefundenen Toten zweifellos Opfer der Stalinschen Säuberungen in der Ukraine in den Jahren nach 1938 waren.

Andererseits hat es von sowjetischer Seite offenbar keine Versuche einer Gegendarstellung – etwa nach dem Beispiel der »Nachuntersuchung« in Katyn – gegeben. Man versuchte, die Sache der Vergessenheit anheimfallen zu lassen, zu viele Massengräber mag es in der Sowjetunion gegeben haben. Darunter war zweifellos auch eine riesige Anzahl Massengräber mit den Opfern der deutschen Besatzer.

Aufmerksamkeit hat man von sowjetischer Seite allerdings denjenigen deutschen Gerichtsmedizinern entgegengebracht, die im Rahmen ihrer Zugehörigkeit zur Delegation das »Protokoll der deutschen Professoren ... vom 29. Juli 1943« mitunterzeichnet hatten. Friedrich Timm[33] und Gottfried Raestrup[34] waren diejenigen, die nach dem II. Weltkrieg von den sowjetischen Behörden im Ostteil Deutschlands für Jahre in Torgau und Sachsenhausen inhaftiert wurden. (s. Abb. 14)

Mit den Massenmorden von Winniza befaßte sich in den frühen fünfziger Jahren ein Unterausschuß des amerikanischen Kongresses unter dem Vorsitz von Charles Kersten. Seine Untersuchungsergebnisse, die auch auf der Anhörung zahlreicher ukrainischer (Exil-)Zeugen beruhten, wurden dem Kongreß am 31. Dezember 1954 vorgelegt (de Zayas, S. 365).

Kapitel 16

Der gewaltsame Tod in der Heimat

Straßenleichen: gerichtsmedizinische Untersuchungen bei Verkehrsunfällen

Nach einem Erlaß des Reichs- und Preußischen Verkehrsministers vom 8. August 1935 wurde eine Reichsstatistik für Straßenverkehrsunfälle geführt. Nach dieser Statistik waren im Zeitraum vom 1. Oktober 1935 bis 30. September 1936 in Deutschland 500 888 Verkehrsteilnehmer in Unfälle verwickelt. Daran waren 167 271 Personenkraftwagen, 91 302 Fahrräder, 66 116 Krafträder, 54 133 Liefer- und Lastkraftwagen, 40 596 Fußgänger, 20 791 Liefer- und Lastkraftwagen mit Anhängern, 16 814 bespannte Fuhrwerke (einschließlich Schlitten), 13 756 Schienenfahrzeuge der Straßenbahn, 6 563 Zugmaschinen und Sattelschlepper (auch mit Anhänger), 6 342 Kraftdroschken, 6 141 Kraftomnibusse, 5 019 andere Fahrzeuge, 2 982 geführte oder frei herumlaufende Tiere, 1 939 andere Verkehrsteilnehmer (Reiter usw.), 379 Kraftwagen für Feuerlöschzwecke und 324 selbstfahrende Straßenreinigungs- und andere Arbeitsmaschinen beteiligt. Im angeführten Zeitraum gab es insgesamt 8 509 Verkehrstote: 6 583 männliche und 1 926 weibliche Opfer, davon waren 1 303 Kinder unter 14 Jahren (862 Jungen, 441 Mädchen). Bei Verkehrsunfällen verletzt wurden 171 020 Personen, 127 237 männliche und 43 783 weibliche Personen, darunter waren 19 935 Kinder unter 14 Jahren (12 877 Jungen, 7 058 Mädchen).[1]

Die Jahre nach 1933 waren gekennzeichnet durch einen rapide ansteigenden Kraftfahrzeugbestand: Die Anzahl der Krafträder hatte sich bis 1936 verdreifacht, die Anzahl der Personenkraftwagen von 82 048 im Jahre 1933 auf 213 580 im Jahre 1936 erhöht, und Lastkraftwagen gab es 1936 56 941 gegenüber 11 573 im Jahre 1933. Im Jahre 1937 hatte sich der Kraftfahrzeugbestand gegenüber 1933 auf 336 % gesteigert. Mit dem sich rasch intensivierenden motorisierten Straßenverkehr in den dreißiger Jahren einher ging eine starke Erhöhung der Zahl auch der tödlichen Verkehrsunfälle.

Es ist das Verdienst von Gerhard Buhtz, eine erste, recht umfassende Publikation zum Thema Verkehrsunfall erarbeitet zu haben, die auf die Bedeutung gerichtsärztlich-kriminalistischer Untersuchungen bei Verkehrsunfällen aufmerksam machte. Sein Buch »Der Verkehrsunfall« erschien im Jahre 1938. Bisher, so schrieb Buhtz, habe man sich meist nur auf die polizeiliche und technische Bearbeitung von Verkehrsunfällen beschränkt. »Hierbei geht man oft von der irrigen Auffassung aus, es sei in jedem Einzelfalle *›für jeden Laien einwandfrei klar‹*, daß der Tod durch einen *Verkehrsunfall* eingetreten sei. *Umgekehrt bleibt man oft auf Grund des ersten Augenscheines bei der vorgefaßten Meinung*, daß der Tod wegen Fehlens äußerer Verletzungen *ein natürlicher gewesen sein müsse.* Es wird unter Umständen nicht einmal der leiseste Verdacht geäußert, daß es sich überhaupt um einen Verkehrsunfall handeln könne.

Oder man nimmt an, daß nach der ganzen Situation ein gewaltsamer Tod ohne Beziehung zum Verkehr vorliegt. Eine gerichtsärztliche Leichenöffnung wird sogar bei der klaren Sachlage für überflüssig gehalten. Man hält nicht einmal eine ärztliche Leichenschau für erforderlich.« (Buhtz 1938, S. 208.)

Untersuchungen bei tödlichen Verkehrsunfällen gehörten folglich zu den eher seltenen Aufträgen für gerichtsmedizinische Institute. Diese

Situation kontrastierte mit der Tatsache, daß man z. B. für die Prüfung von Kraftfahrzeugen, Kraftfahrzeugführern und Fahrlehrern Sachverständige zur Verfügung hielt, die über ein abgeschlossenes Studium auf einer Technischen Hochschule und eine mindestens zweijährige praktische Ingenieurtätigkeit verfügen und eine wenigstens sechsmonatige Tätigkeit in einer »Kraftfahrzeugfabrik« nachweisen mußten.[2]

Zum Nachweis der Wichtigkeit seines Anliegens führt Buhtz einige interessante Beispiele aus der Praxis jener Jahre mit Interpretationen an, die auch heute noch uneingeschränkt gültig sind:

»1. Die Leiche eines älteren Mannes wird auf der Landstraße liegend gefunden; sie weist schwere Schädel- und Gehirnverletzungen auf. Der Ermittlungsbeamte geht unbewußt von der vorgefaßten Meinung aus, daß diese Person durch ein Kraftfahrzeug totgefahren sei. Tatsächlich wird auch ein Kraftwagen ermittelt, welcher Spuren von Überfahren erkennen läßt.

Eine gerichtsärztliche Leichenöffnung wird für überflüssig erachtet, da Gehirn ausgetreten ist und die Todesursache somit einwandfrei festzustehen scheint. Bei der nachträglichen Verwaltungssektion[3] ergibt sich aber, daß die schweren Schädelverletzungen nicht mehr zu Lebzeiten entstanden sein können, da sie keine sog. vitale Reaktion aufweisen. Als Todesursache ergibt sich vielmehr eine schwere Degeneration des Herzmuskels mit Verschluß der arteriosklerotisch veränderten Kranadern des Herzens. Der Tod ist also plötzlich aus krankhafter Ursache eingetreten. Der Fußgänger ist dabei hingefallen und nachträglich erst als Leiche überfahren worden. Ein Verkehrsunfall liegt also überhaupt nicht vor. Der Führer des Kraftwagens kann sehr wohl die auf dem Boden liegende Leiche überfahren haben, ohne es recht zu merken.

2. Ein Radfahrer wird in der Dunkelheit durch einen Personenwagen von hinten angefahren. Der Führer des Kraftwagens behauptet bei seiner Vernehmung, der Radfahrer sei offenbar stark betrunken gewesen. Infolgedessen habe er mit dem Rade geschwankt. Dabei sei er aber in die Fahrbahn gekommen. Die Alkoholbestimmung im Blut bei dem Schwerverletzten ergibt dagegen eine negativen Befund. ... Nichts liegt also näher, als die Einlassung des Kraftwagenführers für eine Ausrede zu halten und ein schuldhaftes Verhalten desselben anzunehmen. Die gerichtliche Leichenöffnung [des inzwischen Verstorbenen – F. H.] erscheint sonach überflüssig. Die trotzdem später vorgenommene Sektion des Radfahrers ergibt neben dem Verblutungstod aus einem großen Leberriß infolge des Überfahrens eine starke Arteriosklerose

der Schlagadern des Hirngrundes und Reste einer früheren Hirnblutung. Zeugen bestätigen, daß der Radfahrer gelegentlich an Schwindelanfällen gelitten habe. Es liegt also sehr nahe, das Schwanken ... auf einen solchen Schwindelanfall zurückzuführen. Hierdurch wird die scheinbar durch die Alkoholuntersuchung widerlegte Behauptung des Beschuldigten glaubhaft gemacht. Ein Verschulden ist nicht anzunehmen.

Bei Unfällen ohne feststellbare technische Ursachen gibt oft erst die Sektion Aufschluß über die Veranlassung.

3. Ein Kraftwagenführer erlitt infolge Arteriosklerose der Hirnbasisgefäße einen Schwindelanfall, infolgedessen verlor er die Gewalt über sein Fahrzeug und verunglückte tödlich.[4]

4. Bei einem plötzlichen Herztod mit starker Herzerweiterung fuhr der Kraftfahrzeugführer auf den Bürgersteig, er konnte ... gerade noch halten und sank tot am Steuersitz um.

5. Ein Grundbesitzer fuhr mit seinem Kraftwagen in den Straßengraben und wurde tot aufgefunden. Eine spontane Hirnblutung (Schlaganfall) war die Ursache des Unfalles und des Todes.

Häufig werden leichte Verkehrsunfälle beobachtet, z. B. Umstoßen eines Fußgängers, Anfahren eines Radfahrers durch ein Kraftfahrzeug, bei dem die Personen plötzlich sterben.

Oft liegt hier nur ein natürlicher Tod innerhalb des Verkehrs vor, bei dem zufällig eine Berührung mit einem Verkehrsmittel erfolgt, die aber gar nicht in ursächlichem Zusammenhang mit dem Tod steht. ...

Alle diese Fälle beweisen, wie notwendig eine Leichenöffnung selbst bei scheinbar einwandfreien Verkehrsunfällen ist, denn hierdurch kann festgestellt werden:

1. Ob nicht doch ein Tod *aus natürlicher Ursache statt des vermuteten Verkehrsunfalles* vorliegt.

2. Ob ein Verkehrsunfall nicht etwa durch Feststellung krankhafter Befunde beim Verletzten so geklärt werden kann, daß zum mindesten ein *Verschulden des Kraftwagenführers auszuschließen ist.*

Oft ist die Sachlage genau umgekehrt: nämlich wenn überhaupt keine äußeren Verletzungen vorhanden sind, oder wenn sie nur so geringfügig sind, daß sie auf den ersten Augenschein nicht als Einwirkung eines Kraftfahrzeuges erkannt, sondern als harmlose Schürfwunden beim Hinfallen gedeutet werden. Bei derartigen Todesfällen, scheinbar ohne vorausgegangene Krankheit, die bei der äußeren Besichtigung kein klares Bild ergeben, darf sich der zugezogene Arzt nicht mit der leider so beliebten Verlegenheitsdiagnose ›Herzschlag‹ oder ›Gehirnschlag‹ begnügen, er muß schon im Interesse der Angehörigen eine Leichenöffnung verlangen, um die *Feststellung oder den Ausschluß eines Unfalles* mit Rücksicht auf erfahrungsgemäß oft später zu erwartende *Versicherungs- oder Haftpflichtansprüche* zu ermöglichen, falls sich nicht überhaupt *strafrechtliche Gesichtspunkte* ergeben sollten. Sehr oft kann auf diese Weise erst ein Verkehrsunfall festgestellt werden.

Ein ursächlicher Zusammenhang mit einem längere Zeit zurückliegenden Verkehrsunfall wird sich unter Umständen durch die Leichenöffnung dadurch ergeben, daß sich bei dem Unfall infolge Verletzung eines Gliedes Blutgerinnsel gebildet haben, die durch späteres Abreißen und Verschleppung auf dem Blutwege zu einem plötzlichen Tod infolge *Lungenembolie* führen.

Ohne Leichenöffnung wird ein Zusammenhang mit dem länger zurückliegenden Unfall medizinisch nicht glaubhaft gemacht werden können.

Die Frage ob ein entschädigungspflichtiger Unfall vorliegt, wird auch dann nur durch eine Leichenöffnung geklärt werden können, wenn z. B. ein alter Mann einen leichten Verkehrsunfall erleidet und hierdurch zur Bettruhe gezwungen wird. Falls dadurch eine sog. hypostatische Pneumonie (Lungenentzündung) eintritt, die erfahrungsgemäß bei alten Leuten ohne wesentliche klinische Erscheinungen, jedenfalls ohne hohes Fieber verlaufen kann, so sind Ansprüche von Hinterbliebenen nur durch eine Sektion zu klären.« (Ebenda, S. 208 ff.)

Übrigens war damals das Kraftfahren auch ohne Unfall selbst für die Fahrzeuginsassen noch nicht ganz ungefährlich, man kannte vielmehr eine sog. *Limousinenkrankheit.* Die Erscheinungen und Ursachen dieser Krankheit wurden am Dortmunder Institut für Arbeitsphysiologie eingehender untersucht: Es begann mit leichter Benommenheit, steigerte sich zu starkem Kopfschmerz, endete mit Übelkeit und Erbrechen und trat auffallenderweise nicht in offenen Wagen auf. Bei Seekrankheit und Limousinenkrankheit waren die Erscheinungen fast die gleichen, nur wirkten sie bei letzterer oft noch stundenlang nach, während die Seekrankheit schlagartig verschwindet, sobald man wieder festen Boden unter den Füßen hat. Diese Überlegung führte die Arbeitsphysiologen auf die Spur des Kohlenoxids, das bei jeder nicht vollkommenen Verbrennung, also auch im Motor, entsteht. Frauen, so stellten die Untersucher fest, wurden von beiden Krankheiten leichter befallen als Männer. Bei 10 untersuchten Fahrern und Schaffnern der Dortmunder Autobusse fand man in unmittelbar nach dem Dienst entnommenen Blutproben vier- bis fünfmal so hohe Kohlenmonoxidwerte wie bei

Vergleichspersonen aus anderen Berufen. Erklärbar waren die Symptome der »Krankheit« somit als Auswirkungen einer leichten Kohlenmonoxidvergiftung, die zu einer Sauerstoffmangelversorgung des Gehirns führte.

Bombenterror: von Keller- und Straßenleichen

Trotz Erziehung der Bevölkerung zu »guter scharfer Luftangriffsdisziplin« und trotz »guter Luftschutzmaßnahmen« (Suchsland 1936/37, S. 130) waren die Auswirkungen eines möglichen Bombenkrieges auf die Bevölkerung selbst für Gerichtsmediziner wie Berthold Mueller noch 1942 nur von hauptsächlich theoretischem Interesse. Mueller publizierte in diesem Jahre »Studien« zu Bomben- und Granatsplitterverletzungen, wobei er formulierte: »Der als Wehrmachtspathologe eingesetzte, gerichtlich-medizinisch interessierte Arzt hat im Kriege bei gelegentlicher Tätigkeit in der Nähe von Kampfhandlungen mitunter Gelegenheit, an Bomben- und Granatsplitterverletzungen Untersuchungen anzustellen ... Es sei zugegeben, daß derartige Studien kein sofortiges aktuelles Interesse beanspruchen können. ...« (Mueller 1942, S. 173). Die Muellerschen Untersuchungen waren ein Versuch, bei Splitterverletzungen durch Bomben oder Granaten die Einschußöffnung von der Ausschußöffnung zu unterscheiden. Es zeigte sich, daß dies im Einzelfall sehr schwierig sein konnte, so fanden sich mitunter an der Ausschußöffnung bei großen Splitterverletzungen Textilfasern der Bekleidung des Opfers reichlicher als an der Einschußöffnung, auch die Größe der Schußöffnung war kein brauchbares Merkmal für die Unterscheidung zwischen Einschuß und Ausschuß.

Nachdem die deutsche Luftwaffe besonders englische Städte, z. B. Coventry, zerstört hatte, gingen die westlichen Kriegsgegner mehr und mehr dazu über, deutsche Städte zu »coventrieren«. Der Begriff wurde zum Synonym des sinnlosen, barbarischen Luftterrors gegen die Zivilbevölkerung mit dem Ziel, die Städte dem Erdboden gleichzumachen und ihr Leben auszulöschen. Es ergab sich, daß besonders dichtbesiedelte Wohnviertel zunehmend von Bombenangriffen betroffen waren. »Die Scheidung der Menschen in Wohnvierteln ist eine Tatsache der Auslese an Erbanlagen«, hatte der bereits zitierte Suchsland, ein Major im Reichsluftfahrtministerium, formuliert und »die Wirkung des Luftkrieges vom rassenhygienischen Standpunkt aus beurteilen[d]«, geschrieben: »Die Verluste werden also in ganz großen Zügen ... in dem

S 3

Der Oberstaatsanwalt — Institut f. gerichtl. Med. der Universität Leipzig, Eing. 5. 3. 1945, Nr. ____ — Leipzig C1, den 3. März 1945

Elisenstr.64

Gesch.-Nr. – Fernruf 34111

Herrn
Prof. Dr. R a e s t r u p
h i e r

Sehr geehrter Herr Professor !

Anruf von Oberstaatsanwalt Schäfer: Der Herr Generalstaatsanwalt läßt Sie bitten, in der kommenden Woche nach Dresden zu fahren und ihn Hospitalstr.7 aufzusuchen. Es sollen 3 Panzerschränke, die aus ausgebrannten Justizgebäuden geborgen worden sind, unter Jhrer fachmännischen Leitung geöffnet werden.

Bescheinigung zur Erlangung der Reisegenehmigung bekommen Sie von hier. Jch bitte um Anruf, wann Sie fahren wollen. Die Bescheinigung wird Jhnen dann zugestellt.

Heil Hitler !

M/1666

Abb. 15: Praktisch-kriminalistische Tätigkeit für einen Gerichtsmediziner nach den schweren Bombenangriffen auf Dresden. (13. Februar 1945): Raestrup wird gebeten, für die Justiz als Panzerschrankknacker tätig zu werden.

Grade zunehmen, wie die Begabung abnimmt. So bedauerlich vom menschlichen Standpunkte jeder einzelne Verlust ist, die Rassenhygiene kann mit dieser Verteilung einverstanden sein.« (Suchsland 1936/37, S.125 f.)

In den Jahren 1943 bis Anfang 1945 verlor der Bombenkrieg in Deutschland für die gerichtliche Medizin jegliche Anregung für »Studien«, vielmehr konnte die riesige Zahl seiner Opfer auch nicht annähernd etwa durch gerichtsmedizinische Mithilfe identifiziert, geschweige denn obduziert werden. Tatsächlich war der Fernluftkrieg im zweiten Weltkrieg in der Hauptsache gegen die Zivilbevölkerung, insbesondere gegen die dichtbesiedelten Viertel der Arbeiter und einfachen Leute gerichtet. Sie erlitten die größten Verluste und hatten die höchsten Opfer zu tragen.[5] Fast alle größeren deutschen Städte – mit Ausnahme vielleicht von Göttingen und Heidelberg – hatten schließlich unter massiven anglo-amerikanischen Bombenangriffen zu leiden. Hamburg z. B. wurde in den 10 Tagen und Nächten zwischen dem 25. Juli und dem 3. August 1943 von sieben Luftangriffen, darunter vier Großangriffen, aufs schwerste betroffen. Sie dauerten insgesamt etwa 11 Stunden und forderten mehr als 40 000 Todesopfer. Was sich bei solchen Angriffen in einer Großstadt abspielte, hatte der Pathologe Gräff sehr anschaulich beschrieben (s. Dok. 25).

Nunmehr wurde auch das »Interesse« der Naziführung an den Bombenopfern wach. Eine Anordnung Himmlers vom 2. August 1943 forderte: »Häufig weisen durch Luftangriff Getötete keinerlei äussere Verletzungen auf. In solchen Fällen besteht zur Gewinnung neuer wehrwissenschaftlicher Erkenntnisse die Notwendigkeit, durch eine Leichenöffnung die Todesursache einwandfrei zu klären.«

Über die Befunde, die nach Luftangriffen an Leichen zu erwarten sind, war man sich von gerichtsmedizinischer Seite im Jahre 1943 klargeworden, die Themenwahl für Vorträge im SS-Lazarett Hohenlychen anläßlich der 4. Arbeitstagung der »Beratenden Fachärzte« belegt dies in eindrucksvoller Weise (s. Kapitel 14).

Die »Ergebnisse pathologisch-anatomischer Untersuchungen anläßlich der Angriffe auf Hamburg in den Jahren 1943–1945« publizierte Gräff (1955) unter dem Titel »Tod im Luftangriff«; der Pathologe hatte eine große Anzahl von Obduktionen vorgenommen und dabei besonders auch den Ort des Todeseintrittes der Bombenopfer berücksichtigt: Er unterschied »Kellerleichen« von »Straßenleichen«, beachtete die Besonderheiten von »Bomben-Brand-Schrumpfleichen« und beschrieb die Todesursachen bei »Luftstoß« und »Bomben-Druckstoß«. Auch einen sog. »Staubtod« hat er definiert: »Erstickung durch mehr oder weniger schnelle Einatmung ausreichender Mengen feinen Staubes (des hochgeschleuderten Mauerwerkes u. ä.) in die Luftwege« (S. 197). Bei in Keller- und anderen Schutzräumen aufgefundenen Leichen waren todeswürdige Befunde meist eine Kohlenmonoxidvergiftung durch Rauchgase oder aber direkte Einwirkung von sehr heißer Luft, die zu einem tödlichen Hitzeschock geführt hatte. Auch viele Bombenopfer, die sich in den Feuerstürmen auf den Straßen vorwärts zu bewegen versuchten, erlitten einen solchen Hitzetod, oft mit anschließenden schwersten Verbrennungen mit Schrumpfung des Körpers zu einem Brandtorso oder nahezu völliger Zerstörung. Daneben fand Gräff zahlreiche Opfer mit Zeichen vielfältigster Formen von Gewalteinwirkung, etwa durch herabstürzende Mauern, Verschütten oder direkte Wirkungen von Bomben: durch Splitter, durch Phosphor. Die Detonation von Bomben führte zu tödlichen Schäden durch die Druckwelle: durch Zerreißungen von großen und kleinen Blutgefäßen besonders in den Atemwegen, durch Eintritt von Luft in die zerborstenen Gefäße oder durch Wegschleudern des Körpers mit schwersten Aufprallverletzungen.

In Berlin, in Königsberg, in den Städten des Ruhrgebietes, in Dresden und anderswo gab es Tausende von Bombenopfern mit gleichen Befunden, wie von Gräff in Hamburg untersucht.

»Freitod« aus Bedrängnis: erst die Verfolgten, dann die Verfolger

»Ein recht erheblicher Teil aller Psychopathen geht durch eigene Hand zugrunde. Im Deutschen Reiche wurden vor dem Kriege [gemeint ist der I. Weltkrieg – F. H.] jährlich etwa 20 Selbstmorde auf 100 000 Einwohner gezählt. Da außer den von der Statistik erfaßten Fällen noch zahlreiche andere vorkommen, die verheimlicht und als Unglücksfälle gezählt werden, so dürften bei uns etwa 2–4 % aller Männer durch eigene Hand enden, während bei Frauen der Selbstmord etwa dreimal seltener ist. Obwohl jene Bevölkerungsgruppen, in denen die meisten Selbstmorde vorkommen, sich durch höhere Intelligenz auszeichnen (höhere Schüler, Akademiker, Künstler), ist die Auslesewirkung dieser durch die modernen Lebensverhältnisse wesentlich mitbedingten Erscheinung insgesamt sicher doch überwiegend günstig. Besonders Anlagen zu manisch-melancholischen Seelenstörungen, zu Epilepsie, zu Neurasthenie und anderen Psychopathien werden dadurch ausgemerzt. *Die Auslese durch den Selbstmord* liegt daher in der Richtung auf eine Stärkung des Lebenswillens und auf ein heiteres Temperament der Bevölkerung.«

Schon 12 Jahre, bevor der Psychopath Hitler, der folgerichtig durch eigene Hand zugrunde ging, an die Macht gelangte, wurden diese Zeilen von Fritz Lenz[6] im Band II des »Grundrisses der menschlichen Erblichkeitslehre und Rassenhygiene« formuliert. Dieser Teil des berühmten »Baur-Fischer-Lenz« behandelt die »Menschliche Auslese und Rassenhygiene«.

Mit »Auslese durch den Selbstmord« hatte Lenz dieses wichtige bevölkerungspolitische Problem auf eine für die Anschauungen der Nazis durchaus akzeptable Formulierung gebracht: Das nichtheitere Temperament, das »Anbrüchige«, das Kranke, sollte zugrunde gehen, damit die Auserlesenen immer besser zur Aufartung des Volkskörpers beitragen können ...[7]

Dabei hat der Suizid in Deutschland seit jeher eine große Bedeutung, manche Landsleute, die Sachsen, die Ostthüringer, auch die in der Berliner Region Lebenden, sind besonders davon betroffen. »Es scheint«, so schrieb der Psychiater Hans W. Gruhle (1940, S. 338), »eine weit verbreitete Eigentümlichkeit der deutschen Länder zu sein, daß jene Gegenden, die hohe Körperverletzungsziffern haben, nur geringe Selbstmordziffern aufweisen. Das trifft auch für Sachsen zu. Die Hauptdelikte der Sachsen sind diejenigen des Wortes: Verleumdung, Beleidigung u. dgl. Auch im Widerstand gegen Vollstreckungsbeamte hat Sachsen hohe Ziffern, weil es sich hierbei nicht um Dreinschlagen sondern um passive Resistenz mit empörten Schimpfreden handelt. Auch bei allen politischen Bewegungen betätigte sich der Sachse stets in lautester und aufgeregtester Weise auf der radikalen Seite.«

Von 46 291 gewaltsamen Todesfällen in Deutschland, die für das Jahr 1935 erfaßt wurden, waren 18 422 Selbstmordfälle,[8] also fast 40 %. 1932 hatte man in Deutschland 18 934 Suizide gezählt (13 116 Männer, 5 818 Frauen), was einer Selbstmordfrequenz von 29 (berechnet auf 100 000 Menschen) entsprach. 1933 betrug die Zahl der Selbsttötungen 18 723 (13 104/5 619), 1934 stieg sie etwas an (18 801), wobei insbesondere auch prozentual mehr Männer (13 335 zu 5 466) beteiligt waren, um im Folgejahr 1935 geringfügig zu sinken (18 422, d. h. 12 878 Männer und 5 544 Frauen).

Als Gründe für ein Ansteigen oder Absinken der Suizidzahlen schreiben zwei Autoren jener Jahre (Jungmichel und Manz 1940, S. 688), diese seien »einmal abhängig von der geistigen Gesamthaltung, zum andern von wirtschaftlichen und sozialen Verhältnissen eines Volkes. In Zeiten sittlichen und wirtschaftlich-sozialen Niederganges erhöht sich die Zahl der Selbstmorde und zwar binnen verhältnismäßig kurzer Zeit. ... Im heutigen Deutschland des allgemeinen kulturellen und wirtschaftlichen Aufstieges ist die Zahl der Selbstmorde in stetiger Abnahme begriffen. Ein solches Absinken der Selbstmordziffer erfolgt jedoch stets sehr viel langsamer als umgekehrt.«

Zweifellos waren die Jahre nach 1933 durch eine rasche Abnahme der Arbeitslosigkeit und damit einer vorher tatsächlich bestehenden verbreiteten Armut gekennzeichnet. Andererseits waren ganze Bevölkerungsgruppen zunehmend existentiell bedroht, insbesondere Menschen, die der neuen rassenhygienischen Staatsdoktrin nicht entsprachen. Tatsächlich haben viele jüdische Mitbürger und nicht selten auch der jeweilige Lebenspartner nach 1933 durch Suizid ihr Leben beendet.

Über die tatsächliche Anzahl von Suiziden in den *Konzentrationslagern* liegt kein verläßliches Zahlenmaterial vor, doch beschreiben viele Zeugen die hohe Bereitschaft vieler Mithäftlinge, sich zu suizidieren, oftmals auch den Kampf, es nicht zu tun, oder aber die Resignation. Unberücksichtigt bleiben davon die vielen Hunderttausende von Menschen, die, z. B. nach der Ankunft in Auschwitz, unmittelbar ins Gas geschickt wurden. »Es gab im Lager eigentlich zwei Todesarten. Am schlimmsten war das langsame Dahinsterben als Folge der Auszehrung, Entkräftung, Krankheit, Durchfall, Infektion und Tod durch Erschöpfung. Manchmal half der Kapo nach, ein SS-Mann, häufig ein rascher Wetterwechsel, verhältnismäßig selten auch der Selbstmord, wenn einer in den elektrisch geladenen Stacheldraht rannte. ... Als ich ›resignierte‹, gab es keine Abwehrmöglichkeit mehr. Dabei dachte ich selten an den Tod und machte auch keine Zukunftspläne, sondern ich durchlebte in Gedanken noch einmal die Vergangenheit« (Aleksander Giermański).[9]

Auch unter den Wachmannschaften in den Konzentrationslagern und in den übrigen Abteilungen der SS hat es selbstverständlich nicht wenige Suizide gegeben. Mit den Hinterbliebenen seiner SS-Leute, die auf diese Weise von ihm gegangen waren, befahl Heinrich Himmler mitfühlend und behutsam umzugehen:

»I. Sofern der durch Freitod aus dem Leben geschiedene Angehörige der SS bezw. Polizei Kinder hat, entscheide ich selbst darüber, wie und in welcher Form die Hinterbliebenen zu benachrichtigen sind und wie bezüglich der Versorgung zu verfahren ist.

Es ist mir deshalb schriftlich und unmittelbar der Freitod unter kurzer Sachdarstellung und Angabe der Personalien des Toten, des Alters der Ehefrau bezw. der Kindesmutter sowie der Zahl und des Alters der Kinder zu melden. Eine Zweitschrift dieser Meldung ist dem vorgesetzten Hauptamt zu übermitteln.

II. Hat der Tote keine Kinder hinterlassen, so ist den Hinterbliebenen von der vorgesetzten Dienststelle der wahre Sachverhalt in schonender Form mitzuteilen.«[10]

Andererseits wurden den auf solche Weise Verstorbenen – wenn es sich um »Normalfälle« und nicht etwa um prominente Führerfiguren handelte, bei denen die suizidale Handlung vielleicht sogar als Unfall oder Heldentod kaschiert werden mußte – die »militärischen Ehren« versagt, »weil er in Kriegszeit sein Leben durch Selbstmord beendet hat, anstatt sich mit der Waffe für das Vaterland einzusetzen«, wie es anläßlich der Beisetzung eines Fliegers hieß.

Die formale Behandlung der Suizidfälle im Dritten Reich bestand wie bei jedem Sterbefall in der Vornahme einer Leichenschau mit Ausstellung eines Totenscheines. Jeder Suizid mußte als nichtnatürlicher Tod der Polizei gemeldet werden, die mehr oder weniger intensive

Ermittlungen anschloß. Die unterschiedliche Qualifikation der Leichenschauer und deren persönliche Sorgfalt bei der Untersuchung der Leiche entschieden nicht selten darüber, ob ein Suizid überhaupt als solcher erkannt wurde. In der gerichtsmedizinischen Literatur jener Jahre sind Fälle beschrieben, in denen der Arzt bei einer oberflächlichen Leichenschau einen Schuß ins Herz übersah, weil ein kleines Pflaster über die Wunde geklebt worden war und der Arzt sich mit der Erklärung, es handle sich um eine belanglose Verletzung, zufriedengab, Strangmarken am Hals wurden durch Halstücher überdeckt, selbst ein typischer Selbstmörderschuß in die rechte Schläfe wurde übersehen. Gerade in Todesfällen aus den Anfangsjahren der Nazidiktatur sind andererseits – so z. B. im Falle Klausener (s. Kapitel 3) – auch reine politische Morde als »Selbstmorde« von ärztlichen und anderen Leichenbeschauern attestiert worden.

Über die Häufigkeit der in jenen Jahren angewendeten Suizidmethoden läßt sich folgende geschlechtstypische Reihenfolge aufstellen: Bei Männern war die häufigste Art der Selbsttötung das Erhängen, gefolgt von Schußwaffengebrauch, Vergiftung mittels Leuchtgas, Ertrinken, Überfahrenlassen, Anwendung von Giften oder ätzenden Substanzen und dem Sturz aus der Höhe. Auch bei Frauen war das Erhängen die häufigste Suizidmethode, gefolgt von Leuchtgasvergiftungen, Anwendung anderer Gifte oder ätzender Substanzen, Sich-Hinabstürzen, Überfahrenlassen und Anwendung von Feuerwaffen (nach Jungmichel und Manz 1940, S. 690).

Die Verfügungen, was mit den an einer suizidalen Handlung Verstorbenen zu geschehen habe, sind auch im Nazistaat noch eindeutig ein Ausdruck der Mißachtung der Entscheidung dieses Menschen zum »Freitod«. So heißt es im Jahre 1937 im Sächsischen Verwaltungsblatt in einer Verordnung über die polizeiliche Leichenaufhebung im § 11: »Die Leichen von Selbstmördern sind, soweit sie noch zu anatomischen Lehrzwecken tauglich erscheinen, an die in § 3 des Gesetzes, die Ablieferung von Leichen zu wissenschaftlichen Zwecken und die Öffnung von Leichen betreffend, vom 5. Oktober 1912 (GBl. S. 465) genannten Anstalten abzuliefern, außer wenn anzunehmen ist, daß die Selbstentleibung im Zustande der Unzurechnungsfähigkeit erfolgt ist, oder wenn Angehörige des Verstorbenen, unter dem Nachweise der Erledigung der Bestattungskosten, die Leiche zum Zwecke der Beerdigung oder Feuerbestattung anfordern, oder endlich, wenn seitens der betreffenden Lehranstalt die Annahme der Leiche abgelehnt wird.«[11]

Unter besonderen Voraussetzungen war es dem Arzt erlaubt, auf dem Totenschein die Tatsache des Selbstmordes zu unterdrücken bzw. zu bescheinigen, daß die Tat in einem Zustand akuter Störung der Geistestätigkeit ausgeführt wurde: zur Täuschung der Kirchenbehörden, die besonders in katholischen Regionen ein kirchliches Begräbnis beim Vorliegen eines Selbstmordes verweigerten. Dazu schreibt Mueller: »Ob ein Verstorbener mit Hilfe der Kirche oder ohne sie bestattet wird, interessiert nur die Angehörigen, aber nicht die Allgemeinheit. Es wird niemand benachteiligt, wenn vielleicht auch einmal ein Selbstmörder ein kirchliches Begräbnis erhält. Es wird daher dem Arzte nicht übel genommen, wenn er zur Vorlage bei den Kirchenbehörden auch bei nur schwachen Anhaltspunkten ... gelegentlich bescheinigt, daß die Möglichkeit bestehe, daß der Verstorbene sich in einem Anfalle geistiger Umnachtung das Leben genommen hat. Ob die Kirchenbehörde diese Fassung als ausreichend ansieht oder nicht, darüber befindet sie selbst.« (Mueller 1944, S. 55.)

Waren in den ersten zehn Jahren der Nazidiktatur nicht wenige der von den Nazis Gejagten zum Suizid bereit – auch der Gerichtsmediziner Paul Fraenckel suizidierte sich, als er den Judenstern tragen sollte –, so sind es in den letzten Jahren vor 1945 Menschen, die der Diktatur zwar lange gedient, sich dann aber gegen Hitler entschieden hatten. Unmittelbar nach dem Attentat auf Hitler am 20. Juli 1944 unternahm z. B. Generaloberst Ludwig Beck einen Suizidversuch – er mißlang, Beck wurde erschossen. Generalmajor Henning von Tresckow suizidierte sich am 21. Juli. Generalfeldmarschall Erwin Rommel, den »Wüstenfuchs«, stellte man vor die Alternative: Volksgerichtshof oder Selbstmord. Am 14. Oktober 1944 entschied er sich für den »Freitod«.

Wenige Tage vor dem endgültigen Ende des II. Weltkrieges am 8. Mai 1945 setzte dann das große Suizidieren und Homizidieren im Bunker unter der Reichskanzlei ein. »Der Führer selbst hat jeden Glauben an einen glücklichen Ausgang verloren«, schrieb Eva Braun am 23. April 1945 an ihre Schwester. In der Nacht zum 29. April wurde aus Fräulein Braun durch Trauung im Karten- und Lagezimmer des Bunkers noch Frau Hitler, am nächsten Tage schied das Ehepaar Hitler aus dem Leben. Das Ehepaar Goebbels wählte ebenfalls den »Freitod«: unter »Mitnahme« seiner sechs Kinder – sechsfacher Mord also.[12]

Unmittelbar nach Kriegsende fühlten sich, Repressalien erwartend, nicht wenige der Paladine Hitlers ebenfalls zum Suizid gedrängt: Heinrich Himmler, den man gefangengenommen und schließlich identifiziert hatte (1945), Hermann Göring, der seine Hinrichtung nicht erleben wollte (1946), Robert Ley, den vielleicht die Alkohol-Entzugserscheinungen dazu getrieben haben (1945), und Justizminister Thierack (1946) gehören dazu. Auch einige der profiliertesten Ärzte des NS-Regimes schieden freiwillig aus dem Leben: der SS-Reichsarzt Ernst Grawitz, Initiator und Mitgestalter von Menschenversuchen in Konzentrationslagern, machte am 24. April 1945 den Anfang, im gleichen Jahre folgten ihm z. B. Reichsärzteführer Conti (in der Haft, am 6. Oktober 1945) und der berüchtigte KZ-Arzt Ding-Schuler. Auch der maßgeblich an den Euthanasieaktionen in Brandenburg-Görden und Bernburg beteiligte Arzt Irmfried Eberl und Arthur Gütt, der »Vater« des Gesetzes zur Verhütung erbkranken Nachwuchses, endeten – 1948 bzw. 1949 – auf diese Weise.

Hinrichtungspraxis und »postmortale Experimentalmedizin»

»Forschen, Töten und am Toten weiter forschen, das war vor 1939 nicht möglich«, schreibt Götz Aly in einer Studie über »Das Kaiser-Wilhelm-Institut für Hirnforschung und die ›T 4‹«.[13] Ganz abgesehen jedoch von den »klinischen Exekutionen« Kranker, Behinderter, aber auch politisch »Unzuverlässiger« und vom Millionenmord in Kriegsgefangenen- und Konzentrationslagern (wo auch »Mediziner« forschten), gestattete die Alltäglichkeit von Todesurteilen[14], die beinahe routinemäßige Tötung gesunder, oftmals junger Menschen, durch den Spruch ziviler Gerichte oder der Wehrmachtsjustiz ermöglicht, eine besondere Art supravitalen Forschens an dem noch zuckenden Dekapitierten oder eben Erhängten oder die »Entnahme lebendfrischen Materials«, wenn man die Terminologie des SS-Anatomen Johann Paul Kremer gebraucht. Das Tagebuch des Johann Paul Kremer (1883–1965), seit 1936 a. o. Professor in Münster, belegt besonders für die Zeit seines Aufenthaltes im KZ Auschwitz die enge Verbindung von Verbrechen und medizinischem »Forschen«; Kremer war bei zahlreichen Exekutionen zugegen und entnahm anschließend »lebendfrisches Material« (vgl. dazu: »Auschwitz in den Augen der SS«, Katowice 1981). 1947 wurde Kremer in Polen zum Tode verurteilt, dann zu lebenslanger Haft begnadigt und 1958 in die BRD abgeschoben.

In den Hinrichtungsstätten des »Dritten Reiches« standen Guillotinen mit »versierten« Scharfrichtern wie Reichhardt aus München, Reindel aus Magdeburg oder Röttger aus Berlin (zusammen etwa 10 000 Vollstreckungen) zur Verfügung, die, so schreibt Pölchau, der Gefängnispfarrer von Plötzensee, längst nicht die für eine Hinrichtung angesetzte Zeit von drei Minuten brauchten, sondern mit »eingeübten Henkersknechten« mitunter lediglich »elf bis dreizehn Sekunden ... Auf diese Weise«, so Harald Pölchau, »konnten die Hinrichtungen gleichsam am laufenden Band erfolgen. Ich habe bis zu dreißig und vierzig Hinrichtungen hintereinander erleben müssen ...« (Pölchau 1987, S. 30)

Doch die routinehafte Geschwindigkeit konnte unter Umständen durch Mediziner weitergeführt werden: So standen einem Anatomen z. B. acht männliche Leichen schon »40 bis 80 Sekunden nach dem Tode zur Blutentnahme und Laparatomie zur Verfügung ... Die Entnahme des arteriellen Blutes wurde ... aus den noch pulsierenden Carotiden vorgenommen«. Milzvenenblut gewann man »durchschnittlich 120–180 sec. post mortem.« (Herrlinger 1947, S. 226 ff.)

Aber auch dort, wo Hinrichtungen nicht durch das Fallbeil, sondern durch den Strang durchgeführt wurden, versuchten Mediziner als unmittelbare Zeugen der Exekution zu »Erkenntnissen« zu gelangen. Als eine »Reportage, direkt neben dem Strang geschrieben« könnte man das in der Dissertation von Siegfried Krefft[15] Niedergelegte charakterisieren:

»22-jähriger kleiner asthenischer Mann von schlechtem Ernährungszustand. Strangwerkzeug doppelte, etwa 7 mm starke Hanfschnur und, wie ich selbst beobachtete so angelegt, dass sie vorn in Höhe der Membrana thyreoida und der Schlingenknoten hinten im Nacken sass. Beim Hochziehen wurde die Halshaut mit nach oben gezogen, bis die Schlinge am Kieferwinkel halt machte. Dabei Verschiebung des Knotens nach rechts, zwischen re. Ohr und Proc. mastoideus. Der Körper hing in ganz gestreckter Stellung, Kopf nach links unten vorn geneigt. Der rechte Kopfnicker trat stark hervor. Bei Prüfung durch Fingerdruck auf die Halsmuskeln war eine Spannungsdifferenz zwischen rechts und links nicht feststellbar. Das Hochziehen ging langsam vor sich. Der Körper machte keine Schwing- oder Schüttelbewegungen. Vor dem Hochziehen holte der Mann nochmal tief Luft. Beim Hochziehen Zungenvorfall und Speichelfluss aus dem linken Mundwinkel entsprechend der Kopfhaltung.

30 Sek. nach Aufhängungsbeginn 5–6 krampfartige Zuckungen im Abstand von 30 Sek. je Zuckung. Danach Verminderung der Abstände auf 15 Sek. Nach etwa 7 Minuten wieder Verlangsamung der Zuckungen bis schließlich von Zuckung zu Zuckung etwa 3 Min. vergingen. Die Zuckungen waren sämtlich nicht sehr stark. Nach 25 Min. Abnahme der Leiche.«

»Vor dem Hochziehen holte der Mann nochmal tief Luft«, hat der angehende Arzt, der diese Zeilen in seiner Dissertation zu Papier brachte, beobachtet. Die Arbeit hat den Titel: »Über die Genese der Halsmuskelblutungen beim Tod durch Erhängen« und wurde 1944 an der Universität Halle gefertigt. Am Schluß der Arbeit wird »Herrn Professor Dr. Schrader für die Überlassung des Themas, sowie für seine Anregungen und die Bereitstellung des notwendigen Untersuchungsmaterials« der »ergebenste Dank« ausgesprochen. Das Untersuchungsmaterial bestand aus den frischen Leichen von insgesamt 15 Menschen, die am 15.5.44 (»Laufende Nr.« 1), 17.5.44 (2), 2.6.44 (4), 9.6.44 (5), 4.7.44 (6, 7, 8, 9.), 13.7.44 (10, 11, 12), 27.7.44 (13), 2!.[?]7.44 (14), 29.7.44 (15) und am 5.8.44 (16) in Halle hingerichtet wurden. Die »laufende Nummer 3« ist nur in einer Tabelle der insgesamt 15 Hinrichtungen aufgeführt; betroffen waren Männer im Alter zwischen 19 und 34 Jahren. In einem weiteren in die Auswertung einbezogenen Fall handelte es sich um einen Suizid durch Erhängen. Bei einigen Hinrichtungen ist unter »Allgemeines« Ähnliches vermerkt wie oben:

»Lfd. Nr. 6«: »20 jähriger Mann, klein von magerem, schwächlichen Habitus. Werkzeug 5 mm starke doppelte Hanfschnur; wie ich selbst beobachtete, so angelegt, dass die Doppelschlinge vorn auf dem Oberrand des Kehlkopfes und der Knoten hinten medial im Nacken lag. Beim Hochziehen fand die Schlinge im Kieferwinkel Halt, dabei war sie aber zwischen Kehlkopf und Zungenbein. Die Haut wurde etwas mit hochgezogen, der Kopf war nach vorn unten geneigt. Im ganzen wurden 9 schwache krampfartige Zuckungen gezählt. Hängedauer betrug 20 Minuten.«

»Lfd. Nr. 7«: »Kräftig entwickelter muskulöser 26 jähriger Mann. Strangwerkzeug 5 mm Hanfschnur in Doppelschlinge. Etwa 1 Minute lang mehrere mässigstarke Zuckungen (5–6) Salivation und leichter Zungenvorfall. Beim Hochziehen wurde die Halshaut etwas mit hochgezogen. Die Schlinge wurde direkt über dem Schildknorpel angelegt. Der Schlingenknoten war nach rechts verschoben. Kopf hing nach links unten vorn.«

»Lfd. Nr. 8«: »Sehr magerer, kleiner schmächtiger, 29 Jahre alter Mann. Strangwerkzeug wie bisher. Doppelschlinge wurde oberhalb des Schildknorpels angelegt. Knoten hinten rechts. Während des Hängens trat nur eine große Zuckung auf, sowie Salivation und leichter Zungenvorfall. Abnahme nach 13 Minuten.«

»Lfd. Nr. 9«: »29 jähriger, muskulöser Mann. Beim Hochziehen kontrahierte er die beiden Kopfnicker sehr stark, die Schlinge verschob sich etwas nach links. Die Haut wurde etwas hochgezogen. Es traten 8 starke krampfartige Zuckungen des Körpers und Bewegungen der mimischen Gesichtsmuskulatur auf, dann eine kleine Pause und wieder starke Erstickungskrämpfe bis zu 7 Min. Dauer. Leichter Zungenvorfall. Kopfhaltung nach rechts unten. Salivation. Hängedauer 14 Minuten.«

Das Jahr 1944 war besonders günstig für diese Art »Forschung«: In diesem Jahre wurden allein in der Richtstätte Halle zwischen 7. Januar und 22. Dezember 259 Hinrichtungen vollzogen.[16] Aber natürlich war auch in den Vorjahren (1940–1943) im Halleschen Institut für gerichtliche Medizin und Kriminalistik genügend »Vergleichsmaterial« zur Sektion angefallen: Krefft konnte auf »41 Hinrichtungen durch Strang und 1 Spättod nach Selbsterhängen« zurückgreifen. Die Getöteten waren zwischen 18 und 46 Jahre alt.

Worin bestanden die Krefftschen Erkenntnisse? Der Doktorand fand »in 10 Fällen Blutungen an den unteren Ansatzstellen der Kopfnicker«, außerdem zusätzlich in 4 Fällen Ansatzblutungen am Schlüsselbein. In 6 Fällen erstreckten sich die Blutungen »noch über die Breitenausdehnung des Muskelansatzes an der Clavicula hinaus ins Periost und in das seitliche Bindegewebe«, die Kopfnickeransatzblutungen am Brustbein hingegen waren »von sehr kleiner Ausdehnung (Pfefferkorngröße)«. (Krefft 1944, S. 31.)

Bei den 42 »Erhängungsfällen« des »Vergleichsmaterials« waren hingegen 37mal Kopfnickerblutungen, d. h. 88 % (gegenüber nur 66 % bei Kreffts eigenen Fällen) beschrieben! Erklärung: Bei den Fällen des Promovenden handelte es sich 15mal »um ein verhältnismäßig langsames Hochziehen durch einen Flaschenzug«, bei den Vergleichsfällen hingegen bestand »neben dem Hochziehen noch die Wahrscheinlichkeit eines plötzlichen Sturzes in die Schlinge und durch die dabei auftretende Wucht eine grössere Zerrung und Dehnung der Halsweichteile, was als Ursache der auftretenden Blutungen anzusehen ist.« (Ebenda, S. 32.)

Der Doktorand wagte sogar einen Selbstversuch: »Um festzustellen, ob beim Hochziehen irgendein Muskelansatz der Kopfnicker beansprucht wird, ließ sich Verf. von einem Kameraden am Kopf so hochheben, daß der Körper senkrecht hing und der Erhängungslage annähernd entsprach. Dabei wurden ziehende Schmerzen an den clavikularen Partien der Kopfnicker bemerkt. Die Schmerzen bestanden etwa 3 Tage. Hieraus erklärt sich wiederum die grössere Beanspruchung der clavikularen Anteile des Musculus sternocleidomastoideus beim Erhängungsvorgang und somit auch die Bildung von Dehnungsblutungen an diesen Stellen.« (Ebenda, S. 33 f.)

Das Fazit der Arbeit sind letztlich bereits damals bekannte gerichtsmedizinische Binsenweisheiten, die man schon in zeitgenössischen Lehrbüchern nachlesen kann.

Abb. 16: Anspielung auf Kreffts Dissertation? (Karikatur in einer Broschüre zum ›Medizinerball 1952‹)

Gerhard Schrader, der Doktorvater Kreffts, konnte auch anderen Wissenschaftlern seiner Region dank seiner guten Beziehungen zum »Roten Ochsen«, wie die hallesche Hinrichtungsstätte im Volksmund hieß, dienen. »Durch Fühlungnahme mit Herrn Prof. Schrader bin ich ... in die Lage gekommen, von Hingerichteten unmittelbar nach der Hinrichtung die Augen entnehmen lassen zu können. Die ersten hiermit angestellten Versuche sind durchaus erfolgversprechend und lassen eine Fortsetzung mehr als wünschenswert erscheinen. Eine vollendete Parallele zu unseren Tierversuchen und gewissermaßen endgültige Bestätigung unserer Auffassungen und Vorschläge wäre jedoch erst

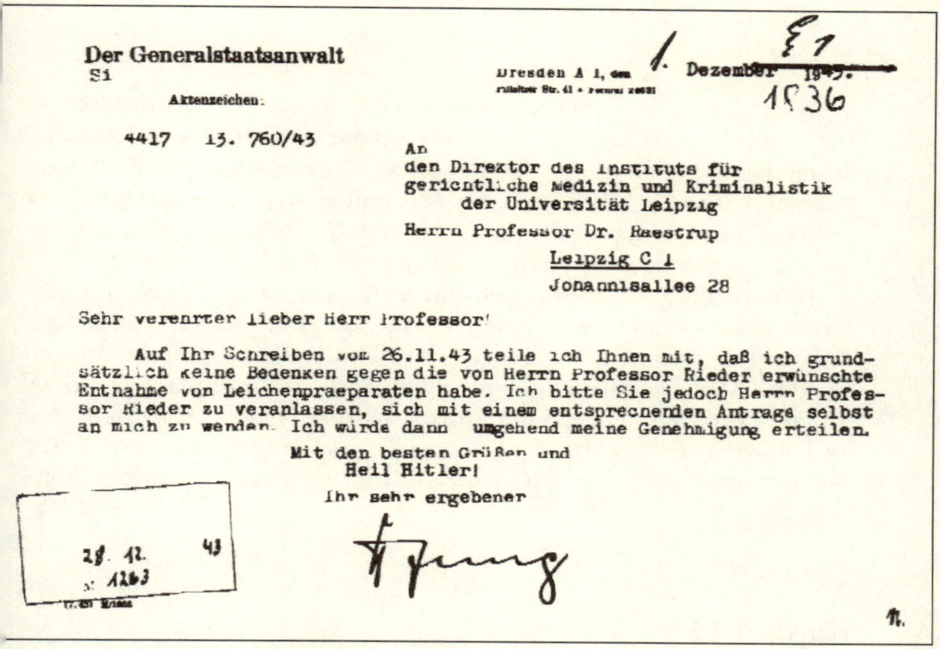
Der Generalstaatsanwalt
Si

Aktenzeichen:

4417 13. 760/43

Dresden A 1, den 1. Dezember 1943.

An
den Direktor des Instituts für
gerichtliche Medizin und Kriminalistik
der Universität Leipzig

Herrn Professor Dr. Raestrup

Leipzig C 1

Johannisallee 28

Sehr verehrter lieber Herr Professor!

Auf Ihr Schreiben vom 26.11.43 teile ich Ihnen mit, daß ich grundsätzlich keine Bedenken gegen die von Herrn Professor Rieder erwünschte Entnahme von Leichenpraeparaten habe. Ich bitte Sie jedoch Herrn Professor Rieder zu veranlassen, sich mit einem entsprechenden Antrage selbst an mich zu wenden. Ich würde dann umgehend meine Genehmigung erteilen.

Mit den besten Grüßen und
Heil Hitler!

Ihr sehr ergebener

28. 12. 43

Abb. 17: Der Generalstaatsanwalt hat keine Bedenken

nach Erfüllung gewisser Vorbedingungen zu erwarten. Ich wäre Ihnen deshalb außerordentlich dankbar, wenn Sie sich, nach Möglichkeit, für die Erfüllung dieser, bei Tierversuchen übrigens selbstverständlichen, Voraussetzungen einsetzen könnten und würden«, schrieb der Hallenser Zoologe Prof. Dr. Gotthilft von Studnitz[17], der vom Oberkommando der Kriegsmarine einen Geheimauftrag zur Erforschung der Nachtsehfähigkeit und des Farbensehens erhalten hatte. (s. Dok. 26) Auch bei diesem Anliegen konnte Schrader helfen. Das von ihm geleitete Institut für gerichtliche Medizin führte sogar selbständig Transportaufgaben bei der Überführung Hingerichteter durch, für 20 Leichen (= 11 Transporte) waren 100,00 RM auf das Konto des Professors zu überweisen.

Auch das Institut für Rassen- und Völkerkunde der Universität Leipzig hatte Interesse an Leichenmaterial für »Forschungszwecke«, so schrieb Direktor Otto Reche an den Dresdener Generalstaatsanwalt: »Für die Untersuchung bietet aber gerade der Krieg für fremdrassiges Material ungewöhnlich günstige Gelegenheiten, da wir jetzt Fremdrassige in erheblicher Zahl leicht greifbar im Lande haben, zu deren Untersuchung in Friedenszeiten meist lange und kostspielige Reisen notwendig sind.« (Zit. nach Viebig, 1998, S. 55.)

Die Gelegenheit zur Gewinnung von Organmaterial für Forschungszwecke suchten selbst Chirurgen; so benötigte man »aus etwa 20 ganz frischen Leichen minimale Praeparate aus dem Gebiet oberhalb der Nieren ... Ist es möglich, dass ein Assistent ... sogleich nach der Hinrichtung diese Praeparate entnimmt?« Der Gerichtsmediziner vermittelte, der angefragte Generalstaatsanwalt stimmte zu.[18] (s. Abb. 17)

Weitere Beispiele lassen sich mit Sicherheit in archivalischen Unterlagen oder – in Umschreibungen angedeutet – in wissenschaftlichen Publikationen finden. Die Frage: Hat sich der forschende Mediziner bei der »Materialgewinnung« anläßlich von Justifikationen, mit dem Anatomenspruch »Hic gaudet mors succurere vitae« (»Hier steht der Tod im Dienste des Lebens«) gewappnet, noch hinter dem Spruch der Richter verschanzen und so vielleicht sein Gewissen beruhigen können?

Kapitel 17

Leichenschau und Leichenöffnung

Auch nach 1933: wenig Neuerungen

Die Angst vor dem Lebendig-begraben-Werden oder vor dem Verbrennen im Zustand des Scheintodes mag der ursprüngliche Grund dafür gewesen sein, daß man seit langer Zeit auf behördliche Veranlassung Besichtigungen von Verstorbenen vornahm. Noch im 19. Jahrhundert wurden dabei z. B. in Preußen nahezu durchweg »Individuen, wenigstens auf dem Lande [tätig], welche auf der niedersten Stufe der Intelligenz stehen und sich durch ihr unsinniges und mechanisches Niederschreiben von Leichenschauscheinen schon allwärts bekannt und lächerlich gemacht haben.«[1] Wo keine Vorschriften über solche Art Laienleichenschau bestanden, waren die Verhältnisse noch weniger erfreulich; so wurde aus dem oberschlesischen Beuthen berichtet: »Die Schwindeleien auf den Standesämtern zur Erlangung der Sterbegelder hören nicht auf. Häufig werden Abortfrüchte als tote Kinder gemeldet.«[2]

Im Jahre 1900 stellte schließlich der 28. Deutsche Ärztetag in einer Resolution fest: »Die gesetzliche Einführung der obligatorischen Leichenschau ist im Interesse der Volkswohlfahrt eine Notwendigkeit«, und erhob deshalb die Forderung: »Die Leichenschau ist von in Deutschland *approbierten Ärzten* auszuführen«.

Der Reichstag hatte daraufhin in seiner Sitzung am 11. Juni 1900 diese Notwendigkeit anerkannt und den Reichskanzler ersucht, einen Gesetzentwurf vorzubereiten, »durch welchen baldigst für das ganze Reichsgebiet eine allgemeine *obligatorische Leichenschau* vorgeschrieben wird.«

1901 faßte der Reichstag zwar einen Beschluß über die allgemeine Pflichtleichenschau, eine endgültige Einigung wurde jedoch im Bundesrat durch Preußen verhindert. Die preußischen Abgeordneten lehnten die obligatorische Leichenschau wegen zu hoher Kosten und der Schwierigkeit, einen Arzt oder eine andere hierfür geeignete Person zu finden, ab. So unterblieb die allgemeine Regelung der Leichenschau, und es wurde den Ländern überlassen, ob und in welcher Weise sie eine solche für ihr Gebiet durchführen wollten.

Eine internationale Regelung betraf den Kriegszustand, schon 1906 formulierte man im Genfer Abkommen »Zur Verbesserung des Loses der Verwundeten und Kranken bei den im Felde stehenden Heeren« im § 3: »Die das Schlachtfeld behauptende Partei soll darüber wachen, daß der Beerdigung oder Verbrennung der Gefallenen eine sorgfältige Leichenschau vorangeht.«

Als Hermann Merkel auf der 26. Tagung der Gesellschaft für gerichtliche Medizin, die in Breslau stattfand, in seinem Vortrag auf das Thema Leichenschau zu sprechen kam, waren 37 Jahre vergangen, die Fortschritte jedoch keineswegs spektakulär: Eine Zwangsleichenschau, so schätzte man, finde bei etwa 80 % aller verstorbenen Deutschen statt, aber nur bei 50 % geschähe dies durch einen Arzt.[3] Nach wie vor war in den einzelnen deutschen Bundesstaaten die Praxis recht vielseitig:

In Bayern, wo eine Zwangsleichenschau schon seit 1760 vorgeschrieben war, hatte man das Land in insgesamt 2 904 Leichenschaubezirke (Stand des Jahres 1933) eingeteilt. Für diese Bezirke waren offiziell bestallte Leichenschauer zuständig, es waren dies 1 290 Ärzte, 602 Bader mit gewissen medizinischen Kenntnissen und 570 Laien (Sanitäter, ehemalige Sanitätssoldaten usw.). Die Laienleichenschauer wurden von den Bezirksärzten überwacht und unterstanden der Ortspolizeibehörde.

In Preußen gab es im allgemeinen keine besonderen Leichenschaubezirke; neben einzelnen zugelassenen Laienleichenschauern hatte jeder Arzt, der einen Patienten durch den Tod verliert, das Recht, die Leichenschau vorzunehmen und den Totenschein auszustellen.

In Württemberg und einigen anderen Ländern wurde die Leichenschau in der Stadt von Ärzten, auf dem Lande noch von Laien ausgeführt.

Eigenartig waren die Verhältnisse in Baden: Hier gab es generell nur Laienleichenschauer. Sie standen aber unter ständiger Beaufsichtigung des Gesundheitsamtes, mußten bei jedem Todesfall mit dem behandelnden Arzt in Verbindung treten und seine Angaben in den Leichenschauschein eintragen. Hier hatte man also durch besondere Verwaltungsmaßnahmen erreicht, daß trotz der Laienleichenschau eine hinreichende Kontrolle und Kritik an der Bezeichnung der Todesursache ausgeübt werden konnte.

Sachsen hatte die obligatorische Leichenschau seit 1850. Sie wurde von Leichenfrauen durchgeführt; eine Beerdigung durfte erst gestattet werden, wenn nach 72 Stunden Zeichen der Fäulnis der Leiche aufgetreten waren.

In Lübeck und Hamburg war jede Leichenschau seit 1884 bzw. 1894 eine ärztliche Aufgabe.

Neben der »einfachen« Leichenschau, bei der die Feststellung des Todes im Vordergrund steht, gab es nach den Bestimmungen der Strafprozeßordnung (§§ 87, 157) allerdings damals bereits die sog. gerichtliche Leichenschau, die der Aufklärung der Todesart und der Todesursache diente und – nachdem die Feuerbestattung zunehmend an Bedeutung gewann – die »amtsärztliche Leichenschau« vor der Kremation.

Seit 1935 existierte, die einfache oder behördliche Leichenschau betreffend, eine Dienstanweisung der Gesundheitsämter, in der vage Vorschriften und Absichtserklärungen formuliert wurden: »Wo ein Bedürfnis dazu vorhanden, und die ärztliche Leichenschau noch nicht allgemein durchgeführt ist, liegt dem Gesundheitsamt die Ausbildung, Prüfung und Dienstaufsicht der Leichenschauer (Leichenschauerinnen) ob.« (§ 22) »Das Gesundheitsamt hat darauf einzuwirken, daß die Leichenschau nach Möglichkeit überall eingerichtet und möglichst von Ärzten durchgeführt wird. Insbesondere hat das Gesundheitsamt auf die sorgfältige Ausstellung der Totenscheine durch die Ärzte zu achten.« (§ 72)[4] Obwohl diese Verordnung für das ganze Reich galt, unterstand die Arbeit der Gesundheitsämter weiterhin den Bestimmungen der einzelnen Länder, so daß sie dadurch häufig stark eingeschränkt wurde.

Als Berthold Mueller 1944 in einem Lehrbuch die Praxis der Leichenschau kurz abhandelte, hatte sich die Situation kaum verändert: »Eine einheitliche Regelung der Leichenschau für das Reichsgebiet ist dringend zu wünschen, es sollte nur noch eine ärztliche Leichenschau geben, eine regelmäßige Kontrolle der ausgestellten Leichenschauscheine durch eine Gesundheitsbehörde erscheint erforderlich.«[5]

Wenn sich auch in der praktischen Durchführung der einfachen

Leichenschau nach 1933 nicht viel änderte, so gab es doch auf dem Sektor der Feuerbestattung eine Neuerung: Am 15. Mai 1934 beschloß die Reichsregierung ein einheitliches Gesetz über die Feuerbestattung.

Die Feuerbestattung als eine sehr alte Bestattungsform ist bis heute in der christlichen Kulturwelt nicht unumstritten. So wurde beispielsweise ein Antrag auf Zulassung der Feuerbestattung, der dem sächsischen Landtag 1906 vorgelegt wurde, wie folgt begründet: Berechtigte Interessen der Kirchen würden durch den Antrag nicht beeinträchtigt, das religiöse Volksempfinden nicht verletzt. Zwar halte es die Regierung für erwünscht, daß die christliche Sitte des Begräbnisses im weitesten Umfang aufrechterhalten werde, vom staatlichen Standpunkt sei aber kein Grund vorhanden, alle, auch die nicht christlichen Staatsangehörigen zur Befolgung der christlichen Sitte zu zwingen. Die strafrechtlichen Bedenken seien durch die medizinischen und chemischen Fortschritte beseitigt. Ein im gleichen Jahr im Herzogtum Anhalt verabschiedeter Gesetzesentwurf enthielt den Passus, daß die Feuerbestattung bei Personen, die unter 16 Jahre alt sind, auch nicht mit Zustimmung der Eltern zulässig ist.[6]

Im Gesetz über die Feuerbestattung wurde u. a. festgelegt, daß diese Bestattungsform der Erdbestattung grundsätzlich gleichgestellt sei und die Art der Bestattung sich nach dem »Willen des Verstorbenen« richte (§ 1). Wichtige Festlegungen wurden im § 3 formuliert:

»(1) Die Feuerbestattung bedarf der schriftlichen Genehmigung der Polizeibehörde des Einäscherungsortes. Der Antrag ist spätestens 24 Stunden vor dem Zeitpunkt der Einäscherung zu stellen.

(2) Die Genehmigung darf nur erteilt werden, wenn beigebracht sind:

1. die amtliche Sterbeurkunde;

2. eine nach der Leichenschau ausgestellte, mit Angabe der Todesursache versehene amtsärztliche Bescheinigung, daß sich der Verdacht, der Verstorbene sei eines nicht natürlichen Todes gestorben, nicht ergeben hat. Kann der Amtsarzt die Todesursache bei der Leichenschau nicht einwandfrei feststellen, so hat er den Arzt, der den Verstorbenen während einer dem Tode unmittelbar vorausgegangenen Erkrankung behandelt hat, zuzuziehen oder die Vorlage einer Bescheinigung dieses Arztes über die Art der Krankheit, Dauer der Behandlung und Todesursache zu verlangen. Lassen sich die bestehenden Zweifel auch hierdurch nicht beseitigen, so ist eine Leichenöffnung vorzunehmen. War der zuständige beamtete Arzt zugleich der behandelnde Arzt, so ist die amtsärztliche Bescheinigung durch einen anderen beamteten Arzt vorzunehmen.

3. eine Bescheinigung der Polizeibehörde des Sterbeorts, daß ihr keine Umstände bekannt sind, die auf Herbeiführung des Todes durch strafbare Handlung schließen lassen ...«

Die wichtige Bestimmung, daß vor jeder Feuerbestattung eine zweite Leichenschau – und zwar eine solche durch einen beamteten Arzt – stattzufinden habe, schuf die Möglichkeit, bei der 1. Leichenschau nicht erkannte Einwirkungen auf den Körper des Verstorbenen – Strangmarken bei einem Erhängten, Stiche oder Schnitte, die unter der Bekleidung versteckt waren, auffällig gefärbte Totenflecke bei evtl. Gasvergiftung, auffällige Hautunterblutungen usw. – doch noch festzustellen und ihrem Zustandekommen nachzuforschen.

»Die Einäscherung von Leichen darf nur in behördlich genehmigten Anlagen (Feuerbestattungsanlagen) erfolgen«, wurde im § 7 gesagt, und § 9 hatte folgenden Wortlaut:

»(1) Die Aschenreste jeder Leiche sind in ein amtlich zu verschließendes Behältnis aufzunehmen und in einer Urnenhalle, einem Urnenhain, einer Urnengrabstelle oder in einem Grabe beizusetzen.

(2) Es ist Vorsorge zu treffen, daß jederzeit festgestellt werden kann:

1. von wem die Aschenreste herrühren,
2. wo die Aschenreste des Verstorbenen aufbewahrt werden.

(3) Ausnahmen von dieser Bestimmung des Abs. 1 können in besonderen Fällen durch die Polizeibehörde des Einäscherungsortes, an dem die Verwahrung der Aschenreste stattfinden soll, zugelassen werden.«

»Ausnahmen von dieser Bestimmung ... können ... zugelassen werden« – sie wurden, wie die Geschichte der Konzentrationslager und Hinrichtungsstätten gezeigt hat, millionenfach nicht nur »zugelassen«, sondern durch den NS-Staat sogar veranlaßt.

Ein altes Thema: Verwaltungssektionen

Der vollständige Titel des oben erwähnten Vortrages von Hermann Merkel hatte gelautet: »Über die Notwendigkeit der Einführung von Verwaltungssektionen und deren Durchführbarkeit«. Schon in den einleitenden Sätzen betonte Merkel, daß »tatsächlich Neues nicht gebracht werden kann«. Dieses Thema war also ebenso wie die Nachteile der Regelungen zur Leichenschau allgemein bekannt.

Verwaltungs- bzw. sanitätspolizeiliche Sektionen gab es in Österreich schon seit Mitte des 19. Jahrhunderts. Hier wurden durch eine Verordnung der Ministerien des Innern (als Sanitätsbehörde) und der Justiz vom 8. April 1857 Sektionen durchgeführt bei plötzlichem Tod, bei unklarer Todesursache, bei Todesfällen nach an sich harmlosen ärztlichen Eingriffen, bei tot Aufgefundenen und Selbstmördern, soweit deren Todesursache nicht einwandfrei feststand, bei Todesfällen in Haftanstalten, von Gebärenden sowie von Kleinkindern und Säuglingen.

Merkels Argumente für eine Vermehrung der Sektionen durch die Schaffung neuer gesetzlicher Möglichkeiten waren ebenso plausibel, wie sie heute – da sich die gesetzlichen Gegebenheiten gegenüber damals nicht geändert heben – modern anmuten, einmal abgesehen von der Verwendung einzelner damals zeitgemäßer Termini. (s. Dok. 27) Der Münchner Gerichtsmediziner hielt eine Vermehrung der Obduktionen für wünschenswert »erstens aus wissenschaftlich-therapeutischen Gründen zur Vertiefung unserer Kenntnisse von der Erkennung, dem Wesen und der Auswirkung der Krankheiten auf den menschlichen Körper und seine Organsystem und damit für deren Vorbeugung und Bekämpfung; zweitens aber auch aus Gründen der Rechtssicherheit, weil bekanntlich nicht selten durch zahlreicher vorgenommene Sektionen, wie uns unsere eigenen Erfahrungen, ganz besonders aber diejenigen der Nachbarkollegen Österreichs, gezeigt haben, erst gewaltsame Todesarten aufgedeckt werden, die durch Fahrlässigkeit oder Vorsatz anderer zustande gekommen sind und ohne die Verwaltungssektion nicht zur Strafverfolgung und Sühnung geführt hätten. Der dritte Grund für den Wunsch nach Vermehrung der Sektionen ist darin zu suchen, daß wir durch deren Ausführung eine wesentlich besser fundierte Kenntnis der medizinalstatistischen und volksgesundheitlichen Verhältnisse unseres deutschen Volkes erhoffen dürfen, und endlich und nicht zuletzt werden damit auch sicher unsere Bestrebungen auf dem Gebiet der Rassenhygiene und des Rassenschutzes – zumal im Hinblick auf Vorkommen und Nachweis der Vererbungskrankheiten – eine Bereicherung erfahren!«

Wie ein Brief von Gerhard Schrader »an die Herren Buhtz, Mueller, Pietrusky« vom 15. Juli 1938 bezeugt, war die Situation für die Einführung von Verwaltungssektionen gegen Ende des Jahres 1937 offenbar nicht ungünstig: »Im vergangenen Herbst hatte ich auf der Mitteldeutschen Tagung der Medizinal-Beamten auf eine von oben her gekommene Anregung hin ein Referat ›Zur Einführung von Verwaltungs-Sektionen‹ gehalten. Das Manuskript sollte in der Medizinal-Beamten-Zeitschrift ›Der Öffentliche Gesundheitsdienst‹ veröffentlicht werden. Nachdem bereits Dezember 37 die erste Korrektur mir zugesandt war, zögerte sich das Erscheinen immer wieder hinaus. Auf wiederholte Anfragen bei dem Herausgeber, Herrn Oberregierungs- und Medizinalrat Redeker, Berlin, erhielt ich gestern folgenden Bescheid: ›Das Ministerium kann z. Zt. die Frage der Einführung der Verwaltungs-Obduktion aus bestimmten finanziellen Gründen nicht fördern, obwohl es ihr größtes Interesse entgegenbringt. Der Abdruck von Aufsätzen, die auf die Notwendigkeit der Einführung der Verwaltungs-Obduktion hinweisen, ist daher z. Zt. untunlich, der Sache selbst wird dadurch im Augenblick nicht genutzt. ... Ich werde in etwa 2 Monaten wieder versuchen, ob der Abdruck vom Ministerium nun freigegeben wird. Vorläufig vermag ich an der Entscheidung nichts zu ändern.‹«[7]

Schraders Aufsatz erschien schließlich 1939 in der Zeitschrift »Der Öffentliche Gesundheitsdienst«, aber auch er war sich klar: »Grundsätzlich Neues wird ... hierzu von mir kaum zu erbringen sein.« Es war alles gesagt – und es wurde Krieg. 1944, als infolge des »totalen« Krieges ohnehin kein Geld für Verwaltungssektionen vorhanden gewesen sein dürfte, war Mueller in seinem zusammen mit Walcher herausgegebenen Lehrbuch jedoch weiterhin zuversichtlich: »Es ist zu hoffen, daß wir in einiger Zeit auch im alten Reich die Möglichkeit der Durchführbarkeit von Verwaltungssektionen erhalten. Die Polizeibehörde bzw. das Gesundheitsamt soll durch ein derartiges Gesetz Vollmacht erhalten, bei allen unklaren Todesfällen, bei denen öffentliches Interesse an der Klärung der Todesursache besteht, unabhängig vom Willen der Angehörigen eine Leichenöffnung zu veranlassen: noch haben wir aber dieses Gesetz nicht. Wohl aber gibt es einschlägige Bestimmungen für die Gebiete der Ostmark, des Sudetenlandes und des Protektorates, die noch aus der Zeit der österreichisch-ungarischen Monarchie stammen, und außerdem für den Reichsgau Numburg.«[8]

Natürlich wurden Leichenöffnungen auch ohne die gesetzlichen Möglichkeiten der Verwaltungssektion durchgeführt. Es gab jedoch sehr große Unterschiede in der Häufigkeit zwischen Stadt und Land. So sollen in jenen Jahren in Frankfurt am Main etwa 20 % aller Verstorbenen seziert worden sein, hauptsächlich durch die hohe Sektionsfrequenz der in Krankenhäusern Verstorbenen (75–80 %, sog. klinische Sektionen) bedingt, andererseits wurden Sektionen in kleinen Städten oder gar auf dem Lande – abgesehen von gerichtlichen Leichenöffnungen und ganz gelegentlichen Versicherungssektionen für Berufsgenossenschaften – so gut wie nicht durchgeführt.[9]

Schon in den zwanziger Jahren war die Frage aufgetreten, ob eine ohne Einwilligung oder sogar gegen den ausdrücklichen Einspruch der Angehörigen durchgeführte Leichenöffnung strafbar sei. Der § 367 des

Strafgesetzbuches, in dem allerlei »Übertretungen« abgehandelt wurden, sagte dazu ganz allgemein, daß, wer ohne Vorwissen einer Behörde oder wer unbefugt einen Teil einer Leiche aus dem Gewahrsam der dazu berechtigten Personen wegnimmt, mit Haft oder mit Geldstrafe bis zu 150,00 Reichsmark bestraft werden kann.[10] Die Sektion eines unbefugt aus der Leichenhalle entfernten Verstorbenen war folglich strafbar, auch das Delikt der »Sachbeschädigung« wurde ins Feld geführt. Am 25.9.1930 entschied das Reichsgericht einen derartigen Fall: Ein Arzt, der einen Verstorbenen seziert hatte, wurde von dessen Angehörigen wegen Sachbeschädigung angezeigt. Das Reichsgericht sprach sich dahingehend aus, daß in einem Leichnam das Andenken des Verstorbenen fortlebe – und somit könne man ihn nicht als »Sache« bezeichnen. Eine unbefugt durchgeführte Leichenöffnung sei also keine Sachbeschädigung und folglich auch nicht strafbar.[11] Auch die Entfernung der Leiche »aus dem Gewahrsam der dazu berechtigten Personen« ist im Hinblick auf die Vornahme einer Obduktion z. B. in einer Krankenhauseinrichtung keine strafbare Handlung: Die pathologischen Abteilungen in großen Krankenhäusern waren (und sind) meist zugleich Leichenhäuser und der Leiter der Abteilung, der Prosektor oder Institutsdirektor, mithin der Gewahrsamsberechtigte. Er konnte folglich nach dieser Bestimmung ebenfalls nicht bestraft werden.

In den ersten Jahrzehnten des vergangenen Jahrhunderts war es üblich, Obduktionen von im Krankenhaus verstorbenen Patienten dann vorzunehmen, wenn die Angehörigen innerhalb bestimmter Fristen nicht Einspruch erhoben. »Nur in wenigen Ländern, z. B. in Baden, besteht die reichlich veraltete Vorschrift, daß eine Leichenöffnung nur mit ausdrücklicher Genehmigung der Angehörigen vorgenommen werden darf«, schrieb Mueller 1944.[12] Mueller hat sich geirrt: Die Vorschrift ist hochaktuell und inzwischen in allen deutschen Bundesländern verbindlich!

Dabei hat sich die Rechtsprechung gegenüber dem alten Reichsgerichtsurteil kaum geändert: Eine Leiche ist keine Sache, eine Sektion folglich keine Sachbeschädigung, auch wird die Totenruhe durch eine Obduktion nicht gestört, niemand beleidigt und kein (lebender) Körper verletzt. Strafrechtlich kann einem Arzt also bei einer gegen den Willen der Angehörigen vorgenommenen klinischen Obduktion nicht viel passieren, wohl aber denkbar ist, daß Angehörige in einem solchen Falle Schaden erleiden, z. B. durch den Anblick des sezierten Leichnams oder durch die Nachricht, daß eine Sektion stattgefunden hat.

Der Begriff »Legalsektion« wird mitunter für sog. gerichtliche Sektionen angewendet. Die Bestimmungen über die gerichtliche Leichenschau und Leichenöffnung finden sich in den Paragraphen 87–91 des Strafgesetzbuches. Danach war die Leichenöffnung von zwei Ärzten durchzuführen, von denen einer der zuständige Gerichtsarzt, also der mit der Wahrnehmung der gerichtsärztlichen Geschäfte beauftragte Arzt des Gesundheitsamtes, in den kleineren Gesundheitsämtern meist der Amtsarzt selbst, sein mußte. Sehr oft war dieser beauftragte Arzt auch ein Arzt bzw. der Professor des gerichtsmedizinischen Universitätsinstitutes, in Bayern auch der Landgerichtsarzt. Da die sachgemäße Durchführung einer gerichtlichen Leichenöffnung kriminalistische Erfahrungen und dauernde Übung erfordert, mußte auch bei der Auswahl des zweiten Obduzenten auf diese Erfordernisse geachtet werden. Allerdings konnte während der Kriegszeit auf die Mitwirkung eines zweiten Arztes verzichtet werden, wenn dessen Hinzuziehung infolge der zunehmenden Ärzteknappheit Schwierigkeiten machte. Gegen die Durchführung einer gerichtlichen Leichenöffnung bestand von seiten der Angehörigen kein Einspruchsrecht. Die Innenministerien der Länder hatten bis ins einzelne gehende Vorschriften über das Vorgehen bei der Sektion, die Protkollierung der Befunde und die Abfassung des Gutachtens erlassen: auch hier gab es also bis zum Ende des III. Reiches keine einheitliche Regelung.

Kapitel 18

Alkohol im »Dritten Reich«

Neue gesetzliche Bestimmungen – neue gerichtsmedizinische Möglichkeiten

Der durchschnittliche Alkoholverbrauch der Bevölkerung in Deutschland war in den Jahren nach dem I. Weltkrieg deutlich niedriger als zu Beginn des 20. Jahrhunderts (Pro-Kopf-Verbrauch 1900: 10,1 Liter, 1929: 5,2 Liter)und stieg in den dreißiger Jahren langsam wieder an. 1935/36 soll dieser Verbrauch bei etwa 6,0 Litern gelegen haben. Im gemächlichen Straßenverkehr des Kaiserreichs dürfte auch der angetrunkene Kutscher nur selten zu einer echten Gefahr geworden sein. Das Problem alkoholische Beeinflussung und Teilnahme am Straßenverkehr hat sich folglich erst im Laufe der zwanziger Jahre mit der rasch zunehmenden Motorisierung des Straßenverkehrs herausgebildet.

»Als ich im Jahre 1931 und aus disziplinaren und kriminellen Anlässen 1932 die ersten Bluntuntersuchungen vornahm, stand der allgemeinen Anwendung die Bestimmung entgegen, daß die Freiheit der Person und insbesondere die Unversehrtheit des Körpers gewahrt sein mußten. Die Entnahme von 2 bis 3 Tropfen Blut ist aber eine äußerst geringfügige Angelegenheit im Vergleich zu den Folgen eines Verkehrsunfalls.« Dieses Zitat stammt von einem der ersten deutschen Mediziner, die sich routinemäßig mit Blutalkoholbestimmungen beschäftigten, von dem Berliner Polizeiarzt im Preußischen Innenministerium Dr. Kurt Hoffmann (Hoffmann, K., 1938, S. 48 f.). Die Methode des schwedischen physiologischen Chemikers Erik M. P. W. Widmark (1889–1945), 1922 beschrieben, war ebenso wie bei Hoffmann auch in den Labors der gerichtsmedizinischen Institute Anfang der dreißiger Jahre als Methode der Wahl eingeführt worden: »Die von dem schwedischen Professor Dr. Widmark ausgearbeitete Mikromethode zum Nachweis von Alkohol im Blut ist nach dem einstimmigen Urteil maßgeblicher Chemiker vom chemischen Standpunkt als vollkommen zu bezeichnen. Sie ist in sächsischen Laboratorien bereits mehrere Jahre ausprobiert [worden]. Empfohlen wird von den Sachverständigen, gleichzeitig den Harn des Betreffenden auf Alkohol zu untersuchen, und die Entnahme des Blutes in der Regel durch einen Arzt vornehmen zu lassen, der über die dabei zu beobachtenden Vorsichtsmaßnahmen unterrichtet ist und auch in der Lage ist, das psychische Verhalten des zu Untersuchenden zu beurteilen.«

Diese Zeilen finden sich in einem Schreiben des Dresdener Landesgesundheitsamtes an das Sächsische Ministerium des Innern vom 18. Februar 1933. Darin heißt es aber auch einschränkend: »Erschwerend für die praktische Verwertung der Methode ist die rechtliche Unmöglichkeit, von einer Person wider ihren Willen Blut zu entnehmen. Die Blutuntersuchung von blutenden Verletzten stößt zwar nicht auf rechtliche Schwierigkeiten, wohl aber die Verwertung des Befundes, da der Arzt ohne Genehmigung des Betreffenden nicht über den Befund aussagen darf (§ 300 RStrGB.). Für das private Versicherungswesen ... dürfte es nicht schwierig sein, durch Einfügung einer diesbezüglichen Bestimmung in die allgemeinen Versicherungsbedingungen, die Genehmigung zur Hergabe von Blut zum Zwecke der Blutalkoholbestimmung von Versicherten zu fordern.«[1]

Das Problem der Rechtmäßigkeit einer Blutentnahme zur Alkoholbestimmung wurde rasch gelöst, indem man durch das Gesetz vom 24. November 1933 den § 81 a in die Strafprozeßordnung einführte:

»Eine körperliche Untersuchung des Beschuldigten darf zur Feststellung von Tatsachen angeordnet werden, die für das Verfahren von Bedeutung sind. Andere Personen dürfen ohne ihre Einwilligung nur untersucht werden, wenn festgestellt werden muß, ob sich an ihrem Körper eine bestimmte Spur oder Folge einer strafbaren Handlung befindet.

Entnahme von Blutproben oder andere Eingriffe, die nach den Regeln der ärztlichen Kunst zu Untersuchungszwecken vorgenommen werden, sind ohne Einwilligung des zu Untersuchenden zulässig, wenn kein Nachteil für seine Gesundheit zu besorgen ist.

Die Anordnung steht dem Richter, bei Gefahr im Verzug auch der Staatsanwaltschaft und den Polizei- und Sicherungsbeamten zu, die als Hilfsbeamte der Staatsanwaltschaft ihren Anordnungen Folge zu leisten haben.«

Nähere Einzelheiten für die »Feststellung von Alkohol im Blute« (so die Überschrift der Bestimmung) wurden 1936 in einem Runderlaß des Reichsinnenministeriums festgelegt, der eine Blutuntersuchung in den Fällen vorsah, in denen ein *begründeter Verdacht* auf alkoholische Beeinflussung und ein *polizeiliches Interesse* besteht. Ein solches Interesse konnte also sowohl Vorkommnisse im Straßenverkehr, z. B. Unfälle, aber auch andere strafbare Handlungen betreffen. Im Text des Runderlasses wird ausgeführt:

»(2) Für die Alkoholbestimmung im Blute [wird] die Mikromethode des schwedischen Arztes Prof. Dr. *E. M. P. W . Widmark* benutzt, die allgemein anerkannt und zuverlässig ist. Das Blut wird möglichst sofort nach dem rechtserheblichen Ereignis durch einen kleinen Stich in das Ohrläppchen oder die Fingerspitze entnommen und in besonders vorbereiteten Glaskapillaren aufgefangen. Die Vorschrift zur Blutennahme ist auf jedem der Packung beiliegenden Fragebogen vermerkt ...

(3) ... Zur Durchführung der Blutentnahme und der klinischen Untersuchung sind, soweit dabei ein polizeiliches Interesse vorliegt, zur Ersparung von Kosten in erster Linie die *beamteten Ärzte* (Pol.-Ärzte, auch Pol.-Vertragsärzte und die Ärzte der Gesundheitsämter) zu beauftragen ...

(4) Um eine größtmögliche Genauigkeit und Sicherheit bei der ärztlichen Feststellung der Nüchternheit oder alkoholischen Beeinflussung zu erlangen, ist in *jedem* Falle eine ärztliche Untersuchung mit Ausfüllung des Fragebogens auszuführen.« Die Blutentnahme, so wurde verfügt, ist *»ebenfalls stets von einem Arzte vorzunehmen«* ...

(5) »... Zwecks Entlastung des Staatskrankenhauses der Pol. werden zu Durchführung der chemischen Untersuchung auch die gerichtlich medizinischen Institute und die öffentlichen Anstalten im Sinne des § 21

des Lebensmittelges. vom 5 7.1927 (RGBl. I S. 134, 1930 I S. 429) heranzuziehen sein ...«[2]

Für die Entnahme von Blutproben bei Angehörigen der Wehrmacht wurden im Heeresverordnungsblatt 1936 (S. 37) veröffentlichte besondere Bestimmungen des Reichskriegsministers und Oberbefehlshabers der Wehrmacht vom 25. Januar 1936 wirksam.

In den ersten Jahren nach Einführung der Widmark-Methode hat es nicht wenige Versuche gegeben, auch vor Gericht die Bedeutung exakter Promillewerte anzuzweifeln, etwa wenn bei der klinischen Untersuchung scheinbar keine alkoholbedingten Ausfallserscheinungen nachweisbar waren. Auch Brauer-, Destillateur- und Wirtekreise haben dagegen alle nur erdenklichen Einwände erhoben.[3]

Die mit der neuen Aufgabe der Feststellung der evtl. Trunkenheit von Fahrzeugführern betrauten Polizeibeamten mußten natürlich auch *selbst nüchtern* sein. Dazu beitragen sollte z. B. ein Runderlaß Himmlers, des »Reichsführers SS und Chefs der deutschen Polizei« vom 27. Januar 1938, in dem u. a. verfügt wurde: »... der Ausschank von *Trinkbranntwein* (z. B. Schnaps *jeglicher Art*, Weinbrand, Likör, Rum, Arrak) in den Polizeikantinen wird hiermit untersagt«, allerdings: »... *der Verbrauch von Rum und Arrak zur Herstellung von branntweinhaltigen Getränken* (Tee mit Rum oder Arrak und Grog) bleibt weiterhin gestattet.«

Ebenso wie der Polizeiarzt Kurt Hoffmann hat auch der Gerichtsmediziner Gottfried Jungmichel sehr viel für die Einführung der Widmarkschen Methodik in Deutschland getan. Jungmichel, der bei Erik Widmark in Lund volontiert hatte, publizierte als 32-jähriger seine Habilitationsschrift mit dem Titel »Alkoholbestimmung im Blut«.

Auch Gerhard Buhtz hat sich intensiv mit den verkehrsmedizinischen Auswirkungen alkoholischer Beeinflussung beschäftigt, er kam in seinem Buch »Der Verkehrsunfall« schon 1938 zu der auch heute noch gültigen Einschätzung, »daß bereits *bei Blutwerten unter 1,0 pro Mille ausnahmslos deutliche und einwandfrei feststellbare Zeichen der Trunkenheit mit ausgesprochener Leistungsminderung gegeben sind und daß schon bei wesentlich niedrigeren Werten z. B. bei 0,5 pro Mille und darunter in einem hohen Prozentsatz ganz beträchtliche Leistungsausfälle* auftreten!«

Bringt man die Leistungsänderungen in Beziehung zu den Wandlungen der Gefühlswelt und des Willens, in den verschiedenen Phasen der Alkoholwirkung, so müssen diese im Stadium des leichten ›Angeheitertseins‹ bzw. der mäßigen Berauschung im Rahmen des gesteigerten Verkehrs besonders gefahrbringend sein; denn gerade hier kommen zu oft verhängnisvoller Auswirkung die sorglos gehobene Grundstimmung, die Lockerung der Hemmungen, die gesteigerte Willenserregung mit dem ausgesprochenen Unternehmungsgeist, die Verkennung der Gefahren bei gleichzeitiger Überschätzung der Leistungsmöglichkeit durch Täuschung über den eigenen Zustand. Die Gefahrenmomente müssen sich zwangsläufig noch steigern, solange die Willenserregung vergesellschaftet ist mit einer gehobenen manischen Stimmung; denn gleichzeitig ist die Aufmerksamkeit vermindert, die Leistungsbereitschaft beeinträchtigt, die Auffassung erschwert, die Reaktionszeit verlängert; die Reaktion selbst wird fehlerhaft und unzweckmäßig. *In solchen Zuständen wird drauflosgefahren und Gas gegeben; die Kurven werden geschnitten, Weghindernisse werden nicht schnell genug erkannt, auf sie wird nicht zweckentsprechend reagiert und der Unfall ist eingetreten.*« (Buhtz 1938, S. 64 f.)

Etwas war damals offenbar anders, als heutige Statistiken ausweisen: »Der *schwer berauschte* Mensch wird ... *als Fahrzeugführer,* insbesondere bei Verkehrsunfällen nur *selten* in Betracht kommen« (ebenda). Obgleich »während der Zeit, in welcher die Reichsstraßenverordnung in Kraft war ... sich die Verkehrszucht auf der Straße bedeutend gehoben« hatte, verfolgte die neue Straßenverkehrsordnung vom 13. November 1937 »das Hauptziel, die Voraussetzungen für eine noch stärkere Hebung der Verkehrszucht zu schaffen«, wie es im Vorwort hieß. Das Thema »geistige Getränke« wurde z. B. im § 32 der Straßenverkehrs-Zulassungsordnung angesprochen: »Ungeeignet zum Führen von Fahrzeugen oder Tieren ist besonders, wer unter erheblicher Wirkung geistiger Getränke oder Rauschgifte am Verkehr teilgenommen oder sonst gegen verkehrsrechtliche Vorschriften erheblich verstoßen hat.« Ein Promillgrenzwert war damals noch nicht festgelegt, »entscheidend ist, ob die Sicherheit der Bewegung im Verkehr wirklich beeinträchtigt ist. Die Erfahrungstatsache, daß der Genuß einer bestimmten Menge von Alkohol (nachweisbar durch Blutalkoholuntersuchung), die Sicherheit der Bewegung im Verkehr wesentlich beeinträchtigt, ist ein wichtiges Beweismittel, für sich allein aber nicht entscheidend. Es kommt noch auf eine ganze Anzahl anderer Umstände an (Körperverfassung, Gewöhnung usw.). Es bedarf infolgedessen neben der Blutuntersuchung einer sorgfältigen Gesamtuntersuchung des Betroffenen; die Zuziehung [eines] erfahrenen ärztlichen Gutachters ist regelmäßig nicht zu entbehren«, hieß es im Kommentar zu dem zitierten Gesetzestext.

Schon damals gab es allerdings auch modern anmutende Einschätzungen, die jeglichen Alkoholgenuß im Zusammenhang mit dem Führen eines Kraftfahrzeuges ablehnten. Rechtsanwalt Reinhold Kobelt (1937, S. 28) zitiert eine Formulierung von Louis in einer (nicht näher

Antrag

zur Feststellung der Alkoholkonzentration im Blut.

Name: U. Richard Beruf: Gärtner

Wohnort: a. d. [illegible] Alter: 50 Jahre

Blut entnommen am 17. 4. 36. um 12 15 Uhr

Kurze Angaben über den Anlaß der Untersuchung:

Verkehrsunfall!

Ärztlicher Untersuchungsbefund (z. Zt. der Blutentnahme):

1. Körperbeschaffenheit: groß — mittel — klein — fett — normal, gut genährt — mager.
   Körpergewicht: .... kg. (mit, ohne Kleider).
2. Puls: regelmäßig — unregelmäßig — kräftig — normal — schwach.
   Zahl der Schläge in der Minute: 72
3. Pupillen-Lichtreaktion: reagieren prompt auf L. u. C.
4. Zeichen von Ataxie: Gang sicher — unsicher; beim Sichdrehen: sicher — unsicher.
   Verschärfte Romberg'sche Probe (Gehen auf einer Geraden mit geschlossenen Augen Fuß hinter Fuß): gleichmäßig — schwankend. Handbewegungen: Finger — Finger-Probe, sicher — unsicher. Aufheben kleiner Gegenstände vom Fußboden: sicher — unsicher.
   Sprache (evtl. Vorlesen): deutlich — lallend.
5. Aussehen: Gesichtsfarbe bleich — normal — gute Gesichtsfarbe — leicht gerötet.
   Erbrechen oder Spuren davon? keine
   Glucksen? nein Kleidung geordnet — ungeordnet?
6. Benehmen: beherrscht — stumpf — erregt — höflich — unhöflich.
7. Orientierung in Bezug auf Zeit und Raum? ja
   (mit Ja zu beantworten wenn normal, sonst Anführen der Aussagen des Patienten.
8. Urteilsvermögen: klar — unklar — verwirrt.
   Auch Fähigkeit zu Rechnen: gut.
9. Anzeichen von Krankheit, insbesondere Diabetes (Coma), Epilepsie, Hirnblutung, Psychose, Erschöpfung: Nein
10. Macht der Untersuchte den Eindruck unter Alkohol zu stehen, obwohl positive Symptome nach 4—8 nicht zu erhalten waren? ja
11. Anzeichen von Verletzung durch Unfall? ja
12. Alkoholgeruch der Atemluft? ja
13. Angaben des Untersuchten über den Alkoholgenuß, wann und wieviel? 20. 4. 36
    [illegible] 545

Diagnose des untersuchenden Arztes:

a) Der Untersuchte scheint nicht merkbar — leicht — hochgradig unter Alkoholwirkung zu stehen.

b) Der Untersuchte scheint nicht von geistigen Getränken so beeinflußt, daß man annehmen könnte, ihm fehle die nötige Beherrschung des Wollens und Denkens und Handelns.

Hiermit wird bezeugt, daß die Haut bei der Blutentnahme mit der beigefügten Ampullenlösung und nicht mit Alkohol, Äther, Karbolsäure, Jodtinktur oder anderen flüchtigen organischen Flüssigkeiten desinfeziert wurde.

Altenburg i. Thür., den 17. 4. 1936

Landeskrankenhaus chirurg. Abtlg. [illegible]

Gebrauchsanweisung siehe Rückseite!

NB! Zutreffendes ist zu unterstreichen!

Abb. 18: Vom Arzt ausgefüllter Antrag zur Feststellung von Alkohol im Blut aus dem Jahre 1936 (zu den Venülen nach Koller gehörig)

gekennzeichneten) Reichsgerichtsentscheidung: »Erörterungen darüber, ob und wann zuerst der Betrunkene sich seiner Trunkenheit bewußt wird, wären überflüssig, wenn es dem Führer als Verschulden angerechnet wird, daß er sich überhaupt unter Alkohol setzte. Nach meiner Auffassung ist daher schon strafbar, wer trinkt, obwohl er weiß, daß er demnächst fahren will oder muß. Richtet er später Unheil an oder fährt er so, daß er eine Gefahr für die übrigen Verkehrsteilnehmer bedeutet, so ist das nach meiner Ansicht strafbar.«

Bereits in den dreißiger Jahren wurden Formulare geschaffen, die vom untersuchenden und blutentnehmenden Arzt auszufüllen waren. Inhaltlich ähneln diese Formulare weitgehend den heute verwendeten (s. Abb. 18), obwohl die Erforschung der Alkoholwirkungen, die Methodik der Alkoholbestimmung und die forensische Bewertung von Blutalkoholbefunden seither eine riesige wissenschaftliche Literatur hervorgebracht haben.

Nicht nur Dr. Ley – Alkoholismus im Nazireich

Von Hitler wird folgende Geschichte berichtet: »Nach Verteilung der Abschlußzeugnisse in der Realschule von Steyr, die er anschließend verließ – also 1905 –, sei er morgens von der Milchfrau sinnlos betrunken auf der Straße gefunden worden und zu seiner Crux (Bezeichnung für Pensionsmutter) gebracht worden. Das zerrissene und zweckentfremdete Zeugnis habe er sich neu ausstellen lassen müssen. Darüber habe er [sich] so geschämt, daß er fortan Alkohol nie mehr angerührt habe.« (Schenk, S. 33.) Daß Adolf Hitler nie mehr Alkohol angerührt habe, sei sicher nicht ganz richtig, schreibt Ernst Günther Schenk, der über »Patient Hitler« ein umfangreiches Buch geschrieben hat, er sei einem Glas Bier als Schlaftrunk nicht abgeneigt gewesen, das Pilsner Bier, für das sein Stab beim Einmarsch in Prag 1939 sich begeistert habe, sei ihm, als er davon gekostet habe, allerdings zu bitter gewesen, und auch für Wein habe er absolut nichts übrig gehabt, erst 1942 hätte er einen Wein getrunken, der richtig aromatisch gewesen sei ...

Unter Hitlers engsten Gefolgsleuten gab es sowohl wichtige Eiferer gegen den Alkohol wie etwa Heinrich Himmler als auch Alkoholiker wie den als »Reichstrunkenbold« verspotteten Chef der Deutschen Arbeitsfront Robert Ley (1890–1945).

In SA und SS hatten sich offenbar von vornherein eine große Anzahl saufender Haudegen mit bescheidener Intelligenz zusammengefunden.

Aus einem »Lagebericht«: »Das Wissenswerteste dürfte sein, daß die Nacht von Montag auf Dienstag im Lager eine endlose Kette von unglücklichen Ereignissen war. Ich hatte im Adjutantenraum Telefondienst. ... Den Reigen eröffnete die Meldung, daß der Großteil der SA bei den Gruppen Ostmark und Niederrhein vollständig besoffen und in gereizter, eine Meuterei zu befürchten lassender Stimmung sei.

Die nächste Meldung (ca. 1 Uhr) sprach schon von einer richtiggehenden Schlägerei zwischen den beiden Gruppen, wobei es mehrere Verletzte (Dolch) gab.

Nächste Meldung: Ein vermutlich Irrer sucht, mit Dolch bewaffnet, das Gruppenführerzelt. Auf dem Weg sticht er drei Kameraden zusammen, wovon noch 2 in der Nacht gestorben sind. Fast gleichzeitig bringt man nebenan zu uns einen Sterbenden, der angebl. aus der Rauferei geholt wurde.

Nächste Meldung: Ins Lager zurückkehrende SA hält jeden Wagen an, verprügelt die Insassen und wirft mit Flaschen und Steinen die Wagenfenster ein, falls der Fahrer sich weigert, die unmöglichste Belastung durch die SA sich auf[zu]bürden. Ich selbst habe zwei solcher Wagen gesehen. Die Heimkehrer waren Horden, aber keine SA-Männer. Eine Verbindung mit Standartenführer Reimann ergibt den Einsatz der gesamten Nürnberger Polizei. Das vom OSAF-[Oberste SA-Führung-] Marschblock belegte Zelt nimmt Häftlinge, Krakeeler und in der Hauptsache Besoffene auf.

Die Feldjäger meistern korrekt und mit Schwung die Situation. Allmählich wird es ruhiger.

Eben wird wieder gemeldet, daß man aus der Latrine einen Sterbenden gezogen hat, der im Rausch hineinfiel und nach 1/2 St. an Chlorgasvergiftung starb. Das Gleiche wiederholt sich am Morgen. Um 4 Uhr ist Ruhe im Lager.

Zapfenstreich für Dienstag ist auf 22 Uhr, Alkoholverbot auf 21.30 Uhr festgesetzt. Durch Lautsprecher 10 mal bekanntgegeben!

Um 1 Uhr nachts sind wieder hunderte von Besoffenen in den Zelten ...

Das Ergebnis der Montagsnacht sind: 6 Tote, ca. 30 Schwerverletzte und Leichtverletzte, außerdem ca. 20 durch Autounfall Verletzte ...«[4]

Nachdem Himmler zu Beginn des Krieges gegen die Sowjetunion ein Alkoholverbot für die SS und Polizei für Dauer des Fronteinsatzes ausgesprochen hatte, wurde dieses etwas später wieder gelockert: »Mit Rücksicht darauf, daß *beim Fronteinsatz,* zumal im Osten bei den dort herrschenden Witterungs- und Trinkwasserverhältnissen, der Genuß von Alkohol in selbstverständlich mäßigen Grenzen gerechtfertigt und mitunter aus gesundheitlichen Gründen auch geboten sein kann, ordnet der Reichsführer-SS an, daß die von ihm verhängten bezw. noch zu verhängenden Alkoholverbote während der Dauer des Fronteinsatzes der betroffenen SS- bezw. Polizeiangehörigen ausgesetzt werden. Den Betroffenen gegenüber ist einwandfrei klarzustellen, daß das Alkoholverbot nach Beendigung des Einsatzes weiterläuft.«[5] Später korrigierte sich Himmler erneut, z. B. indem er SS-Obersturmführer Bender erklärte, »daß er eine Zurücknahme eines Alkoholverbotes wegen Bewährung an der Front nicht beabsichtigt, da das Alkoholverbot keine Bestrafung, sondern eine erzieherische Maßnahme darstellt«.[6]

Trotz Alkoholverbot haben sich offenbar viele der SS-Leute einschließlich der Ärzte, die in Konzentrationslagern oder in sog. Einsatzgruppen z. B. an Massenerschießungen und anderen Grausamkeiten beteiligt waren, erst durch diese Art »Dienst« zu Alkoholikern entwickelt. Himmler ist dies nicht unbekannt geblieben: aus Straf- und Disziplinarsachen gegen SS- und Polizeiangehörige ersah er, daß alkoholische Beeinflussung beim Zustandekommen von Delikten der verschiedensten Art eine erhebliche Rolle spielte. Sein Entschluß: Anordnung eines Entwöhnungsaufenthaltes. »Mit dieser Maßnahme bezweckt der Reichsführer-SS nicht eine Bestrafung, sondern eine gesundheitliche Erziehung der betreffenden SS- oder Polizeiangehörigen in deren eigenem Interesse; sie sollen durch bedingungslosen Alkoholentzug in Verbindung mit gesundheitlichen Maßnahmen wie Sport, Abhärtung usw. dem Alkoholmißbrauch entwöhnt und zu gesunden, körperlich und seelisch widerstandsfähigen Menschen erzogen werden, die Veranlassung haben, dem Reichsführer-SS für seine Maßnahme dankbar zu sein.«[7]

Solche »Entwöhnungsaufenthalte« fanden dann in einer besonderen Abteilung des Konzentrationslagers Buchenwald statt. Himmler selbst hatte den »Therapieplan« entworfen: »Rauchen verboten Arzt Gewöhnung an Schwitzbäder Sport und Abhärtung. Mögl. Fleischlose Kost. Kochsalzarme, aber nicht gewürzlose Kost. Gruf. Pohl soll geeigneten Mann zur Führung des ... Sanatoriums benennen. Fastenkur Neufassung an RFSS Gesundheits. Erziehung insbesondere vorbildliches Zwangsnaturerholungsheim nicht nur Strafe. 12/8 H.« (s. Abb.19)

Aus diesem Konzept entstand in der Folgezeit ein Vorschlag des »Inspekteurs der Konzentrationslager«, wie man Buchenwald – es »liegt so abgelegen, dass die Führer nicht in Versuchung kommen können, es zu verlassen« – für solche Entwöhnungsaufenthalte nutzen könnte (s. Dok. 28). 1942 wurden dann die Anordnungen für den Entwöh-

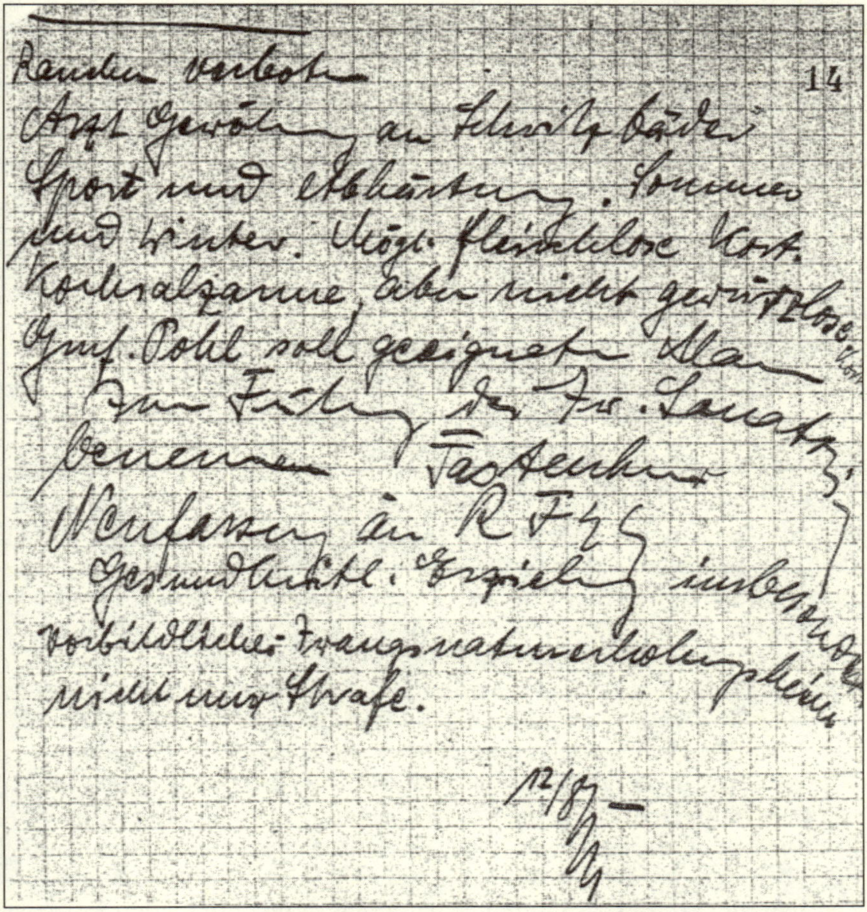

Abb. 19: Handschriftliche Anweisungen Heinrich Himmlers zur Gestaltung der Entwöhnungskuren für SS-Führer im Konzentrationslager Buchenwald

nungsaufenthalt endgültig formuliert. »Jeglicher Genuß von Alkohol und Nikotin ist verboten. Das Betreten des Führerheims und der Kantine ist untersagt. Fruchtsäfte und Mineralwasser werden durch Vermittlung eines Führers des Kdtr. Stabes eingekauft«, hieß es darin.[8]

Dem Alkoholismusproblem in der Zivilbevölkerung suchte man im Nazireich mit weit drastischeren Maßnahmen beizukommen: Nach dem »Gesetz zur Verhütung erbkranken Nachwuchses«, das am 1. Januar 1934 in Kraft trat, war eine Sterilisierung auch bei »schwerem Alkoholismus« vorgesehen. Die These des Schweizer Psychiaters August Forel (1848–1931), einem Vorkämpfer der Abstinenzbewegung, daß der Alkoholismus eine

Hauptquelle, wahrscheinlich *die* Hauptquelle der fortschreitenden »Entartungserscheinungen unserer Tage« sei, fand in diesem Gesetz ihren Ausdruck. Andererseits gab es auch in der Weimarer Zeit Wissenschaftler, die sogar – wie Rainer Fetscher (1895–1945) – der sozialistischen Bewegung nahestanden, welche die eugenische Sterilisierung von Alkoholikern empfahlen. Die »Münchner Medizinische Wochenschrift« schätzte die Zahl der zu sterilisierenden Alkoholiker 1933 auf etwa 10 000.[9] Später, als das Nazi-Gesetz in Kraft getreten war, scheint gerade beim Alkoholismus die »Diagnostik« durch mehr oder weniger gut ausgebildete Erbgesundheitsärzte eher »großzügig« gehandhabt worden zu sein. Bei der Auswertung von 522 Gutachten stellte Christiane Rothmaler fest: »Im überwiegenden Teil mußten wir die *formale und inhaltliche Qualität* der ausgewerteten Gutachten als eher negativ einstufen, wobei dieser Mangel sich zu ungunsten der ›Schwachsinnigen‹ und ›Alkoholiker‹ beziehungsweise der sozialen Unterschichten oder Hilfsschüler auswirkte. ... Die formalen Begründungen für einen Sterilisierungsantrag waren bei den neurologisch-psychiatrischen Diagnosen ›Epilepsie‹, ›Schizophrenie‹, ›manisch-depressives Irresein‹ beziehungsweise ›Blindheit‹, ›Taubheit‹ und ›Mißbildung‹ fast ausschließlich ›eugenisch‹, während bei ›Schwachsinn‹ und ›Alkoholismus‹ mit mangelnder sozialer Bewährung, sexueller Triebhaftigkeit (vor allem bei Frauen) und Straffälligkeit argumentiert wurde.« (Rothmaler, Ch., S. 146 f.)

Zum Begriff des *schweren Alkoholismus* wurden wiederholt gerichtliche Entscheidungen auch in medizinischen und juristischen Zeitschriften referiert oder veröffentlicht. In der Zeitschrift »Ärztliche Sachverständigen-Zeitung« wurde z. B. der Fall eines 44 Jahre alten Buchhalters vorgestellt, der vom Erbgesundheitsobergericht Jena entschieden worden war. Der Mann hatte 1929 eine Alkoholentziehungskur durchmachen müssen und war mehrfach wegen Betruges und anderer Straftaten verurteilt, die jedesmal im Zusammenhang mit seiner Alkoholkrankheit standen. Er hatte im Erbgesundheitsverfahren eingewandt, er trinke doch nicht dauernd und versage nur in Fällen seelischer Not. Das Gericht lehnte seinen Einspruch gegen eine Sterilisierung ab und begründete dies so: Gerade die Willensschwäche lasse ihn als Träger unerwünschter Erbanlagen erscheinen. Der Unlustgefühle werden Menschen mit gesunden Erbanlagen Herr, ohne im Alkohol zu entgleisen. Zum Wesen des schweren Alkoholismus gehöre nicht dauerndes Trinken und das Auftreten körperlicher Schäden. Maßgebend sei, wie sich der Betroffene verhalte.[10]

Schwerer Alkoholismus galt auch als *Ehehindernis*, da »beim schweren

Alkoholiker zu den Gründen, nur erbgesunde Personen in den Erbstrom des deutschen Volkes einfließen zu lassen, die vielen Bedenken sozialer, wirtschaftlicher und ethischer Natur besonders stark hinzutreten«, wie Kobelt (1937, S. 37) formulierte. Allerdings, so schrieb er weiter: »Wenn ein zerrütteter Trinker mit einer zerrütteten Trinkerin oder Psychopathin eine Ehe eingehen will, so wird man die Frage der Ehetauglichkeit kaum noch besonders prüfen.« Weil alles auf den »Erbwert der Familie und Sippe« ankäme, werde hingegen ein Ehehindernis vorliegen, wenn der Trinker aus einer Psychopathenfamilie stamme, auch wenn er selbst gar nicht ausgesprochen trunksüchtig sei ...

Kapitel 19

Von besonderem Interesse bis zum Schluß: Blut

Das uneheliche Kind

Noch im Jahre 1943 hatte Maximinian de Crinis das »neue großdeutsche Eherecht« mit den Worten bejubelt: »Es stellt einen Markstein der Gesetzgebung des dritten Reiches dar und hat in vollem Umfang dem nationalsozialistischen Gedankengut und Volksempfinden Rechnung getragen. Es stellt ein geschlossenes Bild der bisherigen einschlägigen Gesetzgebung dar und zerfällt in zwei große Abschnitte, in das *Recht der Eheschließungen* und in das *Recht der Ehescheidungen*. Es enthält zunächst die Gesetzestexte, und zwar das Gesetz zum Schutze des deutschen Blutes und der deutschen Ehre vom 5.12.1935 und das Gesetz zum Schutze der Erbgesundheit des deutschen Volkes (Ehegesundheitsgesetz vom 18.10.1935) mit den entsprechenden Verordnungen zur Durchführung und Ausführung der Gesetze.« (de Crinis 1943, S. 263.) Doch sowohl das antisemitische Blutschutzgesetz wie auch das rassenhygienisch ausgerichtete Ehegesundheitsgesetz wurden spätestens durch den Beginn des Krieges mit Polen zunehmend schwerer durchführbar.

Bereits wenige Wochen nach Kriegsbeginn sorgte sich Heinrich Himmler um den Fortbestand der »wertvollsten Glieder des Volkes« und vermittelte allen Männern von SS und Polizei in einem Befehl »die alte Weisheit«, daß nur der »ruhig sterben« könne, »der Söhne und Kinder« habe, und forderte die »deutschen Frauen und Mädel guten

Blutes« dazu auf, »über die Grenzen vielleicht sonst notwendiger bürgerlicher Gesetze und Gewohnheiten hinaus ... auch außerhalb der Ehe ... Mütter der Kinder ins Feld ziehender Soldaten zu werden«.[1] Der am 28. Oktober 1939 formulierte »SS-Befehl für die gesamte SS und Polizei« rief einen erheblichen Protest der »Wehrmacht« hervor. In einem Schreiben des Oberbefehlshabers der Heeresgruppe C vom 30.11.1939 an den Oberbefehlshaber des Heeres, Generaloberst von Brauchitsch, heißt es dazu: »Ich verurteile die Aufforderung an junge Männer zur Zeugung unehelicher Kinder nicht nur aus allgemein moralischen Gründen, sondern auch, weil ich darin eine Zerstörung der deutschen Familie, der Trägerin des Staates und der Wehrmacht, sehe. Wenn von den militärischen Führern die Erziehung der jungen Mannschaft zur Sittlichkeit, zur Selbstbeherrschung, zur Achtung vor der deutschen Frau und der Familie gepflegt wird, so muss der anliegende Befehl des Reichsführers SS in den jungen Leuten eine Verwirrung der Begriffe auslösen, die nur mit den Folgen der Zersetzung des Jahres 1918 vergleichbar ist. Es ist dabei noch zu bedenken, dass den jungen SS-Männern anscheinend überlassen bleibt, ob sie sich junge Mädchen oder gar verheiratete Frauen von Frontsoldaten als Partnerinnen wählen. Im letzteren Falle müsste das auf die Einsatzbereitschaft der Frontsoldaten einen schlechten Einfluss haben, insbesondere da die Aufforderung sich auch an die in der Heimat befindlichen SS-Männer richtet. Von der disziplinaren Seite aus ist es besonders zu verwerfen, wenn die jungen Männer als Soldaten bei Einquartierung im eigenen Land sich hemmungslos ihrem Geschlechtstrieb hingeben; solche Zustände erschüttern die Manneszucht von Grund auf. Sollte dieser Befehl allgemein bekannt werden und sich in dem angedeuteten Sinne auswirken ... so kann von einem Soldaten die ... Achtung vor der SS nicht verlangt werden.«

Spätestens zu Beginn des Krieges war dann auch eine »neue«, zweifellos in Erwartung einer großen Anzahl von gefallenen Männern vorausschauende offizielle Einstellung der NS-Führungsclique zur Frage der »Unehelichkeit« eines Kindes zu konstatieren. Rudolf Heß legte diesen Standpunkt sogar in einem »offenen Brief« an eine unverheiratete Mutter in der Weihnachtsausgabe des »Völkischen Beobachters« (1939) dar, und schon zwei Jahre zuvor durften unverheiratete weibliche Personen bzw. Mütter eines unehelichen Kindes gemäß einem Runderlaß des Reichsjustizministers im amtlichen Verkehr als »Frau« bezeichnet werden,[2] ab 1940 konnten sie für dieses »Recht« sogar eine Bescheinigung erwerben.[3] Als »selbstverständliche Voraussetzung« für die »ungeschmälerte Ehre« der Frau, die es bewußt auf sich nähme, »unverheiratete

Mutter zu werden«, nannte Heß – neben entsprechendem Alter und »gesunder Erbanlage« – »die Verbindung mit einem gleichfalls rassisch hochwertigen Mann«.

Auch das Eherecht wurde rasch gewandelt und den neuen Bedingungen angepaßt: Bereits zwei Tage vor dem Angriff auf Polen wurde über eine Verordnung zum Personenstandsgesetz die »beschleunigte Eheschließung«, die sog. Kriegstrauung eingeführt, wobei die Verlobten nur die Urkunden beibringen mußten, die sie bereits im Besitz hatten.[4] Später gab es die »Fernehe«, die »Leichentrauung« und die »Totenscheidung« (vgl. Essner und Conte, 1996).

Martin Bormann, die »graue Eminenz« Hitlers und ab 1943 »Sekretär des Führers« hat dessen am 29. Januar 1944 geäußerte Gedanken über die »Sicherung der Zukunft des deutschen Volkes« nach einem überstandenen Krieg in insgesamt 28 Punkten festgehalten[5]: »5. ... die Frauen, die nach diesem gewaltigen Krieg nicht mit einem Mann verheiratet sind oder werden, [können] ihre Kinder ja nicht vom heiligen Geist bekommen, sondern nur von den dann noch vorhandenen deutschen Männern. Verstärkte Fortpflanzung des einzelnen Mannes ist ... nur bei einem Teil dieser Männer erwünscht. Die anständigen, charaktervollen, psychisch und physisch gesunden Männer sollten sich verstärkt fortpflanzen, nicht die körperlich und geistig verbogenen. ... 17. Folgerung: Wir müssen wünschen, daß die Frauen, die nach diesem Kriege keinen Ehemann mehr haben oder bekommen, mit möglichst einem Mann ein eheähnliches Verhältnis, aus dem möglichst viele Kinder erwachsen, eingehen. ... 28/2. Auf besonderen Antrag sollen Männer nicht nur mit einer Frau, sondern mit einer weiteren ein festes Eheverhältnis eingehen können, in dem die Frau dann ohne weiteres den Namen des Mannes erhält, die Kinder ohne weiteres den Namen des Vaters.« Wenn solches nicht geschähe, so hat Bormann notiert, sei folgendes zu erwarten: »In 20 oder 30 oder 40 oder 50 Jahren fehlen uns dann die Divisionen, die wir unbedingt brauchen, wenn unser Volk nicht untergehen soll.«

Enttäuschte Erwartung: Blutgruppen zur Rassendiagnostik nicht geeignet

Schon kurze Zeit nach der Entdeckung des AB0-Blutgruppensystems durch Karl Landsteiner im Jahre 1901 hat es Bestrebungen gegeben, zu ergründen, ob sich die verschiedenen menschlichen Rassen auf Grund unterschiedlicher Blutgruppenzugehörigkeit differenzieren lassen. So haben z. B. Ludwik und Hanna Hirszfeld während des I. Weltkrieges an Soldaten der Salonikiarmee statistische Erhebungen über die Verteilung der Blutgruppen bei verschiedenrassigen Völkern Europas, Asiens und Afrikas gemacht und deren Ergebnisse 1919 veröffentlicht. Bis Ende der zwanziger Jahre des 20. Jahrhunderts gab es bereits etwa 1 000 wissenschaftliche Veröffentlichungen zu diesem Thema. Dazu zählen auch bedeutende Werke zur Blutgruppenforschung, wie das 1932 von Dr. Paul Steffan, einem Marinegeneraloberarzt und Chefarzt des Marinelazaretts Wilhelmshaven, herausgegebene »Handbuch der Blutgruppenkunde«. Der erste Satz des von Steffan verfaßten Vorwortes lautet: »Das vorliegende Werk verdankt seine Anregung einer an mich ergangenen Aufforderung des Verlages, die Beziehungen der Blutgruppen zu den menschlichen Rassen darzustellen.« Der Verlag war der von Julius Friedrich Lehmann, der die Rassenlehre über Jahrzehnte verlegerisch, finanziell und organisatorisch von München aus förderte.

Um die Bearbeitung des Themas »Rasse und Blutgruppe« zu intensivieren, kam es schließlich am 17. Juli 1926 zur Gründung der »Deutschen Gesellschaft für Blutgruppenforschung«, die ab 1929 mit der »Zeitschrift für Rassenphysiologie« (verlegt bei J. F. Lehmann, München) an die Öffentlichkeit trat. Otto Reche[7], seit 1927 Professor für Anthropologie in Leipzig, fungierte als Herausgeber, die Schriftleitung hatte Paul Steffan inne: »In gegenseitigem Meinungsaustausch erwuchs der Gedanke, die Blutgruppenanthropologie in großem Ausmaß anzufassen, und endlich der Plan, alle für diese Dinge interessierten Kreise in einer wissenschaftlichen Gesellschaft zu gemeinsamer Arbeit zu vereinen«, schrieb Reche im Geleitwort des ersten Heftes der Zeitschrift (1929).

Das Zentrum der Gesellschaft für Blutgruppenforschung bildete ein kleiner Gründungsausschuß, dem »reichsdeutsche« und österreichische Mitglieder angehörten, so der Botaniker und Vererbungsforscher Erwin Baur, der Anatom und Anthropologe Eugen Fischer (beide Berlin), der Gerichtsmediziner Albin Haberda (Wien) und der Bakteriologe und Serologe Paul Uhlenhuth (Freiburg). Ausländische Mitglieder waren Vertreter aus Moskau und Charkow, Ehrenmitglied u. a. Karl Landsteiner. Am 1. Januar 1930 hatte die Gesellschaft 179 Mitglieder, darunter jedoch nur wenige Gerichtsmediziner, es waren dies: der Japaner T. Furuhata (Kanasava), die Österreicher Haberda und Meixner, sowie aus Deutschland Pietrusky, Raestrup und Schütt. Offenbar achtete man von vornherein darauf, daß keine »Juden« als Mitglieder aufgenommen wurden, deshalb fehlen z. B. die Namen von Fritz Schiff, Fritz Strassmann, Ludwik Hirszfeld und Leone Lattes.

Die Gesellschaft für Blutgruppenforschung führte nach einem einheitlichen Schema in den späten zwanziger Jahren neben der Bestimmung der Blutgruppe gleichzeitig Erhebungen zu anthropologischen Merkmalen (z. B. Kopf- und Gesichtsmerkmale, Augen- und Haarfarbe) in verschiedenen, auch außereuropäischen Ländern durch, wobei gleichzeitig die Herkunft jedes Untersuchten nach Geburtsort und Volkszugehörigkeit erfaßt wurde. Letztlich bildeten diese Untersuchungen die Grundlage für wesentliche Teile des obengenannten Handbuches. Auch der Gerichtsmediziner Gottfried Raestrup hat zu diesem Buch einen wichtigen Beitrag über »Die Blutgruppenkunde in der gerichtlichen Medizin« erarbeitet.[8]

Gerhard Buhtz hat ebenfalls versucht, vielleicht zur serologischen Erkennung von »Juden« beitragen zu können, die Eroberungen in Polen im Jahre schienen ihm dazu günstig: Schon am 30. November 1939 wendete er sich wegen der »Untersuchung von Juden auf Blutgruppen und Rassemerkmale« an den Regierungspräsidenten von Kattowitz. Am 6.12.39 erhielt er Antwort:

»Im Regierungsbezirk Kattowitz sind folgende Städte bezw. Gemeinden mit überwiegend oder starker jüdischer Bevölkerung vorhanden:

1.) Sosnowitz etwa 30 000 Juden bei 120 000 Einwohnern,

2.) Bendzin etwa 25 000 Juden bei 50 000 Einwohnern,

3.) Chrzarnow, hier sind die Zahlen im einzelnen unbekannt, aber der weitaus grösste Teil der Bevölkerung dieser Stadt ist jüdisch,

4.) Auschwitz, hier liegen die Verhältnisse wie zu 3.)

Meinerseits bestehen keine Bedenken, falls von Ihnen die beabsichtigten Untersuchungen durchgeführt werden. Falls ich rechtzeitig über den Zeitpunkt der Untersuchungen unterrichtet werde, bin ich gern bereit, die Ortspolizeibehörden mit den nötigen Weisungen zu Ihrer Unterstützung zu versehen.«

Was aus diesem Vorhaben letztlich geworden ist, läßt sich den eingesehenen Akten nicht entnehmen, es findet sich lediglich ein Hinweis vom 20.12.1939, daß ein Scharführer Ruppin zunächst wegen der Blutgruppenuntersuchungen nach Sosnowitz fahren soll.[9]

Außer dieser Möglichkeit, über das eventuelle Vorhandensein von Unterschieden in der Verteilung der Blutgruppen zu einer »Rassendiagnose« beitragen zu können, hat es Versuche gegeben, über das System der Bildung von Antikörpern im Blut die »Rasse« eines Menschen herauszufinden. »Idealerweise« hätte man also ein gegen »Judenblut« gerichtetes Antiserum zur Verfügung haben oder gar »deutsches Blut« direkt nachweisen können. Tatsächlich hat der Österreicher Karl Horneck solche

Versuche unternommen. Gefördert von der DFG, begann er mit Immunisierungsversuchen. »Es wurden Kaninchen mit Europäer-, Marokkaner-, Anamiten-(Indochinesen-) und Negerseren immunisiert. Zur Verfügung standen mir 2 Marokkanerseren, 1 Senegalnegerserum, 1 Anamiteserum und verschiedene Europäerseren. Sämtliche Seren waren frisch gewonnen, zum Teil von kriegsgefangenen Kolonialtruppen, die ungefähr 1 1/2 - 2 Jahre in Europa lebten.« (Horneck 1942, zit. nach Klee 2001, S. 163 f.) Erwartet hatte Horneck, daß die Kaninchen nunmehr jeweils Anti-Europäer, Anti-Marokkaner- ... Anti-Senegalnegerserum bilden würden. Diese Antiseren wären dann ihrerseits in der Lage, das Blutserum von Europäern, von Marokkanern ... von Senegalnegern durch eine Eiweißfällung (Präzipitation) anzuzeigen.

Paul Uhlenhuth hatte dieses Verfahren zur Erkennung artfremden Eiweißes im Jahre 1900 beschrieben, war aber bei seinen Versuchen bereits 1904 darauf gestoßen, das blutsverwandte Arten wie Mensch und Menschenaffe, Pferd und Esel, sich damit nicht differenzieren ließen. Ob Mensch aus Europa oder Mensch aus Indonesien: die Kaninchen bilden eben nur gegen die »Herrentiere« (Primaten, d. h. Mensch und Menschenaffe) ein Antiserum, wenn man sie damit immunisiert, die postulierte »Herrenrasse« war mit dieser Reaktion nicht erkennbar. Auch Theodor Mollison, Professor der Anthropologie und Direktor des Anthropologischen Instituts in München, versuchte mit Hilfe der Präziptinreaktion rassen- und letztlich gesellschaftsbiologisch wirksam zu werden (ebenda).

Obwohl die Wissenschaft die Rassentheoretiker an den Schreibtischen der Macht in Berlin folglich im Stich gelassen hat, machte man bei Zweifeln an der »selbstverständlichen Voraussetzung«, d. h. der Abstammung von »rassisch Hochwertigen«, »bei Gefahr einer Verschleierung der rassischen Zugehörigkeit« eines Kindes, sei es ehelich oder unehelich geboren, das »öffentliche Interesse« der Staatsanwaltschaft, das Interesse der »nationalsozialistischen Staatsführung« geltend (vgl. Schramm 1939, S. 125 f). Dabei galt es nicht nur, etwa ein durch »Rassenschande« gezeugtes Kind herauszufinden (nicht auszudenken, wenn dieses »in die HJ und später in die Partei« aufgenommen werden würde), sondern z. B. auch den Erzeuger des Kindes einer »deutschblütigen« Frau, die, in »mischrassiger Ehe« lebend, »im Ehebruch von einem deutschen Mann empfangen hat« (ebenda, S. 126).

Die bei den verworrenen, wissenschaftlich unsinnigen und in ihren Konsequenzen verbrecherischen Fragen nach der Abstammung von den Nationalsozialisten zur »Klärung« herangezogenen Methoden reichten von der blanken Scharlatanerie über eine pseudowissenschaftliche Aufbauschung der erbbiologisch-anthropologischen Verfahren bis zur Nutzung serologischer Paternitätsuntersuchungen und bezogen Kinder und Erwachsene als den »Reichsbürgergesetzen« unterworfene »Prüflinge« gleichermaßen ein.

In den dreißiger Jahren hatte es die forensische Serologie zuweilen sogar schwer, ihre bisherigen, bereits anerkannten Positionen gegenüber Anthropologen wie Otto Reche und Walter Scheidt zu behaupten. Walter Scheidt, ordentlicher Professor für Rassenbiologie und Direktor des Rassenbiologischen Institutes der Universität Hamburg vertrat z. B. noch 1937 die Ansicht, »dass den rassenbiologischen Instituten alle strittigen Vaterschaftsprozesse zur Bearbeitung zu überweisen seien, und dass es dem Rassenbiologen zuständе, nur in ihm geeignet erscheinenden Fällen Ärzte, im besonderen den Serologen, zur Vorbereitung seines Gutachtens hilfsweise heranzuziehen«.[10] So war etwa eine Anfrage des Reichsjustizministers vom 7. Dezember 1937, »ob das Blutgruppenverfahren die ihm bisher zuerkannte Brauchbarkeit als gerichtliches Beweismittel tatsächlich besitzt oder ob dies nicht der Fall ist«, für das RMI Anlaß für eine Befragung des Robert-Koch-Institutes und namhafter Serologen, Gerichtsmediziner und einiger Anthropologen, die, einschließlich des Anthropologen Prof. Dr. von Verschuer, keine Veranlassung sahen, an der Brauchbarkeit der Blutgruppenbestimmung im Vaterschaftsprozeß zu zweifeln.[11]

Da sich eine serologische Untersuchung in jenen Jahren lediglich auf das AB0-und MN-System beschränkte, konnte man nur in einem Teil der Fälle Abstammungsfragen beantworten. Die Blutgruppenbestimmung wurde andererseits wohl in jedem Falle mit großer Sorgfalt meist in gerichtsmedizinischen und Hygiene-Instituten durchgeführt, das Ergebnis der Blutgruppenbestimmung oftmals jedoch ohne direktes Gutachten z. B. an ein rassenbiologisches Institut weitergeleitet (s. Abb. 20). »Erbbiologen« unterschiedlichster Qualifikation wurden dann in die für fragliche »Juden« oft lebensentscheidenden Untersuchungen einbezogen: »Nachdem auf Grund einer durch das Medizinisch-Diagnostische Institut Dr. med. A. Schmidt-Burbach, Berlin, vorgenommenen Blutgruppenuntersuchung und Blutfaktorenbestimmung festgestellt worden war, daß es nicht unmöglich ist, daß der Prüfling aus einer Beiwohnung zwischen seiner Mutter und dem Volljuden Nathan Schwarz stammt, habe ich [d. i. Dr. Kurt Mayer vom »Reichssippenamt« – F. H.], um ... Vornahme einer erb- und rassenkundlichen Untersuchung bei der Poliklinik für Erb- und Rassenpflege

Nr. 125. Erb- und rassenkundliche Untersuchungen. AV. d. RJM. v. 27. 3. 1936 (3470 — IV. b 3625). — Deutsche Justiz S. 533 —

Der Feststellung der Abstammung eines Menschen kommt im nationalsozialistischen Staat eine erhöhte Bedeutung zu. Die erb- und rassenkundliche Untersuchung der Beteiligten kann in vielen Fällen, die sich auf andere Weise nicht oder nicht ausreichend klären lassen, wertvolle Erkenntnisse vermitteln. Im Hinblick auf die nicht unerheblichen Kosten, die durch eine erb- und rassenkundliche Untersuchung den Beteiligten oder dem Reich entstehen, wird in der Regel eine solche Untersuchung nur angeordnet werden können, wenn die bestehenden Zweifel durch andere Beweismittel, insbesondere auch durch Vornahme einer Blutgruppenbestimmung nicht haben behoben werden können.

Zur Vornahme von erb- und rassenkundlichen Untersuchungen sind folgende Anstulten besonders geeignet:

1. Kaiser-Wilhelm-Institut für Anthropologie Berlin-Dahlem, Ihnestr. 22—24 (F.*) G 6 0445), derz. Direktor: Prof. Dr. Eugen Fischer.
2. Anthropologisches Institut der Universität Breslau, Breslau, Tiergartenstr. 74 (F. 41 375), derz. Direktor: Prof. Dr. Frhr. v. Eickstedt.
3. Universitäts-Institut für Erbbiologie und Rassenhygiene, Frankfurt/Main, Haus der Volksgesundheit, Gartenstr. 140 (F. 65 354), derz. Direktor: Prof. Dr. Frhr. von Verschuer.
4. Rassenbiologisches Institut der Universität Hamburg, Hamburg, Mollerstr. 2 (F. 444 148), derz. Direktor: Prof. Dr. Walter Scheidt.
5. Institut für Rassen- und Völkerkunde an der Universität Leipzig, Leipzig C 1, Neues Grassimuseum, Johannisplatz 1 (F. 14 815), derz. Direktor: Prof. Dr. O. Reche.
6. Rassenbiologisches Institut der Universität Königsberg, Königsberg/Pr., Oberlaak 8/9, derz. Direktor: Prof. Dr. Lothar Loeffler.
7. Anthropologisches Institut der Universität München, München, Neuhauserstr. 51 III (Alte Akademie) (F. 10 518), derz. Direktor: Prof. Dr. Th. Mollison.
8. Thüringisches Landesamt für Rassewesen, Weimar, Marienstr. 15, derz. Präsident: Dr. Astel.
9. Institut für Erbgesundheit und Rassenpflege Gießen, Frankfurter Str. 24, derz. Direktor: Dr. H. W. Kranz.

*) F. = Fernsprecher.

Abb. 20: 1936 galten 9 Institutionen als für »erb- und rassenkundliche Untersuchungen« besonders geeignet

in Berlin-Charlottenburg [betreut von Eduard Schütt und dem Psychiater Fred Dubitscher – s. Kap. 2 – F. H.] nachgesucht. Für diese Untersuchung standen der Prüfling, seine Mutter sowie der ursprünglich als Erzeuger in Anspruch genommene Volljude Nathan Schwarz persönlich zur Verfügung. Von dem später als Erzeuger in Anspruch genommenen, inzwischen verstorbenen G. D. R. Kuck lagen zwei verwertbare Lichtbilder vor. Nach dem abschliessenden Gutachten der Poliklinik für Erb- und Rassenpflege kann der ... als Erzeuger des Prüflings anzunehmende Volljude Nathan Schwarz durch das Ergebnis der erb- und rassenkundlichen Untersuchung nicht ausgeschlossen werden, wenngleich seine Vaterschaft nicht in hohem Grade wahrscheinlich zu machen ist. Der Prüfling weist, wenn auch nur wenig, jüdische Rassenmerkmale auf. Diese würden völlig unverständlich sein, wenn er bei deutschblütiger Abstammung mütterlicherseits von dem behaupteten deutschblütigen Erzeuger abstammen würde.»

Der »Prüfling« war in diesem Falle der damals 44-jährige Arzt und spätere Ordinarius für Psychiatrie in Greifswald,

Hanns Schwarz (1898–1977). Nur das Geschick eines Anwaltes und einige andere günstige Umstände verschafften Schwarz die Möglichkeit einer erneuten »Rassenuntersuchung« in der berüchtigten »Poliklinik«, wobei der Gutachter (diesmal Fred Dubitscher, dem Schwarz, als ein Schüler Karl Bonhoeffers, nicht unbekannt war) durch Umformulierung der vagen gutachterlichen Äußerungen bewirkte, daß Schwarz als »deutschen oder artverwandten Blutes« zugehörig eingestuft wurde (vgl. Schwarz 1975, S. 196 ff.).

Neben dem Verdacht der Abstammung von einem jüdischen oder anders nicht »deutschblütigen« Vorfahren wurden Abstammungsgutachten auch in Fällen fraglicher »Rassenschande«[12] gefertigt.

Sehr oft waren diese erbbiologischen Gutachten verständlicherweise sehr vage in ihrer Aussage, und es oblag letztlich dem Gericht, was es daraus für eine Entscheidung Verwertbares entnahm. Als ein solches Beispiel kann ein in Hamburg von einem Dr. K. (Koopmann?) gefertigtes *gerichtsärztliches Gutachten* über die Abstammung eines wegen Rassenschande belangten erwachsenen Mannes aus dem Jahre 1941 zitiert werden, das letztlich die Staatsanwaltschaft dazu veranlaßte, ein weiteres Gutachten vom »Reichssippenamt« anzufordern:

»Der Befund wurde erhoben nach den streng vertraulichen Richtlinien des Reichs- und Preußischen Ministers des Innern vom 27.4.1936:

1. Haut braungelb. Nasolabialfalte frei von Pigment. Am oberen Ende der Gesäßfalte kein blauer Fleck.

2. Möndchen finden sich nur am 1. und 2. Finger re. und am 1. und 3. Finger li. Die Möndchen sind rosa gefärbt.

3. Augenweiß gelblich marmoriert. Es findet sich eine mediale Augenfalte des Oberlides.

4. Haupthaar dunkelbraun, weich, glatt, gelichtet.

5. Nase gebogen, ziemlich groß, Maße 3,7 cm. Nasenwurzel mittelbreit, ziemlich hoch, etwas geblähte Nüstern. Lange ovale Nasenlöcher. Maße re 1,7:08 cm; li. 1,7:1 cm.

6. An den Lippen ist kein besonderer Befund zu erheben.

7. Das Untergesicht ist nicht vorgebaut, eine Prognathie ist nicht vorhanden. Die Gegend der Backenknochen ist verbreitert. Nasen- und Augengegend erscheinen etwas flach. Das Hinterhaupt ist flach.

Der Allgemeineindruck von F. rechtfertigt den Verdacht, daß er zum Mindesten fremdrassigen Einschlags sei, besonders das Profil spricht dafür, daß es sich mindestens um einen Mischling handelt. Es könnte sich bei ihm nach dem Eindruck des Profils aber auch um einen Volljuden handeln. Nach dem Frontbild des F. wäre es denkbar, daß es sich bei F. um einen Vertreter der dinarischen Rasse handelt. Einen absolut reinrassigen Eindruck macht F. keinesfalls.

Von den Merkmalsgruppen, die auf einen fremdrassigen Einschlag hinweisen, sind an F. vier ziemlich wichtige vorhanden:

Braungelbe Farbe der Haut,
marmoriertes Augenweiß,
mediale Augenfalte des Oberlides und
Flachheit des Gesichts in Nasen- und Augenbereich.

Aber auch die Form der Nase spricht für eine Judennase, als für die Nase eines Dinariers.

Der Merkmalsbefund bestätigt also den Verdacht darauf, daß F. einer fremden Rasse entstammt bzw. daß er erheblichen fremdrassigen Einschlag aufweist. Nach dem Befund läßt sich mit absoluter Sicherheit eine nichtarische Abstammung des F. nicht beweisen.

Ich gelange deshalb zu folgendem Gutachten:

1. F. erscheint nicht reinrassig.

2. Es besteht erheblicher Verdacht auf rassefremden (jüdischen) Einschlag.

3. Es kann mit hinreichender Sicherheit angenommen werden, daß F. ein Mischling mit rassefremdem Einschlag ist.

4. Der Beweis, daß F. Volljude ist, kann nach dem Ergebnis der rassebiologischen Untersuchung nicht geführt werden.« (Zit. nach Robinsohn 1977, S. 47 f.)

Staatsanwaltschaft und Gericht waren in diesem Falle offenbar verantwortungsbewußt genug, ein weiteres Gutachten anzufordern, aber: wie mag dieses in seiner Aussage gewesen sein? Wieviel ähnlich diffuse Gutachten – und natürlich auch solche, die klar sagten: der Untersuchte ist »fremdrassig« – wurden von anderen Gerichten akzeptiert und bildeten die Grundlage für hohe Strafen, wenn nicht für den Transport in ein Konzentrationslager. Schließlich galt bei nicht wenigen Juristen und Medizinern der Satz: »in dubio pro Volksgemeinschaft«.

Objektive Gründe bereiteten der »Rechtspflege« schließlich »besondere Schwierigkeiten«, wie es in einem Lagebericht des Oberlandesgerichtspräsidenten in Königsberg vom 6.11.1941 hieß: »Schon zu Beginn des Krieges äußerte sich der Direktor des rassenbiologischen Instituts in Königsberg dahin, daß er mit Aufträgen zur Erstattung von Gutachten derartig überlastet sei, daß er dafür ein Jahr benötige. Da die Arbeit des Instituts zur Zeit ruht, die Zahl der Sachen aber weiter in erheblichem Maße wächst, werden die Gutachten auch nach dem Kriege noch in Jahren nicht erstattet werden können. Wenn auch vielleicht in einzelnen Gebieten die Lage nicht so schlecht sein mag, erscheint es mir geboten, bei dem zuständigen Ministerium dahin zu wirken, daß die Vermehrung der tätigen Rassenbiologen, Notfall durch Reklamation, erreicht wird.«[13]

Tatsächlich hätten sicher noch Hunderte von »Erbbiologen« jahrzehntelang zu tun gehabt, wenn die Naziherrschaft weiter bestanden hätte, mußte doch »jeder in Deutschland das größte Interesse an seiner Abstammung [haben]. Seine Stellung als Reichsbürger, seine Fähigkeit, Beamter, Offizier, Erbhofbauer, Parteimitglied zu werden, und andere Rechte können davon abhängig sein. Die Gerichte oder das Reichssippenamt, die strittige Abstammungsfragen zu entscheiden haben, bedienen sich dabei erb- und rassenkundlicher Untersuchungen. Jeder ist heute verpflichtet, sich einer solchen Untersuchung zu unterziehen«, schrieb der Direktor des Kaiser-Wilhelm-Instituts für Anthropologie, Otmar von Verschuer[14], in einem »Leitfaden der Rassenhygiene« (1941, S. 142). Früher hingegen, »früher wurden Vaterschaftsprozesse hauptsächlich zur Feststellung des ›Zahlvaters‹ eines unehelichen Kindes geführt ...«

Selbstverständlich hat es in den Jahren nach 1933 auch ganz »normale« Fragen nach der Abstammung eines Kindes gegeben, wenn rassenbiologische Fragen nicht zu beantworten waren und lediglich nach einem von zwei oder mehr möglichen Vätern gesucht wurde. Serologisch war dies auch in solchen Fällen lediglich durch den Ausschluß von Männern, die *nicht* als Erzeuger eines Kindes in Frage kommen konnten, möglich.

Blutgruppenbestimmungen: strenge Anforderungen an die Sachverständigen

Nachdem namhafte Vertreter der Serologie gegen Ende der dreißiger Jahre eine Anerkennung der Solidität ihrer Untersuchungstechniken und der Aussagekraft ihrer Ergebnisse erreicht hatten, bestand von seiten des NS-Staates ganz offensichtlich ein wachsendes Interesse an Blutgruppenuntersuchungen. Man ließ Richtlinien für die Ausführung der Blutgruppenuntersuchungen und für die Einführung einer staatlichen Prüfung der dabei Verwendung findenden Testseren erarbeiten (1937), ermächtigte nur bestimmte Institutionen bzw. Wissenschaftler, als Sachverständige für die Erstattung von Blutgruppengutachten tätig zu werden, um Fehlbestimmungen auszuschließen, und forderte ab Januar 1938 jährliche Berichte über sämtliche von den einzelnen Untersuchern durchgeführten Blutgruppenbestimmungen. Eine mit Stand vom 1. Juli 1943 gedruckte »Übersicht der zur Erstattung von Blutgruppengutachten für gerichtliche Zwecke zugelassenen Ärzte« führte 118 Namen auf, darunter zahlreiche Gerichtsmediziner, auch Assistenten. Von den Genannten waren elf als »Obergutachter« tätig. Trotzdem hat es offenbar des öfteren Fehlbestimmungen gegeben; selbst Obergutachter haben durch solche Fehlleistungen ihren Status verloren.[15]

Welche Bedeutung die im Reichsinnenministerium zentralisierten obersten nationalsozialistischen Gesundheitsbehörden der gerichtlichen Blutgruppenkunde – zweifellos hauptsächlich unter den oben genannten Intentionen – beimaßen, geht aus der Tatsache hervor, daß man noch im Jahre 1944, als wissenschaftliche Tagungen fast nicht mehr stattfinden konnten und durften, »Fortbildungslehrgänge für die ermächtigten Sachverständigen für gerichtliche Blutgruppenuntersuchungen« organisierte und in Göttingen (5.–6. Mai 1944) und in Salzburg (7.–8. Juli 1944) mit einem umfangreichen und qualifizierten Vortragsprogramm auch stattfinden ließ. Das Programm beider Veranstaltungen ähnelte sich zwar thematisch weitgehend, aber auf irgendwelche rassentheoretischen Exkurse wurde offenbar völlig verzichtet, wie auch die Auswahl der Referenten (z. B. Dahr, Lauer, Jungmichel, Mayser u. a.) belegt; an Themen wurden z. B. am Freitag, dem 5. Mai 1944, zwischen 9.45 Uhr und 18.30 Uhr abgehandelt: »Allgemeine Serologie der AB0-Blutgruppen, der A_1- und A_2-Untergruppen und der MN-Blutkörperchenmerkmale«, »Methoden der Blutgruppenbestimmung durch Agglutinationsprüfung«, »Fehlerquellen bei der Blutgruppenbestimmung«, »Gewinnung der AB0-Testseren«, »Gewinnung der MN-Testseren«, »Die Anwendung des Absorptionsversuchs«, »Die Bestimmung der MN-Blutkörperchenmerkmale«. Am nächsten Tag lauteten die Vortragsthemen: »Die A-Untergruppenbestimmung einschließlich Herstellung von Anti-A_1- und Anti-A_2-Serum« und »Bestimmung seltener Eigenschaften (N_2, A_3 usw.)«. Es war beabsichtigt, die Lehrgänge in Abständen von zwei Monaten durchzuführen, es wurde erwartet, daß alle Sachverständigen innerhalb eines Jahres an wenigstens einem Lehrgang teilnahmen.[16]

Auch wissenschaftlich ist an neuen Problemen der Blutgruppenforschung bis fast zum Kriegsende gearbeitet worden, wie entsprechende Publikationen ausweisen. Noch in den letzten, vor Kriegsende erschienenen Heften z. B. der »Deutschen Zeitschrift für die gesamte gerichtliche Medizin« oder der Zeitschrift »Der öffentliche Gesundheitsdienst«, finden sich Arbeiten zu serologischen Themen von Dahr, Hausbrandt, Pietrusky und anderen.

Dabei wurden zuweilen auch Menschenversuche vorgenommen. Um die »Frage der künstlichen Umwandlung der menschlichen Blutgruppe« zu untersuchen, stellte der aus Sofia stammende Dr. med. Nikola Ilkow an dem von Dozent Dr. Peter Dahr (1906–1984) geleiteten Blutgruppenlaboratorium des Reichsgesundheitsamtes in Berlin-Dahlem mit 79 männlichen, 18 bis 50 Jahre alten Strafgefangenen Versuche an:

»Die Versuche erfolgten in drei Gruppen. ... Die *erste Gruppe* von 21 Personen erhielt 8 ccm Vollblut (defibriniert durch 1 ccm 10 proz. Natriumcitratlösung) und 1 ccm 1 proz. Adrenalinlösung. Entnahme von Vollblut zur Nachprüfung erfolgte am 3., 4., 5., 13. und am 23. Tage.

Die *zweite Gruppe* von 29 Personen erhielt die gleiche Menge gleicher Weise defibriniertes Vollblut wie Gruppe 1, statt Adrenalin jedoch 1 ccm einer 1 proz. Pilocarpinlösung. Blutabnahmen erfolgten am 3., 6., 10. und 14. Tage.

Die *dritte Gruppe* von 29 Personen erhielt defibriniertes Vollblut und Adrenalin wie Gruppe 1. Blutabnahmen erfolgten am 1., 2., 3., 5., 6., 7., 19. und 26. Tage.«

Es wurde festgestellt, *»daß in keinem Falle eine Änderung der bei den einzelnen Versuchspersonen vorher ermittelten Blutgruppe beobachtet wurde.«* (Ilkow 1943/44.)

Zu einer besonderen Möglichkeit der »Forschung«, die nicht wenige Mediziner in der NS-Zeit genutzt haben, hat Dahr in seinen »Lebenserinnerungen« Stellung genommen: »Als Leiter des Behring-Instituts war ich bestrebt, möglichst viel Testserum für die AB0-Bestimmung vor Bluttransfusionen zu gewinnen, vielleicht auch durch die Beschaffung des Blutes von Exekutierten. Ich wandte mich daher an den Anstaltsarzt der Strafanstalt Plötzensee, wo während des Krieges Hinrichtungen durch das Fallbeil stattfanden. Von höherer Stelle erwirkte der Kollege die Möglichkeit meiner Anwesenheit bei einem Exekutionstermin. Ich habe diese Erlebnisse nie vergessen können. Ich möchte es mir versagen, Einzelheiten dieser Exekutionen hier wiederzugeben. Jedenfalls gelangte ich zu dem Schluß, daß eine Blutgewinnung bei durch Fallbeil Hingerichteten nicht möglich sei« (Dahr 1980, S. 54).

Kapitel 20

Das Fachgebiet »Gerichtliche Medizin« in der Zeit des Zusammenbruchs

Das Jahr 1945 war das Jahr des Zusammenbruches des »Dritten Reiches«, der 8. Mai 1945 der Tag der Bankrotterklärung, der Kapitulation eines zutiefst verbrecherischen Systems und zugleich der Tag der Befreiung des deutschen Volkes von einer zwölf Jahre währenden Diktatur. Das Jahr 1945 war auch das Jahr des einstweiligen Zusammenbruches des Fachgebietes »Gerichtliche Medizin« an den deutschen Universitäten.

Angedeutet hatte sich das nahende Dilemma schon in den letzten Kriegsjahren: durch die Zerstörung oder Teilzerstörung vieler Institute, durch den Tod von Fachvertretern oder ihr längst überschrittenes Emeritierungsalter, durch einen Mangel an Nachwuchs, der durch den Krieg noch verstärkt wurde, Berthold Mueller hatte diese Entwicklung z. B. in einem Brief an Raestrup schon 1944 geschildert (s. Dok. 29).

Dies waren zweifellos wichtige, objektive Gründe für den »Zusammenbruch« des Faches. »Im übrigen ist zu bemerken, dass politisch unbelastete gerichtsmedizinische Persönlichkeiten im Rahmen der Universitäten nicht greifbar sind.«[1] Dieser Satz Gottfried Raestrups in einem Schreiben an den Dekan der Medizinischen Fakultät Halle, Prof. Dr. Budde, charakterisiert eine andere Seite der »objektiven« Schwierigkeiten im Fach: Die fast durchgängige Mitgliedschaft nicht nur der Professoren, sondern auch der Mehrzahl der Nachwuchskräfte in der NSDAP oder in ihren wichtigen Gliederungen. Anfang 1947 waren »in der gesamten russischen Zone lediglich zwei unbelastete Gerichtsmediziner noch tätig«.[2] Unterlagen z. B. aus den Universitätsarchiven in Jena und Greifswald geben Auskunft darüber, wie intensiv man sich in jener Zeit gerade in der sowjetischen Besatzungszone darum bemühte, auch die gerichtsmedizinischen Lehrstühle wieder zu besetzen, aber eben mit »Unbelasteten«.[3] Auch der von den US-Militärbehörden 1945 zwangsevakuierte Emil Weinig (s. Dok. 30), obwohl ehemals zumindest nominell NSDAP-Mitglied, gehörte zu jenen, die derzeit z. B. in Leipzig willkommen gewesen wären.[4]

Doch auch in den westlichen Besatzungszonen ansässig gewesene oder gewordene Gerichtsmediziner »erfreuten« sich nur ausnahmsweise – wie Ponsold (s. Kapitel 7) – »eines frühen Starts«: Die meisten mußten ebenso »wegen der Entnazifizierung auf die Wiedereinsetzung warten«. Andererseits war die junge Generation der qualifizierten Fachvertreter, etwa Breitenecker, Elbel, Krauland, Krefft u. a., die Lehrstühle übernahmen, keineswegs »unbelastet«. Spätere Auftritte z. B. von Breitenecker als Sachverständiger vor dem Landgericht Frankfurt am Main sind in die Literatur als Beleg für die Nachwirkungen des Nationalsozialismus auf die deutsche und österreichische Medizin eingegangen. »Im Urteil über die Ermordung von 70 273 Kranken in den Gaskammern der T-4-Anstalten steht: ›Nach dem Gutachten des Sachverständigen Prof. Dr. Breitenecker [...] ist die Tötung durch Kohlenmonoxyd eine der humansten Tötungsarten‹« (Klee 2001, S. 326).

Wissenschaftlich ist in den Jahren nach 1945 nicht allzuviel geschehen. Auch das Organ der gerichtsmedizinischen Fachgesellschaft, die »Deutsche Zeitschrift für die gesamte gerichtliche Medizin«, schwieg mehrere Jahre. Nachdem Fritz Strassmann und Paul Fraenckel 1935 aus dem Kreis der Herausgeber ausgesondert worden waren und Nazis wie Pietrusky, Schütt und Walcher das Profil bestimmten, wurde die Zeitschrift erst ab 1948 von Georg Strassmann, Wolfgang Laves und dem Psychiater Hans W. Gruhle weitergeführt.

Dem Ansehen der gerichtlichen Medizin hat das pronazistische Wirken der meisten Fachvertreter in der Zeit zwischen 1933 und 1945 zweifellos ebenso geschadet wie die Folgen dieses Wirkens: die Namenlosigkeit, die Nichtexistenz der Gerichtsmedizin in den Jahren nach 1945. Das Fachgebiet sank wiederum fast bis zur Entbehrlichkeit oder wenigstens Ersetzbarkeit durch »Nachbardisziplinen« herab, auf Positionen, die zwanzig, dreißig Jahre vorher schon einmal mit viel Engagement und großen Mühen überwunden worden waren. Wie für die Medizin im Nationalsozialismus generell, so ist in besonderem Grade für die gerichtliche Medizin zutreffend, daß sie »als institutionalisiertes System in einem historisch gesehen verhältnismäßig kurzen Zeitraum mit Hilfe staatlicher Gewalt und durch eine umfassende ideologische Manipulierungspraxis weitgehend in ein Zweckinstrument der faschistischen Herrschaftssicherung umgewandelt worden ist und die ihr übertragenen Funktionen auch wahrgenommen hat« (Thom 1983, S. 11).

Dokument Nr. 1

9.2.1939 Beschluß Oberstes Parteigericht in Sachen SS-Hstuf. Hans Aichinger und SS-Ustuf. Walter Kopfgartner (beide aus Innsbruck)
(Quelle: zitiert nach: Heiber, H., München 2001, S. 134 ff.)

Das Verfahren wird eingestellt.

Tatbestand:

In der Nacht vom 9. zum 10. November 1938 kam es auch in Innsbruck zu Aktionen gegen das Judentum. In deren Verlauf wurde der Jude Richard Graubart und Dr. Wilhelm Bauer durch den SS-Hauptsturmführer Hans Aichinger und der Jude Richard Berger durch den SS-Untersturmführer Walter *Hopfgartner* getötet.

Auf Befehl des Führers des SS-Abschnittes XXXVI SS-Oberführer Feil waren unter Führung der beiden Angeschuldigten sogenannte Rollkommandos gebildet worden. Aus bewährten SS-Männern wurden besonders zuverlässige Leute ausgesucht, die sich den beiden Angeklagten zur Verfügung zu stellen hatten. Die Mitnahme einer Pistole war allen Beteiligten untersagt worden, damit die ganze Aktion lautlos vor sich gehen soll. Aichinger erhielt den Auftrag, die Aktion gegen die in der Gensbacherstr. 5 wohnenden Juden Graubart und Bauer zu leiten, während Hopfgartner der Vorsteher der Israelitischen Kultusgemeinde Berger zugeteilt wurde.

SS-Oberführer Feil konnte bei der Kürze der zur Verfügung stehenden Zeit seinen Unterführern keine eingehenden Verhaltensmaßnahmen mit auf den Weg geben. Er erklärte den Angeschuldigten nur, daß sie zunächst eine Durchsuchung nach Waffen vorzunehmen hätten und bei dem geringsten Anschein von Widerstand diesen mit jeden Mitteln zu brechen hätten. Er hat ihnen keinen ausdrücklichen Befehl gegeben, die Juden zu töten. Er gibt aber zu, daß die Angeschuldigten aus seinen Worten den Schluß hätten ziehen müssen und auch ziehen sollten, daß es bei der Durchführung der Vergeltungsmaßnahme auf das Leben eines Juden nicht ankomme.

Ausdrücklich hat er ihnen gesagt, daß ihnen nichts geschehen wird, ganz gleichgültig wie die Aktionen ausgingen.

Aichinger hat dann mit seinen Leuten die Wohnung der Juden Graubart und Bauer aufgesucht. Er ließ die Wohnungen durchsuchen und die Juden selbst aus ihren Schlafzimmern herausholen, während die Frauen der Juden die Schlafzimmer nicht verlassen durften. Aichinger trat auf den Juden Graubart zu, der bereits unter Bewachung einiger SS-Männer stand. In diesem Augenblick soll der Jude nach Darstellung Aichingers die Arme erhoben und geschimpft haben. Aichinger hat dem Juden daraufhin mit seinem Dolch einen Stich in die Seite versetzt. Gleichzeitig gab ein anderer SS-Mann des Kommandos dem Juden einen Schlag auf den Kopf. Diese Verletzung wirkte sofort tödlich.

Aichinger begab sich dann sofort in die untere Etage des Hauses, wo der Jude Dr. Bauer wohnte. Bauer soll sehr kräftig gewesen sein und der Wache Schwierigkeiten bei der Verhaftung gemacht haben. Aichinger sprang hinzu und stach Bauer mit seinem Dolch in die Brust. Ausserdem erlitt Bauer Verletzungen am Kopf. Auf dem Transport zur Klinik ist er gestorben. Aichinger hat dann das Haus sofort mit seinen Leuten verlassen.

Zur gleichen Zeit begab sich der Angeschuldigte Hopfgartner mit 4 Leuten in die Wohnung des Juden Berger. Er hielt es jedoch mit Rücksicht auf die Anwesenheit der Ehefrau nicht für richtig, Berger in seiner Wohnung zu töten, und nahm ihn deshalb mit den Kraftwagen mit. An einer abgelegenen Stelle hinter Kranebitten hieß er den Juden aussteigen. Als dieser merkte was ihm bevorstand, versuchte er laut um Hilfe zu rufen. Er wurde daraufhin zu Boden gedrückt. Hopfgartner nahm einen großen Stein und schlug damit 2 Mal auf den Hinterkopf des Juden. Als Berger keine Lebenszeichen mehr von sich gab, warf man ihn über die Böschung in den Inn. Auch Hopfgartner begab sich sofort mit seinen Leuten nach Innsbruck zurück und erstattete den Adjutanten des Abschnittführers Meldung.

Hopfgartner hatte mit Berger ebensowenig persönliche Differenzen gehabt wie Aichinger mit Graubart oder Bauer. Er kannte Berger nicht einmal persönlich. Zu seiner Tat vernommen hat er wörtlich ausgesagt: »Nach Durchführung der Aktion hatten wir alle ein recht flaues Gefühl, da uns SS-Männern solche Aktionen nicht sonderlich sympathisch sind. Wir haben in Ausführung eines Befehls gehandelt ...«

Aichinger hat sich in ähnlichem Sinne geäussert, daß ihm Gewaltanwendungen an sich nicht liege[n] und er ohne erhaltenen Befehl aus eigenem Antrieb niemals gehandelt hätte [...]

Dokument Nr. 2

Ausführungsbestimmungen des REM und des RMI zur Neuregelung der Tätigkeit der Professoren für gerichtliche Medizin im Rahmen der Gesundheitsämter vom 25. März bzw. 2. August 1935
(Quelle: BA: REM 939, Bl. 4)

Die Professoren der gerichtlichen Medizin haben bisher *nebenamtlich* den gerichtsärztlichen Dienst in der Universitätsstadt und in einem oder mehreren Nachbarkreisen wahrgenommen. Die Berufung zu diesem Nebenamt erfolgte durch mich im Einvernehmen mit dem Herrn Reichs- und Preußischen Minister für Wissenschaft, Erziehung und Volksbildung.

Nach § 3, Abs.1, Nr. III des Gesetzes über die Vereinheitlichung des Gesundheitswesens vom 3. Juli 1934 (RGBl. I S. 531) und nach § 7, Abs.1 der Ersten Durchführungsverordnung vom 6. Februar 1935 zu diesem Gesetz (RGBl. I S. 177) liegt die gerichtsärztliche Tätigkeit vom 1. April 1935 den Gesundheitsämtern ob.

Daher verlangt die Tätigkeit der Professoren der gerichtlichen Medizin als nebenamtliche Gerichtsärzte eine Neuregelung, die ich im Einvernehmen mit dem Herrn Reichs- und Preußischen Minister für Wissenschaft, Erziehung und Volksbildung folgendermaßen festsetze:

Die gerichtsärztliche Tätigkeit wird in Zukunft von den Professoren der gerichtlichen Medizin, soweit sie hierzu bereit sind, im Rahmen des Gesundheitsamtes, und zwar nur für die Universitätsstadt ausgeübt; außerdem haben sie nach Möglichkeit die Erb- und Rassenpflege einschließlich der Eheberatung im Gesundheitsamt zu bearbeiten.

Für die ihnen zu gewährende Entschädigung gelten die Vorschriften des Kapitels IV des Gesetzes vom 30. Juni 1933 (RGBl. I S. 433).

Die durch ihre Tätigkeit erwachsenden Gebühren fließen der Kasse des Gesundheitsamtes zu.

Anträge auf Zulassung zur gerichtsärztlichen Tätigkeit in den staatlichen Gesundheitsämtern sind mir vorzulegen. Wegen der Mitarbeit in einem kommunalen Gesundheitsamt hat der Antragsteller mit dem Leiter des Trägers des kommunalen Gesundheitsamtes einen Privatdienstvertrag abzuschließen, dessen Genehmigung dem Herrn Reichs- und Preußischen Minister für Wissenschaft, Erziehung und Volksbildung und mir vorbehalten bleibt.

Die Regelung für die Hauptstadt Berlin bleibt einer Besprechung

mit den in Betracht kommenden Verwaltungsstellen vorbehalten.
Im Auftrag, gez. Dr. Gütt

Dokument Nr. 3

Mit »streng vertraulich« markierter Brief des Vorsitzenden der Deutschen Gesellschaft für gerichtliche, soziale Medizin und Kriminalistik, Prof. Dr. Buhtz, vom 23. Mai 1940 »an alle Fachvertreter«
(Quelle: BA, 49.01-943, Bl. 366-371)

1. Die *Innsbrucker Tagung* liegt hinter uns. Der Besuch war ein ausgezeichneter. Ausser den gerichtlichen Medizinern waren anwesend zahlreiche Juristen und Kriminalisten, insbesondere auch Vertreter der zuständigen Ministerien (im ganzen etwa 200). An der Tagung nahmen nicht teil: Nippe, Pietrusky, Förster, Hey, Weyrich, Werkgartner. Goroncy, der in Innsbruck anwesend war, liess sich kaum sehen, ist deshalb als Teilnehmer wohl nicht mitzurechnen. Als besonders erfreulich ist zu bezeichnen, dass bei dieser Tagung jegliche persönliche Spannung und Differenz vermieden wurde, bei aller sachlicher Auseinandersetzung über wissenschaftliche Fragen. Es ist mir von vielen Seiten zum Ausdruck gebracht worden, dass diese Entwicklung zur Befriedung des Faches eine ausserordentlich erfreuliche sei. Ich bitte alle Fachvertreter, auch weiter hierbei mitzuhelfen und dadurch den Zusammenhalt des Faches und die Stosskraft nach aussen zu fördern. Den Referenten danke ich nochmals für die ausgezeichneten Referate, insbesondere auch Herrn Panning und Herrn Hallermann für die Demonstration der ausgezeichneten Präparate.

2. Durch einmütigen Beschluss der Fachvertreter und durch Bestätigung der Mitgliederversammlung bin ich gebeten worden, den Vorsitz weiter zu führen, insbesondere so lange der Krieg dauert und die in Gang befindlichen Verhandlungen noch nicht abgeschlossen sind. Ich danke für das mir entgegengebrachte Vertrauen und hoffe, es dadurch rechtfertigen zu können, dass ich die augenblicklich in Gang befindlichen, recht schwierigen Verhandlungen günstig zum Abschluss bringe. Nach meinem Rücktritt als Vorsitzender wird Herr Schrader den Vorsitz übernehmen. Um die Kontinuität der Geschäftsführung zu gewährleisten und insbesondere um dann auch weitere Verhandlungen mit den

Ministerien zu führen, ist in Aussicht genommen, dass ich die Schriftführung der Gesellschaft übernehme, damit die in den letzten Jahren erworbenen Personalkenntnisse, Erfahrungen und Beziehungen zu den Ministerien für die Gesellschaft weiter ausgenutzt werden können.

3. Der Vorschlag der wissenschaftlichen Gutachtensammlung, welcher von den Fachvertretern gutgeheissen wurde (siehe anliegenden Abzug), hat nicht nur bei dem Reichserziehungsministerium, dem ich davon vorgetragen habe, grosses Interesse erweckt, sondern vor allem auch bezeichnender Weise beim Kriminaltechnischen Institut geradezu Aufsehen erregt. Ich hatte den Eindruck, als ob sehr bedauert wurde, dass man selber bisher noch nicht auf einen solchen Gedanken gekommen war. Wir sind also zuvorgekommen. Nach meiner Rückkehr von Neapel werde ich noch eingehender zur Frage der Gutachtensammlung Stellung nehmen. Für die nicht bei der Tagung anwesenden Mitglieder teile ich mit, dass beabsichtigt ist, von jedem Gutachten, das von einem Institut erstattet wird, bezw. von den dazugehörigen Leichenöffnungsprotokollen einen Durchschlag an den betreffenden Herren zu senden, der in dem anliegenden Vorschlag für das betreffende Gebiet benannt worden ist, wobei es einer abschliessenden Besprechung noch bedarf, ob die Gebiete so verteilt bleiben, wie sie in meinem Vorschlag lauten, oder ob noch anderslautende persönliche Wünsche berücksichtigt werden sollen, die ich mir mitzuteilen bitte. Hierdurch wird ermöglicht, Gutachten aus jedem Gebiet über das ganze Reich zu erfassen und zentralisiert insbesondere nach grundsätzlichen Gesichtspunkten auszuwerten. Unberührt davon bleibt natürlich die Veröffentlichung durch die Institute, welche einzelne Fälle oder Gruppen von Fällen. Vor allem aber sollen hierdurch Unterlagen gewonnen werden für allgemeine kriminalistische und gerichtsärztliche Fragen und es soll die Grundlage dafür geschaffen werden, dass bestimmte Gebiete zusammenfassend vorwiegend von bestimmten Instituten bearbeitet werden und dadurch jedem Institut, unabhängig von der sonstigen wissenschaftlichen Tätigkeit auf einem bestimmten Spezialgebiet eine Richtung gegeben werden soll.

4. Ich habe im Ministerium Vorstellungen erhoben darüber, dass wohl Herr Schmidt, nicht aber Herr Werkgartner und Herr Jungmichel zu Ordinarien ernannt worden sind. Der Minister steht auf dem Standpunkt, dass im allgemeinen erstmalig berufene Herren überhaupt nicht sofort mehr Ordinarius werden sollen, sondern zunächst planmässiger a. o. Professor und zwar gleichgültig, ob es sich um einen Theo-

retiker oder einen grossen Kliniker handelt, sodass die Ordinariate also nicht mehr an die einzelnen Lehrstühle gebunden sein sollen, sondern dass sie innerhalb der Fakultät je nach Alter und Verdienst verteilt werden sollen. Hierdurch soll insbesondere auch vermieden werden, dass jüngere Herren, nachdem sie ihren ersten Ruf gleich als Ordinarius erhalten haben, nunmehr in ihrer wissenschaftlichen Aktivität erlahmen, wie wir das auch gerade in unserem Fache in den letzten Jahren leider mehrfach beobachtet haben. Es handelt sich also wie gesagt nicht um eine Zurücksetzung von Herrn Werkgartner und Herrn Jungmichel, sondern um eine generelle Massnahme, die uns ebenso trifft, wie andere Theoretiker und Kliniker und der man auch im Interesse der wissenschaftlichen Entwicklung unseres Faches durchaus zustimmen muss; denn es ist – und das muss einmal offen ausgesprochen werden – ausserordentlich bedauerlich, dass mehrere jüngere Fachvertreter, nachdem sie ihren ersten Ruf erhalten haben, trotz ausgezeichneter früherer Arbeiten schon jahrelang nichts oder so gut wie nichts veröffentlicht haben. Dieser Zustand schadet nicht nur dem einzelnen in seinem Fortkommen und Ansehen, sondern auch dem Fach in seiner wissenschaftlichen Entwicklung. Die bisherige Übung: Besoldung als planmässiger a. o. Professor bei gleichzeitiger Ernennung zum persönlichen Ordinarius fällt fort, da aufgrund eingeholter Gutachten, insbesondere seitens des Finanzministeriums, sonst u. U. der betreffende Fachvertreter den Staat auf planmässiges Ordinariat verklagen könnte, weil er zum Ordinarius ernannt ist, aber nicht das entsprechende Gehalt bekommt.

5. Wegen der bevorstehenden *Neuregelung der Blutgruppensachen* habe ich mit Herrn Prof. Fischer eingehend konferiert. Soweit ich feststellen konnte, sind der neuen Verordnung die schlimmsten, gegen die gerichtliche Medizin gerichteten, vom Robert-Koch-Institut eingesetzten Zähne wieder gezogen worden. Ich habe aber durch Verhandlungen mit Herrn Klingelhöfer ausserdem erreicht, dass sich unser Ministerium noch einschaltet.

6. Mit dem Oberkommando der Wehrmacht habe ich wegen der *allgemeinen Einbeziehung der gerichtlichen Mediziner in den gerichtsärztlichen Dienst* verhandelt. Vom Oberkommando der Wehrmacht werden demnächst nach dieser Richtung Anweisungen an die Sanitätsinspektion und Anweisungen an die Kriegsgerichte ergehen. Es wird dann zu weiteren Verhandlungen mit der Sanitätsinspektion über die Abgrenzung gegenüber der Pathologie kommen.

7. Wegen des *Kriminaltechnischen Institutes* habe ich mit Oberführer Nebe und SS-Sturmbannführer Dr. Hees[s] verhandelt. Man hat mir

zugesagt, dass den Kriminalpolizeileitstellen und den nachgeordneten Polizei- und Gendarmeriebehörden in dieser oder der nächsten Woche Anweisungen zugehen, dass sie mit den regionalen Instituten zusammenarbeiten. Ich habe von Oberführer Nebe die Zusicherung erhalten, dass ich diesen Erlass, bevor er herausgeht, zur Stellungnahme erhalte. Es bleibt also abzuwarten, ob die übertriebenen Zentralisierungstendenzen des Kriminaltechnischen Instituts jetzt abgebremst werden. Soweit ich feststellen konnte, sind wohl die Herren im Kriminaltechnischen Institut, sowie auch die Vertreter des Reichsführers SS und der Kriminalpolizeileitstellen von unserer Tagung und insbesondere von der ausserordentlich regen wissenschaftlichen Tätigkeit der gerichtlichen Medizin auf dem Grenzgebiet der naturwissenschaftlichen Kriminalistik, der Spurenkunde, der Tatortuntersuchung und der Kriminaltechnik ausserordentlich beeindruckt worden. Ich möchte mir schon jetzt die Anregung erlauben, zur Vorbereitung der nächsten Tagung schon jetzt mit wissenschaftlichen Arbeiten, gerade auf diesen Gebieten, zu beginnen, damit auch im nächsten Jahre gute weitere Vorträge aus diesen Gebieten zu erwarten sind. Dr. Heess hat mir in Aussicht gestellt, dass er und seine Mitarbeiter im nächsten Jahr sich besonders rege mit Vorträgen melden werden, offenbar aus der Erkenntnis heraus, die in diesem Jahr erlittene Schlappe wieder gutzumachen. Wie ich vertraulich hörte, besteht die Absicht, das Kriminaltechnische Institut in Berlin in irgendeiner Form in ein Universitätsinstitut zu verwandeln. Aus diesem Grunde kommt es in besonderem Masse darauf an, dass sich unsere Institute auf den Grenzgebieten der naturwissenschaftlichen Kriminalistik (vergl. Dt. Justiz v. 8. 3. 1940, S. 293 ff.) wissenschaftlich besonders hervortun, um den zweifellos bestehenden Tendenzen, auch an den Sitzen der Leitstellen kriminaltechnische Teilinstitute aufzumachen (wobei es allerdings an geeigneten wissenschaflichen Arbeitskräften fehlt) zu begegnen. Ich schlage vor, dass von mir aus als Vorsitzender der Gesellschaft beim Herrn Reichserziehungsminister der Antrag gestellt wird, dass sämtliche gerichtsärztlichen Institute künftig über das ganze Reich einheitlich benannt werden. Es ist jetzt so, dass die Bezeichnung »Gerichtsärztliches Institut«, »Gerichtlich medizinisches Institut«, »Institut für gerichtliche und soziale Medizin«, »Institut für gerichtliche Medizin und naturwissenschaftliche Kriminalistik« in buntem Durcheinander existieren. Es soll gewiss nicht verkannt werden, dass in diesen Namen ein gut Teil Tradition liegt und dass in ihnen die Erinnerung[en] an frühere namhafte Lehrer der gerichtlichen Medizin wachgehalten werden. Es erscheint mir jetzt aber an der Zeit, die gerichtsärztlichen Institute einheitlich zu benennen und die kriminalistische Tätigkeit der Institute in Lehre, Forschung und Praxis auch im Namen auszudrücken, insbesondere um den Tendenzen (Kriminalpolizei, Lebensmittelchemie, gerichtliche Chemie), die naturwissenschaftliche Kriminalistik an sich zu reissen, dadurch vorzubauen. Ich schlage deshalb vor, die Institute sämtlich »... und Kriminalistik« zu benennen, entsprechend der Bezeichnung unserer Gesellschaft. Ich verstehe vollkommen, wenn von dieser oder jener Seite gegen eine solche Umbenennung Hemmungen bestehen. Auf Grund des mir gegebenen Einblicks in die mögliche und beabsichtigte Entwicklung kommt es hier aber darauf an, gewissen Bestrebungen rechtzeitig zuvorzukommen. Unser Ministerium wird uns bei allen diesen Bestrebungen weitgehend unterstützen, wie ich bei der Rücksprache am vergangenen Montag festgestellt habe. Im Interesse der Einheitlichkeit und Geschlossenheit des Faches und im Interesse der weiteren Durchführung der von mir eingeleiteten Vorstösse, bitte ich, dem Vorschlag dieser Umbenennung zuzustimmen; ich werde ihn dann reichseinheitlich durch das Ministerium anordnen lassen. Gleichzeitig bitte ich, mir fortlaufend alle Mängel und Fehler zu melden, die sich auf Grund des Erlasses über das Kriminaltechnische Institut (vergl. Dt. Justiz vom 8.3.1940, S. 293 ff.) ergeben haben, insoweit, als durch die Übersendung von Beweismaterial nach Berlin den Instituten solches entzogen wird und insofern, als hierdurch Verzögerungen eintreten, wenn die Untersuchung in Berlin statt in einem regional zuständigen Institut stattfindet.

8. *Chemiker* an gerichtsärztlichen Instituten.

Um das Gebiet der naturwissenschaftlichen Kriminalistik und der gerichtlichen Chemie noch fester an die gerichtsärztlichen Institute zu binden und der Schaffung besonderer kriminaltechnischer und gerichtlich-chemischer Institute vorzubeugen, schlage ich vor, dass die einzelnen Fachvertreter bei den Etatsanträgen für die nächsten 2 Jahre Chemikerstellen für ihr Institut beantragen, soweit diese noch nicht vorhanden sind. Der Antrag ist zu begründen mit der besonderen Entwicklung des Faches in Lehre und Forschung auf dem Gebiete der naturwissenschaftlichen Kriminalistik, insbesondere auch, um einer Zersplitterung der wissenschaftlichen und praktischen Tätigkeit, die sonst drohen würde, zu begegnen. Ich habe dem Ministerium vorgeschlagen, dass Chemiker, die sich bewährt haben und die nicht nebenbei noch Medizin studieren, sich entweder für naturwissenschaftliche Kriminalistik habilitieren oder als Chemiker in planmässiger Stelle, in beiden Fällen in beamteter Stellung fest angestellt werden, falls sie nicht gleichzeitig Vollmediziner sind. Hierdurch wird insbesondere der Bestrebung von Herrn Künkele, der die gesamt[e] Chemikerschaft hinter sich hat, vorgebaut.

9. Betr.: *Gerichtsärztlichen Dienst.* Ich habe die Absicht, beim Herrn Reichsinnenminister durch den Erziehungsminister den Antrag zu stellen, die gesamte gerichtsärztliche Tätigkeit aus dem Gesundheitsdienst herauszunehmen und als besonderes Gebiet zu betrachten. Darüber später mehr. Ich bitte mir laufend Fehlbegutachtungen durch die Kreisärzte (auch rückwirkend) mitzuteilen, damit ich für die kommenden Verhandlungen ausreichende Unterlagen habe (immer vierfache Ausfertigung).

10. Betr.: *Nebeneinnahmen.* In der Anlage übersende ich eine Entschliessung des Oberlandesgerichts Stuttgart über die Frage, ob wir nach der für uns ungünstigen Gebührenordnung für die Kreisärzte oder anderen landesüblichen Tarifen liquidieren müssen, oder ob wir nach der Gebührenordnung für Zeugen und Sachverständige liquidieren können. In der Entscheidung des Oberlandesgerichts Stuttgart ist diese Frage im letzteren Sinne entschieden worden.

11. Gegen die *Zerteilung der Staatsprüfung* (vergl. RGBl. Vom 22. Juni 1939 S. 1281 XVI und XVII) werde ich durch das Reichserziehungsministerium Einspruch beim Reichsinnenministerium erheben.

12. Betr.: *km-Gelder* für Fahrten zu Leichenöffnungen und Terminen: Die Auffassung, dass den Fachvertretern nur 13 Pfg. für den km zustünde, ist irrig, da unsere Wagen im Interesse des Dienstes angeschafft worden sind. Es steht uns daher nach dem Runderlass des Finanzministers vom 3.12.1936 betr. Entschädigung für Benzin bei Benutzung des eigenen Kraftwagen bei Dienstreisen I C 2546. 7. 11 Preuss. Besoldungsblatt Nr. 36 vom 18.12.1936 zu, dass die Höhe der km-Gelder durch die vorgesetzte Dienstbehörde festgesetzt wird.

13. Es wird empfohlen, die bei der Fachvertretersitzung überreichten Heftchen »Untersuchungsmethoden« von den einzelnen Instituten entsprechend variiert an die zuständigen Gerichte und Staatsanwaltschaften zu versenden »Unter Bezugnahme auf die Verhandlungen des Vorsitzenden der Deutschen Gesellschaft für gerichtliche, soziale Medizin und Kriminalistik mit dem Herrn Referenten im Reichsjustizministerium überreicht.«

14. Am Freitag fahre ich nach Neapel und komme am Montag, den 11. bis Dienstag, den 12. Juni 1940 zurück. Bis dahin erreicht mich keine Post.

Dokument Nr. 4

Text einer Anfrage des Dekans der Medizinischen Fakultät Leipzig vom 27. November 1943 (1) und des Antwortschreibens des Direktors des Institutes für gerichtliche Medizin und Kriminalistik vom 2. Dezember 1943 (2):
(Quelle: SgS RmL: E 1/1833)

(1)
Sehr geehrter Herr Kollege!
Durch einen Erlass des Herrn Reichsmarschalls ist die Möglichkeit gegeben, die Leistungen von Wissenschaftlern durch Verleihung von Auszeichnungen anzuerkennen. Darf ich Sie bitten, mir umgehend einige Angaben über Ihre Tätigkeit hinsichtlich des Kriegseinsatzes zu geben.
(Unterschrift:) Hochrein, d. z. Dekan

(2)
Betr. Tätigkeit hinsichtlich des Kriegseinsatzes
Seit 1939 bis jetzt
I. *Jährlich kriminologische Lehrgänge*
a) Für *Staatsanwaltschaften Grossdeutschlands* an verschiedenen Orten, z. B. 1942 sechs grosse Lehrgänge in Bautzen, Graz und Leipzig
b) *Strafrichter Grossdeutschlands* in Strassburg und Leipzig 1942
c) *Amtsanwälte Sachsens 1943*: Lehrgänge in Dresden und Leipzig.
Generalstaatsanwalt in Dresden hat vor kurzen dem Reichsjustizminister melden können, dass u. a. sämtliche Staatsanwälte und Amtsanwälte Sachsens kriminologisch ausgerichtet worden sind.
II. *Tätigkeiten für Kriegsgerichte, Oberkriegsgerichte, Feldformationen usw.* in Fällen von Sabotage, Hochverrat, Zersetzung der Wehrmacht, kriegsgerichtlichen Sektionen, kriminalistischen Untersuchungen in anderen Deliktsfällen.
III. *Untersuchungen der Massengräber in Winniza (Ukraine)*
IV. *Blutgruppenuntersuchungen für Formationen des Heeres und der Luftwaffe*
V. *Untersuchungen von Kriegsverbrechen und anderen Verbrechen* im Auftrage der *Staatsanwaltschaften* und *Gerichte*
VI. Einschlägige Untersuchungen zur Aufrechterhaltung der Staatssicherheit im Auftrage der *Geheimen Staatspolizei*

VII. *Verbrechensuntersuchung namentlich auf kriegswichtigen Gebieten im Auftrage der Kriminalpolizei*

Dokument Nr. 5

Gutachten über die Sektion von Bundeskanzler Engelbert Dollfuß am 25. Juli 1934 (Obduzenten: Prof. Dr. Anton Werkgartner und Dr. Karl Szekely)

(Quelle: Müller, P.: Detektive mit dem Skalpell. Graz, Stuttgart: Leopold Stocker Verlag, 1967, S. 320)

Herr Bundeskanzler Dr. Engelbert Dollfuß ist infolge einer Durchschußverletzung der Hals-Brust-Gegend durch Verblutung eines gewaltsamen Todes gestorben.

Das Geschoß ist an der linken Halsseite knapp senkrecht unterhalb des Warzenfortsatzes eingedrungen und hat parallel zur Stirnebene in absteigender Richtung nach rechts den Hals durchbohrt, wobei es den siebenten Halswirbel und das Halsmark durchschlagen hat; auf seiner weiteren Bahn hat es die rechte erste und zweite Rippe durchbrochen und zersplittert und zugleich auch die rechte Brusthöhle eröffnet und an dieser Stelle offenbar auch größere Blutgefäße verletzt, denn die rechte Brusthöhle enthielt ungefähr 500 Kubikzentimeter Blut, obwohl die Lunge unverletzt war. Das Geschoß ist in der rechten Achselhöhle aus dem Körper wieder ausgetreten. Die Schußverletzung hat nicht nur einen schweren Blutverlust nach sich gezogen, sondern auch einen erheblichen Bluterguß in den Wirbelkanal verursacht, der zweifellos eine Lähmung der unteren Körperhälfte bewirkt hat.

Der Tod ist unter dem Zusammenwirken des hochgradigen Blutverlustes und der aufsteigenden Rückenmarkslähmung eingetreten.

Die Verletzung ist als unbedingt tödlich zu bezeichnen. Es kann aber längere Zeit (mehrere Stunden) gedauert haben, bis der Tod wirklich eingetreten ist.

Um die Einschußwunde der Haut fanden sich Pulvereinsprengungen, ein Beweis, daß dieser Schuß aus ganz kurzer Entfernung abgegeben wurde. Ohne genaue Kenntnis der Waffe kann die Entfernung nur ungefähr geschätzt werden: der Mündungsabstand kann zehn bis zwanzig Zentimeter oder auch etwas mehr betragen haben. Das den Gefertigten vorgewiesene Geschoß, Kaliber neun Millimeter, kann diese Schußverletzung erzeugt haben.

Außer dieser tödlichen Verletzung fand sich knapp unterhalb dieser Einschußwunde noch eine zweite Einschußwunde der Haut von annähernd gleicher Größe. Dieses Geschoß ist aber nur wenig in die Weichteile des Halses eingedrungen und offenbar von selbst wieder herausgefallen. Diese Verletzung war leichten Grades und hat zum Eintritt des Todes nicht wesentlich beigetragen. In der Umgebung dieser Schußwunde fanden sich keine Nahschußzeichen. Dieser Schuß kann daher aus etwas größerer Entfernung als der tödliche Schuß abgegeben worden sein; das Kaliber der Waffe, aus der dieser Schuß abgefeuert worden ist, kann aus der Größe der Wunde nicht erschlossen werden.

Dokument Nr. 6

Entlastungsschreiben für Philipp Schneider, ausgefertigt von der oberösterreichischen Landesregierung Linz am 11. November 1948, das auch dem Bundesministerium für Unterricht (Personalabteilung) in Wien behufs Kenntnisnahme zuging.
(Quelle: AdR Österreich, Bundesministerium für Unterricht, 89474/48, Bl. 101–103)

Über Ihren Einspruch gegen die von der Registrierungsbehörde Vels auf Grund Ihrer SS-Zugehörigkeit und Ihrer Angaben im Meldeblatt über Ihre Zugehörigkeit zur NSDAP erfolgte Registrierung und Einstufung als belastet im Sinne des Verbotsgesetzes ergeht gemäß § 31 der Durchführungsverordnung zum NS-Gesetz, BGBI. Nr. 64/1947, nachstehender Bescheid:

Dem Einspruch wird Folge gegeben und ausgesprochen, dass Sie nur *minderbelastet* im Sinne des § 17, Abs. (3),VG 1947 sind.

Begründung:

Sie stützten Ihren Einspruch gegen Ihre Einstufung als belastet darauf, daß Sie 1938 als o. Universitätsprofessor (Direktor des Institutes f. gerichtliche Medizin und Kriminalistik der Universität Wien) die *vorläufige* Zuweisung des Ehrendienstgrades eines SS-Untersturmführers nur deshalb erhalten haben, weil das Reichserziehungsministerium Sie durch die Ermöglichung dieser Verleihung von den fortgesetzten politischen

Anwürfen der damaligen Wiener Gauleitung der NSDAP beschützen wollte, bezw. das Ministerium nur auf diese Weise Ihre Berufung an den Wiener Lehrstuhl für gerichtliche Medizin durchsetzen konnte.

Nach den durchgeführten Erhebungen, sowie der Überprüfung der zahlreichen, durchaus glaubwürdigen in- und ausländischen Zeugenaussagen, bezw. Erklärungen und insbesondere nach eingehender Einsichtnahme in den Gerichtsakt des Landgerichtes Linz als Volksgericht (ZI. Vg 8 h - Vr 5348) ist festzuhalten:

1.) Das gegen Sie am 30.6.1947 beim Volksgericht Linz eingeleitete Strafverfahren wegen Verdachtes nach §§ 10 und 11 VG 1947 – Illegalität, bezw. Hochverrat – wurde mit Beschluß der Ratskammer des Landesgerichtes Linz v. 4.6.1948 gemäß § 109 StPO *eingestellt.*

Aus den vom Volksgericht Linz durchgeführten Zeugeneinvernahmen des ehem. Staatskommissars im Reichserziehungsministerium, Universitätsprofessor Dr. Plattner, des ehem. Dekans der medizinischen Fakultät der Universität Wien, Univ. Prof. Dr. Pernkopf, des früheren Amtsrates des Wr. Polizeipräsidiums, P. Batzelt, und den ausserdem dem Volksgericht zur Verfügung stehenden schriftlichen Aussagen, bezw. eidesstattlichen Erklärungen der Universitätsprofessoren Dr. Burger (Hannover), Dr. Lochte und Dr. Fricke (Göttingen), Dozent Dr. Schön (Karlsruhe), Dr. Stefan Jellinek (Oxford), Dr. Gösta Haggovist (Stockholm), Dozent Dr. W. Holczabek (Gerichtsmed. Institut Wien), Prof. Dr. Weissensteiner (Wien), des ehemaligen Schwedischen Konsuls in Wien, des Apostol. Vikars von Schweden, Dr. J. Erik Müller und des Fürsterzbischofs von Salzburg, Dr. Rohracher – die übereinstimmend ihre völlig unpolitische, charakterlich einwandfreie und humane Gesamthaltung eines ausschliesslichen Fachgelehrten bezeugten, - ergibt sich für die angelastete SS-Zugehörigkeit

3.) [sic!] folgender Tatbestand:

Ihre nachweislich *nicht*nationalsozialistische Vergangenheit vor 1938 – Sie gehörten keiner politischen Partei an und waren Vertrauensarzt des ehem. Vizekanzlers Fey – führte anlässlich Ihrer im Jahre 1938 beabsichtigten Ernennung zum Ordinarius für gerichtl. Medizin an der Universität Wien zu politischen Quertreibereien (Vorwurf des politischen Katholikentums, Freundschaft mit Fey, Zugehörigkeit zur VF und der Schlaraffia) sowohl seitens des Wr. NS-Dozentenbundes, als auch seitens des damaligen Wr. Gauleiters Globotschnig (u. a. Anzeige an die Führekanzlei).

In dieser Situation riet Ihnen der damalige Wr. Polizeipräsident Dr. Steinhäusl (Zeugenaussage Batzelt) *unrichtige* Angaben über eine tatsächlich niemals bestandene NS- bezw. SS-Vergangenheit zu machen. Ihre beruflichen Bindungen als führender Gerichtsmediziner mit dem Wr. Polizeipräsidium einerseits und die amtsbekannte Tendenz der Polizeistellen, ihre Berufsangehörigen und berufsverwandten Personen in Form der sogen. Ausgleichsdienstgrade der SS einzugliedern andererseits, lassen Ihre vor Gericht gegebene Darstellung der Beeinflussung durch Dr. Steinhäusl gerade in dieser Richtung voll glaubwürdig erscheinen.

Auf Grund Ihrer unrichtigen Angaben erhielten Sie über Veranlassung des Reichserziehungsministeriums, – für welches Ihre Ernennung zum Ordinarius an der Universität Wien inzwischen zu einer Prestigeangelegenheit gegenüber den Wr. Parteibehörden geworden war, – die *vorläufige* Zuweisung des *Ehren*dienstgrades eines SS-Untersturmführers, um Sie dadurch gegen die fortgesetzten polit. Anwürfe der Parteidienststellen schützen zu können, bezw. um Ihre später tatsächlich erfolgte Berufung auch politisch vertretbar erscheinen zu lassen.

Da aber die *vorläufige Zuweisung* des SS-Ehrendienstgrades nur unter der Voraussetzung der *nachträglich zu erfüllenden* Bedingungen, – wie insbesondere der Erbringung des grossen Ariernachweises, der 2-jährigen Probezeit usw. erfolgt ist, kann im Hinblick auf die Ergebnisse des gerichtlichen Ermittlungsverfahrens als erwiesen angenommen werden, dass eine rechtswirksame Aufnahme Ihrerseits als ordentliches Mitglied der allgemeinen SS nicht erfolgt ist.

Sie hatten lediglich einen vorläufigen SS-Ausweis ohne Mitgliedsnummer erhalten; der Ihnen zugesprochene SS-Ehrendienstgrad blieb ohne Verbindlichkeit für die SS, für die Sie bis zur Erfüllung der verlangten Bedingungen lediglich als SS-Bewerber galten.

Durch Ihre vorzeitig erfolgte Wehrmachtseinziehung als San.-Offz. d.R. am 26. 8. 1938 (Entlassung: Mai 1945) und durch den Umstand, dass Ihre Ehegattin als geborene Schwedin die verlangten Dokumente des grossen Ariernachweises niemals erbringen konnte, war es Ihnen tatsächlich unmöglich, die verlangten Bedingungen zu erfüllen.

Ebenso ist aber auch der gleichermassen *nur bedingt* zugestandene SS-Ehrendienstgrad wegen der erwiesenen Nichterfüllung der angeführten Bedingungen *nicht als verliehen* anzusehen, da die Verleihung zwar beabsichtigt, der zur Rechtswirksamkeit führende Verwaltungsakt selbst aber niemals gesetzt wurde.

Bei dieser Sach- und Rechtslage sind Sie nur als *SS-Bewerber* zu bewerten und gehören nicht zu dem nach § 17, Abs. (2), lit. b VG 1947 belasteten Personenkreis.

Ihrem Einspruch war daher Folge zu geben und, – da auch andere Belastungsgründe nicht vorliegen – wie eingangs zu entscheiden.

Rechtsmittelbelehrung

Gegen diesen Bescheid ist gemäss § 34 der Durchführungsverordnung zum NS-Gesetz 1947 die binnen zwei Wochen nach Zustellung in dreifacher Ausfertigung bei der Meldestelle (Gemeindeamt Bachmanning) einzubringende Beschwerde an die Beschwerdekommission beim Bundesministerium für Inneres zulässig.

Dokument Nr. 7

Politische Rechtfertigungsschrift Walter Kraulands, wahrscheinlich 1946 (undatiert)

(Quelle: UA Innsbruck, Akten des Staatskommissärs für alle unmittelbaren Bundesangelegenheiten im Land Tirol. Zitiert nach: Oberkofler, G. und P. Goller, Innsbruck 1999, S. 92–95)

Ich bin 33 Jahre alt, [...]. Von Geburt bin ich Gottscheer. Nach dem Jahre 1919 kam mein Vater, der als Deutscher seine Stelle als Professor am dortigen Gymnasium verloren hatte, nach Klagenfurt und nahm seine Familie mit. 1930 bezog ich die Technische Hochschule in Wien, stellte aber schon im Sommersemester 1931 auf Medizin um.

Im Sommersemester 1931 wurde ich bei einer deutschfreiheitlichen Burschenschaft aktiv. Bestimmend für meine Einstellung war vor allem die Liebe zu meiner alten Heimat (»Gottschee«). Auf Betreiben meiner Bundesbrüder erwarb ich im Herbst 1932 die Anwartschaft zur NSDAP. Ich selbst hatte keinerlei politische Neigungen, vielmehr lag mir vor allem mein Studium am Herzen und so trat ich gleich nach dem Abschluß des ersten medizinischen Rigorosums im Herbst 1933 bei Prof. Sternberg, einem Pathologen von Ruf, in der Prosektur des Wiener Krankenhauses als Hospitant ein.

Ich hatte das Glück, schon nach kurzer Zeit die Aufmerksamkeit von Prof. Sternberg auf mich zu ziehen. Er förderte mich von nun an besonders und führte mich mit viel Geduld in die Anfangsgründe der pathologischen Anatomie ein. Während der Sommermonate 1934 vertrat ich seinen Assistenten an der Poliklinik, wo Prof. Sternberg ebenfalls die Prosektur führte, und begann mit meiner ersten wissenschaftlichen

Arbeit. Auch im Jahr 1935 bekleidete ich während der Sommermonate dieselbe Stellung.

Schon die Person Prof. Sternbergs, den ich sehr verehrte und der mich in jeder Weise förderte, verbot mir damals alle politische Tätigkeit, in die man damals als junger Mensch nur zu leicht hineingezogen wurde. Von der NSDAP hatte ich mich völlig zurückgezogen und war bestrebt mich nur mit eigener Arbeit durchzusetzen. Ich hatte weder mit den Hochschulbehörden noch mit der Polizei den geringsten Anstand. Ein schwerer Verlust war für mich in dieser unruhigen Zeit der plötzliche Tod meines hochverehrten Lehrers Prof. Sternberg im August 1935, zumal ich nach der Beendigung meiner Studien als Assistent bei ihm eintreten sollte.

Da ich mich zu einem theoretischen Fach hingezogen fühlte und in Wien nach Beendigung meiner Studien im Dezember 1936 kein günstiges Unterkommen fand, folgte ich schon im Jänner 1937 umso lieber einer Einladung von Prof. Meixner, der als junger Mann auch bei Prof. Sternberg gearbeitet hatte, an das gerichtl. medizinische Institut nach Innsbruck, wo ich mich auf Grund meiner Vorbildung in meiner neuen Umgebung als Assistent rasch einarbeiten konnte. In Innsbruck war ich fremd und fand in Kreisen deutschfreiheitlicher Burschenschaften Anschluß. Als ich nach den Märztagen 1938 wiederholt zur SS geworben wurde, gab ich schließlich im Mai 38 deshalb nach, weil die SS mir als eine Art Garde dargestellt wurde, die besonders ideale Aufgaben habe. Von Grausamkeiten war niemals die Rede. Auf Anraten eben derselben Kreise hatte ich zur Erleichterung der Aufnahme auch noch meine Anwartschaft zur NSDAP erneuert. Es war mir damals unmöglich, mir ein Bild über die wahren Verhältnisse zu machen, da ich noch nicht im »Reich« gewesen war und auch in dem Sanitätssturm, in den ich aufgenommen worden war, fast nur Umgang mit Ärzten und Studenten hatte. Deshalb wohl wurde der Sanitätssturm von den übrigen Mitgliedern der SS, wie mir bald auffiel, nicht für voll genommen. Das wurde mir bald eine gewisse Beruhigung.

Meine ganze Tätigkeit bei der SS bestand darin, daß ich vor den Leuten des Alpinen Rettungstruppes, dem ich als Arzt zugeteilt war, 2 oder 3 Vorträge über erste Hilfe und Ähnliches hielt und daß ich einigemale Rettungs-Übungen auf der Nordkette, die an Sonntagen (ohne Uniform) stattfanden, beiwohnte.

Wie alle Ärzte wurde auch ich ohne besondere Dienste rasch befördert und erreichte im Jahre 1939 den Oberscharführer. Infolge meiner Arbeit im Institut konnte ich den Dienst in der SS nie in dem geforderten Umfang mitmachen, was wiederholt Anlaß zu Verweisen und kleinen Mißstimmigkeiten gab.

Den ersten großen Anstand hatte ich aber, als ich im Herbst 1938 während des Prozesses gegen Tomaschek und Genossen beim Abendessen im Gasthaus erklärte, daß ich nicht einsehe, warum man so etwas so groß aufzöge, wo man selbst nicht viel anders verfahren sei. Ich wurde damals der SS-Führung angezeigt und wurde nur deshalb nicht ausgeschlossen, weil mein Vorgesetzter, ein Medizinstudent, für mich eintrat.

Zwei Zeugen dieses Vorfalles sind unbekannten Aufenthaltes, der dritte, ein Herr Rossi, ist für mich nicht erreichbar. Ich habe aber damals alles meinem Vorstand erzählt, der darüber berichten kann.

Daraufhin habe ich mich mit Rücksicht auf die Folgerungen, die weitere ähnliche offene Worte haben konnten, auch auf Anraten meines Vorstandes sehr in Acht genommen, zumal meine abweichenden Ansichten, die ich verschiedentlich durchblicken ließ, sich herumgesprochen hatten.

Als gleich nach Kriegsbeginn mein Vorstand bei einer Kommissionsfahrt mit der Polizei verunglückte und schwere Verletzungen davontrug, die ihn durch Monate ans Bett fesselten, lag die ganze Last der Arbeit auf mir allein, da mein Mitassistent zur Wehrmacht eingezogen wurde. Deshalb wurde ich auch ohne mein zutun von meinem Vorstand u. k. gestellt und blieb es während der ganzen Kriegsdauer. Während der ständigen kleinen Schwierigkeiten und Arbeitsüberlastung trat ich damals (1939) aus dem San. Sturm aus und gehörte nurmehr der allgemeinen San.abt an. Mehr schien mir nicht tunlich. Ich wurde in der Folge mit Beitragsleistungen nicht mehr belästigt. Bei einer befohlenen Zusammenkunft wurde ich später von den übrigen Ärzten vom Vorsitzenden zurechtgewiesen, weil ich als Sachverständiger bei Gericht in einer Verhandlung, bei der ein SS-Mann wegen fahrlässiger Körperbeschädigung angeklagt war, nach seiner Meinung mein Gutachten zu sachlich abgegeben hatte. Beweis: Doz. Ganner.

Ich habe darauf diesen Kreis völlig gemieden. Für die SS hatte ich in der Folge nur ab und zu eine »Ehetauglichkeitsuntersuchung« vorgenommen. Ich habe niemandem Schwierigkeiten gemacht und es hatte sich herumgesprochen, daß ich die Untersuchung nur als Formsache auffasse.

Neben der außerordentlich angewachsenen Arbeit im Institut hatte ich immer auch noch meine wissenschaftl. Ausbildung im Auge und arbeitete durch Jahre bis tief in die Nächte hinein. Ich erlangte so im Spätherbst 1942 nach fast 6-jähriger Tätigkeit als Assistent die Dozentur. Das

Wintersemester 1942–1943 sah ich mich im Institut wieder ganz allein, da mein Vorstand erkrankt war. Ich hielt damals die Vorlesung für Mediziner und für Juristen und hatte auch sonst mit Leichenöffnungen die Hände voll zu tun. Dabei fehlte es auch an Personal. Mir blieb so kaum für meine Familie Zeit. Ich führte dabei ein einsames, zurückgezogenes Leben und ging dort, wo man mit Menschen zusammenkommen mußte, jedem politischen Gespräch möglichst aus dem Weg.

Soweit ich selbständig Gutachten abgab, hielt ich mich immer rein an das sachliche und war frei von der Zeitströmung.

Dies alles ist in den Protokollen des Institutes festgelegt. Unter anderem ging mein Gutachten bei einem im Strafgefangenenlager der Wattener Lizum verstorbenen Soldaten (Prot. Nr. 150/42) dahin, daß der Verstorbene an Nahrungsmangel zugrunde gegangen ist. Gleich lautete die Diagnose in 5 anderen Fällen aus dem Lager Reichenau (94/42, 15/43, 42/43, 65/43, 124/43).

Ich habe nie irgendein politisches Amt bekleidet und auch keinerlei Nutzen aus meiner Angehörigkeit zur NSDAP gezogen.

Dokument Nr. 8

Mit »geheim!« gekennzeichnetes Schreiben des Chefs der Einsatzgruppe B der Sicherheitspolizei und des SD an den Chef der Sicherheitspolizei und des SD, Dr. Kaltenbrunner, vom 12. August 1943, Prof. Dr. Gerhard Buhtz betreffend
(Quelle: BA BDC SSO 232, Bd. 2, o.Bl.)

Betr.: Stabsarzt Prof. Dr. Buhtz, z. Zt. beratender Gerichtsmediziner bei der Heeresgruppe Mitte, Dienststelle Smolensk, sonst Professor für Gerichtsmedizin und Kriminalistik an der Universität Breslau,

SS-Untersturmführer im Sicherheitsdienst des Reichsführers-SS Buhtz ist in der Weltöffentlichkeit durch die Katyn-Affäre bekannt geworden. Er hatte s. Zt. durch die geheime Feldpolizei von den Vorfällen in Katyn Kenntnis erhalten und es bei der Heeresgruppe durchgesetzt, daß jede propagandistische Auswertung bis zur Beendigung der gerichtsmedizinischen Tätigkeit unterbunden wird. Die Propagandawelle wurde ausgelöst durch den SD-Propagandisten SS-Untersturmführer Meyer bei der Einsatzgruppe B, der über die von der Wehrmacht geheim gehaltene

Katyn-Angelegenheit an das Reichssicherheitshauptamt berichtete. Buhtz hat weder die politischen Möglichkeiten in der Katyn-Sache erkannt, noch überhaupt den SD unterrichtet, sondern im Gegenteil strengste Geheimhaltung befohlen.

Ich habe Buhtz am 10. August zum ersten Mal gesehen, als er mich besuchte und um eine enge Zusammenarbeit bat. Er vertritt die Ansicht, daß er als Gerichtsmediziner der Heeresgruppe bei allen Sabotageangelegenheiten zuzuziehen ist. Außerdem wünscht er, an Exekutionen der Sicherheitspolizei teilzunehmen. Angeblich aus wissenschaftlichem Interesse.

Auf Grund seines politisch instinktlosen Verhaltens während der Katynpropagandawelle habe ich streng verboten, daß er bei Exekutionen zugezogen wird. Buhtz soll in Katyn als Gerichtsmediziner nicht bemerkt haben, daß die Polen z. T. im Liegen von hinten erschossen wurden. Diese Kenntnis soll man einem polnischen Arzt verdanken. Buhtz hat während der Ausländerbesichtigungen sich wiederholt politische Schnitzer geleistet, die nicht ungefährlich waren. Zum Beispiel trug er vor, man könne noch genau die Maßarbeit der polnischen Uniformen erkennen, so daß die Angabe, die Uniformen seien erst von den Deutschen angezogen worden, hinfällig sei; oder er nahm plötzlich ein zur Erschießung verwendetes Geschoß und erklärte, daß es sich um ein deutsches »Geco«-Geschoß Kaliber 7,65 handelt. Er mußte seinerzeit auf entsprechenden Hinweis des SS-Untersturmführers Meyer durch den I c der Heeresgruppe, Herrn Oberst Frh. von Gersdorff, entsprechend zurecht gewiesen werden.

Ihm zugeteilt ist ein Angehöriger der SS-Leibstandarte »Adolf Hitler« namens Dr. Specht, der sowohl für den SD als auch für die Staatspolizeileitstelle Breslau gearbeitet hat. Dieser verfertigte neuerdings einen Bericht über Katyn und bemerkte darin, daß die Fesselung der Polen (Hände auf dem Rücken und Schlinge um den Hals) eine reine Martermethode der NKWD sei. Buhtz ließ diesen Satz streichen, weil [er] erstens wissenschaftlich nicht begründet sei und zweitens würde ihn der Ic der Heeresgruppe damit hinauswerfen. Er hat dann bei der Abgabe dieses Berichtes beim Ic der Heeresgruppe, Herrn Oberst von Gersdorff, aber erzählt, daß Dr. Specht diese Bemerkung im Bericht gemacht hatte. Als er nunmehr von Herrn Oberst von Gersdorff erfahren mußte, daß gerade eine solche Feststellung politisch außerordentlich wichtig sei, ließ er den Bericht nochmals umschreiben und bemängelt dann noch die zu geringe Herausstellung dieses Absatzes.

SD-Angehörige, die einigermaßen mit der Arbeitsweise des Prof.

Buhtz vertraut sind, kommen zu dem Schluß, daß er sich in der Katyn-Angelegenheit mit einem Glorienschein umgeben hat, der ihm weder sachlich, politisch noch charakterlich zusteht.

Vertraulich ist mir durch einen SD-Angehörigen folgendes bekannt geworden:

Buhtz und sein Vertreter, ein Stabsarzt Dr. Schmidt, hat vor einigen Wochen bei einer landwirtschaftlichen Dienststelle 3 000 Eier gegen 2 Flaschen Kognak angefordert und erhalten. Angeblich mit der Behauptung, die Eier seien für eine Marschkompanie. Buhtz hat die Eier geteilt, 1 000 für sich, 1 000 für seinen Vertreter und den Rest an das Personal, das beim Besorgen und Einpacken behilflich war. Danach ist er mit seinen 1 000 Eiern im Flugzeug nach Hause gefahren. Dieser Tatbestand ist dem Gebietslandwirt zwar bekannt, nicht aber, daß Prof. Buhtz und sein Vertreter damit zusammenhängen. Ich habe trotz Ersuchens des Gebietslandwirts keine Kenntnis davon gegeben, weil ich es für untragbar halte, daß ausgerechnet ein SS-Führer des Sicherheitsdienstes wegen dieser gemeinen Handlungsweise von der Wehrmacht belangt wird.

Die Kriegsgerichtsurteile sind in Smolensk in solchen Angelegenheiten außerordentlich hart. Z. B. wurde für einen unrechtmäßig erworbenen Schinken ein Hauptmann zum Soldaten degradiert und zu 2 Jahren Gefängnis verurteilt.

Ich darf vorschlagen, Prof. Buhtz SS-mäßig zu belangen. Außerdem dürfte es zweckmäßig sein, daß der Angehörige der SS-Leibstandarte »Adolf Hitler«, Dr. Specht, von Buhtz zurückgezogen wird und besser zur Sicherheitspolizei kommandiert wird.

Die Befehle des Oberkommandos der Heeresgruppe Mitte, soweit sie die Tätigkeit des Prof. Buhtz betreffen, füge ich bei.

Bei einem ordentlichen Aufbau der Sicherheitspolizei und des SD wäre der Geschäftsverteilungsplan des Prof. Buhtz zum großen Teil überflüssig.

Dokument Nr. 9

Die von Prof. Dr. Berthold Mueller gefertigte und mit "vertraulich 10.3.41" gekennzeichnete Niederschrift zur Affäre um Gerhard Buhtz
(Quelle: SgS Rml: »Mueller-Niederschrift 3-41«)

Niederschrift.
Den Anlass zu den Schwierigkeiten, die der frühere Vorsitzende Herr *Buhtz* mit dem Reichsinnenministerium hatte, gab ein vertrauliches Rundschreiben an die Lehrstuhlinhaber, das in die Hände des Reichsinnenministeriums geraten war. Hierüber entstand im Fach Beunruhigung. Es war unvermeidlich, dass man sich fragte, wie dieses vertrauliche Schreiben in das Innenministerium gelangt sein könnte. Um zu vermeiden, dass ein Fachkamerad den anderen scheel ansieht und ihn verdächtigt, hatte ich mich entschlossen, durch eine ehrenwörtliche Anfrage bei den Lehrstuhlinhabern und den damaligen Vorstandsmitgliedern festzustellen, ob einer von diesen, vielleicht durch ein Versehen, das Schreiben in das Innenministerium gelangen liess. Es war im einzelnen Verdacht gegen Herrn *Goroncy*, der in diesem Schreiben persönlich angegriffen worden war, und ausserdem gegen Herrn *Schütt* geäussert worden. Ich beschloss, diese beiden Herren vorweg anzufragen. Von Herrn Goroncy erhielt ich prompt eine völlig negierende Antwort. Herr Schütt teilte mit, dass seine Beamtenpflicht die Beantwortung des Schreibens nicht möglich mache, und dass er zunächst den Herrn Minister fragen müsse. Etwas später teilte er mit, dass er im Innenministerium gewesen sei, den Sachbearbeiter aber nicht angetroffen habe, da er erkrankt war. Ich bemerke, dass Herr Schütt Soldat in Gotenhafen ist und daher in seinen Reisen nicht völlige Bewegungsfreiheit hat. Danach hörte ich längere Zeit nichts mehr. Äusserungen von Fachkollegen drängten jedoch auf eine weitere Klärung, ausserdem wurden mir Äusserungen überbracht, dass einige Fachkollegen aus dem Vorstand oder sogar aus der Gesellschaft austreten würden, wenn Herr Schütt nicht aus dem Vorstand oder gar aus der Gesellschaft austräte. Herr Schütt war von mir bereits als Vorstandsmitglied eingegeben worden, ich hatte damals keinerlei Verdacht gegen ihn, zumal mir Ministerialrat *Ernst* bei einer ersten Unterredung mit ihm als Vorsitzender die Erklärung abgegeben hatte, dass das Rundschreiben auf den Tisch des Ministeriums »geflattert« sei, und dass das Ministerium nicht etwa einen Beamten, der ihm untersteht, ersucht habe, das Rundschreiben vorzulegen.

Da nun aber laut Satzungen jegliche Veränderungen im Vorstande der Genehmigung des Ministers unterliegen, habe ich es als notwendig angesehen, Herrn Ernst vorzutragen, dass es uns schwer sei, unter diesen Umständen mit Herrn Schütt im Vorstand zusammen zu arbeiten, und dass ich ihn bitten würde, aus dem Vorstande oder aus der Gesellschaft auszutreten. Aus seiner Antwort, die er mir gegeben habe, werde die Volksmeinung den Schluss ziehen, dass das Schreiben durch ihn in das Ministerium gekommen sei. Herr Ernst schien orientiert, erklärte aber, er müsse dies vortragen und bat mich wiederzukommen. Ich wurde nunmehr von Herrn Ernst und von Ministerialdirektor *Cropp* zu Herrn Staatssekretär *Dr. Conti* geleitet. Im Vorzimmer fand sich noch der Leiter des Amtes für Wissenschaft im Reichserziehungsministerium Ministerialdirektor *Dr. Mentzel* ein, der gleichfalls gebeten worden war. Die Aufmachung ähnelte also völlig der Situation, der sich Herr *Buhtz* gegenüber gesehen hatte. Conti nahm sofort das Wort und erklärte zusammenfassend, dass er mit der früheren Führung der Gesellschaft gar nicht einverstanden gewesen sei, dass er es Buhtz insbesondere übelgenommen habe, dass er andere Behörden gegen das Innenministerium ausspielen wollte, und dass er sich des Gefühls nicht erwehren konnte, dass bei der Führung der Gesellschaft, die ja doch eine wissenschaftliche sei, auch geldliche Gesichtspunkte eine Rolle gespielt hätten. Es sei daher die Pflicht des Staates gewesen, Buhtz abzuberufen, dies soll [handschriftlich verbessert: sei] ursprünglich noch in viel schärferer Form geplant gewesen. Man habe sich aber schliesslich doch entschlossen, ihn nicht völlig unmöglich zu machen, auch jetzt seien die Beziehungen zu ihm, d. h. der Beziehungen der Medizinalbehörden zu ihm bezüglich örtlicher gerichtsärztlicher Tätigkeit noch nicht völlig abgebrochen. Damit sei die Angelegenheit aber auch erledigt. Wenn Beamte des Ministeriums hierbei mitgewirkt hätten, hätten sie nur ihre Pflicht getan. Ich führte nun aus, dass jeder Beamte dem Staat gegenüber selbstverständlich seine Pflicht tun müsse; wenn er es aber für seine Pflicht halte, gegen eine bisherige Gemeinschaft vorgehen zu müssen, so verlange es die Kameradschaft, dass er dies offen sage und austrete. Der Staatssekretär führte darauf aus, dass er diesen Einwand an sich gelten lasse, die Sache sei hier aber etwa so gewesen, dass man bei einem dienstlichen Vortrag auch auf die Verhältnisse in der Gesellschaft zu sprechen gekommen sei, dass hierbei Rundschreiben erwähnt worden seien, und dass dann von Herrn Schütt verlangt worden sei, dass er sofort das Rundschreiben vorlege (es lag als Photokopie bei den Akten). Er habe also keine Zeit mehr gehabt, sich mit Buhtz auszusprechen, für die Zeit nachher sei ihm ein persönlicher Verkehr mit Buhtz nicht mehr gestattet worden. Herr Schütt habe voll und ganz seine Pflicht erfüllt, ihm dürften hieraus keine Nachteile erwachsen, der Staatssekretär wünsche, dass er im Vorstande bleibe, und dass jetzt diese weiteren Nachforschungen über Vergangenes aufhörten. Ich erklärte darauf, dass ich die Ausführungen und den Wunsch des Staatssekretärs zur Kenntnis nähme, ich müsste allerdings unter Umständen mit Austrittserklärungen rechnen sobald ich sähe, dass ich die Gesellschaft nicht weiter leiten könne, würde ich es mitteilen und um meine Abberufung bitten. Ich müsse aber gleichzeitig den Herrn Staatssekretär fragen, ob er nicht meinen Rücktritt sofort entgegennehmen wolle. Conti entgegnete hierauf, wenn jetzt Austrittserklärungen erfolgten, oder wenn ich auf diese Angelegenheit hin den Vorsitz niederlegen würde, so müsse er daraus ersehen, dass die Gesellschaft nicht fähig sei, einen arbeitsfähigen Vorstand zu bilden. Er habe schon vorher die Auflösung der Gesellschaft erwogen und daher einen grösseren Kreis zusammengerufen, sobald ich ihm also die Mitteilung machen würde, dass eine Weiterarbeit des Vorstandes jetzt nicht möglich sei, müsse er die Gesellschaft auflösen. Wenn diese Sache in Ordnung komme, sei er aber bereit, mit uns ebenso zusammen zu arbeiten wie mit allen anderen wissenschaftlichen Vereinigungen. Ich erklärte, dass ich diese Äusserung zur Kenntnis nehmen müsse, und dass ich berichten würde, wenn ich mein Amt als Vorsitzender nicht fort führen könne. Ministerialdirektor Prof. Menzel [sic!] führte aus, dass man auch nach seiner Ansicht aufhören müsse, den alten Sachen nachzugehen, es sei nun genug, wir sollten vorwärts arbeiten und nicht an das Vergangene denken. Darauf wurden wir entlassen, nur Menzel blieb zurück, Cropp erklärte noch im Fortgehen, er müsse mir noch, um Mißverständnissen vorzubeugen, sagen, dass mir der Staatssekretär das Vertrauen nicht entzogen habe.

Ich verabschiedete mich trotz dieser Zusicherung nicht gerade freudig und begab mich in das Kultusministerium zu Herrn *Scheer*, diesen bat ich, mir eine Unterredung mit Menzel zu verschaffen, oder wenigstens über diese Angelegenheit mit Menzel zu sprechen. Von allen Dingen wollte ich eine Möglichkeit haben trotzdem zurückzutreten. Nachmittags teilte mir Scheer mit, Menzel würde mich gern empfangen, er habe aber eine Sitzung und könne dies zeitlich nicht möglich machen, er lasse mir bestellen, er habe den Eindruck, dass der Staatssekretär dieses Mal hauptsächlich aus »formalistischen Gründen« (mir etwas unklar, vielleicht um formell Schütt zu decken) gehandelt habe, eine Auflösung der Gesellschaft in dieser Zeit erscheine ihm gänzlich unangebracht, mein Rücktritt sei gänzlich unerwünscht, ich solle auf meine Fachkollegen einwirken, dass diese alten Sachen nun ruhen sollten, auch Austritte von Mitgliedern, die Hochschullehrer sind, auf Grund dieser Vorkommnisse erschienen ihm unangebracht, wir müssten den Wunsch des Staatssekreträrs, Schütt im Vorstand zu lassen, zunächst einmal als militärischen Befehl hinnehmen, er könne aber nicht von uns verlangen, dass wir die Beziehungen zu ihm besonders innig gestalten.

Es wird also zunächst nichts anderes übrigbleiben, als die Geschäfte fortzuführen, Austrittserklärungen halte ich unter den gegebenen Umständen für völlig untunlich; wenn die Gesellschaft wegen dieser Sache aufgelöst wird, so werden wir nach aussen hin keinesfalls verstanden werden, man wird uns immer nachsagen, dass es uns nicht einmal angesichts des kommenden Entscheidungssommers möglich gewesen ist, innere Streitigkeiten beiseite zu lassen.

Dokument Nr. 10

»Schnellbrief« des Reichs- und Preußischen Ministers für Wissenschaft, Erziehung und Volksbildung (14. Mai 1937) wegen der deutschen Teilnahme am »Congrés international de médicine légale et de médicine sociale en langue francaise« vom 24.–27. Mai 1937 in Paris, an Delegationsleiter Prof. Dr. Pietrusky gerichtet.
(Quelle: BA: 49.01-2834, Bl. 187 + Rs)

Die französische Kulturpolitik verfolgt das Ziel, sich den maßgebenden organsatorischen Einfluß auf die wissenschaftliche Arbeit der Welt zu sichern. Der hierzu eingeschlagene Weg ist vielfach der, daß ein ursprünglich nationaler französischer Kongreß durch Einladung ausländischer Gelehrter und die Zulassung fremder Sprachen als Verhandlungssprache zu einem internationalen Kongreß erweitert wird, und daß alsdann die ständige Wiederkehr dieses Kongresses auf der Grundlage einer internationalen Organisation mit dem Sitz in Frankreich oder Belgien auf französische Initiative hin beschlossen wird; um einen derartigen Versuch scheint es sich im vorliegenden Fall zu handeln.

Im vorliegenden Fall muß deshalb auf der einen Seite alles vermieden werden, was von deutscher Seite den französischen Bemühungen internationales Gewicht geben könnte. Auf der anderen Seite bleibt für die deutsche Wissenschaft nichts übrig, als darauf zu achten, daß sie nicht völlig ausgeschaltet wird. Unter diesen Umständen halte ich es für das Richtigste, sich mit der Entsendung der in Ihrem ursprünglichen Bericht vom 4. Dez. 1936 vorgeschlagenen Delegation zu begnügen und Vorträge nicht zu übernehmen. Ich genehmige deshalb die Teilnahme an der Tagung für Sie, Prof. Pietrusky-Bonn und Prof. Schrader-Marburg (jetzt Halle).

Bei mir haben weiter Anträge gestellt: Prof. Baader-Berlin sowie Prof. Müller-Hess-Berlin, der sich z. Zt. und zwar bis zum 22. Mai in Lissabon befindet.

Nach Ihrem Schreiben vom 22. Dez. 1936 haben ferner die Professoren Hey-Frankfurt/Main, Buhtz-Jena und Ponsold-Halle bei der deutschen Gesellschaft für gerichtliche und soziale Medizin ihre Teilnahme angemeldet. Ich halte es nicht für zweckmäßig, daß außer Ihnen und den Herren Pietrusky und Schrader deutsche Hochschullehrer an der Tagung teilnehmen. Ich habe deshalb die Anträge der Professoren Baader und Müller (Berlin) abgelehnt und ersuche, Ihrerseits die Herren Hey, Buhtz und Ponsold zu verständigen. Prof. Müller-Hess habe ich brieflich über die deutsche Gesandtschaft in Lissabon benachrichtigt.

Einem Schreiben des Herrn Reichs- und Preuß. Ministers des Innern entnehme ich, daß Sie Prof. Pietrusky-Bonn als Führer der drei deutschen Teilnehmer vorgeschlagen haben. Im Einverständnis mit dem Reichs- und Preuß. Ministerium des Innern bin ich hiermit einverstanden.

Das Auswärtige Amt, der Stellvertreter des Führers, die Auslandsorganisation der NSDAP. in Berlin W 35, Tiergartenstr. 4a und die Zweigstelle Paris des Deutschen Akademischen Austauschdienstes Berlin NW 40, Kronprinzenufer 13 sind benachrichtigt.

Prof. Pietrusky als Führer der deutschen Teilnehmer wird ersucht, sich alsbald mit der zuständigen deutschen Auslandsvertretung und der Zweigstelle Paris des Deutschen Akademischen Austauschdienstes in Verbindung zu setzen, die die deutschen Teilnehmer in der Durchführung ihrer Bestrebungen und in der Auswertung ihres Auslandsaufenthaltes unterstützen werden. Die Anschriften der deutschen Auslandsvertretung sind im Handbuch für das Deutsche Reich (Berlin, Karl Heymann-Verlag) zu finden. Die Anschriften der Zweigstelle des Deutschen Akademischen Austauschdienstes sind bei der deutschen Auslandsvertretung zu erfahren. Die nötigen Devisen wird die Deutsche Kongreß-Zentrale Berlin W 35, Ludendorffstr. 60 unmittelbar für alle Teilnehmer an Prof. Pietrusky überweisen. Ich habe sie benachrichtigt. Ferner hat sich Prof. P. bei dem Auslandsaufenthalt nach Möglichkeit mit der örtlichen Auslandsorganisation der NSDAP in Verbindung zu setzen, die von der Reise unterrichtet werden wird. Nähere Angaben in dieser Hinsicht sind durch die zuständige deutsche Auslandsvertretung erhältlich. Die Professoren Pietrusky in Bonn und Schrader-Marburg (jetzt Halle) sind durch Übersendung eines Abdruckes dieses Erlasses in Kenntnis zu setzen. Sie und Prof. Schrader werden ersucht, sich mit dem Führer der deutschen Teilnehmer unverzüglich in Verbindung zu setzen.

Prof. Pietrusky wird ersucht, mir über den Verlauf der Tagung eingehend zu berichten.

Dokument Nr. 11

Bericht von Delegationsleiter Prof. Dr. Pietrusky über die internationale Tagung gerichtlicher Mediziner in Paris (Mai 1937), an den Reichserziehungsminister gerichtet.
(Quelle: BA: 49.01-2834, Bl. 204–209 – Auszüge)

... berichte ich ergebenst über den Verlauf der Tagung der gerichtlichen und sozialen Medizin in Paris, an der die aus den Professoren Mueller-Göttingen, Schrader-Halle und mir bestehende deutsche Abordnung teilgenommen hat.

... Was die Haltung der fremden Vertreter anbelangt, war der Belgier durchaus französisch eingestellt, ebenso der Italiener. Die anderen waren neutral mit mehr oder weniger erkennbarer Neigung zu Frankreich. Eine Ausnahme machte der Pole, der prodeutsch zu sein schien. Der Engländer war durchaus neutral, sprach in seiner französisch gehaltenen Dankrede beim Bankett sogar einige deutsche Worte, als er »seinen deutschen Freunden, die hier anwesend sind«, auch dankte.

Die Behandlung der deutschen Vertreter in den Sitzungen und geselligen Veranstaltungen war in jeder Beziehung freundlich und zuvorkommend. Wir wurden in einer Sitzung in längerer Rede begrüßt.

... Am vorletzten Tage war Professor Müller-Hess-Berlin erschienen, der sich den ihm gegebenen Richtlinien entsprechend verhalten hat. An ihn wandten sich die Franzosen wegen einer internationalen Zusammenarbeit, ohne mich, den Führer der deutschen Delegation, davon zu unterrichten. Prof. Müller-Hess lehnte eine Stellungnahme ab und verwies sie an mich.

... Ich erklärte deshalb, daß wir den größten Wert auf ein solches Zusammenarbeiten legen, daß aber, wenn dieses ernst gemeint wäre, von vornherein alles vermieden werden müßte, was zu Meinungsverschiedenheiten führen könnte. Eine solche könnte aber schon in der Wahl des Tagungsortes liegen. Ich schlüge deshalb vor, unter völliger Gleichberechtigung aller Länder die Tagung in der Reihenfolge des Alphabets stattfinden zu lassen. Diese Antwort überbrachte der Schweizer den Franzosen, kam darauf mit der nochmaligen Anfrage, ob ich nicht doch mit Lausanne als 1. Tagungsort einverstanden wäre, weil mit dem dortigen Vertreter der gerichtlichen Medizin von der französischen Gesellschaft schon seit einigen Wochen in diesem Sinne verhandelt worden sei. Auf die entschiedene Ablehnung traten nun die zwei wortführenden französischen Vertreter an mich heran. Die Szene spielte im Speisesaal.

Inzwischen hatten sich die fremden Vertreter um uns geschart. Ich brach eine Lanze für die kleinen Staaten, sprach von der Gleichberechtigung, der gerechtesten Lösung, dem Wert internationaler Zusammenarbeit für das Verstehenlernen der Völker untereinander usw., was von diesen so beifällig aufgenommen, daß die Franzosen die Besprechung fortsetzten. Als dabei die Frage aufgeworfen wurde, welche Sprache für die alphabetische Reihenfolge zu wählen sei, wies ich darauf hin, daß, um auch hier jedes Mißverständnis von vornherein zu beseitigen, die im diplomatischen Verkehr geübte Gepflogenheit maßgebend sein sollte, was allgemeine Zustimmung fand. Die meisten Teilnehmer merkten allerdings erst später, daß bei Anwendung der französischen Sprache Deutschland an erster Stelle kam. Die Franzosen waren über dieses Ergebnis sichtlich sehr unangenehm berührt, konnten aber bei der allgemeinen Zustimmung, die mein Vorschlag fand, nicht mehr zurück, wiesen nur wiederholt darauf hin, daß es sich hier um unverbindliche Vorbesprechungen handele.

... Der erste Kongreß für gerichtliche und soziale Medizin findet in Deutschland statt. Der Vorsitzende der deutschen Gesellschaft für gerichtliche Medizin hat Professor Schrader-Halle zum Sekretär für Deutschland und mich zum Präsidenten des Kongresses ernannt. Als Tagungsort habe ich Bonn bestimmt. Die Tagung soll kurz vor der Naturforscherversammlung Ende September stattfinden.

Zusammenfassend halte ich das Ergebnis der Reise für günstig. Wir haben Beziehungen zu Fachvertretern verschiedener Länder angeknüpft, von denen mehrere mich baten, zur Tagung der deutschen gerichtlichen Medizin eingeladen zu werden, haben insbesondere mit den Franzosen freundschaftliche Fühlung genommen. Einer Einladung nach Lille konnten wir nicht mehr folgen. Die Führung der internationalen Zusammenarbeit der gerichtlichen und sozialen Medizin durch die Franzosen wurde verhindert und zunächst durch uns übernommen. Die organisatorischen Arbeiten dieser Zusammenarbeit führt Deutschland durch, wo die erste Tagung stattfindet. Es wird sich jetzt darum handeln, die gewonnene Stellung weiter auszubauen.

(Unterschrift:) Pietrusky

Dokument Nr. 12

Auszüge aus dem Urteil des Schwurgerichts in Stuttgart vom 15.9.1967 im Verfahren gegen Dr. Albert Widmann (Aktenzeichen Ks 19/62):
(Quelle: Internet)

... Das eigentliche Aufgabengebiet der Chemischen Abteilung des Kriminaltechnischen Instituts (KTI) umfaßte toxikologische Untersuchungen, d. h. Nachweis von Giften in Leichenteilen, in Nahrungsmitteln, Genußmitteln, Rauschgift und Munition sowie Branduntersuchungen, Sprengstoff- und Sabotagemittel-Untersuchungen und mikrochemische Prüfungen. ... Das KTI erhielt seine Untersuchungsaufträge von den Kriminalpolizeiämtern, den Staatsanwaltschaften und den Gerichten des gesamten Reichsgebiets, im Laufe der Zeit aber auch vom SD und anderen Gruppen des RSHSA, die nicht immer kriminalpolizeilicher, sondern je länger desto mehr auch politischer und kriegsbedingter Art waren. ... Für Nebe als Amtschef war das KTI so etwas wie ein Aushängeschild des RKPA (Amt V). ... Bereits im Planungsstadium [der Euthanasie-Aktion] informierte Nebe, der von höchster Stelle eingeweiht war, den Angeklagten darüber, daß die Euthanasie beschlossene Sache sei und daß das KTI hierbei eine beratende Funktion zu übernehmen habe. ... Zur Debatte standen u. a. Morphium, Skopolamin, Blausäure und CO-Gas. Da sich der Angeklagte früher bereits mit einem Fall von CO-Vergiftung hinsichtlich Wirkung und Nachweisbarkeit eingehend beschäftigt und darüber einen Bericht, der an sämtliche kriminaltechnischen Institute im Reich gehen sollte, verfaßt hatte, schlug er [bei der entscheidenden Besprechung in der Kanzlei des »Führers«] schließlich

– möglicherweise nach entsprechenden Versuchen an Tieren im KTI – Brack die Verwendung von reinem CO-Gas zur Tötung der vorgesehenen Geisteskranken vor. Zur praktischen Durchführung riet er, das Gas nachts in die Krankensäle einzuleiten und so die betreffenden Geisteskranken einzuschläfern.

Bei einer weiteren Besprechung bei Brack in der Kanzlei des Führers wurde der Angeklagte ... beauftragt, aus Tarnungsgründen die Beschaffung und Lieferung der CO-Gasflaschen durch das KTI zu übernehmen, da derartige Bestellungen, ohne daß Argwohn aufkomme, nicht von einer Parteidienststelle, insbesondere nicht von der Kanzlei des Führers, erfolgen könnten. ... Im Sommer oder Herbst 1941 befahl Hitler die Einstellung der Euthanasieaktion. ... Dennoch wurde die Tötung von Geisteskranken, wenn auch in erheblich geringerem Umfang wie bis dahin, insbesondere an geisteskranken Kindern, in verschiedenen Heilanstalten bis Frühjahr 1945 fortgesetzt. Auch hierbei wirkte der Angeklagte als Leiter der Chemischen Abteilung des KTI durch Beschaffung und Lieferung der zur Tötung bestimmten Mittel, vor allem von Luminal, Morphium, Skopolamin, Blausäure, aber auch durch Bestellung von CO-Gasflaschen, mit. ... Die Chemische Abteilung des KTI unter Leitung des Angeklagten wurde während des Krieges je länger desto mehr zu angeblich kriegswichtiger Tätigkeit herangezogen und hierbei immer wieder mit recht fragwürdigen Aufgaben betraut. [...]

Schon nach kurzer Zeit [war es] in Rußland bei den Kommandos der Einsatzgruppen zu erheblichen Schwierigkeiten [gekommen]. Die Angehörigen der Einsatz- und Sonderkommandos, teilweise selbst Familienväter, waren auf die Dauer den mit Massenerschießungen verbundenen seelischen Belastungen nicht gewachsen, insbesondere wenn Frauen und Kinder darunter waren. Es kam zu Mißhelligkeiten, Befehlsverweigerungen, Trunkenheitsexzessen, aber auch zu schweren psychischen Erkrankungen. Himmler, dem diese Mißtände nicht unbekannt blieben, suchte daher nach einer Lösung, um die Männer der Erschießungskommandos nervlich und seelisch zu entlasten. So entstand im Gespräch mit Heydrich und anderen Führungskräften der Plan, zu diesem Zweck Gaswagen einzusetzen, die insbesondere zur Liquidierung von Frauen und Kindern Verwendung finden sollten. ...

Im September oder Oktober 1941 erhielt der Leiter der Gruppe II D im RSHA, der damalige SS-Obersturmbannführer Rauff ... von Heydrich den Befehl, solche Gaswagen zu bauen. ... Nach vergeblichen Bemühungen Pradels [des Leiters der Kraftfahrzeugabteilung II D 3a] beschaffte wahrscheinlich Rauff selbst fünf Saurer-Fahrgestelle. Nach verschiedenen Vorbesprechungen wurden diese der Fa. Gaubschat in Berlin zur Karossierung überlassen, die nach den von Pradel und Wentritt [Pradels Werkstattleiter] angegebenen genauen Maßen zunächst an einem Fahrzeug als Muster einen luftdicht abgeschlossenen, etwa 2 m breiten und 5 m langen Kastenaufbau anbrachte. ... Innen war der Kastenaufbau mit verzinktem Blech ausgeschlagen und in den oberen Ecken mit durch Eisengitter geschützten Beleuchtungskörpern versehen. Auf dem Boden wurde ein hölzerner Gitterrost angebracht. Die Fahrerkabine war vom Kastenaufbau getrennt, jedoch mit ihm durch ein kleines Beobachtungsfenster verbunden. Außen war das Fahrzeug feldgrau gestrichen. ...

Nach Fertigstellung holte Wentritt das Musterfahrzeug ab und nahm entsprechend der ihm erteilten Anweisung aufgrund seiner eigenen technischen Kenntnisse folgende Veränderungen vor: Er schnitt das Auspuffrohr hinter dem Motor auf und setzte in dasselbe ein T-Stück ein. Sodann bohrte er in den Boden des Kastenaufbaus ein Loch von etwa 50–60 mm Stärke, durch das er einen Stutzen in das Wageninnere einführte. Der Stutzen wurde fest verschweißt und daran im Wageninneren ein U-förmig verlaufendes Röhrensystem angeschlossen, dessen Rohre in regelmäßigen Abständen mit kleinen Löchern versehen wurden. Im Bedarfsfall brauchte nun nur noch zwischen dem T-Stück im Auspuff und dem Stutzen im Boden des Kastenaufbaus, die beide ein Gewinde hatten, durch einen aufschraubbaren Schlauch eine Verbindung hergestellt und der Auspuff mit einer Kapsel verschlossen zu werden, dann konnte man ohne Schwierigkeiten die beim Laufenlassen des Motors entstehenden Auspuffgase durch den Stutzen in das Röhrensystem und von dort in das Wageninnere leiten. Der Gitterrost am Boden verdeckte einmal die Gaszuleitung und zum anderen ermöglichte er die schnelle Reinigung des Wagens nach Gebrauch. Die Fertigstellung des Musterfahrzeugs meldete Wentritt seinem Vorgesetzten Pradel, der ihn anwies, den Wagen persönlich zum KTI zu fahren und sich dort zur Entnahme von Luftproben ... zu melden. ...

Einige Zeit später wurde das Fahrzeug auf Veranlassung von Dr. Heeß erneut beim KTI zur Vornahme von Gasanalysen vorgeführt. ... [Noch] einige Zeit später – im Spätherbst 1941 – forderte Dr. Heeß die wissenschaftlichen Mitarbeiter Dr. Leidig und Dr. Hoffmann auf, an der praktischen Erprobung dieses ersten ... Wagens im Konzentrationslager Sachsenhausen teilzunehmen. An diesem Tag war der Angeklagte auf einer Dienstreise unterwegs, wahrscheinlich in Kiew. ... In gedrückter

Stimmung fuhren Dr. Leidig und Dr. Hoffmann [nach dieser Vorführung] zusammen mit Dr. Heeß zum KTI zurück.

Dr. Leidig nahm diesen Vorgang zum Anlaß, sein Ausscheiden aus dem KTI zu betreiben, was ihm schließlich Ende 1942 gelang. Als der Angeklagte noch im Jahre 1941 oder Anfang 1942 von diesem Versuch ... erfuhr, suchte er Dr. Heeß auf und machte ihm Vorhaltungen, es gehe nicht, daß man normale Menschen mit diesen Gaswagen umbringe. Dr. Heeß bekam hierauf einen roten Kopf und erklärte: »Du siehst, es geht doch, willst Du etwa abspringen?« Im Frühjahr 1942, möglicherweise auch schon im Januar 1942, erhielt der Angeklagte, der inzwischen von den früheren Gasanalysen wußte, und seine Mitarbeiter von Dr. Heeß den Auftrag, an einem im Hof befindlichen Gaswagen erneut Messungen und Gasanalysen vorzunehmen. ... Zweck dieser Gasanalysen war, festzustellen, entweder in welcher Zeit im Kastenaufbau der absolut tödliche CO-Gehalt von einem Prozent erreicht wird, oder ob im Inneren des Wagens durch die eingeleiteten Auspuffgase ein explosibles Gasgemisch entsteht (weil nämlich im Frühjar 1942 ein derartiger Wagen in Kulmhof explodiert war.) Auf Grund der im KTI durchgeführten Messungen und Gasanalysen und der technischen Arbeiten der Kraftfahrtechnischen Abteilung D 3a waren die ersten Saurer-Fahrzeuge etwa im Januar 1942 einsatzbereit ...

Dokument Nr. 13

Ausführungsbestimmungen zum Runderlaß vom 28.9.43 (MbliV. S. 1 533) über das Kriminalmedizinische Zentralinstitut der Sicherheitspolizei (RdErl. d. CdSuSS vom .. /44- V A 1 Nr. 2319/42)
(Quelle: SgS RmL: E 1/1898)

A. Sitz des Institutes.
Das dem Reichskriminalpolizeiamt eingegliederte Kriminalmedizinische Zentralinstitut der Sicherheitspolizei befindet sich in Wien in den Räumen des Instituts für gerichtliche Medizin und Kriminalistik Wien, Wien IX., Sensengasse 2.

Direktor des Kriminalmedizinischen Zentralinstitutes der Sicherheitspolizei ist der Direktor des vorgenannten Gerichtsmedizinischen Universitätsinstituts in Wien, Prof. Dr. Philipp Schneider.

B. Aufgaben des Institutes.
Die Aufgaben des Kriminalmedizinischen Zentralinstitutes der Sicherheitspolizei ergeben sich aus dem RdErl. v. 28. 9. 43 (Abschnitt A und B). In Ergänzung dieser Vorschriften wird noch folgendes angeordnet:

1.) Die Forschungsaufgaben des Kriminalmedizinischen Zentralinstitutes der Sicherheitspolizei erstrecken sich auf die besonderen sich aus den kriminalpolizeilichen Aufgaben ergebenden Kriminalmedizinischen Gebiete.

2.) Das Kriminalmedizinische Zentralinstitut der Sicherheitspolizei ist nicht für Untersuchungen psychiatrischer Fragen zuständig. Lediglich in Grenzfällen können im Institut psychiatrische Untersuchungen durchgeführt werden. Im übrigen werden psychiatrische Fragen, soweit sie bei der Sicherheitspolizei zu behandeln sind, im Kriminalbiologischen Institut der Sicherheitspolizei vorgenommen. Die Zuständigkeit der Gesundheitsämter bleibt unberührt.

3.) (1) Die gerichtliche Obduktionstätigkeit wird, soweit sie nach den gesetzlichen Bestimmungen von den Gesundheitsämtern wahrgenommen wird, weiterhin von diesen ausgeübt. Soweit die Obduktionen in der Praxis nicht von den Gesundheitsämtern, sondern von den gerichtsmedizinischen Universitätsinstituten vorgenommen werden, verbleibt es auch künftig dabei.

(2) In den Fällen jedoch, die besonderes sicherheitspolizeiliches Interesse haben, kann sich ein Arzt des Kriminalmedizinischen Zentralinstitutes der Sicherheitspolizei oder eines Kriminalwissenschaftlichen Institutes bei einer Kriminalpolizeileitstelle als zweiter Obduzent an der Untersuchung beteiligen.

4.) Die im RdErl. v. 6. 3. 39 (MbliV. S. 1840) über das Kriminaltechnische Institut der Sicherheitspolizei unter A I Ziff. 4 b erwähnten Untersuchungen von Sperma sowie die Untersuchungen von Menschenblut und die Feststellung der Blutgruppenzugehörigkeit gehen in die Zuständigkeit des Kriminalmedizinischen Zentralinstitutes der Sicherheitspolizei über. Sämtliche Untersuchungen und Artfeststellungen von Tierblut werden, falls nicht im Einzelfall Zusammenhänge mit der Untersuchung von Menschenblut gegeben sind, weiterhin vom Kriminaltechnischen Institut der Sicherheitspolizei vorgenommen.

5.) Eine wichtige Aufgabe des Kriminalmedizinischen Zentralinstituts der Sicherheitspolizei ist die Abhaltung von Kriminalmedizischen Schulungslehrgängen für Kriminal- und Gendarmeriebeamte. Die wirtschaftliche Betreuung der Lehrgangsgestalter (Unterbringung usw.) ist, soweit sie nicht für die Angehörigen der Ordnungspolizei von diesen übernommen wird, von der Kriminalpolizeileitstelle Wien durchzuführen.

C. Aufgaben der Kriminalpolizeilichen Dienststellen.

1.) Die Leiter der Mordkommission bei den kriminalpolizeilichen Dienststellen haben in den Fällen, in denen es sich um auffallende Verletzungen des menschlichen Körpers handelt, Abschriften der Obduktionsprotokolle beschleunigt an das Kriminalmedizinische Zentralinstitut der Sicherheitspolizei zu übersenden. In wichtigen Fällen dieser Art haben die kriminalpolizeilichen Dienststellen, wenn eine Beteiligung des Kriminalmedizinischen Zentralinstitutes der Sicherheitspolizei wegen der Entfernung möglich erscheint, von dem Termin der Obduktion auf schnellstem Wege (fernschriftlich oder fernmündlich) Nachricht an das Kriminalmedizinische Zentralinstitut der Sicherheitspolizei zu geben.

2.) Soweit nach den Bestimmungen im vorstehenden Abschnitt B 4 die Zuständigkeit des Kriminalmedizinischen Zentralinstitutes der Sicherheitspolizei gegeben ist, sind die Beweisstücke beschleunigt an das Institut unter der obigen Anschrift einzusenden. Den Beweisstücken ist eine Darlegung des festgestellten Tatbefundes beizufügen. In wichtigen Fällen sind außerdem, soweit möglich, Durchschläge der Ermittlungsakten zu übersenden.

D. Schlußvorschriften

Die in dem RdErl. v. 28.9.43 vorgesehene Errichtung von Kriminalwissenschaftlichen Instituten bei den Kriminalpolizeileitstellen wird zunächst noch nicht durchgeführt.

3.) Wv. bei V A 1.

Dokument Nr. 14

Auszug aus: Organisation und Verwaltung des ersten Häftlingskrankenbaus (HKB) in Auschwitz von Tadeusz Paczuła
(Quelle: Die Auschwitz-Hefte, Hamburg 1994, S. 159 f.)

Die *HKB Schreibstube* stellte die Sterbedokumente für alle männlichen mit Nummern versehenen Häftlinge und Kriegsgefangenen aus, die zum Konzentrationslager Auschwitz einschließlich aller Nebenlager gehörten.

Die Ausfertigung der Sterbedokumente ging folgendermaßen vor sich:

1. Ein Häftling mußte sterben, wenn ein SS-Arzt bereits seinen Tod beschlossen hatte und ihn zum Phenoltod oder zur Vergasung ausgesucht hatte. Sterben konnte ein Häftling im Arbeitskommando – einen »natürlichen« Tod oder einen plötzlichen »Unfalltod« oder bei einem Fluchtversuch, bei dem er erschossen wurde, wenn dies vorher so beschlossen war. Die SS-Leute bekamen für die Erschießung eines fliehenden Häftlings Urlaub und veranstalteten deshalb Jagden auf die Häftlinge, schickten sie über die Postenkette und schossen dabei auf sie.

Sterben konnte ein Häftling im Block oder auf dem Appellplatz, sterben konnte er im Bunker von Block 11, er konnte eines natürlichen Todes sterben oder durch Aufhängen oder Erschießung getötet werden. Sterben konnte er schließlich an einer Krankheit im HKB, durch eine Phenolinjektion ins Herz, oder er konnte in die Gaskammer geschickt werden. Die Todesursache wurde immer als »natürlich« diagnostiziert, mit Ausnahme von zwei Todesarten: a) Tod durch Selbstmord und b) Erschießung während der Flucht. Diese nicht natürlichen Todesfälle waren insoweit fiktiv, als der Selbstmord häufig erzwungen war und die Erschießungen auf der Flucht nichts anderes waren als gewöhnliche Jagden, um Urlaub zu bekommen.

2. Der Tod des Menschen war der Grund, um die sog. *Totenmeldung* auszustellen. Die *Totenmeldung* wurde von dem Blockschreiber des Blocks, in dem der Häftling gewohnt hatte, ausgestellt und vom *Blockältesten* und vom *Blockführer* (einem SS-Angehörigen) unterschrieben. Im Krankenbau unterzeichnete sie von der SS ein SDG (*Sanitäts-Dienst-Grad*). Eine *Totenmeldung* mußte für jeden Todesfall ausgestellt werden. Bei Transporten ins Gas, bei Massenvernichtungen und Exekutionen wurden diese Meldungen nicht ausgestellt; die getöteten Häftlinge wurden in Sammellisten verzeichnet.

3. Wenn der Schreiber in der *HUB Schreibstube* die Totenmeldung erhalten hatte, suchte er das Karteiblatt des Häftlings und den Fragebogen heraus und drückte den Stempel »*Verstorben am ... um ... Uhr ... Todesursache: ...*« auf. Dann schrieb er das Todesdatum, die Todesstunde und die Todesursache ein. Der Todesfall wurde in das »*Totenbuch*« eingetragen. Die Totenbücher waren getrennt für RKG (*Russische Kriegsgefangene*) und für die Häftlinge. Ich habe das *Totenbuch* zwei Jahre lang geführt und in dieser Zeit 130 000 Eintragungen über den Tod von männlichen, mit Nummern versehenen Häftlingen gemacht. Vom

Totenbuch gingen die *Totenmeldung* und das angeheftete Karteiblatt zu den Schreibmaschinen, wo wiederum die Sterbedokumente ausgestellt wurden.

4. Die Sterbedokumente bestanden aus folgenden Schriftstücken:

a) die *Todesmeldung* wurde in acht Exemplaren ausgefertigt und ging an *Rapportführer, Arbeitseinsatz, Politische Abteilung, Kommandantur, Effektenkammer, Bekleidungskammer, Postzensurstelle und A.a. HKB. (ad acta).*

b) Der Kommandantur-Bericht in drei oder vier Exemplaren enthielt alle Angaben zur Person des gestorbenen Häftlings.

c) Ein *Ärztlicher Bericht* in drei oder vier Exemplaren enthielt eine genaue Beschreibung der Krankheit, ihres Verlaufs und der Behandlung, Einzelheiten über den Tod des Häftlings und die Todesursache. Dieses Dokument war von Anfang bis Ende eine Fiktion und die Schreiber, die diese Dokumente ausfertigten, waren in den Beschreibungen so spezialisiert, daß sie bei dem Schreiber, der die Todesursache auf den Karteiblättem eintrug, eine gewisse Anzahl ähnlicher Fälle bestellten. Einer bat z. B. zur Arbeitserleichterung um 50 Herzfälle, der nächste um 50 Nierenfälle, der dritte um 50 Lungenfälle, der vierte um »Durchfälle«, je nachdem, welche Beschreibungen er beherrschte. Die Wünsche wurden erfüllt, und die auf den Karteiblättem eingetragene *Todesursache* war völlig fiktiv. Zu ergänzen ist noch, daß auch Sterbetag und Todesstunde häufig nicht mit der Wirklichkeit übereinstimmten. Starben nämlich viele Menschen zugleich, mußte die Ausfertigung der Sterbedokumente über mehrere Tage verteilt werden.

d) Die in einem Exemplar ausgefertigte *Todesbescheinigung für* [das] *Standesamt* enthielt die bürgerlichen Angaben über den Häftling ohne die Häftlingsnummer und war, ihrem Inhalt zufolge, nicht von den Lagerbehörden ausgestellt, sondern von einem Standesamt. Es handelte sich um ein Formblatt, in das die Angaben zur Person mit der Maschine eingetragen wurden. Der Standesbeamte war im Konzentrationslager Auschwitz die Politische Abteilung.

Bei plötzlichen und bei nicht natürlichen Todesfällen – Selbstmord oder Erschießung auf der Flucht – wurden darüberhinaus noch folgende Dokumente ausgefertigt:

e) Die *Leichenschau* über die ärztliche Beschauung der Leiche in sechs Exemplaren.

f) Der *Sektionsbericht* über die gerichtsmedizinische Sektion war selbstverständlich eine Fiktion, da keine Sektionen der Erschossenen oder der Gehenkten durchgeführt wurden. Jedes Dokument wurde vom Lagerarzt unterschrieben. Man stelle sich einen Tag vor, an dem es zum

Beispiel 600 *Todesfälle* gab, was durchaus noch unterhalb der Kapazitätsgrenze der Schreibstube lag. Ich erinnere mich an Tage, an denen sogar für 1 100 Fälle die Sterbedokumente ausgefertigt werden konnten.

Wenn für einen normal verstorbenen Häftling 21 Unterschriften, und für einen keines natürlichen Todes gestorbenen Häftling 33 Unterschriften zu leisten waren, hatte der *Lagerarzt* insgesamt ein paar tausend Unterschriften zu leisten, und die Herren Doktoren von der SS verschwanden hinter den Papierstößen, mit denen ihre Schreibtische im Ärztezimmer überhäuft waren.

1944 gab es zwar Tage, an denen das Konto der Todesfälle zwei Häftlingsnummem aufwies, da die Sterblichkeit damals gering war, die Jahre 1942 und 1943 waren jedoch für die Krankenbau-Schreibstube eine Zeit wahnsinniger Arbeit. Allein *Totenbücher* wurden zwischen zehn und zwanzig vollgeschrieben. Wären die *Totenbücher* erhalten, stellten sie wertvolles Material dar, um festzustellen, wer wann welchen Tod starb. Neben der Eintragung der natürlichen Todesursachen habe ich Kennzeichen in das Totenbuch eingetragen, aus denen herausgelesen werden könnte, ob ein Häftling erschossen, vergast oder »abgespritzt« wurde. Leider konnten die Totenbücher bisher nicht aufgefunden werden, die Lagerbehörden haben sie wahrscheinlich bei der Auflösung des Konzentrationslagers Auschwitz vernichtet.

Dokument Nr. 15

Tabellarischer Ausschnitt aus der Habil.-Arbeit von Hellmut Dencks: »Wissenschaftliche« Ergebnisse nach Röntgenbestrahlung der Hoden von Häftlingen (»2. Untersuchungsgruppe«)

(Quelle: Dencks, H., Breslau 1944, S. 41 f.)

Nr.	Alter in Jahren	Monate in Haft	Befund an Hoden, Nebenhoden, Samensträngen	Geschlechtskrankheiten	Art der Spermagewinnung	Färbezeit bis kupferrot	Dosis in r	Bestrahlung vor Monaten
329	18	3,5	–	–	Prostatamassage	unter 40"	200	3
275	16	3,5	li. Hoden und Nebenhoden op. entfernt, re. Hoden 1/2 des Normalen; Typhus vor 4, Malaria vor 3 Jahren	–	Masturbation	unter 40"	250	3
247	27	3,5	–; vor 5 Jahren Mumps, vor 4 Jahren Malaria	–	Prostatamassage	unter 40"	300	3
082	21	3,5		1937 Go.	Prostatamassage	2'30"	300	3
927	25	3,5	–; 1942 Malaria	–	Masturbation	2'30"	300	3
158	26	3,5	re. Nebenhoden sehr weich, bohnengroß	–	Prostatamassage	unter 40"	400	3
163	23	3,5	–	1937 Go.	Masturbation	1'	400	3
108	28	3,5	–	–	Prostatamassage	1'30"	400	3
222	29	3,5	–	–	Prostatamassage	unter 40"	500	3
166	29	3,5	–; öfters Anginen	–	Prostatamassage	unter 40"	500	3
935	30	9	–; Typhus vor 1 Jahr	–	Prostatamassage	4'30"	700	3,5
675	30	8	–; Pneumonie vor 7 Jahren	–	Prostatamassage	unter 40"	800 a. den linken Hoden	3,5
272	24	3,5	–; Typhus mit 12 Jahren	–	Prostatamassage	3'40"	800	3
593	27	5	Linker Hoden im Ausgang des Leistenkanals; mit 12 Jahren Mumps, 1940 Typhus	–	Prostatamassage	3'45"	800	3,5
189	28	4,5	li. Nebenhoden nicht zu fühlen; re. klein, weich; mit 15 Jahren Thyphus, 1942 Malaria	–	Prostatamassage	3'45"	800	3,5
992	28	3,5	–	–	Prostatamassage	unter 40"	1000	3
577	25	4	kleine Hoden; Mumps mit 3, Scharlach mit 10 Jahren. 1938 Malaria		Prostatamassage	4'	1000	3,5
576	29	5	sehr kleine Hoden	–	Prostatamassage	unter 40"	1000	3,5

Dokument Nr. 16

Vorsicht bei Verpflegungsschnaps! Mitteilung des Heeresgruppenarztes der Heerersgruppe Mitte über zwei tödliche Alkoholvergiftungen, zur Kenntnisnahme für die Chemische Untersuchungsstelle, den Armeeapotheker und die Feldprosekturen A und B (17.2.1944)
(Quelle: BA-MA: RH 20-2/1769, o. Bl.)

Der Beratende Pathologe einer Armee hat berichtet, dass bei den beiden akuten Alkoholvergiftungen, die er im Dezember 1943 und Januar 1944 seziert hat, das Ergebnis der Bestimmung des Blutalkoholgehaltes jedesmal nur die Werte der Volltrunkenheit ergeben hat. In beiden Fällen konnte durch die Durchführung der Sektion mit mikroskopischer Ogan-Untersuchung das Vorliegen einer akuten oder chronischen Krankheit ausgeschlossen werden. In der Meldung des Armeearztes hierüber wird die Vermutung geäussert, dass sich anscheinend die Güte des so genossenen Schnapses – wohl durchweg des Verpflegungsschnapses – verschlechtert hat, dass schon Volltrunkenheit zum Tode führen kann.

Die chemischen Untersuchungsstellen sind anzuweisen, bei Verpflegungsschnaps Untersuchungen in dieser Richtung anzustellen. Bericht ist bis 1.4.1944 vorzulegen.

Dokument Nr. 17

Regelungen zum Einsatz eines Beratenden Gerichtsmediziners im Bereich der Heeresgruppe Mitte, vermutlich von Prof. Dr. Buhtz im Auftrag des Oberkommandos der Heeresgruppe erarbeitet (26.2.1943, Az.: O Qu IV b / 34/3/43)
(Quelle: SgS RmL: zu Buhtz, o.Bl.)

Betr. Einsatz eines Beratenden Gerichtsmediziners im Bereich der Heeresgruppe Mitte.

I. Gemäß Verfügung OKH Gen St d R/Org. Abtl. (II) No: 9706/42 vom 24.11.42 betr. Verstärkung der Armee-Sanitäts-Abteilungen 563 und 592 ist für das Gebiet der Heeresgruppe Mitte als Beratender Gerichtsmediziner Stabsarzt Prof. Dr. *Buhtz* im Stab der Armee-Sanitätsabteilung 592 (mot.), zur Zeit in Smolensk, eingesetzt.

II. Die Tätigkeit des Gerichtsmediziners erfolgt im Auftrage der Kriegsgerichte.

Die Zuständigkeit erstreckt sich auf Gesundheitsschädigungen und Todesfälle, die nur mit gerichtsärztlichen Untersuchungsmethoden im Interesse der Wehrmachts- und Völkerrechtspflege sowie der Abwehr geklärt werden können.

Hierunter fallen:

a) Gesundheitsschädigungen und Todesfälle, bei denen Verdacht auf fremdes Verschulden besteht (Mißhandlungen, Gewaltanwendung mit Waffen und Werkzeugen, Erhängen, Erdrosseln, Erwürgen, Ersticken, Ertrinken, Vergiftungen und Sexualdelikte, Kindstötung).

b) Alle Gesundheitsschädigungen und Todesfälle mit Verdacht auf eigenes Verschulden (Selbstmord, Selbstverstümmelung und Selbstbeschädigung).

c) Unklare plötzliche Todesfälle.

III. Durch die gerichtsärztliche Untersuchungsstelle werden vorgenommen:

a) Alkoholbestimmung im Blut und Urin, Kohlenoxyd- und Methämoglobinfeststellungen im Blut, Blutgruppenbestimmungen, spurenkundliche Untersuchungen (Nachweis von Blut usw. am Körper, an Werkzeugen, Kleidern u. anderen Gegenständen).

b) Schriftenvergleichung sowie gerichtsärztliche Untersuchungen im Dienste der aktiven und passiven Abwehr (Sabotagebekämpfung, Bandenunwesen, Völkerrechtsverletzungen).

c) Leichenöffnungen, Untersuchung von Leichenteilen und feingewebliche Untersuchungen von Körpergewebe.

IV. Zur Unterstützung der Tätigkeit des Gerichtsmediziners haben alle Einheiten, falls eine gerichtsärztliche Untersuchung erforderlich wird, dafür zu sorgen, daß Tatorte, Werkzeuge und Waffen, Spuren und Beschädigungen, Leichen und ihre Bekleidung bis zum Eintreffen des Gerichtsmediziners unverändert erhalten bleiben. Tatorte sind für alle Dritten streng abzusperren. Alle Sanitätsoffiziere werden auf dem Sanitätsdienstwege durch eine besondere Anweisung über den Einsatz des Beratenden Gerichtsmediziners unterrichtet.

Im Entwurf gezeichnet:
Für das Oberkommando der Heeresgruppe Mitte
Der Quartiermeister
I. A. Dr. Holm

Verteiler: I
General z. b. V.

Dokument Nr. 18

Von Prof. Dr. Buhtz erarbeitete "Richtlinien für Sanitäts-Offiziere über Zuziehung des Beratenden Gerichtsmediziners." (24.2.1943), herausgegeben über den Heeresgruppenarzt der Heeresgruppe Mitte (Az.: 40 Dr. B. No: 2172/43 / IIa)
(Quelle: SgS RmL: zu Buhtz, o. Bl.)

Der Beratende Gerichtsmediziner im Stab der Armee-Sanitäts-Abteilung 592 (mot.), Stabsarzt Prof. Dr. *Buhtz,* (Fernsprechanschluß bei Katharina), zur Zeit in Smolensk, steht allen Sanitäts-Offizieren und Unterärzten zur persönlichen, fernmündlichen und schriftlichen Beratung jederzeit zur Verfügung und kann zur Vornahme von Untersuchungen angefordert werden.

Auf Grund der Anordnung eines Kriegsgerichts ist der Gerichtsmediziner für folgende Untersuchungen zuständig:

I. Leichenöffnungen.

Leichenöffnungen, bei denen rechtliche Fragestellungen zu entscheiden sind, sind dem Gerichtsmediziner vorzubehalten, der umgehend von der Notwendigkeit einer Leichenöffnung mit rechtlicher Fragestellung in Kenntnis zu setzen ist. Bei der Benachrichtigung hat der zuständige Sanitäts-Offizier (bezw. Unterarzt) die näheren Umstände genau darzulegen und sich vorläufige Ratschläge einzuholen. Die Leiche darf nur nach Freigabe durch das Gericht vom Tatort entfernt werden und kann dann an einen für die Obduktion günstig gelegenen Ort transportiert werden.

Ist der Gerichtsmediziner nicht selbst in der Lage, die Leichenöffnung vorzunehmen, so hat die Leichenöffnung durch einen pathologischen Anatomen zu erfolgen, der das Protokoll zur abschließenden Beurteilung dem Gerichtsmediziner vorzulegen hat.

II. Befunderhebung an Lebenden und Leichen (s. auch Ziff. IV).

Zur Rekonstruktion des Tatherganges ist eine genaue Lokalisation der äußeren und inneren Verletzungen an sämtlichen Körperstellen dringend erforderlich. Es ist nicht nur die Länge und Breite der Verletzungen, sondern auch ihre Entfernung von bestimmten Körperpunkten und die absolute Höhe, von der Ferse gemessen, festzulegen. Die Wundränder sind genau zu beschreiben. Nach Möglichkeit sind Lichtbilder von den Verletzungen anzufertigen. Beschmutzungen, Beschädigungen von Körperoberfläche, Kleidern, Gegenständen, Fahrzeugen sind genau zu beschreiben.

III. Einsendung von Untersuchungsmaterial.

In allen Fällen, in denen der Gerichtsmediziner die Untersuchungen am Lebenden oder die Sektion nicht selbst vornimmt, sind ihm die Befunde, die kriminalistisch wichtigen Überführungsstücke, Leichenteile zur histologischen, chemischen und spurenkundlichen Untersuchung zu übersenden. Hautverletzungen von Lebenden und Leichen sind im weiten Umkreis auszuschneiden, auf Pappe oder Holz aufzuspannen und in Formalin 1:10 einzusenden. Knochen und verletzte innere Organe sind in gleicher Weise aufzuheben und zu übersenden.

Spuren und Beschädigungen an Kleidern sind kriminalistisch oft von entscheidender Bedeutung; daher sind sämtliche Ober- und Unterkleider, ohne sie zu zerreißen oder zu zerschneiden, besonders sorgfältig zu behandeln und einzusenden, Blut- und Spermaflecke, menschliche und tierische Haare, Federn, Tatort- und Werkzeugspuren sind sorgfältig verpackt zu übersenden, dgl. Waffen, Geschosse, Hülsen, Reserve-Munition.

Blutalkoholproben (Urinproben) können statt wie bisher an die Militärärztliche Akademie Berlin an den Beratenden Gerichtsmediziner eingesandt werden. (Venüle, Fragebogen ausfüllen!). Bei Leichen Blutentnahme durch Einschnitt in die Oberschenkelblutader.

Kohlenoxydverdächtige Blutproben (Rauchgasvergiftung) sind unter schriftlicher Schilderung der näheren Umstände in voller Venüle an die nächste chemische Untersuchungsstelle oder an den Gerichtsmediziner einzusenden, ebenso Proben von giftverdächtigem Material unter genauer Angabe von Vorgeschichte und Befund in sauberen Glasgefäßen (kein Metall!). In jedem Fall ist die Übersendung von reichlichen Mengen giftverdächtiger Substanz, Kot, Urin, Erbrochenem, inneren Organen, getrennt in Einzelgefäßen, erforderlich.

Bei Anforderung von Blutproben in Vaterschaftsprozessen durch Heimatdienststellen ist – falls die Versendung in die Heimat auf besondere Schwierigkeiten stößt – der zu Untersuchende kurzfristig zwecks Blutentnahme dem Beratenden Gerichtsmediziner vorzuführen.

IV. Spezialfälle

1. Sexualdelikte.

Die ausschließliche Bearbeitung sämtlicher Fälle (auch bei überlebenden Opfern) ist dem Beratenden Gerichtsmediziner vorbehalten. Sofortige fernmündliche Meldung mit genauester Ortsangabe (Kartenwerte), wo sich das Opfer und Täter befinden (Mann, Frau, Tier).

Soweit von einem Kriegsgericht angeordnet, hat der Gerichtsoffizier unter Zuziehung des Truppen-, Lazarettarztes oder path. Anatomen vorzubereiten: Sofortige Aufnahme einer ausführlichen wörtlichen Niederschrift der Angaben von Täter und Opfer, sorgfältige Aufbewahrung sämtlicher Kleider und sonstiger Gegenstände, genaue Untersuchung der Körperoberfläche einschl. äußerer und (bei überlebendem Opfer auch) innerer Geschlechtsteile (Aufbewahrung von Haaren, Federn, Sperma, Scheidensekret). Abtupfen der weiblichen Geschlechtsteile mit Gazetupfer, lufttrocken aufbewahren; sofortige Untersuchung der männlichen Geschlechtsteile.

2. Sabotage und Völkerrechtsverletzungen.

Alle Todesfälle und Gesundheitsbeschädigungen durch Sabotage und Völkerrechtsverletzungen (Verstümmelung deutscher Soldaten) sind dem Beratenden Gerichtsmediziner zur ausschließlichen Bearbeitung vorbehalten und sofort fernmündlich oder fernschriftlich zu melden. Absperrung des Tatortes!

3. Selbstverstümmelung.

Fragliche Fälle von Selbstverstümmelung sind nach gerichtsärztlichen Grundsätzen einwandfrei zu klären. Hierzu ist folgendes erforderlich:

a) Vom Überlebenden ist bei Verdacht der Selbstverstümmelung die Stelle der Einwirkung an der Körperoberfläche (z. B. Einschuß, Ausschuß, mechanisch bzw. chemisch bedingte Verletzung, willkürliche Kälteschäden usw.) in ausreichendem Umfang auszuschneiden und in Formalin fixiert einzusenden. Sämtliche Ober- und Unterkleider, Waffen usw. sind aufzubewahren.

Unmittelbar nach der fraglichen Tat ist vom Gerichtsoffizier unter Zuziehung des Truppenarztes ein ausführlicher Befundbericht und ein ausführliches Protokoll über die Entstehung der Verletzung aufzunehmen. Es ist von entscheidender Bedeutung für Belastung und Entlastung, sofort bis ins Einzelne gehend alle Angaben des Verletzten über den Hergang und die Motive wörtlich aufzunehmen und mit einzusenden.

Besteht bei einem leugnenden Überlebenden dringender Tatverdacht, so ist er – falls er transportfähig ist – unter Mitgabe von Überführungsstücken und Niederschriften mit dem schnellsten Verkehrsmittel dem Beratenden Gerichtsmediziner vorzuführen.

b) Bei Leichen sind bei Verdacht der Selbstverstümmelung vom Truppenarzt Vorbereitungen für die Leichenöffnung und die ordnungsgemäße Aufbewahrung zu treffen. Ferner ist von dem Gerichtsoffizier unter Zuziehung des Truppenarztes über den Fund der Leiche (Ort, Lage, nähere Umstände, Zeugen) ein Protokoll anzufertigen; möglichst sind auch Tatortlichtbilder aufzunehmen.

4. Verletzungen von fremder Hand (Mord, Totschlag, Fahrlässigkeit usw.): Verfahren wie bei fraglichen Selbstverstümmelungen durch Schuß usw. Tatort absperren lassen.

5. Verkehrsunfälle und sonstige Unglücksfälle (z. B. Kraftwagen, Flugzeuge usw.): Falls eine gerichtliche Klärung verlangt wird, ist die Rekonstruktion des Tatherganges besonders im Auge zu behalten: Anprallstelle, Schleuderung, Aufprall, Gleiten, Überfahren, Schleifen (Bei Leichen auch Rücken und Gliedmaßen präparieren). Bei Überlebenden und Leichen genaue Beschreibung und Lokalisation (messen!) von Verletzungen, Beschmutzungen, Beschädigungen (Kleider, Fahrzeuge!) Blut- und Urinentnahme zur Alkoholbestimmung nicht vergessen!

Dokument Nr. 19

Richtlinien für die Zusammenarbeit des Beratenden Gerichtsmediziners mit den pathologischen Anatomen im Bereich der Heeresgruppe Mitte, vermutlich von Prof. Dr. Buhtz erarbeitet (27.2.1943) und über den Heeresgruppenarzt der Heeresgruppe Mitte (Referat II a) weiterverbreitet

(Quelle: SgS RmL. zu Buhtz, o. Bl.)

Als Beratender Gerichtsmediziner beim Heeresgruppenarzt ist Stabsarzt Prof. Dr. Buhtz im Stab der Armee-San.-Abt. 592 (mot.), z. Zt. in Smolensk, eingesetzt. (fernmündlich über Katharina).

In allen Fällen von Leichenöffnungen mit rechtlichen Fragestellungen ist der Beratende Gerichtsmediziner vor Vornahme der Sektion nach Möglichkeit fernmündlich, gegebenenfalls durch Fernschreiben, unter genauer Angabe des Tatortes zu verständigen. Falls der Gerichtsmediziner die Sektion nicht selbst übernehmen kann, ist die Sektion nach gerichtsärztlichen Grundsätzen durchzuführen.

Sektionen mit rechtlicher Fragestellung dürfen unter keinen Umständen von Truppen- oder Lazarettärzten vorgenommen werden. Grundsätzlich wird der Gerichtsmediziner alle Fälle von Sabotageakten, Völkerechtsverletzungen und Sexualverbrechen selbst sezieren.

Wenn eine Sektion mit rechtlicher Fragestellung von einem pathologischen Anatomen vorgenommen wird, so ist das Protokoll mit dem vorläufigen Gutachten an den Gerichtsmediziner [sic!] zwecks Erstattung eines endgültigen Gutachtens vorzulegen. Auf die Erstattung des endgültigen Gutachtens durch den Gerichtsmediziner muß im vorläufigen Gutachten hingewiesen werden.

Die Untersuchungsstelle des Gerichtsmediziners ermöglicht die Durchführung folgender Untersuchungen:

1. Blutalkoholbestimmung, Leichenblut (aus der Oberschenkelvene) kann auf dem Meldewege der gerichtsmedizinischen Untersuchungsstelle statt der Militärärztlichen Akademie eingesandt werden; ebenso das Blut lebender, mutmaßlich alkoholbeschädigter Wehrmachtsangehöriger.

2. Blutgruppenbestimmung

3. Spektrographische Blutuntersuchung.

Blutproben bei Verdacht auf Kohlenoxyd- und Methämoglobinvergiftungen sind – falls die zuständige chemische Untersuchungsstelle örtlich nicht näher erreichbar – auf dem Meldeweg an die gerichtsärztliche Untersuchungsstelle einzuschicken. Hierzu sind Venülen zu verwenden, die vollständig mit Blut gefüllt werden müssen und zwar aus tiefliegenden großen Gefäßen (z. B. Vena cava oder Längsblutleiter).

4. Laboratorium für histologische Untersuchungen von kriminalistischem Material.

Die Einsendung von Material zur histologischen Untersuchung – z. B. Ein- und Ausschußverletzung von Leichen oder ausgeschnittene Gewebsteile von Lebenden – an den Gerichtsmediziner erfolgt nach breiter Umschneidung in aufgespanntem Zustand und in 10%igem Formalin fixiert.

5. Behandlung von Sonderfällen

a) Bei Sexualverbrechen ist eine sofortige Untersuchung der Geschlechtsteile und der Kleider vorzunehmen, um Material zur Spermauntersuchung sicherzustellen. Dieses Material wird mit einem trockenen Gazetupfer aufgefangen und luftdicht ohne Konservierungsmittel aufbewahrt.

b) Bei Sabotageakten und Völkerrechtsverletzungen ist die unbedingte Absperrung des Tatortes durch den Einheitsführer zu veranlassen.

c) Bei Vergiftungen sind in jedem Falle reichliche Mengen giftverdächtiger Substanz (Kot, Urin, Erbrochenes, innere Organe) getrennt in Einzelglasgefäßen an die gerichtsärztliche Untersuchungsstelle einzusenden, falls hierfür die zuständige chemische Untersuchungsstelle nicht in Betracht kommt.

Erfahrungen über die Zusammenarbeit des Beratenden Gerichtsmediziners und den Beratenden Pathologen sind vierteljährlich, erstmalig zum 1.6., dem Heeresgruppenarzt zu übermitteln.

Ebenso ist zwecks späterer Auswertung über wissenschaftlich wichtige Befunde sowohl auf pathologisch-anatomischem als auf gerichtlichmedizinischem Gebiet eingehend zu berichten.

Dokument Nr. 20

Richtlinien für die militärärztliche Gutachtertätigkeit bei den Trunkenheitsdelikten

(Quelle: Broschüre »Bericht über die 2. Arbeitstagung Ost der Beratenden Fachärzte vom 30. November bis 3. Dezember 1942 in der Militärärztlichen Akademie Berlin« – Die Broschüre enthält keine weiteren bibliographischen Angaben)

I. Durch die dem Wehrdienst eigentümlichen Verhältnisse im Kriege wie

a) körperliche Überanstrengung bzw. Erschöpfung,

b) infektiöse Erkrankungen,

c) seelische Belastung infolge starker Kampferlebnisse an der Front oder kriegsbedingter dienstlicher und persönlicher Schwierigkeiten an der Front und in der Heimat,

d) erhöhter Anreiz zum Alkohol durch den Einfluß von Kameraden oder vermehrtes Alkoholangebot, z. B. in den besetzten Gebieten, kommen in nicht unerheblichem Prozentsatz auch bisher unbescholtene und vollwertige Soldaten mit dem Gesetz in Konflikt.

II. Bei den akuten Rauschzuständen im Kriege werden relativ häufig abnorme Reaktionsweisen beobachtet, die lediglich der ärztliche Sachverständige beurteilen kann.

III. Es ist daher erneut und dringlich die Beteiligung eines fachärztlich vorgebildeten Sanitätsoffiziers bei der disziplinarischen und kriegsgerichtlichen Verfolgung von Trunkenheitsdelikten zu fordern.

IV. Auf diese Weise wird es möglich sein, die subjektive Tatseite bei den akuten Rauschzuständen entsprechend zu berücksichtigen, um durch die nähere Erforschung der Täterpersönlichkeit leistungsfähige Soldaten trotz Anerkennung ihrer Strafwürdigkeit in diesem Falle dem Einsatz an geeigneter Stelle nicht zu entziehen.

V. Sofern der militärärztliche Gutachter aufgefordert wird, sich zur Frage der Fahrlässigkeit im Sinne des § 330 a RStGB zu äußern, hat er diese Frage im Interesse der Manneszucht besonders genau zu prüfen.

VI. Während die Blutalkoholuntersuchung bei der klinischen Begutachtung des akuten Rauschzustandes weniger bedeutungsvolle und entscheidende Merkmale schaffen kann, kann die gleiche Untersuchungsmethode aber bei der Beurteilung der Frage der Fahrlässigkeit sehr wichtige Unterlagen für die aufgenommenen Alkoholmengen geben. Daher sollte die Blutalkoholuntersuchung nicht nur bei den Kraftfahrzeug- und Flugzeugunfällen, sondern mehr noch als bisher üblich auch bei den Gewalttätigkeits-, Sittlichkeits- und Fahnenfluchtdelikten durchgeführt werden.

VII. Auch die forensische Erfahrung zeigt, daß die ausgesprochen chronischen Trinker auf die Dauer bei der Truppe nicht gehalten werden können. Es wird deshalb im Interesse der Aufrechterhaltung der Manneszucht vorgeschlagen, die Erziehungsversuche bei der Truppe nicht zu lange Zeit fortzusetzen, sondern die auch für Psychopathen geltenden Maßnahmen (z. B. Sonderabteilungen, Dienstentlassung) zu erwägen.

VIII. Werden Maßnahmen der Sicherung und Besserung für notwendig gehalten, dann empfiehlt sich die Einweisung in eine Heil- und Pfleganstalt nach § 42 b RStGB. Vom Vorschlage der Unterbringung in einer Trinkerheilanstalt aus § 42 c ist abzusehen.

Dokument Nr. 21

Merkblatt der Heeressanitätsinspektion über die Erkennung von Selbstverstümmelungen vom 6. November 1942 (Auszüge)
(Quelle: Seidler 1977, S. 312–317 – gekürzt)

I. Befundsicherung
1. Bei Selbstverstümmelungen behauptet der Täter meist Feindeinwirkung oder Unfall. Unmittelbare Tatzeugen fehlen in der Regel. Für die Aufklärung ist daher neben der Feststellung der Tatumstände durch Erhebungen am Tatort, Zeugen usw., die der Truppe oder dem Gericht obliegen, eine eingehende Festlegung des objektiven ärztlichen Befundes ausschlaggebend wichtig. Die Schilderung muß viel mehr ins einzelne gehen als für klinische Bedürfnisse. Insbesondere sind genaue Maßangaben (z. B. über Einschuß, Ausschuß, Pulverschmauchzone) nicht zu entbehren. (Zweckmäßig ist Skizze in natürlicher Größe, wenn ausführbar Lichtbild.)

2. Entsteht der Verdacht der Selbstverstümmelung bei der ärztlichen Versorgung des Verletzten (Hauptfälle: Nahschußbefund, während der Verletzte Feindeinwirkung behauptet, oder unvereinbarer Widerspruch zwischen Befund und Darstellung des Verletzten bei angeblicher Unfallverletzung), so ist alsbald der zuständige Truppenteil bzw. das zuständige Kommando des Verletzten oder das nächste Kriegsgericht zu verständigen. Der Verdacht ist in die Krankenpapiere einzutragen.

3. Die Beweismittel (in erster Linie: durchschossene Kleidung, Waffe) sind ... durch den zuständigen Sanitätsoffizier sicherzustellen ...

4. Bis zum Abschluß der für die Befundsicherung notwendigen Erhebungen sind beim Heer Verletzte nach Selbstverstümmelung bzw. Verdachtsfälle bei den vorderen Lazaretteinrichtungen zu behalten ...

II. Befunde bei der Selbstverstümmelung

A. Selbstverstümmelung durch Schuß

a. Allgemeines

Leitendes Verdachtsmoment ist der Nahschußbefund. Bevorzugt werden risikoarme Körperstellen, insbesondere Hände und Füße, sowie die Weichteile der Gliedmaßen. Schwere Verletzungen, z. B. Treffer großer Knochen, kommen nur selten als ungewollte Wirkung in Betracht.

b. Nahschußzeichen

Streng zu unterscheiden sind:

Der absolute Nahschuß, mit aufgesetzter Mündung, und der relative Nahschuß, mit mäßig entfernter Mündung. ...

Beim relativen Nahschuß gilt das bekannte Merkmal des Pulverschmauchhofes. ... Außerhalb der für Selbstverstümmelung in Betracht kommenden Entfernungszone tritt kein ohne Hilfsmittel sichtbarer Pulverschmauch mehr auf.

Verbrennungen der Haut, die beim Nahschuß mit Schwarzpulver deutlich hervortreten können, spielen praktisch beim Schuß mit modernen Munitionen (Nitropulver) gar keine Rolle. Der immer wieder angegebene »Brandsaum« entspricht Fehldeutungen. Haarversengung durch die Pulverflamme ist auch bei Nitromunition allenfalls möglich und zu beachten.

Beim absoluten Nahschuß tritt als weiteres Merkmal eine Vergröberung der Einschußwunde durch Zerreißwirkung der in den Schußkanal gelangten Pulvergase hinzu (Platzwunde). Der Einschuß ist meist wesentlich über kalibergroß, klafft unregelmäßig vieleckig und zeigt Randeinrisse. ... Der Pulverschmauch ist beim absoluten Nahschuß weniger in der Nachbarschaft des Einschußloches zu suchen als vielmehr in der Wunde selbst. ...

c. Besonderheiten

1. Beim Schuß durch vorgelegte Filterkörper (Kommißbrot, Sandsack usw.) können Schmauch und Zerreißwirkung fehlen. Der Nachweis kann in Verdachtsfällen durch mikroskopische Untersuchung am eingesandten Einschußpräparat mit Feststellung des Filtermaterials im Gewebe geschehen.

2. Schuß durch die Kleidung. Auch hier können die Nahschußzeichen weitgehend abgefangen werden. ... Schmauchbelag kann auf dunklem Uniformtuch u. U. unkenntlich sein, und ist dann nur im Laboratorium klarzustellen. Meist schlägt der Schmauch auch noch bis in die Wäsche und ist hier besser zu sehen; auch Innenseite beachten!

3. Schmutzsaum bei Fernschüssen. Sehr feine, ganz schmale, hart an einen kleinen Einschuß angeschlossene Ringe von meist dunkelschwarzer Farbe, die in ihrer Größe mit dem Einschußloch zusammen etwa dem Kaliber des Geschosses entsprechen, dürfen nicht als Nahschußzeichen angesehen werden ...

4. Stanzmarken beim absoluten Nahschuß. Gelegentlich bilden sich infolge Anpressung der gasgespannten Haut in der Nachbarschaft des Einschußloches geformte, vordere Teile der Waffe als scharf begrenzte Abdrücke ab, so der Laufrand, vordere Schlittenteile oder das Korn. ... Es kommt dann darauf an, den exakten Formvergleich mit der Frontfläche der Verdachtswaffe durchzuführen.

5. Einsaugung von Körperbestandteilen in den Lauf beim absoluten Nahschuß ...

6. Bestimmung der Zugehörigkeit von Steckgeschoß oder Patronenhülse zur Verdachtswaffe ... ist nur im Laboratorium auszuzuführen.

7. Die Schußrichtung muß einwandfrei festgelegt und beachtet werden. ... Es muß unter Berücksichtigung der Waffenart festgestellt werden, ob der Schuß von eigener Hand mit der verwirklichten Richtung beigebracht werden konnte ...

8. Vortäuschung eines Waffenunfalles. ... Wird Unfall, z. B. beim Waffenreinigen, behauptet, so genügt die allgemeine Feststellung des Nahschusses nicht. Vielmehr muß dann angestrebt werden, die Mündungsentfernung näher zu bestimmen, um ... nachzuprüfen, ob sich der objektive Befund mit der Darstellung des Verletzten über den Hergang vereinbaren läßt.

9. ... Infanterie-Explosivgeschosse ... machen einen kleineren Einschuß, wie er bei allen Infanteriefernschüssen die Regel ist ...

10. Unterscheidung von Leuchtspurgeschoßwunden. Die Leucht-

spurgeschosse ergeben, wenn sie im Ziel noch brennen, schmauchartige Niederschläge im Wundbett ...

B. Andere Formen der Selbstverstümmelung

1. Erfrieren. Die absichtliche Herbeiführung einer Erfrierung wird im allgemeinen von ärztlicher Seite nicht nachgewiesen werden können. Der Beweis muß in der Gesamtheit des Ermittlungsergebnisses gesucht werden. ... Wichtig kann zur Entlastung eines Verdächtigen der Nachweis begünstigender, krankhafter Gefäßstörungen sein.

2. Hieb und Stich (meist als angebliche Unfallverletzungen). Der behauptete Unfall kann u. U. widerlegt werden durch den Nachweis von typischen Nebenverletzungen. Der Täter findet meist nicht sofort den Mut zu einem durchgehenden Hieb oder Schnitt, so daß, wie auch bei Selbstmorden, sogenannte »Probierverletzungen« entstehen. Die Richtung und der Ort der Verletzungen muß genauestens festgelegt werden, um zu prüfen, ob die verwirklichten Verhältnisse bei dem behaupteten Unfallvorgang zustandekommen konnten.

3. Weitere mögliche Formen der mechanischen Selbstbeschädigung, z. B. durch Anwendung stumpfer Gewalt bei handwerklichen Arbeiten, können nicht verallgemeinernd besprochen werden ... genaue Befundfeslegung muß dafür sorgen, daß die Möglichkeit des behaupteten Vorganges nachgeprüft werden kann.

4. Selbstbeschädigung durch krankheitserzeugende Mittel. ... Nahezu jedes Organsystem ist – über bloße Simulation hinaus – der künstlichen Krankheitserzeugung zugänglich. Es können nur einige Beispiele genannt werden. Am häufigsten kommen Hautschäden in Betracht, die mit Säuren, Laugen, tierischen oder pflanzlichen Reizstoffen, durch absichtliches Verbrennen oder mit immer wiederholtem Beklopfen oder Reiben oder auch durch Gliedmaßenabschnürung herbeigeführt werden können. Abszesse können durch Injektion von Terpentin, Benzin, Petroleum, aber auch von Eiter oder Speichel verursacht sein, tripperartige Erscheinungen durch Reizung der Harnröhre mit Silbersalzen, Seife, pflanzlichen Mitteln oder mit echtem Trippereiter, Bindehautentzündungen mit Asche, Tabak, Kalk, pflanzlichen Reizmitteln. An inneren Leiden ist ... »Ikterus« durch Einnahme von Pikrinsäure oder durch Viktoriagelb bekannt, ferner Nierenreizung durch Urotropin, Kaliumbichromat oder andere Chemikalien. ... Leitendes Verdachtsmoment ist das Vorliegen von Unstimmigkeiten im Erscheinungsbild ... Beweiskräftig kann der Heilverlauf sein. ... Das beste Überführungsmittel ist der Nachweis der verursachenden Stoffe im Besitz des Verdächtigen ...

Dokument Nr. 22

Gerichtsärztliches Gutachten in einem Fall von Selbstverstümmelung (Ort und Datum der Ausfertigung: Königgrätz 8.3.45)
(Quelle: BA-MA: W 11/SV 107/45)

Betrifft Nahschuß des Obergefreiten Johann K..., 2/P.S.A. 17,17.

P.D., geb. 18.8.21 in Darmstadt, DE: 1.10.40, ev., Musiker

Gerichtsärztliches Gutachten

Am linken Kleinfingerballen des K. findet sich eine 1 cm große Einschußplatzwunde mit schwarzem Schmauchhof.

Die 4:5 cm große Ausschußplatzwunde liegt am linken Handrücken an entsprechender Stelle.

Mikroskopisch zeigen Oberhautflachschnitte eine dichte Bestreuung mit feinsten schwarzen Pulverkörnchen. Die Einschuß- und Ausschußplatzwunde sowie der mikroskopisch festgestellte Schmauchhof sind eindeutige Kennzeichen des absoluten Nahschusses mit aufgesetzter Waffe.

Die Angaben des K., daß er am 19.2. gegen 16.00 Uhr, bewegt über den Tod seiner Braut, beim Terrorangriff, seit Dezember ohne Post und in Sorge um die Eltern, durch mangelnden Schlaf erschöpft, völlig die Nerven verlor, im Knien die li. Hand direkt über das Gewehr hielt und mit der rechten abzog, stimmen mit dem objektiven Befund überein.

Zweifel an der Zurechnungsfähigkeit des K. sind nicht vorhanden. Keine Geisteskrankheiten in der Familie.

K. wird voraussichtlich in 6–8 Wochen wieder kv.

gez. Müller, OStA

Niederschrift »Durch den Tod meiner Braut beim Terrorangriff am 11./12.9.44 auf Darmstadt war ich aufs Tiefste bewegt. Seit Dezember ohne Post von daheim war ich in großer Sorge wegen der Terrorangriffe um meine Eltern. Seit 12.1.45 in ständiger Feindberührung und durch mangelnden Schlaf völlig erschöpft und mit den Nerven so fertig, daß ich am 19.2.45 gegen 16.00 Uhr im Knien die li. Hand direkt vor das senkrechte Gewehr hielt und mit der rechten abzog, um nur mal meine Nerven auszuruhen. Jetzt bereue ich die Tat sehr und habe nur die eine Bitte, sie so bald als möglich durch Fronteinsatz wieder gut zu machen.«

v.u.g. (Unterschrift) K...

Dokument Nr. 23

Auszug aus dem Bericht von Dr. Marian Wodzinski über das Verbrechen von Katyn (London 1947).
(Quelle: Zitiert nach Madajczyk, Cz., Berlin 1991, S. 274 ff.)

16. Gutachten

Aufgrund der Exhumierungsarbeiten, die mit Hilfe der Technischen Kommission des Polnischen Roten Kreuzes vom 29. April 1943 bis 3. Juni 1943 am Ort des Verbrechens im Wald von Katyn, 16 km westlich von Smolensk durchgeführt wurden, komme ich zu nachstehenden Schlußfolgerungen:

1) Die exhumierten 4 143 Leichen waren in acht Massengräbern begraben. Sieben Gräber waren nebeneinander gelegen und befanden sich auf einer sandigen Anhöhe etwa 500 m von der Landstraße Orscha-Smolensk entfernt. Im größten wie der Buchstabe L geformten Grab lagen ungefähr 500 Leichen, in den anderen von 700 (Grab Nr. 2) bis 50 (Grab Nr. 5).

Die exhumierten Leichen hatten schichtweise dicht nebeneinander gelegen, und zwar meistens mit dem Gesicht nach unten, und nur in den oberen Schichten des Grabes Nr. 1 waren sie durcheinander geworfen. Das etwa 100 m vom Komplex der anderen Gräber gelegene Grab Nr. 8 wurde nur teilweise ausgeräumt. Vergleicht man jedoch seine Abmessungen mit den anderen Gräbern, können 150 bis 200 Leichen darin gewesen sein.

2) In Anbetracht der Tatsache, daß die Leichen überwiegend polnische Offiziersuniformen trugen und Impfbescheinigungen aus dem Lager Koselsk hatten, ist anzunehmen, daß es sich um die Leichen der 1939 internierten polnischen Offiziere aus dem Lager Koselsk handelte.

3) Bei der Leichenbeschau wurde als Todesursache Schädelschuß festgestellt, der lebenswichtige Gehirnzentren (meistens das verlängerte Rückenmark) verletzte und sofort den Tod herbeiführte. Dieser Schuß drang offenkundig von hinten, etwas unterhalb des Höckers ein, verlief nach vorn hoch und endete meist mit einer Austrittswunde im Bereich des oberen Stirnteils. Nur in Einzelfällen wurde ein doppelter oder sogar dreifacher Schuß in den Hinterkopf festgestellt.

4) Der stereotype Verlauf der Schußkanäle beweist, wie systematisch und geübt die Henker vorgegangen sind.

5) Alle Schüsse wurden aus einer Kurzfeuerwaffe unter Verwendung von Munition Marke »Ceco 7,65 D« abgegeben.

Die oftmals rußigen Ränder der Einschußwunden und in deren nächster Umgebung das Vorkommen unverbrannter Pulverkörnchen in der Haut beweisen, daß die Schüsse aus unmittelbarer Nähe abgegeben worden sind.

6) Da verhältnismäßig viel Hülsen und Geschosse im Umkreis der Gräber unter den Kiefernnadeln und sogar im Grab lagen, ist hinreichend Grund zu der Annahme gegeben, daß die Exekution in Nähe der Gräber beziehungsweise nach Überführung der Opfer in den zuvor ausgehobenen Gräbern vorgenommen wurde.

7) Da keine Spuren auf einen Kampf vor dem Tod hingewiesen haben, kann man annehmen, daß die Opfer vor der Exekution von anderen Hilfskräften überwältigt und erst danach von den eigentlichen Henkern erschossen wurden. Bei nicht ganz 20% der Leichen waren die Hände mit doppelt verschlungener Kordonettschnur auf dem Rücken gefesselt. Demnach wollte man die Männer an einer Selbstverteidigung hindern, die durch ihre körperlichen Voraussetzungen in der Lage waren, Widerstand zu leisten.

Auch die den Opfern über den Kopf gezogenen Mäntel (Grab Nr. 5), die in Halshöhe mit Schnur zugebunden waren und die Verbindung dieser Schlinge mit den typisch auf dem Rücken gefesselten Händen beweisen, wie man auf diese raffinierte Art die Opfer unschädlich machen und verhindern wollte, daß sie vor der Hinrichtung schrien.

8) Die Präzision beim Erschießen der einzelnen Opfer, die Tatsache, daß über die Leichenschichten Kalkverbindungen geschüttet wurden (Grab Nr. 1), die Spannweite des Datums der bei den Leichen gefundenen sowjetischen Tageszeitungen und Tagebücher sowie schließlich die sorgfältig gelegten Schichten in den einzelnen Gräbern (ausgenommen die oberen Schichten in Grab Nr. 1) gaben hinreichenden Beweis dafür, daß dieses Verbrechen über einen längeren Zeitraum ausgeführt wurde.

9) Nur aufgrund des Grads der Fäulniszersetzung genau zu bestimmen, wie lange die Leichen in der Erde gelegen haben, war unmöglich. Experimentelle Untersuchungen von Prof. Orsós (Budapest) sollen zwar beweisen, daß die Kalziumsalzinkrustierungen auf der inneren Schädelseite erst auftreten, wenn die Leichen drei Jahre in der Erde gelegen haben, doch ist diese mitunter bei den Leichen von Katyn zu beobachtende Erscheinung noch nicht in die Rechtsprechung der Gerichtsmedizin aufgenommen worden. Man kann daher nicht auf dieser Grundlage genau festlegen, wie lange diese Leichen in der Erde waren.

Die exhumierten Leichen befanden sich abhängig von der Bodenschicht, ihrer Einwirkung, des Luftzutritts, der Feuchtigkeit und des

Drucks, unter dem sie standen, in unterschiedlichen Stadien der Fäulniszersetzung. So waren in den oberen sandigen Schichten die Leichen leicht, brüchig und boten das Bild einer teilweisen Mumifizierung. In den tieferen, tonigen beziehungsweise torfigen Schichten aber (Grab Nr. 1) war das Bild der sogenannten Fett-Wachs-Umwandlung zu sehen, für die die erhalten gebliebenen Körperkonturen kennzeichnend sind.

Die Haut dieser Leichen war mit einem klebrigen, gräulichen Fett bedeckt, das unangenehm scharf roch und auch die Kleidung einzelner Leichen durchtränkt hatte.

Diese Fettschicht hat nicht nur die Leichen, sondern auch die bei den Leichen gefundenen Dokumente vor äußeren Einwirkungen geschützt. Die Kleidung war in den oberen Leichenschichten verschossen und brüchig, in den unteren Schichten jedoch fest und in der Farbe erhalten.

10) Der bereits erwähnte, von den äußeren Faktoren abhängige Grad der Fäulniszersetzung sowie die genau und eng nebeneinander liegenden Leichen legten Beweis ab für die ursprüngliche Lage der Leichen in den Gräbern.

11) Das Vorkommen von Holzsohlen, sogenannten Appelltretern, die bei einer ganzen Reihe von Leichen im Grab Nr. 1 mit Bindfaden oder Riemen an die Stiefelschäfte gebunden waren, und ihr Fehlen in den anderen Gräbern läßt annehmen, daß in das Grab Nr. 1 die Opfer der in der kälteren Jahreszeit vorgenommenen ersten Erschießungen kamen und erst später die anderen Massengräber gefüllt wurden.

Die in den Tagebüchern der exhumierten Leichen gefundenen Datumsangaben ließen den Schluß zu, daß die ersten sieben Massengräber Ende März und im Monat April 1940 entstanden sind.

Das am 1. Juni 1943 entdeckte Grab Nr. 8 wurde als letztes angelegt. Für seine Entstehungszeit halte ich die erste Maihälfte 1940. Die darin liegenden Leichen trugen nämlich Sommeruniformen, und die bei ihnen gefundenen sowjetischen Zeitungen stammen aus den ersten Maitagen 1940.

12) Die Untersuchung der bei den Leichen gefundenen Sachbeweise wie die Bescheinigungen für Typhusimpfung aus dem Gefangenenlager Koselsk, Personalausweise, Sparbücher der Polnischen Sparkasse, Tagebücher, in Koselsk erhaltene Briefe oder auch nicht aus Koselsk abgeschickte Briefe, militärische Erkennungsmarken aus Aluminium, Visitenkarten, Skizzen, Fotos usw. ermöglichten es, bei den meisten die Namen, Vornamen, Dienstgrad, Beruf, Alter, Wohnort, Konfession usw. festzustellen.

13) Diese Sachbeweise, vor allem die Tagebücher und Notizbücher, ermöglichten es, die Zeit des Verbrechens genauer zu bestimmen. Alle brechen in der zweiten März- und Aprilhälfte 1940 ab.

Aus ihnen ging auch die Strecke hervor, auf der die polnischen Gefangenen zum Ort des Verbrechens befördert wurden. Sie verlief über Koselsk-Smolensk-Gnesdowo. Weiter ging der Transport dann schon mit Gefangenenautos zum Exekutionsplatz im Wald von Katyn. Beispielsweise endet das Tagebuch von Major Adam Solski, Nr. 0490, am 9. April 1940 mit der Notiz: »Man brachte uns in ein Wäldchen, 8.30 Uhr, sie nehmen uns Uhren, Koppel, Taschenmesser und Rubel ab.«

14) Mit den durch die Untersuchungen am Verbrechensort und die Exhumierung der Leichen gewonnenen Erkenntnissen deckten sich die Aussagen der russischen Zeugen, die gesehen haben wollten, wie im Frühjahr 1940 die polnischen Gefangenen partieweise in Gefangenenwaggons zur Bahnstation Gnesdowo und von dort in Gefangenenautos in Richtung des Katyner Walds gefahren wurden (Sacharow, Kiselew). Der in der Nähe wohnende Zeuge Kiselew will sogar Schüsse und gellende Schreie im Wald gehört haben.

15) Da im Gelände des Katyner Walds eine ganze Reihe anderer Gräber gefunden wurden, in denen Russen mit den typischen Genickschüssen lagen, war anzunehmen, daß der Katyner Wald bereits seit längerer Zeit als Erschießungsstätte gedient hat.

Aus dem Grad der Fäulniszersetzung, den die Leichen in den einzelnen russischen Gräbern aufwiesen, war zu schließen, daß sie fünf bis fünfzehn Jahre in der Erde gelegen haben.

16) Der Gutachter behält sich vor, nach abgeschlossener Bearbeitung weiterer Materialien das vorliegende gerichtsmedizinische Gutachten zu ergänzen.

Dokument Nr. 24

Aussage von Dr. Werner Beck über Einzelheiten der Ereignisse von Katyn
(Quelle: BA Zsg. 111/32, Bl. 25–29)

OCCUPIED GERMANY, BRITISH ZONE / CITY AND STATE OF HAMBURG / CONSULATE GENERAL OF THE UNITED STATES OF AMERICA

Before me, Leslie A. Klieforth, Vice Consul of the United States of America in and for the consular district of Hamburg, Germany, duly commissioned and qualified, personally came Dr. med. Werner Beck, who, being duly sworn, deposes and says in German:

Nachdem in der deutschen Presse wiederholt ueber eine erneute Untersuchung der Vorgaenge in *Katyn* berichtet worden ist, cf.

»Christ und Welt« Nr. 20, 1. Jahrgang – Stuttgart, 16. Okt. 1948 S. 5, »Und wieder Katyn«

»Die Zeit« vom Donnerstag, d. 9. Juni 1949 S. 3, »Das Geheimnis der polnischen Massengraeber bei Katyn« (zusammengestellt von Julius Eppstein, New York)

»Hamburger Abendblatt« vom 24.3.1950 »Noch einmal Katyn«

halte ich es nunmehr fuer meine Pflicht, dem American Committee for the Investigation of the Katyn Murder unter Fuehrung seiner Exzellenz des Herrn ehemaligen US-Botschafters in Polen, Mister *Lane* folgende Mitteilung zu machen.

Nachdem die Untersuchungen des Oberkommandos der deutschen Wehrmacht, welche in den am 30. April 1943 in Smolensk von einer Kommission von internationalen Aerzten und Gerichtsmedizinern, die hauptsaechlich, jedoch nicht vollstaendig aus Angehoerigen der besetzten Gebiete bestand, auf Grund einer wissenschaftlichen Tatbestandsaufnahme unterschriebenen Protokolle gipfelten, abgeschlossen waren, wurden die weiteren Untersuchungen und Ausgrabungsarbeiten dem Polnischen Roten Kreuz uebertragen.

Der Herr Praesident des Polnischen Roten Kreuzes Dr. Kaczynski ersuchte den Unterzeichneten, in seiner Eigenschaft als Leiter des Staatlichen Institutes fuer Gerichtliche Medizin im Generalgouvernement zunaechst einmal um personelle Unterstuetzung. Auf Grund dieses Ersuchens des polnischen Roten Kreuzes habe ich sofort folgende polnische Mitarbeiter meines Institutes zur Verfuegung gestellt :

Dr. Pragłowski
Dr. Wodzinski – Krakau
Dr. Felc
Dr. Manczarski – Warschau

sowie eine Anzahl von Sektionsgehilfen der Institute fuer gerichtliche Medizin in Krakau und Warschau. Die von meinen Instituten abgeordneten polnischen Sachverstaendigen unterstanden fuer die Zeit ihrer Taetigkeit in Katyn ausschliesslich dem polnischen Roten Kreuz. Nachdem in mehrwoechentlicher Arbeit die Ausgrabungen abgeschlossen waren, ueberstellte das polnische Rote Kreuz saemtliche bei den Toten gefundenen und in Einzelvorgaenge geordneten Dokumente der Chemischen Abteilung meines Institutes in Krakau, mit dem Ersuchen durch geeignete chemische Bearbeitung der besonders von Leichenwachs durchtraenkten Urkunden, dieselben wieder lesbar zu machen, um eine genaue Identifizierung der Opfer von Katyn durchfuehren zu koennen. Diese Untersuchungen wurden ebenfalls nur von polnischen Staatsangehoerigen durchgefuehrt. Es handelte sich um folgende Damen und Herren: Den Leiter der chemischen Abteilung meines Institutes

Doc. Dr. Robel (es war mir nach schwierigsten Verhandlungen mit Berliner Dienststellen gelungen, Herrn Doc. Dr. Robel, der als polnischer Wissenschaftler im Konzentrationslager Sachsenhausen einsass, 1941 frei zu bekommen)

Dr. Senkowska
Magister Cholewinski
Dr. Szwed
Doc. Dr. Ackermannowna
Dr. Paszkowska

Ich habe die Identifizierungsarbeiten dieser polnischen Sachverstaendigen mit groesstem Interesse immer verfolgt und sie in jeder Weise unterstuetzt. Ich habe mir im einzelnen jede Urkunde vorlegen lassen und sie selbst einer eingehenden Pruefung unterzogen. Die Dokumente bestanden aus saemtlichen bei einem Toten in seiner Bekleidung aufgefundenen Gegenstaenden, wie zum Beispiel: Paesse, Notizbuecher, Briefe, Photographien, insbesondere von Angehoerigen, Ringe, Uhren, Orden und sonstige militaerischen Abzeichen, Zigarettenetuis, Geld (sowohl polnische Banknoten, als auch Rubel, Dollars u.s.w.). Saemtliche bei einem Toten aufgefundene Gegenstaende (bezeichnet als Urkunden bzh. Dokumente) wurden in einem Extrabeutel mit einer Nummer versehen, aufbewahrt. Diese Einzelbeutel waren in 14 verschliessbaren Kisten gelagert. Die Schluessel zu diesen

Kisten waren ausschliesslich in der Hand von Doc. Dr. Robel. Die Toten wurden in zahlreichen Faellen auf Grund der gefundenen Briefe, Photographien oder sonstiger Gegenstaende, insbesondere Familienschmuck identifiziert. In vereinzelten Faellen habe ich als Amtsarzt fuer zivilrechtliche Zwecke Todesbescheinigungen von den identifizierten Opfern gefertigt und unterschrieben.

Nach Aenderung der Frontlage im Osten im Juni oder Juli 1944 erhielt ich von dem damaligen Befehlshaber der Sicherheitspolizei in Generalgouvernement eine Anweisung, die Urkunden von Katyn zu vernichten, damit sie – wie es in der schriftlichen Anweisung hiess – nicht den Russen in die Haende fallen und von diesen noch gefaelscht werden koennten. Ich habe mich einer solchen Anweisung widersetzt und habe bei allen deutschen Dienststellen erklaert, dass diese Dokumente schon allein auf Grund ihrer zivilrechtlichen Bedeutung dem polnischen Volke erhalten bleiben muessten. Der von Doc. Dr. Robel und mir zunaechst in's Auge gefasste Plan, die Dokumente unter zuverlaessige Polen zur Aufbewahrung zu verteilen und dann der deutschen Sicherheitspolizei ihre Vernichtung zu melden, konnte wegen der starken Geruchsbelaestigung, die von den Dokumenten ausging, nicht ausgefuehrt werden. Nach sehr schwierigen Verhandlungen ist es mir dann gelungen, diese Dokumenten-Sammlung nach Breslau zu bringen, wo sie in dem Anatomischen Institut der Universitaet untergestellt werden konnte. Die verschlossenen Kisten waren bezeichnet mit : »Institut – Krakau – Bibliothek«. Die Identifizierungsarbeiten wurden trotz der Verlagerung fortgesetzt und zwar in der Form, dass ich mit meinem polnischen Abteilungsleiter Doc. Dr. Robel in zeitlichen Abstaenden von Krakau nach Breslau fuhr. Eine jeweilige Ausreisegenehmigung fuer den polnischen Staatsangehoerigen Dr. Robel erhielt ich immer nur nach langwierigen Verhandlungen und einer persoenlichen Buergschaft fuer den Genannten.

Am 22. Januar 1945 kehrte ich nach der Raeumung von Krakau durch die Deutschen nach Breslau zurueck. Meine Hauptsorge galt nun der Bewahrung der Dokumente von Katyn.

Ohne auf Einzelheiten einzugehen, ist es mir gelungen die Dokumentensammlung nach Dresden-Radebeul 2, dem Wohnort meiner Eltern, zu ueberfuehren. Bei objektiver Betrachtung der Kriegslage damals entschloss ich mich, diese Urkunde einer Dienststelle des Internationalen Roten Kreuzes zuzufuehren. Eine solche Zentrale befand sich in Prag, CSR. Ein Transportmittel wurde mir fuer die Dokumentensammlung von keiner deutschen zivilen oder Wehrmachts-Dienststelle zur Verfuegung gestellt. Die Dokumente lagerten in Radebeul-2 in einem Lagerraum des Bahnhofsspediteurs. Ich fuhr nach Prag um dort wegen der Uebernahme der Dokumentensammlung mit der Dienststelle des Internationalen Roten Kreuzes zu verhandeln. In Folge der raschen Entwicklung des Zusammenbruchs konnte ich jedoch in Prag die Dienststelle des Internationalen Roten Kreuzes nicht mehr erreichen. Nunmehr beabsichtigte ich die Urkunden der Amerikanischen Besatzungsmacht zu uebergeben. Inzwischen war aber Dresden von den Russen besetzt worden und kurz vor dem Einmarsch der Russen in Radebeul-2 sind saemtliche 14 Kisten von dem Spediteur mit Benzin uebergossen und verbrannt worden, was mir ausdruecklich von meinem Vater, dem evang.-luth. Geistlichen, Pfarrer i. R., Oskar Beck bestaetigt worden ist. Ich selbst begab mich nun in die US-Zone.

Der russische Geheimdienst hat auf mir unbekanntem Wege von der Lagerung der Katyner Dokumente in Dresden erfahren und im Hause meiner Eltern mehrmals Haussuchungen und besonders Nachforschungen nach mir gehalten. Mein ganzes persoenliches Eigentum, insbesondere meine wissenschaftlichen Arbeiten sind von den Russen bei meinen Eltern beschlagnahmt worden. Meine damals ueber 60 Jahre alte Mutter wurde als Geisel in das Gefaengnis geworfen und erst nach 6 Monaten entlassen, nachdem jede Nachforschung nach mir ergebnislos verlaufen war, insbesondere ich von Bekannten dem Russen gegenueber als tot erklaert worden war. Der Bahnhofsspediteur von Radebeul-2 wurde von den Russen verschleppt.

Obwohl im Urteilsspruch von Nuernberg das Verbrechen von Katyn nicht ausschliesslich den Deutschen zur Last gelegt worden ist, hielt ich eine Bekanntgabe meiner Kenntnisse ueber das Schicksal der bei den ermordeten polnischen Offizieren gefundenen Dokumente nicht fuer zweckmaessig, da ich nach oben gesagtem mit einer Auslieferung an die Russen von mir rechnete.

Erst nachdem in der deutschen Presse berichtet worden ist, dass von amerikanischer Seite die Vorgaenge von Katyn einer erneuten juristischen Ueberpruefung unterzogen werden sollten, habe ich mich zur Bekanntgabe obiger Tatsachen entschlossen.

Ich bin jederzeit bereit vor einem amerikanischen Kongresskommitee [sic!] oder einem anderen amerikanischen Komitee, das mit der Untersuchung des Katyner Massenmordes betraut ist, unter Eid auszusagen und gegebenenfalls dazu nach den Vereinigten Staaten zu kommen.

(Unterschrift) Dr. med. Werner Beck

Subscribed and sworn to before me this 6th day of September, A. D. 1950

(Unterschrift: Leslie A. Klieforth) Vice Consul of the United States of America

Dokument Nr. 25

Beschreibung des Pathologen Gräff über einen Großangriff auf die Stadt Hamburg: »Die Nacht einer Großstadt im Luftangriff«
(Quelle: Gräff, S.: Tod im Luftangriff. Ergebnisse pathologisch-anatomischer Untersuchungen anläßlich der Angriffe auf Hamburg in den Jahren 1943–1945. Hamburg: H. H. Nölke, 1955)

Bald nach dem Ertönen der Sirenen fielen kurz vor 24 Uhr bei klarer Nacht die ersten Bomben, doch nicht so frühe, daß nicht jeder, der wollte, sich hätte in Bunker oder Luftschutzräume begeben und damit die Straße hätte frei machen können. Manchen Flüchtenden mögen noch die Splitter der fallenden Bomben erreicht haben, kleinere Gruppen erfaßte der Luftdruck einer in wenigen Meter Abstand niedergehenden Bombe, schleuderte sie gegen eine Wand oder auch weit weg in das Gelände oder ließ sie mit Blutschaum vor dem Munde nahebei zusammenbrechen, tot oder innerlich schwer angeschlagen.

Es ergoß sich nun abschnittsweise und im Reihenwurf der Regen von Sprengbomben und Minen über das Häusermeer der Stadt, hier oder dort unter besonders starker Erfassung einzelner Stadtteile. Volltreffer auf Häuser schlugen durch bis in die unteren Stockwerke und zum Keller, in die unterirdischen Ganganlagen und die Bahnhöfe der Untergrundbahn, begruben die hierhin Geflüchteten unter sich, erschlugen sie oder zermalmten sie zu unkenntlicher Masse, klemmten sie reihenweise ein zwischen verschobenes Mauerwerk, zerbrochene Türfüllungen und fallendes Gestein, um sie manchmal erst nach vielen Stunden in hilfloser Fesselung und unrettbarer Lage ihr Ende finden zu lassen. Abstürzendes oder aufspritzendes Gestein bohrte sich in die Leiber der Harrenden.

Die abtropfenden Bomben schufen Trichter auf Straßen und in Höfen, zerstörten die Licht- und Kraftanlagen, auch im Innern der Häuser, eröffneten die Röhren von Gas- und Wasserleitung; es strömte kein Gas aus, da das Netz schon einige Tage vorher leer geworden war; dagegen sammelte sich in manchen Kellern oder Trichtern Wasser an, das zur Gefahr werden konnte. Brandkanister und Stabbrandbomben entfachten zu gleicher Zeit Brände, die sich in besonders dicht belegten Abschnitten schon in wenigen Minuten von Dach zu Dach oder bis zum Boden herab, aber auch bei durchschlagenden Brandbomben von tieferen Stockwerken nach oben entwickelten, sich in kürzester Zeit zu Reihen- und Flächenbränden ausdehnten und die Straßen selbst in Flammen hüllten. Die werdende Hitze erzeugte Wind und Sturm, anfangs wohl in Richtung zum Brande selbst, nach und nach aber in allen Richtungen und Wirbel bildend durch die Straßen fegend, vielfach in orkanartiger Stärke. Auf freien Plätzen und Grünanlagen brach er die Äste der Bäume, die brennend in der Luft wirbelten, entwurzelte die Bäume jeder Größe; er drückte gegen die Türen der Hauseingänge und ließ die Flammen und mit ihnen den beißenden Rauch nach allen Seiten schlagen; der Brand wurde zum Flammenmeer und Feuersturm, dessen dichter Funkenflug als rötliches Schneegestöber erscheinen konnte. Besondere Wärmespannungen lösten meteorologische Störungen aus, die zu kurz dauernden Schauern einsetzenden Regens führten; sie hemmten die Sicht, ohne gegen die Stärke des Brandes wirksam werden zu können.

Die heiße Glut schien unerträglich zu werden. Wer sich noch auf der Straße befunden hatte oder aus irgendeiner Not seinen Aufenthaltsort hatte verlassen müssen, drängte in Hochbunker und Luftschutzräume, noch gesunden Leibes oder verletzt, angeschlagen oder in brennender Kleidung. Die Fülle der Insassen nahm zu, verdoppelte und verdreifachte die vorgesehene Zahl. Soweit die Häuser der Tiefen- und Seitenwirkung der Sprengbomben standgehalten hatten, deuteten in Kellern und öffentlichen Luftschutzräumen das Erlöschen des Lichtes, das Versiegen des Wassers, Risse in der Decke und in der Wand eine erste Gefahr an. Hie und da waren Kellerausgänge und Fenster zusammengebrochen oder durch eingestürztes Mauerwerk verlegt, so daß der Keller gegen Feuer und Hitze, aber auch gegen Luft abgedichtet erscheinen konnte. Vielfach dürfte lediglich die zunehmende Hitze das Besondere der schwierigen Lage nahe gebracht haben, nicht entscheidend genug, um den Gedanken an Flucht aufkommen zu lassen. Aber im Laufe der Stunden wurde die Luft schlecht und schlechter; Streichhölzer oder Kerzen wollten nicht mehr recht brennen. Die Menschen legten sich auf den Boden, da sie in den unteren Raumschichten besser atmen konnten, sie erbrachen oder ließen unter sich, wurden müde und still, teilnahmslos und schliefen ein; das Öffnen zufällig vorhandener oder herbeigeholter Sauerstoffbomben brachte mancherorts zeitweilige Erholung. Waren Lüftungsanlagen vorhanden, führten sie statt Kühlung heiße, rauch- und gasgeschwängerte Luft von außen zu.

Mit diesem Zustand einer anscheinend gefahrfreien Abgeschlossenheit hatte es gewiß nicht überall sein Bewenden: andernorts brachte das von oben oder von den Seiten näherkommende Feuer Verqualmung und Hitze mit sich; nachfolgende Detonationen oder der gegen die Häuser anstehende Sturm der Straße erhöhten den Druck nach unten und gaben dem Rauch und Feuer die Richtung in die Keller. Türen stürzten brennend abwärts, Holzteile, Kohlen und sonstige brennbare Gegenstände übernahmen das Feuer.

Ein Kanal war mit einer dicken Ölschicht bedeckt, die zu brennen begann; es mögen von hier aus Brandgase durch die Fensteröffnungen in die Keller gezogen sein; diese lagen voll von Toten. So flüchteten die einen nach oben, andere zogen durch Mauerdurchbrüche der Keller von Haus zu Haus, um irgendwo zu rasten oder ins Freie zu kommen. Sie saßen auf Kellertreppen und vor dem Hause, fertig mit ihrer Kraft oder am Ende ihres Wollens: »Laßt mich, ich bleibe hier.« Aber Mauerdurchbrüche zu den Kellern der Nebenhäuser brachten nicht immer Rettung: wie durch einen Rauchfang oder im Kamin schlugen Rauchgase, Hitze und Flammen zurück in den eigenen Keller und verstärkten die Not. Jeder neue Einschlag der Sprengbomben, das erneute Fallen von Brandbomben konnten wiederum eine veränderte Lage, meist wohl nur eine erhöhte Gefahr heraufbeschwören.

So änderte sich das Bild der Straße und des Inneren der Häuser von Stunde zu Stunde, ja von Minute zu Minute. Wer noch eines Entschlusses fähig war, mußte seine Entscheidung treffen, für Bleiben oder Flucht. Die Menschen beobachteten nach außen, erkannten das Brennen ihrer Heimstätte und verließen die Keller oder aber sie zogen sich vor dem Sturm der Straße in jene zurück. Rauch, Hitze und erschwerte Atmung trieben nach außen ins Freie, Flammen und Sturm ins Innere der Häuser.

Auf den flachen Dächern der Hochhäuser standen die Maschinengewehre und Scheinwerfer der Abwehrmannschaften, unterstützt von 15- und 16jährigen Luftwaffenhelfern, der Wucht des hin und her gehenden Sturmwindes preisgegeben, ohne Halt und Schutz vor der Gefahr des Absturzes. Es gab für sie nichts mehr zu tun.

Aber nun stieg über Aufgänge und Schachtanlagen langsam Feuer hoch, es verriegelte den Ausharrenden den Abstieg zur Erde. Auch die junge Mannschaft hatte ihre Pflicht getan bis zur letzten Möglichkeit ihres Einsatzes. Jetzt stand ein jeder von ihnen nur noch als einsamer Mensch da oben, als ein Kind in unbeschreiblicher Not, hoffnungslos abgesetzt von der Zukunft des Lebens. Vielleicht noch ein suchender Blick in die Ferne, der Mutter zu, er ertrank in der blendenden Helle der Nacht; ein letztes, wehes Aufschluchzen, es verhallte im Toben der Elemente. Und dann –.

Um diese Zeit konnte man in der Ferne am rot überzogenen Himmel sekundenlang ein dumpfes Getöse und an- und abschwellendes Grollen vernehmen, von kurzen oder längeren Pausen unterbrochen. Im Feuermeer hatte sich das Gefüge der Gebäude gelockert, die Dächer und Böden der Stockwerke brachen nach unten durch, die Häuser stürzten in sich zusammen. Dieses Getöse mochte wohl auch den Lärm der Motoren neu aufziehender Bombengeschwader und der Abwehr der Flakgeschütze für kurze Zeit ersticken.

Wer wollte noch in diesem Widerstreit der Gewalten die Höhe der Gefahren vergleichend erwägen? Die Furcht oder auch schon die zunehmende Erschöpfung und Schwäche hielten die einen am Orte zurück, Verzweiflung oder Entschlußkraft trieben die anderen aus den Kellern heraus, gemahnt oder gestützt von beherzten und ortskundigen Führern.

Denn es ging ja in der Tat in die flammende Hölle hinein, vielfach ohne Möglichkeit der Sicht oder Ortung. Es begann der Wettlauf mit dem Tode im Zischen und Fauchen der Spreng- und Brandbomben, unter Bordwaffenbeschuß, im Bereich der fallenden Splitter der Abwehr, in der Gefahr, von einer längs der Straße vorschießenden Stichflamme erfaßt zu werden, eingeschlossen in eine Hitze, die viele wieder in die brennenden Häuser zurückgetrieben hatte, ankämpfend gegen Wind, Regenschauer oder wirbelnden Funkenflug, eilend auf einem Boden, der die Sohlen der Schuhe verschmoren ließ; vorn und hinten laute Schreie der Angst, unverständliche Laute oder stummes Rennen; von Äußerungen des Schmerzes oder körperlicher Qual sagen die Berichte nichts aus.

Hier begann die Kleidung des einen zu brennen, dort schlug ein anderer sich die Funken aus den Haaren; Taschentücher, Decken suchten die freien Teile zu schützen. Zielloses Umherirren, gleichgerichtete Flucht, hin zu freien Plätzen, dem Wasser zu, sofern der Sturmwind eine solche Richtung einzunehmen gestattete, vorbei an eingefallenen Häusern, Trichter umgehend, hinweg über Mauerwerk, das die Straße verlegte, solange als es eben noch ging; denn, »die Luft blieb mir weg«,

»wurde sehr knapp«, »ich schnappte nach Luft«, »hatte Atemnot«; sonst fühlten sie nichts; nur weiter, vorbei an Fallenden und Toten, fort von der Stätte des Entsetzens, des Jammers und der Qual.

Beobachtet wurde ein Mann, der hinfiel und sich mit den Händen in gerader Haltung wieder hochziehen wollte; nur mit Händen und Füßen den Boden berührend, den Kopf in den Nacken geworfen, erstarrte er; hellgelbe Flammen schlugen aus der Kleidung der Gesäßgegend und, ohne die Stellung zu ändern, verbrannte er in wenigen Minuten zu Asche.

Mancher hatte vor und neben sich ältere und jüngere Flüchtende stöhnend oder meist lautlos zusammenbrechen sehen, die einen ohne Zeichen des Brandes, andere mit brennenden Haaren, mit brennenden Teilen der Bekleidung oder in Flammen eingehüllt, ja, man sah nackte Gestalten vorwärts taumeln und in sich zusammenbrechen; sie lagen jeweils das Gesicht zum Boden gekehrt.

Nur ganz wenige der Flüchtenden kamen aus dem Fallen wieder hoch und erreichten den rettenden Ort. Einzelne fanden diesen in der Tiefe eines Sprengtrichters, der die stärkste Hitze abhielt; anderen wurde dieser durch Sturz zum Grabe oder sie ertranken im Wasser der im Trichter aufgebrochenen Wasserleitungen.

Jede Möglichkeit wurde benutzt, um irgendwie im Windschatten des Feuersturmes hinter Ziegelhaufen, Mauervorsprüngen, in der Rinne der Kantsteine oder in abgestellten Kraftwagen der stärksten Glut zu entgehen, oft genug vergeblich; denn gerade an solchen Fluchtorten von Bunkern, Toilettenhäuschen, vor und hinter ausgebrannten Kraftwagen fanden sich immer wieder Leichen in gehäufter Zahl. In einer freiliegenden Röhre fanden sich über 100 Tote. Das gleiche Bild boten auch manche größeren freien Plätze, zwischen Baumstümpfen und entwurzelten Bäumen Haufen von Leichen.

In den Gebieten des Feuersturms fingen Teile der umherliegenden Leichen zu brennen an. So ist es verständlich, daß man häufig Leichen nur halb bekleidet oder gänzlich nackt vorfand; das einzige, das sie immer noch zu tragen schienen, waren die Schuhe. Die Haare waren manchmal versengt, vielfach aber noch erhalten.

Wenige Stunden nach Beginn des Angriffes boten, wie mehrfach bezeugt, die Leichen manchen Orts ein besonderes Bild, indem sie einen stark aufgetriebenen Eindruck machten. Man sah sie mit wenig Zeug am Leibe oder nackt, auf dem Bauche liegend; die Gesäßgegend hob sich stark hervor, die männlichen Geschlechtsorgane waren zu Kindskopfgröße aufgetrieben. Gelegentlich war die Haut aufgeplatzt, an einzelnen Stellen braun, verhärtet, im allgemeinen aber wachsfarben, das Gesicht blaß. Dieses Aussehen bestand anscheinend nur wenige Stunden; nach dieser Zeit schrumpften die Leichen ein zu verkleinerten Körpern mit harter braunschwarzer Haut, mit Verkohlung einzelner Teile und oft genug bis zum völligen Zerfall zu Asche, im Ganzen oder in Teilen.

So gab es zur Zeit des Höhepunktes des Brandes nur eine Sicherheit: am Wasser der Kanäle und der Hafenarme. Dort kamen die Flüchtlinge an in einem Zustand völliger Erschöpfung. Lippen, Mund und Kehle ausgetrocknet, Brandblasen und -wunden an Ohrmuscheln und Nase, Gesicht und Händen, die Augen verquollen, brennend vor Schmerzen, kaum noch zu öffnen in der Wirkung des ätzenden Rauches. Sie erreichten ihr Ziel, vielfach mit dem letzten Aufgebot der Kräfte, blieben hier jammernd und stöhnend liegen, wimmerten apathisch vor sich hin, lallten nach Wasser, antworteten auf keinen Anruf mehr, wurden bewußtlos und fanden hier noch ihr Ende. Am Rande des Wassers oder im Wasser stehend kühlten sich die Geretteten; die Glut war ja auch hier kaum erträglich, nasse Tücher und Decken über Kopf und freien Körperteilen hielten die stärkste Hitze ab; aber sie waren schnell genug wieder trocken, die Zeit, bis sie wieder ins Wasser getaucht waren und deckend neue Linderung gaben, war kaum abzuwarten; unter der Decke ließ sich leichter atmen.

Manche konnten nicht genug Wasser zu sich nehmen, gleichviel von welcher Beschaffenheit. Aber das Gefühl des Durstes bestand keineswegs allgemein. Von einigen, die sich ohne Zweifel im Zustand langdauernder, stärkster Hitzeeinwirkung befunden hatten, wurde ein Gefühl des Durstes durchaus verneint; sie hatten sich auch nicht zum Wasser gedrängt, als sich ihnen Gelegenheit und Ruhe geboten hatte; ebensowenig konnten sie über Schwitzen ihres Körpers berichten, während wieder andere die erste Gelegenheit benutzten, die klebrig durchschwitzten Unterkleider abzulegen.

Abzug der Bombengeschwader und Abflauen des Sturms waren die ersten Anzeichen des Nachlassens der unmittelbaren Gefahr; die Hitze nahm allmählich ab. Es trennten sich die Überlebenden von den Toten und von all' dem, das ihnen noch vor wenigen Stunden Heim und Besitz bedeutet hatte. Aber immer noch stürzten die ausgebrannten Häuser ein, das Mauerwerk bedeckte die Straßen, Bauschutt häufte sich zu kleinen Hügeln, verlegte den Abziehenden den Weg und erschwerte den fahrenden Wagen und Trupps der Hilfe die Arbeit. Es kam Beistand für die Überlebenden, es erfolgte die Bergung der Toten. In wahlloser Verteilung bedeckten die Opfer der Nacht die Straßen und Plätze. Gelegentlich fand man aber auch Gefallene in größeren Gruppen, die, wie berichtet, zu Reihen ausgerichtet lagen. Die unwahrscheinliche Ordnung hatte den Funken der Hoffnung eines jeden der Verbliebenen noch im Tode zum Ausdruck gebracht, der übermächtigen Gewalt durch gemeinsamen Willen gegenseitiger stützender Hilfe Herr werden zu können – vergeblich. Die Wucht der Stöße des glutheißen Sturmes hatte auch diesen Willen gemeinschaftlicher Verbundenheit gebrochen.

Der aufkommende Tag ließ über der Stadt weithin eine schmutzigtrübe Haube von Rauch und Staub erkennen; sie ließ die Strahlen der Sonne für lange Zeit zu einem rötlichen Schleier zerbrechen. Der Tod war umgegangen in den Häusern, in den Kellern, öffentlichen Luftschutzräumen und Bunkern, aber ebenso im Freien, auf Straßen und Plätzen. Er hatte Hunderte und Tausende in einer Gemeinschaft erfaßt. Vielen Zehntausenden war die Uhr abgelaufen.

Dokument Nr. 26 (Teil I)

Schreiben des Direktors des Zoologischen Institutes der Universität Halle, Prof. Dr. Gotthilft von Studnitz, an den Oberstaatsanwalt von Halle mit Begründung seines Anliegens (13.3.1944)
(Quelle: BA: R 22/1262, Bl. 76 + Rs)

Unter Bezugnahme auf unsere soeben stattgehabte kurze mündliche Unterredung darf ich mir gestatten, kurz folgendes auszuführen:

Seit nunmehr 14 Jahren beschäftigt mich die Grundlage des Farben- und Helligkeitssehens in experimentellen Untersuchungen. Diese haben dazu geführt, daß die insbesondere zum Farbensehen führenden Vorgänge der Netzhaut erstmalig experimentell dem Verständnis weitgehend erschlossen werden konnten. Diese Befunde haben das ganze Gebiet auch der Praxis nähergebracht. Von ihr nenne ich hier nur die Vervollkommnung des Farbfilmverfahrens und auch gewisse Aufgaben und Problemstellungen, an deren Lösung z. Z. insbesondere unsere führenden Wehrmachtsstellen stark interessiert sind. Eine hat da zu Forschungsaufträgen seitens des Oberkommandos der Kriegsmarine an mich geführt, die ich nunmehr auch schon 2 Jahre bearbeite.

Die gesamten Untersuchungen mußten aus naheliegenden Gründen bisher immer an Tieraugen durchgeführt werden, ohne daß wir eine unmittelbare Bestätigung der Übertragbarkeit unserer Befunde auch auf das menschliche Auge erlangen konnten.

Durch Fühlungnahme mit Herrn Prof. Schrader bin ich nun in die Lage gekommen, von Hingerichteten unmittelbar nach der Hinrichtung die Augen entnehmen lassen zu können. Die ersten hiermit angestellten Versuche sind durchaus erfolgversprechend und lassen eine Fortsetzung mehr als wünschenswert erscheinen. Eine vollendete Parallele zu unseren Tierversuchen und gewissermaßen endgültige Bestätigung unserer Auffassungen und Vorschläge wäre jedoch erst nach Erfüllung gewisser Vorbedingungen zu erwarten. Ich wäre Ihnen deshalb außerordentlich dankbar, wenn Sie sich, nach Möglichkeit, für die Erfüllung dieser, bei Tierversuchen übrigens selbstverständlichen, Voraussetzungen einsetzen könnten und würden. Wenn ich mich auf das Notwendigste und Wichtigste beschränke, so würden diese Voraussetzungen die folgenden Punkte betreffen:

Die Grundlage des gesamten Sehvorganges sind lichtempfindliche Stoffe, die nach dem Tode durch Licht sehr leicht zerfallen und, im Gegensatz zum lebenden Organismus, nur dann erhalten bleiben bzw. in voller Stärke wieder aufgebaut werden, wenn sich das Auge in völliger Dunkelheit befindet, äußerstenfalls in nur schwachem Rotlicht. Unsere gesamten Erkenntnisse wurden an Tieren gewonnen, die vor dem Tode bereits in völliger Dunkelheit zugebracht hatten, deren Tötung bei schwachem roten Dunkelkammerlicht erfolgte, in welchem auch die Weiterbehandlung der Augen und Netzhäute vorgenommen wurde. Exekutierte kommen nun, wie mir mein Mitarbeiter berichtete, im Krematorium in Särgen an, die nicht als völlig lichtdicht zu betrachten sind; außerdem findet offenbar natürlich die Hinrichtung bei Tageslicht statt. Trotzdem die Köpfe der Hingerichteten von meinem Mitarbeiter unmittelbar nach der Ankunft im Krematorium im Dunkeln behandelt wurden (d. h. bei rotem Dunkelkammerlicht) und auch die Augen selbst weiter in der selben Beleuchtung weiter behandelt wurden, scheint mir doch, daß bezüglich der das Sehen bedingenden lichtempfindlichen Stoffe schon nicht mehr die günstigsten Verhältnisse vorlagen – einfach deswegen, weil die Delinquenten im Tageslicht starben und auch hinterher nicht sofort ins Dunkle kamen. Da sich die genannten Stoffe nun sowieso schon in jeder Netzhaut nur in minimalen Mengen vorfinden, ist jeder Verlust schon recht empfindlich, andererseits immer die Möglichkeit gegeben, statt der eigentlichen Stoffe ihre Zersetzungsprodukte zu bekommen, was natürlich ein falsches Bild abgeben würde. Das beste wäre, die der Exekution zu unterwerfenden Personen eine kurze Zeit vor, dann während und vor allen Dingen auch nach der Hinrichtung vor jeglichem Lichteinfall in die Augen zu schützen.

Wäre es möglich, den betreffenden Personen etwa 15–30 Minuten vor der Hinrichtung eine fest schließende, absolut lichtdichte Binde um die Augen zu legen und diese so lange am Kopfe zu belassen, bis die Augen im Dunkelraum bei der geeigneten Rotbeleuchtung entfernt werden? – Da, wie gesagt, die fraglichen Stoffe in außerordentlich geringer Menge in jeder Netzhaut erhalten sind, benötigen wir, um Material zu bekommen, für das unsere Apparate überhaupt ausreichen, immer eine ganze Anzahl von Augen bzw. Netzhäuten. In der vorigen Woche bekamen wir 10 Augen, welche Menge kaum ausreicht. Die obengenannte Prozedur der Binde würde also nur dann Sinn haben, wenn gleichzeitig einmal eine größere Zahl von Hinrichtungen stattfindet und das gleiche an allen Delinquenten vorgenommen werden könnte.

2. Zur Steigerung der Leistungsfähigkeit des Organismus probieren wir hier im Auftrage des OKW einige von mir vorgeschlagene Mittel aus, deren Effekt durchaus zufriedenstellend ist. Weitgehende Unklarheiten bestehen aber über die Wirkungsweise und den Angriffspunkt dieser Mittel. Wüßte man sie, so hielte ich eine weitere Leistungssteigerung und evtl. ganz andere Aufschlüsse wichtigster Natur für nicht ausgeschlossen. Auch hier machen wir umfangreiche Tierversuche, doch wäre, wie leicht einzusehen, zumindest eine ein- oder zweimalige Bestätigung an menschlichen Organismen von unschätzbarem Wert.

Wäre es möglich, einigen Delinquenten einige Stunden vor der Hinrichtung eine gewisse Menge dieser Mittel (es handelt sich um Flüssigkeiten) einzugeben, so daß nach der Hinrichtung von uns der Gehalt speziell der Leber und des Auges auf bestimmte Stoffe untersucht werden könnte?

Indem ich Ihnen, sehr geehrter Herr Oberstaatsanwalt, das vorstehende zur Begutachtung überreiche, wäre ich Ihnen für eine Unterstützung in dem angedeuteten Sinne zu außerordentlichem Dank verpflichtet.

Dokument Nr. 26 (Teil II)

Bericht des Oberstaatsanwaltes beim Landgericht Halle, Dr. Beume, über den Generalstaatsanwalt in Naumburg an den Reichsminister der Justiz über den Ablauf der vom Direktor des Zoologischen Institutes der Universität Halle, Prof. Dr. von Studnitz, vorgenommenen Versuche anläßlich von Hinrichtungen (26.6.1944)
(Quelle: BA: R 22/1262, Bl. 116 + Rs, 117)

Am 19. Juni 1944 wurden Todesurteile an insgesamt zwei Verurteilten vollstreckt.

Jedem der Verurteilten ist etwa 6 Stunden vor der Hinrichtung eine sehr dickflüssige, gelbe Emulsion zum Trinken gegeben worden. Den Verurteilten wurde dabei gesagt, es handle sich um ein Beruhigungsmittel. Obwohl die Emulsion, deren Menge ein gewöhnliches Wasserglas füllte, durch ihre starke Fettigkeit eher unangenehm als angenehm schmeckte, tranken die beiden Verurteilten die Emulsion wortlos und anstandslos aus.

Weiteren 19 Verurteilten wurden durch einen Zuchthausbeamten und einen Assistenten des Prof. v. Studnitz unter dessen persönlicher Aufsicht lichtundurchlässige Augenbinden mit untergelegter Watte angelegt. Der Verwaltungsinspektor Hofmann vom Zuchthaus betrat in jedem Falle mit Prof. v. Studnitz die Zellen und erklärte jedem Verurteilten, er habe sich auf einen Schemel zu setzen, es würde ihm nun eine Binde angelegt. Bis auf einen Franzosen nahmen die übrigen 18 Verurteilten dieses Anlegen der Binde ohne Widerspruch entweder wortlos oder mit dem Bemerken hin, es wäre auch ohne die Binde gegangen, oder ob es nicht ohne Binde gehen würde. In etwa 30–40 Minuten war das Augenverbinden bei sämtlichen 19 Verurteilten erledigt. Da die Verurteilten darauf hingewiesen waren, die Binden zu belassen, hat auch nur ein Einziger später die Binde wieder hoch gestreift. Dadurch ist ein voller Erfolg der von Prof. v. Studnitz gewünschten Untersuchungen gewährleistet worden. Soweit sich bisher übersehen läßt, ist deshalb ein derartiger Massenversuch nicht wieder erforderlich. Prof. von Studnitz hat nur noch darum gebeten, in späterer Zeit einigen Verurteilten noch einige Mittel verabreichen zu dürfen. Außerdem gebraucht er noch zu Ergänzungsversuchen in Zukunft einzelne Augen. Er hat seinen aufrichtigsten Dank dafür ausgesprochen, daß ihm die Durchführung des Versuchs ermöglicht worden ist.

Trotz der großen Anzahl der Verurteilten und trotz der Vorbereitungen, die durch die Untersuchungen erforderlich wurden, verlief die Vollstreckung der Todesurteile reibungslos und ohne jede Störung. Lediglich die Zeit der Vorführung der einzelnen Verurteilten zur Richtstätte verlängerte sich bei den Verurteilten, denen die Augen verbunden waren. So beanspruchte die Vollstreckung an insgesamt 25 Verurteilten genau 60 Minuten, während bei normalem Verlauf etwa 50 Minuten erforderlich gewesen wären.

Nachdem die Versuche an den Verurteilten – zumeist Wehrmachtsangehörigen – durchgeführt waren, ging bei mir ein Schreiben des Stellvertr. Generalkommandos II. A. K. in Hannover vom 19. Juni 1944 ein, wonach der Gerichtsherr es auch auf erneuten Vortrag hin abgelehnt hat, die vorgeschlagenen Versuche vornehmen zu lassen. In dem Schreiben heißt es wörtlich:

»Zu derartigen Versuchen mögen Berufsverbrecher und Volksschädlinge verwandt werden. Bei den zum Tode verurteilten Soldaten handelt es sich meist nicht um derartige Delinquenten. Wenn führende Wehrmachtsstellen an diesen Dingen interessiert sind, mag höheren Ortes eine derartige Untersuchung befohlen werden. Der Gerichtsherr lehnt sein Einverständnis dazu ab.«

Da bei Eingang dieses Schreibens die Versuche bereits erledigt waren, habe ich bisher Antwort nicht erteilt, zumal auch nach einem Schreiben des Oberreichskriegsanwaltes in Torgau vom 8. Juni 1944 der Chef des Wehrmachtsrechtswesens mitgeteilt hat, daß gegen die beabsichtigte wissenschaftliche Untersuchung Bedenken nicht bestehen.

Dokument Nr. 27

Dem auf der Tagung der Deutschen Gesellschaft für gerichtliche und soziale Medizin in Dresden (September 1936) von Prof. Dr. Merkel abgegebenen Bericht über »Die Notwendigkeit der Einführung von Verwaltungssektionen und deren Durchführung« als »Anlage« beigegebene Entwürfe für ein reichseinheitliches Leichenschaugesetz, über Meldepflichten bei einer solchen Leichenschauordnung sowie über ein Gesetz, betr. die Verwaltungssektionen.
(Quelle: BA: R 22/1070, Bl. 129–132)

Anlage D:
Entwurf eines Reichsgesetzes über die Einführung der Leichenschau.

§ 1. Alle im deutschen Reich Verstorbenen sind möglichst bald nach Eintritt des Todes (jedenfalls noch am Sterbeplatz) einer Leichenschau durch einen als solchen behördlich verpflichteten Leichenschauer zu unterziehen.

§ 2. Die Leichenschau soll, soweit dies nach den örtlich Verhältnissen möglich ist, durch für das Gebiet des deutschen Reiches bestellte Ärzte vorgenommen werden.

§ 3. Eine Leichenschauordnung erlässt der Reichsminister des Inneren.

§ 4. Einzelheiten (Abgrenzung der Bezirke, Zulassung von Leichenschauern) regeln die mittleren Verwaltungsbehörden nach Richtlinien, die der Reichsminister des Inneren erlässt.

Anlage E:

Vorschläge über die dem Leichenschauer in der zu erstrebenden Leichenschauordnung aufzuerlegende Meldepflicht.

Der Leichenschauer hat dem zuständigen Gesundheitsamt in folgenden Fällen unverzüglich Meldung zu machen:

1. in allen Fällen, in denen ein plötzlicher Tod erfolgte, oder in denen der Tod ohne unmittelbar vorausgegangene Behandlung eintrat, oder in denen die ärztliche Behandlung so kurz war, dass eine gesicherte Diagnose aus dem bisher beobachteten Krankheitszustand nicht gestellt werden konnte;

2. bei allen aufgefundenen (gleichgültig ob bekannten oder nicht erkannten) Leichen;

3. bei allen Todesfällen

a. die durch äussere mechanische oder physikalische Gewalteinwirkung versursacht sein können (Betriebs- und Verkehrsunfälle), gleichgültig, ob Früh- oder Spättodesfälle, alte Kriegsverletzungen usw;

b. in denen dem Tode Vergiftungserscheinungen vorangegangen sind;

c. in denen es sich um einen Selbstmord handelt, oder handeln kann;

d. bei denen der Tod in einer Narkose oder sonst bei Operationen oder anderen ärztlichen Massnahmen plötzlich eingetreten ist;

4. bei den zuerst beschlagnahmten, aber dann von der Staatsanwaltschaft doch freigegebenen Leichen, bei denen die Todesursache nicht geklärt ist;

5. bei den in oder nach einer Entbindung oder einer Fehlgeburt, wie auch bei den nach einer gesetzmässig vorgenommenen Schwangerschaftsunterbrechung verstorbenen Frauen;

6. bei nicht geklärten Todesfällen unehelicher Pflegekinder;

7. bei Todesfällen im Anschluss an eine Schutzpockenimpfung;

8. bei Todesfällen im Anschluss an eine Sterilisierungsoperation;

9. bei allen Todesfällen in Gefängnissen, Zuchthäusern, Erziehungsheimen u. ä. Anstalten.

Anlage F:

Vorschläge über den Erlass eines Gesetzes betr. die Verwaltungssektionen

§ 1. Die Gesundheitsämter sind berechtigt und verpflichtet, die Öffnung einer Leiche anzuordnen, falls eine einwandfreie Todesursache nicht festzustellen ist und die Klärung der Todesursache im Interesse der Rechtssicherheit oder der Volksgesundheit liegt.

§ 2. Die Leichenöffnungen sind nach Massgabe der §§ 88, 89 und 90 StPO durchzuführen, jedoch genügt es, wenn die Leichenöffnung von einem Arzt vorgenommen ist. Der obduzierende Arzt wird vom Gesundheitsamt im Einvernehmen mit der mittleren Verwaltungsbehörde bestellt.

§ 3. Die geltenden gesetzlichen Bestimmungen über die Vornahme der gerichtlichen Leichenöffnungen (§§ 88, 89 u. 90 StPO), der Feuerbestattungssektionen (§ 3 Abs. 2 Ziff. 2 des Gesetzes betr. die Feuerbestattung), der Sektionen wegen Seuchenverdacht (§ 7 des Reichsseuchengesetzes und der entsprechenden Vorschriften der Landesgesetze zur Bekämpfung von übertragbaren Krankheiten) bleiben unberührt.

§ 4. Die Ausführungsbestimmungen erlässt der Reichsminister des Inneren.

Dokument Nr. 28

Vorschläge des Inspekteurs der Konzentrationslager für einen Alkohol-Entwöhnungsaufenthalt von SS-Führern in einem abgegrenzten Bereich des Konzentrationslagers Buchenwald, an Heinrich Himmler gerichtet (23.7.1941).
(Quelle: BA: N 7/245, Bl. 11–13)

Für den Entwöhnungsaufenthalt schlage ich das Konzentrationslager Buchenwald vor. Meinen Vorschlag begründe ich wie folgt:

1.) Der Lagerkommandant SS-Standartenführer Koch ist für die Erziehung der eingewiesenen Führer besonders geeignet.

2.) Buchenwald liegt so abgelegen, dass die Führer nicht in Versuchung kommen können, das Lager zu verlassen.

3.) In Buchenwald werden laufend militärische Überholungslehrgänge abgehalten, an denen die Unterführer der Kommandanturstäbe sowie Reserve-Führer und -unterführer der Wachsturmbanne aller Lager teilnehmen. Der jetzt laufende Lehrgang ist am 2. August 1941 beendet. Zu diesem Termin werden die Lehrgänge vorläufig abgestoppt. Die Baracke im Kommandanturbereich, in der die Lehrgangsteilnehmer untergebracht sind, wird für die eingewiesenen Führer bereitgestellt. Es können also ab 2.8.41 schon einige Führer in Buchenwald eingewiesen werden. Alsdann wird die Baracke durch Ziehung von Zwischenwänden zur Schaffung einer *größeren* Anzahl kleiner einfacher Einzelzimmer für den gedachten Zweck umgebaut. Nach Rücksprache mit dem Hauptamt Haushalt und Bauten wird sich das ohne große Kosten schnell ermöglichen lassen

Die Buchenwälder Lehrgänge werden wieder begonnen, nachdem eine Baracke, die ich beantragen werde, aufgestellt worden ist.

Eine Unterbringung der Führer im Schutzhaftlager halte ich aus Autoritätsgründen nicht für tragbar. Weiter schlage ich vor:

4.) Die Beaufsichtigung der Führer übernimmt SS-Standartenführer Koch persönlich. Unterstützt wird er durch den bisherigen Leiter der Ausbildungslehrgänge SS-Untersturmführer d. R. v. Knorr-Krehan.

5.) Die zum Entwöhnungsaufenthalt eingewiesenen Führer tragen während des Aufenthalts Zivilkleidung, gegebenenfalls Stiefelhose mit hohen Stiefeln und Zivilrock mit Armbinde. Dieses halte ich für erforderlich einmal zur Kenntlichmachung und damit dem Kommandanturpersonal und den Wachblockangehörigen gegenüber die Eingewiesenen nicht als Vorgesetzte in Erscheinung treten. Trainingsanzug und Sportanzug ist mitzubringen.

6.) Die Führer haben sich auf ihren Zimmern aufzuhalten. Sie verlassen dieselben nur gemeinsam zum Früh- und Nachmittagssport bzw. zum Spaziergang oder zu anderem Dienst. Der Sport wird von einem geeigneten Führer des Kommandantur-Stabes geleitet.

7.) In der übrigen Zeit beschäftigen sich die Führer mit der Weiterbildung in ihrem Fach, bzw. fertigen sie schriftliche Arbeiten an, die ihnen von ihrem Truppenteil oder von SS-Standartenführer Koch aufgegeben werden.

8.) In besonders gelagerten Fällen können zur Unterstützung der Entwöhnung auch körperliche Arbeiten, wie Gartenarbeiten im Kommandanturbereich außerhalb des Schutzhaftlagers von den Führern geleistet werden.

9.) Die Mahlzeiten werden auf den Zimmern eingenommen. Für reizlose – kochsalzarme und gewürzlose – Kost aus der SS-Küche trägt der Truppenarzt des Wachsturmbanns Sorge, der auch die Gesundheit der Eingewiesenen überwacht.

10.) Das Betreten des Führerheims und der Kantine ist den Führern, die sämtliche Alkoholverbot haben, untersagt. Fruchtsäfte und Mineralwasser werden durch Vermittlung des SS-Unterstuf. d. R. v. Khorr-Krehan eingekauft.

11.) Das Rauchen ist nur zu bestimmten Stunden, gegebenenfalls nur außerhalb der Baracke gestattet.

Ich bitte Reichsführer um Befehl, ob die Einrichtung in Buchenwald geschaffen werden soll. Einen ins einzelne gehenden Dienstplan werde ich nach Einweisung der ersten Führer Reichsführer vorlegen.

Dokument Nr. 29

Schreiben von Prof. Dr. med. Berthold Mueller, Königsberg/Pr., an Prof. Dr. Raestrup, Leipzig, vom 16.8.1944
(Quelle: SgS RmL: E 1/1932)

Leider bin ich genötigt, mich an Sie mit einer Bitte zu wenden, deren Erfüllung im Betriebe Ihres Instituts Störungen hervorrufen könnte.

Die Verhältnisse liegen in Königsberg so, dass ich als beratender

Gerichtsmediziner der Heeresgruppe Nord für das Sommersemester 1944 zur Erledigung wissenschaftlicher Arbeiten und Wahrnehmung meiner Lehrtätigkeit nach Königsberg kommandiert war. Das Kommando lief zum 1.8.1944 ab. Ich hätte eigentlich zu dieser Zeit zur Feldtruppe abreisen müssen. Die Reise ist jedoch zunächst mit Zustimmung des hiesigen Korpsarztes verschoben worden, weil eine Verbindung mit der Heeresgruppe Nord nicht mehr bestand. Diese Verbindung ist jetzt zu Schiff wieder hergestellt. Ich muss also abreisen. Versetzungen vom Feldheer zum Heimatheer sind z. Zt. in Anbetracht des totalen Krieges verboten.

Wie Sie wissen, vertritt Herr Hausbrandt in Strassburg. Wie ich höre, geht es Herrn v. Neureiter schlecht. Es ist daher in absehbarer Zeit nicht damit zu rechnen, dass Hausbrandt zurückkehrt. Meine weiteren Hilfstruppen bestehen noch aus einem jungen Assistenten, Dr. Kosten, der Stabsarzt ist und die Erlaubnis hat, nebendienstlich am Institut Dienst zu tun. Er ist eine Hilfe, wenn er unter Aufsicht steht. Für eine selbständige Vertretung kommt er nicht in Frage, da ihm jede Erfahrung fehlt.

Ich bin daher genötigt, darum zu bitten, dass ein Dozent unseres Faches zur Vertretung nach Königsberg kommt. Die Auswahl ist nicht gross. Es war zunächst beabsichtigt, Herrn Camerer nach Königsberg zu schicken. Dieses wurde abgelehnt, weil er als selbständiger Gerichtsmediziner zur Heeresgruppe Süd musste. Herrn Breitenecker aus Wien bekam ich nicht, weil er dort für die SS Dienst tun muss. Der zweite Dozent in Wien, Herr Rolleder, ist an einer Tuberkulose erkrankt. Elbel hat, wie Sie wissen, einen Ruf nach Bonn. Saar muss entweder Elbel in Freiburg vertreten, es ist aber ausserdem noch beantragt worden, dass er Weyrich in Prag vertritt, weil man Weyrich als Beratenden nach dem Balkan schicken will. So bleibt nichts anderes übrige, als Sie darum zu bitten, Herrn Weinig für die Vertretung in Königsberg frei zu geben.

Ich bemerke noch, dass ich mir die Arbeiten von Herrn Weinig nicht deshalb kommen liess, weil ich damals schon an Königsberg dachte (Camerer sollte damals hierher), sondern weil ich ihn für Freiburg nennen wollte. Für den Fall, dass Herr Weinig nach Königsberg kommt, geben ich Ihnen gleichzeitig die Versicherung, dass ich nicht im Sinne habe, ihn länger in Königsberg zu halten, als dieses aus militärischen Gründen erforderlich ist. Er steht Ihnen dann sofort wieder zur Verfügung. Ob Sie freilich noch sehr lange über ihn verfügen können, wird ja fraglich sein, da wir gar nicht wissen, wie wir unsere Lehrstühle besetzen sollen. Holzer und Krauland kommen zur Vertretung in Königsberg wohl nicht in Frage, da man unseren beiden Senioren ihre habilitierten Mitarbeiter am längsten lassen muss. Merkel ist dazu noch ausgebombt, wie Sie wohl gehört haben, und richtet sich in der Anatomie ein.

Sie werden sicherlich einwenden, dass Herr Weinig in Leipzig unentbehrlich ist. Wenn er aber einen Lehrstuhl bekäme, müssten Sie ihn ja auch entbehren und schliesslich ist es mir ja auch schwer geworden, Hausbrandt abzugeben. Die Knappheit unseres Nachwuchses zwingt uns eben dazu, unter den Kriegsverhältnissen mit den wenigen Assistenten eine Planwirtschaft zu betreiben. Ich müsste andernfalls mein Institut schliessen und das wird bei dem einzigen Institut dieser Art im Osten nicht gut möglich sein. Ich nehme an, dass es auch für Herrn Weinig lehrreich sein wird, wenn er einmal unter ihm fremden Verhältnissen die Leitung eines anderen Institutes übernimmt, bevor er einen Lehrstuhl erhält. Es kommt noch dazu, dass auch militärisch ein Gerichtsmediziner jetzt hier dringend gebraucht wird (zahlreiche Artefakte).

Da in Anbetracht der hier vorliegenden Umstände gar keine Zeit zu verlieren ist, habe ich einen einschlägigen offiziellen Antrag eingereicht. Sie erhalten also wohl noch eine Anfrage vom Ministerium über den Dienstweg.

Ich werde nicht verhindern können, dass Sie über diese Angelegenheit wenig erfreut sind, aber ich hoffe, Sie werden mit mir darin übereinstimmen, dass mir unter den gegebenen Umständen ein anderer Weg nicht übrig blieb.

Für eine baldige, hoffentlich zusagende Antwort wäre ich Ihnen sehr dankbar. Es kann sein, dass ich schon vor Eintreffen von Herrn Weinig abreisen muss. Das für ihn Wissenswerte würde er hier erfahren. Eine Verbindung zwischen uns wird, sobald ich erst im Ostland bin, nicht möglich sein, da der Postverkehr aufgehoben und der Kurierverkehr sehr eingeschränkt ist.

Mit den besten Grüssen bin ich
Heil Hitler!
Ihr (Unterschrift: B. Mueller)

NS.: Ich habe natürlich auch an die Assistenten von Buhtz gedacht. Herr Dencks leitet das Institut, Herr Kühn ist zur Heeresgruppe Mitte versetzt, Lommer ist nicht habilitiert und nach meiner Auffassung auch nicht geeignet. Herr Koch, Münster, käme an sich zur Vertretung in Königsberg in Frage. Er ist Unterarzt und Truppenarzt im Westen und darf nach den z. Zt. geltenden Bestimmungen seiner Truppe nicht entzogen werden. Selbstverständlich wird man späterhin wieder versuchen müssen, ihn frei zu bekommen.

Dokument Nr. 30

Bescheinigung der »Zwangsevakuierten Akademiker Mitteldeutschlands in Groß-Hessen (Sprecher: Prof. Dr. Adolf Smekal, Nieder-Roden [Krs. Dieburg], Schulstrasse 59 bei Simon)« vom 2. April 1947 für den durch die US-Behörden 1945 bei ihrem Abzug aus Leipzig zwangsevakuierten Gerichtsmediziner Dr. Emil Weinig
(Quelle: UA Leipzig, PA 73 [Emil Weinig], Bl. 60)

Bescheinigung
Herr Dozent Dr. med. et phil. Emil Weinig, geboren am 6. Juli 1904, derzeit Frankfurt/Main, Hofnagelstraße 31, gehört zu den im Juni 1945 auf Befehl des Amerikanischen Kriegsministeriums (WAR DEPARTMENT) mit ihren Familien aus Mitteldeutschland nach Hessen evakuierten Wissenschaftlern und Technikern und wird als solcher geführt von der FIELD INFORMATION AGENCY, TECHNICAL, sowie vom OFFICE OF THE A. C. OF S., G-2, OPERATIONS BRANCH, TECHNICAL INTELLIGENCE SECTION, USFET, APO 757 US Army. Wie den übrigen Zwangsevakuierten ist ihm und seinen Angehörigen ein Verlassen der Amerikanischen und Britischen Besatzungszone sowie die Rückkehr nach dem jetzt in der Ostzone gelegenen früheren Berufs- und Wohnort ohne ausdrückliche Genehmigung der vorgenannten Dienststelle G-2 USFET untersagt. Mr. R. J. ROHR, Chief der ENEMY PERSONNEL SECTION dieser Dienststelle, Telephon Frankfurt/M. 2-1914, ist gegebenenfalls zu mündlicher Bestätigung der hier gemachten Angaben bereit.

Herr Dozent Dr. med. et phil. Emil Weinig hat auf Veranlassung der FIELD INFORMATION AGENCY, TECHNICAL, den Beschäftigungen in amerikanischen Diensten betreffenden technischen Fragebogen E. P. 3 ausgefüllt und wird für die Möglichkeit einer derartigen Inanspruchnahme bereitgehalten.

Die Zwangsevakuierung hat die davon Betroffenen binnen kürzester Fristen zur Zurücklassung ihrer ungekündigten Stellungen und Einkommen, ihrer Wohnungen, Haushaltsgrundlagen und Arbeitsmittel sowie sonstigen Besitzes aller Art genötigt; in den meisten Fällen konnten nur geringes Handgepäck und geringe Geldmittel mitgenommen werden. Die Evakuierung bedeutet ferner den Verlust zahlreicher Unterlagen bezüglich der persönlichen und beruflichen Lebensführung. Durch die Geheimhaltung der Evakuierungs-Massnahmen sind

die Evakuierten verschiedentlich Missdeutungen der Ursachen und Begleitumstände ihres plötzlichen Abtransportes ausgesetzt geblieben, die über sie eingeholte Auskünfte zu beeinflussen geeignet wären. Endlich ist die Beschaffung von Entlastungsmaterial im Sinne des Befreiuungsgesetzes in zahlreichen Fällen durch die Evakuierung behindert, die überdies die Vernehmung von Zeugen aus der gewohnten Lebensumgebung ausschliesst, es sei denn, dass derartige Zeugen unter den Zwangsevakuierten vorhanden sind.
(Unterschrift) Prof. Dr. Adolf Smekal

Anmerkungen zu Kapitel 1

1 Der Gegenwart ist der noch heute bedeutungsvolle erste Band zugänglich geworden durch eine von Dürwald (1984) angeregte und mit einem Nachwort ausgestattete Reprintausgabe des Zentralantiquariats der DDR.

2 Ein näherer Nachweis solcher Arbeiten wird hier unterlassen, da viele dieser Autoren im folgenden Text zitiert werden. Die Anregung zu derartigen Arbeiten ging oftmals nicht von Gerichtsmedizinern, sondern von Medizinhistorikern aus.

3 Stephan Schneider führt in seiner Dissertation insgesamt 29 Beiträge zur Geschichte einzelner Institute und des Faches an und verweist darauf, daß weitere zur Entwicklung der gerichtlichen Medizin veröffentlichte Arbeiten unberücksichtigt blieben, darunter mehrere Dissertationen aus verschiedenen Instituten der alten BRD, die im Archiv der »Gesellschaft für Rechtsmedizin« gesammelt wurden. Ein Bericht über den Bestand dieses Archivs findet sich im Heft 8 der »Informationen« der Gesellschaft für Rechtsmedizin (vgl. Schneider, St., 1982, S. 32).

4 »Die unheimlichen Memoiren des Gerichtsarztes Dr. Weimann« erschienen, bearbeitet von Gerhard Jaeckel, mit dem Untertitel »Diagnose Mord« ab 13.1.1963 (Heft 2) in »Quick« als wöchentliche Fortsetzungen. Etwa ab August 1963 wurde der Titel mehrfach abgewandelt, z. B. in »Wenn Frauen morden«, »Verbrechen aus Leidenschaft« und »Protokolle der tödlichen Leidenschaften«. Die nunmehr publizierten Kriminalstorys hatten meist nur noch wenig mit dem persönlichen Erleben Weimanns zu tun, sie wurden in das erwähnte Buch auch nicht übernommen. Die Serie endete im Heft 46 vom 17.11.1965.

5 Beispiel für solche »Publikumswirksamkeit« sind die Bücher von Jürgen Thorwald »Das Jahrhundert der Detektive« (1964) und »Die Stunde der Detektive« (1966). Keineswegs unsolide in Quellenstudium und Recheche, bieten sie wissenschaftshistorisch durchaus Anregungen, fachhistorisch können sie jedoch kaum Fragen beantworten.

Anmerkungen zu Kapitel 2

1 Johann Freiherr von Schwarzenberg, »einer der hellsten und aufgeklärtesten Köpfe seiner Zeit und Reformator des peinlichen Rechts, geb. 25. Dec. 1463 aus der bayrischen Linie des Hauses, wohnte den Kriegszügen Kaiser Maximilians I. bei und ward 1501 Hofmeister des Bischofs von Bamberg. Er ist der Verfasser der ›Bamberger Halsgerichtsordnung‹ von 1507, der Grundlage der Carolina, und beförderte auch die klassischen Studien sowie die Reformation. Er starb 21. Okt. 1528 zu Nürnberg.« (Meyers Konversations-Lexikon 1878, 14. Bd., S. 446.)

2 »Die Bambergensis diente als fortschrittlichstes Gesetzgebungswerk ihrer Zeit den 1521 begonnenen Beratungen über eine Strafprozeßordnung für das gesamte Reich als Grundlage. Die 1532 auf dem Reichstag in Regensburg verabschiedete Constitutio Criminalis Carolina stellt eine

geänderte und überarbeitete Fassung der Bambergensis dar und war die erste einheitliche Kodifikation des Straf- und Strafprozeßrechts in Deutschland. In ihr wurden das italienische und das deutsche Recht zu einer Einheit verarbeitet. Die Carolina ist in vielen Ländern des deutschen Reiches mit mehr oder weniger bedeutsamen Änderungen in Kraft gesetzt worden.« (Poppen 1984, S. 60.)

Poppen führt Regelungen der Constitutio Criminalis Bambergensis (CCB) und der Constitutio Criminalis Carolina (CCC) an, nach denen ein Sachverständiger ausdrücklich zugezogen werden soll:

- Bei den Delikten der Kindestötung (Art. 43 und 44 CCB; Art. 35 und 36 CCC);
- bei fahrlässiger Tötung durch einen Arzt (Art. 159 CCB; Art. 134 CCC);
- bei Verletzungen mit Todesfolge (Art. 175 CCB; Art. 147 und 149 CCC);
- beim möglichen Vorliegen einer Geisteskrankheit (Art. 205 CCB; Art. 179 CCC) (vgl. ebenda, S. 61).

2 Dazu Mende 1819: »Die aelteste Art der Besichtigung der Leiche, wenn man sie so nennen darf, war gewiß die Ausuebung des Baarrechtes (Jus Feretri sive Sandapilae). Der vermeyntliche Moerder wurde zu der Leiche des Ermordeten hingefuehrt, und mußte sie beruehren; bluteten sodann die Wunden, welches bisweilen schon geschehen seyn soll, wenn sich der Moerder blos naeherte, so wurde dies fuer einen Beweis des wirklich begangenen Mordes gehalten. Obgleich diese Probe zu den sogenannten Gottes-Urtheilen muß gerechnet werden, so haben doch auch Aerzte die Moeglichkeit eines solchen Blutens eines Leichnams, und die Gruende davon untersucht ...« (S. 262); und weiter: »Die neueren gerichtlichen Aerzte und Rechtsgelehrten haben mit Recht auf diese Probe keinen weiteren Werth gelegt, und man kann sie als ganz erloschen annehmen, wenn man nicht die Anerkennung der Leiche, von dem der That wegen in Untersuchung Gerathenen, wenn er gegenwaertig ist, vor der Sektion, die bey unsern Gerichten, freylich aus einem ändern Grund gebraeuchlich ist, als eine Fortsetzung dieser Probe ansehen will.« (S. 264.)

3 Die Antworten der befragten Universitätsprofessoren sind enthalten in einer »Acta betreffend: den Unterricht in der gerichtlichen Medizin und die Errichtung gerichtsärztlicher Institute an den Universitäten« (BA: Rep. 76a Va Sekt. l Tit. VII Nr. 47, Bl. 3 ff.).

4 Fritz Strassmann: geboren 1858 in Berlin als Sohn eines Arztes; Medizinstudium in Heidelberg, Leipzig und Berlin. 1884 wurde Fritz Strassmann Assistent an der von Carl Liman geleiteten »Unterrichtsanstalt für Staatsarzneikunde« in Berlin, wo er sich am 18.5.1889 habilitierte, ab 1891 Anstellung als Königlicher gerichtlicher Stadtphysikus. Nach Limans Tod war Fritz Strassmann ab 25.12.1891 stellvertretender Direktor der Unterrichtsanstalt für Staatsarzneikunde, im August 1894 erfolgte die Ernennung zum beamteten a. o. Professor und zum Direktor der Anstalt, 1921 schließlich persönlicher Ordinarius für gerichtliche Medizin an der Berliner Universität. Ende September 1926 Entpflichtung, trotzdem bis 1929 wiederholt vetretungsweise tätig. Fritz Strassmann starb am 30.1.1940 in Berlin. Neben weit über 150 teilweise umfangreichen und wissenschaftlich bedeutenden Publikationen hinterließ Fritz Strassmann ein ausführli-

ches Lehrbuch der gerichtlichen Medizin (1895) und ein 1911 erschienenes Handbuch über »Medizin und Strafrecht«. Strassmann hat »unübersehbaren Reihen von Schülern aus Medizin und Jurisprudenz ärztlich-menschliche Gesinnung und naturwissenschaftliches Denken ... offenbart«, schrieb sein Schüler Paul Fraenckel.

5 Willi Vorkastner: 1878 in Potsdam geboren, nach dem Medizinstudium vorwiegend psychiatrisch tätig. 1911 Habilitation für Psychiatrie und Neurologie in Greifswald. 1920 Ernennung zum a. o. Professor für Neurologie und Psychiatrie in Greifswald. Zusätzlich Arbeiten an den pathologischen Instituten in Greifswald und Berlin. 1922 Berufung als ordentlicher Professor auf den Lehrstuhl für gerichtliche Medizin der Universität Greifswald als Nachfolger von Martin Nippe, 1926 Ruf als ordentlicher Professor an das neugegründete Institut für gerichtliche Medizin der Universität in Frankfurt/M., 1930 Wechsel nach Halle; schon am 19.11.1931 »starb er unmittelbar im Anschluß an eine Vorlesung, in der er gerade den Tod aus natürlicher Ursache behandelt hatte, an einem Anfall von Angina pectoris. Die Autopsie ergab tatsächlich eine sehr weit vorgeschrittene Koronarsklerose«, schrieb Berthold Mueller in einem Nachruf. In den zwanziger Jahren verfaßte Vorkastner eine Anzahl programmatischer, für Standortbestimmung und Selbstverständnis der gerichtlichen Medizin wichtige Arbeiten, deren Formulierungen in ihrer zuweilen beinahe polemischen Schärfe noch heute imponierend sind und die immer wieder zitiert werden.

6 Richard Kockel: am 5.1.1865 in Dresden geboren. Medizinstudium an der Leipziger Universität; 1889 Staatsexamen und Promotion. Von 1893 bis 1900 Assistent am Pathologischen Institut in Leipzig. Habilitation (1895), ab 30.6.1897 außerordentlicher Professor und mit der Wahrnehmung des Lehrauftrages für gerichtliche Medizin betraut; schließlich wurde er ab 5.5.1900 Direktor des neugegründeten Instituts für gerichtliche Medizin der Universität Leipzig. 1922 zum persönlichen Ordinarius ernannt. Richard Kockel starb am 19.1.1954 in Leipzig. Kockel, »der auf allen Gebieten der gerichtlichen Medizin und Kriminalistik zu Hause war« (Raestrup), hat etwa 70 wissenschaftliche Arbeiten hinterlassen. Nach einer Anzahl fundierter Veröffentlichungen zu pathologisch-anatomischen und histologischen Themen entstanden wichtige Publikationen zu Problemen der naturwissenschaftlichen Kriminalistik – gerade diese Arbeiten atmen »den frischen Geist des neuen Denkens in der gerichtlichen Medizin« (Raestrup). Bedeutsam sind Kockels intensive Bemühungen um die Anerkennung des Faches als Lehr- und Prüfungsfach an den deutschen Universitäten und beim Aufbau des Leipziger Institutes zu einer geachteten Lehr- und Forschungsstätte.

7 Otto Beumer: geboren 1849 in Münster/Westf. Medizinstudium. Ab 26.5.1888 Kreisarzt in Greifswald, am 28.8.1888 Ernennung zum a. o. Professor für gerichtliche Medizin an der Universität Greifswald, später ordentlicher Honorarprofessor in Greifswald. 1918 gestorben. Beumer hinterließ eine Reihe wissenschaftlicher Arbeiten, z. B. über die Möglichkeiten der Unterscheidung tierischer und menschlicher Knochen in forensischer Beziehung.

8 Theodor Lochte: 1864 in Soldin (Mark Brandenburg) geboren. Medizinstudium, 1890 Staatsexamen und Promotion in Leipzig. 1893 Niederlassung als praktischer Arzt; später Prosektor am Hafenkrankenhaus in Hamburg und ab 1902 dort Gerichtsphysikus. Im Frühjahr 1907 Ernennung zum Kreisarzt in Göttingen und Einsetzung als a. o. Professor und Direktor des »Königlichen Institutes für gerichtliche Medizin« der Universität Göttingen. Als nach dem I. Weltkrieg das Amt des Kreisarztes von dem des Lehrstuhlinhabers getrennt wurde, berief man Lochte zum ordentlichen Professor für gerichtliche Medizin und zum Direktor des gerichtsmedizinischen Institutes an der Universität Göttingen. Hier wirkte Lochte bis zu seiner Emeritierung am 31.3.1934. Lochte starb im Jahre 1953. Ein besonderes Verdienst Lochtes ist sein erfolgreiches Eintreten für die Anerkennung und Selbständigkeit der gerichtlichen Medizin an den deutschen Universitäten. Er hinterließ nahezu 100 wissenschaftliche Arbeiten; besonders wertvoll sind verschiedene Publikationen aus dem Gebiet der gerichtsmedizinischen und kriminalistischen Spurenkunde, die 1914 als Buch (»Gerichtsärztliche und polizeiärztliche Technik«) erschienen sowie das von ihm geschaffene Standardwerk »Atlas der menschlichen und tierischen Haare«.

9 Zitiert nach: BA Rep. 76 VII A-4140 (»Personal- und Qualifications-Acte Otto Beumer«), Bl. 76.

10 Der Begriff der »sozialen Medizin« war damals noch ziemlich unklar und wurde recht unterschiedlich definiert. Den ersten Lehrstuhl für Sozialmedizin übernahm 1905 der Internist Rumpf in Bonn. Wilhelm Hanauer, der in den zwanziger Jahren a. o. Professor für soziale Medizin in Frankfurt/M. war, sah in der sozialen Medizin eine Wissenschaft, »bei der der im Mittelpunkt stehende Arzt keine Heiltätigkeit ausübt und auch nicht auf das einzelne Individuum einwirkt, sondern auf die Gesellschaft, und deren Aufgaben auf Grund neuer Sachkunde, die aber außerhalb der Therapie liegen, fördert. Solche Aufgaben sind unter anderem die Schule, Beruf, das Versicherungswesen, der Sport usw. Die einschlägigen Wissenschaften sind vor allem die Hygiene und die gerichtliche Medizin, die man früher unter dem Begriff der Staatsarzneikunde zusammengefaßt hat, und die soziale Medizin würde demnach als Nachfolgerin der früheren Staatsarzneikunde zu betrachten sein. ... Die soziale Medizin [ist] mit beiden Disziplinen verwandt, sie steht in der Mitte, eine ganz reinliche Scheidung ist schwer durchführbar.« (Hanauer 1927, S. 41 f.)

11 Georg Puppe: geboren 1867 in Kroatzen bei Pyritz (ehem. Pommern). Medizinstudium in Berlin und Göttingen. Danach Assistent an verschiedenen Berliner Kliniken und Instituten und an den gerichtsärztlichen Instituten in Berlin und Wien. 1898 Habilitation für dieses Fach in Berlin. 1903 a. o. Professor der gerichtlichen Medizin an der Königsberger Universität, 1909 zusätzlich ein Lehrauftrag für soziale Medizin. Im I. Weltkrieg u. a. Armeepathologe in Mazedonien. 1920 wurde Puppe persönlicher Ordinarius für gerichtliche Medizin in Königsberg und kam ein Jahr später als Nachfolger von Lesser nach Breslau, wo bald darauf die Ernennung zum etatsmäßigem Ordinarius erfolgte. 1925 gestorben. Georg Puppe hat frühzeitig die Bedeutung der sozialen Gesetzgebung in sozial-

medizinischer und gerichtlich-medizinischer Hinsicht erkannt, er zählte zur sozialen Medizin alle prophylaktischen Maßnahmen zur Bekämpfung des Verbrechens, z. B. Trinker- und Jugendfürsorge. Puppe publizierte mehr als 80 wissenschaftliche Arbeiten in Fachzeitschriften; besonders bekannt ist sein zweibändiger »Atlas und Grundriss der gerichtlichen Medizin«, der 1908 unter Benutzung des von Hofmannschen Atlas herauskam. Puppe hatte maßgeblichen Anteil an der Gründung der »Deutschen Gesellschaft für gerichtliche Medizin« im Jahre 1904 und beim erfolgreichen Ringen um die Anerkennung der gerichtlichen Medizin als Lehr- und Prüfungsfach.

12 UA Greifswald: PA Forster, Bl. 27 ff.

13 Die »Erinnerungen und Erlebnisse, Kämpfe und Gedanken« Lubarschs können insofern als ein medizinhistorisches Zeitdokument gelten, als sie die Positionen eines »Exponenten der Feinde der Arbeiterbewegung unter den Hochschulprofessoren« (Der sozialistische Arzt 1932, S. 188) darstellen, eines »jüdischen Antisemiten« (Nissen 1969, S. 152), der sich noch kurz vor seinem Tode »bedingungslos ... zu den Zielen der nationalsozialistischen Bewegung« bekannte (Forßmann 1972, S. 47).

14 SgS RML: E 1/339 und E 1/347.

15 Zitiert nach: UA Jena: D 2906 (PA Timm), Bl. 13 f.

16 Im Gegensatz zu Pathologen wie Otto Lubarsch oder Franz Büchner hatte Herwig Hamperl ein durchaus kooperatives Verhältnis zur gerichtlichen Medizin, was auch in seinem Buch über »Werdegang und Lebensweg eines Pathologen« zum Ausdruck kommt.

17 Alex Schackwitz, 1878 in Hamburg geboren, studierte ab 1906 Philosophie bzw. ab 1908 Medizin und promovierte später in beiden Fächern. Ab 1919 war er am gerichtsmedizinischen Institut in Kiel tätig; 1922 Habilitation. Später Gerichtsarzt in Hannover, ab 1937 in Berlin tätig. Schackwitz publizierte bereits 1920 eine umfangreiche Arbeit »Über psychologische Berufs-Eignungsprüfungen für Verkehrsberufe / Eine Betrachtung ihres theoretischen und praktischen Wertes erläutert durch eine Untersuchung von Straßenbahnführern«.

18 Zitiert nach: Mueller, B.: Willy Vorkastner (Nachruf). Verh. Dtsch. Pathol. Ges.27 (1954), 316.

19 Das Zitat gibt die Einschätzung von Prof. Dr. Roggenbau von der Psychiatrischen und Nervenklinik der Charité über die Eignung von Prof. Müller-Heß als psychiatrischer Gutachter und Sachverständiger wieder. Zitiert nach: UA Berlin: PA M 382 (Müller-Heß), Bd. 2, Bl. 56.

20 Sowohl das »Abhören von Auslandssendern« wie besonders das Verbreiten von »Nachrichten ausländischer Sender« waren nach § 1 bzw. § 2 der »Verordnung über außerordentliche Rundfunkmaßnahmen vom 1. September 1939« strafbare Handlungen und konnten »in besonders schweren Fällen« mit der Todesstrafe belegt werden. Ein »Gesetz gegen heimtückische Angriffe auf Staat und Partei und zum Schutze der Parteiuniformen«, in dem auch »zersetzende Hetzreden« (§ 2) angesprochen wurden, bestand bereits seit 1934.

21 Karl Bonhoeffers Sohn Dietrich, Theologe, wurde wegen »Wehrkraftzersetzung« im April 1945 verhaftet und noch am 8.4.1945 im KZ Flossenbürg

ermordet. Seinen Sohn Klaus, Jurist, erschoß man kurz vor dem Einmarsch der Roten Armee in der Nähe des Gefängnisses in der Lehrter Straße in Berlin. Seine beiden Schwiegersöhne – Hans von Dohnanyi und Rüdiger Schleicher – starben ebenfalls unter der Guillotine (vgl. Schwarz, H., 1975, S. 142).

22 Heinrich Zangger: geboren 1874 in Bubikon (Kanton Zürich). Studium in Neapel, Paris und Zürich. 1900 Habilitation für pathologische Anatomie und Psychiatrie in Zürich, ein Jahr später Ernennung zum a. o. Professor für vergleichende Pathologie, Immunitätsforschung und Toxikologie. 1902 Übernahme des Extraordinariats für Anatomie und spezielle Physiologie an der Veterinärmedizinischen Fakultät in Zürich. Im Jahre 1906 erhielt Zangger das Extraordinariat für gerichtliche Medizin, 1912 wurde das gerichtsmedizinische Institut der Universität Zürich eröffnet und Zangger zum Ordinarius berufen. 1941 Ruhestand, 1957 gestorben. Zangger gilt als Wegbereiter der modernen gerichtlichen Medizin in der Schweiz. Von besonderer Bedeutung war, »daß er eine einseitige Orientierung auf Sektionssaal und Laboratorium vermied, indem er großes Gewicht auf die medizinischen Feststellungen an Ort und Stelle legte«, schrieb sein Schüler Fritz Schwarz. So ist es ihm zu danken, daß bei der Grubenkatastrophe in Courrieres (Frankreich) im Jahre 1906, bei der über 1 000 Bergleute den Tod fanden, durch sein Eingreifen noch nach Einstellung der offiziellen Rettungsarbeiten viele Bergleute gerettet werden konnten. »Die Erfahrungen von Courrieres begründeten ein ganz neues Spezialgebiet der gerichtlichen Medizin, die Katastrophenmedizin. ... Die Idee des Schutzes vor Gefahren im Sinne einer kausalen Prävention nimmt im Lebenswerk Prof. Zanggers eine ganz beherrschende Stellung ein ... Von der gerichtlichen Medizin aus drang er damit in das Feld der Arbeitsmedizin vor, das er ebenfalls mit Hingabe und Erfolg bearbeitete.« 1929 hatte er mit L. Teleky zusammen das »Archiv für Gewerbepathologie und Gewerbehygiene« begründet. Zu Ehren seines 60. Geburtstages erschien 1934 eine Festschrift, in der 156 Arbeiten Zanggers angeführt werden, darunter finden sich Werke wie die 700 Seiten starke Publikation »Medizin und Recht« (1920) und das mit F. Flury herausgegebene »Lehrbuch der Toxikologie« (1928).

23 Von der Intensität und Gründlichkeit dieser Beschäftigung zeugt z. B. eine 40 Seiten starke Arbeit über »Die Grundzüge der sachverständigen Prüfung von Geldspielautomaten« (Kockel 1910).

24 Wilhelm Hecksteden: 1900 als Sohn eines Arztes in Husum geboren, studierte Medizin und Chemie und promovierte in beiden Fächern (1925, 1929). Von 1934 bis 1936 am gerichtsmedizinischen Institut in Würzburg tätig. Nach Eintritt in die Wehrmacht ab Mai 1936 an der Militärärztlichen Akademie, ab Januar 1937 Leiter der Blutalkoholuntersuchungsstelle an der »Militärärztlichen Akademie«, ab August 1940 in Paris tätig (»Blutalkoholuntersuchungsstelle beim Militärbefehlshaber in Frankreich«), später (ab Juni 1944) Chefarzt des Kriegslazaretts I/684 der Heeresgruppe Mitte an der Ostfront. Veröffentlichungen besonders zu Bestimmung und Bewertung der Blutalkoholkonzentration. Nach dem Kriege praktischer Arzt in seiner Heimatregion. 1989 gestorben.

25 Ludwig Rebmann, 1903 geboren, studierte nach einem abgeschlossenen Chemiestudium Medizin und war in den dreißiger Jahren Assistent am Institut für gerichtliche Medizin in Erlangen.

26 Julius Schneller, geboren 1883 in Augsburg, war nach einem Medizinstudium (in München und Erlangen) ab 1912 in Erlangen tätig (Pathologie, Gerichtsmedizin); Habilitation 1926 in Erlangen (vgl. DZ 7: 1926, 259–277). Ab 1928 Landgerichtsarzt in Straubing und Fürth; 1943 Dozent für gerichtliche Medizin in Erlangen.

27 Fritz Künkele: geboren 1908 in München, dort Studium der Chemie, Staatsexamen für Lebensmittelchemiker, 1934 Promotion. Ab März 1935 Assistent am Institut für gerichtliche Medizin in Bonn. Seit 1930 Mitglied der NSDAP, schreibt Künkele am 1.9.1938: »Dem Kurator der Rheinischen Friedrich-Wilhelm-Universität Bonn teile ich hiermit ergebenst mit, dass ich mit dem 30. Sept. 1938 aus dem Institut für gerichtliche Medizin ausscheide, da ich ab 1. Okt. 1938 in die Dienste der Reichszeugmeisterei der NSDAP in München berufen bin.« (Nach: UA Bonn, PA Nr. 5 155 o. Bl./Künkele.)

28 Walter Specht, geboren 1907 in Erfurt, studierte von 1925 bis 1931 in Jena Chemie und war anschließend bis 1934 am Privatinstitut des Gerichtschemikers Dr. W. Schatz in Halle/S, tätig. Ab 1935 a. o. Assistent am gerichtsmedizinischen Institut in Jena; hier 1936 Habilitation (»Die naturwissenschaftliche Kriminalistik im Dienst der Brandermittlung«). Ging 1938 mit Buhtz nach Breslau; 1939 Dozentur; 1944 apl. Professor. Mitglied der NSDAP (Nr. 5 956 835) und der SS (Untersturmführer). Nach dem II. Weltkrieg am Bayerischen Landeskriminalamt in München tätig. 1977 verstorben.

29 Zitiert nach UA Wrocław: PA Walter Specht o. Bl. (Schreiben von Prof. Buhtz an den REM vom 10.12.1941).

30 SgS RmL: G-Vo/M2, o. Bl. (Brief Berthold Muellers vom 27.11.1941 an den REM).

31 Walter Paulus: geboren 1907 in München, studierte Pharmazie und promovierte 1935 zum Dr. phil. Nach dreijähriger Tätigkeit in der pharmazeutischen Industrie ab Oktober 1938 wissenschaftlicher Assistent am Bonner Institut für gerichtliche Medizin. 1944 Habilitation. 1951 a. o. Professor, 1952 wissenschaftlicher Rat und ab 1968 Abteilungsvorsteher der forensischen Toxikologie am Bonner Institut. 1972 Pensionierung. 1978 verstorben.

32 Ernst Vidic: 1900 in Prag geboren, hier Studium der Chemie an der deutschen technischen Hochschule, danach zwanzigjährige Tätigkeit in der chemischen Industrie. 1945 kam Vidic nach Berlin und wurde Leiter des toxikologisch-chemischen Labors des Instituts für gerichtliche Medizin der Humboldt-Universität, 1949 Wechsel (mit Müller-Heß) an das entsprechende Institut an der Freien Universität. 1987 gestorben.

33 Zitiert nach SgS RmL: E 1/1910. Die Sache scheiterte – aus objektiven Gründen. Dennoch liest man in dem von Raestrup 1946 ausgefüllten Entnazifizierungs-Fragebogen – was sicherlich als Zeichen der Beschränkung »der gewerblichen oder beruflichen Freiheit« aufzufassen ist: »1944 trotz Vorschlages d. med. Fakul. Breslau nicht mehr auf den Lehrstuhl f. gerichtl. Med. Breslau berufen«.

34 Emil Ungar: 1848 in Bonn geboren. Medizinstudium, 1874 Promotion. 1883 Habilitation für Innere Medizin und Staatsarzneikunde. 1887 ordentlicher Professor für Kinderheilkunde und gerichtliche Medizin an der Medizinischen Fakultät in Bonn. Gutachtertätigkeit als Gerichtsarzt, Kreisphysikus. Ehrendoktorwürde der juristischen Fakultät. Emeritierung im Jahre 1921, 1934 verstorben. Hinterließ eine Reihe wissenschaftlicher Arbeiten, die z. T. Bezüge zur inneren Medizin und Kinderheilkunde haben.

35 Eine tabellarische Übersicht dazu findet sich bei Eulner (1970, S. 177).

36 Eine ausführliche Erläuterung der wesentlichen Bestimmungen der Prüfungsordnung stammt von Kirchner (1901).

37 SgS RmL: F. (Lehr- und Prüfungsfach), Bl. 53.

38 Ebenda, Bl. 73.

39 Ernst Ziemke: geboren 1867 in Stettin. Nach dem Medizinstudium 1892 ärztliche Staatsprüfung und Promotion in Halle. Danach Assistententätigkeit an medizinischen, pathologisch-anatomischen und chirurgischen Einrichtungen und an der Städtischen Irrenanstalt Dalldorf. Von 1897 bis 1901 Assistent an der Unterrichtsanstalt für Staatsarzneikunde der Universität Berlin, dort 1901 Habilitation. Am 10.9.1901 Ernennung zum a. o. Professor an der medizinischen Fakultät in Halle und Erteilung eines Lehrauftrages für das neugeschaffene Fach gerichtliche Medizin. Gleichzeitig Gerichtsarzt für den Stadtkreis Halle. 1906 übernahm Ziemke Extra-Ordinariat für gerichtliche Medizin in Kiel; auch hier fungierte er viele Jahre als Gerichtsarzt. 1920 persönlicher Ordinarius. 1926 als Nachfolger von Puppe nach Breslau berufen, kehrte er schon ein Jahr später als Ordinarius nach Kiel zurück. Ziemke starb 1935 in Kiel. Er publizierte Arbeiten aus dem Gebiet der Gefängnishygiene, erörterte forensisch-psychiatrische Probleme und forschte über Blutuntersuchungstechnik.

40 Arthur Schulz: 1867 geboren. Nach dem Medizinstudium promovierte Schulz im Oktober 1893 in Leipzig zum Dr. med. und arbeitete ab November 1900 am Berliner Institut für Staatsarzneikunde unter Fritz Strassmann. 1906 Übernahme des gerichtsmedizinischen Institutes in Halle, zugleich Gerichtsarzt für den Stadtkreis Halle. Im Frühjahr 1927 wurde Arthur Schulz von seinen Aufgaben entpflichtet und im Juli 1928 emeritiert. Er starb 1932. Besonders in seiner Berliner Zeit veröffentlichte er wertvolle Arbeiten, insbesondere zur Kenntnis der Blutuntersuchung sowie der Schartenspuren und über gerichtsärztliche Photographie, in Halle bearbeitete er vor allem Probleme des Erstickungstodes, der quantitativen Blutanalyse und der Feuerbestattung. Durch ein progredientes Gehörleiden wurde er hier allerdings in seiner Tätigkeit zunehmend beeinträchtigt.

41 Karl Reuter: 1875 in Hannover geboren. Medizinstudium in Göttingen, 1897 Promotion zum Dr. med. an der gleichen Universität. Nach mehrjähriger Assistententätigkeit ab 1906 Prosektor am Hamburger Hafenkrankenhaus. Seit 1919 a. o. Professor für gerichtliche Medizin an der Universität Hamburg. 1929 wurde Reuter Ordinarius für gerichtliche Medizin an der Universität Breslau. Mit dem 31.5.1938 infolge Erreichung der Altersgrenze von den amtlichen Verpflichtungen entbunden, verlegte Karl Reuter seinen Wohnsitz nach München. 1948 wurde er – beim Fehlen

geeigneter jüngerer, nicht nazistisch belasteter Fachvertreter – kommissarischer Leiter des Instituts für gerichtliche Medizin an der Universität Würzburg und vertrat ab 1.11.1948 kommissarisch mit einer a. o. Professur die gerichtliche Medizin an dieser Universität; die kommissarische Vertretung wurde am 22.8.1950 aufgehoben und Karl Reuter emeritiert. Er starb 1953 in München. Karl Reuter publizierte etwa 40 wissenschaftliche Arbeiten vorwiegend zu anatomischen und gerichtsmedizinischen Themen.

42 Curt Strauch: 1868 in Frankfurt/O. geboren. Nach dem Medizinstudium Assistententätigkeit am Pathologischen Institut der Berliner Universität unter Rudolf Virchow und bis 1897 in Heidelberg an der Universitätskinderklinik und am Hygiene-Institut. Im Anschluß an eine längere Amerika- und Ostasienreise und zweijährige Assistententätigkeit an der Medizinischen Universitätspoliklinik Berlin ab 1.11.1900 zweiter Assistent an der Unterrichtsanstalt für Staatsarzneikunde der Universität Berlin unter Fritz Strassmann. 1903 erhielt Strauch die Venia legendi für Gerichtliche Medizin, wurde 1913 Titularprofessor und 1921 nichtbeamteter a. o. Professor an der Universität Berlin. Neben seiner Tätigkeit an der Universität arbeitete Strauch als versierter Praktiker der gerichtlichen Medizin und langjähriger Gerichtsarzt, z. B. in den Berliner Stadtteilen Wedding, Reinickendorf und Pankow (Gerichtsarztbezirk Berlin II). Außerdem gehörte er viele Jahre der Ärztegruppe an, die nach einem Vertrag mit dem Polizeipräsidenten vom 1.3.1902 die Berliner Mordkommission bei der unmittelbaren Tatortarbeit unterstützte. Curt Strauch starb 1931 in Berlin. Er verfaßte Arbeiten zu Themen der klassischen Gerichtsmedizin, zu anthropologisch-ethnologischen Fragen und über Methoden zum serologischen Blutnachweis.

43 Adolf Gottstein, bis 1918 Stadtrat für Medizin und Hygiene in Charlottenburg, hat »als Nachfolger Kirchners seit dem Jahre 1919 die Medizinalabteilung des Volkswohlfahrts-Ministeriums geleitet und damit in diesen Notjahren an einer Stelle gestanden, für welche die Notwendigkeit fortschreitender Maßnahmen für die Erhaltung und Besserung der Volksgesundheit in einem besonders starken Widerstreit zu den wirtschaftlichen Möglichkeiten stand«, hieß es in der »Zeitschrift für Medizinalbeamte« (37/46:1924, 89). Gottstein trat 1924 in den Ruhestand (vgl. ebenda).

44 Friedrich Leppmann, geboren 1872, Neurologe und forensischer Mediziner, kam 1900 nach Berlin und leitete neben seiner ärztlichen Tätigkeit (Gefängnisarzt, gerichtlicher Sachverständiger) bis 1933 als verantwortlicher Redakteur die »Aerztliche Sachverständigen-Zeitung«.

45 Vgl. Aerztl. Sachverst. Ztg. 26 (1920), 25 ff. (Heft 3 vom 1. Februar 1920).

46 So äußerten sich – teilweise kontrovers – in der Aerztlichen Sachverständigen-Zeitung: M. Reinhardt (S. 97–102), Georg Puppe (S. 189–191), G. Ledderhose (S. 191–193) und R. Finkelnburg (S. 213–216).

47 Der Verleger Julius Friedrich Lehmann (1864–1934) war unter dem Leitspruch »Ich hab's gewagt« angetreten und hatte sich in den Jahren nach 1890 vom Buchhändlerlehrling zum Finanzier und Förderer der reaktionärsten Bewegungen in Deutschland, z. B. des »Alldeutschen Verbandes« und schließlich der NSDAP entwickelt (vgl. Thomann 1985, S. 97 ff.).

48 Zitiert nach Münchn. med. Wschr. 80 (1933), S. 1612 (»Hochschulnachrichten»). An der Berliner Universität wurde u. a. den Gerichtsmedizinern Fritz Strassmann und Paul Fraenckel die Lehrbefugnis entzogen.
49 Das »Gesetz zur Wiederherstellung des Berufsbeamtentums« vom 7. April 1933 (RGBl. I, 1933, S. 175) bestimmte, Menschen jüdischer Herkunft dürften nicht länger Beamte sein, gleichgültig auf welcher Stufe und in welchem Teil des Staatsapparates. Die Begründung des sog. Arierparagraphen besagte, »Juden« könnten nicht deutsch denken, folglich »Deutsche« nicht regieren und deren Staat verwalten.
50 Zitiert nach Münchn. med. Wschr. 81 (1934), S. 348 (»Hochschulnachrichten»).
51 Adolf Lesser: 1851 in Stargard geboren. Medizinstudium in Berlin; 1874 Staatsexamen, Promotion 1875. Danach Assistent am Pathologischen Institut in Berlin unter Virchow und von 1876 bis 1884 Assistent Limans am Berliner Institut für Staatsarzneikunde; 1879 Physikatsexamen; im Juli 1881 Habilitation. Im August 1886 kam Lesser nach Breslau. Zunächst als gerichtlicher Stadtphysikus für den Stadtkreis Breslau angestellt, wurde er im Februar 1887 zum außerordentlichen Professor ernannt. Eine planmäßige außerordentliche Professur für gerichtliche Medizin erhielt er schließlich 1901. Aber erst kurz vor seiner Emeritierung (1921) wurde er persönlicher Ordinarius. Adolf Lesser starb 1926 in Breslau. Wissenschaftliche Arbeitsgebiete Lessers waren sowohl die pathologische Anatomie als auch die gerichtliche Medizin. Bereits im Jahre 1884 publizierte er den I. Teil (Vergiftungen) des großen »Atlas der Gerichtlichen Medicin«, 1890 erschien der II. Teil (Verletzungen usw.). In den Jahren 1903 bis 1905 veröffentlichte er seinen vierbändigen stereoskopischen gerichtsärztlichen Atlas. Daneben hat Lesser eine große Anzahl weiterer wissenschaftlicher Arbeiten hinterlassen.
52 Die »RÄO« (Reichsärzteordnung) wurde veröffentlicht im RGBl. I, 1935, S. 1 433 bzw. im 1. Beiheft zum Reichs-Gesundheitsblatt, Jahrgang 1936.
53 Die »Bestallungsordnung für Ärzte« wurde im RGBl. I, 1939, S. 1 275 und 1 824, veröffentlicht und nachfolgend mit vielen »Ergänzungen« ausgestattet.
54 SgS RmL: G-Vo/Schr., o. Bl. (Brief von Prof. Schrader vom 24.8.1943 an die Institutsdirektoren).
55 SgS RmL: G-Vo/Schr., o. Bl. (Brief von Prof. Schrader an die Institutsdirektoren).

Anmerkungen zu Kapitel 3

1 Zitiert nach: Gonella, S. 17.
2 Im »Fall 3«, der sich im Rahmen der von den Amerikanern geführten Nürnberger Prozesse gegen die Hauptkriegsverbrecher mit den Juristen des Nazireiches beschäftigte, wurde Schlegelberger im Dezember 1947 zu lebenslänglichem Zuchthaus verurteilt. Nach seiner Entlassung (1951, auf Initiative der Bundesregierung) bekam Schlegelberger »außer einer

Pensionsnachzahlung von 160 000 Mark (Hitler hatte ihm bereits 1942 zu seiner Pensionierung 100 000 Reichsmark angewiesen), monatlich 2 894 Mark – zu einer Zeit, als ein Facharbeiter rund 400 Mark verdiente« (Müller, I., S. 211).

3 Das in der »Zeitschrift der Akademie für Deutsches Recht« (1934, S. 6) publizierte Pamphlet, dem das Zitat entnommen ist, wurde außer von Goebbels (für die »Reichskulturkammer«), Dr. Wilhelm Heubner (für die »Deutsche Rechtsfront«) und anderen Naziführern auch vom »Führer des Reichsstandes der Deutschen Industrie«, Dr. Krupp von Bohlen und Halbach, unterzeichnet.

4 Diese Forderung erhob Georg Eisser, Professor in Tübingen, der auch für eine Einbeziehung der »Rassen- und Erbkundelehre« in die »Rechtssetzung« eintrat (Eisser 1935, S. 3 f.).

5 Die »Denkschrift« wurde auszugsweise auch in der Zeitschrift »Preußische Justiz« (95:1933, 417–436) veröffentlicht. Zitat: S. 417.

6 Zwischen der Verabschiedung des sog. Ermächtigungsgesetzes (»Gesetz zur Behebung der Not von Volk und Reich vom 24.3.1933») und dem Zusammenbruch der NS-Diktatur am 8. Mai 1945 sind rund 8 000 Gesetze und Verordnungen im Reichsgesetzblatt Teil I verkündet worden. Eine lediglich durch eine Einführung (Ingo von Münch) erläuterte Zusammenstellung von (95) wichtigen »Gesetzen des NS-Staates/Dokumente eines Unrechtssystems« haben Brodersen und v. Münch (1968 bzw. 1982) publiziert.

7 Zitiert nach: Schwarz, O., 1941, S. 17 f.

8 Nullum crimen, nulla poena sine lege (lat.): Kein Vergehen/Verbrechen, keine Strafe ohne Gesetz (d. h., nur das Gesetz bestimmt, ob eine Handlung strafbar ist); nullum crimen sine poena: Kein Vergehen/Verbrechen ohne Strafe.

9 Eine auch formale Aufhebung der »Unabhängigkeit« der Richter erfolgte nach der Hitler-Rede vor dem Reichstag am 26. April 1942 durch einen entsprechenden »Beschluß des Großdeutschen Reichstages« (RGBl. I, Nr. 44/1942, S. 247).

10 So wurde z. B. der der Reichstagsbrandstiftung beschuldigte Marinus van der Lubbe letztlich nach einem Gesetz – im nachhinein zuweilen als »Lex Lubbe« bezeichnet – zum Tode verurteilt, das erst am Tage, nachdem der Reichstag brannte, erlassen wurde und bei gemeingefährlicher Brandstiftung (§ 307 StGB) die Todesstrafe vorsah (vgl. »Verordnung des Reichspräsidenten zum Schutze von Volk und Staat. Vom 28. Februar 1933«, § 5; RGBl. I, Nr. 17/1933, S. 83).

11 Das Wort »Schutzhaft« war die nazistische Bezeichnung für die Verschleppung und Inhaftierung von Menschen in Konzentrationslagern. Zunächst bot die Verordnung des Reichspräsidenten vom 28.2.1933 dafür die »gesetzliche Grundlage«; am 25.1.1938 erließ der RMI neue Bestimmungen, nach denen alle diesbezüglichen Rechte und Weisungsbefugnisse auf die Gestapo übergingen (vgl. Kühnrich 1983, S. 27 f.). Nicht selten wurden Menschen, die nach Verbüßung einer Strafe entlassen wurden, gleich am Tor der Haftanstalt von der Gestapo empfangen und in ein Konzentrationslager gebracht.

12 Obgleich im Laufe des Jahres 1940 ein »Gesetz über die Sterbehilfe bei unheilbar Kranken« formuliert worden war, blieb dieses aus wohldurchdachten Gründen in der Schublade: »Es kam darauf an, die Anstaltstötungen informell zu legitimieren und sie gleichzeitig durch Propaganda und Sprachgebrauch zu einer absolut privaten Angelegenheit werden zu lassen, zu einem umstrittenen ›Problem‹, vor dem jeder mit sich alleine ist. Um sie durchzuführen, durfte es über die ›Sterbehilfe‹ gerade keine öffentliche Auseinandersetzung geben.« (»Aktion T 4«, 1987, S. 89.)

13 »Reichsärzteführer« Dr. Gerhard Wagner (1888–1939) auf dem »Reichsparteitag der Ehre«, Nürnberg 1936.

14 Zitat aus: G. Posner, »Belastet«, S. 26. Hans Frank, Jahrgang 1900, war bereits ab 1920 Rechtsberater der NSDAP, ab 1928 Führer des BNSDJ, später »Reichsrechtsführer« und »Generalgouverneur« im besetzten Polen. Seine umfangreichen Tagebücher wurden 1963 von Piotrowski in Warschau veröffentlicht. Noch »Im Angesicht des Galgens«, d. h. in alliierter Untersuchungshaft, produzierte er eine Art Memoiren, die 1953 in der BRD erschienen. Frank wurde am 16.10.1946 hingerichtet. Sein Sohn Niklas hat den ungezügelten Haß gegenüber seinem Vater wiederholt zum Ausdruck gebracht, z. B. in dem Buch »Der Vater. Eine Abrechnung« (1987).

15 Zitiert nach: Der Sachverständige, Heft 5/1935, S. 75.

16 Zitiert nach: Der Sachverständige, Heft 6/1936, S. 15 f.

17 Verantwortlicher Redakteur der »Aerztlichen Sachverständigen-Zeitung« war über viele Jahre Dr. Friedrich Leppmann; sein Name verschwand bereits im Oktoberheft 1933 aus dem Impressum und wurde durch den des Gewerbehygienikers Baader ersetzt. Im Laufe des Jahres 1933 wurden auch die Namen jüdischer Mitarbeiter der Zeitschrift, die häufig Rezensionen wissenschaftlicher Arbeiten übernommen hatten, wie Fritz und Georg Strassmann, Fritz Juliusberg, Marianne und Friedrich Leppmann, zunächst nur noch mit den Anfangsbuchstaben ausgedruckt, bis von ihnen verfaßte Rezensionen schließlich völlig verschwanden.

18 Die hohen Erwartungen des Berliner Gerichtsarztes Moritz Freiherr von Marenholtz (1879–1955) sind in den folgenden Jahren offenbar sehr rasch gemindert worden (s. Kap. 5).

19 Gemeint ist die Arbeit: Müller-Heß, V.; Wiethold, F.: »Zur Sterilisierung geistig Minderwertiger als kriminalpolitischer Maßnahme«, in: Jahreskurse für ärztliche Fortbildung, Septemberheft 1932.

20 Zitiert nach UA Berlin: PA M 382 (Müller-Heß), Bl. 66.

21 Seine Tätigkeit im Erbgesundheitsgericht erwähnt Böhmer in einem Bericht an den REM über die »gerichtsärztliche Tätigkeit in Düsseldorf« vom 5. Mai 1941 (SgS RmL: zu Böhmer, o. Bl.).

22 Das Gesetz wurde später in das Strafgesetzbuch übernommen (vgl. § 20a: »Gewohnheitsverbrecher« und § 42a-42f: »Maßregeln der Sicherung und Besserung»).

23 Text der »ersten Verordnung zur Ausführung des Gesetzes zur Verhütung erbkranken Nachwuchses vom 5.12.1933« (RGBl. I, S. 1 021).

24 Bei dem hier zitierten Autor Fritz Reuter2 handelt es sich nicht um den Wiener Gerichtsmediziner gleichen Namens, sondern um den 1905 in St.

Wendel/Saargebiet geborenen Nazijuristen Dr. jur. et rer. pol. Fritz Reuter, der sich wiederholt zur Sterilisierungsproblematik äußerte.

25 Vgl. Staemmler, M.: Rassenhygiene im Dritten Reich. Ziel und Weg 2 (1932), 7–22.

26 Nach der Reiterschen Rechnung setzt sich der »Vollwert des lebenden Menschen« aus dessen materiellem, biologischem und kulturellem Wert zusammen. Der »materielle Geburtswert eines erbgesunden Mannes« betrage etwa 29 400 RM, derjenige einer Frau hingegen nur 11 000 RM (geringere Arbeitsleistung usw.). Der biologische Wert könne bei Erbkranken und »Anbrüchigen« bis zum Nullpunkt sinken, und auch ein intelligenter Mensch, »dem aber die Ethik mangelt, besitzt unter Umständen keinerlei positiven Kulturwert« (Reiter 1936, S. 671 ff.).

27 Das Zitat stammt aus einer Mitteilung vom 11./12.3.44, die folgenden Wortlaut hat: »Funk an SS-Hauptsturmführer Blessau, Adjutant Chef XX SS-Hauptamt Berlin-Grunewald, Douglastr. 7/1.(Hier starke Wölfe, Luderplatz vorbereitet, erwarte Ogruf. Berger nächste Woche zur Wolfsjagd. Flugmöglichkeit mit Kuriermaschine bis Minsk, von dort mit Storch nach Usda. 2.) Die von Ostubaf. Otto gewünschten Russinnen werden Montag eingefangen und kommen mit nächsten Urlauber zum Versand. Preis wie in Pelikseewald von Ostuf. Inngruber festgelegt pro Russin 2 Flaschen Schnaps. Dein Oskar Dirlewanger.« (BA-MA: SF-02/31689, o. Bl.)

28 Wie viele andere ist auch dieser Begriff keine Wortschöpfung der Nazis, sondern wurde nach Fichtner (1976, S. 29) zuerst von Binding gebraucht, der jedoch »in seiner Schrift ganz undefiniert vom ›lebensunwerten Leben‹ spricht« und seinerseits, so Fichtner, auf der Schrift von A. Jost »Das Recht auf den Tod« (1895) basiert.

29 Vgl. SgS RmL: Sektionsfall Hentsch (1932).

30 »Amnestie-Beschluß« gemäß »Verordnung des Reichspräsidenten über die Gewährung von Straffreiheit vom 21.3.1933« (vgl. Brodersen und v. Münch 1982, S. 89).

31 Vgl. SgS RmL: Sektionsfall Handwerk (1932; Akte des Instituts für gerichtliche Medizin der Universität Frankfurt/M.).

32 Heinz Kockel (1906–1945): einer der beiden Söhne von Richard Kockel, wurde ebenfalls Gerichtsmediziner, später Amtsarzt in Kamenz und Schwarzenberg.

33 Die als »Köpenicker Blutwoche« in die Geschichte eingegangene Terroraktion begann am 21. Jui 1933; über 90 Nazigegner wurden ermordet.

34 Waldemar Weimann: 1893 in Köln geboren, Reifeprüfung in Berlin-Charlottenburg, ab 1912 Medizinstudium, durch Kriegsdienst unterbrochen, Staatsexamen 1919. Danach Volontärarzt in der Nervenklinik der Charité bei Karl Bonhoeffer, 1920 Promotion. Ab 1921 Assistent an der Nervenklinik in Jena, 1925 Assistent am gerichtsmedizinischen Institut in Berlin, später Oberarzt. Als Müller-Heß das Institut übernahm, ging Weimann 1930 als Gerichtsarzt nach Beuthen. 1933 kehrte er nach Berlin zurück: »Ich habe während der zwölf Jahre des Dritten Reiches das neue ›Institut für gerichtliche Medizin und Kriminalistik der Reichshauptstadt Berlin‹ geleitet, das besonders eng mit der Kriminalpolizei zusammenarbeitete« (Zitat aus Weimanns Buch: »Diagnose Mord«, S. 229). Nach 1945

war Weimann weiterhin als Gerichtsarzt und Sachverständiger tätig, auch z. B. im Verfahren gegen die an der sog. Köpenicker Blutwoche im Jahre 1933 beteiligten ehemaligen SA-Leute. Waldemar Weimann starb 1965. Seine »wissenschaftlichen Arbeiten zeigen übereinstimmend den Charakter der Praxisverbundenheit und der Dokumentation und sind so auch direkt anwendbar, wie man auch seine über Jahrzehnte liebevoll zusammengetragene Bilddokumentation als Vergleichsmaterial z. T. in dem Berliner Bildatlas oder in seinen Aufsätzen im Archiv für Kriminologie mit Erfolg verwenden kann, um einen speziellen Fall richtig einrangieren zu lernen«, schrieb Prokop (1966) in einem Nachruf.

35 Gerhard Hansen: 1910 geboren, Medizinstudium in Göttingen und Hamburg. 1936 Staatsexamen, 1937 Promotion. Zunächst Volontärassistent in Hamburg bei Koopmann, kurzzeitig bei Pietrusky in Bonn, auch in Straßburg. Ab Kriegsbeginn Wehrdienst, bis Ende 1949 in Gefangenschaft (UdSSR). 1954 Habilitation am Berliner Institut für gerichtliche Medizin, 1956 Oberarzt und Ernennung zum kommissarischen Institutsdirektor. Ab Januar 1957 ord. Professor für gerichtliche Medizin und Direktor des Instituts in Jena. 1973 emeritiert, 1978 gestorben. Hansen ist Autor des ersten in der DDR erschienen Lehrbuches für gerichtliche Medizin (1954, 1965) und der mit Herbert Vetterlein erarbeiteten Bücher »Ärztliches Handeln – rechtliche Pflichten in der DDR« und »Sportunfälle«, daneben etwa 45 weitere wissenschaftliche Arbeiten.

36 Der damalige Assistent Bonhoeffers, Jürgen Zutt, räumte später die Möglichkeit ein, daß van der Lubbes apathischer Zustand durch medikamentöse Beeinflussung zustande gekommen sein könnte, und sagte 1966: »Wir haben keine Blutproben gemacht. Wir haben uns auf die Feststellungen anderer Ärzte gestützt.« (Zit. nach: Der Reichstagsbrand, 1972, S. 180.)

37 Todesursache war eine Schußverletzung. Oberfohren gilt als Autor einer Denkschrift über die nationalsozialistische Urheberschaft am Reichstagsbrand (vgl. »Braunbuch I«, 1933, S. 77 ff.).

38 Klausener wurde im Zusammenhang mit der Röhm-Affäre am 30. Juni 1934 von dem SS-Hauptsturmführer Kurt Gildrich erschossen. »Der Selbstmord war gut vorgetäuscht mindestens für ein kriminalistisch nicht geschultes Auge. Der Leichnam wurde nach dem Schauhaus gebracht und dort in einer Leichenzelle unter Verschluß gehalten.« (Adolph 1955, S. 114.)

39 Breiting, »eine der einflußreichsten Persönlichkeiten der deutschen Publizistik anfangs der 30er Jahre« (Der Reichstagsbrand 1972, S. 388), soll belastendes Material über das NS-Regime und insbesondere über den Reichstagsbrand gesammelt haben, um es später zu veröffentlichen (ebenda).

40 Gempp wurde später im sog. Minimax-Prozeß angeklagt und vor Beginn der Berufungsverhandlung erhängt (oder erdrosselt?) in seiner Gefängniszelle gefunden (Der Reichstagsbrand 1972, S. 280).

41 Mitte Mai 1987 fand man bei Dachreparaturen im Institut für gerichtliche Medizin der Humboldt-Universität Berlin ein Aktenbündel, das eine Liste der Kleidungsstücke, die von der Leiche Hanussens geborgen worden waren, enthielt. Sie sollen damals mittels der Diphenylaminschwefelsäu-

reprobe auf Nahschußzeichen untersucht worden sein. Nach Prokop (Sendung des Fernsehens der DDR am 19. Oktober 1987) sei die Probe am Kragen positiv verlaufen, was einen Nahschuß und damit einen politischen Mord durch die Nationalsozialisten wahrscheinlich mache. Hinweise dafür, daß Hanussens Leiche im Berliner Institut untersucht worden sei, gäbe es nicht.

Anmerkungen zu Kapitel 4

1 In der Fassung vom 1. Februar 1877 lautete der § 87 StPO: »Die richterliche Leichenschau wird unter Zuziehung eines Arztes, die Leichenöffnung im Beisein des Richters von zwei Aerzten, unter welchen sich ein Gerichtsarzt befinden muss, vorgenommen. Demjenigen Arzte, welcher den Verstorbenen in der dem Tode unmittelbar vorausgegangenen Krankheit behandelt hat, ist die Leichenöffnung nicht zu übertragen. Derselbe kann jedoch aufgefordert werden, der Leichenöffnung anzuwohnen, um aus der Krankheitsgeschichte Aufschlüsse zu geben.«

2 Grundlage war für Preußen die Prüfungsordnung vom 30. März 1901, im Königreich Sachsen wurden »staatsärztliche Prüfungen« gemäß einer »Verordnung des Ministers des Innern vom 16. März 1896« durchgeführt.

3 Zitiert nach Vjschr. gerichtl. Med. öfftl. Sanitätsw., 3. F., XLVIl. Bd., Jg. 1914, S. 453 ff.

4 Ab 1934: »Prüfungsausschuß für Kreisärzte im Landesgesundheitsrat in Berlin«. In anderen Teilstaaten Deutschlands waren ähnliche Prüfungsgremien tätig.

5 Zitiert nach Schulte 1973, S. 38 ff.

6 Ebenda.

7 Wilhelm Pfannenstiel, geboren 1890, wurde 1931 auf den Marburger Lehrstuhl für Hygiene berufen. Er begrüßte die Sterilisierungsgesetze der Nazis und wurde schon 1933 Mitglied der NSDAP, seit Januar 1937 war er Untersturmführer der SS. Seine Benennung als Blutgruppensachverständiger wurde wegen mehrerer Fehlgutachten zeitweilig außer Kraft gesetzt (vgl. BA.: 49.01-969, Bl. 223 f.).

8 Zahlenangabe nach Schulte (1973). Laut BA (49.01-1993, Bl. 163) wurden 1935 am Marburger Institut 28 Sektionen durchgeführt.

9 Popielski (1938, S. 3) gibt die Zahl der jährlich unter Buhtz' Leitung am Jenaer Institut durchgeführten Sektionen mit 300–400 an; ein Drittel davon seien gerichtliche Sektionen gewesen.

10 Vgl. BA.: Rep 76 VIII B Nr. 260, Bl. 318, 386, 443.

11 Dtsch. Ärzteblatt 63 (1933), 395.

12 Elfriede Paul hat einen solchen Kurs, »der im wesentlichen nur die gesetzlichen Grundlagen des faschistischen Gesundheitswesens vermittelte«, besucht und in ihren Memoiren darüber berichtet (vgl. Paul, Elfriede, 1981, S. 74 f.).

13 Vgl. Dtsch. Ärzteblatt 63 (1933), S. 304.

14 Ebenda, S. 396.

15 Zitiert nach »Runderlaß des Reichs- und Preußischen Ministers des Innern vom 2. Juli 1935«, in: BA: 49.09-939, Bl. 2.
16 Zitiert nach BA.: 49.01-939, Bl. 4.
17 SgS RML: Marenholtz, o. Bl.
18 Zitiert nach BA.: 49.01-943, Bl. 377 (»Entwurf zur Neuregelung des gerichtsärztlichen Dienstes« von Gerhard Buhtz, Breslau, 6. Juli 1940).
19 BA.: 49.01-943, Bl. 32–35.
20 Arthur Gütt, geboren 1891, Medizinstudium, 1923 Kreisarztexamen. Bereits in den zwanziger Jahren aktiv in der Nazibewegung tätig, wurde Gütt einer der exponierten Vertreter der nazistischen Gesundheitspolitik (u. a. Ministerialdirektor und Leiter der Abteilung Volksgesundheit im Innenministerium, Präsident der Staatsakademie des öffentlichen Gesundheitsdienstes, SS-Brigadeführer usw.). 1949 gestorben (Suizid).
21 Vgl. BA.: 49.01-943, Bl. 68–75.
22 Ebenda, Bl. 102–118.
23 Ebenda, Bl. 180–181.
24 Ebenda, Bl. 183.
25 Ebenda, Bl. 212–215.
26 Ebenda, Bl. 262–266. Leonardo Conti, 1900 geboren, war bereits als Student in der nazistischen Bewegung tätig und wurde 1930 Leiter des NS-Ärztebundes (NSDÄB), 1933 Kommissar im preußischen Innenministerium und Ministerialrat. Zunächst »Reichsgesundheitsführer« und nach dem Tode von Gerhard Wagner auch »Reichsärzteführer«. Mit Kriegsbeginn Staatssekretär im Reichsinnenministerium. 1945 festgenommen, suizidierte sich Conti noch vor Beginn eines Prozesses.
27 Ebenda, Bl. 318–321.
28 Ebenda, Bl. 364, 365 und 409–411.

Anmerkungen zu Kapitel 5

1 Zahlenangaben nach Prokoph, W. (1967).
2 Die erste Erhebung (im folgenden: Erhebung '28) wurde am 14. Juni 1928 vom »Preußischen Minister für Wissenschaft, Kunst und Volksbildung« durchgeführt; das an die Universitätskuratoren und den Verwaltungsdirektor der Berliner Universität gerichtete Schreiben (BA.: Rep. 76 Va Sekt.1 Tit. VII Nr. 47, Bl. 301a) hatte folgenden Wortlaut:
»Zur Vorbereitung der nächstjährigen Haushaltsanmeldungen ist eine Nachprüfung des Personalbestandes und des Arbeitsumfanges der Institute für gerichtliche und soziale Medizin (Gerichtsärztliche Institute) erforderlich. Ich ersuche daher, mir mit größter Beschleunigung, spätestens binnen 14 Tagen, eine Nachweisung vorzunehmen, in welcher aufzuführen sind 1. Direktoren, 2. planmäßige Assistenten, 3. außerplanmäßige Assistenten, 4. wissenschaftliche Hilfskräfte, 5. Schreibhilfen, 6. Institutsgehilfen und 7. sonstige Hilfskräfte, zu 2–7 unter Angabe der ihnen im einzelnen obliegenden Tätigkeiten, 8. Geschäftsumfang (Zahl der Obduktionen, Zahl und Bedeutung der beantragten Untersuchungen, Benu-

tzung des Instituts durch Studierende, Doktoranden pp., Zahl der abgehaltenen praktischen Kurse, Inanspruchnahme durch Gericht und Polizei, etwaige gerichtsärztliche und Sachverständigentätigkeit des Direktors oder der Assistenten usw.). Ferner ersuche ich um Angabe, wie viele Studierende Vorlesungen über gerichtliche Medizin pp. in den letzten beiden abgelaufenen und in dem gegenwärtigen Semester belegt haben, wie viele an praktischen Kursen im Gerichtsärztlichen Institut teilgenommen haben bzw. teilnehmen, ob bereits Prüfungen stattgefunden haben und gegebenenfalls wie viele Studierende in den beiden letzten Semestern geprüft worden sind. Im Auftrage (Unterschrift: Rottenburg).«
Die zweite Erhebung (im folgenden: Erhebung '39) vom 27. September 1939 veranlaßte der »Reichsminister für Wissenschaft, Erziehung und Volksbildung« nach Kriegsbeginn (BA.: 49.01-945, Bl. 316); das Schreiben an die entsprechenden Universitätsdienststellen lautet:
»Es bestehen keine Bedenken dagegen, daß die gerichtlich medizinischen Institute der Universitäten ihren Betrieb insoweit fortsetzen, als dies zur Erfüllung ihrer Aufgaben für die Gerichte, Kriegsgerichte und sonstige weiter arbeitende Behörden erforderlich ist. Zurückstellungsanträge sind aus diesem Anlaß nicht zu stellen. Ich ersuche um alsbaldigen Bericht über die derzeitige personelle Besetzung der Institute. Im Auftrage gez. Mentzel.«

3 Vgl. Erhebung '28, Bl. 302, 303.

4 Elisabeth Nau, geboren 1900 in Köln, studierte von 1920 bis 1925 Medizin und Philosophie in Bonn und Freiburg/Br. und war ab 1926 Assistentin am Institut für gerichtliche Medizin in Bonn; ging 1930 mit Müller-Heß nach Berlin. 1932 Kreisarztexamen; 1940 Habilitation; 1941 Dozentur. 1946 bei der Neueröffnung der Berliner Universität zum Professor mit Lehrauftrag ernannt, später Professorin für gerichtliche Medizin an der Westberliner Universität. 1975 in Berlin (West) verstorben.

5 Vgl. Erhebung '39, Bl. 338.

6 Walter Neugebauer, 1906 geboren, studierte nach der Reifeprüfung ab 1924 an der Deutschen Universität Prag Medizin und arbeitete von 1930 bis 1959 am gerichtsmedizinischen Institut der genannten Universität. 1958 Habilitation. Nach kurzzeitiger psychiatrischer Tätigkeit und Militärdienst Oberarzt am Berliner gerichtsmedizinischen Universitätsinstitut, seit 1945 zeitweilig vertretungsweise in Greifswald tätig. 1946 vom Dienst suspendiert, ging Neugebauer 1947 nach Karlsruhe. 1974 verstorben.

7 Zitiert nach UA Berlin.: M 382 (PA Müller-Heß), Bd. 4; Lebenslauf vom 27.6.1945.

8 Vgl. Erhebung '28, Bl. 304a-306.

9 Walter Paulus, geboren 1907 in München, studierte Pharmazie und promovierte 1955 zum Dr. phil. Nach dreijähriger Tätigkeit in der pharmazeutischen Industrie ab Oktober 1938 wissenschaftlicher Assistent am Bonner Institut für gerichtliche Medizin. 1944 Habilitation. 1951 a. o. Professor, 1952 wissenschaftlicher Rat und ab 1968 Abteilungsvorsteher der forensischen Toxikologie am Bonner Institut. 1972 Pensionierung. 1978 verstorben.

10 Vgl. Erhebung '39, Bl. 339.

11 Heinrich Saar, 1907 in Nürnberg geboren, studierte Medizin und wurde nach dem Staatsexamen 1932 Assistent in der Pathologie, bis er 1937 an das Bonner Institut für gerichtliche Medizin kam. Habilitation 1941; nach dem Weggang Pietruskys leitete Saar kommissarisch das Bonner Institut. 1944 als ordentlicher Professor auf den Freiburger Lehrstuhl berufen, das dortige Institut wurde jedoch durch Luftangriffe zerstört. Im Januar 1946 mit der Leitung des Erlanger Instituts beauftragt, wurde Saar von der amerikanischen Militärregierung im Februar 1947 entlassen. Nach Assistententätigkeit in Münster ab September 1950 als a. o. Professor nach Würzburg berufen; 1955 Ordinarius. Saar verstarb 1961.

12 Adolf Lesser: am 22.5.1851 in Stargard als Sohn eines Arztes geboren. Medizinstudium in Berlin; 1874 medizinisches Staatsexamen, Promotion am 12.6.1875. Danach Assistent am Pathologischen Institut in Berlin unter Virchow; vom 1.7.1876 bis 1.4.1884 Assistent Limans am Berliner Institut für Staatsarzneikunde, daneben ab September 1879 (bis August 1886) Arzt der Klinnsmannschen Irrenanstalt in Berlin. 1879 Physikatsexamen; im Juli 1881 Habilitation. Im August des Jahres 1886 kam Lesser nach Breslau. Zunächst als gerichtlicher Stadtphysikus für den Stadtkreis Breslau angestellt, wurde er schon im Oktober Privatdozent an der dortigen medizinischen Fakultät und im Februar 1887 zum außerordentlichen Professor ernannt. Eine planmäßige außerordentliche Professur für gerichtliche Medizin erhielt er schließlich 1901. Kurz vor seiner Emeritierung – im Jahre 1921 – wurde Lesser persönlicher Ordinarius. Starb am 6.7.1926 in Breslau.

Wissenschaftliche Arbeitsgebiete Lessers waren sowohl die pathologische Anatomie als auch die gerichtliche Medizin. Bereits im Jahre 1884 publizierte er den I. Teil (Vergiftungen) des großen »Atlas der Gerichtlichen Medicin«, 1890 erschien der II. Teil (Verletzungen usw.). In den Jahren 1903 bis 1905 veröffentlichte er seinen vierbändigen stereoskopischen gerichtsärztlichen Atlas. Daneben hat Lesser eine große Anzahl weiterer wissenschaftlicher Arbeiten hinterlassen. Mit Ipsen, Kratter, Puppe, Strassmann und Ungar war Lesser einer der Initiatoren zur Gründung der »Gesellschaft für gerichtliche Medizin« im Jahre 1904 (vgl. Fischer, H.: Adolf Lesser. DZ 8 (1926), I-IV; Winniger, S.: Große Jüdische National-Biographie. Cernăuti: Buchdruckerei »Arta«, o. J. - Bd. 4, S. 55).

13 Vgl. Erhebung '28, Bl. 308–312.

14 Zahlenangaben nach dem im »Zaklad Medycyny Sadowej AM« in Wrocław befindlichen Obduktionsjournal aus der Zeit des II. Weltkrieges.

15 Werner Beck, geboren am 16. Mai 1910 in Riesa als Sohn eines Pfarrers, studierte nach bestandener Reifeprüfung ab 1929 an den Universitäten Leipzig und Freiburg/Br. Medizin. Nach der ärztlichen Staatsprüfung in Leipzig Praktikantentätigkeit in Leipzig, in Kiel und Breslau; Approbation am 15.12.1935. Promotion 1936 in Breslau. Später am Breslauer gerichtsmedizinischen Institut tätig, wurde Beck nach der Besetzung Polens Leiter des »Staatlichen Institutes für gerichtliche Medizin und Kriminalistik« in Krakau, der »Hauptstadt« des sog. Generalgouvernements (s. Kap. 4) Seit Anfang der 50er Jahre leitete Beck in Aachen ein Blutalkohollaboratorium und führte bis zur Auflösung der Bezirksprosekturen auch gericht-

liche Leichenöffnungen durch. Im Mitgliederverzeichnis der »Deutschen Gesellschaft für Rechtsmedizin« wurde Beck später als »Inst.-Dir. a. D.« geführt. 1989 gestorben.

16 Eberhard Lommer, geboren 1915, war längere Zeit Assistent am Breslauer Institut für gerichtliche Medizin. Nach Kriegsende ließ er sich in Köln nieder, war hier zuletzt Städtischer Obermedizinalrat und Facharzt für Laboratoriumsdiagnostik. 1985 verstorben.

17 Vgl. Erhebung '39, Bl. 353.

18 Heinz Cortain, 1908 in Wanne-Eickel geboren, studierte nach der Reifeprüfung (1930) in Münster und Köln Medizin und legte 1938 die medizinische Staatsprüfung ab. Nach Tätigkeit in der Pathologie, inneren Medizin und Psychiatrie Assistent an den gerichtsmedizinischen Instituten in Breslau und Danzig; während des Krieges zeitweilig »Hilfsarzt« beim »Beratenden Gerichtsmediziner beim Heeresgruppenarzt Nord« (Berthold Mueller) bzw. direkt als »Beratender« tätig. Nach dem Kriege Gerichtsarzt in Essen (Medizinal-Direktor und bis 1973 Leiter der gerichtsärztlichen Untersuchungsstelle). Am 19. Mai 1980 verstorben.

19 Reinhold Winter, geboren 1890, ließ sich nach Medizinstudium und ärztlichem Dienst im I. Weltkrieg 1918 als praktischer Arzt in Frankfurt/O. nieder; beschäftigte sich seit 1924 mit der öffentlichen Ausübung der gerichtlichen Medizin. 1941 Amtsarztexamen. Seit 1940 zum Heeresdienst eingezogen, arbeitete Winter zeitweilig am Breslauer Institut. 1943 Habilitationsschrift (»Die Lehre vom Kindsmord in der deutschen Gerichtsmedizin des 18. Jahrhunderts«).

20 Zitiert nach Erhebung '39, Bl. 360.

21 Vgl. BA.: 49.01-969, Bl. 347.

22 Vgl. Erhebung '39, Bl. 345.

23 Adolf Schüle: Geboren 1866. Medizinstudium in Freiburg, Straßburg und Heidelberg, 1891 Staatsprüfung; danach Fortbildung in Wien. Assistent an der Nervenklinik in Berlin und an den medizinischen Kliniken in Heidelberg und in Freiburg/Br. 1895 Privatdozent für innere Medizin. 1898 Oberarzt am Krankenhaus in Karlsruhe. Am 13.12.1900 Ernennung zum a.o. Professor; ab 1903 Übernahme des Unterrichts in gerichtlicher Medizin an der Universität Freiburg. Am 23.11.1906 unico loco zum planmäßigen a.o. Professor der gerichtlichen Medizin vorgeschlagen, erfolgte 1907 die Bestätigung. Von 1903 bis 1933 las Schüle die gerichtliche Medizin für Mediziner und Juristen an der Freiburger Universität. 1935 emeritiert. Adolf Schüle starb 1937 in Freiburg/Br. Von der Ausbildung her Internist, war Schüle literarisch auf gerichtsmedizinischem Gebiet nur in bescheidenem Umfang tätig.

24 Paul Stolper, geboren 1865, wurde nach dem Studium der Medizin und Assistententätigkeit in der Pathologie als Chirurg in Breslau tätig, habilitierte sich jedoch 1902 für gerichtliche Medizin und wurde 1903 Kreisarzt in Göttingen. Seine Ernennung zum a. o. Professor für gerichtliche Medizin an der Universität Göttingen erfolgte 1904; Stolper starb bereits 1906.

25 Zitiert nach Erhebung '28, Bl. 314.

26 Rudolf Manz, geboren am 9. März 1908, war nach dem Medizinstudium für dreieinhalb Jahre in der Pathologie und in der Serologie am

Schwabinger Krankenhaus in München tätig und danach vom 1.4.1938 bis 31.3.1939 in Greifswald angestellt. In den folgenden Jahren war er Assistent bei Jungmichel in Göttingen. 1960 übernahm Manz die Nachfolge von Kurt Böhmer in Düsseldorf. 1974 emeritiert.

27 Der Titel der Dissertation von Kurt Sauer lautete ursprünglich: »Die Geschichte der Lehrtätigkeit für gerichtliche Medizin an der Universität Göttingen seit deren Bestehen bis heute (1950)«. Er wurde später handschriftlich abgewandelt (»... bis zum Jahre 1934«) und die Seiten 208 bis 216 sowie 231 bis 233 (auf denen Informationen z. B. über Mueller, Schneider, Jungmichel und Manz zu erwarten wären) herausgetrennt. In anderen Publikationen (z. B. Spiess 1973, Nr. 38 des Literaturverzeichnisses) ist Sauers Arbeit mit dem »neuen« Titel angegeben.

28 Zitiert nach Erhebung '28, Bl. 317.

29 Curt Goroncy: Geboren 1896 in Osterode/Ostpr. als Sohn eines Kaufmannes. Besuch des humanistischen Gymnasiums in der Heimatstadt, ab Frühjahr 1914 Medizinstudium in Königsberg/Pr. Während des I. Weltkrieges Feldunterarzt, im März 1919 medizinisches Staatsexamen, 1920 Approbation als Arzt und Promotion zum Dr. med. in Königsberg. 1921 Assistent am Institut für gerichtliche Medizin der Universität Königsberg. Im Mai 1924 preußisches Kreisarztexamen, 1925 Habilitation. Zunächst unter Puppe Assistent, später unter Nippe 1. Assistent am Königsberger Institut, erhielt Goroncy im Herbst 1934 einen Ruf an den Lehrstuhl für gerichtliche Medizin der Universität Greifswald. Schon vor Beginn des II. Weltkrieges litt Goroncy offenbar an einer Alkoholkrankheit, die, kompliziert durch eine »persönliche Angelegenheit«, ihm die ordnungsgemäße Durchführung seiner dienstlichen Obliegenheiten zunehmend erschwerte. Ablösung von der Funktion des Lehrstuhlinhabers und des Institutsdirektors durch Versetzung in den Ruhestand im Frühjahr 1944. Nach Kriegsende war Goroncy zeitweilig als praktischer Arzt tätig; er starb 1952 in Greifswald. Kurt Goroncy publizierte Arbeiten zu verschiedenen Themen der gerichtlichen Medizin, bis 1933 erschienen etwa 34 Veröffentlichungen unter seinem Namen.

30 Zitiert nach Kaiser, W.; Simon, A., 1978, S. 56.

31 Vgl. Erhebung '39, Bl. 340.

32 Joachim Camerer, geboren 1910 in München, studierte dort von 1930 bis 1935 Medizin und wurde nach der Medizinalpraktikantenzeit zweiter Assistent am gerichtsmedizinischen Institut in München. Ab Oktober 1939 als »Heerespathologe« tätig; Ende 1942 erhielt Camerer einen »Habilitationsurlaub«, den er am Halleschen Institut für gerichtliche Medizin absolvierte.

33 Gerhard Rooks, geboren 1901 in Wenden (Lettland), studierte Medizin in Dorpat (Tartu) und war anschließend Assistent am dortigen gerichtsmedizinischen Institut sowie ab 1929 Gerichtsarzt für Stadt und Kreis Dorpat. 1932 Habilitation, ab 1934 Dozent für gerichtliche Medizin und Leiter des Instituts für gerichtliche Medizin in Dorpat; 1937 Professor. 1944 verließ Rooks Estland und wurde am Halleschen Institut für gerichtliche Medizin angestellt, dessen Leitung er nach dem Ausscheiden Schraders (1945) übernahm. Am 1. Januar 1947 zum Ordinarius des Instituts für gerichtli-

che Medizin Halle berufen, verließ Rooks schon Anfang August, wahrscheinlich hauptsächlich aus persönlichen Gründen (Tod der Tochter, Krankheit der Ehefrau), Halle und ging nach Tartu zurück. Hier war er am Institut für Anatomie tätig, 1954 Dozent, ein Jahr später Leiter des lehrstuhls für Anatomie.1964 pensioniert. Autor eines Lehrbuches »Anatomie des Menschen«. 1975 in Tallin gestorben.

34 Hans Koopmann: geboren 13.8.1885 im Krs. Steinburg. Nach Medizinstudium und Fachausbildildung ab 1923 Prosektor am Hafenkrankenhaus in Hamburg; am 1. April 1928 zum Gerichtsphysikus in Hamburg berufen. In den dreißiger Jahren vertrat Koopmann als Dozent (Venia legendi 1934) an der Universität Hamburg die gerichtliche Medizin. 1935 lehnt Koopmannn jede weitere Lehrtätigkeit an der Universität ab, wohl auf Grund seiner unklaren Stellung. Obwohl Dr. Koopmann der Wunschkandidat der Hamburger Universität für die Besetzung einer ordentlichen Professur der gerichtlichen Medizin war, unterblieb seine Ernennung.Als Examensrepetitorium publizierte er einen kleinen »Abriß der gerichtlichen und sozialen Medizin« (1939).

35 Zitiert nach SgS RmL: B-KO, Bl. 4 (Brief Koopmanns an Buhtz vom 24.1.1939).

36 Zitiert nach Ahnemann, I.-M., 1983, S. 98.

37 Zitiert nach SgS RmL: B-KO, Bl. 2 (Brief von Buhtz an Schrader, Mueller und Pietrusky vom 1.6.1938).

38 Zitiert nach Erhebung '39, Bl. 350.

39 Zitiert nach SgS RmL: B-KO, Bl. 3 (Schreiben von Buhtz an den Dekan der Hamburger medizinischen Fakultät vom 14.6.1938).

40 Erich Fritz: geboren am 2.2.1899 in Hötting bei Innsbruck. Nach Schulbesuch und Medizinstudium 1925 Staatsexamen und Promotion. Vom 1.8.1925 bis 31.7.1936 Assistent am Institut für gerichtliche Medizin der Universität Innsbruck. 1935 Habilitation. 1937 ging Fritz an das von Merkel geleitete Institut für gerichtliche Medizin in München und war hier in den folgenden Jahren als Dozent für gerichtliche Medizin tätig. Anfang des Jahres 1942 erfolgte seine Berufung als ordentlicher Professor für gerichtliche Medizin an die Universität Hamburg. In den folgenden 25 Jahren war Fritz zugleich Direktor des Instituts für gerichtliche Medizin an der Hamburger Universität. Im Jahre 1967 wurde Erich Fritz emeritiert. Erich Fritz starb am 28.12.1989 in Hamburg. Die wissenschaftlichen Publikationen von Erich Fritz befassen sich vorwiegend mit gerichtsmedizinischen Aspekten bei der Untersuchung von Schußverletzungen, daneben zahlreiche Kasuistiken und Arbeiten zu pathologisch-anatomischen Problemen. In seinen Hamburger Amtsjahren bearbeitete Fritz auch serologische Themen. (vgl. Ludwig, Hannelore, 1972, S. 85–89; BA.: 49.01-2105: o. Bl.).

41 Vgl. Erhebung '39, Bl. 354.

42 Zitiert nach UA Jena: D 2906 (PA Timm), Bl. 13–15 (die Berufungsverhandlungen von Timm betreffend).

43 Vgl. Erhebung '28, Bl. 325–326.

44 Zitiert nach Erhebung '39, Bl. 325–326.

45 Vgl. Erhebung '28, Bl. 328-329.

46 Zitiert nach BA.: 49.01-1890, Bl. 282 (das Institut für gerichtliche und soziale Medizin an der Universität Königsberg betreffend).

47 Zitiert nach Erhebung '39, Bl. 343.

48 Fritz Hausbrandt, 1906 in Triest geboren, studierte in Graz Medizin und wurde 1930 promoviert. Anschließend bis 1934 am pathologischen Institut in Graz tätig und nachfolgend in der Dermatologie und inneren Medizin. Gegen Ende der dreißiger Jahre kam Hausbrandt an das Königsberger Institut für gerichtliche und soziale Medizin, wo er habilitierte und zum Dozenten ernannt wurde. Im Sommersemester 1944 übertrug man ihm die Vertretung des erkrankten von Neureiter in Straßburg. Nach dem II. Weltkrieg klinisch tätiger Arzt in Bozen.

49 Zitiert nach Erhebung '39, Bl. 352.

50 Zitiert nach Erhebung '28, Bl. 331.

51 Max Richter: 1867 in Prag geboren, wurde nach dem Medizinstudium 1894 Assistent am Institut für gerichtliche Medizin in Wien. 1907 a. o. Professor für gerichtliche Medizin; ab 1909 in München als Professor für gerichtliche Medizin und Landgerichtsarzt tätig. 1914 in den Ruhestand versetzt, ließ sich Richter als praktischer Arzt in Bad Reichenhall nieder. 1932 verstorben.

52 Zitiert nach Erhebung '39, Bl. 359.

53 Zitiert nach Erhebung '28, Bl. 332–334.

54 Rudolf Koch: 1909 in Berlin geboren, studierte bis 1934 Medizin und war ab 1935 Assistent an dem von Többen geleiteten Institut für gerichtliche Medizin an der Universität Münster. 1940 Habilitation (»Über Sittlichkeitsverbrecher«). Ab 1943 Kriegsdienst und bis Ende Juli 1945 amerikanische Gefangenschaft. 1947 nach Halle berufen; 1950 ordentlicher Professor. Ende 1958 verließ Koch die DDR und arbeitete als Landgerichtsarzt und Oberregierungsmedizinalrat in Coburg. 1963 verstorben (Suizid).

55 Zitiert nach: Meyers Konversations-Lexikon. 3. Aufl., Bd. 13, S. 811. Leipzig: Verlag des Bibliographischen Instituts, 1878.

56 Carl Dugge: geboren 1867 in Bützow. »Am 1.5.1917 bekam er den Titel ›Professor‹ vom Großherzog verliehen. Am 27.10.1925 gibt der Privatdozent Prof. Dr. Dugge die venia legendi zurück, ›amtsärztliche Geschäfte zwingen ihn dazu.‹ 1926 aus der Medizinischen Fakultät ausgeschieden. 1941 erhielt er von der Universität noch Glückwünsche anläßlich des goldenen Doktor-Jubiläums übersandt.« »Lt. Kirchenbuchabschrift der St. Jakobigemeinde 1945, Verzeichnis der kirchlich Begrabenen Nr. 25, [verstarb] Dugge im 77. Lebensjahr am 26. März 1945« Carl Dugge gehörte zu denjenigen Gerichtsärzten, die bereits am 1.5.1905 im »Mitgliederverzeichnis der Deutschen Gesellschaft für gerichtliche Medizin« aufgeführt werden. Als Kreisarzt von Rostock war er über viele Jahre Schriftführer bei den Versammlungen des »Mecklenburgischen Medizinalbeamten-Vereins«. (Angaben lt. Stadt- bzw. Universitätsarchiv Rostock.)

57 So erschien z. B. im Jahre 1937 »Aus dem Institut für gerichtliche und soziale Medizin der Universität Rostock – Direktor: Prof. Dr. Fischer« von Joachim Vesper »Eine gerichtsmedizinische Betrachtung zum Strafgesetz-Entwurf« (Düsseldorf: Dissertations-Verlag G. H. Nolte, 1937).

58 Zitiert nach Erhebung '39, Bl. 356.
59 Wolfgang Dürwald: geboren 1924 in Hagen/Westf., studierte von 1942 bis 1949 Medizin in Jena, seit 1951 Gerichtsmediziner in Jena, dann in Berlin, später in Rostock und Leipzig Professor für gerichtliche Medizin und Institutsdirektor. 1989 emeritiert. Autor mehrerer Fachbücher.
60 Hermann Stoll, 1866 geboren, kam nach Medizinstudium und Tätigkeit in verschiedenen medizinischen Disziplinen als Oberamtswundarzt bzw. Vertreter des Oberamtsarztes mit gerichtsmedizinischen Problemen in Kontakt und wurde 1908 von der Tübinger Universität als Vertreter der gerichtlichen Medizin ausgewählt. Hospitationen bei Fritz Strassmann (Berlin); 1912 Habilitation über den forensischen Giftnachweis. Stoll fiel 1915 im I. Weltkrieg.
61 Zitiert nach Erhebung '39, Bl. 348.
62 Hans Klein, 1912 geboren, arbeitete nach dem Medizinstudium bis 1945 in der Pathologie und kam 1946 an das Institut für gerichtliche Medizin in Heidelberg. Nach seiner Habilitation wurde Klein nach Jena berufen, schlug die Berufung jedoch aus und blieb, später zum Professor ernannt, in Heidelberg. 1984 verstorben.
63 Julius Stumpf, 1856 geboren, war nach dem Medizinstudium als praktischer Arzt tätig. 1885 Physikatsprüfung; stellvertretender Bezirksarzt in Werneck. 1899 Lehrauftrag für gerichtliche Medizin in Würzburg; nach Habilitation a. o. Professor. 1924 ordentlicher Professor, ein Jahr später emeritiert. 1932 verstorben.
64 Oswald Huber, 1908 geboren, studierte in Wien und Innsbruck Medizin und war von 1936 bis zum Antritt des Wehrdienstes (1940) Assistent am Würzburger gerichtsmedizinischen Institut. Ab 1941 an der Militärärztlichen Akademie in Berlin. 1942 Habilitation. 1944 Assistent beim »Beratenden Gerichtsmediziner« an der Front in Frankreich. Am 10.8.1945 aus dem öffentlichen Dienst entlassen. Mehrere Jahre praktischer Arzt in Tirol; ab Ende 1955 Assistent am Institut für gerichtliche Medizin in Münster, später Dozent, ab 1968 a. o. Professor und Leiter der Abteilung für Verkehrsmedizin am Institut für gerichtliche Medizin in Münster.
65 Vgl. Erhebung '39, Bl. 348.
66 »Zu unserem Bedauern ist das Institut für gerichtliche Medizin und Kriminalistik im Robert-Koch-Krankenhaus bei den letzten Terrorangriffen auf Berlin ... restlos zerstört worden. ... Das Institut ist jetzt nach dem Gesundheitsamt Pankow vorläufig verlegt worden. ... Adresse: Berlin-Pankow, Grunowstr.8/11 ...«, heißt es in einem Brief Weimanns vom 13.12.43 an das Leipziger Institut für gerichtliche Medizin (SgS RmL: E1/1828).
67 Zitiert nach SgS RmL: B-SZ, Bl. 4-6 (Gesuch von Alex Schackwitz vom 15.7.1937).
68 Zitiert nach SgS RmL: B-WN, Bl. 1 (Brief Weimanns an Buhtz vom 2.1.1938).
69 Rolf Niedenthal, geboren 1904, studierte ab 1924 in Heidelberg Medizin; 1929 Staatsexamen. Danach in medizinischen und psychiatrischen Kliniken tätig. 1933 Kreisarztexamen, danach Landgerichtsarzt und ab Juni 1939 Gerichtsarzt und Magistratsmedizinalrat am Hauptgesundheitsamt Berlin. Kriegsdienst; 1943 am Institut für wehrgerichtliche Medizin. 1944

Habilitation. Nach dem II. Weltkrieg wegen der Mitgliedschaft in faschistischen Organisationen zeitweilig vom Dienst suspendiert; später wieder in Berlin (West) als Medizinaldirektor tätig.

70 Zitiert nach BA.: 49.01-943, Bl. 332.

71 Vgl. MMW 80 (1933), 446.

72 Max Schwellnus, geboren 1889, studierte in Königsberg Medizin und erhielt im Juni 1914 seine Approbation. Anschließend Militärarzt und nach Kriegsende bis 1921 Assistent am gerichtsmedizinischen Institut in Königsberg. 1921 Kreisarztexamen; anschließend bis 1931 kreisärztliche Tätigkeit. Von 1931 bis 1935 Gerichtsarzt in Altona und ab 1935 Leiter der gerichtsärztlichen Abteilung des Gesundheitsamtes der Stadt Köln; 1942 Lehrauftrag für gerichtliche Medizin an der Universität Köln. 1957 pensioniert. 1968 verstorben.

73 Karl Berg, geboren 1868, studierte in Greifswald und Königsberg Medizin und kam 1905 als Gerichtsarzt nach Essen und ein Jahr später nach Düsseldorf, wo er mit dem Lehrstuhl der gerichtlichen Medizin an der Medizinischen Akademie betraut wurde. Seit 1925 a. o. Professor. 1936 verstorben.

74 Zitiert nach SgS RmL: B-BÖ, Bl. 12, 13, 21 (Brief Böhmers an den REM vom 5.5.1941).

75 Zitiert nach: Der Jungarzt, 4. Folge, Heft 12 (Mai 1935), S. 150.

76 Vgl. »Deutschland im zweiten Weltkrieg«, Bd. l (1975), S. 470.

77 Vgl. Greiser in: Die Gründung der Reichsuniversität Posen ... Reden bei dem Staatsakt zur Eröffnung am 27. April 1941. Hrsg. von der Reichsuniversität Posen, 1942, S. 14 f.

78 Zitiert nach BA.: 49.01-688, Bl. 4.

79 Zitiert nach: Deutsche Justiz 101 (1939), 1622.

80 Möglicherweise befanden sich im »Haus der medizinischen Institute« auch Diensträume des sog. Krebsforschungsinstitutes, das 1943/44 in Posen-Nesselstedt entstand und »gegen Ende des Krieges zu einem Ort brutalster Menschenversuche geworden sein muß« (Aly 1987, S. 51).

81 August Hirt (1898 geboren, 1945 Suizid) schrieb in einem Bericht für Himmler: »Nahezu von allen Rassen und Völkern sind umfangreiche Schädelsammlungen vorhanden. Nur von den Juden stehen der Wissenschaft so wenig Schädel zur Verfügung, daß ihre Bearbeitung keine gesicherten Ergebnisse zuläßt. Der Krieg im Osten bietet uns jetzt Gelegenheit, diesem Mangel abzuhelfen. In den jüdisch-bolschewistischen Kommissaren, die ein widerliches aber charakteristisches Untermenschentum verkörpern, haben wir die Möglichkeit, ein greifbares wissenschaftliches Dokument zu erwerben, indem wir uns ihre Schädel sichern. ... Für die Aufbewahrung und die Erforschung des so gewonnenen Schädelmaterials wäre die neue Reichsuniversität Straßburg ihrer Bestimmung und ihrer Aufgabe gemäß die geeignetste Stätte. ...« (zit. nach Kaul 1968, S. 1 467).

82 Vgl. Med. Klinik 1 (1946), 16.

83 Vgl. BA.: 49.01-2148, Bl. 1 und 3.

84 Vgl. ebenda, Bl. 4.

85 Zitiert nach: ebenda, Bl. 6.

86 Vgl. BA.: R 21/800, o. Bl.

87 Vgl. SgS RmL: E1/1932.
88 Zitiert nach Weyrich 1986, S. 725.
89 Die »Vorzüge« der »deutschen Schrift« (Fraktur – »heiliges Erbgut« und »Symbol der eigentlichen Sendung des deutschen Volkes«) hatte übrigens schon der Gerichtsarzt Alex Schackwitz in seiner Studie »Die experimentelle Lösung des Schriftstreites«, basierend auf tachistoskopischen Untersuchungen (längere Wörter würden leichter erfaßt, die Zahl der »Augenrucke« sei bei Fraktur kleiner als bei Antiqua), herausgefunden. Demgegenüber »verwische« die Antiqua den »Trennungsstrich zwischen uns und anderen Völkern« (vgl. Flugblatt des Bundes für deutsche Schrift, Nr. 20; 6. Auflage, 1936).
90 Zur Entwicklung der gerichtlichen Medizin an der tschechischen Universität Prag schreibt, allerdings unter Auslassen der Zeit der Okkupation, Avdeev: »Im Jahre 1882 entstand aus der Karlsuniversität die tschechische Universität und der Lehrstuhl für gerichtliche Medizin wurde durch tschechische Wissenschaftler besetzt. Unter diesen wurden durch ihre Lehrbücher und wissenschaftlichen Arbeiten Fiedler, Karda, Pepel u. a. bekannt. Der erste tschechische Leitfaden der Gerichtsmedizin wurde durch Reinsberg erstellt. Nach ihm wurde Prof. Slavek Lehrstuhlinhaber, er starb 1934. Bekannt wurde er durch ein Lehrbuch der gerichtlichen Medizin für Mediziner und Juristen und Arbeiten über den plötzlichen Tod, die Vergiftungsdiagnostik u. a. Von 1934 bis in die letzte Zeit [= 1959 – F. H.] wurde der Lehrstuhl von Prof. Dr. Hajek geführt, der gleichzeitig Direktor des Instituts für gerichtliche Medizin in Prag ist.« (Avdeev 1959, S. 62 f.)
91 Tadeusz Praglowski, 1903 in Lemberg geboren, studierte in Kraków Medizin und war ab 1929 in der pathologischen Anatomie, ab 1937 im Institut für gerichtliche Medizin in Kraków tätig. Als Schüler Olbrychts wurde er 1952 Leiter des gerichtsmedizinischen Instituts in Katowice. 1961 Habilitation. 1974 Emeritierung. 1983 verstorben.
92 Marian Wodziński: 1909 (?) geboren, nach Medizinstudium Assistent und Oberassistent am Institut für gerichtliche Medizin in Kraków, wurde 1943 von Werner Beck verpflichtet, im Rahmen der Delegation des polnischen Roten Kreuzes an den Exhumierungsarbeiten in Katyn teilzunehmen, und kam nach etwa zweimonatiger Tätigkeit nach Krakau zurück. »Ein bis zwei Tage vor der Befreiung von Kraków verschwand Dr. Wodziński in unbekannter Art und Weise. Nach Monaten erfuhren wir, daß er in England, und zwar in Liverpool als Pathologe tätig ist; er vermied irgendwelche Kontakte mit uns. Er hatte Glück gehabt, denn hier wurde er sofort nach der Befreiung von Sicherheitsbehörden gesucht, es erschienen Plakate mit seinem Namen und Steckbriefe.« (Frau Professor Byrdy in einem Brief vom 11.2.1987 an F. H.). Von B. Popielski stammt die Mitteilung, daß Wodziński 1989 in Liverpool verstorben ist; er habe wohl auch Kontakte zur polnischen Untergrundbewegung gehabt, sich aber mit Beck sehr gut verstanden.
93 Maria Byrdy, zunächst Assistentin an dem von Olbrycht geleiteten Institut in Kraków, wurde 1954 mit dem Lehrstuhl der gerichtlichen Medizin in Białystok betraut. 1980 wurde sie emeritiert.
94 Zitat aus einem mit »Streng vertraulich« gekennzeichneten »Bericht über den Stand des Problems wissenschaftlicher Einrichtungen im Generalgou-

vernement« von Oberregierungsrat Scurla, »Sonderreferent für Ostfragen« beim »Amtschef W« im REM vom 31.7.1940 (BA.: 49.01-688, Bl. 210).

95 Ebenda.

96 Zitat aus dem Bericht Mentzels über seine »Informationsreise« (BA.: 49.01-687, Bl. 49, 50).

97 Über die Einzelheiten der »Sonderaktion Krakau« hat Gaweda (1981, S. 15 ff.) ausführlich berichtet.

98 In dem erwähnten Bericht von Scurla (s. Anm. 219) heißt es dazu: »Jegliche wissenschaftliche Tätigkeit polnischer Gelehrter ist grundsätzlich unstatthaft. Polnische Gelehrte erhalten weder staatliche Aufträge, noch ist es erwünscht, daß sie in irgendeiner Form mit deutschen oder ausländischen Wissenschaftlern in Verbindung treten. Die Akademien der Wissenschaft sind aufgelöst. Einzelne wesentliche Arbeiten werden noch zu Ende geführt oder liquidiert.« (BA.: 49.01-688, Bl. 211, 212.)

99 »Das Personal des Instituts, welches am 1. September 1939 aus 9 Personen bestand, erweiterte sich während der Okkupation auf 52 Personen. Diese bedeutsame Vergrößerung war nicht durch einen enormen Bedarf begründet, sondern charakterisiert das Anwachsen der Administration, das typisch für die Wirtschaft der Okkupanten war.« (Popielski 1968, S. 93.)

101 Der in der polnischen Zeitung »Kurier Codzienny« Nr. 96–98 und 100 im Jahre 1945 erschienene Bericht unter dem Titel »Arcybestia Werner Beck« (Arztbestie Werner Beck) basiert auf einem Interview des Journalisten Stanislaw Grek mit Maria Byrdy kurz nach der Befreiung. Er enthielt »manche Ungenauigkeiten, die jedoch ohne Bedeutung für den meritorischen Inhalt waren.« (Brief von Frau Prof. Byrdy an F. H. vom 12.9.1986.)

101 Persönliche Mitteilung von Herrn Prof. Jaegermann (Juli 1986).

102 Vgl. dazu z. B. Popielski 1968, S. 97.

103 Persönliche Mitteilung von Herrn Prof. Popielski (Juni 1987).

104 Wiktor Grzywo-Dabrowski, 1885 geboren, studierte in Kraków Medizin und arbeitete ab 1911 zunächst vorwiegend pathologisch-anatomisch. 1921 übernahm er den Lehrstuhl für gerichtliche Medizin an der Universität Warschau, den er bis zu seiner Emeritierung im Jahre 1962 innehatte. 1968 verstorben.

105 Vgl. Arch. Kriminol. 103 (1938), 90.

106 Zitat aus dem Bericht Mentzels über seine »Informationsreise« (ZStA-P.: 49.01-687, Bl. 53).

107 Die Arbeit mit dem Titel »Zaklad Medycyny Sadowej Uniwersytetu Warszawskiego w latach 1939–1946« wurde uns freundlicherweise von Herrn Prof. Marek (Kraków) zur Verfügung gestellt.

108 Wlodzimierz (Wladimir) Sieradski, geboren 1870 in Wieliczka, studierte von 1888 bis 1893 in Kraków Medizin und war ab 1896 Assistent bei Leon Wachholz. 1898 wurde er Leiter des gerichtsmedizinischen Instituts in Lemberg, 1904 Ordinarius. Am 4. Juli 1941 in Lwow von den Nazis erschossen. Schüler von Sieradski waren u. a. S. Schilling-Siengalewicz und B. Popielski.

Anmerkungen zu Kapitel 6

1 Johann Peter Frank, geboren 1745, studierte Philosophie und Medizin und war Initiator zahlreicher Verbesserungen in der öffentlichen Gesundheitspflege. 1779 erschien sein Hauptwerk: »System einer vollständigen medicinischen Policey« (Band l), weitere fünf Bände folgten bis 1809. Frank war u. a. in Göttingen, Pavia, Wien, Wilna und Freiburg tätig. 1821 verstorben.

2 Eduard Ritter von Hofmann, 1837 in Prag geboren, studierte in Prag Medizin und war ab 1861 Assistent bei Popel, dem damaligen Ordinarius für gerichtliche Medizin in Prag. 1865 Habilitation. 1869 Ordinarius für gerichtliche Medizin und Staatsarzneikunde in Innsbruck, ab 1875 an der Wiener Lehrkanzel. 1897 verstorben.

3 Ferdinand Bernhard Vietz (1772–1815) wurde 1805 zum Professor der neu eingerichteten Lehrkanzel für »medicinische Policey und gerichtliche Arzneykunde« in Wien ernannt und hatte dieses Amt bis 1813 inne. Joseph Bernt (1770–1842) wurde 1813 Nachfolger von Vietz und führte das Fach in den folgenden Jahrzehnten zu einer ersten Blüte. Jakob Kolletschka (1803–1847) war nur wenige Jahre als Nachfolger von Bernt tätig. Johann Dlauhy (1808–1888) wurde 1848 auf die Wiener Lehrkanzel für gerichtliche Arzneikunde berufen und trat 1875 in den Ruhestand.

4 Alexander Kolisko, geboren 1857 in Wien, studierte hier bis 1881 Medizin und habilitierte sich später für Pathologie. Nach von Hofmanns Tod wurde Kolisko 1898 dessen Nachfolger auf dem Lehrstuhl für gerichtliche Medizin. 1916 wechselte Kolisko auf den Lehrstuhl für pathologische Anatomie. 1919 verstorben.

5 Albin Haberda: geboren 1868 in Bochnia/Galizien als Sohn eines Beamten. Nach dem Abitur und nachfolgend mit finanzieller Unterstützung durch den älteren Bruder Studium der Medizin in Wien. Bereits während der Studentenzeit seit 1889 als Demonstrator am gerichtlich-medizinischen Institut tätig, arbeitete Haberda auch nach Staatsexamen und Promotion (1891) unter Eduard von Hofmann, habilitierte sich mit 28 Jahren und wurde 1887, kurz nach dem Tode seines Lehrers, a. o. Professor. 1912 erhielt er, der auch unter dem Nachfolger von Hofmanns, dem Pathologen Alexander Kolisko, 1. Assistent geblieben war, Rang und Titel eines ordentlichen Professors und übernahm schließlich 1916, als Kolisko zur pathologischen Anatomie überwechselte, die Lehrkanzel und den Vorstand des Wiener Instituts. Am 1.11.1933 trat Haberda in den Ruhestand; schon wenige Wochen später, am 6.12.1933, erlag er einem Schlaganfall. Im Wien der ersten Jahrzehnte des 20. Jahrhunderts war Haberda »der gefeiertste, allseits begehrte Sachverständige vor Gericht. Nicht nur beim Strafgericht, bei welchem kein wichtiger Lokalaugenschein, keine komplizierte Untersuchung, kein großer Schwurgerichtsprozeß, der eine ärztliche Mitwirkung erforderte, ohne seine Anwesenheit oder Mitwirkung absolviert wurde, sondern auch bei den zivilen Gerichtshöfen, beim Handelsgericht und beim Arbeiterunfall-Schiedsgericht fand er als Sachverständiger in ausgedehntem Maße Verwendung und allseits die gebührende Anerkennung. Daneben entfaltete Haberda eine überaus reiche akademische Tätigkeit.« (F. Reuter 1922.) An wissenschaftlich herausragenden

Leistungen wird neben etwa 90 kleineren und größeren Publikationen immer wieder die Herausgabe der vollständig überarbeiteten 10. und 11. Ausgabe des Hofmannschen Lehrbuches, des »Hofmann-Haberda«, genannt: »Wer immer in einer strittigen Frage einen Eideshelfer brauchte, berief sich auf Haberda als letzte Instanz. ... Meint man etwas Neues gefunden zu haben und blättert zur Vorsicht im Haberda nach, so wird man so oft durch einen kurzen, früher nicht beachteten Satz, durch ein paar Worte darüber belehrt, daß er es schon gewußt hat.« (Meixner 1933/34.)

6 Kruckenkreuz: Kreuz, dessen Enden in Querbalken auslaufen. Ebenso wie dieses Kreuz nicht identisch mit dem Hakenkreuz war, ist auch der sog. Austrofaschismus jener Jahre nicht identisch mit dem Nationalsozialismus.

7 Zitiert nach: »Die Erhebung der österreichischen Nationalsozialisten im Juli 1934 (Akten der historischen Kommission des Reichsführers SS)«. Wien-Frankfurt-Zürich: Europa-Verlag, 1965; S. 100 f.

8 Ebenda, S. 37.

9 AdR Österreich, No. 18529, Bl. 9, 10 (1.3.39).

10 Fritz Reuter: geboren 1875 in Wien. Nach dem Besuch des Gymnasiums in Wien studierte er ab 1893 in Zürich und in Wien Medizin. Nach Staatsexamen und Promotion im Jahre 1899 wurde er Assistent bei Eppinger am Pathologischen Institut in Graz. Wirtschaftliche Gründe veranlaßten ihn, 1901 als Militärarzt dem k. u. k. österreichischen Heer beizutreten. Seine Tätigkeit im Wiener Garnisonsspital Nr. 1, das dem gerichtsmedizinischen Institut gegenüberlag, gestattete eine gleichzeitige Volontärassistenz an diesem Institut. 1905 habilitierte sich Reuter mit der Arbeit »Über die Beziehungen zwischen Spondylitis traumatica und Anchylose der Wirbelsäule«. 1909 übernahm Fritz Reuter die Stelle eines 2. Assistenten am Institut für gerichtliche Medizin in Wien. 1912 erhielt er den Titel eines a. o. Professors. Im I. Weltkrieg Tätigkeit für Militärgerichte und im Militärsanitätskomitee. 1919 erfolgte die Berufung an die Grazer Lehrkanzel als Ordinarius. Nach 16jähriger Tätigkeit in Graz erhielt Reuter im Herbst 1935 die Berufung an die Wiener Lehrkanzel. Nach der Annexion Österreichs wurde Reuter 1938 aus politischen Gründen seines Amtes enthoben; im Mai 1945 erfolgte seine Wiedereinsetzung. Auch nach seiner Emeritierung im Jahre 1946 arbeitete er täglich im Institut. Fritz Reuter starb am 18.10.1959 in Wien.
Neben einer umfangreichen wissenschaftlichen Publikationstätigkeit – Breitenecker (1965) führt 100 Arbeiten an – hat Reuter einige wichtige Neuerungen in die gerichtliche Medizin eingebracht. So schuf er 1924 im Grazer Institut eine poliklinische Untersuchungsstelle für Lebendbegutachtungen, z. B. für Unfallverletzte. 1937 richtete er im Wiener Institut eine der ersten chemisch-toxikologischen Abteilungen ein, die von dem Chemiker Franz Xaver Mayer besetzt wurde. Sein umfangreiches »Lehrbuch der gerichtlichen Medizin« (1933) hatte über Jahrzehnte Gültigkeit.

11 UA Wien, PA Reuter, Bl. 102.

12 AdR Österreich, No. 18529, Bl. 18.

13 Ebenda, Bl. 19, 20.

14 Zitiert nach der im Institut für Rechtsmedizin der Humboldt-Universität

Berlin vorhandenen Akte »Philipp Schneider«, BL. 35 (Brief Meixners an Müller-Heß).

15 Allerdings hatte die »Österreichische Ärztezeitung« bereits im März 1954 einen von Hermann Chiari verfaßten Nachruf veröffentlicht, in dem die durch das Naziregime ermöglichte Karriere Schneiders sorgfältig ausgespart blieb.

16 Personalakte Ph. Schneiders im Institut für gerichtliche Medizin der Humboldt-Universität Berlin: 81. 16, 19/20.

17 AdR Österreich: No. 35785, Bl. 18.

18 Ebenda, Bl. 17.

19 Ebenda, Bl. 7.

20 AdR Österreich, K 1702 (Kurator der wissenschaftlichen Hochschulen in Wien), o. Bl. (Schreiben betr. Bewilligung von Sondermitteln vom 22.10.1941).

21 Ebenda, o. Bl. (Schreiben, betr. Gewährung von Mitteln für die Neuanschaffung von Geräten vom 23.10.1941).

22 Ebenda, o. Bl.

24 Franz Xaver Mayer, 1904 in Wien geboren, studierte technische Chemie und promovierte 1938 an der Technischen Hochschule in Wien zum Doktor der technischen Wissenschaften. Seit 1937 Assistent am Institut für gerichtliche Medizin der Universität Wien; 1941 Habilitation und Lehrbefugnis für gerichtliche Chemie. 1952 a. o. Professor. 1955 verstorben.

25 Hans von Hauser: 1914 geboren, Promotion 1938. Im gleichen Jahre Beginn der Tätigkeit als Assistent am Institut für gerichtliche Medizin in Wien, zunächst wohl hauptsächlich zur Betreuung des elektropathologischen Museums eingesetzt. Von Hauser paßte sich gut ein in das Institut: »Mitglied der NSDAP seit 1932, der SS seit 15.VI.1933« (UA Wien: Dekanat Med. Fak. 1938/39 – 461, Bl. 5).

26 Ferdinand Schoen: 1906 in Colmar geboren, also Nicht-Österreicher. Medizinstudium, Staatsexamen 1931. Mitglied der NSDAP und der SS (Hauptsturmführer) seit 1932. »Schoen hat seine Ausbildung an der Universitätsnervenklinik in Göttingen bei Ewald erfahren, leitete dort die erbbiologische Erfassung von Patienten zur Sterilisierung. Fortbildung erfährt er in beiden Rassismus-Zentren des NS-Staates: von November 1934 bis Juni 1935 am Kaiser-Wilhelm-Institut für Anthropologie und von Juli bis Oktober 1935 am Kaiser-Wilhelm-Institut für Psychiatrie. Von 1935 bis 1938 ist er Stellvertretender Gaudozentenbundführer Süd-Hannover/Braunschweig« (Klee 2001, S. 327). Ab 1. Dezember war Schoen planmäßiger Hochschulassistent 1. Klasse am Institut für gerichtliche Medizin in Wien (UA Wien: Dekanat Med. Fak. 1938/39 – 460, Bl. 2). Nebenamtlich arbeitete er als Referent für Erbgesundheitsfragen für die Gauleitung. 1945 wird er entlassen.

27 Hans Winkler: geboren 1911, 1938 Promotion. Schon seit 1936 als Demonstrator am Institut für gerichtliche Medizin der Universität Wien tätig, seit September 1938 wissenschaftlicher Assistent. 1944 Habilitation (Thema: »Über die Wetterlage am Tage des plötzlichen Todes aus natürlicher Ursache«) und Ernennung zum Universitätsdozenten. Im Juni 1946 aus dem Institut ausgeschieden, danach praktischer Arzt und Gerichtsarzt,

1967 gestorben (vgl. Niederösterreichische Ärztechronik, Wien 1990, S. 796).

28 UA Wien, Med. Fak. PA 8 (Leopold Breitenecker), Bl. 34 f.

29 Ebenda, Bl. 93 (Angabe Breiteneckers in einem weiteren Lebenslauf).

30 UA Bonn, MF-PA 120 (Gerhart Panning), Bd. II, o. Bl.

31 UA Wien, Med. Fak. PA 8 (Leopold Breitenecker), Bl. 89 Rs.

32 Ein von Breitenecker gefertigtes Verzeichnis der wissenschaftlichen Arbeiten, das 1943 endet, enthält 25 Arbeiten (vgl. UA Wien, Med. Fak. PA 8 [Leopold Breitenecker], Bl. 94 ff.); insgesamt soll Breitenecker etwa 70 bis 100 Arbeiten verfaßt haben, die große Mehrzahl folglich nach 1945.

33 UA Wien, PA Sch 53 (Anton Rolleder), Bl. 49.

34 Ebenda, Bl. 50 ff.

35 Ebenda, Bl. 49 Rs.

36 UA Wien: Med. Fak. PA 72 (Philipp Schneider), Bl. 146.

37 Ebenda, Bl. 148.

38 Graz war derzeit auch der Sitz einer »SS-ärztlichen Akademie«, die jedoch von Universität und Medizinischer Fakultät unabhängig war.

39 Persönl. Mitteilung von Prof. Dr. Hans Georg Schwarzacher an F. H.

40 AdR Österreich: Bundesministerium f. Unterricht der Rep. Österreich, PA 10/87, Bl. 7.

41 AdR Österreich: Bundesministerium für Unterricht, Personalakten Werkgartner 10/99, Bl. 115.

42 Das Zitat stammt aus einer Antwort des Grazer Rektors Harold Steinacker auf eine Anfrage des REM, »zu Händen Max de Crinis« vom 13.6.1940; zitiert nach: Oberkofler und Goller (1999), S. 119 f.

43 Zit. nach Oberkofler und Goller, S. 121.

44 Zit. nach: SgS RmL: E 1/1717.

45 Zit. nach Oberkofler und Goller, S. 81; nach eigenen Angaben (Lebenslauf) wurde Holzer am 1.11.1939 unter der Mitgliedsnummer 7 252 669 in die NSDAP aufgenommen und gehörte unter der Mitgliedsnummer 5 144 dem NS-Dozentenbund an (SgS RmL: E 1/1717).

46 Zit. nach Oberkofler und Goller, S. 92.

47 Zit. nach SgS RmL: E 1/1671.

Anmerkungen zu Kapitel 7

1 UA Bonn: Kur E 7.

2 Zitate aus: Pietrusky, F.: Rede, gehalten am 1. Mai 1933 zur Feier des Tages der »Deutschen Arbeit« und zur Übergabe der Studentenrechtsordnung. Bonn: Verlag Gebr. Scheur, 1934 (Bonner Akademische Reden, 19).

3 BA, BDC PK 9131 o. Bl.; Mitglieds-Nr. 2 103 018.

4 Zitiert nach Wulf 1963, S. 51.

5 Vgl. BA.: 49.01-1712.

6 Vgl. »Verzeichnis der Professoren und Dozenten der Rheinischen Friedrich-Wilhelms-Universität zu Bonn von 1818–1968.« Hrsg. von Otto Wenig. Bonn: H. Bonvier u. Co. Verlag/Ludwig Röhrscheid Verlag, 1968, S. 353 ff.: Rektoren.

7 Zitiert nach BA.: 49.01- P 406, o. Bl. (Disziplinarverfahren ./. Pietrusky).
8 Zitiert nach BA BDC WI A 519.
9 Zitiert aus einer Verordnung des Reichsunterrichtsministers – W A 2036, WE –, die den Angehörigen der Medizinischen Fakultät der Universität Leipzig am 9.1.1940 per Rundschreiben bekanntgemacht wurde (SgS RmL E 1/884).
10 Zit. nach: UA Wrocław, PA Fischer, Herwart, o.Bl.
11 Vgl. Bd. 4, S. 35; Buchdruckerei Arta, Cernati (str. Regel Ferdinand 18), o. J.
12 Nach: UA Würzburg, PA 47, o. Bl.
13 Vgl. »Degener's Wer ist's?«, X. Ausgabe. Berlin: Verlag H. Degener, 1935, S. 410.
14 Wirz, Franz (1889–?): Neben seiner Tätigkeit als Prof. für Haut- und Geschlechtskrankheiten in München war Wirz ein enger Mitarbeiter von Reichsärzteführer Dr. Gerhard Wagner, Mitglied des Sachverständigenbeirates für Volksgesundheit in der Reichsleitung der NSDAP, Leiter des »Reichsvollkornbrotausschusses« und während des Krieges stellv. Präsident der deutschen Krankenhausgesellschaft.
15 Vgl. »Der Jungarzt« (1934), Heft 2 (Januar), S. 25.
16 Vgl. Ebenda, Heft 3 (Februar), S. 49.
17 Nach UA Würzburg: PA 48, o. Bl.
18 Ebenda, o. Bl.
19 BA: PK 2774, o. Bl.
20 BA: BDC SSO 232, Bd. I, o. Bl.
21 Vgl. UA Jena.: D 395 (PA Buhtz), o. Bl.
22 Vgl. ebenda (»Nachruf des Rektors der Schlesischen Friedrich-Wilhelms-Universität und des Dekans der Medizinischen Fakultät« Breslau für Gerhard Buhtz, 1944).
23 Zitiert nach BA.: 49.01-1716, Bl. 105.
24 Zitiert nach BA.: BDC SSO 232 (Gerhard Buhtz), Bd. II, o. Bl.
25 Belege dazu finden sich ebenda.
26 Zitiert nach BA.: BDC WI A 476 (Gerhard Buhtz), o. Bl.
27 Zitiert nach BA.: BDC SSO 232 (Gerhard Buhtz), Bd. II, o. Bl.
28 Auf eine entsprechende Anfrage an Prof. Dr. Franz W. Seidler (Universität der Bundeswehr München), der in seinem Buch »Kriegsgreuel der Roten Armee«, Band II, S. 37, schreibt, Buhtz sei ein Opfer der Partisanen geworden, erhielt Verf. am 16.11.2001 folgende Antwort (Auszug):
»Was den Tod von Prof. Buhtz betrifft, gibt es vier Versionen:

1. Im Bundesarchiv Berlin liegt die Personalakte von Prof. Buhtz. Dort wird sein Heldentod registriert. Soweit ich mich erinnere, sind sogar Traueranzeigen in der Tagespresse erhalten.
2. Im Zusammenhang mit meinen Recherchen um den Tod des OT-Einsatzgruppenleiters Brugmann am 26.5.1944 erklärte mir der inzwischen verstorbene OT-Chef Xaver Dorsch, daß Buhtz das gleiche Schicksal erlitten habe wie Brugmann. Beide seien Opfer der Partisanen geworden.
3. Der polnische Autor R. Horìn-Swiatek ist der Auffassung, daß Buhtz von den Deutschen umgebracht (hingerichtet) worden sei.
4. Alfred de Zayas meint, Buhtz sei ein Opfer des Bombenkrieges gewesen.

Bei meinem Buch habe ich mich in Unkenntnis der drei anderen Versionen auf die Aussage von Xaver Dorsch gestützt.«
Auch Jobst von Karger (1996) konnte bei seinen Bemühungen keine Klarheit gewinnen.

29 Vgl. »Der Jungarzt« (1934), Heft 3 (Februar), S. 64–69.

30 Zitiert nach: UA Greifswald, PA 80 (Gottfried Jungmichel), o. Bl.

31 Zitiert nach: BA BDC PK 5661; in der gleichen Akte finden sich Einzelheiten der »parteistatistischen Erhebung 1939«: Parteieintritt 1.5.1937 (Mitglieds-Nr. 4 586 782); NSD.-Dozentenbund, NS-Volkswohlfahrt, NDS-Ärztebund, Reichsluftschutzbund, NS-Altherrenbund, Reichsbund der Kinderreichen, Volksbund für das Deutschtum im Ausland.

32 UA Greifswald, PA 80 (Gottfried Jungmichel), o. Bl.

33 Es waren dies, neben Adolf Hitler, Reichsinnenminister Wilhelm Frick, Reichserziehungsminister Bernhard Rust, der Oberpräsident der Provinz Hannover Victor Lutze und der Mediziner Ludolf Haase, der in Göttingen die NSDAP gegründet hatte.

34 Zitiert nach Zimmermann, Susanne (Med. Fak. Univ. Jena), S. 92 f.

35 UA Wien: Med. Fak PA 70 (F. v. Neureiter), Bl. 47.

36 UA Wien: Dekanat Med. Fak. 319, o. Bl.

37 SgS RmL: zu Neureiter, o. Bl.

38 UA Halle: PA Ponsold, o. Bl.

39 Vgl. Bulletin des Presse- und Informationsamtes der Bundesregierung Nr. 41 vom 3.3.1953, S. 350. Weitere Mitglieder waren: der Chirurg Karl Heinrich Bauer, der Biochemiker Adolf Butenandt, der Röntgenologe Robert Janker, der Ernährungswissenschaftler Heinrich Kraut und der Psychiater Ernst Kretschmer (Näheres dazu bei Klee, E., 2001).

40 In der Zeitung »Westfälische Nachrichten« erschien am 18.2.1983 ein entsprechender Bericht unter der Überschrift: »Skandal-Professor beschäftigt nach dem Tod noch die Juristen/Rechnungshof verlangt von Erben 228 000 DM – Erben klagen gegen Land«.

41 Vgl. UA Halle: PA Schrader, o. Bl.

42 UA Würzburg: PA Nr. 322 (Kurt Walcher), Bd. II, o. Bl.

43 Zitiert nach UA Halle: PA Walcher, Zeitungsausschnitt aus der in der Akte enthaltenen »M.N.Z.« (o. Bl.).

44 Kögler (1988, S. 175 ff.) und Mallach (1996, S. 147 f.) haben den Lebensweg Wietholds ausführlicher behandelt, Kurt Wagner hat einen würdigen Nachruf geschrieben. Bei dem von Oskar Grüner formulierten Nachruf heißt es ganz elegant über Wietholds Wirken: »Seit 1941 leitete er bis zu seinem Tode das Institut für gerichtliche und soziale Medizin der Universität Frankfurt a. M.«

45 SgS RmL: zu Schütt, o. Bl.

46 Ebenda.

47 Herbert Elbel: geboren 1907, von 1926 bis 1931 Medizinstudium in Innsbruck. Nach Staatsexamen und Promotion Assistent am Institut für allgemeine und experimentelle Pathologie und am gerichtsmedizinischen Institut in Innsbruck. 1934 ging Elbel nach Göttingen und folgte nach der Habilitation (1937) seinem Lehrer Berthold Mueller nach Heidelberg. Am 1.10.1942 übernahm Elbel das neuerrichtete Institut für gerichtliche

Medizin in Freiburg zunächst als Extraordinarius. Nach dem Tode Gerhart Pannings Übernahme des Bonner Instituts, das Elbel bis zu seiner Emeritierung im Jahre 1976 leitete. Herbert Elbel starb 1986. Wissenschaftlich bearbeitete Elbel vorrangig die Themen Blutalkohol, Blutgruppenserologie und medizinische Ballistik; die erste deutsche Monographie zum Thema »Blutalkohol« (1957) ging aus seiner Habilitationsschrift hervor.

48 Augustin Förster: geboren 1895. 1914 Abitur. Ab 1915 Dienst als Kriegsfreiwilliger; ab 1918 Medizinstudium an den Universitäten Göttingen, Bonn und Köln. 1921 Staatsexamen in Köln. Nachfolgend bis 1926 Assistent am Pathologischen Institut in Köln, ab 1927 wurde Förster Assistent an dem von Többen geleiteten Institut für gerichtliche Medizin in Münster/Westf. 1928 Kreisarztexamen; 1930 Habilitation. 1936 Ernennung zum apl. Professor am Institut für gerichtliche Medizin in München. 1937 wurde Förster zum Direktor des Institutes für gerichtliche und soziale Medizin und zum Ordinarius der gerichtlichen Medizin an die Universität Marburg berufen. Im Jahre 1945 wurde er seiner Ämter enthoben und erst 1949 wieder als a. o. Professor und Direktor des Universitätsinstitutes für gerichtliche Medizin eingesetzt. Augustin Förster starb 1965. Förster hat sich wissenschaftlich besonders mit pathologisch-anatomischen und gerichtsmedizinischen Fragen der Atmungsorgane beschäftigt; insgesamt hat er etwa 52 wissenschaftliche Publikationen hinterlassen (Ludwig).

49 Zitiert nach UA Berlin: PA H 62, Bd. II, Bl. 76 (»Lebenslauf des Dr. Wilhelm Hallermann«). Hallermann, geboren 1901, arbeitete nach dem Medizinstudium (1920–1925) bis 1929 in der pathologisch-anatomischen Abteilung des Stadtkrankenhauses Dresden-Friedrichstadt unter Schmorl. Anschließend Assistent an der Medizinischen Universitätsklinik Leipzig. Von 1931 bis 1940 am Berliner Institut für gerichtliche Medizin. Habilitation. Am 28.8.1939 eingezogen, war Hallermann in den ersten Kriegsmonaten des Jahres 1939 als Gerichtsarzt des Oberkommandos der Wehrmacht – teilweise gemeinsam mit Panning – mit den Untersuchungen »polnischer Greueltaten an den Volksdeutschen in Polen« beschäftigt, die in einer sog. Denkschrift des Auswärtigen Amtes (1940) propagandistisch aufbereitet wurden. Nach kurzer Vertretung des Faches an der Universität Frankfurt/M. ab 1.5.1941 zum a. o. Professor für gerichtliche Medizin in Kiel ernannt. Im Jahre 1971 wurde Hallermann emeritiert, er starb am 28.3.1975 in Kiel. Die wissenschaftlichen Leistungen Wilhelm Hallermanns dokumentieren sich in weit über 100 Arbeiten aus dem Gebiete der somatischen gerichtlichen Medizin, der Rechts- und Standeskunde und der forensischen Psychopathologie.

50 Hermann Merkel: geboren 1873. Medizinstudium in Erlangen, München und Freiburg. Promotion in Erlangen 1897. Nach kurzzeitiger Assistententätigkeit an der Berliner Charité ab Oktober am Pathologischen Institut in Erlangen. Habilitation für gerichtliche Medizin 1903 in Erlangen. Zunächst Lehrauftrag für gerichtliche Medizin, 1909 Titularprofessor und 1911 Extraordinarius in Erlangen, zuständig für die gerichtsmedizinische Abteilung am Pathologischen Institut. Am 1. Mai 1914 wurde Merkel als a. o. Professor zum Nachfolger von Richter in München ernannt. Im I. Weltkrieg als Armeepathologe in Metz tätig, baute Merkel

eine umfangreiche kriegspathologische Sammlung auf. Nach Kriegsende wieder akademischer Lehrer in München und gleichzeitig Landgerichtsarzt am Landgericht München I. Die Amtsbezeichnung und die akademischen Rechte eines ordentlichen Professors erhielt Merkel erst im Jahre 1933. Am 12.8.1938 wurde er von seinen Verpflichtungen entbunden, hatte sein Amt aber kommissarisch weiter bis 1945 inne. Hermann Merkel starb am 27.5.1957 in München. Hermann Merkel war ein herausragender Vertreter der sog. somatischen Gerichtsmedizin im österreichischen Sinne, viele seiner fast 100 wissenschaftlichen Arbeiten befassen sich mit den vielfältigen Problemen des nichtnatürlichen und des natürlichen Todes. Wesentliches leistete er bei der Anerkennung von Blutgruppenuntersuchungen in Vaterschaftsprozessen und bei der Nutzung von Blutalkoholbefunden durch Gerichte.

51 Hans Molitoris: geboren 1874. Nach dem Medizinstudium ab 1902 Assistent am Gerichtlich-medizinischen Institut Innsbruck. 1903 Promotion zum Dr. med.; 1905 Physikatsprüfung. Ab 1.9.1919 wurde Molitoris zum a. o. Professor für gerichtliche Medizin an der Universität Erlangen ernannt, am 1.9.1922 zum Ordinarius berufen. Nachdem Molitoris am 8.8.1939 in den Ruhestand versetzt worden war, wurde seine Amtszeit bis Kriegsende verlängert und Molitoris mit der kommissarischen Leitung des Instituts in Erlangen beauftragt. Hans Molitoris starb am 29.5.1972 in Erlangen.

52 BA: REM N 136 (Personalakte Martin Nippe), Bl. 3, Martin Nippe: geboren 1883 in Dresden. 1904–1909 Medizinstudium in Leipzig, Jena und wieder in Leipzig; hier erhielt Nippe am 2.6.1909 die Approbation als Arzt und die Doktorwürde. Nach kurzer Assistenz an der Heil- und Pflegeanstalt Dresden von 1910 bis 1912 Assistent in der pathologischen Anatomie des Johannstädtischen Krankenhauses Dresden. Danach bis 1914 Assistent am Institut für gerichtliche und soziale Medizin in Königsberg/Pr. unter Puppe. 1912 Sächsisches Bezirksarztexamen, im Dezember 1913 Preußisches Kreisarztexamen. 1914 Berufung als planmäßiger Extraordinarius für gerichtliche Medizin nach Erlangen. Teilnahme am I. Weltkrieg, ab 1917 tätig als »Armeepathologe der XIV. Armee« bzw. »ab Anf. März bis Waffenstillstand« als »Armeepathologe der XVII. Armee«. 1919 Berufung zum planmäßigen a. o. Professor nach Greifswald, 1920 persönlicher Ordinarius daselbst. 1922 Berufung als persönlicher Ordinarius (in Nachfolgeschaft von Georg Puppe) nach Königsberg/Pr.; am 25.6.1937 Umwandlung der Stelle in ein planmäßiges Ordinariat. Anfang April 1940 an einem Bronchialkarzinom erkrankt, verstarb er an seinem 57. Geburtstag (5.9.1940) in Königsberg. Die wissenschaftlichen Leistungen Martin Nippes dokumentieren sich in mehr als einhundert Publikationen über die verschiedensten Probleme der gerichtlichen Medizin (z. B. über Blutgruppenbestimmung und Blutspurenuntersuchung, Schußentfernungsbestimmung, Leichenzersetzung, Alkoholbegutachtung, Leichenschau und Feuerbestattung).

53 Zitiert nach UA Jena.: Bestand L, Nr. 558 (Fragebogen des »Military Government of Germany«, ausgefüllt von Otto Schmidt am 8.11.1947). Otto Schmidt wurde 1898 als Sohn eines Landwirtes bei Danzig geboren.

Kriegsdienst, Medizinstudium. 1923 ärztliches Staatsexamen und Promotion in Berlin. Nachfolgend Jurastudium von 1923 bis 1927 und Promotion zum Dr. jur. 1923/24 Tätigkeit am Pathologischen Institut der Universität München, danach ein weiteres Jahr an der Städtischen Heilanstalt für Nerven- und Gemütskranke in Breslau. Ab 1926 Assistent am gerichtsärztlichen Institut Breslau. 1929 Kreisarztexamen; 1931 Habilitation in Breslau. 1937 Ernennung zum a. o. Professor und Versetzung nach Bonn. 1940 erhielt Schmidt das Ordinariat für gerichtliche Medizin und Kriminalistik an der medizinischen Akademie in Danzig, das er bis März 1945 innehatte. Anschließend praktischer Arzt in Rendsburg/Holstein und ab 1.9.1945 Gerichtsarzt bei der Hamburger Gesundheitsbehörde. Bestätigung als Hochschullehrer an der Universität Hamburg am 13.5.1946. Im Jahre 1948 wurde Otto Schmidt als Ordinarius auf den Lehrstuhl für gerichtliche Medizin in Göttingen berufen. Er starb am 16.10.1962. Wissenschaftlich bearbeitete Schmidt viele Probleme der gerichtlichen Medizin (Blutalkohol, forensische Serologie).

54 Zitiert nach UA Leipzig: PA 1638 (Friedrich Timm), Bl. 43.

55 Günther Weyrich: geboren 1898 in Ried am Riederberg (Österreich). Nach dem I. Weltkrieg aus italienischer Kriegsgefangenschaft zurückgekehrt, studierte Weyrich in Wien Medizin. 1925 Staatsexamen und Promotion. Ausbildung zum Gerichtsmediziner am Grazer Institut für gerichtliche Medizin, 1935 Habilitation. 1940 wurde er als Ordinarius an den Lehrstuhl für gerichtliche Medizin der deutschen Karls-Universität in Prag berufen; gleichzeitig übernahm er den Vorstand des Institutes für gerichtliche Medizin und Kriminalistik an dieser Universität. Kurz vor Kriegsende verließ Weyrich Prag. 1960 wurde Weyrich Ordinarius in Freiburg/Br.; 1966 erfolgte seine Emeritierung. Weyrich starb kurz vor seinem 100. Geburtstag (1998). Weyrich publizierte in den Anfangsjahren seiner wissenschaftlichen Laufbahn vorwiegend zur Thematik des plötzlichen Todes aus natürlicher Ursache und beschäftigte sich auch mit dem möglichen Zusammenhang zwischen Körperbau und Selbstmord; in späteren Jahren bearbeitete er Fragen der Blutalkoholforschung. Marianne Lösch führt 29 bis 1968 erschienene Publikationen auf.

56 Zitiert nach UA Greifswald: »121« (Akten der medizinischen Fakultät Greifswald/Gerichtsärztliches Institut), Bl. 115.

57 Ernst Kühn, 1908 in Berlin geboren, studierte von 1928 bis 1934 in Berlin und Heidelberg Medizin und war 1937 etwa 9 Monate am gerichtsmedizinischen Institut in Jena und, nach Lungenerkrankung und psychiatrischer Ausbildung, ab 1.11.1942 bei Buhtz in Breslau tätig. Schon 1928 Mitglied der Berliner SA (vgl. SgS RmL: P-Kü.).

58 Vgl. UA Halle: PA Camerer, o. Bl.

59 Zitiert nach einer in der SgS RmL enthaltenen von Cortain verfaßten Bewerbung um eine »bezahlte Assistentenstelle« vom 4.2.1940.

60 Zitiert nach UA Berlin: PA N 104 (Rolf Niedenthal) , Bd. 2, Bl. 2 (Fragebogen zur Entnazifizierung).

61 Zitiert nach UA Leipzig: PA Emil Weinig, Bl. 57/58 bzw. Bl. 17.

62 Zitiert nach UA Greifswald: »1604« (PA Neugebauer – »Autobiographie«).

Anmerkungen zu Kapitel 8

1 Paul Fraenckel: geboren 1874 in Neapel als Sohn eines Kaufmannes. Schulbesuch in Neapel und in Frankfurt/O. Medizinstudium in Berlin und Heidelberg (1893–1898). Nach Staatsexamen und Promotion Assistent an der medizinischen Universitätsklinik Göttingen und von 1903 bis 1905 an der Charité. 1904 Kreisarztexamen. Von 1906 bis 1920 Assistent bei Fritz Strassmann an der Unterrichtsanstalt für Staatsarzneikunde der Universität Berlin, mit Unterbrechung von 1914 bis 1919 durch den Militärdienst im I. Weltkrieg. Habilitation 1909. Am 7.5.1914 erhielt Fraenckel den Professorentitel, ab 31.8.1921 war er nichtbeamteter a. o. Professor. Ab 1920 zum Gerichtsarzt des Kreises Teltow ernannt, womit die Tätigkeit an der Universität vorerst endete. Vom 16.12.1929 bis Oktober 1930 übertrug man Fraenckel vertretungsweise die Geschäfte des Direktors der Unterrichtsanstalt für Staatsarzneikunde an der Universität Berlin. Nach dem Machtantritt der Nazis wurde Fraenckel in den Ruhestand versetzt; am 22.2.1936 wurde ihm vom Rektor mitgeteilt: »Auf Grund des § 3 des Reichsbürgergesetzes in Verbindung mit § 4 der Ersten Verordnung zum Reichsbürgergesetz vom 14.November 1935 ... und mit § 1 Abs. 3 der Zweiten Verordnung zum Reichsbürgergesetz vom 21. Dezember 1935 ... ist Ihnen mit Ablauf des 31. Dezember 1935 die Lehrbefugnis an der Universität entzogen.«

2 Georg Strassmann: geboren 1890 in Berlin als Sohn des Gerichtsmediziners Fritz Strassmann. Nach Schulbesuch und Medizinstudium in Heidelberg und Teilnahme am I. Weltkrieg wurde er am 1.4.1919 Volontärassistent an der von seinem Vater geleiteten »Unterrichtsanstalt für Staatsarzneikunde der Universität Berlin«, von Juni 1920 bis April 1925 hier etatsmäßiger Assistent. Während der Sommersemester 1921 und 1922 Assistent am Wiener Institut für gerichtliche Medizin, habilitierte sich Strassmann am 10.7.1922 in Wien. Ab Mai 1925 Tätigkeit als »Medizinalrat und Gerichtsarzt für den Landkreis Breslau und die Landgerichtsbezirke Brieg und Öls«. Habilitation an der Breslauer Universität; ab 5.12.1928 a. o. Professor. Bereits im Sommersemester 1928 wurde Georg Strassmann beauftragt, »die gerichtliche und soziale Medizin zu vertreten und die Leitung des gerichtsärztlichen Instituts zu übernehmen«. Mit Beginn des Wintersemesters 1935/36 beurlaubte man den »n. b. a. o. Professor Dr. Georg Straßmann (med.)« ... »im Hinblick auf den bevorstehenden Erlaß von Durchführungsbestimmungen zum Reichsbürgergesetz«. Georg Strassmann ging in die USA. »Er wäre sicher auf einen Lehrstuhl in Deutschland berufen worden, wenn er nicht in der Zeit vor dem Zweiten Weltkrieg wegen der politischen Verhältnisse in Deutschland hätte emigrieren müssen. Er wurde Leiter des Pathologischen Instituts eines Staatskrankenhauses in Waltham, Mass., USA; dort arbeitete er auch wissenschaftlich weiter und wertete das Untersuchungsgut seines Instituts nach forensisch-pathologischen Gesichtspunkten aus. Später arbeitete er von Arlington (Mass.) aus wissenschaftlich mit Milton Helpern, New York ... zusammen«, schrieb Berthold Mueller in einem Nachruf. Georg Strassmann starb 1972

in Belmont/USA. Georg Strassmann hinterließ etwa 150 wissenschaftliche Publikationen und besorgte eine Neuausgabe des von seinem Vater verfaßten Lehrbuches.

3 Fritz Schiff: 1889 in Berlin geboren, habilitierte sich nach Medizinstudium (1907–1912) und Kriegsdienst im Jahre 1920 und war nachfolgend Privatdozent für Hygiene in Greifswald und Berlin. 1936 Emigration in die USA. 1940 gestorben.

4 Leone Lattes: 1887 in Turin geboren, erhielt seine erste Fachausbildung bei Cesare Lombroso und kam später zur gerichtlichen Medizin. 1913 Habilitation, später nach Modena und 1933 nach Pavia berufen. 1939–1945 Tätigkeit in Südamerika, u. a. leitender Serologe in Buenos Aires und La Plata. 1956 gestorben.

5 Ludwik Hirszfeld: 1884 in Warschau geboren, studierte in Würzburg und Berlin Medizin. 1914 Habilitation. Im I. Weltkrieg bakteriologisch und serologisch tätig. 1931 Titularprofessor für Hygiene in Warschau. Während der Okkupation als »Nicht-Arier« im Warschauer Ghetto eingeschlossen. Nach dem II. Weltkrieg in Wrocław tätig, 1954 verstorben.

6 Jan Stanisław Olbrycht: geboren 1886. Medizinstudium in Kraków. Ab 1909 Assistent an dem von Wachholz geleiteten Institut für gerichtliche Medizin in Kraków. 1923 Professor für gerichtliche Medizin, von 1933 bis 1962 (mit Unterbrechung durch Inhaftierung in Auschwitz und Mauthausen) Direktor des Instituts für gerichtliche Medizin in Kraków. 1968 gestorben.

7 Zitiert nach: BA Zsg. 111/32, Bl. 26.

8 Stefan Horoszkiewicz: 1874 in Lemberg geboren, studierte von 1892 bis 1898 in Krakau Medizin und arbeitete danach als Pathologe und Gerichtsmediziner in Krakau. 1909 Ernennung zum Professor an der Krakauer Universität; ab 1921 an dem von ihm gegründeten Institut für gerichtliche Medizin in Poznań tätig, 1939 nach der Okkupation in Krakau bzw. Lemberg. 1945, ohne nach Poznań zurückgekehrt zu sein, gestorben.

9 Zitiert nach UA Leipzig.: PA 228 (Gottfried Raestrup), Bl. 99 R (Fragebogen des Landratsamtes Leipzig, Personalamt, von Raestrup am 7.11.1946 ausgefüllt).

10 Zitiert nach Siegel (1966, S. 56).

11 Fritz Schwarz, geboren 1898 in Zürich, wurde nach dem Studium der Medizin 1924 Assistent an dem von Zangger geleiteten Züricher Institut für gerichtliche Medizin. 1929 Oberassistent, 1936 Ernennung zum Privatdozenten und ab 1941 Nachfolger Zanggers als Ordinarius für gerichtliche Medizin in Zürich. 1968 emeritiert.

12 BA: R 49.01-484 o. Bl.

13 Ilse Schwidetzky war Autorin einer »Rassenkunde der Altslawen« und Mitherausgeberin der »Zeitschrift für Rassenkunde und die gesamte Forschung am Menschen«. Nach 1945 war sie in Mainz tätig.

14 Zitiert nach UA Wrocław: S. 38, Tagebuch IIE, Bl. 32.

15 Während in einigen anderen Fächern der Medizin (z. B. Kinderheilkunde, Innere Medizin, Psychiatrie) bereits in den ersten Jahrzehnten des 20. Jahrhunderts in Deutschland immer häufiger Ärztinnen tätig wurden, ist diese Entwicklung in der deutschen Gerichtsmedizin erst ab etwa 1960 zu beobachten.

16 Zitiert nach: UA Berlin, PA N 18 (Elisabeth Nau), Bd. 5, Bl. 13.
17 Vgl. UA Jena: D 881 (PA Giese).
18 Zitiert nach: Zimmermann, S. (2000), S. 99 f.
19 UA Wien: PA Jellinek, Bl. 86.
20 Ebenda, Bl. 72.
21 Ebenda, Bl. 73.
22 Ebenda, Bl. 75.
23 Ebenda, Bl. 77.
24 Ebenda, Bl. 79.
25 Ebenda, Bl. 97.
26 Ebenda, Bl. 156.
27 Blitzröhre (auch: Fulgurit): durch Blitzeinschlag in stark sandigem Boden entstandene röhrenartige Aufschmelzungen, bis mehrere Meter lang bzw. tief, am Ende oft verzweigt, Durchmesser bis 2 m, die Wandung besteht aus Quarzglas.
28 UA Wien, PA Jellinek, Bl. 109-111.
29 Ebenda, Bl. 117.
30 Der »Zentralstelle« kam bei der Vertreibung der jüdischen Bevölkerung eine doppelte Funktion zu: Einerseits diente sie zur Beschleunigung der Auswanderung – von März 1938 bis November 1941 wurden 130 000 Österreicher vertrieben –, andererseits verfolgte sie den Zweck, die Flüchtlinge auf staatlich legale Weise gänzlich zu berauben.
31 SgS RmL: B-WA, Bl. 1.
32 Ebenda, Bl. 3.
33 Ebenda, Bl. 4.
34 Wachholz, L.: Johann Nep. Philip Rust. Beitrag zur Geschichte der medizinischen Fakultät in Krakau. Sudhoffs Archiv für Geschichte der Medizin und Naturwissenschaften 31 (1938), S. 40–51.
35 Sgs RmL: B-WA, Bl. 5.
36 Nova Acta Leopoldina. Neue Folge, 1939, 7, S. 540–543.
37 SgS RmL: B-WA, Bl. 6-8, Bl. 10.
38 Ebenda, Bl. 12.
39 Ebenda, Bl. 11.
40 BA: REM, 49.01-3121 (Betr. Internationale Akademie für gerichtliche Medizin), Bl. 2.
41 Ebenda, Bl. 5.
42 Zitat: Nyiszli, M. (1992), S. 22 f. Über den Lebensweg des Arztes Miklós Nyiszli (1901–1956) und die Bedeutung seines Erlebnisberichtes über seinen Aufenthalt in Auschwitz wurde von Hrjehor Nawka eine vom Verf. betreute Diplomarbeit gefertigt (1987).
43 Der Titel der ungarischen Originalausgabe von 1946 lautete: »Dr. Mengele boncolo orvosa voltam az Auschwitz i Krematoriumban«, die englische Übersetzung trug den Titel: Auschwitz/A Doctor's Eyewitness Account«
44 Aktenzeichen: U.S. AGO-D. 4325.33; U.S. AGO-D. 4325.36 und U.S. AGO-D. 432537.
45 Zit. in: Borkin, E.: Unheilige Allianz IG Farben, Frankfurt/Main – New York, 1979, S. 118.
46 Nyiszli, M.: a. a. O, S. 123–128.

Anmerkungen zu Kapitel 9

1 Zitat aus dem Gründungsaufruf vom November 1904.
2 Vgl. Vjschr. gerichtl. Med. öfftl. Sanitätsw. 3. F., XXXV (1905), 1.
3 Ebenda, S. 8–13.
4 Die Ankündigung der Tagung war wie üblich in den gerichtsmedizinischen Fachzeitschriften sowie in vielgelesenen allgemeinmedizinischen Zeitschriften erfolgt, in der »Ärztlichen Sachverständigen-Zeitung« z. B. in der Ausgabe vom 15. Mai 1933.
5 Zitiert nach SgS RmL: G-Ta-22/33, Bl. 1.
6 Ebenda, Bl. 2.
7 Ebenda, Bl. 1 R.
8 Zitiert nach: SgS RmL: Ges. Gm, Bl. 25.
9 Zitiert nach: BA 49.01-710, Bl. 154.
10 Zitiert nach SgS RmL: G-Mi, o. Bl.
11 Zitiert nach SgS RmL: G-Vo-BU, Bl. 1 ff. Buhtz wurde durch Erlaß des RMI vom 19.10.1937 als Vorsitzender bestätigt (vgl. BA: 49.01-943, Bl. 386); seine Amtszeit war gemäß § 9 der Satzung der Fachgesellschaft am 19.10.1939 abgelaufen.
12 Ebenda, Bl. 3.
13 Die Vorträge wurden veröffentlicht in Band 32 (1939–40) der Deutschen Zeitschrift für die gesamte gerichtliche Medizin.
14 Hans Schneikert: 1876 geboren, erhielt 1920 als »Dr. jur.« einen Lehrauftrag für Kriminalistik an der Universität Berlin und war gleichzeitig Vorsitzender des Erkennungsdienstes beim Polizeipräsidium Berlin. 1934 war er Dozent für strafrechtliche Hilfswissenschaften an der Berliner Universität; sein Hauptarbeitsgebiet waren Handschriften- und Fingerabdruckidentifizierung, sein Lehrgebiet umfaßte aber auch Kriminalpsychologie, Kriminaltaktik und Kriminaltechnik. Buchpublikationen: »Einführung in die Kriminaltechnik« (1921), »Kriminalistische Spurensicherung« (1925), »Kriminaltaktik und Kriminaltechnik«, »Kriminaltaktik unter besonderer Berücksichtigung der Kriminalpsychologie« (1940). In seinen in der NS-Zeit erschienenen Büchern sprach sich Schneikert für die »Ausmerzung des lebensunwerten Lebens« und für harte »kriminalbiologische« Maßnahmen aus. Schneikert, der nicht NSDAP-Mitglied war, ließ sich im Mai 1944 von seinen Lehrverpflichtungen entbinden und starb am 19. Oktober 1944 (vgl. Leonhardt 1991, S. 533).
15 Vgl. BA: 49.01-943, Bl. 365.
16 Ebenda, Bl. 364.
17 Vgl. SgS RmL: E 1/929.
18 Vgl. BA: 49.01-943, Bl. 375–381.
19 Vgl. ebenda, Bl. 389–391. Zitat: Bl. 391.
20 Zitiert nach: ebenda, Bl. 384.
21 Zitiert nach: ebenda, Bl. 386 R.
22 Zitiert nach: ebenda, Bl. 387.
23 Zitiert nach SgS RmL: G-Vo-M/2, Bl. 1.
24 Zitiert nach SgS RmL: G-Vo-M/2, Bl. 5.
25 Zitiert nach: ebenda, Bl. 15.

26 Zitiert nach: ebenda, Bl. 29.
27 Zitiert nach: ebenda, Bl. 42.

Anmerkungen zu Kapitel 10

1 Zitiert nach UA B: M 382, Bd. 4 (»Lebenslauf« vom 27.6.1945).
2 Durch die territoriale Ausdehnung des Deutschen Kaiserreiches und besonders der österreichisch-ungarischen k.u.k. Monarchie waren allerdings in der Deutschen Fachgesellschaft auch eine Reihe »späterer« Ausländer, z. B. Leon Wachholz und Wladimir Sieradski, neben einzelnen »echten« Ausländern wie Katayama (Tokio) oder Schoo (Amsterdam) Mitglied; vgl. Vjschr. gerichtl. Med. 47 (1914), S. 118 ff.
3 Vgl. BA 49.01-2834, Bl. 150 (Brief Berthold Muellers an den REM vom 4.12.1936).
4 Zitiert nach: ebenda.
5 Prof. Dr. Knud Sand war derzeit Direktor des Rechtsmedizinischen Instituts der Universität Kopenhagen.
6 Zitiert nach BA 49.01-2834, Bl. 150 (Brief Berthold Muellers an den REM vom 4.12.1936).
7 Zitiert nach: ebenda, Bl. 155 (Brief Berthold Muellers an den REM vom 22.12.1936).
8 Vgl. ebenda, Bl. 171+R (Ersuchen von Müller-Heß an den Rektor der Universität Berlin vom 16.4.1937).
9 Vgl. ebenda, Bl. 174 (Ersuchen Ernst Baaders, Universitätsinstitut für Berufskrankheiten Berlin, über den Dekan der Medizinischen Fakultät an den REM vom 2.4.1937).
10 Vgl. ebenda, Bl. 188 (Erlaß des REM »WS Nr.IX G 14/7« vom 14.5.1937).
11 Zitiert nach: ebenda, Bl. 187+R.
12 Zitiert nach: ebenda, Bl. 195 R (Brief des REM an Berthold Mueller vom 21.5.1937).
13 Zitiert nach: ebenda, Bl. 194 R (Brief Berthold Muellers an den REM vom 18.5.1937).
14 Wie Anm. 12.
15 Zitiert nach: ebenda, Bl. 199 R (Brief Berthold Muellers an den Präsidenten des Reichsgesundheitsamtes vom 1.6.1937). Zu korrespondierenden Mitgliedern der französischen Gesellschaft für gerichtliche Medizin waren ernannt worden die Professoren Baader, Berthold Mueller, Müller-Heß, Pietrusky und Schrader. In Vorschlag gebracht für eine Ernennung zu korrespondierenden Mitgliedern der deutschen Gesellschaft für gerichtliche Medizin wurden die französischen Professoren Balthazard (Paris), Piedelievre (Paris), Leclercq (Lille) und Muller (Lille) (vgl. ebenda).
16 Zitiert nach: ebenda, Bl. 208 (Abschlußbericht Pietruskys über den Verlauf der Tagung in Paris, datiert vom 31.5.1937, S. 5).
17 Zitiert nach ZstA-P: 49.01-2834, Bl. 209.
18 Zitiert nach: ebenda, Bl. 15 (Zwischenbericht Pietruskys an den REM über die Vorbereitungsarbeiten zum Kongreß vom 9.2.1938).
19 Vgl. ebenda, z. B. Bl. 4–7, 11, 12.

20 Vgl. ebenda, Bl. 18.
21 Zitiert nach: ebenda, Bl. 33 R.
22 Zitiert nach: ebenda, Bl. 43.
23 Der Arbeitsausschuß bestand aus: Blench (Manchester), Bosaeus (Stockholm), Braemer (Valparaiso), Buhtz (Jena), Dahnke (Berlin), Ernst (Berlin), Grzywo-Dabrowski (Warschau), Kernbach (Cluj), Laet (Brüssel), Lattes (Mailand), Miloslavich (Zagreb), Minovici (Bukarest), Muller (Lille), Mueller (Heidelberg), Munck (Kopenhagen), Nieuwenhuijse (Utrecht), Ohling (Köln), Orsós (Budapest), Palmieri (Bari), Schrader (Halle), Schweig (Berlin), S. Smith (Edinburgh), Theodorov (Sofia) (vgl. ebenda, Bl. 87).
24 Zitiert nach: ebenda, Bl. 105/106.
25 Zitiert nach; ebenda, Bl. 119.
26 Zitiert nach: »I. Internationaler Kongreß für gerichtliche und soziale Medizin ... Verhandlungsbericht ...«, Bonn 1938, S. XV.
27 Ebenda, S.
28 Zitiert nach BA: 49.01-2834, Bl. 125+R (Brief Pietruskys an den REM vom 28.9.1938).
29 Die »Kriminalbiologische Gesellschaft ... will in einem internationalen Rahmen und in Gemeinschaft mit den schon bestehenden Gesellschaften, die der Verbrechensbekämpfung dienen, die Zusammenarbeit der Strafrechtswissenschaft mit den sogenannten strafrechtlichen Hilfswissenschaften, wie mit der Kriminalbiologie, der -soziologie, -psychopathologie usw. sicherstellen«, hieß es in einem Brief des RJM an den Vorsitzenden der gerichtsmedizinischen Gesellschaft, Prof. Buhtz, vom 11.3.1938 (zit. nach SgS RmL: IKG, Bl. 5).
30 Vgl. ebenda, Bl. 15 (Liste der Teilnehmer am Kongreß).
31 Zitiert nach: ebenda, Bl. 18 (Schreiben des RJM an die Teilnehmer des Kongresses vom 31.8.1938).
32 Eine kurze Rezension des 380-Seiten-Buches, das als Heft 8 der von den Staatssekretären Freisler und Schlegelberger herausgegebenen »Beiträge zur Rechtserneuerung« erschien, findet sich in: Arch. Kriminol. 105 (1939), S. 49 f.
33 Ihre Teilnahme hatten angemeldet: Buhtz, Goroncy, Hey, Jungmichel, Berthold Mueller, v. Neureiter, Pietrusky, Többen und Schrader (vgl. BA 49.01-2834, Bl. 242).
34 Zitiert nach: BA SSO 232, Bd. II, o. Bl.
35 Zitiert nach: BA 49.01-2834, Bl. 279 (Bericht von Prof. Buhtz an den REM vom 22.8.1940).
36 Zitiert nach: SgS RmL: K-Pa 39, Bl. 4.

Anmerkungen zu Kapitel 11

1 Das Problem der Personenidentifizierung unter polizeilicher Fragestellung wurde zunächst von dem Franzosen Alphonse Bertillon (1853–1914) durch karteikartenmäßige Erfassung von 11–14 Meßdaten vom Körper des Delin-

quenten recht zufriedenstellend gelöst. Das später als »Bertillonage« bezeichnete Verfahren erlangte etwa ab 1883 in Frankreich zunehmende Bedeutung, wurde 1896 in Sachsen und ein Jahr später in ganz Deutschland eingeführt (Zentralkartei in Berlin). Nach der Entdeckung der Individualspezifität des Fingerabdruckes und der Propagierung dieses Verfahren (Daktyloskopie) durch Francis Galton (1822–1911) verlor die Bertillonage rasch an Bedeutung und ist heute nur noch von historischem Interesse.

2 Das Verdienst, neue naturwissenschaftliche und medizinische Kenntnisse in breitem Maße für die Rechtspflege nutzbar gemacht zu haben, gebührt zweifellos den Medizinern, die am Anfang des 20. Jahrhunderts darangingen, dem Fachgebiet »Gerichtliche Medizin« an den deutschen Universitäten zur akademischen Anerkennung zu verhelfen, z. B. Fritz Strassmann (1858–1940), Theodor Lochte (1864–1953), Richard Kockel (1865–1934) u.a.

3 Cesare Lombroso, geboren am 18.11.1835, studierte an den Universitäten in Turin, Pavia und Wien und promovierte im Jahre 1856. Ab 1862 Professor der Psychiatrie in Pavia, danach Direktor der »Irrenanstalt« Pesaro und später Professor der gerichtlichen Medizin und Psychiatrie in Turin, starb Lombroso am 19.10.1909 in Turin. Sein Hauptwerk »L'Uomo delinquente (studiato) in rapporto all'antropologia, giurisprudenza (medicina legale) ed alle discipline carcerarie« wurde nach der Fassung der 3. Auflage von Dr. M. O. Fraenkel übersetzt und erschien 1887 unter dem Titel »Der Verbrecher in anthropologischer, ärztlicher und juristischer Beziehung« erstmals auch in deutscher Sprache.

4 Franz von Liszt verbrachte seine Studenten- und Dozentenjahre in Österreich und kam, 28jährig, im Jahre 1879 auf sein erstes Ordinariat in Gießen, folgte drei Jahre später einem Ruf nach Marburg, ging 1889 nach Halle und wirkte ab 1899 in Berlin. Er starb 1919 in Seeheim.

5 Vgl. Ferdinand von Neureiter: Kriminalbiologie (Handbücher für den öffentlichen Gesundheitsdienst, Bd. 14). Berlin 1940, S. l.

6 Vgl. E. Schmidt: Anselm v. Feuerbach und Franz von Liszt, in: Mschr. Kriminalbiol., München 33 (1942), S. 221.

7 Vgl. ebenda.

8 Julius Friedrich Lehmann (1864–1939) – viele Bücher und Schriften aus seinem Verlag waren »scharfe Waffen im völkischen Freiheitskampf gegen den Liberalismus in der Zeit vor dem [l.] Weltkrieg und gegen die darauf folgende schwarz-rot-goldene Systemzeit«, wie es in einem Nachruf 1940 in »Volk und Rasse« hieß – hat auch die langjährige Publikation dieser beiden Zeitschriften getreu seinem Verlagssignet »gewagt«.

9 Der in Graz geborene Hans Groß (1847–1915) studierte Rechtswissenschaften und war später als Kriminalbeamter, Untersuchungsrichter und Universitätsprofessor (Graz) tätig. Groß ist einer der Väter der modernen Kriminalistik. Ab 1888 setzte er sich für die Einführung der von Bertillon gefundenen Methoden der Anthropometrie ein, 1892 erschien sein »Handbuch für Untersuchungsrichter« in erster Auflage. Die Intentionen von Groß bei der Herausgabe des vom Verlag F. C. W. Vogel in Leipzig besorgten »Archivs...« lagen auf dem Gebiet der naturwissenschaftlichen Kriminalistik, wobei die Erkenntnisse der Physik, Chemie und Medizin

besondere Berücksichtigung finden sollten. Ab Band 66 (1916) erschien die Zeitschrift als »Archiv für Kriminologie«.

10 Robert Heindl (1883–1958), langjähriger Chef der Kripo in Dresden und ganz maßgeblich an der Einführung der Daktyloskopie in die kriminalistische Praxis beteiligt, wurde 1933, also im Alter von 50 Jahren und inzwischen »wirklicher Legationsrat im Auswärtigen Amt« in Berlin, in den Ruhestand versetzt. Immerhin blieb er auch in der Zeit des NS-Regimes Herausgeber der Zeitschrift, was deren Gesamtprofil sicherlich zugute kam. Nach 1945 wurde Heindl mit der Errichtung des »Zentralamtes für Kriminalidentifizierung, Polizeistatistik und Polizeinachrichtenwesen« für das Land Bayern beauftragt und 1946 zum Präsidenten dieser Instanz, aus der dann das Bayerische Landeskriminalamt entstand, ernannt.

11 Zitiert nach Edmund Mezger: Kriminalpolitik auf kriminalbiologischer Grundlage. Stuttgart 1934, S. 21.

12 Ebenda, S. 25. Mezger prägte auch den Begriff der »Lebensführungsschuld«: Danach sollten auch die »asozialen ... lästigen Gemeinschaftsfremden, deren Strafbarkeit weniger in einzelnen Taten besteht als in ihrer ... asozialen Existenz«, angeblich nicht bestraft werden, weil sie asozial seien, sondern weil sie durch »schuldhafte Lebensführung so geworden sind« (Mezger, Deutsches Strafrecht, 1938, S. 72).

13 Fritz Lenz (1887–1976), Hygieniker, war einer der wissenschaftlichen Hauptvertreter der Rassenhygiene und Mitautor des Standardwerkes »Menschliche Erblehre und Rassenhygiene« (Baur-Fischer-Lenz; 1. Auflage 1921, 4. Auflage 1936/40).

14 Das »Kaiserliche Gesundheitsamt« war 1876 gegründet worden und übernahm Aufgaben bei der Erforschung und Bekämpfung epidemischer Erkrankungen. Später erweiterte sich sein Arbeitsgebiet; 1919 wurde es in »Reichsgesundheitsamt« (RGA) umbenannt und dem Reichsinnenministerium unterstellt. Ende der zwanziger Jahre arbeiteten 198 Beamte und Angestellte (darunter 55 Wissenschaftler) in den vier Abteilungen (Chemisch-hygienische, Medizinische, Veterinär- und Bakteriologische Abteilung). Der damalige Präsident, Dr. med. Carl Hamel, trat am 1. Juni 1933 noch vor Erreichen des Pensionsalters in den Ruhestand. Zunächst kommissarischer Direktor, nach einem Vierteljahr Präsident wurde der Hygieneprofessor Hans Reiter (1881–1969), der seit 1926 Direktor des Landesgesundheitsamtes Schwerin-Mecklenburg gewesen war. Reiter hatte das Amt bis 1945 inne. Dem RGA stand bei der Erfüllung seiner Aufgaben der Reichsgesundheitsrat zur Seite, dessen Mitglieder, meist Mediziner, auf fünf Jahre gewählt wurden. Der Reichsgesundheitsrat wurde 1933 aufgelöst. Seine Aufgaben übernahmen der Preußische Landesgesundheitsrat und der »Sachverständigenbeirat für Bevölkerungs- und Rassenpolitik«. Die nach 1933 erfolgte Neugliederung der Abteilungen des RGA diente den Zielen der faschistischen Gesundheitspolitik; die Abteilungen wurden nunmehr mit Großbuchstaben bezeichnet. Der Hauptsitz war in Berlin-Tiergarten, Klopstockstraße 18, die Zweigstelle befand sich in Berlin-Dahlem, Unter den Eichen 82/84.

15 Nachdem in Belgien bereits 1907 in Brüssel und 1911 am Gefängnis in Forest ein kriminalanthropologisches Laboratorium gegründet und in

Lettland durch v. Neureiter 1924 am Zentralgefängnis in Riga ein »kriminalbiologisches Kabinett« (vgl. von Neureiter 1928, S. 131) geschaffen worden war, errichtete man in Straubing ebenfalls 1924 eine »kriminalbiologische Sammelstelle«, deren Leiter Dr. Viernstein einen umfangreichen Fragebogen zur erbbiologischen Untersuchung der Gefangenen einführte.

16 Vgl. »Allgemeine Verfügung des Reichsministers der Justiz, betr. Einrichtung eines Kriminalbiologischen Dienstes im Bereich der Reichsjustizverwaltung. Vom 30. November 1937« in: »Reichs-Gesundheitsblatt« 13 (1938), 15–17. Nach der zugehörigen Durchführungsverordnung leiteten die kriminalbiologischen Untersuchungsstellen die Untersuchungsakten, die u. a. auf der Basis von Behörden-, Polizei-, Wehrmachts- oder Schulauskünften, nach Informationen von öffentlichen Krankenhäusern und Kliniken und dem Arbeitgeber erstellt worden waren, an die Sammelstellen weiter. Hier erfolgte eine Auswertung nach eugenischen und rassenhygienischen Gesichtspunkten. Die Daten wurden in eine Kartei übertragen, die den Gesundheitsämtern »zur Durchführung ihrer gesetzlichen Aufgaben auf dem Gebiete der Erb- und Rassenpflege« zur Einsicht zur Verfügung stand.

17 Der Erlaß des Reichs- und Preußischen Justizministers vom 30.1.1935 wurde zitiert nach Barthel (1942, S.128).

18 Die Zahlen wurden entnommen: BA.: 30.01-22964, Bl. 138.

19 Eine ausführliche Erläuterung zum »kriminalbiologischen Dienst in Deutschland« gab v. Neureiter auch in: Mschr. Kriminalbiologie u. Strafrechtsreform 29 (1938), S. 65–81.

20 In der Arbeit »Die ärztlichen Zeugnisse im Rahmen der amtsärztlichen Untersuchung von Ehekandidaten« (1938, S. 305–308) wird zusammenfassend von v. Neureiter festgestellt: »Es gibt also neben dem Ehetauglichkeitszeugnis und der Bescheinigung über die Untersuchung auf Eignung zur Ehe noch ein amtsärztliches Gesundheitszeugnis zum Zwecke der militärischen Genehmigung der Eheschließung« – die Braut des Berufssoldaten mußte ein »allgemeines Gesundheitszeugnis« vorlegen.

21 Robert Ritter war vor seiner Tätigkeit im RGA Oberarzt an der Universitäts-Nervenklinik in Tübingen. Ein Verfahren gegen ihn wurde 1950 eingestellt, er starb im Alter von 50 Jahren 1951.

22 Schon 1938 hatte Ritter herausgefunden, daß sich die Zigeuner als »artfremde Rasse« so stark mit den »Asozialen« vermischt hätten, »daß es reinrassige Zigeuner überhaupt nicht mehr gibt«, selbst unter den »Wanderzigeunern« nicht. 1941 betrug »die Zahl der bisher gemeldeten Personen rund 30 000«, und Ritter plante, in anderthalb Jahren die »Durchmusterung und Sichtung der gesamten Zigeunerbevölkerung« beenden zu können. Folgerichtig wurden ab Dezember 1942 auf Befehl Himmlers die Zigeuner nach Auschwitz deportiert (vgl. Gilsenbach 1988, S. 24 f.).

23 »Eine groteske Ausgeburt des Rassismus, wie sie nur im Zusammenspiel von akademischen Rassenhygienikern und faschistischen Machthabern gezeugt werden konnte«, nennt Gilsenbach die Tatsache, daß für wenige »reinrassige« Zigeuner – als »urtümliche Wildbeuter« – Sonderregelungen (Erlaß des RSHA vom 13. Oktober 1942, betr. »Zigeunerhäuptlinge«)

geschaffen wurden, um sie als Objekt für »wissenschaftliche« Forschungen zu erhalten (vgl. ebenda, S. 32 f.).

24 Günther Just, 1881 geboren, war seit 1923 im Greifswalder Institut für menschliche Erblehre und Eugenik tätig, dessen Direktor er 1933 wurde. 1937 berief man ihn an das Reichsgesundheitsamt. Nach dem Kriege war Just als Professor in Tübingen tätig (vgl. Grell, Ursula 1988, 8.62).

25 Einige Arbeiten Koopmanns haben enge Bezüge zur Kriminalbiologie (z. B. Koopmann 1936, 1949). (Vgl. Steinberg 1990.)

26 Das Gutachten erschien in Form einer »wissenschaftlichen« Arbeit »aus dem Gerichtsärztlichen Dienst des Hauptgesundheitsamtes Hamburg« in der Zeitschrift »Archiv für Kriminologie« (Band 114) im Jahre 1944 (S. 89–98).

27 § 51 StGB war überschrieben mit »Zurechnungsunfähigkeit«.

28 Die Arbeit erschien in der Deutschen Zeitschrift für die gesamte gerichtliche Medizin (25/1936), S. 369–372.

29 Von Friedrich Mennecke (1904–1947), »Euthanasie«-Arzt aus der psychiatrischen Anstalt Eichberg/Eltville – also gewissermaßen ein Gutachter »an der Basis« – existiert eine riesige Anzahl von an seine Ehefrau gerichteten Briefen aus den Jahren 1939–1945, deren Sprache eine »Mischung aus Landser und Biedermann, Ortsgruppenleiter und Arzt« (Chroust 1987, S. 79), deren Inhalt jedoch bar jeden Schuldgefühls wegen der Beteiligung an der Euthanasie ist. »So fest verinnerlicht war die ›historische Mission‹ einer kostendämpfenden Modernisierung der deutschen Psychiatrie, daß bei Friedrich Mennecke ethische Zweifel gar nicht erst entstanden.« (Ebenda.) Die Briefe sind vom Hamburger Institut für Sozialforschung in zwei Bänden mit ca. 1 800 Seiten 1987 veröffentlicht worden. Vgl. z. B. Többen, H.: Kriminalbiologie, Öffentl. Gesundh.dienst. (1938), S. 273–283.

30 Heinrich Többen: geboren 1880 in Haselünne als Sohn eines Arztes. Nach dem Besuch des Gymnasiums in Meppen Medizinstudium an den Universitäten Freiburg, Marburg, Berlin und Halle, Staatsexamen und Promotion 1905 in Halle. Nach einjähriger Tätigkeit am Hygiene-Institut in Gelsenkirchen arbeitete Többen 1907 an den Heil- und Pflegeanstalten in Göttingen und Münster; danach war er praktizierender Nervenarzt in Münster und Anstaltsarzt des Zuchthauses. Am 16.6.1908 Ernennung zum nebenamtlichen Lehrbeauftragten für gerichtliche Psychiatrie und Medizin an der juristischen Fakultät der Universität Münster. Im I. Weltkrieg Leiter des Lazarettes für Nervenverletzungen und -krankheiten in Münster. 1918 Honorarprofessor; am 1.10.1924 Berufung zum ordentlichen Professor für gerichtliche Psychiatrie und Medizin; gleichzeitig wurde Többen Direktor des Institutes für gerichtliche und soziale Medizin in Münster. 1930 Habilitation. Am 28.1.1939 wurde Többen wegen des angeblichen Verdachtes der Bestechung und des Betruges aus dem Amt gedrängt; man fand das ehemalige Zentrumsmitglied als auch weltanschaulich nicht mehr geeignet, das Professorenamt auszuüben. Wiedereinsetzung aufgrund eines Gnadenerlasses des Führers am 11.7.1939. Einstellung des Dienststrafverfahrens am 19.3.1940. 1942 wurde Többen die Leitung der kriminalbiologischen Sammelstelle entzogen. »Politisch steht er noch heute gegen die [nationalsozialistische] Bewegung, ist konfessio-

nell äußerst stark gebunden und verkehrt sehr viel mit der katholischen Geistlichkeit«, hieß es in einem im Februar 1942 gefertigten Gutachten der NSDAP-Gauleitung Westfalen-Nord. 1946 Emeritierung. Heinrich Többen starb am 1951 in Münster.
Das wissenschaftliche Werk Heinrich Többens umfaßt vor allem forensisch-psychiatrische Arbeiten; Siegel hat 57 Titel übersichtsmäßig dargestellt. Von besonderer Bedeutung war das 1922 erschienene mehr als 1 000 Seiten starke Buch über »Die Jugendverwahrlosung und ihre Bekämpfung«, das auch die sozialen Aspekte des Problems berücksichtigte und vor allem Pädagogen, Sozialbeamte, Juristen und Geistliche ansprach. Themen der forensischen Pathologie, der Serologie und Toxikologie hat Többen nur ausnahmsweise bearbeitet.

31 Hans W. Gruhle, 1880 in Lübben in der Lausitz geboren, studierte Medizin und habilitierte sich 1913 in Heidelberg für die Lehrgebiete Psychiatrie, Neurologie, Psychopathologie und forensische Psychiatrie, er wurde 1919 a. o. Professor. Im Sommer 1933 führte Gruhle kommissarisch zunächst die Heidelberger, ein Jahr später die Bonner Klinik für Psychiatrie, wurde jedoch von den Nazis aus der Universität entfernt und war zunächst arbeitslos. Auch eine Berufung nach Halle scheiterte aus politischen Grüden. Schließlich wurde er Direktor der Heilanstalten Zwiefalten bzw. Weissenau. Im II. Weltkrieg war Gruhle Chefarzt eines Nervenlazaretts bei Stuttgart, von 1946 bis 1953 schließlich Direktor der Bonner Nervenklinik. Gruhle starb 1958 in Bonn. Nach dem II. Weltkrieg war Gruhle Mitherausgeber der Zeitschrift für gerichtliche Medizin. Gruhle war ein ungewöhnlich vielseitiger Wissenschaftler, bereits bis 1933 hatte er über 100 Publikationen erarbeitet. Obwohl Gruhle während der NS-Zeit von Lehrämtern ferngehalten wurde, gelang es ihm, auch in der Zeit zwischen 1933 und 1945 eine gewisse Anzahl keineswegs konformistischer Artikel zu »kriminalbiologischen« Themen zu publizieren.

32 Hans W. Gruhle, in: Mschr. Kriminalbiol., München 30 (1939), S. 156.

33 Ebenda, S. 234.

34 Mschr. Kriminalbiol., München 34 (1943), S. 65. Die »Verordnung gegen Volksschädlinge« vom 5. September 1939 wurde im »Reichsgesetzblatt I, 1679/1939« veröffentlicht.

35 Ebenda, S. 70.

36 Hans W. Gruhle: Kriminalitätsgeographie. Eine Übersicht, in: Mschr. Kriminalbiol. 29 (1938), S. 288.

37 Kurt Daluege (1896–1946), schon vor 1933 »Gauleiter der NSDAP« und SS-Gruppenführer, war ab 1936 General der Polizei und Chef der »Ordnungspolizei« (»Orpo«). Seit Juni 1942 als Nachfolger Heydrichs mit der Führung der Geschäfte des stellvertretenden »Reichsprotektors in Böhmen und Mähren« beauftragt. Am 20.10.1946 in Prag hingerichtet. Reinhard Heydrich (1904–1942) war schon 1931 Sturmbannführer der SS und wurde 1934 Chef der »Gestapo«. Nach der Gründung des »Reichssicherheitshauptamtes« wurde er dessen Chef und ab 29. September 1941 stellvertretender »Reichsprotektor« in Prag. Heydrich starb nach einem Attentat am 4. Juni 1942.

38 Werner Best, 1903 geboren, war SS-Gruppenführer und Leiter des Amtes I

im RSHA (Verwaltung und Recht); von 1942–1945 »Reichsbevollmächtigter« für Dänemark. Dort nach dem Kriege zum Tode verurteilt, später begnadigt und freigelassen. Dr. jur. Werner Best, nach Himmler und Heydrich dritthöchster Mann in der SS-Hierarchie, ist bis zu seinem Tode im Jahre 1989 in der Bundesrepublik weitgehend unbehelligt geblieben. Als Mitarbeiter des FDP-Politikers Achenbach und als Justitiar und Direktoriumsmitglied des Stinnes-Konzerns konnte er juristische Strategien zur Verteidigung von NS-Verbrechen entwickeln und Einfluß auf die Zeitgeschichtsschreibung nehmen.

Heinrich Müller, 1900 geboren, war Leiter des Amtes IV (Gestapo); nach dem Kriege ist er nicht aufgefunden worden.

39 Arthur Nebe, schon vor 1933 als Kriminalist in Berlin tätig, war 39 Jahre alt, als er stellvertretender, und 42, als er Chef des Reichskriminalamtes wurde. Bis November 1941 leitete er in Bjelorußland die »Einsatzgruppe B«, die in dieser Zeit etwa 45 000 Juden ermordete. Nach dem mißglückten Attentat auf Hitler am 20. Juli 1944 war Nebe aus seinem Amt geflohen; nach seiner Ergreifung wurde er hingerichtet.

40 Zahlenangaben nach: Best 1940, S. 53.

41 Walter Heess: 1901 geboren, war zu Beginn der dreißiger Jahre als Sachverständiger am Württembergischen Landeskriminalamt Stuttgart tätig und wurde später Leiter der Abteilung für gerichtliche Chemie und Kriminaltechnik an der Chemischen Landesanstalt in Stuttgart. 1938 wurde er Leiter des neu gegründeten Kriminaltechnischen Instituts der Sicherheitspolizei beim Reichskriminalpolizeiamt. Ab 17.7.1941 Dozent für Gerichtliche Chemie an der Mathematisch-Naturwissenschaftlichen Fakultät der Friedrich-Wilhelms-Universität Berlin. Heess, Mitglied der Internationalen Akademie für Kriminalistische Wissenschaften, war aktiver Parteigänger der Nationalsozialisten. 1942 zum Kriminaldirektor ernannt und 1944 zum SS-Standartenführer befördert, liest er bis Ende 1944 vor allem über gerichtliche Chemie. Als »Oberregierungs- und Kriminalrat und Leiter des Kriminaltechnischen Instituts« wurde Dr. ing. habil. Heess 1940 auch Mitglied des Vorstandes der gerichtsmedizinischen Fachgesellschaft. Sein Schicksal verliert sich im Dunkel der letzten Tage und Wochen des nationalsozialistischen Reiches.

42 Becker wurde z. B. am 4. April 1960 durch die westdeutsche Kriminalpolizei vernommen (vgl. Kaul 1973, S. 77); Widmann stand 1967 vor dem Landgericht Stuttgart (vgl. Klee 1983, S. 84).

43 Zitat aus der Aussage Beckers vom 4. April 1960.

44 Zitat aus dem Urteil gegen Widmann.

45 Zitiert nach F. Kudlin 1989, S. 355 f. (BA BDC, Akte Mrugowski).

46 Zitiert nach Lord Russell of Liverpool 1961, S. 236 ff.

47 Zitiert nach SgS RmL: Vo-BU, o. Bl.

48 Zitiert nach SgS RmL: Vo-MU, o. Bl. (Informationsschreiben des Vorsitzenden der gerichtsmedizinischen Fachgesellschaft, Prof. Dr. Mueller, vom 18.11.1941 an die Lehrstuhlinhaber).

49 Zitiert nach SgS RmL: Vo-MU, o. Bl. (Informationsschreiben Muellers an die Lehrstuhlinhaber vom 15.4.1942).

50 Zitiert nach SgS RmL: E1/1694.

51 Vgl. »Kriminalmedizinisches Zentralinstitut der Sicherheitspol. RdErl. d. RMdI. v. 28. 9. 1943 - Pol S-V A 1 Nr.2319/42«.

52 AdR Österreich: K 1702 (Kurator der wissenschaftlichen Hochschulen in Wien), o. Bl.

53 Ebenda.

54 Ebenda.

Anmerkungen zu Kapitel 12

1 »Nacht-und-Nebel-Häftlinge«: Um in den besetzten Gebieten besonders Belgiens, Frankreichs und der Niederlande durch eine Vielzahl kriegsgerichtlicher Verfahren nicht Märtyrer zu schaffen, erteilte Hitler Ende September 1941 den Befehl (»Nacht-und-Nebel-Erlaß«), der Widerstandstätigkeit verdächtige Personen festzunehmen, die Mehrzahl von ihnen aber nicht im jeweiligen Lande abzuurteilen, sondern sie »bei Nacht und Nebel« nach Deutschland zu bringen und sie dort im Nichts, also z. B. in irgendeinem KZ, verschwinden zu lassen. Auf diese Weise sollte die Bevölkerung der besetzten Gebiete zusätzlich eingeschüchtert werden.

2 Die Holocaust-Leugner stellen diese Zahl als einzig richtige, amtlich dokumentierte Zahl dar und bewerten sie als Beweis dafür, daß in Auschwitz niemand in Gaskammern ermordet worden wäre und daß die Zahl der Toten folglich sehr erheblich unter der in historischen Werken verbreiteten Opferzahl läge. Diese Behauptung verzerrt die Realität. Der Lagerkomplex Auschwitz war sowohl Arbeitslager als auch Vernichtungslager. In den Sterbebüchern registriert wurden nur die Insassen des (Arbeits-) Lagers. Die Opfer der Gaskammern wurden direkt von der »Rampe« in die Gaskammern geschickt, galten deshalb nicht als Insassen des Lagers und tauchen folglich auch nicht in den Lagerakten auf.

3 Vgl. BA.: NS 19-321, o. Bl.

4 Sigmund Rascher (1909–1945): Stabsarzt der Luftwaffe und SS-Untersturmführer, verfügte über direkte Beziehungen zu Himmler, der ihm die Erlaubnis zu Experimenten im Konzentrationslager Dachau gab. Raschers Tätigkeit verbindet sich mit dem Begriff des »terminalen Versuchs«, bei dem die Tötung der Versuchsperson (und z. T. die Sektion der Leiche) zu einem Teil des Experimentes wurde. Seine »Untersuchungen« beschäftigten sich mit dem Verhalten des menschlichen Körpers bei Unterkühlung und bei atmosphärischem Unterdruck, wobei eines seiner Ziele die Habilitation an einer Universität war. Rascher und seine (wesentlich ältere) Ehefrau wurden 1944 wegen Kindesunterschiebung verhaftet, er selbst vor dem Einrücken der Amerikaner in Dachau erschossen, Frau Rascher wurde in Ravensbrück gehängt.

5 Zitiert nach: Mitscherlich, A.; Mielke, F., 1989, S. 23 f.

6 Nekrospermie: Abgestorbensein aller Spermien in der Samenflüssigkeit, Zeichen der Unfähigkeit, Kinder zu zeugen (Impotentia generandi).

Anmerkungen zu Kapitel 13

1 Zur älteren Geschichte der Pepinière vgl. Rüster 1987, S. 13 ff.
2 Über »Das Institut für wehrgerichtliche Medizin der Militärärztlichen Akademie in Berlin 1938–1945« hat Christoph Alex 1998 eine ausführliche Dissertation vorgelegt.
3 Diese Angabe wird von Hubert Fischer nicht dokumentarisch belegt, nach unseren Quellen war z. B. Rommeney lediglich vom 1.1. bis 25.8.38 und später vom 1.11.40 bis 6.6.43 an der Militärärztlichen Akademie tätig (vgl. UA-B.: R 197 / PA Rommeney, Bd.I, Bl. 1).
4 Zitiert nach SgS RmL; F. (»Lehr- und Prüfungsfach«), Bl. 20.
5 BA-MA: H 20/289, o. Bl.
6 Ebenda, o. Bl.
7 Ebenda, o. Bl.
8 Ebenda, o. Bl.
9 Gerhard Rommeney: geboren 1907, studierte in Leipzig und Würzburg Medizin. 1933 Staatsexamen. Ab 1.1.1934 Sanitätsoffizier, später zeitweilig an der Militärärztlichen Akademie, zeitweilig auch zum Universitätsinstitut für gerichtliche Medizin kommandiert bzw. Kriegsdienst. 1943 Habilitation; Ernennung zum Dozenten. 1951 apl. Professor für gerichtliche Medizin in Berlin (West), 1959–1972 Leiter des dortigen Landesinstituts für gerichtliche und soziale Medizin. 1974 gestorben.
10 Friedrich Jobst Waechter: arbeitete vor seiner Einberufung zur Wehrmacht als erster Assistent am Institut für gerichtliche Medizin der Universität Jena, ab September 1942 am Institut für wehrgerichtliche Medizin tätig. Teilnahme an den Exhumierungen in Katyn. Nachweisbar bis November 1944 zum Institut für wehrgerichtliche Medizin gehörig, wahrscheinlich besonders in der Blutalkoholuntersuchungsstelle. Seit 1931 Mitglied der NSDAP (Alex, S. 19 f.).
11 Albert Frentzel-Beyme: von Januar 1943 bis Dezember 1944 zum Institut für wehrgerichtliche Medizin gehörig. NSDAP-Mitglied seit 1929, trat 1931 der SA bei (Alex, S. 14).
12 Siegfried Müller: seit 1924 Assistenzarzt; ab Frühjahr 1943 am Institut für wehrgerichtliche Medizin, Kommandierung nach Katyn; später Beratender Gerichtsmediziner. Mitglied der NSDAP seit 1933 (Alex, S. 17).
13 BA-MA: H 20-324/5 (Tätigkeitsbericht ... 1942/43).
14 Ebenda (Tätigkeitsbericht ... 1939/40).
15 Ebenda (Tätigkeitsbericht 1940/41).
16 Zitiert nach BA-MA: H 20/291a o. Bl.
17 BA-MA: H 20-290, Bl. 371 f.
18 Vgl. UA Berlin P 23 (PA Panning), Bl. 45.
19 Victor Müller-Heß: geboren 1883 im Banat als Sohn eines Lehrers. Medizinstudium in Wien, Bonn, Leiden, Uppsala und Leipzig, wo Müller-Heß 1908 das Staatsexamen ablegte und zum Dr. med. promovierte. Danach Assistent an den Universiäts-Nervenkliniken in Leipzig, Köln, Zürich und Dresden; schließlich bis 1914 I. Assistent an der Städtischen Nervenheilanstalt in Chemnitz. Nach zweijähriger Teilnahme am I. Weltkrieg

Assistent in der Pathologie bei Schmorl in Dresden. 1917 Kreisarztexamen. Habilitation 1920 in Königsberg, wo Müller-Heß von 1918 bis 1922 Assistent an dem von Puppe geleiteten gerichtsmedizinischen Universitätsinstitut war. 1922 wurde Müller-Heß Nachfolger von Emil Ungar in Bonn, im Spätherbst 1930 erfolgte die Berufung nach Berlin. Als Nicht-NSDAP-Mitglied blieb Müller-Heß auch nach 1945 in seinem Amt als Direktor des Berliner Instituts und als Ordinarius für gerichtliche Medizin tätig. 1949 trat er zur neugegründeten Westberliner Freien Universität über und leitete das dortige »Institut für Gerichtliche und Soziale Medizin« bis zu seiner Emeritierung im Jahre 1954. Victor Müller-Heß starb 1960 in Berlin. Er hat etwa 50 wissenschaftliche Arbeiten auf sämtlichen Gebieten der klassischen gerichtlichen Medizin sowie der forensischen Psychiatrie geschrieben, »deren Thematik ... in ausgesprochener Weise pragmatischen Charakter hat«, schrieb sein Schüler Ferdinand Wiethold in einem Nachruf.

20 Zitiert nach UA Berlin: PA M 382 (PA Müller-Heß), Bd. II, Bl. 18.

21 Zitiert nach ebenda, Bd. I, Bl. 176.

22 Eine Kopie des Manuskripts der (infolge des Kriegsendes nicht mehr erschienenen) Arbeit »über die Wirkungsweise verschiedener Geschoßarten auf den menschlichen Körper« liegt dem Verf. vor.

23 UA Bonn, MF-PA 120 (PA Panning), Bl. 60.

24 UA Bonn, MF-PA 59 (Herbert Elbel), o. Bl.

25 Ebenda; »iatrogen« = durch ärztliche Einwirkung; »Caustik«: Gewebszerstörung, hier offenbar mittels Durchtrennung von Verwachsungssträngen zwischen Lunge und Brusthöhleninnenwand.

26 UA Bonn, MF-PA 120 (PA Panning), Bl. 62.

27 Rudolf Nissen (1896–1981), ein Schüler Sauerbruchs, war einer der großen Chirurgen des 20. Jahrhunderts. Er wurde nach 1933 in die Emigration gezwungen. Zu Schürmann schreibt er in seinem Buch »Helle Blätter – dunkle Blätter«, S. 189: »Er war tief unglücklich über die politische Entwicklung. Kurz darauf [gemeint ist Ende April 1933 – F.H.] nahm er einen längeren Urlaub, um an einem skandinavischen Institut zu arbeiten. Sein dezidierter politischer Antagonismus machte ihn bald verdächtig. Er fand, um Verfolgungen durch die Partei zu entgehen, einen damals oft gewählten Ausweg: den Eintritt ins aktive Heer. Nach Deutschland kehrte er erst zurück, als die Formalitäten erfüllt waren. Die Uniform ... schützte ihn vor dem Zugriff der Nazis. Während des Zweiten Weltkrieges ist er im russischen Feldzug gefallen, menschlich und wissenschaftlich ein gleich schwerer Verlust.«

28 Helmut James Graf von Moltke, 1907 geboren, studierte Rechtswissenschaften und wurde nach Kriegsausbruch als Spezialist für Völkerrecht zum OKW in Berlin eingezogen. »Seitdem der Nationalsozialismus zur Macht gekommen ist, habe ich mich bemüht, seine Folgen für seine Opfer zu mildern und einer Wandlung den Weg zu bereiten. Dazu hat mich mein Gewissen getrieben, und schließlich ist das eine Aufgabe für einen Mann«, schrieb v. Moltke in einem Abschiedsbrief an seine Söhne, nachdem er im Rahmen des »Kreisauer Kreises« eine Oppositionsgruppe gegen den Faschismus aufgebaut hatte und nach dem 20. Juli 1944 vom sog. Volksgerichtshof unter Freisler zum Tode verurteilt worden war. Hinrichtung am 23.1.1945 (vgl. »Letzte Briefe aus dem Gefängnis«, Berlin 1963).

29 Zitiert nach Streim (1972, S. 74).
30 UA Bonn, MF-PA 120 (PA Panning), Bd. II, o. Bl.
31 BA-MA: H20/324/5 (Tätigkeitsbericht ...1940/41), o. Bl.
32 Dr. med. Matzdorf, 1901 geboren, leitete die pathologisch-anatomische Untersuchungsstelle in Nürnberg, bevor er 1943 vom Beratenden Pathologen beim Heeres-Sanitätsinspekteur im Operationsgebiet eingesetzt wurde.
33 BA-MA: H 20-324/5 (Tätigkeitsberichte für die Jahre 1938–1941), o. Bl.
34 BA-MA: H 20-290, Bl. 165, 362 ff.
35 BA-MA: H 20-291a, o. Bl.
36 BA-MA: H 20-290, Bl. 60.
37 BA-MA: H 20/291a, o. Bl.
38 BA-MA: H 20-924, o. Bl.
39 Ebenda, o. Bl.
40 Ebenda, o. Bl.
41 Ebenda, o. Bl.

Anmerkungen zu Kapitel 14

1 BA-MA: RW 2/V. 212, Bl. 42 f.
2 Der Heeres-Sanitätsinspekteur unterstand dem Befehlshaber des sog. Ersatzheeres, hatte den Rang eines kommandierenden Generals, war gleichzeitig Vorsitzender eines »wissenschaftlichen Senates« der Militärärztlichen Akademie sowie Mitglied der obersten Gesundheitsbehörden des Reichsgesundheitsrates und des Preußischen Landesgesundheitsrates. Die Funktion wurde zunächst von Generaloberstabsarzt Prof. Dr. Anton Waldmann (1880–1941) ausgeübt, nachdem dieser im Dezember 1940 aus Krankheitsgründen zurückgetreten war, wurde sein bisheriger Stellvertreter, Generaloberstabsarzt Prof. Dr. Siegfried Handloser (1884–1956) Heeres-Sanitätsinspekteur.
3 BA-MA: H 20/324/5 (Tätigkeitsbericht des Instituts für wehrgerichtliche Medizin 1940/41, S. 3).
4 Seidler (1978, S. 48 ff.) zitiert allgemeine Passagen aus dieser Dienstanweisung, die im Bundesarchiv/Militärarchiv (Signatur: H20/290) vorhanden ist.
5 Der mit Maschine geschriebene Entwurf Pannings umfaßt 11 Seiten und eine alphabetische Aufstellung von 28 Gerichtsmedizinern, darunter alle Lehrstuhlinhaber, mit Angabe ihrer militärischen Verwendung bzw. möglichen Verwendbarkeit. Das angeführte Zitat findet sich auf Seite 4, personelle Vorschläge werden auf den Seiten 6–8 gemacht.
6 Bei den »Patienten der gerichtlichen Medizin« dürfte es sich z. B. um sistierte Soldaten gehandelt haben, deren Verletzungen im Hinblick auf mögliche Selbstbeibringung untersucht werden sollten.
7 Diese Feststellungen ergeben sich nach Einsichtnahme in diver-se Unterlagen des BA-MA.

8 Vgl. »Bericht über die 2. Arbeitstagung Ost der Beratenden Fachärzte vom 30. November bis 3. Dezember 1942 in der Militärärztlichen Akademie Berlin«. Die Broschüre enthält keine bibliographischen Angaben.
9 Vgl. »Bericht über die 3. Arbeitstagung Ost der Beratenden Fachärzte vom 24.-26. Mai 1943 in der Militärärztlichen Akademie Berlin«. Die Broschüre enthält keine bibliographischen Angaben.
10 Vgl. »Bericht über die 4. Arbeitstagung der Beratenden Ärzte vom 16. bis 18. Mai 1944 im SS-Lazarett Hohenlychen«. Die Broschüre enthält keine bibliographischen Angaben.
11 BA-MA: H 20/2173, o. Bl.
12 »§ 5. Zersetzung der Wehrkraft
I. Wegen Zersetzung der Wehrkraft wird mit dem Tode bestraft;
1. wer öffentlich dazu auffordert oder anreizt, die Erfüllung der Dienstpflicht in der deutschen oder einer verbündeten Wehrmacht zu verweigern, oder sonst öffentlich den Willen des deutschen oder verbündeten Volkes zur wehrhaften Selbstbehauptung zu lahmen oder zu zersetzen sucht;
2. wer es unternimmt, einen Soldaten oder Wehrpflichtigen des Beurlaubtenstandes zum Ungehorsam, zur Widersetzung oder zur Tätlichkeit gegen einen Vorgesetzten oder zur Fahnenflucht oder unerlaubten Entfernung zu verleiten oder sonst die Manneszucht in der deutschen oder einer verbündeten Wehrmacht zu untergraben;
3. wer es unternimmt, sich oder einen anderen durch Selbstverstümmelung, durch ein auf Täuschung berechnetes Mittel oder auf andere Weise der Erfüllung des Wehrdienstes ganz, teilweise oder zeitweise zu entziehen.
II. In minder schweren Fällen kann auf Zuchthaus oder Gefängnis erkannt werden.
III. Neben der Todes- und der Zuchthausstrafe ist die Einziehung des Vermögens zulässig.«
13 Der englische Journalist Sefton Delmer, der u. a. für die Zeitung »Daily Express« schrieb, war während des II. Weltkrieges besonders wirksam an der Flugblattpropaganda der Anglo-Amerikaner beteiligt.
14 Werner Forßmann (1904–1979) führte 1929 im Selbstversuch erstmals die Herzkatheterisierung durch. Für seine Habilitation wurde das Verfahren jedoch nicht anerkannt, erst 1939 wurde es in den USA wieder aufgegriffen. 1956 erhielt Forßmann für seine wissenschaftliche Pionierleistung zusammen mit A. F. Cournand und D. W. Richards den Nobelpreis.

Anmerkungen zu Kapitel 15

1 Vgl. »Heeres-Verordnungsblatt« 21. Jg., 57. Ausg., Berlin, 15.9.39, Teil C, Blatt 26 (Gründungserlaß der WUSt von Generaloberst Keitel). Die 226 Aktenbestände der WUSt wurden von den Amerikanern übernommen und 1968 an die BRD zurückgegeben. Ähnliche Einrichtungen bestanden auf alliierter Seite: In Großbritannien sammelte Roger Allen im Foreign Office Meldungen über deutsche Kriegsrechtsverletzungen. In der Sow-

jetunion erließ man Anfang 1942 »Richtlinien über Sammeln, Sichten und Aufbewahren von Dokumenten über Bestialitäten, Plünderungen und Vergewaltigungen durch die deutschen Stellen in den von ihnen besetzten Sowjetgebieten«. Später, am 20. Oktober 1943, gründeten Vertreter von Australien, Belgien, China, Frankreich, Griechenland, Großbritannien, Indien, Jugoslawien, Niederlande, Norwegen, Polen, der Tschechoslowakei und der USA die »United Nations War Crimes Commission« (de Zayas 1984, S. 57 ff.).

2 Vor dem I. Weltkrieg betrug der deutsche Bevölkerungsanteil in Bromberg 71 %, in der polnischen Zeit (1919–1939) sank er ständig (1921: 27 %, 1931: 16 %) – Brockhaus-Enzyklopädie, Bd. 4, S. 11 (1987).

3 Warthegau: nach der Besetzung Polens 1939 errichteter Reichsgau, der die Regierungsbezirke Posen, (Poznań), Hohensalza (Inowrocław) und Litzmannstadt (Lodz) umfaßte. Unter Gauleiter und Reichsstatthalter Arthur Greiser wurde das Wartheland zum Experimentierfeld für nationalsozialistische »Volkstumspolitik«.

4 BA-MA H 20/289 – Antrag auf räumliche Erweiterung des gerichtl.-medizin. Institutes vom 17.11.41, o. Bl.

5 Die Arbeiten erschienen in: Der deutsche Militärarzt 5 (1940), S. 89–93 (Mordopfer), in: Dtsch. Z. ges. gerichtl. Med. 34 (1940/41), S. 225–231 (Puderung) sowie ebd. S. 257–264 (Sarggeburt).

6 Zitiert nach BA-MA: WF-03/15592, Bl. 899.

7 Ebenda, Bl. 868.

8 Förster, Helmert und Schnitter (1974, S. 48) verweisen darauf, daß besonders zu Kriegsbeginn von deutschen Flugzeugen ungeschützte, noch in polnischer Hand befindliche Städte und Dörfer sowie Flüchtlingskolonnen angegriffen wurden, um die Bevölkerung zu demoralisieren und zu terrorisieren.

9 Vgl. Dtsch. Z. ges. gerichtl. Med. 34 (1941), 7 bzw. Dtsch. Justiz 102 (1940), 557–563.

10 BA-MA RW 2/V. 175, Bl. 214.

11 Ebenda, Bl. 224 Rs.

12 Ebenda, Bl. 228.

13 Ebenda, Bl. 231.

14 Ebenda, Bl. 229.

15 BA-MA H 20/290, Bl. 272–281, Zitat: Bl. 277.

16 Vgl. »Amtliches Material zum Massenmord von Katyn«, Berlin 1943, S. 40/41 (Bericht des leitenden Gerichtsmediziners Professor Dr. Buhtz; »2. Mitarbeiterstab»).

17 Der deutsche Rundfunk meldete die Auffindung der Gräber am 15. April 1943; ein erster Bericht im »Völkischen Beobachter« erschien am 14. April 1943 auf Seite 1.

18 Zitiert nach: »Amtliches Material zum Massenmord von Katyn«, Berlin 1943, S. 114 ff. (Protokoll der Internationalen Ärztekommission).

19 Franz Orsós, geboren 1879, studierte zunächst Chemie an der Technischen Hochschule Wien und danach Medizin in Budapest. 1915 Habilitation; Dozent für pathologische Anatomie. 1918 Professor für gerichtliche Medizin in Debreczen; 1935 nach Budapest berufen. In den dreißiger

Jahren mehrfach in Deutschland; deutliche Sympathiebekundungen für den Nationalsozialismus. Nach dem II. Weltkrieg ging Orsós in den Westen Deutschlands. 1955 endgültige Emeritierung. 1962 gestorben.

20 Als Produktionszeitraum wurden die Jahre 1922–1931 angenommen. Die Munition könne nicht nur aus direkten Lieferungen nach Rußland, sondern auch aus Beutebeständen nach der Besetzung Ostpolens im Jahre 1939 stammen, hieß es in dem Bericht.

21 Zitiert nach: »Amtliches Material zum Massenmord von Katyn«, Berlin 1943, S. 49.

22 Vgl. Wojcicki 1952, S. 125 (poln.).

23 Vgl. ebenda, S. 162.

24 In dem sowjetischen Dokument wird betont, daß die deutschen Eroberer auch in anderen Städten der Sowjetunion (genannt werden Orel, Woronesh und Krasnodar) Massenerschießungen sowjetischer Bürger in gleicher Weise durchführten.

25 Zitiert nach: »Der Prozeß gegen die Hauptkriegsverbrecher vor dem Internationalen Militärgerichtshof«. Amtlicher Text in deutscher Sprache. Nürnberg 1948, Bd. XVII, S. 407.

26 Vgl. Herber, F.: Das Fachgebiet »Gerichtliche Medizin« in der Zeit des Faschismus. Med. Habil. Schrift, Univ. Leipzig, 1989, S. 185–189.

27 BA ZSg. 111/26, Bl. 2–35.

28 Ebenda, Bl. 38.

29 Ebenda, Bl. 40.

30 »Als die Rote Armee 1944 in Bulgarien einmarschiert, wird Professor Markow ... als ›Volksfeind‹ verhaftet. Nach mehreren Monaten Haft ‚bekennt' er vor Gericht: ›Ich bin schuldig vor dem bulgarischen Volk und seinen Befreiern ...‹ Er sei gezwungen worden, nach Katyn zu fahren und das Smolensker Protokoll zu unterschreiben. Alle Mitglieder der Internationalen Kommission seien überzeugt gewesen, daß das Beweismaterial gefälscht war. Nach diesem Bekenntnis läßt das Gericht die Anklage fallen.« (zitiert nach Kadell, S. 160).

Zwischen Markov und dem im Nürnberger Prozeß tätigen Verteidiger von Nazi-Angeklagten, Dr. Stahmer, hat am 2. Juli 1946, auf das Protokoll von Katyn bezogen, u. a. folgender Dialog stattgefunden:

»Dr. Stahmer: In dem Protokoll steht, daß nach dem Befund, den Sie damals festgestellt haben, die Erschießung drei Jahre zurückliegt, während Sie heute bekundet haben, daß diese Feststellung unrichtig sei und zwischen der Erschießung und Ihrer Tätigkeit nur ein Zeitraum von etwa anderthalb Jahren liegt.

Markov: Ich habe gesagt, daß die Schlußfolgerung des Gesamtprotokolls meiner Überzeugung nicht entspricht.

Dr. Stahmer: Entsprach oder entspricht?

Markov: Sie entsprach nicht meiner Überzeugung zu der Zeit, als die Untersuchungen durchgeführt wurden, und sie entspricht ihr auch heute nicht.« (Zitiert nach: »Der Prozeß gegen die Hauptkriegsverbrecher vor dem Internationalen Militärgerichtshof«. Amtlicher Text in deutscher Sprache. Nürnberg 1948, Bd. XVII, S. 392).

31 Zitiert nach: »Amtliches Material zum Massenmord von Winniza«, Berlin 1944, S. 7 f.

32 Ebenda, S. 105, 107.

33 Friedrich Timm: geboren 1895 in Güstrow. Nach dem Abitur ab 1914 Kriegsfreiwilliger an der Westfront. Nach Kriegsende Studium der Chemie an den Universitäten Rostock und Leipzig; ab September 1922 Assistent am 1. Chemischen Laboratorium der Universität Leipzig; hier 1924 Promotion zum Dr. phil. Ab 1926 als 2. und ab 1931 als 1. Assistent am Institut für gerichtliche Medizin in Leipzig unter Kockel tätig, studierte Timm von 1926 bis 1930 gleichzeitig Medizin und promovierte 1931 zum Dr. med. 1932 Habilitationschrift zur »Zellmikrochemie der Schwermetallgifte«. 1938 zunächst vertretungsweise Übernahme der Leitung des Jenaer Institutes, am 22.12.1938 Berufung zum ordentlichen Professor. Nach Kriegsende wurde Timm zunächst auf Grund seiner Zugehörigkeit zur NSDAP und anderen faschistischen Organisationen zwar mit Wirkung vom 15. Dezember 1945 ab aus den Diensten der Universität in Jena entlassen, übte jedoch offenbar weiterhin gerichtsmedizinische Tätigkeit »im Auftrage der russischen Militär- und russischen Polizeibehörden« aus, so daß ihn der Präsident des Landes Thüringen am 7.3.1946 weiter mit der Führung des Instituts betraute. Am 22.4.1947 wurde Timm von der sowjetischen Militärpolizei verhaftet. Angeblich wegen seiner Beteiligung an den Exhumierungen in Winniza zu 10 Jahren Haft verurteilt, wurde er 1955 entlassen und ging mit seiner Familie in die BRD. Im gleichen Jahre wurde er als Gastprofessor an der medizinischen Forschungsanstalt der Max-Planck-Gesellschaft in Göttingen eingestellt und später als selbständiges Mitglied zum Leiter der Abteilung für Histochemie am Max-Planck-Institut für experimentelle Medizin ernannt. Seit 1958 Honorarprofessor der Medizinischen Fakultät der Universität Göttingen, wurde ihm 1961 die Rechtsstellung eines entpflichteten Hochschullehrers zuerkannt (Berg). Friedrich Timm starb 1985. Der Schwerpunkt seiner wissenschaftlichen Arbeit lag »auf der Entwicklung histochemischer Methoden zum Nachweis von Schwermetallen und Spurenelementen im menschlichen Körper« (Berg 1986). Davon zeugen sowohl die 25 bis 1945 erschienenen als auch später publizierte Arbeiten.

34 Gottfried Raestrup: geboren 1889 in Borghorst/Westf. als Sohn eines Gutsbesitzers. 1911 Reifeprüfung in Bocholt, anschließend Medizinstudium in Marburg, Breslau, Münster, Kiel und Leipzig. Einberufung zum Kriegsdienst im Juni 1915; 1916 ärztliche Prüfung. Im Juni 1918 geriet Raestrup in französische Kriegsgefangenschaft. Nach der Entlassung Assistent an der Medizinischen Klinik der Universität Leipzig; 1919 Promotion. Im gleichen Jahre ab Juni Assistent an den Pathologischen Instituten des Krankenhauses St. Georg bzw. der Universität Leipzig. Ab 1925 wurde Raestrup Assistent am Institut für gerichtliche Medizin in Leipzig und habilitierte sich 1927 unter Kockel mit »Untersuchungen über die Widerstandsfähigkeit der Leber gegen Gifte«. 1931 erhielt Raestrup einen Ruf auf den außerordentlichen Lehrstuhl für gerichtliche Medizin der Universität Frankfurt/M. Nach Kockels Tod (1934) kehrte er nach Leipzig zurück und leitete als Ordinarius das Institut bis Ende 1946. Im Dezember dieses Jahres wurde Raestrup von der SMA inhaftiert, »die Ursache der Verhaftung [war] die Unterschrift unter das Protokoll von Vinica«, wie

Amtsarzt Dr. Gelbke dem Dekan mitteilte. Nach dreijähriger Haft 1950 entlassen, ging Raestrup nach Göttingen. Der dortige Lehrstuhl, für den er bereits kurz vor seiner Inhaftierung einen Ruf erhalten hatte, war inzwischen durch Otto Schmidt besetzt. Raestrup »mußte sich die Rechtsgültigkeit seiner Ernennung erst erkämpfen und wurde später zum persönlichen Ordinarius ernannt.« (Weinig 1956.) Gottfried Raestrup starb 1955 in Frankfurt/M.

Als Schüler Richard Kockels hat Raestrup zwar besonderen Wert auf den Ausbau der naturwissenschaftlich-kriminalistischen Richtung in der gerichtlichen Medizin gelegt, darüber hinaus aber auch auf anderen Gebieten des Faches Bedeutendes geleistet. So hat er z. B. in einem umfangreichen Kapitel in Steffans »Handbuch der Blutgruppenkunde« (1932) »Die Blutgruppenkunde in der gerichtlichen Medizin« behandelt.

Anmerkungen zu Kapitel 16

1 Zahlenangaben nach: Hoffmann, K.: Alkoholnachweis bei Verkehrsunfällen, Berlin und Wien: Urban & Schwarzenberg, 1937, S. 8 f.

2 Vgl. Verordnung über die Anerkennung von Sachverständigen im Kraftfahrzeugverkehr vom 22.10.1934 (RGBl. I, S. 1065).

3 In Thüringen, wo das seinerzeit von Buhtz geleitete Jenaer Institut für gerichtliche Medizin liegt, gab es damals bereits die Möglichkeit der »Verwaltungssektion«.

4 Der Nachweis eines Schwindelanfalles ist bei einer Sektion natürlich kaum möglich, man kann ihn lediglich auf Grund der Umstände des Unfalles (z. B. starke Verkalkung der Hirnbasisgefäße, völlig grundloses Abkommen von der Fahrbahn o. ä.) vermuten.

5 Groehler (1981, S. 509) gibt folgende Zahlen an: 410 000 Todesopfer in Deutschland, 650 000 Verwundete (im Vergleich dazu: 550 000 getötete Japaner, davon 120 000 durch Kernwaffen; 60 595 getötete Briten und 77 105 getötete Chinesen). Eine andere Schätzung (nach »Wirtschaft und Statistik«, 1949) geht von 450 000 Todesopfern in Deutschland aus.

6 Fritz Lenz (1887–1976): Lenz brauchte auf den Erfolg seiner schriftstellerischen Tätigkeit – er war Alleinverfasser des 2. Bandes – nicht lange zu warten: Er erhielt unter anderem durch die Protektion des Verlegers J. F. Lehmann und der »Gesellschaft für Rassenhygiene« schon 1923 die erste Professur für Rassenhygiene in München. Er hat in den folgenden zwei Jahrzehnten die Rassenideologie der Nazis als maßgeblicher Theoretiker mitgeprägt. Das Zitat findet sich S. 19 f.

7 Heute geht man davon aus, daß bestimmte Personengruppen besonders suizidgefährdet sind, zu diesen Risikogruppen zählen: 1.) Depressive aller Art, 2.) Alkohol-, Medikamenten- und Drogenabhängige, 3.) alte und einsame Menschen, 4.) Menschen, die einen Suizid ankündigen oder bereits einen Suizidversuch hinter sich haben.

8 Diese Zahlenangaben und die folgenden nach: Jungmichel und Manz: Selbstmord. In: Handwörterbuch der gerichtlichen Medizin und naturwissenschaftlichen Kriminalistik (1940), S. 688. Zum Vergleich: 1999 sui-

zidierten sich in Deutschland 11 157 Menschen (8 080 Männer, 3 077 Frauen).

9 Das Zitat des Auschwitzhäftlings Aleksander Giermański findet sich in: Die Auschwitz-Hefte Bd. 1, S. 290.

10 BA: NS 7/179 (Freitod von Angehörigen der SS und Polizei/Benachrichtigung der Hinterbliebenen), Bl. 9.

11 Zitiert nach: Sächsisches Verwaltungsblatt, Teil, I Verordnungsblatt, 1937 Nr. 1 (Dresden, 5.1.1937).

12 Im Fachschrifttum gibt es den Begriff des »erweiterten Selbstmordes«, wenn ein Elternteil zum Zwecke eines gemeinschaftlichen Todes sein Kind oder seine Kinder und anschließend sich selbst tötet. Im Falle der Eheleute Goebbels handelt es sich eindeutig um sechsfachen Homizid – sechsfachen Mord.

13 Zitiert nach: »Aktion T 4«, hrsg. von Götz Aly; Berlin (West) 1987, S. 153.

14 Bergschicker gibt dazu folgende Zahlen an: »Hinrichtungen durch die Wehrmacht-Justiz: 1939/40 = 519; 1940/41 = 447; 1941/42 = 1 673; 1942/43 = 2 769; 1943/44 = 4 118; 1944 (Sept.–Dez.) = 204. Hinrichtungen durch die zivile Justiz (nach Angaben d. Reichsjustizministeriums): 1937 = 86; 1938 = 99; 1939 = 143; 1940 = 306; 1941 = 1 146; 1942 = 3 393; 1943 = 5 684; 1944 = 5 764; 1945 (geschätzt) = 800« (vgl. Bergschicker 1988, S. 563).

15 Siegfried Krefft: 1916 geboren. Medizinstudium, durch Kriegsdienst unterbrochen, von 1939 bis 1945. Zunächst Assistent am Institut für gerichtliche Medizin der Universität Halle, ab Mai 1948 mit der kommissarischen Leitung des Leipziger Instituts betraut. Nach Habilitation 1950 Dozent, 1954 Professor mit Lehrauftrag, 1956 ordentlicher Professor in Leipzig. Nach Differenzen mit einem Assistenten (Jurist Werner Hering), der von Krefft entlassen wurde, kamen Einzelheiten zur Kreffftschen Dissertation zur Sprache. Krefft wurde von der Universitätsleitung zunächst beurlaubt und schließlich entlassen (1958). Nach Verlassen der DDR wurde Krefft 1961 Leiter der Abteilung Flugmedizin am Flugmedizinischen Institut der Luftwaffe in Fürstenfeldbruck. 1981 gestorben.

16 Zahlenangaben nach: Michael Viebig: Das Zuchthaus Halle/Saale ..., S. 193 ff.

17 Gotthilft von Studnitz, natürlich NSDAP-Mitglied, war nach 1945 »Professor zur Wiederverwendung« und wurde 1951 Direktor des Naturhistorischen Museums Lübeck und ab 1952 Direktor der Volkshochschule (vgl. Klee, 2001, S. 145).

18 Zit. nach: SgS RmL: E1/1836.

Anmerkungen zu Kapitel 17

1 Zitiert nach: Martha Patschek, 1938, S. 8.

2 Ebenda.

3 Vgl. Merkel, H. 1937, S. 9.

4 Lt. 3. Durchführungsverordnung zum Gesetz über die Vereinheitlichung

des Gesundheitswesens (Dienstordung für Gesundheitsämter – besonderer Teil) RMBl. I, S. 327.

5 Mueller, B.; Walcher, K., 1944, S. 36 f.
6 Das Feuerbestattungsgesetz von 1934 wurde veröffentlicht in: RGBl. I, 1934, S. 380; es hat in den Bundesländern ohne eigenes Bestattungsgesetz, z. B. in Nordrhein-Westfalen, noch immer in unveränderter Form Geltung.
7SgS RmL: zu Schrader, o. Bl.
8 Mueller, B.; Walcher, K., 1944, S. 54 f.
9 Der damalige Zustand ähnelt dem heutigen, nur sind die Sektionsfrequenzen der in Krankenhäusern Verstorbenen weitaus geringer als damals. Insgesamt werden nur etwa 8 % der in Deutschland verstorbenen Personen obduziert – aber darauf baut sich maßgeblich auch die Todesursachenstatistik auf!
10 § 168 des Strafgesetzbuches behandelte den »Unfug an Leichen und Gräbern« und enthielt die Formulierung »Wer unbefugt eine Leiche aus dem Gewahrsam der dazu berechtigten Person wegnimmt ... wird mit Gefängnis bis zu zwei Jahren bestraft.«
11 Entscheidung des Reichsgerichts vom 25.9.1930 (2 S. 414/29).
12 Mueller, B.; Walcher, K., 1944, S. 134.

Anmerkungen zu Kapitel 18

1 SgS RmL: Hefter »Blutalkohol/Kockel«, o. Bl.
2 Runderlaß des Reichs- und Preußischen Ministers des Innern vom 25.9.1936 (Pol O-Kdo San 7 Nr. 21 II/1936).
3 Beispiele dafür führt Buhtz (1938, S. 82, S. 39) an: Dtsch. Destillateur-Ztg. vom 29.5.1937; Wirtezeitung für Niedersachsen vom 30.5.36. (S. 39).
4 BA NS 23-210 (zitiert nach Heiber 2001, S. 25): Lagebericht des Führers des Vorkommandos, SA-Führer Hans Neumeier, aus Nürnberg-Langwasser vom 13.9.1934 an SA-Gruppenführer Seydel, Chef Zentralamt Oberste SA-Führung.
5 BA: NS 7-245, Bl. 1.
6 Ebenda, Bl. 7.
7 Ebenda, Bl. 70.
8 Ebenda, Bl. 36.
9 Vgl. Münchner Medizinische Wochenschrift 1933, S. 2 050.
10 Vgl. »Ärztliche Sachverständigen-Zeitung« 47 (1941), 15.

Anmerkungen zu Kapitel 19

1 In der Himmlerschen SS waren auch Meldungen üblich, warum ein SS-Mann bisher keine Kinder gezeugt hatte; andererseits wurde angeordnet, von der Zurückziehung aus der kämpfenden Truppe abzusehen, »wenn der ... Angehörige der Waffen-SS bereits zwei oder mehr männliche Nachkommen hat« (vgl. BA-MA: SF-01/16312, Bl. 853 ff. bzw. Bl. 890).

2 Vgl. Dtsch. Justiz 99 (1937), 1 070.

3 Vgl. Dtsch. Justiz 102 (1940), 872.

4 Diese scheinbar unbedeutende Änderung der Vorschriften hatte zur Folge, daß die zukünftigen Ehepartner ihre »deutschblütige Abstammung« nur noch schriftlich zu Protokoll geben mußten und eidesstattlich zu erklären hatten, was andererseits dem Staat die Möglichkeit offenhielt, später »widerrechtlich« geschlossene Ehen zu trennen.

5 Zit. nach Wuttke-Groneberg, 1982, S. 265 ff.

6 Karl Landsteiner: 1868 in Wien geboren, war Landsteiner nach Abschluß seines Medizinstudiums zunächst pathologisch-anatomisch tätig und wurde schließlich Prosektor am Wilhelminenhospital in Wien. 1919 ging er nach den Niederlanden und später in die USA, wo er von 1922 bis 1943 Mitglied des »Rockefeller Institute of Medical Research« war. Für die Entdeckung des AB0-Blutgruppensystems erhielt Landsteiner 1930 den Nobelpreis. 1927 entdeckte Landsteiner zusammen mit Levine das MN-System und die P-Gruppe, 1940 gemeinsam mit A. S. Wiener des Rh-Blutgruppensystem. 1943 gestorben.

7 Otto Reche: 1879 geboren, Anthropologe und durch zahlreiche Publikationen zum Thema »Rasse« bekannt geworden, gilt auch als Schöpfer des Begriffes »Sippenschande«: »Mit der Einführung des Begriffes ›Sippenschande‹ wird das Bewußtsein in alle in Betracht kommenden Kreise dringen, daß die Eheschließung keine Privatangelegenheit ist, in die keiner hineinzureden hat, daß – außer dem Staat – auch jede erbgesunde und begabte Sippe und jeder einzelne in ihr ein heiliges Recht auf erbgesunde und begabte Kinder und Enkel hat und daß niemand dieses Recht gewissenlos zerstören darf, am allerwenigsten der Sippenangehörige!« (Zit. nach Saller 1961, S. 135.) 1945 wurde Reche in Leipzig emeritiert, blieb aber weiterhin publizistisch aktiv. So veröffentlichte er z. B. zusammen mit A. Rolleder (1964) eine Arbeit, in der er behauptete, die ersten erbbiologischen Gutachten gefertigt zu haben. Derartige Gutachten wurden jedoch nachweislich schon um etwa 1910 von Gerichtsmedizinern wie Fritz Strassmann und Kockel in Fragen strittiger Vaterschaft gefertigt.

8 Weitere Kapitelüberschriften waren u. a.: »Die Entwicklung der Blutgruppenforschung« (bearbeitet von Michael Hesch, Leipzig), »Die Serologie der Blutgruppen« (Oluf Thomsen, Kopenhagen), »Die praktische Bedeutung der Blutgruppenforschung für die ärztliche Praxis« (Heinrich Bürkle de la Camp, München), »Die Bedeutung der Blutgruppen für die menschliche Rassenkunde« (Paul Steffan, Wilhelmshaven), »Die Technik der Blutgruppenbestimmung« (E. D. Schött, Stockholm).

9 BA: BDC SSO 232, Bd. 2, o. Bl.

10 Zit. nach BA: 49.01-969, Bl. 36.

11 Vgl. ebenda, Bl. 34–45.

12 Mit den Nürnberger Gesetzen vom 15.9.1935 wurden Eheschließungen zwischen Juden und Staatsangehörigen »deutschen oder artverwandten Blutes« ebenso wie der außereheliche Verkehr zwischen ihnen verboten. Ein Verstoß dagegen galt als »Rassenschande«. Laut Gesetz machte sich dabei zwar nur der Mann strafbar, doch wurden immer wieder auch

Frauen angezeigt und verurteilt. Oft stand hinter derartigen Anzeigen Rache oder Eifersucht. Zunächst mit Zuchthaus oder KZ, konnte Rassenschande während des Krieges sogar mit dem Tode bestraft werden, wenn die Tat unter Ausnutzung der Kriegsumstände (Verdunkelung, Not) ausgeführt wurde und eine Verurteilung nach der »Verordnung gegen Volksschädlinge« vom 5.9.1939 erfolgte.

13 Zit. nach BA: R 22/487, Bl. 469.

14 Otmar Freiherr von Verschuer (1896–1969) war einer der führenden Rassenhygieniker der NS-Zeit und ab 1942 Direktor des Kaiser-Wilhelm-Institutes für Anthropologie. »Nach Verschuer sind Juden kleiner, haben häufig Plattfüße, viele hinken. Die Ohren sind fleischig, stehen ab. Die ›Judennase‹ ist hakenförmig und nach unten gebogen. Die Geschlechtsreife tritt früher ein. Juden sind häufiger schizophren, manisch-depressiv, mit hysterischen Beimischungen: ›Ihre Arztbedürftigkeit und Krankheitsfurcht sind groß, ihre Schmerzempfindlichkeit ist besonders stark.‹ ... Das ist die wissenschaftliche Begleitmusik zu den Hetztiraden eines Julius Streicher«, schreibt Klee (2001, S. 132). Ein Schüler Verschuers war Josef Mengele. 1946 wurde Verschuer als »Mitläufer« entnazifiziert und mit einer Geldsühne von 600,00 Mark belegt. Später betätigte er sich als Tuberkuloseforscher in Frankfurt am Main.

15 So verlor z. B. Prof. Dr. Hermann Merkel zeitweilig die Berechtigung, als Obergutachter tätig zu sein.

16 Zit. nach: BA 49.01-970, Bl. 1 und 3 mit Rs.

Anmerkungen zu Kapitel 20

1 Zitiert nach UA Halle: PA Rooks, o. Bl. (Brief Raestrups an den Dekan vom 16.9.1946, in dem es um die Berufung von Prof. Dr. Rooks als Ordinarius für gerichtliche Medizin geht).

2 Zitiert nach: ebenda (Brief des Kurators der Universität Halle an die Provinzialregierung Sachsen-Anhalt vom 23.1.1947).

3 Vgl. UA Jena: L 558 (»Den Lehrstuhl für gerichtl. Medizin und Kriminalistik betr.«); vgl. UA Greifswald: z. B. »Protokolle der Fakultätssitzungen vom 24.2.41 bis 21.12.48«.

4 Emil Weinig: geboren 1904 als Sohn eines Postsekretärs in Frankfurt/M. Dem Schulbesuch in der Heimatstadt und der Reifeprüfung (1924) folgte ein Studium der Chemie an den Universitäten Frankfurt, Berlin und Leipzig, hier Promotion zum Dr. phil. (1950). Nach kurzer Tätigkeit am Institut für vegetative Physiologie in Frankfurt/M. wurde Weinig 1931 Assistent am dortigen Institut für gerichtliche Medizin. Mit Raestrup, der 1934 Nachfolger seines Lehrers Richard Kockel wurde, ging Weinig nach Leipzig. Ein hier begonnenes Medizinstudium beendete er mit der ärztlichen Prüfung 1936. Nach der Promotion zum Dr. med. erfolgte 1941 die Habilitation mit einer Arbeit über »Die Bedeutung der Polarographie für die gerichtliche Medizin«. 1942 Ernennung zum Dozenten. Trotz mehrfach angetragener Aufforderungen zur Übernahme der Dienstgeschäfte

z. B. in Prag und Königsberg blieb Weinig während des Krieges in Leipzig. Im Juni 1945 durch die Amerikaner aus Sachsen nach Hessen evakuiert. In der Folgezeit versuchte Weinig, nachdem er bei der Entnazifizierung in die Gruppe 4 der Mitläufer eingereiht worden war, nach Leipzig zurückzukehren.
Ein anderer zwangsevakuierter Akademiker der Leipziger Universität war der physiologische Chemiker Prof. Dr. Erich Strack (1898–1988). In einem Brief von Emil Weinig an einen Leipziger Universitätsangestellten heißt es am 16.11.1947: »Prof. Strack habe ich neulich in Weilburg besucht und mich viel mit ihm über Leipzig unterhalten. Es wäre nicht schlecht, wenn wir zusammen im Frühjahr dort aufkreuzen könnten ...« (zitiert nach UA Leipzig: PA Weinig, Bl. 56). Während Strack nach Leipzig zurückkehrte, folgte Weinig 1948 schließlich einem Ruf als a. o. Professor für gerichtliche Medizin an die Universität Erlangen; 1950 wurde er persönlicher und zwei Jahre später planmäßiger Ordinarius in Erlangen. Seine Emeritierung erfolgte 1972. Weinig starb 1979 nach langer Krankheit. Weinigs »chemische Vorbildung und die naturwissenschaftlich-kriminalistische Schule Richard Kockels prägten den Stil seiner gerichtsmedizinischen Tätigkeit im wissenschaftlichen und im praktischen Bereich. ... Die Zahl seiner wissenschaftlichen Arbeiten ist sicher nicht besonders groß, ihre Qualität dagegen, dank seiner unerbittlichen, geradezu peniblen Sorgfalt absolut mustergültig.« (Schwerd.)

Literaturverzeichnis

Adolph, W.: *Erich Klausener.* Berlin: Morus-Verlag, 1955.

Aktion T 4. 1939–1945. *Die »Euthanasie«-Zentrale in der Tiergartenstraße.* Hrsg. von G. Aly. Berlin: Edition Hentrich, 1987.

Albrecht, H.: *Bemerkungen zu Schorns Aufsatz. Mschr. Kriminalpsychol. Strafrechtsreform 19* (1928), S. 434–455.

Alex, Chr.: *Das Institut für wehrgerichtliche Medizin der Militärärztlichen Akademie in Berlin 1938–1945.* Med. Diss., Univ. Leipzig, 1998.

Aly, G.: *Das Posener Tagebuch des Anatomen Hermann Voss.* Erläutert und herausgegeben von Götz Aly. In: Biedermann und Schreibtischtäter (1987), S.14–66.

Ders.: *Forschen an Opfern. Das Kaiser-Wilhelm-Institut für Hirnforschung und die »T 4«.* In: Aktion T 4 (1987), S.153–160.

Ders.: *»Endlösung«/Völkerverschiebung und der Mord an europäischen Juden.* Frankfurt am Main: S. Fischer Verlag GmbH, 1995.

Amtliches Material zum Massenmord von Katyn. Im Auftrag des Auswärtigen Amtes auf Grund urkundlichen Beweismaterials zusammengestellt, bearbeitet und herausgegeben von der Deutschen Informationsstelle. Berlin: Deutscher Verlag, 1943.

Amtliches Material zum Massenmord von Winniza. Im Auftrage des Reichsministers für die besetzten Ostgebiete auf Grund urkundlichen Beweismaterials zusammengestellt, bearbeitet und herausgegeben. Berlin: Zentralverlag der NSDAP. Franz Eher Nachf. GmbH, 1944.

Arnau, F.: *Zur Situation des gerichtsmedizinischen Gutachterwesens in der westdeutschen Bundesrepublik.* Krim. forens. Wiss. 1 (1970), S. 257–267.

Ders.: *Tätern auf der Spur. Auswahl aus dem Lebenswerk.* Berlin: Volk und Welt, 1974.

Die Auschwitz-Hefte/Texte der polnischen Zeitschrift »Przeglàd Lekarski« über historische, psychische und medizinische Aspekte des Lebens und Sterbens in Auschwitz. Hamburg: Rogner & Bernhard GmbH, 1994.

Avdeev, M. I.: *Kurs der gerichtlichen Medizin.* Moskau: Gosjurisdat, 1959 (russisch).

Barthel, K.-H.: *Kriminalbiologie für den Amtsarzt als Gerichtsarzt.* Öffentl. Gesundheitsdienst 8 (1942), 127–132.

Bartnik, R.; Biermannn, B.: *Zur Geschichte der Kriminalistik an der Berliner Friedrich-Wilhelms-Universität in der Zeit von 1919–1945.* Zitiert nach: Wirth, I.; Strauch, H.; Radam, G. (1986).

Baur, E.; Fischer, E.; Lenz, F.: *Menschliche Erblehre und Rassenhygiene.* München: J. F. Lehmann, 1921 (1. Aufl.) bzw. 1936/40 (4. Aufl.).

Beck, W.: *Institut für gerichtliche Medizin und Kriminalistik.* In: Deutscher Ärzte-Einsatz im Osten/Die Aufbauarbeit im Gesundheitswesen des Generalgouvernements. Hrsg. von J. Walbaum. Krakau: Buchverlag »Deutscher Osten« G.m.b.H., 1941.

Bedürftig, F.: *Lexikon III. Reich.* Hamburg: Carlsen Verlag GmbH, 1994.

Beitzke, H.: *Bemerkungen zu Schorns Aufsatz. Mschr. Kriminalpsychol. Strafrechtsreform 19* (1928), 435–436.

Berg, St.: *In memoriam Friedrich Timm.* Informationen Dtsch. Ges. Rechtsmedizin, Bd. 3/Heft 30 (1986), S. 713 f.

Bergschicker, H.: *Deutsche Chronik 1933–1945. Ein Zeitbild der faschistischen Diktatur. Berlin*: Verlag der Nation, 1988 (4. Aufl.).

Biedermann und Schreibtischtäter. *Materialien zur deutschen Täterbiographie (Beiträge zur nationalsozialistischen Gesundheits- und Sozialpolitik: 4)*. Berlin (West): Rotbuch-Verlag, 1987.

Biman, St.; Cílek, R.: *Der Fall Grün und das Münchener Abkommen*. Dokumentarbericht. Berlin: Verlag der Nation, 1983.

Birnbaum, K.: *Psychologische und somatologische Gerichtsmedizin*. Dtsch. Z. ges. gerichtl. Med. 14 (1930), S. 205–208.

Böhmer, K.: *Untersuchungen über den Körperbau des Verbrechers*. Mschr. Kriminalpsychol. Strafrechtsreform 19 (1928), S. 193–209.

Ders.: *Mittäterschaft als kriminalbiologisches Problem*. In: I. Internationaler Kongreß für gerichtliche und soziale Medizin; Verhandlungsbericht (1938), S. 88–103.

Bonhoeffer, K.: *Bemerkungen zu Schorns Aufsatz*. Mschr. Kriminalpsychol. Strafrechtsreform 19 (1928), S. 433–434.

Braunbuch über Reichstagsbrand und Hitlerterror (*»Braunbuch I«*). Basel: Universum-Bücherei, 1933.

Breitenecker, L.: *Aufklärung der Täterschaft durch Geschoßbahnuntersuchung beim Fernschuß*. Dtsch. Z. ges. gerichtl. Med. 34 (1940), S. 155–147.

Ders.: *Prof. Dr. Anton Werkgartner zum 70. Geburtstag*. Wiener klin. Wschr. 72 (1960), S. 981–982.

Ders.: *160 Jahre Lehrkanzel für gerichtliche Medizin in Wien*. Beitr. gerichtl. Med. 25 (1965), S. 21–45.

Ders.: *In memoriam emer. Prof. Dr. Fritz Reuter*. Beitr. gerichtl. Med. 23 (1965), S. 1–7.

Breitman, R.: Heinrich Himmler/*Der Architekt der »Endlösung«*. Zürich: Pendo Verlag AG, 2000 (2. Aufl.).

Brodersen, I.; von Münch, I.: *Gesetze des NS-Staates/Dokumente eines Unrechtssystems*. Paderborn, München, Wien, Zürich: Ferdinand Schönigh, 1982 (2. Aufl.).

Bromberger, Barbara; Mausbach, H.; Thomann, K.-D.: *Medizin, Faschismus und Widerstand*. Köln: Pahl-Rugenstein Verlag GmbH., 1985.

Bromberger, Barbara; Mausbach, H.: *Die Tätigkeit von Ärzten in der SS und in Konzentrationslagern*. In: Bromberger; Barbara; Mausbach, H.; Thomann, K.-D.: Medizin, Faschismus und Widerstand (1985), S. 186–262.

Broszat, M.: *Nationalsozialistische Polenpolitik 1939–1945* (Schriftenreihe der Vierteljahreshefte für Zeitgeschichte, Bd. 2). Stuttgart: Deutsche Verlagsanstalt, 1961.

Brücks, Andrea; Rothmaler, Christiane: *»In dubio pro Volksgemeinschaft«. Das »Gesetz zur Verhütung erbkranken Nachwuchses« in Hamburg*. In: Ebbinghaus, Angelika; Kaupen-Haas, Heidrun; Roth, K. H.: Heilen und Vernichten im Mustergau Hamburg (1984), S. 30–36.

Brüning, A.: *Aus den Erinnerungen eines gerichtlichen Chemikers*. Chemiker-Zeitung 66 (1942), S. 243–247.

Buchbender, O.; Schuh, H.: *Heil Beil! Flugblattpropaganda im Zweiten Weltkrieg. Dokumentation und Analyse*. Stuttgart: Seewald-Verlag, 1973.

Buhtz, G.: *Der Verkehrsunfall/Gerichtsärztlich-kriminalistische Beurteilung unter besonderer Berücksichtigung der Alkoholbeeinflussung*. Stuttgart: Ferdinand Enke Verlag, 1938.

Ders.: *Die gerichtsärztliche Aufklärung des Verkehrsunfalls unter besonderer Berücksichtigung des Unfallhergangs und der Alkoholbeeinflussung.* Arch. klin. Chirurgie 193 (1938), S. 325–369.

Ders.: *Begrüßungsansprache auf der 29. Tagung der Deutschen Gesellschaft für gerichtliche, soziale Medizin und Kriminalistik vom 15. bis 17. Mai 1940 in Innsbruck.* Dtsch. Z. ges. gerichtl. Med. 34 (1941), S. 1–7.

Ders.: *Bericht des leitenden Gerichtsmediziners Professor Dr. Gerhard Buhtz.* In: Amtliches Material zum Massenmord von Katyn (1943), S. 38–93.

Buschmann, K.: *Erfolge und Mißerfolge bei der Röntgenkastration unter besonderer Berücksichtigung der applizierten Röntgendosis.* Med. Diss., Med. Akademie Düsseldorf, 1940.

Bussche, H. van den: *Im Dienste der »Volksgemeinschaft«. Studienreform im Nationalsozialismus am Beispiel der ärztlichen Ausbildung.* (Hamburger Beiträge zur Wissenschaftsgeschichte, Bd. 4). Berlin, Hamburg: Dietrich Reimer Verlag, 1989.

Chroust, P.: Friedrich Mennecke. *Innenansichten eines medizinischen Täters im Nationalsozialismus.* In: Biedermann und Schreibtischtäter (1987), S. 67–122.

Coermann, W.; Wagner, F.: *Deutsches Ärzterecht. Ein Wegweiser für Ärzte, Zahnärzte und Krankenanstalten.* Stuttgart-Leipzig: Hippokrates-Verlag Marquardt & Cie., 1938.

Dachs, J.: *Tod durch das Fallbeil/Der deutsche Scharfrichter Johann Reichhart (1893–1972).* München: Ullstein Taschenbuchverlag, 2001.

Dahr, P.: *Meine Lebenserinnerungen.* Stuttgart: F. K. Schattauer Verlag GmbH., 1980.

Delarue, J.; *Geschichte der Gestapo.* Düsseldorf: Droste Verlag, 1964.

Dencks, H.: *Fluoreszenzmikroskopische Untersuchungen mit der Akridinorangefärbung an menschlichen Spermatozoen.* Habil.-Schrift, Univ. Breslau, 1944.

Deschner, Günther: *Reinhard Heydrich/Statthalter der totalen Macht.* Esslingen am Neckar: Bechtle Verlag 1992 (3. Aufl.).

Dicke, J.: *Eugenik und Rassenhygiene im wissenschaftlichen Diskurs der Universität und des Gesundheitswesens der Stadt Münster 1918–1945.* Staatsprüfungsarbeit, Univ. Münster, 2001.

Die deutsche Universität im Dritten Reich. 8 Beiträge. München: R. Piper & Co. Verlag, 1966.

Diederichsen, Uwe: *Nationalsozialistische Ideologie in der Rechtsprechung des Reichsgerichts zum Ehe- und Familienrecht.* In: Dreier, R.; Sellert, W. (Hrsg.): Recht und Justiz im »Dritten Reich«. Frankfurt am Main: Suhrkamp Verlag, 1989 (S. 241–272).

Diels, R.: *Lucifer ante portas. Zwischen Severing und Heydrich.* Zürich: Interverlag A.-G., 1949.

Dölling, Dieter: *Kriminologie im »Dritten Reich«.* In: Dreier, R.; Sellert, W. (Hrsg.): Recht und Justiz im »Dritten Reich«. Frankfurt am Main: Suhrkamp Verlag, 1989, S. 194–225.

Dotzauer, G.: *Nachruf für Herrn Obermedizinalrat Dr. Max Schwellnus.* Dtsch. Z. ges. gerichtl. Med. 65 (1969), S. 109–111.

Dürkop, Marlies: *Zur Funktion der Kriminologie im Nationalsozialismus.* In: Reifner, U.; Sonnen, B.-R. (Hrsg.): Strafjustiz und Polizei im Dritten Reich. Frankfurt/New York: Campus Verlag, 1984, S. 97–120.

Dürwald, W.: *Nachwort zu: L. J. C. Mende: Ausfuerliches Handbuch der gerichtlichen Medizin.* Reprint der Originalausgabe 1819. Leipzig: Zentralantiquariat der DDR, 1984.

Ders.: *Gerichtliche Medizin. Ein Lehrbuch für Studenten.* Leipzig: Johann Ambrosius Barth, 1986.

Ders.: 20 Jahre Gesellschaft für Gerichtliche Medizin der DDR. *Beitr. Geschichte gerichtl. Med. (Leipzig)* 1 (1988), S. 3–9.

Ebbinghaus, Angelika; Kaupen-Haas, Heidrun; Roth, K. H.: *Heilen und Vernichten im Mustergau Hamburg. Bevölkerungs- und Gesundheitspolitik im Dritten Reich. Hamburg*: Konkret Literatur Verlag, 1984.

Eisser, G.: *Rasse und Familie. Die Durchführung des Rassengedankens im bürgerlichen Recht.* Tübingen: Verlag J. C. B. Mohr, 1935.

Die Erhebung der österreichischen Nationalsozialisten im Juli 1934 (Bericht der historischen Kommission des Reichsführers SS). Wien-Frankfurt-Zürich: Europa-Verlag, 1965.

Eser, A. (Hrsg.): *Suizid und Euthanasie als human- und sozialwissenschaftliches Problem.* Stuttgart: Ferdinand Enke Verlag, 1976.

Essner, Cornelia; Conte, E.: *»Fernehe«, »Leichentrauung«* und *»Totenscheidung«. Metamorphosen des Eherechts im Dritten Reich.* s. Vjh. Zeitgesch. 44 (1996), S. 201–227.

Eulner, H.-H.: Die Entwicklung der medizinischen Spezialfächer an den Universitäten des deutschen Sprachgebietes. Stuttgart: Ferdinand Enke Verlag, 1970.

Exner, F.: *Kriminalbiologie in ihren Grundzügen.* Hamburg: Hanseatische Verlagsanstalt, 1939.

»Fall 3«. Das Urteil im Juristenprozeß, gefällt am 4. Dezember 1947 vom Militärgerichtshof III der Vereinigten Staaten von Amerika. Berlin: VEB Deutscher Verlag der Wissenschaften, 1969.

»Fall 9«. Das Urteil im SS-Einsatzgruppenprozeß, gefällt am 10. April 1948 in Nürnberg vom Militärgerichtshof II der Vereinigten Staaten von Amerika. Berlin: Rütten und Loening, 1963.

Fanghänel, J.; Spaar, H.; Thom, A.: *Die Schatten der Vergangenheit. Zur Veröffentlichung des Tagebuches des Anatomen Hermann Voss aus den Jahren 1932 bis 1942.* humanitas 9/88, S. 9.

Feinderklärung und Prävention. Kriminalbiologie, Zigeunerforschung und Asozialenpolitik (Beiträge zur nationalsozialistischen Gesundheits- und Sozialpolitik: 6). Berlin (West): Rotbuch-Verlag, 1988.

Fichtner, G.: *Die Euthanasiediskussion in der Zeit der Weimarer Republik.* In: Eser, A.: Suizid und Euthanasie (1976), S. 24–40.

Finkelnburg, R.: *Zur Frage des Unterrichts in der sozialen Medizin an den deutschen Universitäten.* Ärztl. Sachverständ.-Ztg. 26 (1920), S. 215–216.

Fischer, A.: *Geschichte des deutschen Gesundheitswesens.* Hildesheim: Georg Olms Verlagsbuchhandlung, 1965.

Fischer, Herwart: *Adolf Lesser.* Dtsch. Z. ges. gerichtl. Med. 8 (1926), I–IV.

Fischer, Hubert: *Erfahrungen deutscher Pathologen im Kriege 1939 bis 1945.* Stuttgart: Thieme Verlag, 1981.

Ders.: *Zur Tätigkeit deutscher Gerichtsmediziner im 2. Weltkrieg (1939–1945).* In: Fortschritte der Rechtsmedizin. Festschrift für Georg Schmidt. Berlin-Heidelberg-New York: Springer-Verlag, 1983, S. 21–29.

Fischer, I.: *Biographisches Lexikon der hervorragenden Ärzte der letzten fünfzig Jahre.* Berlin-Wien: Urban & Schwarzenberg, 1932/33.

Fischer-Homberger, Esther: *Medizin vor Gericht. Gerichtsmedizin von der Renaissance bis zur Aufklärung.* Bern-Stuttgart-Wien: Verlag Hans Huber, 1983.

Förster, G.; Helmert, H.; Schnitter, H.: *Der Zweite Weltkrieg. Militärhistorischer Abriß.* Berlin: Militärverlag der DDR, 1974 (2. Auflage).

Forßmann, W.: Selbstversuch. *Erinnerungen eines Chirurgen.* Düsseldorf: Drösle Verlag, 1972.

Fox, J. P.: *Der Fall Katyn und die Propaganda des NS-Regimes.* Vjh. Zeitgesch. 30 (1982), S. 462–499.

Frank, H.: *Aufgaben und Pflichten des Sachverständigen im Rahmen der neuen Rechtsordnung.* In: Grevemeyer und Kammel: Der Sachverständige im Dritten Reich und seine Gutachtertätigkeit (1935), S. 6–11.

Ders.: *Im Angesicht des Galgens. Deutung Hitlers und seiner Zeit auf Grund eigener Erlebnisse und Erkenntnisse.* Geschrieben im Nürnberger Justizgefängnis. München-Gräfelfing: Friedrich Alfred Beck Verlag, 1953.

Freisler, R.: *Rasse als Ursprung, Träger und Ziel deutschen Volksrechts.* In: Deutscher Juristentag 1936. Berlin: Deutscher Rechtsverlag GmbH, 1936, S.149–169.

Ders.: *Zur Reichstagung der deutschen Ärzte des öffentlichen Gesundheitsdienstes.* Dtsch. Justiz 101 (1939), S. 946–949.

Ders.: *Psychische Grundlagen der Polengreuel, dargestellt an der Entwicklung des polnischen Volksgeistes.* Vortrag auf der 29. Tagung der Gesellschaft für gerichtliche und soziale Medizin, Innsbruck 1940. Dtsch. Justiz 102 (1940), S. 557–563.

Gansmüller, Chr.: *Die Erbgesundheitspolitik des Dritten Reiches/Planung, Durchführung und Durchsetzung.* Köln, Wien: Böhlau Verlag, 1987.

Garscha, W.; Mc Loughlin, B.: *Wien 1927. Menetekel für die Republik.* Berlin: Dietz Verlag, 1987.

Gaweda, St.: *Die Jagiellonische Universität in der Zeit der faschistischen Okkupation 1939–1945.* Veröffentlichung der Friedrich-Schiller-Universität Jena in Zusammenarbeit mit dem Urania-Verlag Leipzig, 1981.

Geiner, Th.: *Das gerichtsmedizinische Institut der Ludwig-Maximilian-Universität München in den ersten 50 Jahren seines Bestehens.* Med. Diss, Univ. München, 1991.

Gerchow, J.: *In memoriam: Wilhelm Hallermann.* Verh. Dtsch. Ges. Pathol. 61 (1977), S. 499–501.

Geserick, G.; Vendura, K.; Wirth, I.: *Zeitzeuge Tod/Spektakuläre Fälle der Berliner Gerichtsmedizin.* Leipzig: Militzke Verlag, 2001.

Gierdsa, B.: Verwahrung. *Die Roßkur der Sozialhygiene.* Autonomie, N. F., Sonderheft Januar 1980, S. 12–36.

Giese, E.; von Hagen, B.: *Geschichte der Medizinischen Fakultät der Friedrich-Schiller-Universität Jena.* Jena: Gustav Fischer Verlag, 1958.

Gilsenbach, R.: *Die Verfolgung der Sinti – ein Weg, der nach Auschwitz führte.* In: Feinderklärung und Prävention (1988), S. 11–42.

Gisevius, H. B.: *Bis zum bittern Ende.* Zürich: Fretz & Wasmuth Verlag, 1946.

Goebbels, J.: *Tagebücher aus den Jahren 1942–43.* Mit anderen Dokumenten herausgegeben von Louis P. Lochner. Zürich: Atlantis-Verlag, 1948.

Goguel, R.: *Über die Mitwirkung deutscher Wissenschaftler am Okkupationsregime in Polen im Zweiten Weltkrieg, untersucht an drei Institutionen der deutschen Ostforschung.* Phil. Diss., Humboldt-Univ. Berlin, 1964.

Gonella, R.: *Gesetz und Recht.* In: Grevemeyer und Kammel: Der Sachverständige im Dritten Reich und seine Gutachtertätigkeit (1935), S. 12–23.
Gossweiler, K.: *Aufsätze zum Faschismus.* Berlin: Akademie-Verlag, 1986.
Gräff, S.: *Tod im Luftangriff. Ergebnisse pathologisch-anatomischer Untersuchungen anläßlich der Angriffe auf Hamburg in den Jahren 1943–1945.* Hamburg: H. H. Nölke, 1955 (2. Aufl.).
Grell, Ursula: *»Gesundheit ist Pflicht«. Das öffentliche Gesundheitswesen Berlins 1933–1945.* In: Totgeschwiegen 1933–1945 (1988), S. 49–76.
Grevemeyer, M.; Kammel, O. (Hrsg.): *Der Sachverständige im Dritten Reich und seine Gutachtertätigkeit.* Eine Darstellung anhand der Vorträge des I. Reichschulungskursus der Reichsfachschaft für das Sachverständigenwesen. Berlin: Deutsche Rechts- und Wirtschaftswissenschaft Verlags-G.m.b.H., 1935.
Groehler, O.: *Geschichte des Luftkrieges 1910–1980.* Berlin: Militärverlag der DDR, 1981.
Grosser, O.: *Zur Geschichte der medizinischen Fakultät der Deutschen Universität in Prag* (Schriftenreihe des »Verbandes der sudetendeutschen Ärzte e. V.«, Nr. 1). München-Lochham: Verlag Robert Lerche (vorm. I. G. Calve, Prag), 1950.
Grote, G.; Völkel, M.; Weyershausen, K.: *Lexikon der prominenten Selbstmörder.* Lexikon Imprint Verlag Schwarzenberg & Schwarzenberg, 2000.
Grüner, O.: *In memoriam Gottfried Jungmichel.* Informationen Dtsch. Ges. Rechtsmedizin 2/20 (1981), S. 501.
Gruhle, H. W.: *Kriminalitätsgeographie. Eine Übersicht.* Mschr. Kriminalbiologie 29 (1938), S. 285–294.
Ders.: *Geographie des Selbstmordes.* Nervenarzt 13 (1940), S. 337–341.
Gütt, A.: *Neuordnung des gerichtsärztlichen Dienstes in Deutschland.* Vortrag auf der 28. Tagung der Gesellschaft für gerichtliche, soziale Medizin und Kriminalistik in Bad Ischl vom 30.5.–2.6.1939. Dtsch. Z. ges. gerichtl. Med. 32 (1939/40), S. 191–201.
Haberda, A.: *Lehrbuch der gerichtlichen Medizin.* Berlin-Wien: Urban & Schwarzenberg, 1927.
Hainlein, Brigitte-Ulrike: *Zur Geschichte der gerichtlichen Medizin an der Universität Würzburg mit Personalbibliographien der Lehrer des Faches von 1876–1968.* Med. Diss., Univ. Erlangen-Nürnberg, 1970.
Hajek, F.: *Vyvoj stav soudního lekarství v Československu.* Kriminalistika 3 (1948), S. 146–150 (tschechisch).
Hallermann, W.: *Die Todesopfer der Volksdeutschen aus den Geiselzügen im Warthegau.* Dtsch. Z. ges. gerichtl. Med. 34 (1941), S. 54–90.
Ders.: *Bericht über die weitere Entwicklung der gerichtlichen Medizin in Kiel.* Beitr. gerichtl. Med. 25 (1969), S. 9–15.
Hamperl, H.: *Werdegang und Lebensweg eines Pathologen.* Stuttgart-New York: F. K. Schattauer Verlag, 1972.
Hanauer, W.: *Stellungnahme zur Reform des medizinischen Studiums.* Der Sozialist. Arzt 3 (1927), S. 41– 45 (August 1927).
Handwörterbuch der gerichtlichen Medizin und naturwissenschaftlichen Kriminalistik. In Gemeinschaft mit zahlreichen Fachgenossen des In- und Auslandes bearbeitet und herausgegeben von F. v. Neureiter, F. Pietrusky und E. Schütt. Berlin: Verlag von Julius Springer, 1940.

Handwörterbuch zur deutschen Rechtsgeschichte. Hrsg. von A. Erler und E. Kaufmann, IV. Bd., Berlin: Erich Schmidt Verlag, 1990. Zitat: S. 1 251.
Hanfstaengl, E.: *Zwischen Weißem und Braunem Haus. Memoiren eines politischen Außenseiters.* Stuttgart, München: Deutscher Bücher-Bund/Piper & Co., 1970.
Hartung, G.: *Völkische Ideologie. Weimarer Beitr. 33* (1987), S. 1 174 bis 1 185.
Haubold: *Übersicht über die wichtigsten neueren gesundheitspolitischen Maßnahmen und Gesetze der Reichsregierung.* Reichsgesundheitsblatt 10 (1935), S. 693–695.
Heess, W.: *Das kriminaltechnische Institut der Sicherheitspolizei (KTI) beim Reichskriminalpolizeiamt.* Kriminalistik 13 (1939), S. 121–125.
Ders.: *Aus dem kriminaltechnischen Institut der Sicherheitspolizei (KTI).* Kriminalistik 14 (1940), S. 45–47.
Heiber, H.: *Universität unterm Hakenkreuz. Teil II: Die Kapitulation der Hohen Schulen. Das Jahr 1933 und seine Themen.* Band 1. München, London, New York, Paris: K. G. Saur, 1992.
Ders. (Hrsg.): *Der ganz normale Wahnsinn unterm Hakenkreuz/Triviales und Absonderliches aus den Akten des Dritten Reiches.* München: F. A. Herbig Verlagsbuchhandlung GmbH, 2001 (2. Aufl.).
Heilig, G.: *Die Durchführung der Aufgaben der Gesundheitsämter im Kriege.* Öffentl. Gesundheitsdienst 7 (1941), S. 78–85.
Heimanns, K. H.: *Der Osten ruft! Die Staatliche Akademie für praktische Medizin in Danzig.* Der Jungarzt 5 (1938), S. 97–101.
Hennicke, O.: *Über den Justizterror in der deutschen Wehrmacht am Ende des Zweiten Weltkrieges.* Zschr. Milit.geschichte 4 (1965), S. 715–720.
Herber, F.: Paris 1937, Bonn 1938: *Dokumente zur Gründungsgeschichte der Internationalen Akademie für gerichtliche und soziale Medizin.* Vortrag auf der 1. Fortbildungstagung der Institute für Gerichtliche Medizin Dresden, Karl-Marx-Stadt und Leipzig unter Teilnahme von Mitgliedern der Arbeitsgruppe »Identifikation« der »Internationalen Akademie für gerichtliche und soziale Medizin« am 12.5.1988 in Leipzig.
Ders.: *Die ärztliche Beurteilung von Selbstverstümmelungen im Zweiten Weltkrieg.* Poster-Vortrag auf der IX. Tagung der Gesellschaft für Gerichtliche Medizin der DDR in Schwerin (5.–9. September 1988).
Ders.: *Postmortale »Experimentalmedizin« in der Zeit des Faschismus – inwieweit kann der Tod im Dienste des Lebens stehen?* Vortrag im Arbeitskreis 1 anläßlich des Internationalen wissenschaftlichen Symposiums europäischer Sektionen der IPPNW über »Das Schicksal der Medizin im Faschismus« am 19.11.1988 in Weimar/Buchenwald (erscheint im Protokollband).
Ders.: *Unnatürliche Todesfälle im Gefolge von Reichstagsbrand und Reichstagsbrandprozeß.* Beitr. Geschichte gerichtl. Med. (Leipzig) 1 (1988), S. 53–60.
Ders.: *Das gerichtsmedizinische Universitätsinstitut im »Königreich Sachsen«: Präliminarien und Details einer Institutsgründung vor 88 Jahren.* Beitr. Geschichte gerichtl. Med. (Leipzig) 1 (1988), S. 72–82.
Ders.: *Die Eingabe Richard Kockels und anderer Gerichtsmediziner an den Reichskanzler – eine Initiative ohne Echo?* Krim. forens. Wiss. 71/72 (1988), S. 164–169.
Ders.: *»Allgemeine Institutsangelegenheiten« der Leipziger Gerichtsmedizin in den Jahren 1900–1950.* Vortrag auf dem Ehrensymposium anläßlich des 65. Geburtstages von Herrn OMR Prof. Dr. sc. med. Wolfgang Dürwald am 12./13. Januar 1989 in Leipzig.

Ders.: *Gerichtsmedizin: Belege und Gedanken zur Entwicklung eines medizinischen Sonderfaches in der Zeit des Faschismus.* In: Thom, A.; Caregordcev, G. I.: Medizin unterm Hakenkreuz. Berlin: VEB Verlag Volk und Gesundheit, 1989, S. 337–359.

Ders.: *Zwischen Gerichtsmedizin und Strafrechtswissenschaft: Kriminologie und Kriminalbiologie in Berlin.* In: Exodus von Wissenschaften aus Berlin. Hrsg. von W. Fischer, K. Hierholzer, M. Hubenstorf, P. Th. Walther und R. Winau. Akademie der Wissenschaften zu Berlin, Forschungsbericht 7. Berlin-New York: Walter de Gruyter, 1994.

Ders.: *Sezierte Wahrheit/Aus den Annalen des Gerichtsmediziners Richard Kockel.* Leipzig: Militzke Verlag, 2000.

Ders.; Baran, E.: *Zum 120. Geburtstag von Leon Wachholz: Dokumente aus den letzten Lebensjahren des Gelehrten.* Arch. Med. Sadowej Kryminol. (Warszawa) 37 (1987), S. 206–212.

Herrlinger, R.: *Das Blut in der Milzvene des Menschen.* Anatom. Anzeiger. Zbl. ges. wiss. Anatom. 96 (1947/48), S. 226–234.

Heyn, P.: *Sächsische Medizinalgesetze und Verordnungen für den Arzt und Studierenden der Medizin.* Dresden: Verlag von C. Heinrich, 1920.

Hildebrand, H.: *Gerichtliche Medizin. Ein Leitfaden für Studierende und praktische Ärzte.* Berlin: Verlag von Richard Schoetz, 1932.

Höhne, H.: *Der Orden unter dem Totenkopf/Die Geschichte der SS.* München: Bertelsmann Verlag GmbH, 1984.

Höpfner, H.-P.: *Die Universität Bonn im Dritten Reich/Akademische Biographien unter nationalsozialistischer Herrschaft* (Veröffentlichungen des Archivs der Rheinschen Friedrich-Wilhelms-Universität zu Bonn, Bd. 12). Bonn: Bouvier Verlag, 1999.

Holczabek, W.: *In memoriam Philipp Schneider.* Beitr. gerichtl. Med. 25 (1965), S. 8–11.

Holzer, F. J.: *Lehrkanzel und Institut für Gerichtliche Medizin.* In: Hutter, F.: Hundert Jahre Medizinische Fakultät Innsbruck 1869 bis 1969. Veröffentl. Univ. Innsbruck 17 (1969), S. 267–276.

Howorka, H.: *Zur Entwicklung der forensischen Chemie.* Krim. forens. Wiss. 1 (1970), S. 281–285.

Hubenstorf, M.: *Von der »freien Arztwahl« zur Reichsärzteordnung – Ärztliche Standespolitik zwischen Liberalismus und Nationalsozialismus.* In: Medizin im »Dritten Reich«. Hrsg. von Johanna Bleker und N. Jachertz. Köln: Deutscher Ärzteverlag, 1993, S. 43–53.

Ders.: *Tote und/oder lebendige Wissenschaft: Die intellektuellen Netzwerke der NS-Patientenmordaktion in Österreich* (im Druck).

Ilgner, Maria Barbara: *Gottfried Raestrup (1889–1955) – Leben und Werk.* Med. Diss., Univ. Leipzig, 1999.

Ilkow, N.: *Zur Frage der künstlichen Umwandlung der menschlichen Blutgruppe.* Dtsch. Z. ges. gerichtl. Med. 38 (1943/44), S. 351–357.

I. Internationaler Kongreß für gerichtliche und soziale Medizin zu Bonn a. Rh. vom 22.–24. September 1938. Verhandlungsbericht, hrsg. vom Präsidenten des Kongresses, Prof. Dr. med. F. Pietrusky. Bonn: Verlag Gebr. Scheur, 1938.

Janovsky, V.: *Die geschichtliche Entwicklung der gerichtlichen Medicin.* In: Maschkas Handbuch der gerichtlichen Medicin. Bd. I, Tübingen 1881.

Janssen, W.: *Berthold Mueller. Leben und Werk eines Gerichtsmediziners. Med. Welt 28* (1977), S. 1 202–1 204.

Jaworski, M.: *Ludwik Hirszfeld. Sein Beitrag zu Serologie und Immunologie.* Leipzig: BSB B. G. Teubner Verlagsgesellschaft, 1980.

Jellinek, St.: *Elektrische Verletzungen/Klinik und Histopathologie.* Leipzig: Verlag von Johann Ambrosius Barth, 1932.

Jost, A.: *Das Recht auf den Tod.* Sociale Studie. Göttingen 1895.

Jungmichel, G.: *Alkoholbestimmung im Blut/Methodik und forensische Bedeutung.* Berlin: Carl Heymann Verlag, 1933.

Ders.: *Die Bedeutung der Blutgruppen und Blutkörperchenmerkmale (Faktoren) in der gerichtlichen Praxis.* Berlin: R. v. Decker's Verlag/G. Schenck, 1940.

Ders.: *Nachruf für Rolf Hey.* Dtsch. Z. ges. gerichtl. Med. 34 (1941), S. 423–425.

Kadell, F.: *Die Katyn-Lüge/Geschichte einer Manipulation/Fakten, Dokumente, Zeitzeugen.* München: F. A. Herbig Verlagsbuchhandlung, 1991.

Kaiser, Gerhard; Szczesniak, A. L.: *Katyn/Der Massenmord an polnischen Offizieren.* Berlin: Ch. Links Verlag, 1991.

Kaiser, Günther: *Kriminologie/Ein Lehrbuch.* Heidelberg: C. F. Müller Verlag, 1996 (3. erw. Aufl.).

Kaiser, W.; *Simon, A.: Die Geschichte der Gerichtsmedizin an der Universität Halle-Wittenberg.* Wiss. Beitr. Martin-Luther-Univ. Halle-Wittenberg 1978/12.

Kaiser, W.; Völker, Arina: *Die faschistischen Strömungen an der medizinischen Fakultät der Universität Halle.* In: Medizin im Faschismus (1983), S. 53–67.

Karger, J. v.: *Zum Tode von Gerhard Buhtz.* Informationen der Dtsch. Gesellsch. Rechtsmedizin 45/5 (1996), S. 452–454.

Karner, St.; Knoll, H.: *Der »Feliferhof«.* Forschungsprojekt des BMLV, durchgeführt vom Ludwig-Boltzmann-Institut für Kriegsfolgenforschung. Juni 2001.

Kater, M. H.: *Medizinische Fakultäten und Medizinstudenten.* In: Kudlin, F.: Ärzte im Nationalsozialismus (1985), S. 84–104.

Kater, M. H.: *Ärzte als Hitlers Helfer.* Hamburg/Wien: Europa Verlag GmbH, 2000.

Kaul, F. K.: *Das »SS-Ahnenerbe« und die »jüdische Schädelsammlung« an der ehemaligen »Reichsuniversität Straßburg«.* Z. Geschichtswiss. 16 (1968), S. 1 460–1 474.

Ders.: *Ärzte in Auschwitz.* Berlin: VEB Verlag Volk und Gesundheit, 1968.

Ders.: *Nazimordaktion T 4.* Ein Bericht über die erste industriemäßig durchgeführte Mordaktion des Naziregimes. Berlin: VEB Verlag Volk und Gesundheit, 1973.

Kelz, H. M.: *Zur Geschichte der gerichtlichen Medizin in Erlangen mit Personalbibliographien der Lehrer des Faches von 1903-1968.* Med. Diss., Univ. Erlangen-Nürnberg 1968.

Kirchner, M.: *Die wesentlichsten Bestimmungen der deutschen »Prüfungsordnung für Aerzte« vom 28. Mai 1901.* Abdruck aus dem klinischen Jahrbuch. Jena: Gustav Fischer Verlag, 1901.

Klee, E.: *»Euthanasie« im NS-Staat. Die »Vernichtung unwerten Lebens«.* Frankfurt/M.: S.Fischer Verlag, 1983 (2. Aufl.).

Ders.: *Was sie taten – Was sie wurden/Ärzte, Juristen und andere Beteiligte am Kranken- oder Judenmord.* Frankfurt am Main: Fischer Taschenbuch Verlag, 1986.

Ders.: *Deutsche Medizin im Dritten Reich/Karrieren vor und nach 1945.* Frankfurt am Main: S. Fischer Verlag GmbH, 2001.

Kleinknecht, M.: *Die historische Entwicklung des Faches der Gerichtlichen Medizin an der Universität Ingolstadt, Landshut und München.* Med. Diss., Univ. München, 1940.

Kobelt, R.: *Alkoholismus im Deutschen Recht. Die Alkoholfrage im neuen Deutschland, Heft 1.* Berlin: Neuland-Verlagsgesellschaft, 1937.

Kockel, R.: *Das Institut für gerichtliche Medizin der Universität Leipzig. Festschrift zur Eröffnung des neuen Instituts am 1. Oktober 1905.* Leipzig: J. M. Gebhardt's Verlag, 1905.

Ders.: *Die gewaltsamen Todesarten.* In: Handbuch der gerichtlichen Medizin, hrsg. von A. Schmidtmann (1905), S.647–796.

Ders.: *Grundzüge der sachverständigen Prüfung von Geldspielautomaten.* Arch. Kriminalanthrop. Kriminalistik 39 (1910), S. 236–276.

Ders.: *Mitteilungen und Ausblicke.* Vjschr. gerichtl. Med. öffentl. Sanitätswes. 45 (1915), Suppl.-H. 1, S. 23–31.

Ders.: *Die gerichtliche Geburtshilfe.* In: Doederlein, A.: Handbuch der Geburtshilfe, München: Bergmann, 1916 bzw. 1925 , Bd. III.

Ders.: *Alte und neue Wege in der gerichtlichen Medizin.* Dtsch. Z. ges. gerichtl. Med. 11 (1928), S. 1–13.

Ders.: *Das erweiterte Institut für gerichtliche Medizin der Universität Leipzig.* Arch. Kriminol. 83 (1928), S. 206–207.

Ders.: *Zum Andenken an Willi Vorkastner.* Dtsch. Z. ges. gerichtl. Med. 18 (1932), S. I–IV.

Kogon, E.: *Der SS-Staat. Das System der deutschen Konzentrationslager. Frankfurt/M.*: Verlag der Frankfurter Hefte, 1946.

Kolb, H.: *Statistisch-kritische Übersicht über die im Gerichtlich-Medizinischen Institut in München sezierten Verkehrsunfälle der Jahre 1927–1937.* Med. Diss., Univ. München, 1939.

KL Auschwitz in den Augen der SS. Katowice: Krajowa agencja wydawnicza, 1981.

Koopmann, H.: *Beitrag zur Bedeutung des überzähligen Brustwärzchens.* Dtsch. Z. ges. gerichtl. Med. 25 (1936), S. 369–372.

Ders.: *Der geborene Verbrecher.* Arch. Kriminol. 114 (1944), S. 89–98.

Kopp: *Skizze einer Geschichte der gerichtlichen Arzneikunde.* Kopp's Jahrbuch der Staatsarzneikunde 1838 (zit. nach Placzek, 1905).

Kramer, T.: *Wandlungen der ärztlichen Ausbildung in Deutschland während der Jahre von 1933 bis 1945 unter dem Druck der nationalsozialistischen Gesundheitspolitik und des Krieges.* Med. Diss., Univ. Leipzig, 1997.

Krauland, W.: *Zur Geschichte der deutschen Gesellschaft für Rechtsmedizin.* Beitr. gerichtl. Med. 27 (1970), XVI–XXXVI.

Krefft, S.: *Über die Genese der Halsmuskelblutungen beim Tod durch Erhängen.* Med. Diss., Univ. Halle, 1944.

Ders.: *Die Entwicklung der gerichtlichen Medizin in Leipzig.* Wiss. Z. Karl-Marx-Univ. Leipzig, Math.-nat.wiss. Reihe 4 (1954/55), S. 215 bis 229.

Kremer, J. P.: *Tagebuch.* In: KL Auschwitz in den Augen der SS (1981), S. 197–281.

Kudlin, F.: *Ärzte im Nationalsozialismus.* Köln: Kiepenheuer & Witsch, 1985.

Kühnrich, H.: *Der KZ-Staat 1933–1945*; Berlin: Dietz Verlag, 1983.

Künkele, F.: *Gerichtschemiker – Gerichtsmediziner?* Chemiker-Ztg. 63 (1959), S. 129–151.

Kunkel, W.: *Der Professor im Dritten Reich.* In: Die deutsche Universität im Dritten Reich (1966), S.104–133.

Labisch, A.: *Heilkunde als Erhaltungslehre, Heilkunde als Vernichtungslehre. Gedanken zur Medizin im Nationalsozialismus.* In: Die Medizinische Akademie Düsseldorf im Nationalsozialismus. Hrsg. von M. G. Esch, Kerstin Griese, F. Sparing und W. Woelk (Düsseldorfer Schriften zur neueren Landesgeschichte und zur Geschichte Nordrhein-Westfalens, 47). S. 28–54. Essen: Klartext Verlag, 1997.

Labisch, A.; Tennstedt, F.: *Der Weg zum »Gesetz über die Vereinheitlichung des Gesundheitswesens« vom 3. Juli 1934 / Entwicklungslinien und -momente des staatlichen und kommunalen Gesundheitswesens in Deutschland.* Schriftenreihe der Akademie für öffentliches Gesundheitswesen in Düsseldorf, 1985.

Lasch, O.: *So fiel Königsberg.* München: Gräfe und Unzer, 1958.

Ledderhose, G.: *Zur Frage der sozialen Medizin.* Ärztl. Sachverständ.-Ztg. 26 (1920), S. 191–193.

Lenz, F.: *Grundriß der Kriminalbiologie.* München: J. F. Lehmanns Verlag, 1927.

Leonhardt, R.: *Abschied von einem Schatz/Zur Geschichte der Kriminalistik an der Berliner Universität.* Kriminalistik 1991, S. 533 f.

Lepsien, Katharina; Lange, W.: *Verfolgung, Emigration und Ermordung jüdischer Ärzte.* In: Dienstbare Medizin/Ärzte betrachten ihr Fach im Nationalsozialismus. Hrsg. v. H. Friedrich und W. Matzow. Göttingen: Vandenhoeck & Ruprecht, 1992.

Lesser, A.: *Atlas der gerichtlichen Medicin. Erste Abtheilung: Vergiftungen.* Berlin: Verlag von August Hirschwald, 1884.

Ders.: *Stereoskopischer gerichtsärztlicher Atlas.* Breslau: Schlesische Verlagsanstalt von S. Schottländer, 1903–1905 (3 Bd.).

Lettow, F.: *Arzt in den Höllen/Erinnerungen an vier Konzentrationslager.* Berlin: edition ost, 1997.

Leuthold, G.: *Veröffentlichungen des medizinischen Schrifttums in den Jahren 1933–1945 zum Thema: Gesetz zur Verhütung erbkranken Nachwuchses vom 14. Juli 1933.* Med. Diss., Univ. Erlangen-Nürnberg, 1975.

Lifton, R. J.: *Medicalized Killing in Auschwitz.* Psychiatry 45 (1982), S. 283–297.

Ders.: *Ärzte im Dritten Reich.* Stuttgart: Klett-Cotta, 1988.

Liman, C.: *Handbuch der gerichtlichen Medicin.* Berlin: Verlag von August Hirschwald, 1889 (8. Aufl.).

Lösch, Marianne: *Personalbibliographien von Professoren, Dozenten und wissenschaftlichen Mitarbeitern der Ophthalmologie und der Gerichtsmedizin der deutschen Karl-Ferdinands-Universität in Prag im ungefähren Zeitraum von 1910–1945.* Mit biographischen Angaben und Überblicken über die Hauptarbeitsgebiete. Med. Diss., Univ. Erlangen-Nürnberg, 1973.

Lubarsch, O.: *Ein bewegtes Gelehrtenleben. Erinnerungen und Erlebnisse. Kämpfe und Gedanken.* Berlin: Verlag von Julius Springer, 1931.

Ludwig, Hannelore: *Personalbibliographien von Professoren und Dozenten des Institutes für Gerichtliche Medizin ... der Universität München ...* Med. Diss., Univ. Erlangen-Nürnberg 1972.

Madajczyk, Cz.: *Das Drama von Katyn.* Berlin: Dietz Verlag GmbH, 1991.

Mallach, H. J.: *Geschichte der Gerichtlichen Medizin im deutschsprachigen Raum.* Lübeck: Schmidt-Römhild, 1996.

Manz, R.: *Nachruf für Herrn Prof. Dr. med. Dr. jur. Otto Schmidt.* Dtsch. Z. ges. gerichtl. Med. 54 (1963), S. 113–118.

Marek, Z.; Baran, E.: *Dwiescie lat nauczania medycyny sadowej w Krakowie (180-leci powolania Katedry).* Arch. Med. Sadowej Kryminol. 36 (1986), S. 74–84 (polnisch).

Mahrenholtz, M. v.: *Das ärztliche Gutachten.* In: Grevemeyer und Kammel: Der Sachverständige im Dritten Reich und seine Gutachtertätigkeit (1935), S. 44-51.

Masuhr, F.: *Die Verlagerung der Aufgaben des Amtsarztes im Kriege.* Öffentl. Gesundheitsdienst 7 (1942), S. 570–574.

Medizin im Faschismus. Symposium über das Schicksal der Medizin in der Zeit des Faschismus in Deutschland. Protokoll, hrsg. von A. Thom und H. Spaar. Berlin: Akademie für Ärztliche Fortbildung, 1983.

Medizin ohne Menschlichkeit/Dokumente des Nürnberger Ärzteprozesses. Hrsg. und kommentiert von A. Mitscherlich und F. Mielke. Frankfurt am Main: Fischer Taschenbuch Verlag, 1989 (112.–113. Tausend).

Medizin und Nationalsozialismus. Hrsg. von G. Baader und U. Schultz. Berlin (West): Verlagsgesellschaft Gesundheit mbH., 1980.

Medizin unterm Hakenkreuz. Hrsg. von A. Thom und G. I. Caregorodcev. Berlin: VEB Verlag Volk und Gesundheit, 1989.

Meixner, K.: *Umfang und Aufgaben der gerichtlichen Medizin.* Wiener klin. Wochenschr. 41 (1928), S. 41–45.

Ders.: *Albin Haberda.* Dtsch. Z. ges. gerichtl. Med. 22 (1933/34), I–IV.

Ders.; Werkgartner, A.: *Schußverletzungen im Straßenkampf.* Beitr. gerichtl. Med. 7 (1928), S. 32–48.

Mende, L. J. C.: *Ausfuerliches Handbuch der gerichtlichen Medizin für Gesetzgeber, Rechtsgelehrte, Aerzte und Wundaerzte. Erster Theil: Kurze Geschichte der gerichtlichen Medizin, und ihres formellen Theils erster Abschnitt.* Leipzig: in der Dyk'schen Buchhandlung, 1819.

Merkel, H.: *Über die Zusammenarbeit des Gerichtlichen Mediziners und des Gerichtchemkers bei der Feststellung von tödlichen Vergiftungsfällen.* Dtsch. Z. ges. gerichtl. Med. 19 (1932), S. 384–390.

Ders.: *Über die Notwendigkeit der Einführung von Verwaltungssektionen und deren Durchführung.* Dtsch. Z. ges. gerichtl. Med. 37 (1937), S. 1–22.

Metzelder, Elisabeth: *Die Geschichte der gerichtlichen Medizin an der Universität Würzburg.* Med. Diss., Univ. Würzburg, 1966.

Mezger, E.: *Kriminalpolitik auf kriminalbiologischer Grundlage.* Stuttgart: Ferdinand Enke Verlag, 1934.

Michaelis, K.: *Die außerordentliche Wiederaufnahme rechtskräftig abgeschlossener Verfahren in der Praxis des Reichsgerichts 1941–1945.* In: Dreier, Ralf; Sellert, Wolfgang (Hrsg.): Recht und Justiz im »Dritten Reich«. Frankfurt am Main: Suhrkamp Verlag, 1989, S. 273–294.

Michałowski, A.: *Prof. Dr. med. Wiktor Grzywo-Dabrowski.* Arch. Med. Sadowej Kryminol. 1969, S. 88–90 (polnisch).

Mitscherlich, A.; Mielke, F.: *Das Diktat der Menschenverachtung. Der Nürnberger Ärzteprozeß und seine Quellen.* Heidelberg: Verlag Lambert Schneider, 1947.

Dies.: *Medizin ohne Menschlichkeit.* Frankfurt/M.: Fischer Taschenbuch-Verlag, 1978.

Moltke, H. J. v.: *Letzte Briefe aus dem Gefängnis Tegel.* Berlin (West): Karl H. Hensel Verlag, 1963 (9. Aufl.).

Mueller, B.: *Willy Vorkastner.* Verh. Dtsch. Ges. Pathol. 27 (1934), S. 316–517.

Ders.: *Nationalsozialistische Strafgesetzgebung.* Dtsch. Z. ges. gerichtl. Med. 24 (1935), 114–154.

Ders.: *Eröffnungsansprache des Vorsitzenden Prof. Dr. B. Mueller-Göttingen.* Dtsch. Z. ges. gerichtl. Med. 29 (1938), S. 133–134.

Ders.: *Nachruf für Martin Nippe.* Dtsch. Z. ges. gerichtl. Med. 33 (1940), S. 219–224.

Ders.: *Bericht über die Kriegstagung der deutschen Gesellschaft für gerichtliche, soziale Medizin und Kriminalistik in Innsbruck am 15. und 16. Mai 1940.* Med. Welt 14 (140), S. 643–644.

Ders.: *Gerichtlich-medizinische Studien an Bomben- und Granatsplitterverletzungen.* Dtsch. Z. ges. gerichtl. Med. 35 (1942), S. 173–179.

Ders.: *Geschichte des Institutes für gerichtliche Medizin der Albertus-Magnus-Universität zu Königsberg.* Jahrb. Albertus-Univ. Königsberg 2 (1952), S. 261–266.

Ders.: *Gerichtliche Medizin.* Berlin-Göttingen-Heidelberg: Springer-Verlag, 1953.

Ders.: *Nachruf (für Kurt Walcher).* Z. Rechtsmedizin 74 (1974), S. 321.

Ders.: *Rezension zu Gräff, S.*: Tod im Luftangriff (1955), in: Dtsch. Z. ges. gerichtl. Med. 45 (1956), S. 90.

Ders.: *Zur Geschichte des Institutes für gerichtliche Medizin an der Universität Heidelberg.* Dtsch. Z. ges. gerichtl. Med. 47 (1958), S. 69–70.

Ders.: *Gerichtliche Medizin.* Berlin-Heidelberg-New York: Springer-Verlag, 1975 (2. neubearb. und erweiterte Auflage, Teil 1 und 2).

Ders.; Walcher, K.: *Gerichtliche und soziale Medizin einschließlich des Ärzterechts.* Ein Lehrbuch für Studenten und Ärzte. München-Berlin: J. F. Lehmanns Verlag, 1944 (2. verb. Aufl.).

Müller, N.: *Massenverbrechen von Wehrmachtsorganen an der sowjetischen Zivilbevölkerung im Sommer/Herbst 1941.* Z. Militärgeschichte 8 (1969), S. 537–553.

Müller, P.: *Detektive mit dem Skalpell. Berühmte Fälle der Wiener Gerichtsmedizin.* Graz und Stuttgart: Leopold Stocher Verlag, 1967.

Müller-Heß, V.: *Fritz Strassmann zum hundertsten Geburtstag.* Dtsch. Z. ges. gerichtl. Med. 4B (1959), S. 177–180.

Ders.; Wiethold, F.: *Die ärztlich bedeutsamen Änderungen und Ergänzungen des Strafgesetzes.* Münch. med. Wochenschr. 81 (1954), S. 1 679–1 682 und 1 729–1 754.

Nagera, V.: *Biopsychische Besonderheiten und marxistischer Fanatismus.* Beitr. gerichtl. Med. 15 (1939), S. 72–74.

Nationalsozialistische Massentötungen durch Giftgas/Eine Dokumentation, herausgegeben von E. Kogon, H. Langbein, A. Rückerl u. a. Frankfurt am Main: Fischer Taschenbuch Verlag, 1986.

Nawka, Hr.: *Der Lebensweg des Gerichtsmediziners Dr. Miklós Nyiszli und die Bedeutung seines Erlebnisberichtes »Ich war Arzt in Auschwitz«.* Med. Diplomarbeit, Institut f. Gerichtliche Medizin, Univ. Leipzig, 1988.

Nebe, A.: *Aufbau der deutschen Kriminalpolizei.* Kriminalistik 12 (1938), S. 4–8.

Neidert, M. in: *Handwörterbuch zur deutschen Rechtsgeschichte*, hrsg. von A. Erler und E. Kaufmann; IV. Bd, S. 1 251. Berlin: Erich Schmidt Verlag, 1990.

Neubert, R.; Schrödel, G.: *Grundriß der Sozialhygiene.* Jena: VEB Gustav Fischer Verlag, 1958.

Neufeldt, H.-J.; Huck, J.; Tessin, G.: *Zur Geschichte der Ordnungspolizei 1936-1945.* Koblenz: Schriften des Bundesarchivs, Heft 3, 1957.

Neureiter, F. v.: *Die Ausgestaltung des kriminalbiologischen Dienstes in Lettland.* Beitr. gerichtl. Med. 7 (1928), S. 131–137.

Ders.: *Aufforderung zur Beihilfe an einer »Geschichte der deutschen gerichtlichen Medizin als Forschungs- und Unterrichtsgegenstand«.* Dtsch. Z. ges. gerichtl. Med. 28 (1937), S. 60–64.

Ders.: *Über die Bedeutung und den Geltungsbereich der Begriffe »Ehetauglichkeit« und »Eheeignung«.* Reichsgesundheitsbl. 12 (1937), S. 862–863.

Ders.: *Die Organisation des kriminalbiologischen Dienstes in Deutschland.* Reichsgesundheitsbl. 13 (1938), S. 515–516.

Ders.: *Zwei Versager nach der Entmannung aus kriminalpolitischer Anzeige.* Mschr. Kriminalpsychol. Strafrechtsreform 29 (1938), S. 476–481.

Ders.: *Die ärztlichen Zeugnisse im Rahmen der amtsärztlichen Untersuchung von Ehekandidaten.* Öffentl. Gesundheitsdienst 4 (1938), S. 305–309.

Ders.: *Kriminalbiologie* (Handbücher für den öffentlichen Gesundheitsdienst, Bd. 14). Berlin: Carl Heymanns Verlag, 1940.

Ders.: *Besonderheiten gerichtlich-medizinischer Aufgaben im kolonialärztlichen Dienst.* Dtsch. Z. ges. gerichtl. Med. 36 (1942), S. 101–113.

Niedenthal, R.: *Eine Verbrechersippe. Ein Beitrag zur Frage der Vererbung asozialer verbrecherischer Neigungen.* Öffentl. Gesundheitsdienst 3 (1937/38), S. 965–973.

Nissen, R.: *Helle Blätter – dunkle Blätter. Erinnerungen eines Chirurgen.* Stuttgart: Deutsche Verlags-Anstalt GmbH, 1969.

Nowak, K.: *»Euthanasie« und Sterilisierung im »Dritten Reich«: die Konfrontation der evangelischen und katholischen Kirche mit dem Gesetz zur Verhütung erbkranken Nachwuchses und der »Euthanasie«-Aktion.* Halle: Max Niemeyer Verlag, 1977.

NS-Herrschaft in Österreich. Ein Handbuch. Hrsg. von E. Tálos, E. Hanisch, W. Neugebauer und R. Sieder. Wien: öbv und hpt, 2000.

Nyiszli, M.: *Orvos voltam Auschwitzban.* Bukarest: Irodalmi Könyvkiado, 1968 (ungarisch).

Ders.: *Im Jenseits der Menschlichkeit/Ein Gerichtsmediziner in Auschwitz.* Hrsg. von Friedrich Herber. Berlin: Dietz Verlag, 1992.

Oberkofler, G.; Goller, P. (Hrsg.): *Die medizinische Fakultät Innsbruck. Faschistische Realität (1938) und Kontinuität unter profaschistischen Bedingungen (1945).* Eine Dokumentation. Innsbruck 1999.

Odemar, W.: *Über Selbstbeschädigungen insbesondere derer durch schlagende Werkzeuge.* Med. Diss., Univ. Göttingen, 1943.

Oesterlen, O. v.: *Ueber die früheste Entwicklung der gerichtlichen Medicin.* Schmidt's Jahrbücher der in- und ausländischen gesammten Medicin 176 (1877), S. 166–176.

Ortner, H.: *Der Hinrichter/Roland Freisler – Mörder im Dienste Hitlers.* Göttingen: Steidl Verlag, 1995.

Ottwalt, E.: *Denn sie wissen was sie tun.* Ein deutscher Justizroman. Berlin: Malik-Verlag, 1931.

Pätzold, K.: *Verfolgung – Vertreibung – Vernichtung. Dokumente des faschistischen Antisemitismus.* Leipzig: Verlag Philipp Reclam jun., 1984.

Panning, G.: *Die vitale Reaktion am Knochen* (Veröffentlichungen aus der Konstitutions- und Wehrpathologie, Heft 45). Jena: Verlag von Gustav Fischer, 1940.

Ders.: *Über den Nachweis der Wirkung von Kriegsfeuerwaffen an den Volksdeutschen Mordopfern in Polen.* Dtsch. Milit.arzt 5 (1940), S. 89–93.

Ders.: *Der Bromberger Blutsonntag. Ein gerichtsärztlicher Bericht.* Dtsch. Z. ges. gerichtl. Med. 34 (1941), S. 7–54.

Ders.: *Wirkungsform und Nachweis der sowjetischen Infanteriesprengmunition.* Dtsch. Milit.arzt 7 (1942), S. 20–30.

Ders.: *Die Aufgaben der gerichtlichen Medizin bei der Wehrmacht und im Kriege.* Antrittsvorlesung an der Rhein. Friedrich-Wilhelms-Univ. Bonn, gehalten am 10.2.1943. Bonn: Verlag Gebr. Scheur, 1943.

Paprocki, F.; Pospieszalski, K. M.: *»Reichsuniversität Posen«.* Poznan: Przegladu zachodniego Nr.7/8, 1956, S. 275–299 (polnisch).

Pascher, J.: *Das Dritte Reich, erlebt an drei deutschen Universitäten.* In: Die deutsche Universität im Dritten Reich (1966), S. 46–69.

Patschek, Martha: *Die Entwicklung der Leichenschau in Deutschland.* Med. Diss., Univ. Marburg, 1938.

Paul, Elfriede: *Ein Sprechzimmer der Roten Kapelle.* Berlin: Militärverlag der DDR, 1981.

Pacuła, T.: *Organisation und Verwaltung des ersten Häftlingskrankenbaus in Auschwitz.* (polnisch: 1962). In: Die Auschwitzhefte, Band 1, hrsg. vom Hamburger Institut für Sozialforschung. Hamburg: Rogner & Bernhard GmbH & Co., 1994.

Pengel, N.: *Der Nationalsozialistische Deutsche Dozentenbund und seine Wirksamkeit an den Medizinischen Fakultäten.* Med. Diss., Univ. Leipzig, 1998.

Petzold, J.: *Die Demagogie des Hitlerfaschismus.* Berlin: Akademie-Verlag, 1982.

Pietrusky, F.: Rede, gehalten am 1. Mai 1933 zur Feier des Tages der »Deutschen Arbeit« und zur Übergabe der Studentenrechtsordnung (Bonner Akademische Reden, 19). Bonn: Verlag Gebr. Scheur, 1933.

Ders.: *Erwiderung an Künkele.* Chemiker-Ztg. 63 (1939), S. 347.

Ders.; de Crinis, M.: *Gerichtliche Medizin/Gerichtliche Psychiatrie (Handbücherei für den öffentlichen Gesundheitsdienst, Bd. 15). Berlin:* Carl Heymanns Verlag, 1943 (3. Aufl.).

Piotrowski, St.: *»Uniwersytet Rzeszy« w Poznaniu 1941–1945.* Poznan: Uniwersytet im A. Mickiewicza, 1984 (poln., mit dtsch. Zusammenfassung).

Placzek, S.: *Geschichte der gerichtlichen Medizin.* In: Handbuch der Geschichte der Medizin; begr. von Puschmann, hrsg. von Neugebauer und Pagel, Jena 1905; Bd. 3, S. 729–782.

Platen-Hallermund, Alice: *Die Tötung Geisteskranker in Deutschland.* Frankfurt/M.: Verlag der Frankfurter Hefte, 1948.

Poelchau, H.: *Die letzten Stunden.* Erinnerungen eines Gefängnispfarrers, aufgezeichnet von Graf Alexander Stenbock-Fermor. Berlin: Verlag Volk und Welt, 1987 (3. Aufl.).

Poliakov, L.; Wulf, J.: *Das Dritte Reich und seine Diener.* Dokumente. Berlin: Verlag Volk und Welt, 1975.

Dies.: *Das Dritte Reich und seine Denker.* München-New York-London-Paris: K. G. Saur; Berlin: arani-Verlag, 1978.

Poller, W.: *Arztschreiber in Buchenwald. Bericht des Häftlings 996 aus Block 39.* Hamburg: Phönix-Verlag Christen & Co., 1947.

Ponsold, A.: *Der Strom war die Newa. Aus dem Leben eines Gerichtsmediziners.* St. Michael: J. G. Bläschke Verlag, 1980.

Popielski, B.: *Zaklady Medycyny Sadowej w Niemczech. Ich organizacja i praca.* Czas. Sadowo-Lekarskiego 11 (1938), Heft 3/4, S. 1–35 (polnisch).

Ders.: *Zaklad Medycyny Sadowej Uniwersytetu Jagielloriskiego podczas okupacji hitlerowskiej.* Przeglad Lekarski Nr. 1/1968, S. 92–98 (polnisch).

Poppen, E.: *Die Geschichte des Sachverständigenbeweises im Strafprozeß des deutschsprachigen Raumes* (Göttinger Studien zur Rechtsgeschichte, Bd. 16). Göttingen-Zürich: Umsterschmidt-Verlag, 1984.

Posner, G.: *Belastet/Meine Eltern im Dritten Reich/Gespräche mit den Kindern von Tätern.* Berlin: Eulenspiegel Das Neue Berlin Verlagsgesellschaft mbH, 1994.

Ders.; Ware, J.: *Mengele/Die Jagd auf den Todesengel.* Berlin: Aufbau Taschenbuch Verlag, 1998.

Prokop, O.: *Der Fall Hetzel.* Kriminalistik forens. Wiss. 2 (1970), S. 81–111.

Ders.: *Dr. Waldemar Weimann.* Dtsch. Z. ges. gerichtl. Med. 57 (1966), S. 391–392.

Ders.; Göhler, W.: *Forensische Medizin.* Berlin: VEB Verlag Volk und Gesundheit, 1975.

Ders.; Stelzer, E.: *Die Menschenexperimente des Dr. med. Heißmeyer (Medizinische und kriminalistische Erhebungen).* Krim. forens. Wiss. 3 (1970), S. 67–104.

Prokoph, W.: *Demokratische Bestrebungen und faschistischer Ungeist an der Universität Halle-Wittenberg in den Jahren 1929 bis 1954.* Phil. Diss., Univ. Halle, 1967.

Pross, Chr.; Winau, R.: *»Nicht mißhandeln«. Das Krankenhaus Moabit 1920 bis 1945.* Berlin: Edition Hentrich. Fröhlich & Kaufmann, 1984.

Püschel, W.: *Der Niedergang des Rechts im Dritten Reich.* Reutlingen: Verlag »Die Zukunft«, 1947.

Der Prozeß gegen die Hauptkriegsverbrecher vor dem Internationalen Militärgerichtshof. Nürnberg 14. November 1945 – 1. Oktober 1946. Veröffentlicht in Nürnberg, Deutschland 1948. Band XVII; amtlicher Text in deutscher Sprache.

Puppe, G.: *Zur Eröffnung des Instituts für gerichtliche Medizin der Königl. Albertus-Universität zu Königsberg i. Pr.* Vjschr. gerichtl. Med. öffentl. Sanitätswesen 3. F., XXXI, Suppl. Heft 1906, S. 1–11.

Ders.: *Atlas und Grundriß der gerichtlichen Medizin.* München: J. F. Lehmanns Verlag, 1908.

Ders.: *Der Kampf um die Soziale Medizin. Ärztl. Sachverständ.-Ztg. 26* (1920), S. 189–191.

Raestrup, G.: *Die Blutgruppenkunde in der gerichtlichen Medizin.* In: Steffan, P. (Hrsg.): Handbuch der Blutgruppenkunde. München: J. F. Lehmanns Verlag, 1932.

Ders.: *Richard Kockel.* Dtsch. Z. ges. gerichtl. Med. 22 (1934), I-IV.

Ramm, R.: *Ärztliche Rechts- und Standeskunde. Der Arzt als Gesundheitserzieher.* Berlin: Walter de Gruyter & Co., 1943 (2. Aufl.).

Reche, O.: *Zum Geleit.* Z. f. Rassenphysiol. 1(1929), S. 1–7.

Ders.: *Wer ist Fachmann für die Erstattung erbbiologischer Abstammungsgutachten?* Dtsch. Recht 1942, S. 46–47.

Ders.; Rolleder, A.: *Zur Entstehungsgeschichte der ersten exakt wissenschaftlichen erbbiologisch-anthropologischen Abstammungsgutachten.* Z. Morph. Anthrop. 55 (1964), S. 283–293.

Reichardt, M.: *Über den Unterricht und die Prüfung der Medizinstudierenden in der gerichtlichen und sozialen Medizin.* Ärztl. Sachverständ.-Ztg. 26 (1920), S. 97–102.

Der Reichstagsbrand. Eine wissenschaftliche Dokumentation. Bd. I, hrsg. von W. Hofer, E. Calic, K. Stephan und F. Zipfel. Berlin: arani-Verlags-GmbH, 1972.

Reimann, W.: *Das Institut für gerichtliche Medizin und Kriminalistik.* In: Festschrift zur 500-Jahrfeier der Universität Greifswald (1956).

Ders.: *Zur Geschichte des Gerichtsmedizinischen Institutes der Humboldt-Universität zu Berlin.* Z. ärztl. Fortbild. 54 (1960), S. 550–554.

Reiter, H.: *Gedanken über »Volks«-Wirtschaft. Festrede zur Feier des 60-jährigen Bestehens des Reichsgesundheitsamtes.* Reichsgesundheitsbl. 11 (1936), S. 669–673.

Ders.: *Ziele und Wege des Reichsgesundheitsamtes im Dritten Reich.* Zum 60-jährigen Bestehen des Reichsgesundheitsamtes bearbeitet von Prof. Dr. Hans Reiter, Präsident des Reichsgesundheitsamtes Berlin, und seinen Mitarbeitern. Leipzig: Johann Ambrosius Barth Verlag, 1936.

Reuter, F.: *Albin Haberdas Wirken am Institut für gerichtliche Medizin in Wien.* Dtsch. Z. ges. gerichtl. Med. 1 (1922), S. 584–590.

Ders.: *Bemerkungen zu dem Aufsatze von Schorn »Der Gerichtsarzt« und zu den Erwiderungen von Bonhöfer, H. Albrecht und H. Beitzke.* Mschr. Kriminalpsychol. Strafrechtsreform 20 (1929), S. 230–234.

Ders.: *Welche Aufgaben hat die gerichtliche Medizin im modernen Staate zu erfüllen und wie kann sie diesen gerecht werden?* Wiener klin. Wochenschr. 44 (1935), S. 1 345–1 349.

Ders.: *Eduard von Hofmanns Erbe. Ein Beitrag zur Geschichte der gerichtlichen Medizin in Altösterreich (1898– 1938).* Nova Acta Leopoldina, Bd. 9/Nr. 63 (1940), S. 563–632.

Ders.: *Walther Schwarzacher.* Dtsch. Z. ges. gerichtl. Med. 48 (1959), S. 181–187.

Reuter, F[2]; *Sterilisation als Mittel der Kriminalpolitik.* Dtsch. Justiz 96 (1934), 156–158.

Reuter, K.: *Können die Sippenakten der Gesundheitsämter zu wissenschaftlichen Forschungszwecken Verwendung finden?* Öffentl. Gesundheitsdienst 7 (1941), S. 321–332.

Riedl, M.: *Studie über Verbrecherstämmlinge, Spätkriminelle und Frühkriminelle und über deren sozialprognostische und rassenhygienische Bedeutung.* Arch. Kriminol. 93 (1933), S. 7–13, 125–135 und 238–257.

Ritter, R.: *Die Aufgaben der Kriminalbiologie und der kriminalbiologischen Bevölkerungsforschung.* Kriminalistik 15 (1941), S. 38–41.

Ders.: *Das kriminalbiologische Institut der Sicherheitspolizei.* Kriminalistik 16 (1942), S. 117–119.

Roegele, O. B.: *Student im Dritten Reich.* In: Die deutsche Universität im Dritten Reich (1966), S.136–174.

Rösler, I.: *Die faschistische Gesetzgebung und Rechtsprechung gegen »Wehrkraftzersetzung« als Mittel der zwangsweisen Erhaltung der Kampfmoral von Truppe und Bevölkerung im Zweiten Weltkrieg.* Z. Milit.-geschichte 10 (1971), S. 561–575.

Rothmaler, Christiane: *Zwangssterilisationen nach dem »Gesetz zur Verhütung erbkranken Nachwuchses«* In: Bleker, Johanna; Jachertz, N. (Hrsg.): Medizin im »Dritten Reich«. Köln: Deutscher Ärzte-Verlag, 1993, S. 137–147.

Rott: *Die deutschen medizinischen wissenschaftlichen Gesellschaften und Vereine.* In: Reiter, H.: Ziele und Wege des Reichsgesundheitsamtes im Dritten Reich (1936), S.104–110.

Rückerl, A.: *NS-Prozesse/Nach 25 Jahren Strafverfolgung: Möglichkeiten – Grenzen – Ergebnisse.* Karlsruhe: Verlag C. F. Müller, 1972 (2. ergänzte Aufl.).

Rüping, Hinrich: *Zur Praxis der Strafjustiz im »Dritten Reich«.* In: Dreier, Ralf; Sellert, Wolfgang (Hrsg.): Recht und Justiz im »Dritten Reich«. Frankfurt am Main: Suhrkamp Verlag, 1989, S. 180–193.

Rüster, D.: *Zur Geschichte der Berliner Pepinière.* Z. ärztl. Fortbild. 81 (1987), S. 13–18.

Russel, Lord of Liverpool: *Geißel der Menschheit. Kurze Geschichte der Nazikriegsverbrechen.* Berlin: Verlag Volk und Welt, 1961.

Ruttke, F.: *Rasse und Volk.* Deutscher Juristentag 1936. Berlin: Deutscher Rechtsverlag, 1936. S. 83–96.

Saar, H.: *Professor Pietrusky zum 65. Geburtstag.* Die Medizinische Nr. 6/1958, S. 250–251.

Sack, A.: *Der Reichstagsbrandprozeß.* Berlin: Verlag Ullstein, 1934.

Saller, K.: *Die Rassenlehre des Nationalsozialismus in Wissenschaft und Propaganda.* Darmstadt: Progress-Verlag, 1961.

Sauer, K.: *Die Geschichte der Lehrtätigkeit und des Lehrstuhls für gerichtliche Medizin an der Universität Göttingen seit deren Bestehen bis heute (1950).* Med. Diss., Univ. Göttingen, 1950.

Sauerbruch, F.: *Das war mein Leben.* Gütersloh: Bertelsmann OHG, 1976.

Schackwitz, A.: *Über psychologische Berufs-Eignungsprüfungen für Verkehrsberufe. Eine Betrachtung ihres theoretischen und praktischen Wertes erläutert durch eine Untersuchung von Straßenbahnführern.* Berlin: Verlag von Julius Springer, 1920.

Ders.: *Seelenkunde und Gerichtliche Medizin.* Dtsch. Z. ges. gerichtl. Med. 13 (1929), S. 310–512.

Schadewaldt, H.: *Die polnischen Greueltaten an Volksdeutschen in Polen.* Berlin: Volk und Reich Verlag, 1940.

Scharsach, H.-H.: *Die Ärzte der Nazis.* Wien: Verlag Orac im Verlag Kremayr & Scheriau, 2000.

Schenk, E. G.: *Patient Hitler/Eine medizinische Biographie.* Düsseldorf: Droste Verlag GmbH, 1989.

Schlegel: *Der Arzt im deutschen Strafvollzug.* Dtsch. Justiz 95 (1933), S. 83–96, 684–688.

Schmidt, O.: *Die historische Entwicklung der gerichtlichen Medizin in Danzig.* Volksgesundheit im Reichsgau Danzig-Westpreußen 1 (1940), Heft 7.

Ders.: *Sektionsberichte aus Danziger Physikatsakten der Jahre 1691 bis 1769, ein Beitrag zur Geschichte der gerichtlichen Medizin.* Dtsch. Z. ges. gerichtl. Med. 37 (1945), S. 205–217.

Schneider, Ph.: *Alkohol und Blutliquorschranke.* In: I. Internationaler Kongreß für gerichtliche und soziale Medizin; Verhandlungsbericht (1938), S. 470–475.

Ders.: *Der Wiener medizinischen Gesellschaft zum Geleite.* Wiener klin. Wochenschr. 52 (1939), S. 105–106.

Schneider, St.: *Themen der bei den wissenschaftlichen Tagungen der Deutschen Gesellschaft für Rechtsmedizin in den Jahren 1951-1980 gehaltenen Vorträge.* Med. Diss., Freie Univ. Berlin (West), 1982.

Schneikert, H.: *Kriminaltaktik mit besonderer Berücksichtigung der Kriminalpsychologie.* Berlin: Verlag Julius Springer, 1935 (5. Aufl.).

Schorn: *Der Gerichtsarzt.* Mschr. Kriminalpsychol. Strafrechtsreform 19 (1928), S. 429–455.

Schrader, G.: *Die Todesstrafe.* Münchn. med. Wochenschr. 81 (1934), S. 605–607.

Ders.: *Zur Einführung von Verwaltungssektionen.* Öffentl. Gesundheitsdienst 4 (1939), S. 793–800.

Schramm, G.: *Die Anfechtung der Ehelichkeit durch den Staatsanwalt.* Dtsch. Justiz 101 (1939), S. 125–128.

Schreiber, H.-L.: *Die Strafgesetzgebung im »Dritten Reich«.* In: Dreier, Ralf; Sellert, Wolfgang (Hrsg.): Recht und Justiz im »Dritten Reich«. Frankfurt am Main: Suhrkamp Verlag, 1989, S. 151–179.

Schütt, E.: *Die Abteilung für Erb- und Rassenpflege.* In: Reiter, M.: Ziele und Wege des Reichsgesundheitsamtes im Dritten Reich (1936), S. 71–76.

Ders.: *Erläuterungen zur erbbiologischen Bestandsaufnahme.* Öffentl. Gesundheitsdienst 2 (1936), S. 254–258.

Schulte, K.-K.: *Geschichte des Lehrstuhls und des Institutes für gerichtliche Medizin (Rechtsmedizin) an der Universität Marburg.* Med. Diss., Univ. Marburg/L., 1975.

Schwalbe, J.: *Verhandlungen der Kommission zur Neuregelung der ärztlichen Prüfungsordnung.* Dtsch. med. Wochenschr. 48 (1922), S. 1684–1685 und 1708–1710.

Schwarz, F.: *Euthanasie. Tötung chronisch Kranker – Tötung unwerten Lebens.* Pro Infirmis 2 (1944), S. 297–505.

Schwarz, H.: *Ein Gutachten über die ärztliche Tätigkeit im sogenannten Erbgesundheitsverfahren.* Halle: Marhold, 1950.

Ders.: *Jedes Leben ist ein Roman. Erinnerungen eines Arztes.* Berlin: Buchverlag Der Morgen, 1975.

Schwarz, O.: *Strafgesetzbuch, Nebengesetze, Verordnungen, Kriegsstrafrecht (Beck'sche Kurz-Kommentare, Bd. 16).* München und Berlin: C. H. Beck'sche Verlagsbuchhandlung, 1941 (Fünfte Großdeutsche Ausg.).

Schwarzacher, W.: *Aufgaben und Arbeitsweisen der gerichtlichen Medizin.* Antrittsvorlesung in Heidelberg. Wiener klin. Wochenschr. 41 (1928), S. 1 073–1 077.

Schwerd, W.: *Begrüßungsansprache anläßlich der 50. Jahrestagung der Deutschen Gesellschaft für Rechtsmedizin*; Köln, 4.10.1971. Beitr. gerichtl. Med. 29 (1972), XIII–XVI.

Ders.: *In memoriam Emil Weinig.* Informationen Dtsch. Ges. Rechtsmedizin, Bd. 2/Heft 16 (1979), S. 219 f.

Seidler, F.: *Prostitution – Homosexualität – Selbstverstümmelung. Probleme der deutschen Sanitätsführung 1939–1945.* Neckargemünd: Kurt Vowinkel Verlag, 1977.

Ders.: *Die Wehrmacht im Partisanenkrieg/Militärische und völkerrechtliche Darlegungen zur Kriegführung im Osten.* Selent: Pour le Mérite, 1999.

Siegel, W.: *Aus der Geschichte der Gerichtsmedizin in Münster seit 1850.* Med. Diss., Univ. Münster, 1966.

Slowes, S. W.: *Der Weg nach Katyn/Bericht eines polnischen Offiziers.* Hamburg: Europäische Verlagsanstalt/Rotbuch Verlag, Hamburg, 2000.

Sommerfeld: *29. Tagung der deutschen Gesellschaft für gerichtliche, soziale Medizin und Kriminalistik.* Kriminalistik 14 (1940), S. 72.

Sournia, Poulet und Martini: *Illustrierte Geschichte der Medizin.* Salzburg: Andreas & Andreas, 1980–1984 (Bd.1–9).

Spann, W.: *Günther Weyrich 90 Jahre.* Informationen Dtsch. Ges. Rechtsmedizin 4/35 (1988), S. 374–375.

Ders.: *Kalte Chirurgie/Ein Leben zwischen Recht und Medizin.* Landsberg: ecomed, 1995.

Spielmann, W.: *Die medizinischen Institute der Preußischen Universitäten und die für sie aufgewendeten staatlichen Mittel in den letzten 30 Jahren (1882–1911).* Klin. Jahrb. 26 (1912), S. 687–774.

Spieß, A.: *Das Schicksal der gerichtlichen Medizin in Tübingen von der Jahrhundertwende bis zur Gründung des Instituts im Jahre 1964.* Med. Diss., Univ. Tübingen, 1973.

Staemmler, M.: *Rassenhygiene im Dritten Reich. Ziel und Weg 2* (1932), S. 7–22.

Steinberg, B.: *Zur Entwicklung der Gerichtsmedizin der Stadt Hamburg im 19. Jahrhundert bis zur Gründung eines gerichtsmedizinischen Institutes an der Universität der Freien und Hansestadt Hamburg.* Med. Diss. Med. Fak. der Rheinisch-Westfälischen Technischen Hochschule Aachen, 1990.

Strassmann, F.: *Lehrbuch der gerichtlichen Medicin.* Stuttgart: Verlag von Ferdinand Enke, 1895.

Ders.: *Die gerichtliche Medizin in der ärztlichen Hauptprüfung.* Dtsch. Z. ges. gerichtl. Med. 2 (1923), S. 75.

Ders.: *Emil Ungar zum Gruß.* Dtsch. Z. ges. gerichtl. Med. 14 (1930), S. 5–6.

Ders. und G. Strassmann: *Fritz Strassmanns Lehrbuch der gerichtlichen Medizin.* Stuttgart: Verlag von Ferdinand Enke, 1931.

Strauß, F. J.: *Die Erinnerungen.* Berlin: Wolf Jobst Siedler Verlag, 1989.

Streim, A.: *Zum Beispiel: Die Verbrechen der Einsatzgruppen in der Sowjetunion.* In: Rückerl, A.: NS-Prozesse (1972), S. 65–106.

Stürzbecher, M.: *Von der Staatsarzneikunde zur Rechtsmedizin, 200 Jahre gerichtsärztliche Praxis in Berlin.* In: Grußworte und Vorträge anläßlich der Einweihungs-Feier eines Neubaues des Instituts für Rechtsmedizin der Freien Universität Berlin am 26. Oktober 1984. Berlin (West): Zentrale Universitäts-Druckerei, 1984.

Suchsland, E.: *Die Verluste der Zivilbevölkerung durch Luftangriffe in ihrer volksgesundheitlichen Auswirkung.* Arch. Rassen- u. Gesellschaftsbiologie 30 (1936/37), S. 121–131.

Taylor, T.: *Die Nürnberger Prozesse. Hintergründe, Analysen und Erkenntnisse aus heutiger Sicht.* München: Wilhelm Heyne Verlag GmbH & Co., 1994.

Thom, A.: *Das Schicksal der Medizin in der Zeit der faschistischen Diktatur in Deutschland – Ergebnisse und Probleme bisheriger historischer Analysen und Wertungen.* In: Medizin im Faschismus (1983), S. 4–22.

Ders.: *Das Schicksal der Psychiatrie in der Zeit der faschistischen Diktatur.* Psychiat. Neurol. med. Psychol. 37 (1985), S. 245–254.

Thomann, K.-D.: *Auf dem Weg in den Faschismus. Medizin in Deutschland von der Jahrhundertwende bis 1935.* In: Bromberger, Mausbach und Thomann: Medizin, Faschismus und Widerstand (1985), S. 15–185.

Thorwald, J.: *Das Jahrhundert der Detektive.* München/Zürich: Droemersche Verlagsanstalt Th. Knaur Nachf., 1964.

Ders.: *Die Stunde der Detektive.* München/Zürich: Droemersche Verlagsanstalt Th. Knaur Nachf., 1966.

Többen, H.: *Gefährdung und Schutz der Jugend des Rheinisch-Westfälischen Industriebezirks.* Dtsch. Z. ges. gerichtl. Med. 13 (1929), S. 177–208.

Ders.: *Die Bedeutung des präkriminellen Lebens für die Kriminalbiologie.* Dtsch. Z. ges. gerichtl. Med. 20 (1933), S. 516–529.

Ders.: *Die Maßregeln der Sicherung und Besserung nach § 42a, Ziff. 1, 2, 3 u. 4 StGB.* Dtsch. Z. ges. gerichtl. Med. 26 (1936), S. 33–42.

Totgeschwiegen 1933–1945. Die Geschichte der Karl-Bonhoeffer-Nervenklinik. Hrsg.: Arbeitsgruppe zur Erforschung der Geschichte der Karl-Bonhoeffer-Nervenklinik. Wiss. Beratung: Götz Aly. Berlin (West): Edition Hentrich, 1988.

Trube-Becker, Elisabeth: *Nachruf für Herrn Prof. Dr. med. Kurt Böhmer.* Dtsch. Z. ges. gerichtl. Med. 49 (1959), S. 1–4.

Tuszynski, W.; Tarnogrodzki, T.: *Geschichte des polnischen Widerstandskampfes 1939–1945. Militärhistorischer Abriß.* Berlin: Militärverlag der DDR, 1980.

Ungar, E.: *Die Bedeutung der gerichtlichen Medicin und deren Stellung auf deutschen Hochschulen.* Vjschr. gerichtl. Med. öffentl. Sanitätswesen, N. F. 1 (1889), S. 48–69.

Uschakov, W. B.: *Deutschlands Außenpolitik 1917–1945. Ein historischer Abriß.* Berlin: VEB Deutscher Verlag der Wissenschaften, 1964.

Verschue, O. v.: *Leitfaden der Rassenhygiene,* Leipzig: Georg Thieme Verlag, 1941.

Vesper, J.: *Eine gerichtsmedizinische Betrachtung zum Strafgesetzbuch-Entwurf.* Med. Diss., Univ. Rostock, 1937.

Viebig, M.: *Das Zuchthaus Halle/Saale als Richtstätte der nationalsozialistischen Justiz (1942–1945).* Hrsg. vom Min. d. Innern Sachsen-Anhalt, Magdeburg 1998.

Voigt, Gerda: *Faschistische »Neuordnungspläne« im Zeichen der »Umvolkung«: Der Anteil der deutschen Universität in Prag an der faschistischen »Volkstumspolitik« in der okkupierten CSR (1939–1945).* Phil. Diss., Univ. Leipzig, 1973.

Vollmer: *Über nationalsozialistische Strafgesetzgebung.* Dtsch. Z. ges. gerichtl. Med. 24 (1934), S. 8–15.

Vorkastner, W.: *Die Stellung und Aufgaben der gerichtlichen Medizin.* Dtsch. Z. ges. gerichtl. Med. 5 (1925), S. 89–102.

Ders.: *Ein Nachwort zu Albin Haberdas Vorwort.* Dtsch. Z. ges. gerichtl. Med. 14 (1930), S. 605–613.

Ders.: *Über Wesen und Werden der gerichtlichen Medizin.* Klin. Wochenschr. 10 (1931), S. 748–751.

Voss, G.: *Der Arzt als Gutachter im neuen Staat.* Dtsch. Ärzteblatt 64 (1934), S. 364–368.

Wagner, A.: *Die Umgestaltung der Gerichtsverfassung und des Verfahrens- und Richterrechts im Nationalsozialistischen Staat.* Stuttgart: Deutsche Verlagsanstalt, 1968.

Wagner, E.: *Ein Beitrag zur Tätowierungsfrage.* Med. Diss., Univ. Jena, 1940.

Wagner, K.: *Nachruf für Ferdinand Wiethold 1893–1961.* Dtsch. Z. ges. gerichtl. Med. 52 (1961), S. 4–6.

Wagner, P.: *Volksgemeinschaft ohne Verbrecher/Konzeption und Praxis der Kriminalpolizei in der Zeit der Weimarer Republik und des Nationalsozialismus.* Hamburger Beiträge zur Sozial- und Zeitgeschichte, Bd. 34. Hamburg: Hans Christians Verlag, 1996.

Wagner, W.: *Der Volksgerichtshof im nationalsozialistischen Staat.* Stuttgart: Deutsche Verlagsanstalt, 1974.

Walcher, K.; de Crinis, M.: *Können Anfälle von Vagabundieren und Exhibitionismus durch Kastration geheilt werden?* Med. Welt 14 (1940), S. 1 181–1 182.

Weimann, W.: *Diagnose Mord. Die Memoiren eines Gerichtsmediziners, aufgezeichnet von Gerhard Jaeckel.* Bayreuth: Hestia-Verlag GmbH, 1964.
Weinig, E.: *Gottfried Raestrup.* Dtsch. Z. ges. gerichtl. Med. 45 (1956), S. 1–6.
Ders.: *Professor Dr. Berthold Mueller zum 70. Geburtstag.* Arch. Kriminol. 141 (1968), S. 1–2.
Weinkauf, H.: *Die deutsche Justiz und der Nationalsozialismus. Ein Überblick.* Stuttgart: Deutsche Verlagsanstalt, 1968.
Weizäcker, W.: *Zur Geschichte der Prager Universität* (Schriftenreihe des »Verbandes der sudetendeutschen Arzte e.V.« Nr. 5). München: Verlag Robert Lerche (vorm. I. G. Calve, Prag), 1961.
Weltgeschichte. Kleine Enzyklopädie, Bd. 2. Leipzig: VEB Bibliographisches Institut, 1979.
Werkgartner, A.: *Zur Geschichte der Lehrkanzel für gerichtliche Medizin an der Universität Graz.* Dtsch. Z. ges. gerichtl. Med. 51 (1961), S. 329–332.
Ders.: *Leopold Breitenecker zum 60. Geburtstag.* Beitr. gerichtl. Med. 22 (1962), III–V.
Der Wert des Menschen/Medizin in Deutschland 1918–1945. Hrsg. v. d. Ärztekammer Berlin in Zusammenarbeit mit der Bundesärztekammer; Redaktion: Ch. Pross/G. Aly. Berlin: Edition Hentrich, 1989.
Wesel, U.: *Geschichte des Rechts/Von den Frühformen bis zur Gegenwart.* München: Verlag C. H. Beck oHG, 2001 (2. Aufl.).
Weyrich, G.: *Geschichte der gerichtlichen Medizin in Freiburg.* Dtsch. Z. ges. gerichtl. Med. 62 (1968), S. 52–54.
Ders.: *Die Endjahre der gerichtlichen Medizin der Deutschen Karlsuniversität Prag.* Informationen Dtsch. Ges. Rechtsmedizin 3/30 (1986), S. 725–730.
Wieland, G.: *Der Beitrag der DDR zur völkerrechtsgemäßen Ahndung der in der Nazizeit unter dem Deckmantel der Medizin verübten Kriegsverbrechen und Verbrechen gegen die Menschlichkeit.* In: Medizin im Faschismus (1983), S. 308–319.
Ders.: *Verfolgung von Verbrechen der Nazijustiz – ein dringendes Gebot.* Neue Justiz 39 (1985), S. 14–16.
Wiethold, F.: *Über das Gesetz zur Verhütung erbkranken Nachwuchses.* Kriminalist. Mon.hefte 8 (1934), S. 27–32.
Ders.: *Zur Frage der Entmannung gemeingefährlicher Gewohnheitsverbrecher.* Dtsch. Z. ges. gerichtl. Med. 24 (1934), S. 135–149.
Ders.: *Überblick über die Entwicklung der gerichtlichen und sozialen Medizin in Frankfurt a. M.* Dtsch. Z. ges. gerichtl. Med. 49 (1960), S. 579–582.
Winkler, F.: *Die Rechtsstellung des Sachverständigen.* Der Sachverständige 4 (1934), S. 3–4.
Wirth, I.; Strauch H.; Radam, G.: *Das Berliner Leichenschauhaus und das Institut für Gerichtliche Medizin 1886–1986.* Wiss. Schriftenreihe Humboldt-Univ. Berlin, 1986.
Wojcicki, B.: *Prawda o Katyniu.* Warszawa: Czytelnik, 1952 (polnisch).
Wulf, J.: *Literatur und Dichtung im Dritten Reich.* Gütersloh: Sigbert Mohn Verlag, 1966.
Wuttke-Groneberg, W.: *Medizin im Nationalsozialismus.* Ein Arbeitsbuch. Tübingen: Schwäbische Verlagsgesellschaft, 1980.
Zámečnik, St.: *Erinnerungen an das »Revier« im Konzentrationslager Dachau.* In: Medizin im NS-Staat: Täter, Opfer, Handlanger, hrsg. von W. Benz und

Barbara Distel. Dachauer Hefte 4, München: Deutscher Taschenbuch Verlag, 1993.

De Zayas, A. M.: *Die Wehrmacht-Untersuchungsstelle. Deutsche Ermittlungen über alliierte Völkerrechtsverletzungen im Zweiten Weltkrieg.* München: Universitas-Verlag/Langen Müller, 1980 (2. Aufl.).

Zimmermann, Susanne: *Berührungspunkte zwischen dem Konzentrationslager Buchenwald und der Medizinischen Fakultät der Universität Jena. In: Medizin, Naturwissenschaft, Technik und Nationalsozialismus. Kontinuitäten und Diskontinuitäten.* Hrsg. von Ch. Merinel und P. Voswinckel. Stuttgart: Verlag für Geschichte der Naturwissenschaften und Technik, 1994, S. 54–61.

Dies.: *Die Medizinische Fakultät der Universität Jena während der Zeit des Nationalsozialismus.* Verlag für Wissenschaft und Bildung, 2000.

Zipfel, F.: *Gestapo und Sicherheitsdienst* (Schriftenreihe »Das Dritte Reich«, hrsg. von Josef Wulf, Heft 3). Berlin-Grunewald: arani Verlags-GmbH, 1960.

Abkürzungsverzeichnis

Das Abkürzungsverzeichnis erklärt im Text des Buches bzw. im Anhang (Dokumente) verwendete Abkürzungen sowie häufiger verwendete Zeitschriftenkurztitel (die jedoch nicht nach der Zitierweise des Index medicus angeführt werden). Signaturen archivalischer Bestände sind im Verzeichnis nicht erläutert; auch unterblieb die Aufnahme allgemeinverständlicher sowie in Zitaten erscheinender Abkürzungen. Vom Autor des Zitats stammende Hervorhebungen (z. B. durch Unterstreichung, Gesperrtschreiben, Fett- oder Kursivdruck) wurden einheitlich kursiv markiert.
Die Zitate sowie der Text der Dokumente wurden in der authentischen Schreibweise belassen und nicht an die heute übliche Rechtschreibung und Zeichensetzung angepaßt.

AdR – Archiv der Republik (Österreich)
Ärztl. Sachverständ. Ztg. – Ärztliche Sachverständigen-Zeitung
a. o. (Professor) – außerordentlicher (Professor)
Arch. Kriminalanthrop. Kriminalistik – Archiv für Kriminalanthropologie und Kriminalistik
Arch. Kriminol. – Archiv für Kriminologie
BA – Bundesarchiv
BA-MA – Bundesarchiv/Militärarchiv
Beitr. gerichtl. Med. – Beiträge zu gerichtlichen Medizin
BNSDJ – Bund Nationalsozialistischer Deutscher Juristen
DFG – Deutsche Forschungsgemeinschaft
Dtsch. Med. Wschr. – Deutsche medizinische Wochenschrift
Dtsch. Milit.arzt – Der Deutsche Militärarzt
Dok. – Dokument
Dtsch. Z. ges. gerichtl. Med. – Deutsche Zeitschrift für die gesamte gerichtliche Medizin
f. (bzw. ff.) – und folgende Seite(n)
GAL – Grün Alternative Liste
GPU – (Gosudarstvennoje Polititscheskoje Upravljenije) – Sowjetische Staatliche Politische Verwaltung (Vorläuferin des NKWD)
HsanIn – Heeressanitäts-Inspektor
i. d. F. – in der Fassung
IMT – Internationales Militärtribunal in Nürnberg

Inform. Dtsch. Ges. Rechtsmedizin – Informationen der Deutschen Gesellschaft für Rechtsmedizin
Krim. forens. Wiss. – Kriminalistik und forensische Wissenschaften
KSSVO – Kriegssonderstrafrechtsverordnung
KTI – Kriminaltechnisches Institut des RKPA
Med. Diss., Univ. – Medizinische Dissertation (an der) Universität ....
Münchn. med. Wschr. – Münchner medizinische Wochenschrift
NKWD (Narodny Kommissariat Wnutrennich Del) – Volkskommissariat für Innere Angelegenheiten (sowjet. politische Polizei, ab 1934 Nachfolgerin der GPU)
N. S. B. O. – Nationalsozialistische Betriebszellenorganisation
NSDÄB – Nationalsozialistischer Deutscher Ärztebund
NSDAP – Nationalsozialistische Deutsche Arbeiterpartei
NSDDB – Nationalsozialistischer Deutscher Dozentenbund
NSKK – Nationalsozialistisches Deutsches Kraftfahrer-Korps
NSLB – Nationalsozialistischer Lehrerbund
NSV - Nationalsozialistische Volkswohlfahrt
o. Bl. – ohne Blattangabe
Ogruf. – Obergruppenführer
OKH – Oberkommando des Heeres
OKW – Oberkommando der Wehrmacht
PA – Personalakte
RKPA – Reichskriminalpolizeiamt
RLB – Reichsluftschutzbund
Rs. – Rückseite
RSHA – Reichssicherheitshauptamt
RdErl. – Runderlaß
REM – Reichsminister(ium) für Wissenschaft, Erziehung und Volksbildung
RFSSuChdDtPol i. RmdI – Reichsführer SS und Chef der Deutschen Polizei im Reichsministerium des Innern
RGA – Reichsgesundheitsamt
RGBl. – Reichsgesetzblatt
RJM – Reichsjustizminister(ium)
RKPA - Reichskriminalpolizeiamt
RMI – (oder RmdI) Reichsminister(ium) des Innern
s. – siehe
San.-Korps – Sanitätskorps
SgS RmL – Schriftgutsammlung des Instituts für Rechtsmedizin der Universität Leipzig

StGB – Strafgesetzbuch
StPO – Strafprozeßordnung
T 4 – Interne Abkürzung für die Zentraldienststelle Tiergartenstraße 4 (Berlin), in der Tötungsaktionen organisiert wurden.
UA – Universitätsarchiv
u.k. – unabkömmlich
Verh. Dtsch. Ges. Pathol. – Verhandlungen der Deutschen Gesellschaft für Pathologie
Veröffentl. – Veröffentlichung(en), veröffentlicht
Vjh. Zeitgesch. – Vierteljahreshefte für Zeitgeschichte
Vjschr. gerichtl. Med. öffentl. Sanitätswes. – Vierteljahresschrift für gerichtliche Medizin und öffentliches Sanitätswesen
WUSt – Wehrmacht-Untersuchungsstelle für Verletzungen des Völkerrechts
WS bzw. SS (in entspr. Sinnzusammenhang) – Wintersemester bzw. Sommersemester
Z. Morph. Anthrop. – Zeitschrift für Morphologie und Anthropologie
Z. f. Rassenphysiol. – Zeitschrift für Rassenphysiologie

SS-Ränge und deren militärische Entsprechung (Auswahl)

SS-Unterscharführer (SS-Uscha.)	Unteroffizier
SS-Oberscharführer (SS-Oscha.)	Feldwebel
SS-Untersturmführer (SS-Ustuf.)	Leutnant
SS-Obersturmführer (SS-Ostuf.)	Oberleutnant
SS-Hauptsturmführer (SS-Hstuf.)	Hauptmann
SS-Sturmbannführer (SS-Stubaf.)	Major
SS-Obersturmbannführer (SS-OStubaf.)	Oberstleutnant
SS-Standartenführer (SS-Staf.)	Oberst
SS-Oberführer (SS-Oberf.)	Generalmajor
SS-Brigadeführer (SS-Brif.)	Generalmajor
SS-Gruppenführer (SS-Gruf.)	Generalleutnant
SS-Obergruppenführer (SS-Ogruf.)	General

Quellennachweise der Abbildungen

Abb. 1a: SgS RmL: E 1/1766
Abb. 1b: SgS RmL: E 1/1766
Abb. 2: UA Halle, PA Schrader, o. Bl.
Abb. 3: Archiv F. H.
Abb. 4: BA: 49.09-939, Bl. 2
Abb. 5: UA Bonn: MF PA 120 (Gerhart Panning), o. Bl.
Abb. 6: UA Bonn: Akten des Kuratoriums der Universität Bonn, betr. allgemeine Angelegenheiten der Professoren, Sign.: Kuratorium/H 3a, Band 6 (1934-1937), o. Bl.
Abb. 7: entnommern aus: F. Herber: Das Fachgebiet »Gerichtliche Medizin« in der Zeit des Faschismus. Med. Habil.-Arbeit., Univ. Leipzig, 1989
Abb. 8: UA Wien: PA Jellinek, Bl. 140
Abb. 9: SgS RmL: Varia, o. Bl.
Abb. 10: SgS RmL: E 1/1898
Abb. 11: Archiv F. H./Monica Vizitiu-Nyiszli (Oradea)
Abb. 12: BA-MA: H 20/287, Bl. 63
Abb. 13: Amtliches Material ... , Berlin 1943, S. 289
Abb. 14: UA Leipzig: PA 228 (Gottfried Raestrup), Bl. 53
Abb. 15: SgS RmL: Varia, o. Bl.
Abb. 16: Archiv F. H.
Abb. 17: SgS RmL: E 1/1836
Abb. 18: Archiv – F. H.
Abb. 19: BA: NS 7-245, Bl. 14
Abb. 20: Dtsch. Justiz 1936, S. 533

Personenregister

Abenteuer Gerichtsmedizin